PRINCIPLES OF INTERNATIONAL LAW

(Revised Edition)

MU YAPING
MU ZIYI

Sun Yat-sen University Press
Guangzhou · China

2019

慕亚平教授简介

1956年7月出生。中山大学法学院教授，WTO（世界贸易组织）与CEPA（《关于建立更紧密经贸关系的安排》）法律研究中心主任，国际法专业研究生导师，广东法官学院教授。兼任中国国际经济贸易法研究会副会长，中国国际经济法法学会常务理事，中国国际法学会理事，中国WTO研究会理事，广东省国际法研究会副会长，广东省港澳法研究会副会长；还兼任广东省高级人民法院审判理论咨询专家、审判理论研究会（最高人民法院）涉外专业委员会委员，广东省社会工作委员会咨询专家，广州市政府法律咨询专家，惠州市政府法律顾问。中国国际经济贸易仲裁委员会、华南国际经济贸易仲裁委员会、上海国际经济贸易仲裁委员会、广州仲裁委员会和深圳仲裁委员会仲裁员，广东广信君达律师事务所律师、高级合伙人。入选司法部全国千名涉外律师人才，并被列为广东省涉外律师领军人才库成员。

主持、参加了“八五”“九五”和“十五”规划等多项国家级课题以及部省级课题，包括国家社会科学基金项目“我国内地与港澳台在WTO中‘一国四席’的地位及其相互关系”、国家社会科学基金项目“WTO规则与国内经济法律的关系及其国内法模式研究”、国家社会科学基金项目“反对国际恐怖主义与国际法研究”、国家教育部重大项目“港澳珠江三角洲地区法律冲突及其协调”等。在《法学研究》《中国法学》《中国国际法年刊》《法学评论》《现代法学》《法律科学》《政法论坛》《法商研究》《政治与法律》《法学杂志》《学术研究》《吉林大学学报》《中山大学学报》《暨南学报》《国际经济法论丛》等国家级核心期刊发表论文100多篇。出版著述近40本，个人撰写超过350万字。主要有《和平、发展与变革中的国际法问题》《区域经济一体化与CEPA法律问题研究》《WTO中的“一国四席”》《当代国际法原理》《当代国际法论》《国际投资的法律制度》《国际投资的法律问题》《国际法词典》《澳门民商法与冲突法》等。个人及成果获奖10多项，包括美国安泰奖励金奖、日本世川良一奖教金奖、广东省政府奖、广东省法学会20年法学研究优秀成果奖等。

慕子怡博士简介

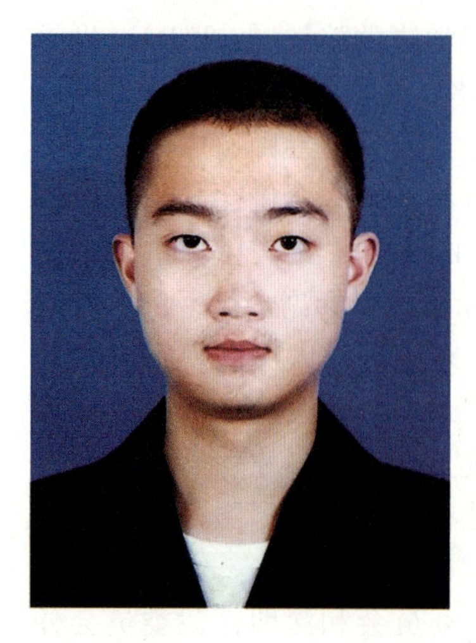

1984 年 4 月出生。广州大学法学院教师。香港城市大学国际法博士，美国维克森林大学（Wake Forest University）美国法硕士，广东商学院（现广东财经大学）法学学士。

学习与研究专业方向：国际法、国际经济法、港澳台法。重点研究自由贸易区、争端解决机制。

在《学术研究》《暨南学报》《政法学刊》《法制与社会》《法制与经济》《当代港澳研究》及 *US-China Law Review* 等学术期刊上发表论文 10 多篇，参加全国性学术年会并入选论文集论文 8 篇；参著著作 3 部，包括《CEPA 协议及其实施中的法律问题研究》（法律出版社）、《粤港澳紧密合作中的法律问题研究》（中国民主法制出版社）、《外商投资与进出口贸易法律——事务教程》（中国人民大学出版社）。参与多项研究课题：2006 年度司法部国家法治与法学理论立项课题“CEPA 协议及其实施中的法律问题研究”、2008 年度广东省普通高校基地重大课题“深化粤港澳合作中的法律理论与实务问题研究”、2010 年度广东哲学社会科学规划项目“《粤港合作框架协议》中的法律问题研究”、2012 年广州市人民政府法制办公室委托课题“香港、澳门、台湾地区和新加坡法律制度对南沙新区制度创新的借鉴意义”、2015 年中国 - 东盟法律研究中心规划项目“一带一路多元化争端解决机制研究”、2015 年广州金融研究院课题“广东自贸区建设中的投资便利化法律问题研究”。

目　　录

上编　总　　论

下编　分　　论

上编　总　　论

第一章　国际法导论

第一节　国际法的概念与性质

一、国际法的定义

由于国际法学者研究国际法律关系的立场、观点和方法各异，他们给国际法所下的定义也不相同。

凯尔逊认为："国际法，或万国公法，是一些规则的总体的名称，这些规则，按照通常的定义，规定各国在其相互往来中的行为。这些规则被称为法。"①

劳特派特修订的《奥本海国际法》认为："万国法或国际法是一个名称，用以指各国认为它们彼此交往上有拘束力的习惯和条约规则的总体。"② 詹宁斯和瓦茨修订的《奥本海国际法》认为："国际法是对国家在它们彼此往来中有法律拘束力的规则的总体。这些规则主要是支配国家的关系，但是，国家不是国际法的唯一主体。"③

科热夫尼柯夫认为："现代国际法是以一般公认原则和规范为其主要内容，这些原则和规范的使命是调整国际交往中各主体间基于和旨在于确保国际和平，首先是和平共处（在一种场合）和社会主义国际主义（在另一种场合）的各种各样的关系。"④

周鲠生教授指出："国际法是在交往过程中形成出来的，各国公认的，表现这些国家统治阶级的意志，在国际关系上对国家具有法律拘束力的行为规范，包括原则、规则和制度的总体。"⑤

王铁崖教授认为："国际法，简言之，是国家之间的法律，或者说，主要是国家之

① Kelsen. Principles of international law. Rhine Hart Co., 1952: 1.

② 《奥本海国际法》（上卷第一分册），［英］劳特派特修订，石蒂、陈健译，商务印书馆 1971 年版，第 3 页。

③ 《奥本海国际法》（第一卷第一分册），［英］詹宁斯、瓦茨修订，王铁崖、陈公绰、汤宗舜、周仁译，中国大百科全书出版社 1995 年版，第 3 页。

④ ［苏联］科热夫尼柯夫：《国际法》，商务印书馆 1985 年版，第 3 页。

⑤ 周鲠生：《国际法》（上册），商务印书馆 1976 年版，第 3 页。

间的法律，是以国家之间的关系为对象的法律。”①

综上可见，尽管各国学者对国际法所下的定义是不统一的，但都从不同的角度揭示了国际法的法律性质和基本特征。本书借鉴前人之长，结合现代国际法的特点，将国际法界说为：国际法是在国际关系中形成的、调整国际法主体之间权利和义务关系的、以条约和国际习惯为其主要表现形式的、具有法律拘束力的行为规范的总体。

二、国际法的名称

国际法的名称，并非与国际法规则同时产生。在17世纪以前，虽然出现了一些调整国家间关系的规则，却没有一个表述国际法的专门名称。

国际法最早在西方文献中出现时采用了拉丁文“jus gentium”（万民法）一词——近代国际法的奠基人荷兰学者格老秀斯（Hugo Grotius，1583—1645）在《战争与和平法》一书中使用了“万民法”，并称万民法是指其拘束力来自所有国家或许多国家的意志的法律，实质上他指的万民法是万国法，也就是国际法。万民法的概念源于罗马法，本是国内法概念。罗马法由市民法（jus civile）和万民法组成，总的来说，市民法调整罗马人之间的关系，而万民法调整罗马人和外国人之间的关系。之后，有的学者将国际法称为“万国法”，到了1650年牛津大学教授苏支（Richard Zouche，1590—1661）采用了“国家间的法”（law of nations）。18世纪末，英国哲学家、法学家边沁（Jeremy Bentham，1748—1832）在其《道德和立法原则绪论》中提出使用“国际法”（international law）这个名称。由于国际法这一名称科学地反映了这门法律的本质特征，为各国普遍接受并沿用至今。为了与国际私法相区别，人们习惯于把国际法称为“国际公法”（public international law）。

对中国而言，国际法是外来的，国际法的名称也是外来的。当国际法最早传入中国时使用了“万国公法”②，到了清末，“国际法”的名称由日本传入中国，并开始成为普遍使用的中文名称。从其内涵上讲，中文的“国际法”名称是比较恰当的，充分表明了国家之间的法律的意思。

三、国际法的性质

在相当一段时期内，国际社会及学术界对国际法的性质，乃至国际法是否是法发生了争议，出现了否定国际法是法的主张。他们认为国际法并非真正实际有效的法，其主要论据有：①认为在主权国家不能受到处于它们之上的国际法的约束，因为它们之上并无更高的掌权者对它们发号施令，所以在理论上不可能有真正的法律可言。②法是有上下位的，即由上位对下位施令，不可能同位者共同制定并共同遵守，这样自然不会形成

---

① 王铁崖：《国际法》，法律出版社1995年版，第1页。

② 例如，惠顿的《国际法原理》被翻译为《万国公法》，布伦奇理的《近代国际法》被翻译为《公法千章》。

有拘束力的国际法。③国际法不能被认为是一种真正的法律，而属于一种“实在的国际道德”[1]。④认为由于各国都有实力，违反国际法的事例时有发生，而国际社会对违法行为却无法防止和制裁，所以在实际上并无有效的国际法。其代表人物有：意大利学者马基雅维利（Machiavelli，1469—1527）、英国学者霍布斯（Hobbes，1588—1679）、德国学者黑格尔（Hegel，1770—1831）、英国学者奥斯汀（Austin，1790—1859）、美国学者惠顿（Wheaton，1785—1848）、德国学者耶利内克（Jellinek，1851—1911）等。他们从不同的角度和观点印证了上述论据。[2]

当代国际法认为这些主张是错误的。

第一种论据从绝对主权的观念出发，过分扩大了主权的绝对化。国家是主权的，也是平等的，每个国家都是对外独立的，但都不能以单方的意志决定或改变国际法的内容和不承认国际法的拘束力。各国保持主权是以互相尊重主权为必要条件，而互相尊重主权是以承认国际法的拘束力为必要条件。倘若国家之间处于无法无天的状态，根本谈不上主权的保持。

第二种论据混淆了国际法与国内法的差异，忽略了国际法的特点。从法理上看，将国内法的立法与守法说成是上下位的从属法，姑且可以接受；但在国际关系中，各个主权国家地位平等，没有高度一致的组织机构、没有统一的立法机关，各国往往通过协议制定共同遵守的法，自我并相互约束，这是实实在在的并列法，其在各国都认为对自己有拘束力的共同行为规则的前提下发挥着法的作用。研究这个问题的关键在于什么是法律，如果把法律等同于国内法，那么国际法就不是法律，因为国际法在许多方面与国内法是不同的。由于人们生活在一定的国内法律秩序中，往往习惯于以国内法来说明国际法。这种观点的症结在于其法律观念上先入为主地把衡量国内法的标准用于国际法理论的结果。但是，正像国内法不能用来说明国际法一样，国际法也不能用来说明国内法，因为它们是两种不同性质的法。

第三种论据混淆了法律与道德的差别。国际道德（international morality）是指调整国家之间相互关系的伦理性行为准则和规范。[3] 不遵守这些规范只被认为是不道德的或不友好的国际行为，有可能影响有关国家之间的和睦关系，但不构成国际不法行为，不产生法律后果。道德规则只要求由良知的内部力量来强制执行，而法律规则需要由外力来强制执行。[4] 斯塔克在批驳国际法是国际道德的论据时指出：如果国际法仅是一种道德，那么关于外交政策的国家文书的制定者，就会全力集中在道德论据上。然而，事实上他们不是这么做的，并不求助于一般的道德正义的情感，而求助于先例、条约和公法学家的学说。他们认为，在国际事务中，摆在政治家和国际法学家面前的，是不同于道德义务的法律义务。[5] 从而阐述了国际法属于法律而非道德的道理。

---

① 徐步衡、余振龙：《法学流派与法学家》，知识出版社 1981 年版，第 401 ～ 403 页。

② 参见李浩培《国际法的概念和渊源》，贵州人民出版社 1994 年版，第 32 页。

③ 参见王铁崖《中华法学大辞典》（国际法卷），中国检察出版社 1996 年版，第 179 页。

④ 参见周鲠生《国际法》（上册），商务印书馆 1976 年版，第 5 页。

⑤ 参见［英］斯塔克《国际法导论》，赵维田译，法律出版社 1984 年版，第 19 ～ 21 页。

第四种论据越来越脱离现实，[①] 在实践中，国际法不断地被各国政府承认为法律，它们的行动自由在法律上是受国际法约束的。国际实践充分说明了国际法是法律，国际法一直作为国际交往中有法律拘束力的行为规则而不断得到发展。首先，各国常常通过各种不同方式明确表示愿意遵守国际法，很多国家在其宪法中明文确认国际法的效力。有些国家即使违反了国际法，也总要找各种借口为自己的违法行为进行辩解。其次，在国际关系中，国际法的原则、规则通常是被各国遵守的，从第二次世界大战（以下简称“二战”）后的国际关系来看，遵守国际法占了主流。最后，在国际法上，对于违法行为，有关国家不仅应承担责任，而且还会受到法律的制裁。众多的国际文件都明确规定了国际法的效力。《联合国宪章》还明确规定了采取强制行动的条款。

通过以上分析可以得出结论，国际法具有了规范性和强制性等一切法律所具有的共性，国际法属于法律。当然，国际法又有别于其他法律，特别是不同于通常主导人们思维的国内法。

四、国际法效力的根据

国际法效力的根据是指国际法依据什么对国家发生法律效力，或者说国际法为什么具有法律效力的问题。这是国际法理论中一个十分重要的问题。由于对国际法效力根据的认识不同，致使国际法上形成了各种不同的国际法学流派，他们从不同的方法和角度解释了国际法效力的根据。

格老秀斯学派认为，国际法效力的根据是自然人和国家意志的合一。国际法对国家有拘束力，一部分是依据自然法和理性，另一部分是依据各国的同意。

自然法学派认为，国际法是自然法的一部分，国际法之所以有效力，是因为国际法以自然法则为依据，而自然法则是指人类的良知、理性和法律意识等。

实在法学派认为，国际法的效力根据不是抽象的“人类理性”“人类良知”，而是现实的“国家意志”。国家意志表现为习惯和条约。主张“公认”是国际法的唯一基础，即某个原则在列为国际法规范之前，必须先证明它确实为各国公认。

社会连带法学派认为，国际法的根据是社会连带关系的事实，并由统治阶级把这种连带关系的事实制成条约或法律的形式，于是“各民族的法律良知”成了国际法的唯一根据。

规范法学派认为，一切法律规则的效力都出自上一级的法律，全部法律可归纳为一个体系，国际法为最上级。每一规则的效力渊源于上一级规则，最后溯源至国际法及“最高规范”，这个最高规范是唯一的法理依据。

权力政治学派主张“势力均衡”是国际法存在的基础，是国际法效力的根据。

政策定向学派认为国际法的效力根据取决于国家对外政策。

以上各种学派都未能正确说明国际法效力的根据。研究这一问题，最重要的是要认

---

① 《奥本海国际法》（第一卷第一分册），［英］詹宁斯、瓦茨修订，王铁崖、陈公绰、汤宗舜、周仁译，中国大百科全书出版社 1995 年版，第 8 页。

清国际法主要是国家之间的法律，国家受国际法的约束，同时又参与国际法的制定。我们认为，国际法的效力根据应该是国家之间的协议。因为，各国间协议表达了各自的意志，承诺了国际法上的权利和义务，自愿受自己承诺的约束。因此，各国之间的协议成为各国必须和应该遵守的具有法律拘束力的规范，同时，它是各国强制执行国际法的根据。国际法的强制性是国际法效力的本质表现，国际法之所以与国际道德和国际礼让不同，就在于国际法具有强制性，而国际法能够强制实施的根据也在于国家之间的协议。应当注意，国家意志不是指某国的意志，而是各国意志；也非各国“共同的意志”，而是各国在合作与斗争的交往过程中形成的协调的意志。可见，体现各国的协调意志的协议，构成了国际法效力的根据。

应该指出，在国际关系中，各国并不能完全凭着自己的意志而达成协议。国家间的协议是各国间斗争与合作关系发展的产物。国家间之所以能够达成协议，制定某些彼此遵守的原则、规则是因为国家在彼此交往中有这种需要。国际法正是适应这种需要而产生的，国际法的作用就在于维护和促进国家之间的正常往来关系。从这个意义上说，国际法是和平共处的法律，是相互依赖的法律，但各国达成协议的过程，是各国矛盾、利益和要求相互冲撞的过程，也是一个斗争与合作的过程。

第二节　国际法的特点与特性

一、国际法是特殊的法律体系

倘若从宏观上将国际法与国内法做法律体系的比较，可以说国际法是一个特殊的法律体系，这种特殊性主要从国际法不同于国内法的特点上体现出来。主要包括以下方面。

（1）国际法主要是国家之间的法律，而不是国家之内的法律，也不是国家之上的法律。在国际社会之上没有一个超国家的立法机构制定法律并强加于国家，它是调整国家之间关系的法律，其区别于国内法的主要调整国内公民、法人之间的关系。

（2）国际法的主体主要是国家，国家是有主权的，它决定了国际法是平等者之间的法律。除国家外，在一定情况下民族解放组织和政府间国际组织也作为国际法的主体。国内法的主体则主要是自然人、法人，而自然人和法人却不是国际法的主体，而是国际法的客体。

（3）国际法是各国通过协议制定的。在国际社会中没有任何超国家的立法机关来制定各国都应遵守的国际法。因此，在法律的制定方面，国际法与国内法不同：前者是分散的，后者是集中的；前者是国家参与并以协议或认可方式形成的，后者是国内立法机关通过立法程序制定的。

（4）国际法的强制力主要依靠国际法主体自身的行动。在国际社会中，没有一个处于各国之上的强制执行或适用和解释国际法的机关。尽管有联合国国际法院和国际仲裁机构，但它们并无强制管辖权。国际法主要靠国际法主体本身的行动，靠主体本身单独的或集体的力量来实施。各国间的协议是各国强制执行国际法的依据，而国内法则是依靠国家的强制机关——法院、警察和军队来强制实施和执行的。

（5）国际法的效力根据是国家之间的协议，而国内法是按照国家的统治阶级的意志制定并生效的。

二、国际法与国内法表象差异

之所以会出现“国际法是不是法律”的争议，主要是因为国际法的强制力的特殊性及表现导致的。因此，我们正确认识和把握国际法的特性就显得非常重要。掌握国际法的特性，可以防止人们错误地用国内法的特征作为判断国际法的标准。国际法的特性表现在，国际法与国内法相比较，在适用、效力、权利义务承担等各方面的差别上，其可归纳为以下几个方面。①

（一）实施需要补充性

任何国际法规则，不论是规定国家权利还是义务的规则，都要通过国内法的补充才能实施。因为国际法只规定国家的权利和义务，并不详细规定国家应由哪些具体机关、按照哪些具体的程序和方式行使其权利和履行其义务。即使在国际社会设有国际机关以执行国际法的场合，国际法仍然需要国内法的补充。例如，联合国大会和联合国安全理事会（以下简称“联合国安理会”）虽然都由各会员国组成，但各会员国的代表仍需由各国依其国内法指派。

（二）主体集体责任性

国际法原则上只规定国际法主体的权利和义务，通常当一个国际法主体违反国际法义务时，由构成该主体的全体成员（如某国的全体居民）或其代表（如该国政府）集体负责，个人不直接承担责任。“二战”后，国际法只发生集体责任的做法有所突破，纽伦堡法庭对战犯的审判就是例证，但应注意，这种突破仅限制在特定领域。

（三）间接适用个人性

由于国际法在原则上只规范国际法主体，不直接约束到个人，所以个人只有通过国家的中介才同国际法发生关系，也就是说，国际法只有通过国家的“转化”行为才能约束到个人。

（四）规则多数任意性

国际法主要是调整国家之间关系的法，国家是有主权的，国家之间可以协议变更国际法的一般规则；此外，国际法所确定的权利和义务是相对的，当事国可以选择接受或

① 参见李浩培《国际法的概念和渊源》，贵州人民出版社1994年版，第32页。

不接受，从而多数情况下，国际法规则表现出任意性。不过，国际法也有强行法规范，强行法规范则是为整个国际社会所共同遵守的，不能任意选弃，而且，国际法的强行法数量有上升趋势。当然，目前情况下国际法规则绝大多数是任意法规则。

（五）权利义务相互性

由于国家主权的存在，各国在国际关系中地位的平等，致使当代国际法具有“相互性”的明显特性。相互的因素是促成习惯国际法成立的重要原动力，也是条约得以缔结的动力因素。均衡、对等、互利都是相互性的体现，反报、报复也是相互性的负面影响。由于国际社会相互性的作用，多数国际法规则可以无须制裁得到遵守，许多争端可以无须裁决得到解决。我国倡导的和平共处五项原则便充分反映了国际关系和国际法相互性的特点。

第三节　国际法的渊源

一、国际法渊源的概念和内容

（一）国际法渊源的含义

国际法渊源（sources of international law）在国际法理论界一直被作为一个重要问题而受到重视，学者们对国际法渊源的认识不一致，对其含义和种类均存在较大分歧。

有人根据立法者是产生法规的渊源的观点，把立法者称为法的渊源；有人从赋予约束力的角度，把法规的价值渊源称为法的渊源；自然法认为，人的理性是法的渊源；实在法学者认为，给予法律秩序内的法规以价值的根本规范是其法的渊源。本书认为，从当代国际法的角度衡量，以上观点均侧重于对法的价值来源的探讨，当归属于“国际法的效力根据”范畴，而不应混淆于“国际法的渊源”。

李浩培教授认为：国际法渊源，正如国内法渊源一样，主要可以区分为实质渊源和形式渊源两类。国际法的实质渊源指国际法规则产生过程中影响这种规则的内容的一些因素，如法律意识、正义观念、连带关系、社会舆论、阶级关系等。国际法的形式渊源是指国际法规则由以产生或出现的一些外部形式或程序，如条约、国际习惯、一般法律原则。①

詹宁斯、瓦茨也将国际法渊源分类为形式渊源和实质渊源。认为形式渊源“是法律规则产生其有效性的渊源，而实质渊源则表明该规则的实质内容的出处”。并将渊源

① 参见李浩培《国际法的概念和渊源》，贵州人民出版社 1994 年版，第 52 页。

同起因、根据、证据加以区分。①

周鲠生教授认为："所谓国际法渊源，可以有两种意义：其一是指国际法作为有效的法律规范所以形成的方式或程序，其他是指国际法渊源第一次出现的处所。从法律的观点说，前一意义的渊源才是国际法的渊源，后一意义的渊源只能说是国际法的历史渊源。"②

王铁崖教授坚持认为：国际法渊源是国际法原则、规则、规章、制度第一次出现的地方。③

梁西教授认为：国际法渊源，第一，是指国际法作为有效法律规范所由形成的方式；第二，是指国际法渊源第一次出现的地方。两种解释各有独见，可以兼采。④

程晓霞教授认为：把国际法的渊源看作国际法规范所形成的造法方式更为精确一些。⑤

归纳以上主要观点，国际法渊源被分别理解为实质渊源、形式渊源、历史渊源、规范形式、规范出处、造法方式等。实际上各有其道理，只是表现了不同的视角。有的提法远离了提出国际法渊源的本意。例如，从影响国际法规则内容形成的一些因素来考察，就混淆了与国际法原因的差异；⑥ 又如，将国际法渊源解释为国际法作为有效法律规范所形成的方式，其结果就把法的渊源说成是"基于不同形式产生的规范的分类"，使法的渊源的定义与这一词的来源全然无关了；⑦ 再如，假如把国际法渊源看作法律规范第一次出现的地方，会造成混淆不清的结果，除了追寻各个规范初次出现的处所非常困难外，这种追寻本身并无多大法律意义，因为其第一次出现的地方对国际法规范的效力不产生任何影响。

本书认为，应从在国际法上具有意义的角度来理解国际法渊源的含义。在国际实践中，往往在两种情况下援引国际法渊源：①在国际法规范适用于国际关系和国际社会之前，首先应知道相关的法律规范主要在哪里，明白它们如何存在着。②在探讨某个国际法制度或规范时，首先应考证其是否已被国际法认可，它们以怎样的法律形式表现出来。国际法学者注重研究国际法的渊源，是因为只有研究这种渊源才能辨别一个规则是否为国际法规则。于是，我们主张，国际法的渊源是国际法中证明具有法律上拘束力并普遍适用的规则已经存在的证据和表明这种规则效力的法定形式。这个定义既从"实质渊源"上寻找了国际法规范的证明，又在产生法律效力的形式上指明了"程序渊源"。

---

① 参见《奥本海国际法》，［英］詹宁斯、瓦茨修订，王铁崖、陈公绰、汤宗舜、周仁译，中国大百科全书出版社 1995 年版，第 13 页。

② 周鲠生：《国际法》（上册），商务印书馆 1976 年版，第 10 页。

③ 参见王铁崖《国际法》，法律出版社 1981 年版，第 25 页；法律出版社 1995 年版，第 10 页。

④ 参见梁西《国际法》，武汉大学出版社 1993 年版，第 26 页。

⑤ 参见程晓霞《国际法的理论问题》，天津教育出版社 1989 年版，第 83 页。

⑥ 国际法原因是指促使国际法产生和发展的政治、经济、文化等因素。参见王铁崖《国际法》，法律出版社 1981 年版，第 26 页。

⑦ 参见日本国际法学会《国际法词典》，陆国忠等译，世界知识出版社 1985 年版，第 521 页。

（二）国际法渊源的内容

关于国际法渊源的内容，学者们的看法也不一致。归纳起来主要有三类主张。

（1）单一渊源说。英国国际法学者郑斌持此观点，其主张，国际习惯是唯一的国际法渊源，国际条约不是国际法的渊源。其认为，国家接受的规则是作为在法律体系内所有主体间都适用的一般国际法，条约只是双方同意的协议，不得对第三国生效。如果它对第三国也产生约束的话，则应成为习惯法，所以条约只是证据，不是渊源。①

（2）双重渊源说。认为国际条约和国际习惯都是国际法的渊源，这类观点主张，条约和习惯是国际法的渊源是从国际法的性质推出来的，国际法是国家间公认的国际关系上的行为规范，而在公认的国际法规范上表现为各国的协调的意志不外乎两种形式：①通过习惯；②通过条约。所以，习惯和条约很明确地被肯定为国际法的渊源。②

（3）多重渊源说。认为国际法的渊源不仅限于条约和习惯，还有其他渊源。威尔逊在国际法渊源的名目下列举有：①习惯；②条约及其他国际协定；③国际法庭的裁决；④国内法庭的判决；⑤教本著者的意见；⑥外交文件。目前，许多学者援引《国际法院规约》第38条的规定解释国际法渊源。例如，李浩培教授认为，关于国际法的形式渊源，《国际法院规约》中有明文规定；③ 王铁崖教授认为，无论如何，《国际法院规约》被认为是对国际法渊源的权威说明。按照这条规定，分别说明国际法的各种渊源是适宜的。④ 于是，国际法渊源被列举为：①国际条约；②国际习惯；③一般法律原则；④司法判例；⑤公法学家的学说；⑥公允及善良原则；等等。并进而将前两项或前三项明确为主要渊源，而将后几项等界说为辅助性渊源。⑤ 有的学者还将“国际组织的决议”也列为国际法渊源。⑥

通过分析可见，单一渊源说有其合理的一面，但把条约排除在渊源之外显得过于偏颇。把国际习惯看作国际法唯一的渊源，从而使之与一般国际法等同起来，显然与当代国际法的现状不尽相符。况且，把一般国际法与为数较少的一般习惯法等同起来，把未经习惯的发展过程而由条约直接产生的国际法规范，硬说成为习惯法的结果，也显得牵强附会。⑦ 而多重渊源说，简单套用《国际法院规约》的法院适用法律的规定，对国际法渊源做了扩大解释，从而使得在国际法渊源的探讨方面出现了混乱和对其概念的任意解释。《国际法院规约》第38条是这样规定的：“一、法院对于陈诉各项争端，应依国

---

① 参见［英］郑斌《国际法教学与实践》（英文版），法律出版社1982年版，第3～9页。

② 持此观点的有苏联科学院法律研究所，参见苏联科学法律研究所《国际法》，国际关系学院翻译组等译，世界知识出版社1959年版，第6页。

③ 参见李浩培《国际法的概念和渊源》，贵州人民出版社1994年版，第52页。

④ 参见王铁崖《国际法》，法律出版社1995年版，第11页。

⑤ 参见王铁崖《国际法》，法律出版社1981年版，第26页；李浩培《国际法的概念和渊源》，贵州人民出版社1994年版，第53页。

⑥ 参见王铁崖《国际法》，法律出版社1995年版，第18页；李浩培《国际法的概念和渊源》，贵州人民出版社1994年版，第131页；等等。

⑦ 参见程晓霞《国际法的理论问题》，天津教育出版社1989年版，第88页。

际法裁判之，裁判时应适用：（子）不论普通或特别国际协约，确定诉讼当事国明白承认之规条者。（丑）国际习惯，作为通例之证明而经接受为法律者。（寅）一般法律原则为文明各国所承认者。（卯）在第五十九条规定之下，司法判例及各国权威最高之公法学家学说，作为确立法律原则之补助资料者。二、前项规定不妨碍法院经当事国同意本'公允及善良'原则裁判案件之权。"上述规定具有明显的针对性，是专用来指明国际法院审理案件时应适用什么样的法律的，并没有解释国际法渊源的表示。再说，国际法院审理案件"应依国际法裁判之"，但未必为国际法院适用的全都是国际法，就如同国内法院也可依据国际条约裁判，而国际条约仍非国内法的道理一样，国际法院也可适用诸如司法判例、学者学说、公允及善良原则裁判，但其同样不能证明它们就是国际法。况且，尽管不少学者认为该条规定是对国际法渊源的权威性说明，甚至认为《国际法院规约》第38条就是国际法的渊源。假如认真分析后，"辅助性渊源"是不能直接成为国际法渊源的，它必须经过一个"反复使用并为各国接受"的过程，而经历过程，实质上其已成为国际习惯。对此，正如王铁崖教授在评述"一般法律原则"时所说的："没有经过各国承认的一般法律原则是不能成为国际法渊源的，而只有各国所承认的一般法律原则才是国际法渊源。既然要经过承认，而且国家通过国际条约和国际习惯而明示或默示表示承认的，那么，在这个意义上，一般法律原则就融合于两个主要国际法渊源——国际条约和国际习惯——之中，而不是独立的国际法渊源。"[①] 据理，一般法律原则尚不能成为国际法渊源，遑论其他的"辅助资料"。故而，本书认为，一般法律原则、司法判例、公法学家的学说和公允及善良原则，均不能成为国际法的渊源。假如仅从历史渊源的角度究其作为间接渊源的出处，在国际法上实在显得意义不大。

本书认为，国际法的渊源有两个，一是国际条约，二是国际习惯。国际法作为调整国际关系的法律，其法律原则、规则体现在各国缔结的双边或多边条约之中——协议国际法；或者体现为各国把在国际交往中形成的国际习惯以法律的形式将它接受下来——习惯国际法，这与国际法的形式渊源是相符合的。

二、国际条约作为国际法渊源

国际条约是国际法渊源之一，因为国际法的多数规则都是在条约中表现出来的。但并非所有的国际条约都是国际法渊源，国际条约按其法律性质可分为"造法性条约"和"契约性条约"。

造法性条约（law-making treaty）指多数国家参加的以制定共同遵守的行为规则为目的并载有共同遵守的行为规范的条约。具体讲是指由许多国际法主体参加或承认的能够对国际法原则、规范产生创立、确认、补充或修订意义的国际条约。例如，《联合国宪章》《联合国海洋法公约》《维也纳条约法公约》等，它们都是造法性条约，都创立、认可了许多对众多的参加国具有拘束力的国际法规范，因而认为造法性条约构成直接的国际法渊源。契约性条约（contractual treaty）是指国家之间所订立的确定特定事项的具

① 王铁崖：《国际法》，法律出版社1981年版，第31页。

体的权利和义务的条约。如交通运输协定、贸易协定均属此类，它们多是双边条约，都是对具体事务的协商，在处理具体问题的目的达到后即告终止，并不能创制国际法规则，而且其仅对缔约各方有拘束力，不具有普遍性质，对其他国家没有拘束力，不直接产生一般国际法规范，因而契约性条约并不直接成为渊源，只有该约所载规则在经过发展被反复采用并公认，以及构成国际习惯后才成为间接的渊源。

许多学者认为，由于条约对非缔约国没有拘束力，契约性条约只能在缔约国之间构成“特殊国际法”，不能作为具有普遍拘束力的一般国际法。而造法性条约规定的普遍接受的原则和规则，是“一般国际法”。于是，只有那些以创立新的国际法原则、规范或改变现有国际法原则、规范为目的的造法性条约才可成为普遍适用的国际法渊源。

也有人主张：在事实上造法性条约和契约性条约是很难严格区分的，因为条约是复杂的，造法性条约中常常会出现契约性的具体权利和义务；而契约性条约中有时也体现出“造法性”的原则和规则。于是，把一切合法有效的条约都视为国际法的渊源是较为正确的观点。①

三、国际习惯作为国际法渊源

国际习惯（international custom），亦称国际习惯法，指在长期的国际交往中逐渐形成的不成文的行为规则。国际习惯是因国家的默示的共同同意而对所有国家产生拘束力的，它是创立具有普遍法律拘束力规则的方式。

（一）国际习惯与国际惯例的区别

在实践中，“国际习惯”与“国际惯例”（international usage）常常混用，而在国际法中，两词的内涵和性质都有区别。国际习惯专指具有法律拘束力的国际惯例。国际惯例的概念在使用时有广义和狭义之分：广义的惯例既包括有法律拘束力的国际习惯在内，也包括尚未具有法律拘束力的“通例”或称“常例”。在与国际习惯同时使用或者在通常情况下，国际惯例是取其狭义含义，即作为未具有法律拘束力的通例使用，《国际法院规约》第38条第1项（丑）款对此做了表述。在实践中，假如惯例经过相当时间后，被各国认为具有了法律拘束力，其便转化为习惯，即“作为通例之证明而经接受为法律者”。国际法学界一般认为，国际习惯与国际惯例不同：①国际惯例是尚未达到具有完全法律效力的惯常行为，而国际习惯是各国重复采用的具有法律拘束力的不成文的法律规范；②惯例可以是相互矛盾的，而习惯则应该是相统一和相一致的。

国际习惯是由各国在长期国际交往的实践中重复相同或类似的行为。若惯常做法或惯例发展成为一种自觉的法律信念，便成为习惯规范或习惯法。

① 参见［英］阿库斯特《现代国际法概论》，汪暄等译，中国社会科学出版社1981年版，第30页；端木正《国际法》，北京大学出版社1997年版，第22页。

（二）国际习惯的要素

国际习惯由两个要素构成：一是各国的重复的类似行为，即物质因素，或者称客观因素，指惯例的出现和国家在相当长时期内“反复”和“前后一致”的实践；二是被各国认为具有法律拘束力，即心理因素，或者称主观因素，指这项惯例被接受为法律，得到“法律确信”（opinio juris）。两个要素缺一不可。此外，还包括持续时间、重复频率或次数、一般默认以及证据等因素。

联合国国际法委员会专家赫德逊 1950 年曾在国际法委员会特别报告中提出，国际习惯法原则和规则必须具备这样几个要素：①一些国家的一致做法；②在相当长一段时间内对这种做法的持续或重复；③一致认为这种做法是为现行国际法所要求的或是与现行国际法相符合的观念；④其他国家对这种做法的一致默认。

（三）国际习惯的证据

由于国际习惯是不成文的，没有一个专门法律文件来表现国际习惯的原则和规范，于是，在国际实践中成不成为国际习惯不能单凭某个国家或某个权威来说明，要证明它是国际习惯就要寻找各种根据。这种根据国际法学界称之为“国际习惯法的证据”（evidence of international customary law），这种证据表现在国际习惯形成的下列情况所表现的种种资料之中：①国家之间的外交关系方面的实践，主要表现在条约、宣言、声明及各种外交文书中；②国际组织的实践，主要表现于决议、判决中；③国家内部的行为，表现于国内法规、判决、行政命令等形式中。[①] 例如，1900 年美国在审理“哈瓦那号案”[②] 时找到了“关于在战争时期交战一方在沿海活动的小渔船不受他方拿捕”的规则存在的证据，并证明美国政府在独立战争时期曾经接受了这个规则。在北海大陆架案中，国际法院认为《大陆架公约》第 6 条所载的中间线原则并没有成为习惯规则，因为从各国的划界实践中找不到这样的证据。足见习惯的证据的重要作用。

国际习惯是比国际条约更古老、更原始的国际法的渊源，在国际条约之前就出现了国际习惯。国际习惯曾经是传统国际法上的主要渊源。但是自 20 世纪以来，尤其是近几十年来，习惯的作用随着条约的大量产生而有所减弱，国际习惯在当代国际法中占什么位置，对此有着不同的看法和见解。但是，国际习惯仍然是国际法渊源中不可或缺的重要形式之一，它在条约所未涉及的国际社会的诸多领域，仍然起着不可替代的作用。

---

① 参见王铁崖《国际法》，法律出版社 1981 年版，第 30 页。

② Louis Henkin. International law cases and materials. West Publishing Co. , 1987: 38.

第四节　国际法的分类与作用

一、国际法的分类

国际法是国家及其他国际法主体在其相互交往中产生和发展起来的。倘若依据不同分类方法，可将国际法分为诸多种类。本书仅着重介绍常见的分类方法。

（一）传统国际法与现代国际法

国际法按其发展阶段可分为传统国际法与现代国际法。

（1）传统国际法（traditional international law）是国际法学者对近代国际法的习称，指以欧洲为中心的具有完整体系的国际法。1648 年的威斯特伐里亚公会是其产生的标志。第一次世界大战（以下简称“一战”）是近代（传统）国际法与现代国际法的分界线。这一点得到了许多国际法学者的认可：阿尔及利亚学者贝贾维认为，“在国际联盟成立之前，这个（传统）国际法只是欧洲法。它由地区实际情况同物质力量结合而成，后来为一个统治所有国际关系的法律”①。日本学者也认为，威斯特伐里亚公会以条约形式确立了欧洲国家的近代国际社会的存在，同时，这次会议揭开了近代国际法的序幕。② 近代国际法以独立主权国家的兴起为标志，其确定了一些重要的国际法原则——主权平等、领土主权。但当资本主义发展到帝国主义阶段，国际关系中便充满弱肉强食，原有的一些进步原则名存实亡，并出现了许多与帝国主义政策相适用的原则、规范，阻碍了国际法向和平与正义的方向发展。

（2）现代国际法（contemporary international law）是传统国际法或近代国际法的对称，以“一战”结束为标志。其打破了传统国际法以欧洲为中心的局面，使国际法逐渐走向和平与正义。现代国际法确认了一系列指导现代国际关系的新的国际法原则，扩大了调整的对象和范围，更新了国际法的内容，产生了许多分支。加之国际法的编纂，使得现代国际法更加系统化、法典化。

现代国际法是在传统国际法的基础上发展而来的，因此二者具有密切的联系。这种联系一方面表现为现代国际法沿用了一些传统国际法的原则、规范，另一方面表现为现代国际法扩展、变化并完善了传统国际法的内容。同时，现代国际法与传统国际法之间有着重大区别，两者是不同“质”的国际法。传统国际法是殖民主义、帝国主义的产物，正如贝贾维所称，传统国际法“包括一整套规则，这些规则具有：法理基础（它是一个欧洲法）、宗教伦理思想（它是一个基督教法）、经济动机（它是一个重商主义

① ［阿尔及利亚］穆罕默德·贝贾维：《争取建立国际经济新秩序》，欣华、任达译，中国对外翻译出版公司 1982 年版，第 35 页。

② 参见日本国际法学会《国际法词典》，陆国忠等译，世界知识出版社 1985 年版，第 521 页。

法)、政治目的(它是一个帝国主义法)”①。这一论述是对传统国际法特点的总结,也是对现代国际法与传统国际法的根本区别的概括。随着国际关系的进一步发展,现代国际法的和平性、民族性和多元性更加突出。

(二)一般国际法与特殊国际法

国际法按其适用效力可分为一般国际法与特殊国际法。

(1)一般国际法(general international law)是指对世界上大多数国家有拘束力的国际法原则和规范的总和。一般国际法是对不分社会政治经济制度、不分区域范围的所有国家普遍具有约束力的国际法。从本质上讲,一般国际法才是真正意义上的国际法。

(2)特殊国际法(particular international law)是指那些仅仅适用于某些特殊国际关系或仅对某些少数国家具有拘束力的国际法。特殊国际法可能是基于某些特殊的环境和关系而规定的某些特殊规则。特殊国际法不应限制或排除一般国际法,更不能违背一般国际法的基本原则,应受一般国际法的制约。

(三)普遍国际法与区域国际法

国际法按其适用范围可分为普遍国际法与区域国际法。

(1)普遍国际法(universal international law)是指适用于普遍性国际关系的国际法。国际法就其本质而言,是普遍适用于世界各国的,也就是说,对于所有国家及其他国际法主体都有法律拘束力。

(2)区域国际法(regional international law)是指只适用于区域性国际关系的国际法。即产生并适用于世界某个区域的国家间彼此关系的国际法原则和规则的总和。区域国际法中最显著的例子是所谓的“美洲国际法”,以及之后出现的“亚洲国际法”和“非洲国际法”。在实质内容上,区域国际法与普遍国际法是基本一致的,但由于特殊的历史环境,其也确立了一些仅在本区域适用的特殊的国际法原则、规则。当然,任何区域国际法都不构成对普遍国际法的限制,或者排除普遍国际法的适用。也就是说,一个区域如果形成自己的国际法,也只能适用于本区域内国家间的关系,而与本区域以外国家的关系则必须适用普遍国际法的原则和规则。

(四)协定国际法与习惯国际法

国际法按其表现形式可分为协定国际法与习惯国际法。

(1)协定国际法(conventional international law)是通过各国间的协议来确定各国交往的行为规则,或者确认、改变或废止已有习惯规则所形成的国际法原则、规则的总和。它通常是根据国际法主体间的明示协议而确立的,往往只适用于接受这一协议的各个国际法主体。由于世界上很少有普遍性国际公约,于是协定国际法经常作为特别国际

① [阿尔及利亚]穆罕默德·贝贾维:《争取建立国际经济新秩序》,欣华、任达译,中国对外翻译出版公司1982年版,第35页。

法而存在，[①] 国际条约所包含的原则和规则往往要通过国际习惯才能成为一般国际法的内容。

（2）习惯国际法（customary international law）是通过各国习惯做法所形成的国际法原则和规则的总和。国际习惯法是整个国际法体系的重要组成部分，也是国际法的最初表现形式。由于习惯国际法是以国际习惯为基础确立的，是作为约束所有国际法主体的一般国际法而存在的，[②] 随着国际法的编纂和各国协议确认，许多国际习惯法原则、规则已经转化为协定国际法，但仍然有许多国际法原则、规则表现为习惯法，而且在国际实践中，还会有新的国际习惯规则不断出现，补充习惯国际法的内容。

苏联学者提出了“社会主义国际法”，即适用于所有社会主义国家之间关系的国际法的主张。但随着苏联解体和东欧社会主义国家的政治变化，这种主张也逐渐消失了。

从国际关系的内容来看，可分为政治、经济、军事、外交、科技等关系，国家之间在这些不同领域的交往过程中，逐渐形成一些为各国所公认和遵守的原则、规则，有些领域的原则和规则日益完善，从而形成国际法中的部门法，如海洋法、空间法、条约法、外交与领事关系法、国际组织法、国际经济法、国际人权法、武装冲突与战争法等。这些部门的国际法均为国际法的组成部分。

二、国际法的作用

国际法在国际关系中具有十分重要的作用，归纳起来主要表现在以下方面。

（一）国际法是衡量是非的标准

由于各国立场和利益的冲突，对国际事务往往各持己见，辨别国际法主体的所作所为是否正确，不能仅靠“善辩”，更不能依“强权即公理”，总要有一个可以依据的标准。例如，苏联侵略阿富汗、越南侵略柬埔寨、伊拉克侵略科威特，他们都提出种种理由为自己开脱和辩解，但仍然遭到全世界人民的反对，其原因就是他们严重违反了国际法，违反了国际法基本原则，违反了《联合国宪章》。于是，国际法就是衡量国际关系是非的标准。

（二）国际法是国际社会的行为规范

国际关系离不了国际交往，国际交往离不了行为规范。尽管各国存在矛盾，仍然有许多为各国自愿接受并遵守的行为规范，这就是国际法。倘若国家违背了公认的国际法原则或自愿接受的条约义务，就会产生相应的法律后果和责任。于是，国际法成了国家自我约束和国家之间相互约束的行为规范。

① 参见日本国际法学会《国际法词典》，陆国忠等译，世界知识出版社 1985 年版，第 34 页。

② 参见日本国际法学会《国际法词典》，陆国忠等译，世界知识出版社 1985 年版，第 34 页。

（三）国际法是国际合作的法律基础

各国基于不同的利益，都把国际法作为为本国对外政策服务的工具，而国际法的原则是“平等”，国际法的特点是“相互”。一国要同他国交往，建立正常关系，就必须依照国际法，采取适当步骤，确定各方的权利与义务。从而为各国之间的友好合作和正常交往提供可靠的法律基础和保证。

（四）国际法是化解国际争端的有效手段

国际法在解决国际争端的全过程中都发挥着重要作用。首先，当国家间危机发生时，国家可根据国际法尽量恰当地选择解决方法化解争端；其次，当国家间争端发生时，国际法会明确“告知”当事国违反和破坏国际法的法律后果和应承担的法律责任，发挥出抑制争端扩大的作用，并起到促进接触和创造谈判环境的作用；最后，当争端发展为战争时，国际法的作用在于尽量使战争控制在一定规模和范围内，并使战争人道化，限制战争的残酷性。

（五）国际法是建立国际新秩序的保障

建立和平、稳定、公正、合理、合作的国际新秩序是人心所向，也是时代发展的需要。国际新秩序应符合《联合国宪章》的宗旨和原则，也应符合国际社会普遍接受和行之有效的国际法规则。于是，国际法对建立国际新秩序将发挥积极作用。当然，国际法也会在建立国际新秩序的过程中得到丰富和发展。

（六）国际法是国际裁判的法律依据

国家之间的争端发生后，争端当事国依据一定程序把争端提交给国际司法机构或仲裁机构，国际司法机构或仲裁机构将依据国际法原则、规则进行审理，以判明是非和责任，做出裁决。对此，《国际法院规约》明确规定：“法院对于陈诉各项争端，应依国际法裁判之。”此外，在战争结束后，特别成立的国际审判机构也将依据国际法进行审判，公平地结束战争状态和后果，建立新的和平与安全环境。

综上所述，国际法在整个国际关系中具有非常重要的作用。但是，我们在认识和评价国际法的作用时，要避免两种倾向：要么过分夸大国际法的作用，要么全盘否定国际法的作用。我们对国际法的作用应采取客观的态度：国际法是国际合作与斗争的手段之一，但不是全部手段，它只能在一定程度上发挥调整国际关系的作用。于是，在国际关系中既不要夸大，也不能否定国际法的作用。

第五节　国际法与国内法的关系

一、关于国际法与国内法关系的理论

国际法与国内法的关系问题是国际法的基本理论问题，也是一个长期存有争议的问题。自19世纪以来，西方国际法学者在国际法与国内法关系的理论上提出了三种不同的主张，即国内法优先说、国际法优先说、国际法与国内法平行说，前两种被归结为“一元论”（monism），第三种为“二元论”（dualism）。

1. 国内法优先说

其认为国际法与国内法属于同一个法律体系，国际法从属于国内法，国家的意志是绝对的、无限的，国际法的效力来自国内法，国际法只有依靠国内法才有法律效力。这一学说盛行于19世纪末，由德国国际法学者所倡导，主要代表人物是耶利内克、佐恩、考夫曼和文策尔等人。依当代国际法分析，该学说的错误主要有三：首先，理论上缺乏依据。依此学说，每个国家都可以拥有从属于本国国内法的国际法。这样，各国都可以有自己的国际法，此说实质上改变了国际法的性质，使其成了各国的“对外公法”。其次，该学说的核心错误在于，其抹杀了国际法的作用，从根本上否定了国际法存在的意义。最后，这种把国家意志绝对化，从而否定国际法效力的做法，是为适应强国向外侵略扩张的需要，以达到把本国的意志强加于国际社会，实现统治全世界的目的。

2. 国际法优先说

其主张国际法与国内法是同一法律体系的两个部门，但是在法律等级上，认为国内法从属于国际法，属于低级规范，在效力上依靠国际法，国际法有权要求将违反国际法的国内法废除；而国际法的效力依靠于“最高规范”——“国际社会的意志必须遵守”。这一主张的代表人物有“一战”后的狄骥、波利蒂斯、费德罗斯、孔慈和“二战”前后的凯尔逊、杰塞普等。从当代国际法的观点看，这一学说的错误在于：首先，其金字塔型的“法律阶梯”在法理上难于构成，各国在国际关系中各国共同意志下的“最高规范”难以形成；其次，其核心错误在于“否定了国家主权”；最后，该学说的结果是要否定国家意志，否定国家主权，为帝国主义的侵略扩张，制定“世界法”，建立“世界政府”提供理论根据。

3. 国际法与国内法平行说

其主张国际法与国内法是两种不同的法律体系，它们调整的对象、主体、渊源、效力根据等方面都不同，两者各自独立、互不隶属。其认为国内法的效力根据是一国的意志，而国际法的效力根据是多国的“共同意志”，因而两者互不隶属，处于对等而对立的地位。其代表人物有特里佩尔、安齐洛蒂和奥本海及当代的费茨摩里斯、卢梭等。这种学说的不当之处在于：过分强调了国际法与国内法的不同，而忽略了其相互间的联系，以致造成两者的对立。

当代国际法认为：国际法和国内法是法律的两个体系，但由于国家是国内法的制定者，又是国际法制定的参与者，所以两者彼此之间有着密切的联系——互相渗透、互相补充。于是在原则上，国家在国内立法时要考虑到国际法的规范要求，在参与制定国际条约时也要注意他国国内法的原则立场。我们从宏观上考察二者之间的关系可见：国内事务与国际事务彼此交叉、相互渗透，国际交往越频繁，国际社会与国内社会的联系就越密切，国际法与国内法的关系就越复杂。

二、关于国际法与国内法关系的实践

在实践方面，国际法与国内法关系的核心就是国家在国内如何执行国际法和如何履行其所承担的国际义务的问题。这个问题涉及一国国内法院是否直接适用国际法以及国际法与国内法冲突时应如何适用法律。由于国际法的规定不能直接适用于个人或法人，那么，国内法院如何执行该国承担的国际义务呢？国际法对此没有、也不可能有统一的规定。

如果要使国际法在国内得以实施，则要着重解决好两个方面的问题：一是摆正位置，二是解决冲突。

（一）摆正位置

1. 正确对待国际法

在国际实践中，国际法不能干预国家按照主权原则制定的国内法，不能把国际法看成世界法或国家之上的法，这是国际法基本原则决定的。因为主权国家都是独立自主的，国际法只是调整国与国之间关系的法，不涉及属于国家对内、对外的事务，这样就要求任何国家不得以国际法为借口，干涉别国主权范围以内的事务。《联合国宪章》第2条第7项对此做了明确规定。

2. 摆正国内法位置

国家应受公认的国际法和自愿承担的国际义务的约束。具体来说有以下几方面。

（1）国家不得制定出与公认国际法原则、规则相抵触的国内立法，不得用国内立法的规定改变国际法的原则、规则。

（2）一国对某条约不赞同可以不参加，对某条款不同意可以保留，这都是属于国家主权范围内的权利。而对已经参加的条约就应遵守并受其约束。于是国家就有义务使它的国内法符合其承担的条约义务，也就是说，为了在国内实施国际法，有必要将国际法规则和参加条约的义务在国内法中加以规定。实践中各国规定的方式不同，可概括为：①做出原则性规定。即在宪法中载明执行一切公认的国际法规范和经条约规定承担的义务。例如，1949年《德意志联邦共和国宪法》第25条规定："国际公法的一般规定是联邦法律的组成部分，它们位于各项法律之上，并直接构成联邦国土上居民的权利和义务。"日本1946年宪法中也有类似的规定。②做出一般性规定。即并非笼统接受，而是对已经承担了的义务做出相应的规定。例如，我国加入了《维也纳外交关系公约》，我国刑法和专门法规中就有优待外交人员的规定，如《中华人民共和国刑法》

（以下简称《刑法》）第十一条规定："享有外交特权和豁免权的外国人的刑事责任，通过外交途径解决。"再如，我国加入了"反劫机三公约"，我国公安、民航等部分的有关法规中都有相应规定。

（3）国家不得援用国内法来为不履行国际义务辩解，国内法规定不能免除其应承担的条约义务。相反，如国内法中有危及他国利益或国际法原则的，就构成了对国际义务的破坏。比如，在明显冲突的情况下，国家机关有责任依国内法的规定不顾条约而适用国内法，于是构成了该国违反"条约必须遵守"原则的事实。在这种情况下，与条约冲突的国内法在国际上属国家的非法行为，该国应对其国内法的适用承担国际责任。

只有摆正两者的关系才能防止冲突发生，或者在发生冲突时能尽快得以解决。

（二）解决冲突

由于国际关系错综复杂，在国际交往中难免会发生国际法与国内法的冲突。在冲突发生时，各国解决冲突的态度也不尽相同。下面简单介绍几个主要国家的立法和实践。

（1）英国。英国没有成文宪法，根据其实践，凡国际习惯规则经英国习惯法接受，即"构成英国法的一部分"。当遇到英国制定法与国际法相抵触时，法院总是执行议会立法；不过，推定议会没有推翻国际法的意思。

（2）美国。美英属同一法系，而美国有成文宪法。美国采取"国际法构成美国习惯法之一部分的原则"。条约、宪法与联邦法律居于同等地位，同为"美国之最高法律"，具有同等效力。当条约与联邦法律冲突时，美国法院采取"新法优于旧法"的原则，不过适用时必须推定国会没有推翻国际法的意思。

（3）法国。承认国际法优越，但没有明确规定国际法为本国法的一部分。普通法院一般适用国际习惯法，而且法律明确规定条约具有比国内法高的效力，如1958年宪法第55条规定："依法批准或通过的条约或协定，一经公布，即具有高于法律的效力。"

（4）原联邦德国。宪法规定：国际法为其本国法的组成部分，如前述第25条之规定。该法第100条还准许德国法官在联邦宪法法院的控制下，拒绝适用违反国际法的法规。

（5）苏联。既未明文规定国际法优先，也未宣布国际法为国内法的组成部分。而其1977年宪法第29条规定："真诚履行由公认的国际法原则和准则以及苏联缔结的国际条约所产生的义务。"在实践中，苏联是将国际法规范具体运用于本国法规。在制定解决抵触问题的专门规则时，立法往往直接指令主管机关如何适用，执行国际法规范或同时适用国际法、国内法规范，或者在适用国内法规范时考虑到国际法的内容。俄罗斯的宪法对于国际法以及条约在国内的效力没有明文规定。

（6）中国。《中华人民共和国宪法》（以下简称《宪法》）和《中华人民共和国立法法》（以下简称《立法法》）中对于国际法和条约在国内的效力没有明文规定。在实践中，我国对于需要在国内执行的国际法的原则、规则，根据情况制定出相应的国内立法或者直接适用。对于我国法律没有规定的或有不同规定的，则按照我国加入的条约或有关国际惯例执行。1986年《中华人民共和国民法通则》（以下简称《民法通则》）第

一百四十二条规定："中华人民共和国缔结或者参加的国际条约同中华人民共和国的民事法律有不同规定的，适用国际条约的规定，但中华人民共和国声明保留的条款除外。中华人民共和国法律和中华人民共和国缔结或者参加的国际条约没有规定的，可以适用国际惯例。"《民法通则》第一百五十条规定："依照本章规定适用外国法律或者国际惯例的，不得违背中华人民共和国的社会公共利益。"1985 年颁布的《中华人民共和国涉外经济合同法》（以下简称《涉外经济合同法》）以及 1992 年颁布的《中华人民共和国海商法》（以下简称《海商法》）等也做了类似的规定。从宪法关于缔结条约的程序规定以及《中华人民共和国缔结条约程序法》（以下简称《缔结条约程序法》）的规定看来，可以说条约和法律一样，在中国法律体制内有着同等的效力。至于条约和国内法相比较的效力，在我国缔结或者参加的国际条约与国内法有不同规定时优先适用国际条约，这项规定虽限于个别法律，但表明了我国立法的明显倾向。总之，在实践中我国一向奉行公认的国际法基本原则和准则，严格履行根据参加的国际条约所应承担的国际义务。

另外，阿根廷宪法规定：宪法优于条约，它的排列次序是宪法、国会立法、条约，发生抵触时以国内法优先。委内瑞拉的规定更为明确：国际法规则与宪法和共和国法律抵触，则不得采用。

从以上各国的实践来看，可将在遇到国际法与国内法冲突时各国的做法归纳为三大类：

第一，承认国际法或国际条约优先。例如，原联邦德国、法国、日本等。

第二，规定国际法或国际条约与国内法处于同等地位。例如，美国、英国等。

第三，规定国内法优先。例如，阿根廷、委内瑞拉等。

总之，就国际实践而言，为了防止国际法和国内法的冲突，国家在制定国内法或参与制定国际法时，都应考虑两者相互间的关系。在发生冲突的情况下，该国可以根据自己的情况采取不同的措施，但是若该国的行为违反了该国的国际义务，给他国造成损害，就应承担相应的国际责任。

第六节　国际法的历史

一、国际法的时期划分

国际法是国际关系与国际交往的产物。从这个意义上说，有国而无际，是不可能产生国际法的。只有出现了国家，并且国家之间发生了政治、经济、外交、军事和文化等关系与交往，才会产生一些调整这些关系的有拘束力的规范；而反过来，国际关系又受这些规范的约束。随着国际关系的进一步发展，这些有拘束力的规范逐渐完善，形成国际法。

国际法是随着国际关系的发展而发展起来的，国际关系经历了古代、中世纪、近代

和现代四个历史发展时期。与国际关系的历史发展相适应，国际法的发展也经历了古代、中世纪、近代、现代四个历史时期。

（一）古代国际法

古代是否有国际法，是一个存有争议的问题。一种意见认为，国际法是主权国家产生后才出现的。在古代没有主权国家，也就没有主权国家间的国际交往，所以，也就没有调整国际关系的国际法。另一种意见认为，在古代世界，毕竟有类似国家的政治实体，只要它们有来往关系，它们之间就会产生一些类似近代国际法的原则、规则和制度。从这个意义上说，古代世界是有国际法的，只是那时因交通与交往不便，这种规则仅限于一定地区和一定范围而已。

在古代埃及，很早就有订立条约的记载，其中有结盟条约、边界条约和通婚条约。最典型的是公元前1296年埃及法老和赫梯王国皇帝订立同盟条约。

由于古代国家之间经常发生战争，所以国家间关系的原则和制度主要与战争有关；又由于为解决战争而互派使节，便产生了与使节有关的外交规则，如尊重使节规则等。在古希腊各城邦间，在古罗马共和国与外国间，在中国春秋战国时期各诸侯国间，都曾存在过这种原则和制度。

在古罗马时期，逐渐发展了对外关系和对待外籍人的制度。为了处理罗马与外国的关系，罗马委派了与内事大法官职能完全不同的外事大法官执行“外事法”（万民法）。罗马与外国的关系按照有无友好条约而不同：对于没有友好条约的国家实际上处于敌对地位，这些国家的人几乎不受法律的保护，而对有友好条约的国家的人，则给予法律的保护。后来，“万民法”的范围逐渐扩大，包括领土、海上航行、战争等问题。

综上可见，在古代产生了国际法的个别原则和制度，产生了国际法的萌芽，但并未形成完整的体系，只能说是形成了国际法的雏形。

（二）中古国际法

有人曾经提出，中世纪的欧洲开始形成国际法。实际上，这一时期形成的是一个帝国——罗马帝国和教皇一统天下的状况，其他国家的主权被否定，国家间正常交往被阻碍，国际法在这个时期仅仅在某些方面有所发展。中世纪后期，随着欧洲有些地区的贸易往来增多和航海业的发展，产生了领事制度、海洋法制度，常驻使节制度开始实行并逐渐扩大，出现了一些海事法典等。但这一时期的国际法仍处于萌芽阶段，尚未形成系统的国际法体系。

（三）近代国际法

近代国际法产生的主要条件是独立主权国家的兴起。近代的欧洲社会发生了巨大的变革，宗教改革后，教皇失去了绝对统治权，16世纪开始，许多欧洲国家开始脱离教皇控制，赢得独立。17世纪的欧洲三十年战争结束后，出现了为数众多的独立主权国家，形成了新的国际关系，促进了国际法独立体系的形成。

1643—1648年的威斯特伐利亚公会（Congress of Westphalia）是近代国际法产生的

标志。这次会议结束了欧洲三十年战争，开创了以国际会议解决国际问题的新形式，会议承认了原处于罗马帝国统治下的为数众多的邦国成为独立主权国家，标志着具有独立主权的近代国家产生。罗马帝国主张的“世界主权”的观念为国家主权的观念所代替，这为国际交往与近代国际法的形成、发展创造了条件。会议确认的国家主权和主权平等原则，成为近代国际法最根本的原则，成为近代国际法的基础。

在这一时期，有位国际法上最重要的人物、近代国际法的创始人——荷兰法学家雨果·格老秀斯（Hugo Grotius，1583—1645）。格老秀斯第一次将杂乱无章的习惯国际法归纳为“万民法”，系统地论述国际法，使得国际法开始成为一个独立的体系；他对法学的另一大贡献在于他第一次将法学从神学的桎梏下解放出来。格老秀斯于1625年发表了《战争与和平法》（*De Jure Belli Ac Pacis*），这是第一部具有完整体系的国际法著作，它系统地论述了国际法问题。全书分为三卷，涉及战时法和平时法。该书几乎涉及了当时国际法的全部范围，使国际法成了一门独立学科。该著作可以说为近代国际法奠定了基础，其对后来的威斯特伐利亚公会具有很大影响。格老秀斯的主要著作还有《捕获法》（1605）、《海上自由论》（1609）等，均具有较大影响。格老秀斯以其在国际法上的贡献被誉为“国际法之父”。

18世纪的资产阶级革命，特别是1789年的法国大革命对近代国际法的发展产生了重大影响。例如，法国大革命提出了国家基本权利与义务的概念、国家主权原则、民族自决原则、不干涉内政原则，宣布赋予“为自由事业而被本国驱逐的外国人”的庇护权，在战争法中贯彻人道主义原则等。这些原则、规则和制度，后来逐步为近代国际法所吸收，成为国际法的原则、规则和制度。

资本主义进入帝国主义阶段后，国际关系中充满着压迫、掠夺、剥削和侵略，资本主义初期确定的一些进步原则和规则已名存实亡。相反，在原来的进步的概念和原则之外，产生了一些与帝国主义政策相适应的原则、规则。例如，正统主义、保护关系、势力范围、合法干涉、平时封锁，以及领事裁判权、租界、租借地制度，特别是不平等条约制度等，它们阻碍了国际法向和平、正义的方向发展。

尽管如此，在近代国际法时期，国际关系还是向前发展的，与之相适应的国际法也是向前发展的。表现在：①国际法的适用范围扩大。它不仅扩大到美国，而且扩大到整个美洲；不仅扩大到东方的土耳其，而且扩大到亚洲和非洲的一些国家。②国际法的领域扩大。确立了常设外交使节、永久中立、国际会议和国际仲裁等一系列制度，海洋自由原则得到确认，战争法也取得很大发展，国家之间开始签订一系列国际条约，而且建立了许多国家行政联合，成为后来建立世界性国际组织的影响因素。在这个时期，各国还召开了多次国际会议，如1814—1815年的维也纳会议，1856年的巴黎会议，1878年的柏林会议，特别是1899年和1907年的两次海牙和平会议等，所有这些会议的召开以及会上各国所签订的各种公约，对于国际法的发展起到了推动作用。

（四）现代国际法

现代国际法是第一次世界大战后逐渐形成的。在这个时期，我们又可以根据不同阶段国际关系的特点和国际法的变化将其划分为三个阶段。

1. “一战”后阶段

这是指自第一次世界大战结束到第二次世界大战爆发前夕的阶段。十月革命后的苏维埃政权提出了和平共处、民族自决、不兼并不赔款、侵略战争是反人类罪行、废除秘密外交和不平等条约等一系列对外关系的政策和原则，这些原则逐步为各国所承认，成为调整现代国际关系的新原则。第一次世界大战后，由英法发起，32 个协约国签订了《国际联盟盟约》，建立了世界上第一个世界性的国际组织——国际联盟，根据《国际常设法院规约》，建立了历史上第一个国际司法机构——国际常设法院。特别是1928 年《巴黎非战公约》的签订，第一次宣布在国际关系中废弃战争作为推行国家政策的工具，这对国际法的发展具有重要的意义。在此期间，国际法的编纂工作开始有计划地进行。这一切表明，传统国际法已经开始了变革，现代国际法已经形成。

2. “二战”后阶段

这是指从第二次世界大战结束至冷战结束的阶段。“二战”后，由于社会主义制度国家和民族独立国家的不断出现，国际关系发生了深刻变化，逐渐改变了国际关系中政治力量的对比，尤其是联合国组织的建立，国际社会从战乱走向相对的和平与稳定，为正常的国际交往、科学技术的发展创造了良好的环境和条件。由于国际关系的深刻变化，国际法也得以迅速发展，表现在淘汰了不合理的原则和规则，保持和发扬了其合理的规范，并创立了大量新的原则、规则和制度，逐渐完善了现代国际法体系。

这个阶段是国际法和国际关系发展最迅速的时期，主要表现在以下几个方面：

（1）民族独立和解放运动的蓬勃发展。新独立国家以崭新的姿态登上国际舞台，改变了国际社会的政治力量对比，当今全世界国家的总数增加到 190 多个。大量涌现的新国家要求维护国家主权和独立，要求发展，要求改革旧的不合理的国际法律秩序，代之以新的平等的国际法律秩序。许多旧的国际法原则、规则和制度被废弃，代之以新的原则、规则和制度。民族独立运动的出现，改变了传统国际法上国家是唯一主体的观念，同时扩大了国际法调整的对象和范围。

（2）国际组织的广泛涌现。这些组织在维护国际和平，促进国际合作与发展，协调各国间的关系，解决地区性冲突等国际生活的诸多领域，都发挥着不可替代的作用。国际组织的数目不断增加，作用不断扩大，尤其是以联合国为代表的数以百计的政府间国际组织使得其在国际关系中的角色越来越重要，并成为国际法的重要主体，使国际法受到深刻的影响。国际组织广泛多样的实践活动，一方面，对国际法的发展不断提出新问题，并开辟新领域，推动现代国际法的发展变化；另一方面，又直接以自己的实践活动来促进国际法的发展。

（3）国际经济新秩序的建立。战后国际关系的明显变化，体现在经济关系上有两个突出的特点：一是国家越来越多地干预经济生活，从而使许多经济关系成为国家之间的关系，即国家之间的经济关系；二是新独立国家政治上获得独立后，迫切要求发展经济，要求改变旧的国际经济秩序，建立新的国际经济秩序。1974 年联合国大会通过的《建立新的国际经济秩序的宣言》和《各国经济权利和义务宪章》就体现了新独立国家的这种要求。从国际法的内容来看，有关国际经济关系的法律原则、规则和制度已经成为现代国际法的一个重要组成部分。从当今国际关系实践来看，国家间经济的相互依

存、经济全球化、一体化已成必然趋势，与之相适应，一大批全球性和区域性国际经济组织成立；同时，一系列调整国家间经济关系的法律原则、规则确立，新的国际法律领域——国际经济法已经形成。

（4）科学技术的日新月异的变化。按照马克思主义的观点，科学技术是第一位的生产力，对于作为上层建筑的法律必然产生强大的推动作用，它对国际法产生的影响，突出反映在海洋法、空气空间法、外层空间法、国际环境法等部门法的原则和制度的发展与健全上，也表现在极地制度以及现代条件下有关战争法的制度的变化上。

上述几个方面表明，第二次世界大战后，现代国际法体系进一步完善，国际法的内容越来越丰富，包括的范围也越来越广泛。

3. 后冷战时期

这是指20世纪80年代末90年代初冷战结束至今，国际法面临巨大挑战的时期。第二次世界大战结束时创造的足以维护国际和平与安全并巧妙平衡各国力量对比的雅尔塔体系，在战后起到了不可抹杀的重要作用，然而随着冷战的结束，雅尔塔体系崩溃，东欧剧变，苏联解体，两极格局终结，美国成为当今唯一的超级大国，国际格局发生了很大变化。美国为巩固冷战成果，扩大战略版图，扩张在全球的利益，指使北约发动了科索沃战争，以反恐为名发动了阿富汗战争，为推翻萨达姆政权进攻伊拉克。国际社会也出现了一系列对现行国际法构成严峻挑战的形势和理论思潮。特别是进入21世纪，全球化冲击、国际安全体制的动摇、联合国的地位和作用的削弱、人道主义干涉的"复兴"、民族主义的抬头、武力和武力威胁的频繁使用、打击恐怖主义新理论的出笼等实践和理论，可以说使本来就已经脆弱得不能再脆弱的国际法理论体系雪上加霜。冷战期间国际法基本理论能否构成现代国际法的理论基础？现代国际法的标志是什么？在新时期中国际法的基本走向如何？在当前复杂多变的国际形势下，国际法应该发挥什么样的作用？如何完善新形势下的国际法理论？面对如此众多的挑战，迫使人们不得不重新重视和审视现行国际法规则和现代国际法理论。

二、国际法的编纂

（一）国际法编纂的概念和意义

国际法的性质决定了在国际社会没有一个凌驾于国家之上的超国家的立法机构。国际法的原则、规范体现于或散见于各国缔结的条约和形成的国际习惯之中，因而国际法的这种形式便缺乏"精确性""统一性"，适用起来也很不方便，这样，国际法的编纂就显得更加必要和重要。

国际法的编纂（codification of international law）就是把散见于国际条约和国际习惯中的各种原则及规范系统化和法典化的活动。

国际法编纂的意义在于确定"现有法律"（lex lata）和制定"应有法律"（lex ferenda）。即一是把分散的现有国际法原则、规则编订成法典，使分散的原则和规则法典化；二是按法典形式进行整理，统一国际法原则、规则，编订成新法律。

国际法编纂不同于国际法汇编（collection of international law），它要矫正各种规范的矛盾，消除其缺陷，使其明确化、系统化。它又不属于国际立法（international legislation），它需要各国普遍接受后才能发生效力，但其对国际法的发展具有影响和促进作用。

从编纂形式看，编纂有全面法典化和个别法典化之分。全面法典化（comprehensive codification）是试图把国际法所有的原则、规则纳入一部完整的法典之中。这种编纂任务过于繁重，也很不现实，迄今尚未实现。个别法典化（individual codification）是要把各个部门的原则、规则，进行系统而分门别类的编纂，使之成为部门法的法典，如海洋法、战争法等。这是一种切实可行的编纂形式，这种形式为国际法编纂的主要形式，政府之间的国际法编纂工作迄今为止只采用此种形式。

从编纂者来看，编纂有非官方编纂和官方编纂之分。非官方编纂指个人或学术团体的编纂，官方编纂指各国政府之间或国际组织进行的编纂。非官方编纂早于官方编纂，而且进行过全面法典化的尝试，而官方编纂迄今为止还限于个别法典化。

（二）国际法编纂简史

1. 个人学术团体编纂和前期官方编纂

自18世纪英国学者边沁最早提出国际法编纂后，法学家个人和权威性国际法学术团体，如国际法研究院、国际法学会以及哈佛大学国际法研究部等曾多次发表各自编纂的法典及方案，这种编纂往往是对整个国际法的法典化，这为后来的编纂工作提供了可供借鉴的资料与经验。

到19世纪，开始出现了官方的编纂活动：1815年的维也纳会议，1856年的巴黎会议以及日内瓦会议在禁止买卖黑奴、建立国际河流自由航行制度、确定外交使节等制度方面都有编纂内容。巴黎会议签署的《海上国际法原则宣言》可以说是官方国际法编纂工作的开始。之后，两次海牙和平会议，分别制定了关于和平解决国际争端和战争法规等10多项公约及宣言。它们对国际争端法及战争法的形成与发展产生了重要影响。

第一次世界大战后，在国际联盟主持下于1930年在海牙召开了一次有48国参加的国际法编纂会议，对国籍、领海、国家责任等三个议题进行了编纂，最后通过了《关于国籍冲突的公约》及三项有关的议定书。虽然其他两项议题未取得具体成果，但作为一次有组织的大型国际法编纂会议，它在国际法编纂的历史上具有重要意义。

2. 联合国的国际法编纂

第二次世界大战后，随着联合国组织的建立，国际法编纂工作进入了一个新的阶段。《联合国宪章》第13条1款规定："大会应发动研究并做成建议，以……提倡国际法的逐渐发展与编纂。"为了实现上述职责，联合国大会于1947年做出决议，设立国际法委员会。并于1948年经选举正式产生。国际法委员会是联合国负责编纂国际法的主要机构。国际法委员会的任务是：就国际法应规定的一些问题或"各国实践尚未充分发展成为法律的"一些问题草拟成公约草案，以促进国际法的进步、发展；编纂现有国际法，即"在那些已经有广泛国家实践、先例和学说的领域内"，使国际法更加精确地条文化和系统化，委员会主要是编纂国际公法，但也涉及国际私法。迄今为止，经国

际法委员会草拟的公约草案和条款草案计有数十个，涉及国际法诸多领域。

国际法委员会的工作程序是，由委员会向联合国大会提出选题，或者大会自己提出选题由委员会草拟公约草案或条款草案，然后经大会通过。公约草案一般由大会决定召开外交会议通过，开放给各国签字批准。我国于 1981 年参加国际法委员会选举，先后有数位知名国际法学者当选为委员。

1949 年以来，国际法委员会拟订的公约草案和条款草案有：①国家权利义务宣言；②纽伦堡法庭宪章及法庭判决所承认的国际法原则；③危害人类和平及安全治罪法；④消除未来无国籍状况公约；⑤仲裁程序示范规则；⑥最惠国条款；⑦领海与毗连区公约；⑧公海公约；⑨捕鱼和养护生物资源公约；⑩大陆架公约；⑪减少无国籍状态公约；⑫外交关系公约；⑬领事关系公约；⑭特别使团公约；⑮国家在普遍性国际组织中代表权公约；⑯条约法公约；⑰防止和惩处侵害应受国际保护人员包括外交代表的罪行的公约；⑱关于国家在条约方面的继承公约；⑲关于国家在财产、档案和债务方面的继承公约；⑳关于国家和国际组织间或两个以上国际组织间条约法公约；等等。

国际法委员会现在正在讨论的专题有：国家及其财产的管辖豁免，外交信使和没有外交信使护送的外交邮袋的地位，国家责任，国际法不加禁止的行为产生的损害性后果的国家责任，国际水道非航行使用法，危害人类及安全治罪法草案，国家与国际组织之间的关系，等等。

国际法委员会在编纂国际法方面取得了令人瞩目的成就，在 60 多年的时间里，有 16 项国际公约是在该委员会制定的条文草案的基础上由联合国大会或联合国主持召开的外交会议通过和签订的。它们有：1958 年的《领海与毗连区公约》《公海公约》《公海捕鱼与养护生物资源公约》《大陆架公约》，1961 年的《减少无国籍状态公约》《维也纳外交关系公约》，1963 年的《维也纳领事关系公约》，1969 年的《维也纳条约法公约》《联合国特别使团公约》，1973 年的《防止和惩治对国际保护人员包括外交人员犯罪行为公约》，1975 年的《维也纳关于国家在其普遍性国际组织的关系中的代表权公约》，1978 年的《维也纳关于条约的国家继承公约》，1983 年的《关于国家对条约以外事项的继承公约》，1986 年的《关于国家和国际组织间或国际组织相互间的条约法公约》，1992 年的《联合国气候变化框架公约》，1997 年的《国际水道非航行使用法公约》，1998 年的《国际刑事法院公约》，2003 年的《联合国反腐败公约》，等等。这些公约所编纂的是国际法的重要部分。委员会还对国际法的一些重要问题完成了制订条文草案的工作，或者提出了报告和其他形式的法律文件。它们虽然未形成有拘束力的国际公约，但对国际法的发展还是有相当的影响的。

除国际法委员会外，联合国的其他机关、委员会和专门机构也承担着编纂国际法的工作。例如，联合国人权委员会拟订、1966 年签订的《经济、社会、文化权利国际盟约》《公民和政治权利国际盟约》，国际民航组织提出并分别于 1963 年、1970 年、1971 年签订的《东京公约》《海牙公约》《蒙特利尔公约》及 2010 年签订的《北京公约》，外空委员会拟订的《外空原则宣言》及其四个外空条约，联合国大会第六委员会草拟的《反对劫持人质国际公约》，国际贸易法委员会 1974 年通过的《国际销售货物时效期限公约》、1978 年通过的《联合国海上货物运输公约》，联合国秘书处草拟并由 1976

年联合国大会通过的《联合国国际贸易法委员会仲裁规则》，以及 1982 年通过的《联合国海洋法公约》。

联合国以外的国际组织也进行了编纂国际法的活动，例如国际红十字会于 1949 年起草了四个关于保护战争受害者的日内瓦公约及 1977 年的两项附加议定书等。

三、中国与国际法

（一）古代中国与国际法

中国是世界文明古国之一，中国与国际法的关系也可以追溯到古代。与古代世界一样，古代中国也有国际法的萌芽。最早最显著的例子是春秋战国时代，诸侯国建立，各诸侯国间时而使者往来，时而兵戎相见，为了调节诸侯国之间的关系，产生了一些交往的规则和制度。这些原则、规则和制度与近代国际法有类似之处，它们的总体可以说是初步的国际法，也可以说是国际法的萌芽。

公元前 21 年，秦始皇统一了中国，称为“中央之国”。随着时间的推移，历任朝代变迁，尽管有时发生了短暂的分裂，但是统一占了主流，统治的思想是“普天之下，莫非王土；率土之滨，莫非王臣”。帝国是无所不包、不可分割的，在世界上无竞争者，也无平等者，周围的国家均为藩属，向中国进贡，受中国册封，这就决定了不可能有国际法发展的基础。在中国漫长的历史发展中，尽管也曾出现过汉代张骞通西域以及明代郑和下西洋等对外交流，但这个时期的国际关系实际上是“诸侯之间的往来”，不存在近代意义上的“国家”。而且，这种往来毕竟是断断续续，很不普遍，中国终于未能产生和形成调整这种关系的规范体系。国际法是在近代从西方传入中国的。

（二）近代中国与国际法

鸦片战争前，两广总督林则徐被任命为钦差大臣到广州禁烟，1839 年，他得知瑞士人法泰尔（Emerich de Vattel，1714—1767）著有《万国法》一书，遂命人将其中的片断译成汉文，称为《各国律例》，林则徐基于维护祖国的独立和尊严的立场，运用国际法，采取了一系列措施，涉及禁烟、销烟、保护守法外商、维护中国司法主权、巩固海防、自卫等方面。《各国律例》后由魏源等人辑录于《海国图志》中，这可以说是国际法在中国最早的引进与传播。

在林则徐介绍国际法到中国后的 25 年，即 1864 年，清政府同文馆总教习、美国传教士丁韪良（William Alexander Parsons Martin，1827—1916），经美国驻华公使蒲安臣的鼓励，把 1836 年出版的美国国际法学家惠顿（Herry Wheaton，1785—1848）所著《国际法原理》（*Elements of International Law*）一书译为汉文，称为《万国公法》，作为礼物进献给清政府的总理衙门。这是第一次全面地、正式地将国际法著作介绍到中国，其对国际法在中国的传播产生了一定影响。

在丁韪良把国际法全面介绍到中国的当年，发生了一件对国际法传播有影响的事件。这年正值普丹战争期间，普鲁士军舰在渤海湾拿捕了丹麦船，清政府根据《万国公法》中提到的领海制度和海战规则，向普鲁士提出抗议照会，结果该船被释放了。这个事件使清政府的官员感到国际法有一些用处，因此，他们以后办理“洋务”时曾多次参考国际法著作，甚至于当时不少人过分迷信和依赖国际法，认为中国“若以公法为依归，当不受无穷之害”。但这是十分幼稚的观点，弱国无外交，一国若无坚强的实力为后盾，是无法享受国际法上的权利的。事实上，国际法在近代被传到中国后，给中国人民带来了更多的灾难。国际法的原则、规则和制度被认为主要只适用于西方国家之间的关系上，而中国被污蔑为“非文明国家”，受尽欺凌。西方列强在所谓国际法规则的庇护下通过战争和武力威胁强迫中国签订了一系列不平等条约而攫取到种种特权和利益。近代中国是半殖民地半封建社会的形成时期，是民族灾难日趋加深的时期。正如清末思想家郑观应所说：“公法乃凭虚理。强者执其法以绳人，弱者必不免隐忍受屈也。是故有国者，惟有发愤自强，方可得公法之益；倘积弱不振，虽有公法何补哉?”①这也道破了国际法在中华人民共和国成立前的实质、作用和地位。

（三）中华人民共和国与国际法

一百多年来，中国人民为反抗列强的侵略和奴役进行了艰苦卓绝的斗争，直到1949年中华人民共和国成立，才真正摆脱了帝国主义及不平等条约的束缚。中华人民共和国的成立，使中国对外关系进入了一个新阶段，中国以一个独立自主的主权国家的资格屹立于世界民族之林，同时中国与国际法的关系发生了根本性变化。中国废除了西方列强强加的一切不平等条约，取消了它们的特权和特殊利益，在平等、互利及互相尊重主权等国际法原则的基础上与各国建立起新型的国际关系。中国奉行独立自主的和平外交政策，不依附也不屈从任何外国，一贯遵守国际法的原则、规则和规章制度，忠实地履行《联合国宪章》和各项国际义务；在外交实践中运用国际法维护我国的权益，处理与世界各国的关系。我国对国际法的态度，可以概括为：遵循国际法、发展国际法、维护国际法、运用国际法。我们在国际法的许多领域有创新或补充。

（1）在原则方面，我国政府一贯公开声明接受公认的国际法原则和规则，采用各国一致实行的制度。我国一向支持和拥护《联合国宪章》的宗旨的原则，由我国首先提出并与其他国家共同倡导了和平共处五项原则，提出了对外援助八项原则，对一系列的国际法原则做了新的解释和运用。我国坚决维护国家主权原则，反对对国家主权的否定和削弱，强调各国拥有经济主权、资源主权，反对外来控制和掠夺。

（2）在国际法主体方面，我国不仅主张国家是国际法的主体，而且主张民族解放组织以及政府间的国际组织也是国际法主体，应当得到国际社会的承认和支持。

（3）在承认方面，我国主张对新国家、新政府应及时地予以承认，并强调承认不应附加先决条件，反对“附条件承认”，提倡相互承认原则，并创造了“逆条件”承认的方式，反对既存国家利用承认对新国家或新政府施加压力，谋取利益。

（4）在继承问题方面，我国对旧政府签订的条约与承担的义务，既不一概继承，也不笼统否定，而是进行具体分析、区别对待。对于平等基础上签订的条约，我们承认

---

① 转引自王铁崖《国际法》，法律出版社1981年版，第18页。

并继承其权利义务；而对掠夺性的不平等条约，我们一概否定，而且在处理历史遗留问题时我们又是合情合理地给予解决。例如，香港问题和澳门问题的圆满解决就赢得了国际社会的高度评价。

（5）在处理国籍问题方面，我国主张一人一籍、男女平等的原则；实践中，妥善地与有关国家解决了历史上遗留下来的国籍冲突问题。

（6）在外交方面，我国既重视官方的外交，又重视民间的外交，创立了国民外交的新的外交形式。另外，对于使馆、领馆制度也有新发展。

（7）在和平解决国际争端方面，我国非常重视谈判、协商的方式，并非一切仅靠投票和表决解决问题，等等。

第七节　国际法学

一、国际法学的概念和研究对象

国际法学（science of international law）是研究国际法的法律规范和发展规律的科学和学科，是以国际法的主体、客体和内容以及国际法的体系和规范的产生和发展、本质、概念、特征、作用、渊源、效力为对象的一门法学理论学科。

国际法学作为一种理论形态，是由学术机构或者国际法学家来论证的，它无须通过国家间的协商一致，无须国家权力机构的批准，除了在极其个别的情况下，“各国权威最高之公法学家学说作为确定法律原则之补助资料”外，不具有任何法律拘束力。国际法学不能脱离国际法体系和规范而存在，国际法是国际法学的基础和根据；另外，国际法学又为国际法的体系和规范的发展、完善和正确实施服务。

国际法学的研究对象，除了国际法律关系、各个部门的国际法原则、规则和制度，即国际法规范本身与规范产生的方式和法律效力外，还要研究国际法拘束力的来源和强制方式，国际条约和国际习惯在国际法渊源中的地位和作用，确定国际法各项辅助资料与国际法渊源的关系，等等；此外，对于影响国际法形成与发展的国际政治关系、国际经济关系、国家对外政策，国家的涉外法律以及与国际法学相邻的学科，如国际私法学、国际经济法学、国际关系学、外交学等及其相互关系，都被视为国际法学研究的对象。

国际法学有狭义和广义之分：狭义的国际法学仅指国际公法学，主要是以国家间关系为研究对象的国际法学；广义的国际法学包括国际公法学、国际私法学和国际经济法学等内容，随着国际关系的发展和领域的扩展，“国际新法”[①] 涌现，在国际法学中许多新兴学科和重要分支开始形成，大大扩展了国际法学的内容。本书是采用狭义国际法学的含义。

① 盛愉、魏家驹：《国际法新领域简论》，吉林人民出版社1984年版，第11页。

本书认为，当代国际法的研究对象依据不同角度可具体指向：条约及其他国际文献，案例，国际事件，国际习惯做法，学者的著述、学说和流派；国际法律关系中的主体、客体、法律事实；国家对外政策，各国国内法所包含的一般法律原则、国际习惯法，国际法一般原则，国际法基本原则；等等。

二、国际法学的体系

从法理上看，国际法学体系是法学体系的一部分。我们从法理学角度，将国际法学体系界说为：由国际法学的全部分支学科所构成的有机联系的整体。它揭示了国际法学研究的范围、分科及各个分支学科的相互关系和有机联系。[①] 苏联学者克利缅科等所做的定义着重从研究对象和范围的角度着手："关于国际法的产生和发展，关于国际法的实质、渊源、客体、主体、基本原则、各个部门、制度规范和现代历史条件下国际法的任务的互相联系的科学观点和概念的总和。"[②] 在国际法学界，对国际法的各个分支学科包括什么内容、如何划分，它们之间如何排列成科学的体系，不同派别的法学家、思想家，有着差别较大的认识。不同时期、不同阶段的国际法学体系也是迥然不同的：譬如，有人划分为传统国际法学体系、现代国际法学体系；有人划分为社会主义国际法学体系、资本主义国际法学体系；还有人划分为发达国家国际法学体系、发展中国家国际法学体系。

本书仅就如何排列当代国际法学的各个方面和各个部门的体系问题加以介绍。

有的学者认为"国际法学的科学体系一般应有导论、总论、分论三个组成部分"，导论是介绍国际法的性质、概念，国际关系与国际法、国际法与国内法的关系，国际法的历史，国际法的渊源，等等；总论着重探讨国际法的基本原则、国际法主体的相关问题，如国家主权、国际法上的承认、继承和国际责任等；此外，领土、居民问题"也应作为国际法的总论内容"；国际法的分支，如海洋法、航空和空间法、外交和领事关系法、条约法、国际组织法、国际经济法、国际环境法、国际争议法和战争法等，"完全可以而且应该作为国际法的分论"[③]。

也有的学者认为一般包括总论、实体法和程序法三部分：总论阐述国际法的概念、特点、渊源、体系、性质和沿革等基本问题；实体法分别讨论国际法的主体（包括国家的基本权利和义务、国家承认、继承、国家责任等）、领土法、海洋法、国际法上的个人（包括国籍法、外国人的待遇、引渡和庇护等）、外交和领事关系法、条约法、战争法等问题；程序法讨论解决国际争端的方法，包括外交解决方法（含谈判、协商、斡旋、调停、调解）和法律解决方法（含国际仲裁、国际司法解决）。[④]

---

① 参见沈宗灵《法学基础理论》，北京大学出版社 1994 年版，第 2 页。

② ［苏联］克利缅科等：《国际法辞典》，程晓霞等译，中国人民大学出版社 1987 年版，第 107 页。

③ 潘抱存：《中国国际法理论探讨》，法律出版社 1988 年版，第 112 页。

④ 参见左海聪《论国际法部门的划分》，见中国国际私法学会《中国国际私法与比较法年刊》［1998（创刊号）］，法律出版社 1998 年版，第 2 页。

笔者认为，国际法学的体系应该主要按照国际法所包含的各种规范以及它们所调整的法律关系，结合法理学的分类方法进行科学分类，排列出合乎统一逻辑关系的顺序。据此，本书将当今国际法学体系分为总论和分论两部分，共设十四章，内容大体排列如下：第一部分，总论，主要讲国际法的基本原理和基本理论问题。①国际法的概念、简史、性质、地位、渊源、编纂等；②国际法原则和国际法基本原则；③国际法律关系：含主体、客体、内容、法律事实；④国际法律责任；⑤国际争端的和平解决。第二部分，分论，主要讲国际法的各个部门法，即国际法处理不同方面问题的各种制度。①领土的国际法问题；②国际海洋法；③国际空间法；④居民的国际法问题；⑤人权的国际法问题；⑥外交关系法和领事关系法；⑦国际条约法；⑧国际组织法；⑨武装冲突与战争法。当然，国际法学对于国际关系中出现的新的法律问题、国际法的新的领域，也应列为研究专题。

三、国际法学的研究方法

从宏观上看，国际法学属于法学的一部分，其可以适用法学的主要的研究方法，诸如社会调查的方法、历史考察的方法、分析的方法、比较的方法，以及将系统论、信息论、控制论的方法应用于法学研究的方法等。[①] 然而，国际法是一个特殊的法律部门，有其固有的特性和规律，因此国际法学有自己的一整套研究方法。

总体上看，我国国际法学是以马克思主义为指导的，马克思主义的辩证唯物主义和历史唯物主义对国际法学的研究仍具有普遍的指导意义，其方法论也是建立在此基础上的，当然，国际法学也有其自身的方法论。

我国国际法学界迄今为止尚未对国际法学的研究方法问题开展过正式讨论，也没有形成较权威和较统一的认识。总结我国国际法学者在研究过程中常用的方法，可归纳为以下几种。

（一）历史结合现实的研究方法

列宁曾经指出："为了解决社会科学问题，为了真正获得正确处理这个问题的本领而不被一大堆细节或各种争执意见所迷惑，为了用科学眼光观察问题，最可靠、最必需、最重要的就是不要忘记基本的历史联系，考察每个问题都要看某种现象在历史上产生，在发展过程中经过了哪些主要阶段，并根据它的这种发展去考察这一事物现在是怎样的。"[②]通过对国际法规范及其所调整的国际法律关系的历史考察，研究每一历史时期的国际政治、经济、军事和外交等对国际法发展的影响，找出它们的相互关系和内在的规律性，可以使我们了解国际法产生和发展的历史条件，揭示各种国际法制度和理论产生的历史背景和对社会发展的作用，把握一定的社会经济条件对国际法的要求，以及国

---

① 参见沈宗灵《法学基础理论》，北京大学出版社 1994 年版，第 14 ～ 18 页。

② 中共中央马克思恩格斯列宁斯大林著作编译局：《列宁选集》（第四卷），人民出版社 1995 年版，第 43 页。

际法规范对社会经济基础的反作用；并结合现实探讨国际法规范和制度发展变化的社会物质根源，预测其未来的发展趋向。

（二）比较结合分析的研究方法

有比较，才能有鉴别；有分析，才能去伪存真。这种分析、比较即包括对不同国家的、不同学派的学说和理论，以及对具有代表性的各大法系的理论与实践进行横向的比较分析，也包括对不同历史时期的国际法，即国际法的过去和现在进行纵向比较分析。在进行比较分析时，重在运用辩证逻辑推理对实质内容进行科学的比较分析，而不能单纯地注重形式的比较分析。分析和比较是不可分割的，应该分析中有比较，比较中有分析。

（三）理论结合实际的研究方法

毛泽东同志说过：马克思主义哲学强调理论对于实践的依赖关系。理论的基础是实践，又转过来为实践服务。判定认识或理论是不是真理，不是依赖主观上觉得如何而定，而是依据客观上社会实践的结果如何而定。真理的标准只能是社会实践。[①] 国际法来源于国际社会的实践，国际法学是对实践的科学总结与高度概括，因而国际法学的研究同样要着眼于实际、着眼于国际社会的实践、着眼于我国对外关系的实践。脱离实际的研究是毫无价值的。

（四）演绎结合归纳的研究方法

长期以来国际法总是“以欧洲为中心”，国际法学过去也主要是资产阶级学者在研究。就传统的研究方法而言，大陆法系和英美法系不同：大陆法系学者主要用演绎法，侧重从法学原理的探讨出发，推导出普遍适用的规则；英美法系学者主要用归纳法，以分析研究国际判例和各国判例材料为主，抽象出带共性的规范。我国受大陆法系影响较大，习惯于演绎式的研究方法，假若仅仅以此单一的方法，势必陷入困境。我们研究国际法学不能简单地对国际法文献或案例做注释和说明，而应在唯物辩证法的指导下，结合采用演绎法和归纳法，将以不同形式表现出的国际法规范和反映国际法实践的各种案例和事件加以科学地整理，分门别类地加以研究分析，揭示其规律、特点、本质和作用。[②]

（五）原理与案例并举的研究方法

国际法是在长期的国际交往实践中形成的，于是，国际法既是具有完整体系的理论学科，需要花大力气理解和掌握国际法的基本概念和基本原理；同时，国际法更是具有大量实践与案例的规范体系，需要融会贯通，学习与研究国际法时运用案例分析的方式显得十分重要。正如奥本海所称：“司法判决已经成为国际法的发展中一个最重要因

---

① 参见《毛泽东选集》（合订一卷本），人民出版社1969年版，第261页。

② 参见余先予《国际私法学》，杭州大学出版社1992年版，第42页。

素，而且司法判决的权威和说服力有时使它们具有比它们在形式上所享有的更大的意义。”① 从国际法教学角度来看，案例是必不可少的教学资料，学习与研究国际法的学者不仅可以从中寻找国际法原则、规则和制度，而且可以看到怎样运用国际法来解决实际问题。运用案例进行国际法教学与研究可以说是国际法理论联系实际的有效方法。②本书并不赞成有些人从英美法系照搬的所谓“案例教学法”，更反对将国际法课程搞成仅仅是对几个典型案例的评析。但是，联系与结合案例进行教学与研究却是值得提倡和推广的。因此，原理与案例并举的方法是学习与研究国际法时必须采用的学习与研究方法。

四、国际法学发展简史

国际法的产生为国际法学的产生奠定了基础，国际法学的发展同国际法的发展常常是齐头并进的。

在奴隶制时代，由于生产力水平低下，国家之间的交往极不发达，处于萌芽状态的国际法发展缓慢，与此相适应的国际法学也很不发达，但已有一些学者开始从理论和实践的角度对国际法的某些问题提出了自己的看法和观点。

大约在中世纪后期，开始有学者撰写国际法方面的论著和文章。由于中世纪的封建社会神权至上，神学成了万学之尊，国际法学亦被蒙上了神秘色彩。带有神学色彩的自然法和教会法在欧洲占主导地位，形成了早期的自然法学派，如 14 世纪的西班牙萨拉曼卡大学教授、神学家维多利亚（Francisco de Vitoria，1480—1546）所著《神学感想录》第六卷《关于西班牙人对野蛮人的战争法》专门研究战争法；15 世纪的西班牙神学家苏亚利兹（Francisco Suarez，1548—1617）所著《法律及神为立法者论》的第二卷中有国际法问题的论述；16 世纪末意大利法学家真提利斯（Albericus Gentilis，1552—1608）做了开创性尝试，他抛弃了从神学和伦理学演绎国际法规则的传统方法，而把各国的惯例加以归纳，产生出国际法规则，真提利斯的学说为格老秀斯的理论奠定了基础，国际法学说开始从神学中脱离出来。尽管上述三位学者关于国际法的理论并不完整且缺乏体系，但他们提出的观点和研究方法对后辈有很大影响，因而被称为国际法理论的先驱。③

17 世纪的欧洲，经过资产阶级革命，国际形势有了较大变化，基督教世界崩溃，独立主权国家出现，为近代国际法的产生和发展奠定了基础，也为国际法学体系的形成创造了条件。这一时期的代表人物是被誉为“国际法之父”的荷兰学者格老秀斯（Hugo Grotius，1583—1645）。他出版的《战争与和平法》（1625）、《捕获法》（1604—1605 年执笔，1864 年出版）、《海洋自由论》（1609）等著作，构成了近代国际法的框

---

① 《奥本海国际法》（第一卷第一分册），［英］詹宁斯、瓦茨修订，王铁崖、陈公绰、汤宗舜、周仁译，中国大百科全书出版社 1995 年版，第 24 页。

② 参见陈致中《国际法案例》，法律出版社 1998 年版，序言。

③ 参见余先予《国际法律大词典》，湖南出版社 1995 年版，第 13 页。

架，也提出了近代国际法的基本体系，在国际法和国际法学发展史上都具有划时代意义。

继格老秀斯之后，国际法学的各流派先后应运而生，出现了自然法学派、实在法学派以及格老秀斯学派（折中法学派），并涌现出一大批国际法学家。这些新学派及其理论的形成丰富和发展了国际法学。从三个学派的地位看，17世纪自然法学派风靡一时；17、18世纪格老秀斯学派观点占优势；19世纪实在法学派在西方法学界占统治地位，并且这种优势一直持续到20世纪初。

19世纪，跨国性的国际法研究机构纷纷成立，进一步推动了国际法学的研究和发展。1873年，在比利时国际法学家吉斯塔夫·罗兰的倡议下，英国、意大利、德国、俄国、荷兰、比利时、瑞士、美国、阿根廷九国的11位国际法学家在比利时的根特城集会，成立了国际法学会。该学会是纯学术团体，不具有官方性质。学会目的是促进对国际法的编纂与发展，研究在解释和适用国际法中出现的疑难问题等。1873年，在布鲁塞尔还成立了“改革和编纂国际法协会”，在1895年协会第17届大会上改名为“国际法协会”。该协会的宗旨是：研究、解释和发展国际法与国际私法，研究比较法，解决法律的冲突，提出统一的法律方案，促进国家间的了解。国际法学会和国际法协会成立百余年来，对国际法的研究和发展起到了极大的推动作用。这一时期的国际法和国际法学都有了很大的发展，但就其性质来说，是为资产阶级服务的；就其范围来说，主要是欧洲国家间的。

进入20世纪，国际法得到了长足的发展，国际法学进入了一个新的发展时期。十月革命的胜利，苏维埃社会主义国家诞生，苏联力图打破西方传统国际法学，创立以马克思列宁主义为指导的国际法学，并且逐步形成了自己的国际法理论和体系，推动了国际法学的发展。第二次世界大战后，一系列社会主义国家和新的民族独立国家诞生，加之科学技术的进步，国际法规范的发展迅猛异常，产生了新的国际法原则和规则。与此同时，国际法学也有了很大发展，出现了新的法学派别。如苏联的社会主义国际法学，西方的新实在法学派和新现实主义法学派、社会连带法学派和规范法学派等。这一时期，国际法才真正成为世界性的法律，国际法学也才真正成为研究世界性而非某个区域事务的法律。在建立新的国际秩序的今天，国际法学面临着严峻的挑战和繁重的任务，有理由相信当代国际法将会更加完善、更加公正合理。

五、国际法学派

国际法学派（schools of international law）指因对国际法的渊源、性质和效力根据等问题的观点上的不同而形成的理论派别。[①] 自西方国际法学说开创以来，各种国际法学派众多，纳其要者，主要为：格老秀斯学派、自然法学派、实在法学派、社会连带法学派、规范法学派、新现实主义法学派等。

① 参见王铁崖《中华法学大辞典》，中国检察出版社1996年版，第184页。

（一）格老秀斯学派（Grotians）

后人称其为折中学派（Eclectics），该学派的基本学术观点介于自然法学派和实在法学派之间，其一方面认为自然法是国际法的效力根据，另一方面又承认国家的同意是国际法的效力根据，而国家的“一致合意”为国际法次一级的依据。该学派认为，国际法包括自然法与制定法两个部分，为了使抽象的自然法具体化，必须要有制定法，而制定法是由自然法授权产生的。

格老秀斯学派的关于制定法只是自然法的一部分的理论，在瓦德鲁1758年出版的《国际法》中说得更加清楚：“我们使用国际强制法这个名词，乃是这一种法律由于自然法适用于国际法行为而产生。称其为强制者，因为各国必须绝对遵守。其中所包含的规则，都是自然法对于个人的拘束力。”“格老秀斯本人和其后格老秀斯学派的学者称这种法律为内在的国际法，因为它约束国家执政者良心，有些学者称它为自然国际法。”①

格老秀斯的国际法思想由德国的沃尔夫（Christian Wolff，1676—1756）和瑞士的法泰尔（Emerich de Vattel，1714—1767）等人进一步发展，形成了典型的折中学派。沃尔夫认为，国际社会的行为规则是以自然法为基础的，但它只有通过实定国际法才能获得详细的内容。法泰尔进而认为，自然法可以独立于各国的意志之外而在各国间创设一种对外的义务。同时，他又更加强调国家意志作为国际法根据的重要性，认为由于国际社会是由具有拟人化人格的主权国家构成的，所以自然法的准则已在很大程度上被以主权国家意志为基础的条约所取代了。②

格老秀斯学派的理论奠定了近代国际法学的基础。由于这一学派采取折中主义立场，结果还是不能正确说明国际法的效力根据问题，并最终导致分裂为自然法学派和实在法学派。

（二）自然法学派（Naturalists）

自然法学派盛行于17—18世纪的欧洲。早期的代表人物是西班牙的维多利亚（Francisco de Vitoria，1480—1546）和苏亚利兹（Francislc de Suarez，1548—1617）。他们认为，国际法是自然法的派生或延伸，自然法是国际法的效力根据。这一学派17、18世纪的代表人物德国的普芬道夫（Samuel Pufendorf，1632—1694），他认为国际法是自然法的一部分，并称自然法是国际法的唯一根据。他在《自然法与国际法》中提出：在这个国际自然法之外，并不存在什么具有真实法律效力的国际意志法或实在法。因而他不承认国际条约和国际习惯是国际法的渊源。到了19世纪，这一学派遭到越来越多的抨击，与之对立的实在法学派逐渐兴起。

① 沈克勤：《国际法》，台湾原生书局1980年版，第20页。

② 参见程晓霞《国际法的理论问题》，天津教育出版社1989年版，第19页。

（三）实在法学派（Positivists）

一些学者放弃了格老秀斯的自然法学说部分，而继承发展了他的制定法的部分，从而演变为实在法学派。这一学派在19世纪的西方法学界占据优势地位。这一学派的发起人是英国学者边沁（Jeremy Bentham，1748—1832）、奥斯汀（John Austin，1790—1859）和奥本海（Lassa Francis Lawrence Oppenheim，1858—1919）等。他们认为，国际法效力的根据不是抽象的“人类理性”，而是现实国家的共同意志，国家的同意通过他们之间签订的条约和国家颁发的文件表现出来。

实在法学派否定自然法学派关于“国际法的效力根据是自然法，国际法是自然法的一部分”的观点，将国际法效力的根据和国家意志联系起来，较之自然法无疑是前进了一步。但由于实在法学派对“共同意志”没有进行具体解释，致使共同意志成了抽象的概念。实际上，国家之间，特别是不同社会制度的国家之间，是不可能有“共同意志”的；另外，如果强调了每个国家的意志，则使国际法服从于每个国家的意志，使每个国家支配国际法，从而也从根本上否定了国际法的效力。实在法学派的观点，尽管有许多弱点，但与自然法学派相比，有很大价值，对国际法学的发展有较大影响。

（四）新自然法学派（Neo-Naturalist）

这是20世纪初出现的以自然法主义为依据的国际法学流派，该学派包括社会连带法学派和规范法学派。

1. 社会连带法学派（Solidarists）

该学派产生于第一次世界大战后，其代表人物是法国的狄骥（Leon Duguit，1859—1928）和美国的庞德（Roscoe Pound，1870—1964），他们认为，一切法律的根据在于社会连带关系，国际法也不例外。主张国际法像其他法律一样都是社会的产物，在国际社会中，国际法效力的根据是“各民族的法律良知”。这种说法似乎把国际法和国际社会联系了起来，然而其“各民族的法律良知”却是一个纯粹抽象的概念，无法在国际关系中找到可靠的证明。相反，依其主张，连带关系便代替了国家意志，成为国际法的依据。从而完全否认了国家主权观念，认为主权已经过时了，国家不再具有发号施令的主权，而只有为满足公众需要而组成公务的权利。这一学派把社会连带关系变成了一种超然的、超国家意志的、永恒的先验论，结果与自然法殊途同归，成为新自然法学派。这个理论为取消主权国家、建立世界政府乃至世界国家，为帝国主义推行殖民主义、建立世界霸权提供了理论基础。

2. 规范法学派（Normativistes）

规范法学派也是产生于第一次世界大战后，其代表人物是美籍奥地利学者凯尔逊（Hans Kelsen，1881—1973）。他认为一切法律规则不论是国际法律规则还是国内法律规则都应划为同一个法律体系。在这体系中，法律规范分为各种不同的等级，每一级规范的有效性都是由上一级规范决定。凯尔逊把这一理论适用在国际法，认为整个法律体系的最上级是国际法规范，而国际法规范的效力来源于一个“最高规范”或称“原始规范”。在他们看来，所谓最高规范本身既是法律规范，又是伦理规范，其效力根据是

所谓人类的“正义感”或“法律良知”。

实质上，规范法学派主张的都是一些毫无社会内容、没有确定含义的抽象概念。由于这种学说完全抽掉了法律的社会内容，而把法律变成一种与社会现实无关的“纯粹法律规范”，因而不可能找到国际法效力的真正根据，而重蹈旧自然法学派“人类良知”结论的覆辙。

规范法学派学说的核心是国际法优先说，其否定了国家主权原则，结果正如凯尔逊所说的：国际法的进化将导致一个世界国家的建立。[①] 这种理论对于帝国主义统治世界的政策起了一种法理上的支持作用。

（五）新现实法学派（Neo-Realism）

第二次世界大战后出现的一种国际法理论思潮，主要包括“权力政治说”和“政策定向说”。

1. 权力政治说（theory of power politics）

德国学者考夫曼（Erich Kaufman，1880—1972）早期提出权力政治的概念，认为权力有道德根据，而力量则不以道德为根据，[②] 后来美国学者发展了权力政治说。该学说认为，国际政治支配着国际法，国际政治的核心是国家权力。“势力均衡”又是国际法存在的基础。在这种学说的体系下，处于支配地位的概念是“强权即公理”。因此，国际法必然反映拥有强权的大国的利益。施瓦曾伯格（Georg Schwarzenberger，1908—1989）在谈到国际法作用时就不加掩饰地说：国际法就是权力法，可用来作为强权政治的直接工具。[③] 应该承认，国际法与国际政治有着密切联系。但是把国际法与国际政治等同起来，甚至说，国际法的内容、发展和效力都取决于大国强权是缺乏根据的。

2. 政策定向说（policy oriental theory）

其也主张权力是国际政治和国际法的核心，但认为权力的表现是政策，政策是决定因素，国际法就是国家对外政策的体现。因此，他们得出结论：国际法的效力取决于国家对外政策，处于支配地位的概念是“实力政策”。

这一学说的代表人物是美国耶鲁大学的麦克杜果和拉斯韦尔两位教授。他们认为，国际法不能被视为纯粹的法律规则，而是在全球范围内进行权威决策的整个过程。所谓“过程”就是说国际法不仅仅是法律规则，因为纯粹法律规则并不能完善地描述、说明或预测决策，更不能评价决策的结果；同样，国际法不仅仅是权威的体现，因为没有实际权力的权威只能是幻想。国际法应该是权威与有效控制的组合。[④] 权威是人们关于形成和分享价值的期望，控制就是使期望得以实现的实际权力。[⑤] 显而易见，政策定向说把国际法与国家政策混为一谈。国际法与国家政策确有密切联系，国际法的发展是受国

① 参见程晓霞《国际法的理论问题》，天津教育出版社1989年版，第26页。
② 参见王铁崖《中华法学大辞典》，中国检察出版社1996年版，第184页。
③ 参见程晓霞《国际法的理论问题》，天津教育出版社1989年版，第27页。
④ 参见程晓霞《国际法的理论问题》，天津教育出版社1989年版，第29页。
⑤ 参见王铁崖《中华法学大辞典》，中国检察出版社1996年版，第666页。

家政策影响的，但是，认为国际法的存在取决于国家对外政策，甚至把国际法与国家对外政策等同起来，则是没有根据的。

（六）苏联国际法学

作为第一个社会主义国家，苏联学者力图打破西方传统的国际法学，创立以马克思主义为指导的国际法学，初步形成了自己的国际法理论和体系。苏联早期的国际法学者认为国际法调整的是各国在斗争和合作过程中的关系。他们强调国际法是统治阶级意志的反映，国际法原则、规则是表现各国统治阶级意志的规范；有的学者把马克思主义关于经济基础与上层建筑的理论适用于国际法；后来，随着国际形势和苏联外交政策的变化及意识形态的发展，苏联学者改变了主张，认为国际法是通过国家间协议形成的，各国公认的国际法是存在的。

苏联国际法学的代表人物是维辛斯基、柯罗文和童金，他们分别代表了不同时期。

维辛斯基是斯大林时期的国际法权威。他指出，国际法是调整各国间在斗争和合作过程中的关系，表现这些国家统治阶级的意志并以国家单独或集体的实施的强制作为保障的各种规范的总和。他认为国际法是国家意志的体现，但并没有指出是哪个国家的意志，又是怎样体现的，只是指出，现存国际法实际上是为强国利益服务的。他还认为，适用于现代国际关系，即包括不同社会制度国家的现代国际法，尚未形成。苏联正在为现代国际法的形成而斗争。

柯罗文则主张：国际法中公认的或基本的规范是社会主义上层建筑的一部分，也是资本主义上层建筑的一部分。他说，这些规范既不是平衡地为两者服务，也不是对资本主义失去了任何意义，而是对资本主义逐渐丧失其服务性，对社会主义保持其服务性质。社会主义国际法正在形成。这样，按柯罗文的观点，国际法有三类：第一类是对不同社会制度国家都服务的国际法，第二类是只对社会主义制度服务的国际法，第三类是为资本主义服务的国际法。进而又推论出：一类是没有阶级性的国际法，尽管服务程度不一样；另一类是有阶级性的，只为某一种社会制度国家服务。

童金主张：国际法规范是通过国家之间的协议形成的。他不同意这种协议是“共同意志”或“统一意志”表现的提法，认为是各国统治阶级意志协调的表现。他认为存在一个共同的或公认的国际法，对所有国家都有拘束力。这种国际法既不是资本主义性质的，又不是社会主义性质的，而是一般民主性的。这种国际法旨在保证两种不同制度国家的和平共处。科热夫尼夫提出，由于现代国际关系中存在不同阶级本质的国家，它们不同的政治和经济利益决定着各自不同的对外政策和对内政策。因此，在此基础上，只可能有在形式上共同而在实质上各异的国际法。现代国际法不是帝国主义国家意志的反映，只能是主张和平民主的人民群众的“人民意志”的反映。

六、中国国际法学简况

中国是一个历史悠久的文明古国。古代中国曾经产生过国际法的个别原则和规则。但是，由于中国在相当长的时期内闭关自守，处于封建的小农经济状态，对外又自称

“大国”，对外交往受到很大限制。因而，早期曾产生的那些国际法原则和规则没有发展起来，没有形成一个在近代国际关系中起主导作用的国际法体系，当然，也就没有产生中国的国际法学。到 19 世纪 60 年代，随着帝国主义的侵略和中国由于抵御外侮的需要，西方国际法理论传入中国。为了侵略中国，帝国主义并不愿意让中国掌握国际法以维护自己的主权和利益，所以，近代国际法没有能够适用于中国的对外交往实践，中国也无法平等地受到近代国际法的保护。同样，国际法学在中国也没有形成自己的理论和体系。在中华人民共和国成立前，虽然也涌现出一批国际学家，但在半殖民地半封建社会的条件下，也没有能够创立起中国国际法学。对此，中国老一辈国际法学家是抱憾终身的。

1949 年中华人民共和国的成立，结束了中国近百年受压迫、受奴役的半殖民地半封建社会，使我国的国际地位发生了根本的变化。中华人民共和国作为具有独立主权的社会主义国家屹立在东方，在国际关系中起着越来越重要的作用，这就为发展我国的国际法学创造了良好的政治、社会和历史条件。

中华人民共和国成立后，中国政府执行了独立自主的外交政策，在国际活动中提出了一系列的新主张，对国际法的发展做出了重大贡献。

然而，中华人民共和国国际法学却经历了一个艰难、曲折的发展过程。中华人民共和国成立初期，我国国际法学既受到西方国际法学的影响，也受到了苏联国际法学的影响，加上长期以来由于“法律虚无主义”和“取消主义”的影响，尤其是在“十年动乱”期间，由于林彪、四人帮的“左”倾路线的摧残，国际法的科学研究工作不断被干扰和冲击，长期处于停顿状态，理论队伍日益缩小，专业理论被弃置一边，致使我国国际法学的研究落后。尽管如此，中华人民共和国成立以来，由于国际形势的发展和我国外交工作的需要，我国国际法研究工作仍然取得了一定的成就。我国国际法学家除了针对帝国主义国家，特别是美国对中国的侵略政策和侵略行动，撰写了大量运用国际法维护中国主权和权益的文章，还编著了国际法专著和资料。周鲠生教授所著《国际法》一书填补了我国国际法研究的空白，为我国创立有中国特色的国际法学奠定了基础，同时也是发展国际法研究的良好开端。党的十一届三中全会以后，我国实行对外开放政策，我国对外关系和对外经济技术合作交流迅速发展，加之我国法制建设的日益加强完善，我国国际法学界出现了一派欣欣向荣的景象，国际法研究、教学恢复并发展了起来。

1. **中国国际法学会**（Chinese Society of International Law）

这是我国研究国际法的全国性一级学术团体，由外交部主管。1980 年在北京正式成立，现拥有注册会员 800 余名，是中国国际法领域的学术交流中心和连接中外国际法学界的纽带，对促进国际法在中国的研究、实践、传播和发展，发挥着重要作用和影响。学会的主要机构为理事会，理事会由应届年会选举产生，任期 3 年，连选得连任。理事会闭会期间，常委理事会主持学会工作。学会设会长、副会长和秘书长。学会首届会长由国务院国际问题研究中心总干事宦乡担任，第二任会长是北京大学国际法研究所教授、国际法研究院院士王铁崖，第三任会长是王厚立大使，第四任会长是最高人民法院常务副院长曹建明教授，第五任会长是全国人民代表大会常务委员会法制工作委员会

主任李适时，现任会长是中国政法大学校长黄进教授。学会每年举行一次全国性的学术活动——召开年会，就当前国际法方面的重要问题进行研究讨论。学会创办了体现中国国际法学术水平的专业刊物《中国国际法年刊》，受到国内外国际法学界的高度评价。

2. **中国国际法年刊**（*Chinese Yearbook of International Law*）

中国国际法年刊是中国国际法学会的会刊。设有编辑委员会，编委会由主编、编委和执行编委组成。年刊的栏目有论文、评述、专题讨论、特载、事件、学术活动与动态、书评、文件资料、学术组织等，所载内容广泛，涉及国际公法、国际私法、国际经济法、海商法及其他与国际法相关的领域，是反映中国国际法研究成果、水平和情况的主要刊物。

3. **近年来我国国际法研究的主要成果**

自改革开放以来，我国国际法学界编著了一批高学术水平的专著，其内容有的讨论国际法理论问题，有的讨论部门国际法的内容。这些著作、教材和资料是我国国际法学的重要组成部分。令人欣喜的是，一大批中青年国际法学者成长起来了，成为我国国际法教学、科研和外交工作的骨干，他们是我国国际法学界的希望。此外，我国国际法学家开展了大量的国内外学术交流活动，积极地促进了中国的和国际的国际法学的发展。但要真正建立起具有中国特色的国际法学，还是我国国际法学者的一项历史任务，也是一项长期而艰巨的任务。

第二章　国际法基本原则

第一节　概　　述

一、国际法原则的概念和分类

国际法原则（principle of international law），指国际法中具有指导性和概括性的规范。

在整个国际法规范体系中，存在着大量的原则、规则和规章、制度，对国际关系起着重要的调整作用。其中，国际法原则“集中表现国际关系的最一般原则和确定现行国际法律秩序基础的那些规范，占有特殊的地位”①。国际法原则对国际法的规则、规章、制度具有指导和制约作用，许多国际法的具体规则、规章、制度，都是国际法原则的具体化。国际法原则、规则、规章、制度共同构成国际法的规范体系。国际法原则既包括在国际法的各个领域普遍适用的原则，也包括仅适用于国际法某个领域、某个部门或某个方面的一般原则；既包括在全球各区域适用的普遍性原则，也包括仅适用于某个地理范围的区域性原则。如苏联学者柯热夫尼科夫所称：“国际法原则作为国际交往参加者最重要的一般行为规则对作为国际关系中较具体的行为规则的国际法规范的形成产生一定的影响。有的原则不仅可以预先决定更为具体的行为规则的产生，而且可以使之从属于它。”②

在国际实践中，对于国际法原则尚未形成确切定义和归类。国际文件中，如《联合国宪章》《国际法原则宣言》《各国经济权利和义务宪章》往往采取具体列举的方法。西方学者已经注意研究国际法原则问题，③ 苏联和东欧国家着手研究较早，并已有一定成就。苏联学者将国际法原则界说为：在一定形式的法律关系中，有关国际法主体的行为的概括性的法律准则。……国际法原则与其他法律准则一起构成国际法的统一而复杂

① ［苏联］伊格纳钦科、奥斯塔频科：《国际法》，法律出版社1982年版，第61页。
② ［苏联］柯热夫尼科夫：《国际法》，刘莎等译，商务印书馆1985年版，第28页。
③ 参见王铁崖《国际法》，法律出版社1995年版，第47页。

的体系。①

我国学者在进行国际法研究和教学中一直回避国际法原则的概念问题，从而出现教学和研究上的“缺口”。本书第一作者首次在1993年主编的《国际法词典》中专列了词条，② 王铁崖教授主编的《中华法学大辞典·国际法学卷》中也列出了专条。③

二、国际法基本原则的概念和特征

无论在国际法理论上还是在国际实践中，给国际法基本原则下一个完全展示其性质、特征及内涵、外延的确切定义是很困难的。于是，人们从其与一般原则的对比中界说国际法基本原则，从而提供辨别的标准。例如，施瓦曾伯格（Schwarzenberger，1908—1989）认为，国际法基本原则是国际法中代表着有关规则的最高共同标准的那些原则；④ 拉塔奥哲夫也主张，国际法基本原则应当是由重要和主要规范组成的、属于一般国际法性质的、并总是对一切国家都有拘束力的公认的规则；苏联学者伊格纳钦科、奥斯塔频科主编的《国际法》中称，国际法基本原则是公认的、具有普遍拘束力的准则的综合体系；柯热夫尼科夫认为其是“国际交往方面一些最重要的、带根本性的……指导原则”。

我国学者也采用这种方法为国际法基本原则下定义，以便从国际社会的众多国际法原则和规范中，辨别哪些是国际法基本原则。有代表性的定义为：国际法基本原则（fundamental principle of international law）是指被各国公认的、具有普遍意义的、适用于国际法一切效力范围的、构成国际法基础的国际法原则。

据此，国际法基本原则具有下列特征。

（一）各国公认

即得到国际社会普遍接受。因为国际法是国家之间的法律，一个国家不能创造国际法，尽管有时一国或少数国家提出的某一原则。具有重大的政治、法律意义，但在没有得到各国公认之前，尚不能成为国际法基本原则。基本原则必须是为各国所公认的，这种公认有时反复出现在各国缔结的条约中，有时作为国际习惯被各国所接受。这一特征使其区别于仅为少数或部分国家承认的原则。

（二）具有普遍意义

即这种原则适用的范围是国际法律关系的所有领域。国际法基本原则不是个别领域中的具体原则，也不只是涉及国际关系的局部性原则，而是超出了个别领域而具有普遍意义的，适用于国际法一切效力范围的，涉及国际关系全局性的原则，它可以贯穿于国

① 参见苏联外交部外交学院《国际法辞典》，张畲青等译，新华出版社1989年版，第178页。

② 参见慕亚平、周建海等《国际法词典》，陕西人民教育出版社1993年版，第140页。

③ 参见王铁崖《中华法学大辞典·国际法学卷》，中国检察出版社1996年版，第185页。

④ 参见王铁崖《国际法》，法律出版社1995年版，第47页。

际法的各个方面并具有指导作用。例如，国家平等原则，它对国际法的各个领域都具有调整和指导作用，具有普遍意义，其他任何领域的原则、规则只要违背了平等原则均属无效。相反的，政治犯不引渡原则尽管也是一项国际法原则，而且早已为各国公认，但仍不能成为基本原则，因为其只涉及国与国之间引渡人犯这一方面，不具有普遍适用性，因而不是国际法的基本原则。

（三）构成国际法的基础

其之所以被称为“基本”、誉为“基础”，可以从三方面体现：①国际法基本原则是一般原则产生的基础。国际法的一般原则和具体规范要么是从基本原则派生或引申出来的，要么是在基本原则指导下形成和发展起来的。②国际法基本原则是一般原则有效的基础。国际法一般原则必须符合基本原则的精神，不得与之相抵触。如同宪法与其他法律的“母法子法”地位相似，任何一项国际法一般原则、规范，与国际法基本原则抵触者均属无效。③国际法基本原则是国际法存在的基础。对国际法基本原则必须遵守，不得违反，倘若破坏了国际法的基本原则就动摇了整个国际法的基础。譬如，若在国际关系中破坏了主权原则，现代国际法便失去了存在的前提和基础。如果仅仅违反了国际法的具体原则，不足以影响国际法的存在。

（四）具有强行法的性质

强行法（jus cogens），又称绝对法、强制法，是指在国际社会中公认的必须绝对执行和严格遵守的，不得任意选弃、违反或更改的国际法规范。强行法是任意法的对称。强行法原为国内法的概念，1969 年的《维也纳条约法公约》开始正式在国际法领域使用强行法的概念。该公约第 53 条称国际强行法为“一般国际法强制规律”[①]，并规定：“一般国际法强制规律指国家之国际社会全体接受并公认为不许损抑且仅有以后具有同等性质之一般国际法规律始得更改之规律。”按照这条规定，国际强行法应具备三个条件或特征：①国际社会全体接受；②公认为不许损抑；③不得随意更改，仅在以后具有同等性质之原则时才可更改。但是，国际强行法具体指哪些规范，条约法公约并没有做出明确规定，也没有划定具体范畴。关于国际强行法的效力，《维也纳条约法公约》第 53 条规定，“条约在缔结时与一般国际法强制规律抵触者无效”；第 64 条又规定，“遇有新一般国际法强制规律产生时，任何现有条约之与该项规律抵触者即成为无效而终止”，足见其在国际法中的权威性。

按照公约的规定和解释，国际法基本原则完全具备国际强行法的各种条件和特征。国际法基本原则的“各国公认”和“普遍意义”这两项特征同强行法的“国际社会全体接受”和“公认为”的特征是一致的，“构成国际法基础”同强行法的“不许损抑”和“不得随意更改”这两项特征相吻合。由此可见，国际法基本原则属于国际强行法范围，属于绝对法而非任意选弃的原则；同时，属于国际强行法的一部分，而非国际强

① 强制规律，公约英文文本中使用“a peremptory norm”，译为强制规范更准确，更合乎汉语的词义，更体现公约的原意。

行法的全部。国际强行法不仅包括国际法基本原则，还包括其他的必须遵守的国际法强制规范。正如著名学者童金（Tunkin）所说，“所有公认的国际法基本原则都成为它（国际强行法）的一部分”。

三、国际法基本原则体系

国际法基本原则是在国际关系的发展中产生、发展和确立的。不同的历史时期，都有与该时期政治、经济、科学技术发展相适应的基本原则产生。每项基本原则在不同的发展时期又具有不同的含义和内容，也具有不同的体系。

现代国际法基本原则是第二次世界大战后由一系列国际文件规定和确立的。联合国成立前后曾通过一系列涉及国际法基本原则的文献，这些文献均有所侧重地、系统地载明了国际法的原则。

1945 年的《联合国宪章》第二条规定了七项原则：①会员国主权平等；②真诚履行宪章义务；③和平解决国际争端；④不得使用威胁和武力；⑤会员国合法行动协助；⑥在维持和平与安全的必要范围内，保证非会员国遵行上述原则；⑦不干涉别国国内管辖事项。

1955 年的《亚非会议最后公报》在“庚、关于促进世界和平和合作的宣言”部分宣布了十项原则：①尊重基本人权、尊重联合国宪章；②尊重主权和领土完整；③种族平等、国家平等；④不干涉他国内政；⑤尊重别国的自卫权；⑥不使用集体防御为大国特殊利益服务；⑦不使用侵略行为、侵略威胁和使用武力；⑧和平解决国际争端；⑨促进相互利益和合作；⑩尊重正义和国际义务。

1963 年的《非洲统一组织宪章》中确认了以下原则：①各国主权一律平等；②不干涉各国内政；③尊重各国的主权与领土完整和独立生存；④和平解决争端；⑤对一切集团的不结盟；等等。

1970 年《关于各国依联合国宪章建立友好关系及合作之国际法原则之宣言》（以下简称《国际法原则宣言》）宣布了七项原则：①领土完整、政治独立与不使用威胁或武力；②和平解决国际争端；③不干涉别国国内管辖事件；④各国彼此合作；⑤各民族享有平等权与自决权；⑥各国主权平等；⑦诚意履行宪章义务。该宣言的总结部分宣布：“本宣言所载之各项宪章原则构成国际法之基本原则，因之吁请所有国家在其国际行为上遵循此等原则，并以严格遵守此等原则为发展彼此关系之基础。”从而明确了此宣言的七项原则为国际法基本原则。

1974 年《各国经济权利和义务宪章》的第一章“国际经济关系的基本原则”中列举了十五项“如同政治和其他关系一样”的各国经济关系原则：①各国主权、领土完整和政治独立；②所有国家主权平等；③互不侵犯；④互不干涉；⑤公平互利；⑥和平共处；⑦各民族平等权利和自决；⑧和平解决国际争端；⑨对于以武力造成的、使得一个国家失去其正常发展必需的自然手段的不正义情况，应予补救；⑩真诚履行国际义务；⑪尊重人权和基本自由；⑫不谋求霸权和势力范围；⑬促进国际社会正义；⑭国际合作以谋发展；⑮内陆国家在上述原则范围内进出海洋的自由。

国际法基本原则体系包括哪些原则，各国学者的主张是有分歧的。我国多数学者认为，根据上述国际法文件所确认的国际法原则，加以综合、归纳，排除其重叠、交叉的部分，国际法基本原则应主要包括下列各项：①国家主权原则；②互不侵犯原则；③互不干涉内政原则；④平等互利原则；⑤和平共处原则；⑥善意履行国际义务原则；⑦和平解决国际争端原则。

随着国际关系的发展、国际法的发展，国际法基本原则的内容还会有发展，新的国际法基本原则也还会产生。

第二节　联合国宪章与国际法基本原则

一、联合国宪章对国际法基本原则的重要影响

《联合国宪章》对现代国际法基本原则的形成和发展具有举足轻重的影响，基于以下原因，《联合国宪章》所载原则构成国际法基本原则的基础。

首先，联合国作为当今国际社会最大的普遍性、政治性的政府间国际组织，目前已拥有193个会员国，几乎包括了世界上的所有主要国家。作为这一庞大国际组织的组织约章，《联合国宪章》可算是已获得了各国普遍接受的国际文献。

其次，系统地概括国际法基本原则的国际文件首推《联合国宪章》，这是国际法基本原则在国际法律文件上的首次具体表现，其确认、固定和发展了国际法基本原则，被认为是对国际法基本原则的发展起重要作用的文献。在《联合国宪章》中国际法基本原则体现在序言、宗旨和原则部分，尤其集中在第二条规定的七项原则上，其为联合国及其会员国规定了法律任务、行动方针以及必须遵守的行为准则。

再次，《联合国宪章》第2条中规定："本组织在国际维持和平及安全之必要范围内，应保证非联合国会员国遵行上述原则。"足见《联合国宪章》是一项具有权威的国际文献，它的效力已超出了一个国际组织文件的效力范围。

最后，宪章对国际法基本原则的规定，对其后载有基本原则的国际公约、双边条约及其他国际文件具有"渊源"作用。譬如，宪章所规定的七项原则被其他国际文件，如《亚非会议最后公报》《非洲统一组织宪章》《国际法原则宣言》《各国经济权利和义务宪章》以及大量的双边条约、协定所重申、延伸和发展。

二、联合国宪章所载原则的主要内容

《联合国宪章》在序言和宗旨部分都涉及了国际法基本原则，但最集中地反映在第2条的联合国原则的部分中，其规定了联合国及其会员国应予遵行的七项原则：

"一、本组织系基于各会员国主权平等之原则。"简称"会员国主权平等"。该原则既包括主权，也包含平等，是最重要的国际法基本原则，是整个国际法所依据的基础。

“二、各会员国应一秉善意，遵行其依本宪章所担负之义务，以保证全体会员国由加入本组织而发生之权益。”简称“善意履行宪章义务”。其强调了会员国必须真诚地履行其在平等基础上自愿承担的国际义务，即“由条约与国际法其他渊源而起之义务”，确保他国应得的权利。否则，就会导致因不承担国际义务而承担应负的国际责任。其既阐明了履行宪章的义务的理由，又说明了会员国权利和义务的相互关系。

“三、各会员国应以和平方法解决其国际争端，俾免危及国际和平、安全及正义。”简称“和平解决国际争端”。国际争端，无论是政治的，还是法律的，都可能加剧国际冲突，危及和平事业。该款是对和平解决国际争端原则的进一步确定。此原则是宪章有关和平解决国际争端条款，特别是第六章、第十四章有关条款的基础。和平解决国际争端一向被认为是维护国际和平及安全的重要方面。

“四、各会员国在其国际关系上不得使用威胁或武力，或以与联合国宗旨不符之任何其他方法，侵害任何会员国或国家之领土完整或政治独立。”简称“不使用威胁或武力”。该原则不仅在原则上采取禁止侵略战争的立场，而且确认一切武装干涉、进攻或占领以及以此相威胁的行为都是违法的。当然，宪章并不否认会员国行使“单独或集体自卫”之权。

“五、各会员国对于联合国依本宪章规定而采取之行动，应尽力予以协助，联合国对于任何国家正在采取防止或执行行动时，各会员国对该国不得给予协助。”简称“集体协助”。此原则是集体安全的体现，分两层意思：一层是以肯定方式确定了会员国在其他会员国采取行动时应予协助的义务；另一层是以否定方式明确了会员国对联合国采取行动的支持和配合，排除对联合国采取行动的妨碍。当然联合国的防止或执行行动，应是只限于宪章第七章范围内所采取的行动。

“六、本组织在维持国际和平及安全之必要范围内，应保证非联合国会员国遵行上述原则。”简称“确保非会员国遵行宪章原则”。该原则有不同解释，有人解释为“对非会员国有某种干涉权”[①]，周鲠生教授认为，“原则六，要求非会员国遵照联合国原则行动，超出《联合国宪章》作为条约的效力范围，在法律上不能认为对非会员国具有约束力”[②]；有人解释为“说明联合国原则是普遍性的，是联合国会员国和非会员国所应一致遵守的”[③]；李浩培教授认为，“该款之所以对非会员国加以法律上的义务，是由于为了维持世界和平的目的，非对非会员国加以这种法律上的义务不可”[④]。笔者认为，纵观宪章和国际实践，可从两方面理解该条：①对会员国义务的确定。即授意会员国做出努力号召非会员国，共同维持国际和平与安全，此处“确保”应理解为对会员国的义务的确定，要求会员国努力使非会员国也“纳入”维护国际和平与安全的范畴。②对联合国在维持国际和平与安全方面的一种特别授权，赋予联合国在遇有国际和平与安全受到威胁的情况时，可以依据国际强行法规则采取必要行动以维持和平与安全，包

① 梁西：《国际组织法》，法律出版社1993年版，第58页。
② 周鲠生：《国际法》，商务印书馆1976年版，第699页。
③ 王铁崖：《国际法》，法律出版社1995年版，第52页。
④ 李浩培：《条约法概论》，法律出版社1988年版，第507页。

括对非会员国的执行行动或制裁。

“七、本宪章不得认为授权联合国干涉在本质上属于任何国家国内管辖之事件，且并不要求会员国将该项事件依本宪章提请解决；但此项原则不妨碍第七章内执行办法之适用。”简称“不干涉别国国内管辖事项”。“国内管辖事项”，即“内政”，一般指国家可以不受以国际法而产生的那些义务的限制而能自己处理的那些事项，例如，一个国家的政体、内部组织、同其国民的关系等。[①] 此原则为联合国的管辖范围划出一个界限，是从主权平等原则派生的指导联合国及其会员国活动的重要原则。

第三节　和平共处五项原则与国际法基本原则

和平共处五项原则（Five Principles of Peaceful Co-existence）是指互相尊重主权和领土完整、互不侵犯、互不干涉内政、平等互利、和平共处五项原则的总称，是 20 世纪 50 年代中期由中国、印度和缅甸共同倡导的国际关系的基本准则和国际法基本原则体系。因印地语译音为 Pancha shila，故又称潘查希拉。

一、和平共处五项原则的产生和发展

和平共处五项原则原本是中华人民共和国对外政策的一部分，其正式通过条约进入国际法领域是中国、印度和缅甸共同努力的结果。故国际法界习称“和平共处五项原则是由中国、印度、缅甸三国共同倡导的”。1954 年 4 月 29 日，中、印两国签订了《中华人民共和国和印度共和国关于中国西藏地方和印度之间的通商和交通协定》，正式载入“互相尊重领土主权、互不侵犯、互不干涉内政、平等互惠和和平共处”的五项原则；同年 6 月 28 日，中印两国总理发表联合声明，重申了这五项原则，并强调，如果这些原则不仅适用于各国之间，而且适用于一般国际关系之中，它们将形成和平与安全的坚固基础。6 月 29 日，中缅两国总理联合声明中再次重申五项原则，并强调，如果这些原则能为一切国家所遵守，则社会制度不同的国家的和平共处就有了保证，而侵略和干涉内政的威胁和对于侵略和干涉内政的恐惧就将为安全感和互相信任所代替。

1955 年亚非会议可以说是五项原则发展史上的重要里程碑。《亚非会议最后公报》确定了“促进世界和平和合作的十原则”，其前六项无论是在文字表述上、还是在实质上都和“五项原则”相一致，正如周恩来总理所说：“亚非会议宣言的十项原则是和平共处五项原则的引申与发展。这十项原则又一次替愿意和平相处的国家指出了努力的方向。”亚非会议对五项原则的传播和推广起到了巨大作用，会后我国与许多国家发表了一系列有关文件，进一步肯定了和平共处五项原则。

① 参见梁西《国际组织法》，法律出版社 1993 年版，第 60 页。

20 世纪五十年代末六十年代初，中印两国发生边境武装冲突，国际上一些别有用心者乘机攻击和平共处五项原则。然而，与攻击者的愿望相反，在这一时期又有更多国家明确承认了和平共处五项原则，据统计，在 1959 年 9 月至 1961 年 12 月的两年多时间里有 17 个国家在联合声明和条约中全面采用了和平共处五项原则。

20 世纪 70 年代，和平共处五项原则发展到了一个新的阶段。除了又有大批第三世界国家承认和平共处五项原则外，一些发达国家，包括日本、美国也都明确承认了和平共处五项原则。这样，和平共处五项原则超出了亚洲、非洲的范围，得到了欧洲、美洲、大洋洲很多国家的承认；也超出了发展中国家的范围，得到了发达国家的承认。据统计，至今已有 100 多个条约全面承认和平共处五项原则，还有相当多的条约载明了五项原则中的几项。和平共处五项原则，不仅在双边条约中得到确认，而且在重要的国际文件中也得到确认。1960 年以来，联合国大会通过的一系列文件，如 1965 年的《关于各国内政不容干涉及其独立与主权之保护宣言》（以下简称《保护宣言》）、1970 年的《国际法原则宣言》和 1974 年的《各国经济权利和义务宪章》等，都确认包含有“五项原则”的内容。此足以证明和平共处五项原则已经得到各国公认，已经成为指导国际关系的基本准则，成为维护世界和平与发展的有力武器。在建立国际政治、经济新秩序的今天，和平共处五项原则将显示出其特别的重要性。

如今，和平共处五项原则已被国际社会承认为国际法基本原则。和平共处五项原则的确立不仅丰富和发展了国际法，也表明了中国对当代国际法发展的重大贡献。

二、和平共处五项原则在国际法基本原则中的地位

（一）和平共处五项原则是国际法基本原则的新发展

假如单独地看和平共处五项原则的每一项原则，几乎都是在五项原则以前就已经存在的，都有各自的历史发展过程。那么，为什么还能够说和平共处五项原则是国际法的新发展呢？新在哪些方面呢？以下将进行阐述。

（1）和平共处五项原则作为传统国际法的对立物而出现。近代意义上的国际法是欧洲的产物，由主要的资本主义国家创设国际法。尽管在资本主义上升时期有一些进步的原则，如主权原则、不干涉内政原则被倡导，但从总体上看，传统国际法是少数西方大国用来奴役和压迫广大弱小国家和殖民地的法律武器。现在情况不同了，发展中国家成为国际法的重要参与者和创设者，现代国际法中许多重要原则、规则都是由它们提出的，完全打破了西方大国“垄断”国际法的局面，并且它们提出的国际法原则、规则在内容和性质上都有别于传统国际法，甚至有的原则、规则成为传统国际法的“对立物”，和平共处五项原则就是典范。正如我国领导人在纪念和平共处五项原则座谈会的讲话中称：“几个世纪以来，国际社会为大小国家不平等、主权原则只适用于所谓文明国家，战争是对外政策的所谓‘合法手段’等观念所统治；以大欺小、以强凌弱、以富压贫为支配国际关系的普遍现象。和平共处五项原则正是作为这些令人不能容忍的观念和现象的对立物出现在世界舞台上，为建立崭新的国际关系奠定了基础。”

（2）和平共处五项原则是第三世界国家，包括社会主义国家法律意识在国际法方面的反映。如前所述，传统国际法是西方大国法律意识的体现，是维护其利益的武器。而和平共处五项原则则反映了广大第三世界国家包括社会主义国家的愿望，说出了它们要说的话，并且将第三世界国家的法律意识反映在当代国际法之中，因而得到了广大第三世界国家的广泛承认和支持。

国际关系本身就是既斗争又合作的关系。斗争与合作应该有一定的标准，有一定的基础。和平共处五项原则就是第三世界国家合作的媒介和准则，是第三世界国家联合第二世界国家反对世界霸权主义的共同纲领，是三个世界国家之间进行国际交往的法律基础。

和平共处五项原则既是不同社会制度国家间，也是相同社会制度国家间相互关系的准则。正如上述1956年中苏两国政府声明曾指出的那样，它应该成为世界各国建立和发展相互关系的准则。社会主义国家都是主权独立的国家，同时，又是基于社会主义的共同理想和无产阶级的国际主义精神团结在一起的。因此，社会主义国家的相互关系就更应该建立在和平共处五项原则的基础上。只有这样，社会主义国家才能够真正实现兄弟般的友好和团结，并且通过互助合作实现共同的经济水平提高的愿望。①

（3）和平共处五项原则是作为系统的完整体系提出的。和平共处五项原则第一次以国际法原则体系的形式提出，使之更为科学、更具权威性，这样不仅在形式上更加精练、严谨，而且在内容上更加新颖、丰富，并且被赋予了新的时代含义。和平共处五项原则是一个不可分割的有机整体，其言简意赅、逻辑严谨。第一项互相尊重主权是根本，其他几项既是延伸又是保证，第五项和平共处是总目的，而整个五项原则又构成了和平共处的必要条件和前提，只有严格实行五项原则，才能有国与国间的和平共处。总体来看，五项原则相互联系、互为补充、浑然一体、密不可分。在适用每一项原则时，都应参照和联系其他各项原则，不能断章取义，更不能以某一项对抗其他几项。这样，才奠定了当代国际法的基础。

（4）和平共处五项原则科学地反映了当代国际关系的新特点。在当代国际关系中，所有主权国家都是平等的，享有同等的国际权利和承担同等的国际义务。于是，其交往关系也是相互的，你尊重我，我也尊重你；你不侵害我，我也不侵害你。只有这样，国家主权才有保障，国际关系和国际交往才能正常。和平共处五项原则正是反映了“互相”的特点：例如，五项原则的前四项都有“互”字，强调了权利和义务的均等，后一项有“共”字，体现了国家平等相处、平等共存的愿望。这不仅是用字的问题，而是对当代国际关系特点的科学概括。这是其他载明国际法原则的文献中所没有的。

总之，和平共处五项原则包括了过去已有的各项基本原则，但并不是简单的重复，而是传统国际法各项基本原则的新发展。它更加准确、精练地表达了国际法的各项基本原则，并赋予了新的内容和意义。

① 参见外交学院国际法教研室《国际法参考文件选辑》，世界知识出版社1958年版，第10、11页。

（二）和平共处五项原则是国际法基本原则体系的核心

和平共处五项原则在国际法基本原则体系中占有非常重要的地位，这是因为以下两方面的原因。

（1）和平共处五项原则与《联合国宪章》宗旨和原则的精神实质是一致的。《联合国宪章》规定联合国的宗旨主要为：维持国际和平与安全、促进国际合作、发展各国间的友好关系。和平共处五项原则所确定和倡导的精神与联合国的宗旨完全是一致的。如果各国在国际关系中均能遵循和平共处五项原则，世界将可获得和平、安全与稳定，各国将获得友好关系与合作，国际法也将得到维护和发展。再从宪章原则看，宪章第2条第1款规定，“本组织系基于各会员国主权平等之原则”，和平共处五项原则第一项原则是相互尊重国家主权和领土完整原则，第四项是平等互利原则；宪章第2条第4款规定，“各会员国在其国际关系上不得使用威胁或武力，或以与联合国宗旨不符之任何其他方法，侵害任何会员国或国家之领土完整或政治独立”，和平共处五项原则的第二项是互不侵犯原则；宪章第2条第7款规定，“本宪章不得认为授权联合国干涉在本质上属于任何国家国内管辖之事件”，和平共处五项原则第三项是互不干涉内政原则。由此足见和平共处五项原则与《联合国宪章》的一致性，正如周恩来总理所言：“中国同印度和缅甸共同倡议的和平共处五项原则，完全符合于《联合国宪章》的宗旨。”①

（2）和平共处五项原则是国际法基本原则体系的核心。对国际法基本原则的提法、项目并不统一，但在载明国际法原则的文献中，无论是《联合国宪章》的七项原则、《亚非会议最后公报》的十项原则，还是《国际法原则宣言》的七项原则、《各国经济权利和义务宪章》的十五项原则，其核心部分都是五项原则的内容。五项原则在这些原则中是主导，其他各项基本原则是实现和平共处五项原则的保证。离开了五项原则，国际法基本原则就会失去核心，整个国际法就会失去最有普遍意义的法律准则。在我国国际法学者所公认的由八项基本原则构成国际法基本原则的体系中，和平共处五项原则是核心，是基础，其他三项原则都是由这五项原则引申出来的。如民族自决原则是由尊重国家主权、领土完整和政治独立原则引申出来的；真诚履行国际义务原则，是由尊重国家主权原则和平等互利原则引申出来的；和平解决国际争端原则是由尊重国家主权、领土完整和政治独立原则，互不侵犯原则，以及和平共处原则引申出来的。

综上所述，和平共处五项原则本身就是一个完整的国际法原则体系，同时又是国际法基本原则体系的核心和基础。

---

① 《中华人民共和国对外关系文件集》（第三集），世界知识出版社1959年版，第213页。

第四节　国际法基本原则的主要内容

一、国家主权原则

（一）国家主权的概念和内容

国家主权，是国家最重要的属性，是国家在国际法上所固有的独立处理对内对外事务的权力。主权是国家最主要、最基本的权利，是国家所固有的，并非由国际法所赋予的。国际法中的国家主权原则只是对这一权利予以确认和保护。

主权作为国家的固有权利，表现为三个方面：对内的最高权、对外的独立权和防止侵略的自卫权。所谓对内最高权是指国家行使最高统治权，国内的一切中央和地方的行政、立法和司法机关都必须服从国家的管辖；还指国家的属人优越权和属地优越权。所谓对外独立权，是指按照国际法原则，在国际关系中享有独立权，即独立自主地、不受任何外力干涉地处理国内外一切事务，如国家有权按照自己的意志，根据本国的情况，自由选择自己的社会制度、国家形式、组织自己的政府、制定国家的法律、决定国家的对内对外政策等。这就是国家行使主权权利的自主性和排他性。所谓自卫权，是指国家为了防止外来侵略和武力攻击而进行国防建设，在国家已经遭到外来侵略和武力攻击时，进行单独的或集体的自卫的权利。

（二）主权概念的形成和演变

主权最早是作为国内法的概念提出的。在中世纪以君主为中心的民族独立国家中，君主就是主权者，君主权力就是国家主权。法国政治学家、法学家让·博丹（Jean Bodin，1530—1596）在1577年发表的《论共和国》一书中阐述了主权观念："主权是在一国中进行指挥的绝对的和永久的权力。"博丹主权观念的历史作用就在于：为铲除中世纪末期的封建残余、建立以君主为代表的中央集权制起了积极作用。

随着资本主义生产关系的发展，实现民主政治的国家主权观念抬头，博丹提出的中央集权制的国家主权说已不再适应资产阶级发展的需要。于是，卢梭（Jean Jacques Rousseau，1712—1778）的人民主权说应运而生。他在1754年发表的《献给日内瓦共和国》一书中设想了这样一种国家："在那里，主权者和人民只能有唯一的共同利益，因之政治机构的一切活动，永远都只是为了共同的幸福。这只有当人民和主权者是同一的时候，才能做到。"① 他在《社会契约论》（1762）中指出：为了确保自己的自由，每个公民应把自己置于代表公共意志的至高无上的主权支配之下。主权就是公共意志的运用。因此，主权是不可转让的，主权是不可分割的，主权是完全绝对的、完全神圣的

① ［法］卢梭：《论人类不平等的起源》，吕卓译，法律出版社1958年版，第51页。

和完全不可侵犯的。①

从国际法角度看，早在1625年格老秀斯在《战争与和平法》中就提出了国家主权的思想。1758年法泰尔（Emerich de Vattel，1714—1767）在《万国法》中基于自然法思想和人民主权理论阐述了国家主权的原理，指出国家自产生以来就是独立和自主的；除非国家自己表示服从，对于其他任何国家都是绝对自由和完全独立存在的。国家主权原则不仅是学者的学说，也体现在一些重要法律文献中：1776年美国《独立宣言》、1793年法国《人权宣言》均强调了国家主权的原则，1795年法国的《国家权利宣言草案》明确规定：各国不论人口多少、领土大小，都是主权的、独立的，不得干涉其内政。

国家主权的概念在18世纪以后逐渐成为国际法的一项最基本原则。国家主权的概念得到了《联合国宪章》的确认和保障，宪章序言中宣告了“大小各国平等权利的信念”。从《联合国宪章》的基本精神看，主权独立和平等是当代国际法律秩序的核心。②第二次世界大战后，由于广大发展中国家的倡导，国家主权进一步扩大到经济方面。

当代国际法律关系的基础是国家主权原则。历史上出现的帝国主义、殖民主义、霸权主义及其推行的所谓保护国、附庸国、势力范围等制度及所谓“绝对主权论”③“相对主权论”④都是侵犯他国的独立自主，都是违反国家主权原则的。只有当主权国家出于真正自愿放弃或限制其主权行使时，他国才能实施相关权利。假如一个强国对他国施以强迫而签订条约，或者借口应他国政府请求而施以干涉，或者蓄意出兵侵入他国领土，或者未经当事国同意而将争端提交仲裁或司法解决，等等，都是违反主权原则的非法行为。

应当指出，自第二次世界大战以来，西方一些国际法学家，如杰塞普、劳特派特等，主张削弱和贬低国家主权，并把国家主权置于国际法和国际组织之下，他们混淆国内法律秩序和国际法律秩序的根本区别，提出了“联合主权”，甚至要求各国交出部分主权以便进行国际立法。这些观点都是难以成立的。国家主权是国际法的基础，否定国家主权就根本动摇了现代国际法。

（三）国家主权原则的含义和意义

主权原则是现代国际法所确立的重要原则，其要求各国在其相互关系中要尊重对方

---

① 参见［法］卢梭《社会契约论》，何兆武译，商务印书馆1980年版，第35～39页。

② 参见潘抱存《中国国际法理论探讨》，法律出版社1988年版，第164页。

③ 绝对主权论（doctrine of absolute sovereignty），又称唯意志论的国家主权学说。19世纪末出现于德国，认为国家主权不受任何法律限制，国际法只不过是道德性规范和国家的对外公法，应以国家的自我约束为基础。很显然，这种把国家主权和国家意志绝对化，把其放在国际法之上的观点，在理论上是荒谬的。

④ 有限主权论（doctrine of limited sovereignty），苏联领导人勃列日涅夫提出的主权理论。主张社会主义大家庭的“共同利益”高于一切，保卫这个利益就是保卫“最高主权”，因而每一成员国的主权是有限的。这种理论实质是别国主权有限而其主权无限的理论，进而是一种侵害别国、干涉别国的理论。

的主权，尊重对方的国际人格，不得有任何形式的侵犯。换言之，国家是独立的、平等的，各国独立自主地处理自己内外事务的权利应当受到尊重，各国自行决定自己的命运、自由选择自己的社会、政治制度和国家形式的权利应该得到保障，其他国家不得进行任何形式的侵略和干涉。现代国际法确认上述内容为整个国际关系的基础和现代国际法的基础。这就是国家主权原则的基本含义。

1970 年《国际法原则宣言》详尽阐述了主权原则的内容，其中心是各国主权平等。该宣言规定，主权平等包括下列要素：①各国法律地位平等；②每一国均享有充分主权之固有权利；③每一国均有义务尊重其他国家之人格；④国家之领土完整及政治独立不得侵犯；⑤每一国均有权利自由选择并发展其政治、社会、经济及文化制度；⑥每一国均有责任充分并一秉诚意履行其国际义务，并与其他国家和平共处。

在国际实践中，只有互相尊重国家主权，才能使国家主权原则得到切实的保障。相反，如果各国可以互相干涉，可以恣意侵犯，可以借口主权性质不同而兵戎相见，国际关系就会混乱，国际法也就无法存在了。有人将国家主权原则比作各国保护自己生存、反对他国控制和干涉的法律盾牌，是完全正确的。

国家主权原则对国家、对国际法都有重要意义。国家主权原则已经得到国际社会的广泛承认。特别是“二战”之后，几乎所有的国际文献都确认这一原则，《联合国宪章》也采纳并确认。和平共处五项原则将此原则列为首位，也说明了这一原则的重要性。

（四）国家主权原则在冷战后时代面临的挑战

进入 20 世纪后，否定和弱化国家主权在西方理论界逐渐形成思潮。如阿库斯特所说，“自 1914 年以后便出现了相反的潮流，西方世界国际法学家抛弃了有关主权和国家固有权利的旧教条”[①]。这种思潮依冷战为标志可进行大的分期:[②]

在冷战前时期，挑战主权的理论主要有：①主权国家是战争的根源，代表人物是狄骥；②国家主权会损害生产力的发展，代表人物是英国工党理论家拉斯基；③国家主权与国际法不相容，应放弃主权观念，代表人物有凯尔逊和波利蒂斯；④“世界政府论”，持此观点的有罗伯特·兰辛、肯尼斯·N. 华尔兹、耶塞普、汤因比等；⑤主张通过国际合作，取消国家主权，如莱斯特·布朗。[③]

冷战结束后，西方针对国家主权原则炮制了一套所谓当代国际关系的新理论：20 世纪 90 年代初期的“相互依存”论，中期的国家“主权过时论”，末期的“人权高于主权”论。[④] 这套理论实际上是冷战前时期挑战主权的各种理论的延续和翻版。

---

① ［英］阿库斯特:《现代国际法概论》，汪暄等译，中国社会科学出版社 1981 年版，第 9 页。

② 关于对主权理论思潮的分期，参见肖佳灵《西方对主权理论三次挑战的实质》，载《复旦学报（社会科学版）》1998 年第 1 期。

③ 参见肖佳灵《西方对主权理论三次挑战的实质》，载《复旦学报（社会科学版）》1998 年第 1 期，第 45 页。

④ 参见马叙生《悖逆现实的“主权过时”论》，载《世界知识》1999 年第 19 期，第 14 页。

我们应当看到，关于主权的地位问题不单单局限于理论界的对立与纷争，在当今国际实践中，国家主权的实施确实受到了来自多方面因素，甚至其他国际法原则、规则的影响和冲击。这些影响国家主权原则的因素尤其集中在以下四个方面。

1. 民族解放与民族自决

在冷战时代的“霸权均势下的和平”状态中，由于超级大国的威慑力量，各民族暂且相安无事。然而这种潜在的民族与国家的不重合及民族利益的分歧随着均势被打破而爆发出来。不论是弱小的、受排挤的非主体民族或种族，还是占支配地位的种族或民族，都希望国家构成的“原素化”，即指望国家建立在更加单一、更加“纯洁”的民族或种族之上。[①] 这便在世界范围内引发性质相同而表现形式相异的两种“运动”：在一些民族构成相对单一的国家里触发“民族净化运动”，将“非我族类者”逐出国门之外；在一些民族构成相对复杂的国家里触发“民族分离运动”，几乎每一个族体，甚至一些族体的组成部分都反对既有的安排，拒绝毫无保留地接受对内统治、对外代表整个国家的现政府，要求建立自己的国家。[②] 无论是在卢旺达、捷克斯洛伐克，还是在南斯拉夫，我们都可以看到这两类运动。

在冷战后的新形势下，少数民族分裂主义分子仍然极力以分离权来界说民族自决权，甚至坚持主张自决权就是分离权。倘若依此主张势必出现危及国际社会安稳的局面，因为，“分离权”会对国家主权产生猛烈的冲击，“它可以彻底地破坏领土的完整”[③]。这股浪潮对政府的合法性，进而对国家主权的权威性形成了严重的挑战，[④] 从而使国际社会及国际法学界不得不重新审视民族自决权原则与国家主权原则的关系问题。

2. 国际组织的膨胀和职权扩张

据国际协会联盟（UIA）1998/1999 年版《国际组织年鉴》统计，全世界所有类型的各类国际组织共有 58859 个，其中政府间国际组织约 7350 个，非政府间国际组织约 51509 个。国际组织数目的急剧增长及其在世界事务中作用的日益加强，使现代国际关系产生了深刻变化。有学者认为，国家加入国际组织实际上是放弃了部分的主权，国际组织正在一步步地侵蚀着国家的主权。对此，本书有不同看法：

通常情况下，国际组织不会损害国家主权，国家也不因加入国际组织而放弃或丧失主权。

当今世界上所有政府间的国际组织都由主权国家组成，它们的章程或条约均明确地把尊重成员国的领土完整、主权和政治独立作为全体成员国必须遵守的首要原则。一国有权根据自己的利益来选择参加或退出某一国际组织，有权对某一条约的条款宣布保留。一国承担国际组织章程中规定的义务，并不是主权的“让渡”或放弃，而是因为

---

① 参见王逸舟《当代国际政治析论》，上海人民出版社 1995 年版，第 54 页。

② 参见孙建中《论国家主权与民族自决权的一致性与矛盾性》，载《北京大学学报（哲学社会科学版）》，1994 年第 2 期。

③ P. H. Kooijmans. Tolerance, sovereignty and self-determination. Netherlands International Law Review, 1996 (2).

④ 参见王逸舟《当代国际政治析论》，上海人民出版社 1995 年版，第 53 页。

基于权利义务对等原则。迄今为止的国际组织实质上都是国际协调机构，其间的一致性会要求参与的主权国家暂时牺牲某种利益，但绝不是说必须以主权为代价购买“入场券”。所以，在正常情况下，国际组织不会也不可能损害国家主权，更不可能替代主权国家或与之平起平坐。

少数情况下，国际组织的行为损及国家主权，而其始作俑者往往并非国际组织本身。

倘若某国际组织，特别像联合国这样的重要政府间组织，行使了超越其章程的职权，这就不仅违反了包括该组织的组织法在内的国际法，而且会对国家主权造成损害或带来威胁。[①] 例如，联合国在索马里的维持和平行动、派出观察团对海地进行选举监督、在伊拉克北部设立“安全区”和“禁飞区”、在前南斯拉夫共和国设立六个国际“共管区”等，均未征得这些主权国家的同意，明显违反了《联合国宪章》规定的主权国家邀请，只负责监督停火以及不干涉内政等原则和规则。

从表面看来，这是国际组织侵犯了一国的主权，但深究下去就会发现，这种行为仍是某些国家意志的体现。譬如，在国际组织中，一般性事项需过半数成员同意，重大事项则需绝大多数成员同意，甚至要求全体一致，于是当一个国际组织的决议事项超越其章程规定的职权范围而侵犯一国主权时，与其说是该国际组织侵犯主权，还不如说是多数国家共同侵犯了某一国家的主权。又譬如，某国际组织在少数大国操纵下做出的超越章程的行为，如在美国操纵下联合国在索马里的维和行动，与其说是该国际组织侵犯其国家主权，还不如说是少数大国以国际组织为幌子，以集体安全为借口了干涉他国的内政。

这种不正常情况下国际组织对国家主权的损害或威胁，其深刻根源在于当今的国际社会仍然不是一个公正、和平的社会，强权政治、霸权主义依旧存在。从某种意义上来说，西方学者鼓吹国际组织的发展削弱、侵蚀了国家主权，实际是为少数大国干涉他国的内政找一块“遮羞布”，为少数大国侵犯他国主权寻找借口。

3. **人权保护进入国际领域**

在19世纪后，国际上出现的废奴运动及第一次世界大战，使人权保护进入了国际领域。第二次世界大战后，保障人权被确立为国际法原则。冷战期间，西方国家推行“人权外交”向社会主义国家进攻，从而在东西方国家之间掀起一场关于人权与主权的论战，并且这种论战并没有因为论战结束而结束，反而呈现升级的趋势，使得人权成为挑战国家主权的又一主要因素。

西方学者“人权高于主权”的理论可分两种情形：一种是直接主张，即明确提出“人权高于主权”，认为人权基本上属于各国国内管辖的事项的观点已经过时；跨越国境的军事行动、以外部力量赶走独裁者，建立民选政府并不构成侵犯国家主权。时任英国首相布莱尔在北约向南联盟发起进攻时曾指出，“国家主权并不及人权和防止种族灭

① 参见曾令良《论冷战后时代的国家主权》，载《中国法学》1998年第1期，第25页。

绝重要”[①]。另一种是间接主张，即提出“主权不在国家而在民众”的“个人主权”论，认为主权不再属于国家，而是属于人民；独立自主不再指对外独立权，而是个人的自决权。[②] 如前美国驻联合国大使 Thomas Pickering 曾说过：“是人民而并非政府，是主权的拥有者。”“人权”这一概念通过“自决权”的中介与国家主权联系起来，既然自决权是建立国家主权的一个途径，而自决权的核心又是尊重人权和民主选举权，则“人权”就顺理成章地高于主权。

本书认为，尽管人权问题具有国际性的一面，但本质上属于国内管辖的事项，国家主权是享有人权的基础。理由如下：

第一，人权保护尚未成为公认的普遍适用的国际法原则。就每个人、每个民族而言，无疑都置身于具体的国家中，同时又都生活在国际社会的大家庭里。因此，除国内立法之外，各国还需要在国际社会中就此领域内所关心的问题互相合作、彼此交流，这种关系决定了人权保护既有其国内方面，又有其国际方面。国际社会中形成的有关人权的习惯国际法规则并非普遍适用的规则，只有在禁止灭绝种族、种族隔离和种族歧视，奴隶制或奴隶贸易，酷刑，国际恐怖主义，以及禁止其他的“一切严重侵犯人权”的方面才适用。远远不像国家主权原则那样广泛适用于国际法的各个领域。正如国际法委员会所指出的“尽管不能忽视在（人权）问题上存在着少量的国际习惯法的规则，而且也不能排除这种规则在数量上会有所增加的可能性甚至现实性，然而我们必须得出这种结论：当前，关于国家如何对其本国国民的国际义务，几乎仍然属于协定法性质”[③]。从国际实践来看，一国是否参加国际人权条约以及对其所参加的条约做何种程度的保留，完全由各个国家自行决定；国际人权条约的运行机制明显地反映出国家主权对实现人权的决定性作用。如《公民权利和政治权利国际公约》规定，一个缔约国认为另一个缔约国人权状况不符合国际人权公约，可以向人权事务委员会进行指控，但必须满足这样的先决条件：指控国和被指控国都发表声明，承认人权事务委员会有接受和审议这一指控的职权。[④]

对于人权问题的性质，梅隆也曾指出，“在当代民族国家的国际秩序中，人权只能按照国内法先本国享受。国际法的目的只是影响各国承认并接受人权，让各国在本国宪法和法律上反映这些权利，并通过国内制度尊重并保证人权得到遵守，把人权纳入国内生活中”[⑤]。

总之，尽管存在着人权保护的习惯国际法规则及双边或多边条约，但人权问题在当今时代归根到底还是属于国内管辖事项。

第二，人权的保护，无论是个人人权还是集体人权，无论是政治权利还是社会、经

---

① 1999 年 4 月 25 日英国首相布莱尔在芝加哥经济俱乐部的讲话。转引自徐学银、朱宽《评新干涉主义》，载《现代国际关系》1999 年第 8 期，第 19 页。

② 参见王逸舟《当代国际政治析论》，上海人民出版社 1995 年版，第 427 页。

③ 白桂梅、龚刃韧、李鸣：《国际法上的人权》，北京大学出版社 1997 年版，第 287 ～ 288 页。

④ 参见徐学银、朱宽《评新干涉主义》，载《现代国际关系》1999 年第 8 期，第 21 页。

⑤ 转引自刘文宗《论主权与人权》，载《人民日报》1993 年 6 月 13 日，第 5 版。

济、文化权利都是以国内法调整和保护为最主要、最直接乃至最有效的途径。[①]

人权的内容主要由国内法规定。各国在宪法和法律中规定公民享有的各种基本权利和自由是个人人权的最重要内容。此外，各国还通过吸纳或转化为国内法的形式，将其所加入的国际人权条约中的规定内容适用于本国公民。

人权的实现必须依赖于国内法。各国通过在政治、经济、文化与社会等各个领域创造条件，并且在法律上规定司法、行政等救济手段，从而使个人享有人权的可能性转变为现实性。当公民的基本权利和自由受侵犯时，主要依靠国内的司法、行政措施进行救济。只有在一国政府大规模侵犯人权，违反了人权保护的习惯国际法规则时，国际社会才可进行干预。如南非前政府推行种族隔离制度进行种族迫害，受到了国际社会的强烈谴责和制裁。

第三，人权的国际保护往往是通过主权国家之间的合作来进行并实现的。[②]

人权不是一个抽象的概念，对人权的保护与促进的主要责任在国家，抛开国家主权来谈人权只能是空谈。历史反复证明，主权是人权的根本保障。无论是《联合国宪章》还是《国际法原则宣言》所提出的人权保护与合作均是以确认国家主权和主权平等为前提的。联合国秘书长在第46届联合国大会年度报告中指出，“维护人权时必须尽量谨慎，以免人权被用来作为侵犯各国基本国内管辖权、破坏各国主权的跳板”，因为“滥用这一原则是制造无政府状态最灵验的方法”[③]。

4. 国际合作呈现新的热潮

在当今国际社会中，国际合作越来越显示出其重要性，要生存就要合作，要发展只有合作。[④] 要进行国际合作，各国必然在一些问题上做出妥协让步、自我限制，甚至做出牺牲，以求同存异。这便让人产生合作限制主权的感觉。于是，有人提出在某些领域，特别是在国际经济法中，就全局和整体而言，国家间相互依存观念已上升到主导地位。另外，国际社会的发展也向各国提出了加强合作的要求：首先是问题范围的全球化。每个具体问题的作用、范围及后果均是跨国界的，而且不能仅仅归结为局部的、民族国家的、特殊制度和意识形态的产物，它们带有普遍性和一般性，具有真正全球性的背景。其次是问题威胁性的全球化。这些问题会引起生产力的倒退和人类生存条件的恶化，甚至导致人类文明的毁灭，如核扩散。最后是解决问题努力的全球化。这些问题不是哪一个国家所能单独应付、处置和解决的，危机的全球化必然要求克服或缓解危机的国际合作。当今全球性问题越来越多并日益严峻，形成了对20世纪末的国家主权的新的综合性挑战。对此，西方学者提出由于“相互依赖”已经侵蚀了内外领域之间的传统界限，全球性问题没有国际合作就难以解决，因此主张国家及主权应“泛化和弱

---

① 参见王叔良《国家主权和人权》，载《上海社会科学院学术季刊》1996年第1期，第68页。

② 参见程晓霞《国际法》，中国人民大学出版社1999年版，第22页。

③ 刘楠来：《发展中国家与人权》，四川人民出版社1994年版，第42页。

④ 参见徐杰、冯以新《论国际法上的国家主权与国际合作》，载《法学评论》1998年第2期。

化”[①]；甚至认为传统的国家主权观念将阻碍国际社会更好地在这些领域里开展合作，因而提出弱化国家主权强化国际合作。

本书认为，国际合作与国家主权并非对立的，国际合作的范围和规模的扩大也并不意味着国家主权管辖范围的相应缩小。

国际合作是指国家之间为了解决某些国际问题或谋求共同发展而通过谈判、签订条约、参加国际会议或加入国际组织等形式而进行的双边或多边协作。国家间只要有共同的需要就存在着合作的可能性。现代科学技术的迅速发展，使国家间的交往日益频繁；“二战”后政治、经济的发展使国内与国际政治关系不能再截然分开，国际社会已从消极的共存转变为积极的合作。联合国在多个文件中均规定“各国合作以谋发展”的原则。“全球化问题”的出现、经济全球化的发展，更使国际合作成为不可逆转的潮流。然而，这种合作只有在尊重而不是损害各国主权的前提下才能取得成功，并且主权原则贯穿于国际合作的全过程，以下原因可以说明：

第一，“国际社会是主权国家多元并存的分权秩序结构”[②]。国际合作是建立在这种现实基础之上的，国际合作的产生、范围及其实施方式均由国家决定。国际合作的内容都是为了实现国家利益，并更好地维护国家主权。国际合作是由每个国家独立自主决策的，也是国家主权发挥作用的一种表现形式。[③]

第二，国际合作为各国解决国内问题开拓了更广泛、更有效的方法和途径。譬如人口问题，国际社会可通过世界人口大会来制定控制全球人口增长的方案，呼吁各国采取措施解决人口爆炸问题，但这并不妨碍各国按本国国情采取不同的人口政策。国际合作并未使各国问题国际化，这些问题依然属于各国管辖的事项。

西方国家及其学者提出的限制甚至取消国家主权以使国际合作顺利进行，从而最终解决“全球性问题”的主张，表面上是为了全人类的共同利益而努力，实际上是为了谋求私利。他们一方面鼓吹“为了保护处于危机状态中的更大的共同体的利益”，“第三世界国家必须调整自己关于各国相互依存和领土主权的观点，以适应处于危机中的世界相互依存的现实，并接受决策权从各国当局向国际论坛和国际机构的不可避免的转移”；而在另一方面，对于真正涉及维护国际和平与安全的行动方面，譬如在裁军、核不扩散等领域，则非常缓慢且有限。一位欧洲国家的外交官说得好：“大国高喊主权让渡，无非是把主权从一只手转到另一只手中；如果中小国家让出主权，则意味着两手空空。”[④] 我们应清醒地认识到：对当今世界绝大多数国家而言，坚持国家主权原则是参与国际合作的前提。

---

① 肖佳灵：《西方对主权理论三次挑战的实质》，载《复旦学报（社会科学版）》1998 年第 1 期，第 45 页。

② ［日］寺泽一、山本草二：《国际法基础》，朱奇武等译，中国人民大学出版社 1983 年版，第 15 页。

③ 参见孙建中《国际主权与国际和谐》，载《解放军外语学院学报》1992 年第 4 期，第 112 页。

④ 转引自苏惠民《欧盟政治联合：难》，载《世界知识》1999 年第 5 期，第 20 页。

二、互不侵犯原则

（一）互不侵犯原则的提出

互不侵犯是国际法的一项新原则，是在第一次世界大战后，也就是现代国际法中形成的原则。在此之前，传统的国际法允许国家有进行战争的权利，即主权国家可以任意选择解决国际争端的手段，如报复、平时封锁甚至战争。这种不区别战争的性质，把用战争手段解决国际争端，达到自己所追求的目的看作合法的做法，在当时完全适应了强国的需要。第一次世界大战给人类带来了深重的灾难，反对侵略战争的要求便强烈起来。因此，《国际联盟盟约》中对战争权做了一定的限制。该盟约规定："凡任何战争或战争之威胁，不论其直接影响联盟任何一会员国与否，皆为有关联盟全体之事。联盟应采取适当有效之措施以保持各国间之和平。"（第 11 条）"联盟会员国约定，倘联盟会员国间发生争议，势将决裂者，当将此事提交仲裁或依司法解决，或交行政院审查。联盟会员国并约定无论如何，非俟仲裁员裁决或法庭判决或行政院报告后三个月届满以前，不得从事战争"（第 12 条）。就在十月革命胜利的第二天即 1917 年 11 月 5 日的《和平法令》中，苏联第一次以国内法的形式宣布侵略战争是"反人类的最大犯罪"。1928 年 8 月 27 日的《巴黎非战公约》是第一个宣布应放弃以战争作为国家政策的国际公约，该公约第 1 条规定，缔约各方以它们各国人民的名义郑重声明，它们斥责用战争解决国际纠纷，并在它们的相互关系中废弃以战争作为实行国家政策的工具；第 2 条规定，各参加国有义务用和平方法解决它们之间的争端。该公约虽然明确废弃战争，但没有明确区分正义战争和侵略战争。然而，就否定战争权这一点来说，《巴黎非战公约》是具有划时代意义的。

在否定侵略战争权、确定不侵犯原则方面，最重要的国际文件是《联合国宪章》。宪章第 2 条第 4 款规定：各会员国在其国际关系上不得使用威胁或武力，或以与联合国宗旨不符之任何其他方法，侵害任何会员国或国家之领土完整或政治独立。宪章规定的这项原则，在纽伦堡和远东国际法庭宪章及其审判中得到了体现。

（二）互不侵犯原则的含义和内容

互不侵犯原则是指各国在其相互关系中不得以任何借口进行侵略，不得以违反国际法的任何其他方法，使用武力或武力威胁，侵犯另一国的主权、独立或领土完整，不得以战争作为解决国际争端的手段。

《国际法原则宣言》规定："每一国皆有义务在其国际关系上避免为侵害任何国家领土完整或政治独立之目的，或以与联合国宗旨不符之任何其他方式使用威胁或武力。此种使用威胁或武力构成违反国际法及联合国宪章之行为，永远不应用为解决国际争端之方法。"《国际法原则宣言》还对互不侵犯原则的内容做了阐明：①侵略战争构成危害和平之罪行，须负国际责任；②各国皆有义务避免从事侵略战争之宣传；③各国有义务避免使用武力或威胁侵犯他国边界和国际界线；④每一国皆有义务避免对阐释各民族

享有平等权利与自决权原则时所指之民族采取剥夺其自决、自由及独立之任何强制行动；⑤每一国皆有义务避免组织或鼓励组织非正规军或武装团队，包括雇佣军在内，侵入他国领土，有义务避免在他国发动、煽动、协助或参加内战或恐怖活动，或者默许在其本国境内从事以犯此等行为为目的之有组织活动；⑥国家领土不得作为违背宪章规定使用武力所造成之军事占领之对象，不得成为他国以使用威胁或武力而取得之对象，使用威胁或武力取得之领土不得承认为合法。

（三）侵略的定义

在和平共处五项原则中，互不侵犯并不是一般地反对战争，而是反对侵犯战争。对于自卫战争、民族解放战争则给予肯定和确认。这样，认识战争的性质，认清什么是侵略战争就显得至关重要。

关于侵略的定义是个国际上长期讨论的问题。从1950年联合国大会审议此问题，直到1974年12月14日第29届联合国大会才通过了一项关于侵略定义的决议，大会建议安理会在确定是否发生了侵略行为时，以该定义为指导。该定义为“侵略是指一个国家使用武力侵犯另一个国家的主权、领土完整或政治独立，或以本定义所宣示的与联合国宪章不符的任何其他方式使用武力”。定义还列举了应视为侵略的七项行为。

（1）一个国家的武装部队侵入或攻击另一国家的领土；或者因此种侵入或攻击而造成的任何军事占领，不论时间如何短暂；或者使用武力吞并另一国家的领土或其一部分。

（2）一个国家的武装部队轰炸另一国家的领土，或者一个国家对另一国家的领土使用任何武器。

（3）一个国家的武装部队封锁另一国家的港口或海岸。

（4）一个国家的武装部队攻击另一国家的陆、海、空军或商船和民航机。

（5）一个国家违反其与另一国家订立的协定所规定的条件使用其根据协定在接受国领土内驻扎的武装部队，或者在协定终止后，延长该项武装部队在该国领土内的驻扎期间。

（6）一个国家以其领土供另一国家使用，让该国用来对第三国进行侵略行为。

（7）一个国家或以其名义派遣武装小队、武装团体非正规军或雇佣兵，对另一国家进行武力行为，其严重程度相当于上述所列各项行为，或者该国实际卷入了这些行为。

武装侵犯一个主权国家是最严重的违反国际法的罪行，一个关于侵略的定义是不能将侵略行为的特征包罗无遗的，况且这个定义还存在着严重的缺陷。正如我国代表在联合国大会会议上指出的，定义把侵略只限于武装侵略行为而没有包括其他形式的侵略像领土兼并和扩张，政治干涉和颠覆以及经济控制和掠夺等，而这些也恰是当今世界上超级大国推行侵略扩张政策的主要形式。再者，定义中某些条文的含义模糊不清，在适用或解释时会造成不同理解而发生分歧。例如，定义第三条中的（d）款，“一个国家的武装部队攻击另一国家的陆、海、空军或商船或民航机”，这一条就规定得不太确切，适用中容易发生解释上的分歧。

应当注意，互不侵犯原则不仅反对大小规模的武装进攻，也禁止进行武力威胁、禁止武装进攻的准备和进行战争的宣传。纽伦堡国际军事法庭规约第五条规定：凡计划准备发动或从事任何一种战争的行动都构成违反和平罪，是严重的国际罪行。此规则得到联合国大会的确认。这里当然是指侵略性的非正义战争。

还应强调，侵略定义同《联合国宪章》一样，禁止的是侵略战争，没有规定禁止一切战争，下列两类战争不在禁止之列：①联合国按照宪章规定合法使用武力；②在外国统治下的民族和人民为行使自决权，为取得被剥夺的权利、自由和独立而进行的民族独立解放战争，包括民族武装斗争和反对侵略的自卫战争。

我国一贯奉行和平外交政策，在国际关系中一贯坚持互不侵犯原则，主张国家间的争端应在和平共处五项原则的基础上通过谈判而妥善解决，为各国树立了典范。

三、互不干涉内政原则

（一）不干涉内政原则的提出和确定

不干涉内政原则是国际法上产生和适用较早的一个原则。早在17、18世纪就已产生并适用，其首先是由法国国内法提出的。1793年法国宪法第119条规定：法国人民不干涉其他国家政府事务，也不允许其他民族干涉法国的事务。这项原则原是为反对封建势力干涉资产阶级革命和掌握政权的。后为各国资产阶级所接受，形成国际习惯法规则。但到第一次世界大战后，才发展成为一项国际法基本原则。1919年《国际联盟盟约》第15条第8款规定："如争执各方任何一方对于争议自行声明并为行政院所承认，按诸国际法纯属该方国内管辖之事件，则行政院应据情报告，而不作解决该争端之建议。"1945年《联合国宪章》第2条第7款规定："本宪章不得认为授权联合国干涉在本质上属于任何国家国内管辖之事件，并且不要求会员国将该项事件依本宪章提请解决；但此项原则不妨碍第七章内执行办法之适用。"宪章的规定对盟约的规定有重要的发展：①将不干涉内政原则一般化，上升为约束联合国组织及其会员国行为的七项原则之一；②把"纯属"国内管辖的事件扩大为"本质上属于"国内管辖之事件；③宪章不但没有规定发生的争议需行政院承认的条文，而且明确规定不要求会员国将该项事件依本宪章提请解决。这就意味着当事国与联合国都能对事件的性质做出判断。

1965年联合国通过的《关于各国内政不容干涉及其独立与主权之保护宣言》重申："任何国家，不论为任何理由，均无权直接或间接干预任何其他国家之内政、外交，故武装干涉及其他任何方式之干预或对于一国人格或其政治、经济及文化事宜之威胁企图，均在谴责之列。"《国际法原则宣言》发展了对这一原则的解释，该宣言指出："任何国家或国家集团均无权以任何理由直接或间接干涉任何其他国家之内政或外交事务。因此，武装干涉及对国家人格或其他政治、经济及文化要素之一切其他形式之干预或试图威胁，均系违反国际法。"

《保护宣言》和《国际法原则宣言》都把不干涉内政原则扩大适用于国家集团。《国际法原则宣言》认为不仅武装的"威胁企图"是而且"干预"也是干涉他国内政

的行为。提出对干涉内政的行为不仅仅要进行谴责，而且要确认是“违反国际法”的，应负国际责任，这是对国际法的重要补充和发展。

（二）不干涉内政原则的内容

不干涉内政原则是从国家主权的性质直接引申出来的。此原则主张：任何国家或国家集团都无权以任何理由直接或间接地对别国进行干涉，不得以任何借口干涉他国的内政与外交事务，不得以任何手段强迫他国接受别国的意志、社会政治制度和意识形态。

1. 内政及内政的范围

内政（internal affairs）就实质而言是国家在其管辖的领土上行使最高权力的表现。也就是说，凡是国家在宪法和法律中规定的事项，即本质上属于国家主权管辖的事项都是国家内政。如有权决定本国政治制度、经济体制、政权组织形式和国家政策、社会进步、文化教育体制以及对外关系的建立、缔结条约、参加国际组织、出席国际会议、宣战或媾和等都属国家内政。总之，内政包括一国主权范围内的任何措施和行动，包括政治、经济、社会、文化、外交等多个方面。但也要认清“内政”也不是一个单纯的地域上的概念，一个国家在本国境内的某些行为，也可能是违反国际法的。别国对此违法行为的干预，并不构成对内政的干涉，比如一国在本国境内扣留外国外交代表作人质，就不属内政的范围。因为在这种场合扣留人质即破坏了国际法上规定的外交代表的豁免权。再如某国国内实施种族隔离，也不是内政，因为这是被整个国际社会所禁止的犯罪行为。也就是说，一国不得借口“内政”来破坏国际法。发生在一国境内的种族歧视、种族灭绝等行为，国家不加干预和制止，甚至默许和支持，就不属于一国内政的范围。

2. 干涉的含义及形式

干涉（intervention）指一国或几国为实现自己的意图，使用政治、经济，甚至军事的手段，以直接或间接的、公开或隐蔽的方式干预另一国的内外事务，使被干预国按照干预国的意图行事，以改变被干预国所执行的某种方针、政策或存在的情势。如苏联对阿富汗的干涉，越南侵略柬埔寨都是如此。

干涉有多种形式，有采用武力的干涉，也有采取其他形式的干涉。因而，干涉与侵略有联系又有区别：侵略是非法使用武力侵犯他国主权，从某种意义上讲侵略是最严重的干涉，是最直接露骨、最粗暴的干涉；干涉则不限于使用武力，干涉可采取军事、政治、经济、外交等方面的各种手段，所以绝不能将非法使用武力理解为干涉的唯一方式。尤其是在现代国际关系中，由于各国人民的觉悟，干涉的方式除了公开露骨的干涉外，更多的是采用较为狡猾、隐蔽的方式：如在他国收买代理人，组织、制造、资助、煽动或怂恿在他国内部进行颠覆活动，或者鼓励插手他国内乱，派遣间谍、特务，刺探情况和进行破坏，对他国的内政事务指手画脚，等等。

干涉也包括积极的干涉和消极的干涉。行为的干涉，属积极干涉，是最常见的，也就是直接的进行干涉。不行为的干涉即消极干涉，是指打着不干涉的旗号而纵容别国侵略的情况，这是一种干涉的特殊形式。国际实践中最明显的例证是：1936 年西班牙内战时期，英、法等国打着“不干涉主义”的旗号，不谴责佛朗哥的法西斯暴行，不制止意、德法西斯对西班牙内政的干涉，从而使西班牙的合法政府被法西斯推翻。这样，

英、法就构成了消极意义上的对西班牙内政的干涉。

国际法允许根据国际条约和国际义务对他国提供援助，这种援助必须是在完全平等和自愿的基础上的共同防御和抗击侵略者以捍卫被援助国的国家主权和民族独立。另外，各国对实行种族隔离或违反国际法基本原则的行为所做的斗争，当然不构成国际法上的干涉。

下面介绍与干涉有关的“门罗主义”（The Monroe Doctrine）。1823年12月2日，美国总统门罗发表一项国情咨文，宣布美国奉行不干涉政策：美国不干涉欧洲的事务，也不允许欧洲国家干涉美洲各国的事务；美国不干涉欧洲国家在美洲的现有属地，但今后也不许欧洲国家再来美洲建立殖民地，这就是所谓“门罗主义”。门罗主义在反对欧洲国家，主要是在反对俄国、奥地利、普鲁士三国神圣同盟干涉美国事务方面是有进步意义的，对于不干涉内政原则的确立也有其历史作用，但美国利用门罗主义控制美洲各国事务，使其成为打着不干涉幌子的“干涉主义”。

我国一向坚持奉行不干涉原则，既坚决反对别国干涉中国内政，也始终不渝地奉行不干涉他国内政的政策。正如周总理1959年所指出那样，“我国从来没有侵犯过任何邻国的领土，没有干涉过任何邻国的内政，今后也永远是这样”，还指出“中国不想威胁任何人，不想损害任何人，不要求任何人改变他们所选择的社会政治制度”。我国在国际关系实践中，对于加强和发展不干涉内政原则做出了重大贡献。

3. 警惕“人道主义的干涉”

在历史上，西方学者为了帝国主义侵略扩张的目的，千方百计为他们的干涉进行辩解，甚至为干涉罩上“人道主义”“维护人权”的外衣，他们提出“依据权利进行干涉”和“人道主义的干涉”是合法的。他们认为，凡依据“国际条约”“应合法政府邀请”“保护外国侨民”“防止不法行为”而进行的干涉活动，都是“依据权利的干涉”；凡根据一个外国的判断，一国确有违反“基本人权”时，该外国进行的干涉就是“人道主义的干涉”。对所谓人道主义的干涉，应从其实质而不应单从字面来看，如果一国随意按照自己的标准判断他国是否违反了“基本人权”，进而进行干涉，必然会使国际关系发生混乱。可见，西方学者这些学说实质都是为干涉他国内政制造法律根据。

冷战结束后，国际格局发生了巨大变化，没有了强硬对手的西方大国利用这“难得的机遇”，将自己的价值观以更大力度推向世界各国。于是早已成为历史遗迹的所谓“人道主义的干涉”又沉渣泛起，被重新粉饰，大加推广。一时间，“人道主义干涉”几乎成为西方大国随意插手别国事务的“敲门砖”，甚至借此制造了对南联盟长达78天的军事打击等骇人听闻事件。西方学者为了迎合西方大国霸权主义的野心，大肆渲染“霸权平衡论”及“人道主义干涉合法论”[①] 等理论，为其强盗行径唱赞歌。如果说这些理论是西方学界出于其“民族利益”考虑而推行，尚且情有可原，那么，近期以来我国学界也出现了一股肯定“人道主义干涉”的思潮，在为“人道主义干涉”寻求现实合理性和合法性，甚至提出重构人道主义干涉的制度的主张，则实在令人费解。

对人道主义干涉的概念亦有不同的界定。有人认为：人道主义干涉是从非政治立场

① 牛震：《关于霸权稳定论及其评价》，载《世界经济与政治》2000年第10期，第23页。

出发，为终止一国国内大规模侵犯人权行为，未经该国许可而运用强制手段尤其是军事手段的一种干涉。[1] 还有西方学者认为：主权者合理而公正地行事有一定的限度，人道主义干涉就是为使别国人民免遭超出这种限度的专横和持续的虐待而正当使用的强制。[2] 王铁崖教授认为，所谓“人道主义干涉”是指为人道而进行的干涉。[3] 从现今的国际实践来看，已经实施的人道主义干涉行动具有以下几方面特征：首先，人道主义干涉是一个国家或国家集团干预另一个国家事务的一种形式。其次，人道主义干涉是基于“维护人权”“捍卫人道主义”的理由。再次，构成人道主义干涉的另外一个要件，即干涉具有强制性和专断性，或者是具有威胁性。最后，人道主义干涉是在违背目标国意志的情况下进行的。

从当前出现的所谓“人道主义干涉”的争论情况看，许多人对于人道主义干涉的理解出现了偏差，似乎被冠以“人道主义”前缀的干涉，就成了合法行为，成了实施干预国的权利。甚至使人产生一种错觉，违反人道主义的行为似乎成为国家实施“普遍性管辖”的国际罪行，各国可以任意地“得而诛之”，而没有也无须规范和程序要遵行。因此笔者强调，人道主义的干涉不能被解释为国家的权利。正如王铁崖教授所言：“历史经验证明，当‘人道主义干涉’被个别国家作为一项针对另一国家的手段加以行使时，它就会被滥用，因为这些国家往往是为了达到自私的目的，‘为了人道’或‘维护人权’只是掩人耳目的幌子。所以，认为国家有‘人道主义干涉’的权利的观点是十分危险的。”[4]

若将当今国际关系中出现的干涉进行归类可见：[5] 一类是联合国体系之内的“干涉”，即由联合国组织的“干涉”，或者由联合国授权某个国家或某些国家进行的“干涉”。这类“干涉”通常被认为是合法的，诸如联合国直接组织的各种维和活动以及由联合国授权进行的反侵略战争等。另一类是联合国体系之外的干涉，也就是未得到联合国批准，或者是绕过联合国而进行的干涉。笔者认为，严格来讲，就联合国授权某个国家或某些国家或由联合国组织进行的基于人道主义理由实施的人道主义救援，解决难民问题，监督一些国家或地区举行选举或进行全民公决和维和行动等，不属于人道主义干涉的范畴。因为，这是符合国际法的行为，不能构成“干涉”[6]。由此可见，干涉的确定是应当依据合法不合法的标准来判定，而不能仅仅根据从事行动的借口。

笔者认为，对人道主义干涉的性质应当有一个清晰而明确的评价：①所谓人道主义

---

① Stanley Hoffmann et al. The ethics and politics of humanitarian intervention. University of Notre Dame Press，1996：18.

② 参见李少军《干涉主义及相关理论问题》，载《世界经济与政治》1999 年第 10 期，第 24 页。Wendy Lambourne. Humanitarian intervention—has anything really changed? Pacific Research，1994（2）.

③ 参见王铁崖《国际法》，法律出版社 1995 年版，第 114 页。

④ 参见王铁崖著《国际法》，法律出版社 1995 年版，第 114 页。

⑤ 参见李少军《干涉主义及相关理论问题》，载《世界经济与政治》1999 年第 10 期，第 27 页。持相同观点的还有，孙宇：《从科索沃危机看人道主义干涉的现实正当性》，第 1 页；吴昊：《两难的困境：论国际人道主义干涉》，第 3 页。上述两文刊载于北大法律信息网页。

⑥ 王铁崖：《国际法》，法律出版社 1995 年版，第 115 页。

的干涉，仍然属于干涉，既然属于干涉就违反国际法基本原则，应当属于违法；②其中的人道主义仅仅是从事非法活动的漂亮的借口，而且是没有法律依据的借口；③人道主义干涉作为国际政治中的一种实践，既不是一种制度，更不是法律领域的一项权利，它不过是国际政治领域中霸权主义思潮的演绎。④应当警惕防止别有用心者。无论是历史上的人道主义干涉思潮，还是现在流行的新干涉主义，其实质无非是要从根本上破除主权国家的“坚实的法律外壳”，而一旦这个外壳不存在了，它们就可以为所欲为地对任何不听从其指使的国家进行干预。

人道主义干涉并非当代国际政治领域中的新生事物，而是在历史上早已存在。至于最早提出“人道主义干涉”原则的究竟是不是国际法开山鼻祖格老秀斯，[①] 我们暂且不去考究，但西方学者认为，人道主义干涉至少可以追溯到 20 世纪，1899 年和 1907 年两次海牙和会及其形成的海牙体系既是近现代国际组织形成过程中的一个关键环节，同时也使国际干预出现了雏形。[②] 在此之前的整个 19 世纪，尽管不干涉主权原则得到了广泛的承认，但西方社会仍认为存在两个例外，一是当国家为保护其在国外的国民的生命、财产和物质利益的时候，二是当别国以一种远低于文明人所认可的标准虐待其公民并因而震动人心的时候，在上述两种情况下，国家可以进行干涉。[③] 由上述可见，人道主义干涉决非什么新生事物，现今的人道主义干涉完全是历史上人道主义干涉的翻版。现在重新提出的试图在当今国际政治、法律领域为其寻求所谓合理性、合法性的做法，只不过是试图用新瓶装旧酒，达到兜售和推行其政治策略和价值观的目的而已。

值得人们思考的是：人道主义干涉是某些国家或国际组织在没有联合国授权的情况下，对其他主权国家施加的强制行动，甚至包括动用武力；这些国家无论是否真正出于保护被干涉国的人权的目的，就其本身而言，即违背了“国家主权独立原则”和“不干涉内政原则”。至于有人认为人道主义干涉随着在国际实践中越来越受到重视，从而便断定其在现实中具有一定的合理性或合法性的说法是不能成立的。在现有国际法律体制中，联合国国际争端解决机制最能够代表最广泛国际社会的利益，经过国际社会的共同努力，国际争端解决机制会朝着更加公正、高效的方向发展，人道主义问题完全能够在以联合国为主的争端解决框架内得到圆满解决。人道主义干涉实践一再证明，那些打着“保护人权”或“保护人道主义”旗帜的国家并非真正出于保护人权的目的，而主要考虑的是实现其政治经济的战略利益，这对于国际秩序的稳定是极其危险的。所有热爱和平与关心人类发展的人们都应该注意这种对人道主义干涉大唱赞歌并企图使其合法化的倾向，在充分关心和促进实现人权的前提下，坚决抵制试图促使人道主义干涉合法化的做法。

---

① L. Lauterpacht. The grotian tradition in international law. British Yearbook of International Law. 1946，23：46. 在该文中，作者认为，如果国内司法管辖表现为对人类施暴，则它的排他性就不复存在了，这可认为是人道主义干涉原则的最早出处，并由此推断格老秀斯曾有此思想。

② 参见刘明《国际干预与国家主权》，四川人民出版社 2000 年版，第 22 页。

③ R. Lillich. Humanitarian intervention and the United Nations. University Press of Virginia，1973：198.

四、平等互利原则

（一）平等互利原则的含义

国家平等早已是国际法上的一个重要原则，它是18世纪资产阶级革命时期的产物。十月革命后，苏联为实现真正的国家平等，废除了帝俄时代强加给东方国家的不平等条约，并与这些国家建立起真正的平等关系，成为遵行平等原则的良好典范。

平等互利原则包括平等和互利两项内容。和平共处五项原则将平等与互利联系在一起，标志着平等原则的新发展。

所谓平等（equality）：就是国家不分大小强弱、人口多寡、政治制度和经济制度如何，都具有平等地位。因而都应该互相尊重，平等相处，任何国家不应要求任何特权。所谓互利（mutual benefit）：就是各国在其相互关系中，不能谋取片面的利益，更不能以损害、剥削或榨取别国为目的，而应是对双方都有利。

国际实践已表明：倘若双方是不平等的，肯定不可能有互利可言，国家关系只有建立在平等的基础上才能做到互利，同样也只有实现互利，才可能有真正的平等。所以只有把两者结合起来，既有平等，又有互利，才是完全的国家平等原则。

平等互利原则不仅对国家政治关系有重要意义，而且对国际经济关系和提供了对外援助方面也具有重要意义。我国在处理对外经济关系和提供对外援助时严格遵循平等互利原则，周总理1963年提出了我国对外援助的八项原则：①中国政府一贯根据平等互利原则对外提供援助，而且认为援助总是相互的；②中国政府严格尊重受援国的主权和独立，绝对不附带任何条件和要求任何特权；③中国以无息或低息贷款的方式提供经济援助，以尽量减少受援国的负担；④中国政府提供援助的目的，是帮助受援国逐步走上自力更生、独立发展的道路；⑤中国政府帮助建设的项目，力求投资少、收效快；⑥中国政府提供质量最好的设备和物资，并且保证退换；⑦中国政府保证使受援国的人员充分掌握技术；⑧中国的专家和技术人员，不容有特殊要求和享受。上述八项原则，体现了我国的对外政策，体现了我国恪守平等互利原则的诚意。我国一贯认为，援助国与受援国是相互援助的，对双方都是有利的。1983年我国提出的对外援助四原则，即“平等互利，讲求实效，形式多样，共同发展”，便是平等互利原则在对外经济活动方面的具体运用和对该原则内容的发展和补充。

（二）有关国家平等的国际习惯

国际实践中形成的一系列的国际习惯，有助于贯彻国家之间平等互利的原则。这些习惯主要是以下几方面：

（1）非经一国的同意，不得对该国强加以有约束力的规则。如国际公约必须由某国以签字、批准、接受或加入等方式表示同意后才能对该国生效。

（2）国家在外国享有司法豁免权，国家行为和国家财产不受外国法院管辖。根据“平等者之间无管辖的原则”，任何国家都不可对另一国主张管辖，因此，国家虽然可

以在外国法院提起诉讼，但是不经放弃豁免，国家不得在外国法院成为被告，国家财产也不得成为外国法院诉讼、执行的对象。

（3）在国际会议的表决时，各国都有一票，而且大国和小国的投票具有同等的性质，当然，国际组织规约另有规定的除外，如联合国安理会的常任理事国具有否决权，又如某些国际组织中的加权表决。

（4）在国际会议上，以往各国位次的排列或采用圆桌会议或采用抽签的方式，如今多采用会议所用文字的本国国名字母顺序来定。

（5）各国在缔约时，有使用本国文字的权利，各种文字文本具有同等效力；签约时，双边条约往往采用“轮换制”签署。所谓轮换制，即签署双边条约时，一国在自己保存的文本上的首位签字，对方则在文本的次位签字，对方保存的文本则反之。一般而言，左为首、右为次或上为首、下为次。另外，如果在一国首都签字，通常到另一国首都交换批准书。

（6）国家在外交礼仪上享有平等权利。如国家的尊严应受到尊重，国家元首、国旗、国徽、代表不受侮辱，对各国元首待遇都应相同，都属国宾，鸣炮 21 响，不论大国小国都是如此。

（7）外交代表的位次顺序平等。例如，在参加东道国国事活动时，各国使节的位次排列，通常依等级、使节到任早晚来确定等。

五、和平共处原则

（一）和平共处的提出和确立

和平共处，作为一种思想和政策最初是由列宁于 1915 年提出来的，原指社会主义在一国或数国取得胜利后，社会主义国家与资本主义国家和平共处的局面，这是列宁对马克思主义国家革命学说的发展。第二次世界大战后，和平共处得到了国际社会的广泛承认，并成为指导一般国家关系的一项原则。《联合国宪章》在一定程度上反映了这一原则，1954 年中国、印度、缅甸共同倡导的五项原则将其列入，1974 年《各国经济权利和义务宪章》将其列为十五项原则之一，在其他一系列国际文件和许多双边条约中，和平共处原则得到了广泛的肯定，成为国际法的重要原则。

（二）和平共处原则的含义和意义

从国际法原则角度看，和平共处是指国家在其相互关系上，应彼此尊重对方现存的社会经济制度，不得使用武力或武力威胁，以及其他任何方法改变或企图改变对方的社会经济制度，根据国际法的要求，实行广泛的合作，发展友好关系，和睦相处。

和平共处作为国际法的基本原则，其主要内容应包括：①各国应和平地同时存在，不应因社会制度和意识形态的不同在国际人格上有所区别，更不应因此而互相攻击、干涉和颠覆；②各国应和平地相互来往，和平地处理相互间的关系，以促进彼此的了解与合作；③如遇争端应以和平方法解决，而不应诉诸武力或武力威胁。按照这项原则，任

何国家不得做任何破坏和平的行为，不得破坏别国主权、领土完整和政治独立；不得使用武力或武力威胁来解决国际争端。

和平共处是五项原则的第五项，它与前四项有着内在的联系，在国际关系中，只有遵守前四项原则，各国才能维护和发展友好关系，达到和平共处；同时，各国只有在和平共处的条件下，上述各项原则才能得以实现。因此，和平共处原则对于维持正常的国际法律秩序具有重要作用。

1970 年《国际法原则宣言》中指出：国际法的各项原则在解释和应用时，应注意它们之间的相互联系，对每一原则的解释必须参考其与其他原则的前后关系，对和平共处五项原则的适用和解释也应如此。

六、真诚履行国际义务原则

（一）真诚履行国际义务原则的确立

真诚履行国际法义务原则是国际法最古老的原则之一。长期以来，真诚履行国际义务的原则表现在“条约必须遵守”这一古老的国际习惯上，而现代国际法则以条约形式将这一原则固定下来。《联合国宪章》和《国际法原则宣言》都确定并阐述了这一原则。按照宣言精神：每一国有责任一秉善意履行《联合国宪章》、国际法规则和有效国际协定所定的义务。《联合国宪章》序言规定：各会员国决心“创造适当环境，俾克维持正义，尊重由条约与国际法其他渊源而起之义务”。第 2 条又规定：“各会员国应一秉善意，履行其依本宪章所担负之义务，以保证全体会员国由加入本组织而发生之权益。”宪章的规定，说明真诚履行国际义务原则已被确认为国际法基本原则。

帝国主义国家经常违背国际义务，破坏真诚履行国际义务原则，对别国进行侵略、干涉、控制、使用武力或以武力相威胁。尽管如此，真诚履行国际义务原则，仍然发展成为国际法基本原则。

（二）真诚履行国际义务原则的内容

在国际交往中，国家必须真诚地履行其依国际法所承担的国际义务。一个国家既然对某一项国际义务明示地（通过条约）或默示地（通过习惯）表示接受其约束，就应当真诚地加以履行；倘若国家可以随意撕毁协议，不履行自愿承担的或公认国际法产生的义务，那么，国际法本身也就不可能产生，国际协议也就仅仅是一纸空文，从而，国际社会也就没有正常的关系和正常的秩序。按照《国际法原则宣言》的规定，真诚履行国际义务原则的内容主要有：

（1）每一国均有责任一秉诚意履行其依《联合国宪章》所负之义务。

（2）每一国均有责任一秉诚意履行其依公认之国际法原则与规则所负之义务。

（3）每一国均有责任一秉诚意履行其在依公认国际法原则与规则系属有效之国际协定下所负之义务。

我国一贯主张必须遵守在平等基础上确定的国际义务，否则，应负国际责任。中国

一贯真诚履行自己承担的国际义务，恪守自己的诺言，从不违背自己缔结和参加的国际条约，也承认和接受公认的国际习惯的约束，同时强调，那些根据不平等条约而强加给弱小国家的非法义务，是不能强迫其履行的。

七、和平解决国际争端原则

和平解决国际争端也是国际法的基本原则之一。它是指国家之间在发生纠纷或争端时，应通过和平方法予以解决，任何使用或企图使用武力或武力威胁的办法来解决争端，都是违反国际法的。

第一次世界大战前，传统国际法承认国家有进行战争的权利，当时战争可作为解决国际争端的方式。和平解决国际争端的方法在1899年第一次海牙会议上就已经提出。1907年《海牙和平解决国际争端公约》补充了和平解决国际争端的方法，1919年《国际联盟盟约》含有和平解决国际争端的条款，之后的1928年的《巴黎非战公约》和《联合国宪章》都进一步对和平解决国际争端、废止战争做了确认。

和平解决国际争端原则在《联合国宪章》和其他国际文件中都得到了肯定。宪章第2条第3款规定："各会员国应以和平方法解决其国际争端，俾免危及国际和平、安全及正义。"第33条规定："任何争端之当事国，于争端之继续存在足以危及国际和平与安全之维持时，应尽先以谈判、调查、调停、和解、公断、司法解决、区域机关或区域办法之利用，或各该国自行选择之其他和平方法，求得解决。"

《国际法原则宣言》对和平解决国际争端原则做了详细解释。其主要内容有：

（1）每一国应以和平方法解决其与其他国家之国际争端，以免危及国际和平、安全及正义。

（2）各国应以谈判、调查、调停、和解、公断、司法解决、区域机关或办法之利用或其所选择之其他和平方法寻求国际争端早日及公平之解决。于寻求此项解决时，各当事方应商定与争端情况及性质适合之和平方法。

（3）争端各当事方遇未能以上述任一和平方法达成解决之情形时，有义务继续以其所商定之其他和平方法寻求争端之解决。

（4）国际争端各当事国及其他国家应避免从事足以使情势恶化致危及国际和平与安全之维持之任何行动，并应依照联合国之宗旨与原则而行动。

（5）国际争端应根据国家主权平等之基础并依照自由选择方法之原则解决之。各国对其本国为当事一方之现有或未来争端所自由议定解决程序，其采用或接受不得视为与主权平等不合。

关于此原则的具体内容和适用，本书将在第五章"国际争端的和平解决"中阐述。

第三章 国际法律关系

第一节 国际法律关系概述

一、国际法律关系的概念

国际法律关系是国际法规范确认的国际关系的主体在各类国际合作与斗争的交往过程中形成的以主体权利和义务为内容的特定的国际关系。

（一）国际法律关系是一种国际关系

国际法律关系是以法律形式表现出来的国际关系，是整个国际关系的一部分，它具有国际关系的特征。

顾名思义，国际关系就是国家之间的关系。一般而言，国家不能孤立存在，必然与其他国家交往。国家间既有尖锐的军事、政治和经济对抗、摩擦和矛盾，也有积极的合作、相互的援助。国际实践证明，在任何情况下国际社会都离不开交往，这种国家之间的交往关系就是国际关系。

从现代国际关系角度看，国际关系的行为主体主要是国家，除了国家间的关系外，还具有国家与类似国家的实体和国际组织以及它们相互之间的关系。于是，国际关系便是国家、类似国家的实体（如民族解放组织）和国际组织等行为主体相互关系的总和。要确保国际交往的顺利进行，就需要国际交往的行为准则，围绕着这些准则的国际间的关系就是国际法律关系。

自从有了国家，就开始有了国家之间的交往关系，国际关系从广义上讲包括政治关系、经济关系、文化关系、军事关系、宗教关系、政党关系、民族关系、地域关系、集团关系等诸多方面，同时也要产生调整国家等行为主体间关系的行为规则，即法律关系。

如果我们把上述各方面的关系作为国际关系的纵向关系的话，那么，与上述国际关系各方面不同，国际法律关系是一种横向关系，它不占国际关系的某个方面，而是在每个方面中占一定位置。即它是国际关系各个方面中所包含的法律关系的总和，诸如国际政治关系中的法律关系、国际经济关系中的法律关系、国际文化关系中的法律关系、国

际军事关系中的法律关系等的总和。

关于国际法律关系在国际关系中的地位，一般认为，国际关系主要包括政治关系、经济关系、法律关系。国际经济关系是整个国际关系中最基本的关系，国际政治关系是国际关系中最活跃的关系，而国际法律关系是以法律形式表现出来的国际关系。[①] 所谓以法律形式表现出来，就是通过法律规范所反映的国际关系。显而易见，国际法律关系可以调整各种国际关系，但不能概括整个国际关系。

国际关系是十分复杂的社会现象，作为调整国际关系的国际法律关系也是全方位、多方面的。从总体上看，国际关系有双边关系和多边关系；多边关系又分为普遍性的和区域性的。作为国际关系的一部分的国际法律关系也可分为普遍性的和区域性的。普遍性的国际法律关系是指全世界各个国际关系主体均可参与的并在其相互交往中形成的通过法律形式体现的国际关系，即习惯上所称的“普遍国际法”（universal international law）；区域性的国际法律关系是指处于世界某个地区的国家或类似国家的实体在其相互交往中形成的通过法律形式体现的国际关系，即所谓“区域国际法”（regional international law）。

国际法是调整国际关系的各种法律规范的总和，因而，是国际关系的一部分。

（二）国际法律关系是一种法律关系

国际法律关系是国际法规范确认和调整的国际关系的主体之间的权利和义务关系，是法律关系的一部分，具有法律关系的特征。

法律关系是指一定的社会关系经过法律规范的调整而形成的权利和义务关系。

国际法规范是产生国际法律关系的必要前提，倘若在各个国际关系的领域中没有形成调整当事国关系的国际法规范，就不会出现国际法律关系。

国际法律关系区别于其他国际关系的关键之处在于：国际法律关系是法律规范调整国际社会的结果，一旦某种国际关系受到国际法规范的调整，这种国际关系就具有了权利和义务关系形式的外壳。

如果我们从法理角度加以考察，就会发现，国际法律关系具有一般法律关系的特征，也具有自身的特点：

（1）国际法律关系是根据国际法规范产生和存在的国际关系。国际法律关系以国际法规范的存在为前提，没有国际法规范就没有国际社会的法律调整，没有国际法对国际关系的调整也就没有国际法律关系。从宏观上看，国际法规范为国家及其他主体规定了调整其相互关系的行为规则。譬如，国与国之间的平等原则、条约必须遵守等原则为各国的行为提供了有普遍指导意义的规则；从微观上讲，各项国际法规范产生了确定的、具体的国际关系。无论在国际法律关系的主体（包括权利主体、义务主体），还是权利和义务的内容上都体现出具体化和确定性。譬如，政治犯不引渡、无害通过制度等具体指明了各国应当做什么或不应当做什么。据此，可以说，国际交往关系是国际法律关系产生的基础和出处，而已有的国际法规范就是某种国际法律关系的直接渊源。

① 参见王铁崖《国际法》，法律出版社1981年版，第1页。

国际法规范本身不会产生具体的国际法律关系。如《联合国海洋法公约》的生效本身并不形成具体的法律关系，只有当各国依照公约的规定从事海洋利用、开发时，才形成正式的法律关系。于是，国际法律关系是国际法规范在调整其主体行为过程中形成的权利和义务关系，是国际法在实际生活中的具体体现。

（2）国际法律关系是以主体间的权利和义务关系为纽带的国际关系。在国际社会中，国家是有主权的、平等的，它们有着各种各样的交往关系，产生各种权利和义务的交错，于是国际法律关系的参与者以通过反复的协议形成的国际条约或反复实践形成的国际习惯的模式确定国际法规范的形式相互联系、制约，并将各国的行为纳入法律规范设定的目标中，使国际关系的发展合乎各国的要求和利益。可见国际法律关系是“国家进行自我约束和相互约束”①的一种国际关系，是“国家在其相互交往的过程中确立某种权利和义务”② 的法律关系。这种紧扣权利和义务的法的特征，使得国际法律关系同其他的国际关系相区别。

（3）国际法律关系是一种带强制性的国际关系。这是国际法律关系区别于其他国际关系的重要特征。国际法律关系一旦形成，各国在国际交往中即应遵守，不能任意侵害和破坏，否则将受国际法制裁，这与国际道德、国际礼让完全不同。尽管都具有强制性，但国际法律关系与一般（国内）法律关系的强制方式和保障有所不同：一般法律关系是以国家强制力为保障的；而国际法律关系的保障主要依靠国际法主体——国家本身，③依靠国家单独或集体的力量，这种强制力的根据是参与国际关系的各国相互之间对该法律关系的协议。譬如，《联合国宪章》第七章各条规定了对侵略行为的制裁行为，实际上是执行国际法中的集体强制方式，这就要求参加国际法律关系的各当事国严格依据国际法原则、规范，善意履行条约义务。

二、国际法律关系的构成要素

在法学上，通常把法律关系的主体、客体和内容（权利和义务）称为法律关系的三要素。同样的，国际法律关系也是由主体、客体和内容三要素构成，这三个要素相互联系、制约，缺一不可。

国际法律关系的主体，习称国际法主体，是指在国际法律关系中独立享受权利或承担义务的国际社会团体。从当今国际法的理论和国际关系的实践看，国家已不是唯一的主体，民族解放组织、政府间国际组织也可成为主体，而个人、法人不是主体。

国际法律关系的客体，是指国际法主体的权利和义务所指向的标的，包括物和行为。④ 例如，领土、空间、居民、缔约、侵略、战争等。国际法规范同特定的国际法客体相联系，没有特定的物和行为的存在，就不存在主体之间的特定的权利与义务关系；

---

① 端木正：《国际法》，北京大学出版社 1989 年版，第 3 页。

② 端木正：《国际法》，北京大学出版社 1989 年版，第 3 页。

③ 参见王铁崖《国际法》，法律出版社 1981 年版，第 4 页。

④ 参见慕亚平、周建海等《国际法词典》，陕西人民出版社 1993 年版，第 141 页。

但只有为一定的权利与义务关系所确认的事物才是国际法的客体。

国际法律关系的内容，是指国际法律关系主体之间的权利和义务关系。

第二节　国际法律关系的主体

一、国际法主体的概念和要件

国际法律关系的主体（subject of international legal relation），是指国际法律关系的创设和参加者，即在国际法律关系中独立享受权利或承担义务的国际社会成员。通常习惯称其为国际法主体（subject of international law）。

作为国际法主体必须具备以下三个条件。

（一）具有独立参加国际关系的资格

这是指具备参加国际法律关系的权利能力。国际法是调整国际关系的法律，作为参加国际法律关系的主体，必须具有独立参加这种法律关系的资格，其参与国际关系是完全自主的，不受其他主体制约或限制。倘若没有这种资格，就不具备成为国际法主体的前提条件，就不能以国际法主体身份参与国际事务。倘若具有部分的资格，其主体资格，即权利和义务就会受到限制，如民族解放组织、国际组织都是在一定条件下或一定范围内参与国际关系。这是成为国际法主体的先决条件。

（二）具有直接承受国际法律关系中权利和义务的能力

这是指具备参加国际法律关系的行为能力。在国际关系中行使权利和承担义务是建立和发展正常关系的基石，这就要求国际法主体能够以自己的名义参与国际关系并直接承受国际法律关系中的权利和义务，而不需要通过或借助于其他主体来实现。实现的权利包括缔结条约、派遣使节、参加国际组织、提出国际求偿等，履行的义务包括遵守国际法规则、尊重别国主权、履行国际条约等。如果没有这种能力，就不可能承受国际权利和义务，自然不会成为国际法主体。如个人参加国际关系往往是以国家或国际组织的名义进行的，国家和国际组织才是国际法律关系中权利和义务的最终承受者，因此，个人不是国际法主体。这是成为国际法主体的实质条件。

（三）是参与国际法律关系的国际社会成员

这一条件强调两点：①进行国际交往参与国际法律关系是成为国际法主体的前提条件，不参与国际关系，即使具有再强的资格和能力，也不会成为国际法主体。作为国际法主体参与国际法律关系不同于国内法律关系的主体仅仅参与法律关系，国际法主体既是国际法律关系的参与者，又是直接创设者。“如果把国际法主体资格仅仅理解为国际

法律关系的参加者，将势必导致国际法主体范围的无限扩大。”[1]②国际法主体必须是国际社会成员。所谓国际社会成员是指国际关系中的平等参与者，其可以是国家、民族，也可以是组织，这是成为国际法主体的形式条件。在国际关系中，个人是不能以国际社会成员身份参与国际关系的；法人虽可参加一些国际交往活动，但其不具有承受国际法律关系中的权利和义务的能力，不能成为国际社会的平等一员，因而不能成为国际法的主体；一般民族和民间国际组织也因不具备国际权利能力和行为能力，而不能成为国际法主体。

二、国际法主体的分类

在国际社会中，谁具有国际法主体资格？对其应如何分类？长期以来存在争议，归结起来可分为两类学说。

（一）唯一主体说

（1）主张只有国家才是国际法主体。这是一种传统国际法的观点，认为国际法是国家之间的法律，只有国家才具有承受国际法上的权利和义务的能力，因而国家是国际法的唯一主体。法泰尔、霍尔、李斯特及奥本海等实在法学派学者都持此观点，这一观点统治西方国际法理论 3 个世纪之久。我国学者周鲠生、朱荔荪从“享有全部权利和承担全部义务”的角度，也提出国家是国际法的唯一主体的主张。[2]

（2）主张个人才是国际法主体。第一次世界大战后兴起的社会连带法学派的学者狄骥、塞尔和波利蒂斯提出此主张。其依据为：国家是由具体的个人组成的，国家的权利和义务最终是由个人来承担的，国际法不过是调整属于不同国家的个人的关系的规则的总体。其结论：“法律的主体总是个人，也只能是个人，无论在私法或公法方面，唯有个人是国际法的主体。”国家或任何集体都不能为国际法主体，一切国际社会都是作为法律主体的个人的集合体，只有个人是法律的主体。[3]

（二）多重主体说

（1）国家个人综合说。其主张国家、非国家实体、个人都是国际法主体。美国学者多持此说，凯尔逊认为：国际法主体资格是一个法人的国家，并不意味着国际法的主体就不是个人，只是意味着个人只以特殊形式作为国际法主体。[4]《奥本海国际法》第 5 至第 9 版的修订者劳特派特和詹宁斯、瓦茨修改了奥本海的观点而主张：国家是主要

---

① 程晓霞：《国际法的理论问题》，天津教育出版社 1989 年版，第 125 页。

② 参见周鲠生《国际法》，商务印书馆 1981 年版，第 58 页；朱荔荪等《国际公法》，中央广播电视大学出版社 1985 年版，第 44 页。

③ 参见陈致中《国际法教程》，中山大学出版社 1989 年版，第 44 页。

④ Kelsen. Principles of international law. Rhine Hart Co. , 1952：114 - 115. 参见［美］凯尔逊《国际法原理》，王铁崖译，华夏出版社 1989 年版。

的但不是唯一的国际法主体。国家可以将个人或其他人格者视为是直接被赋予国际权利和义务的，而且在这个限度内使他们成为国际法的主体。① 当今多数西方学者仍持此观点。

（2）国家基本主体说。其主张随着国际关系的发展，国际法主体已不局限于国家，而扩大到政府间的国际组织和争取独立的民族解放组织等准国家实体。当然，它们在国际法律关系中的地位是不等同的，国家是基本的主体，国际组织和民族解放组织在一定条件下和一定范围内是国际法主体。有人进一步将国际法主体划分为三类：国家为基本主体，国际组织为派生性主体，民族解放组织是过渡性主体。② 20 世纪 60 年代以后的苏联、东欧和部分西方学者持此观点，我国学者现基本采用此说。以下本书将依此观点对国际法主体问题展开论述。

三、国家作为国际法的基本主体

（一）国家是国际法的基本主体的理由

所谓基本主体是针对主体在国际法律关系中的地位和作用而言的，并非严格的法律概念，我们把处于主要地位和起着主要作用的主体称为基本主体，而把不属于基本主体的分别称为派生主体和过渡性主体。

国家因其在国际法律关系中的主导地位和主要作用而成为国际法的基本主体。国家作为国际法的基本主体的理由有以下三点：

（1）由国际关系的特点决定。作为国际法律关系的主体当然离不了国际关系，国际关系是国际法赖以存在和发展的基础。顾名思义，国际关系就是国家之间的关系，尽管从现代国际关系的基本结构看，包括国家与国家间的关系、与国际组织及与准国家实体间的关系，也包括国际组织、准国家实体相互之间的关系，但国家之间的交往关系仍是国际关系的主要内容和基本形式；离开了国家的参与和交往，国际法律关系就不能形成和发展。

（2）由国家自身的特点决定。国家是有主权的，对外表现为独立权、平等权，不受其他主体管辖和制约，能够与其他主体在国际关系的全部领域内以各种形式进行交往，具有全面的交往能力。从法律角度看，国家不仅具有完全承受国际法上的权利和义务的资格，而且具有以自己的行为全部行使上述权利和义务的行为能力，从而决定了它是国际法的基本主体。

国家的这种完全的权利能力和行为能力是其他的国际法主体资格所没有的。比如，政府间的国际组织，从成员看主要由国家组成，从成立看是根据国家之间所达成的协议

---

① 参见《奥本海国际法》（上卷第一分册），［英］劳特派特修订，石蒂、陈健译，商务印书馆 1981 年版，第 14 页；《奥本海国际法》（第一卷第一分册），［英］詹宁斯、瓦茨修订，王铁崖、陈公绰、汤宗舜、周仁译，中国大百科全书出版社 1995 年版，第 10 页。

② 参见朱荔荪等《国际公法》，中央广播电视大学出版社 1985 年版，第 44 页。

建立的，其权利能力和行为能力是成员国通过协议授权的，范围是有限的，国际组织的活动不能超出成员国的授权范围。这足以体现国家的基本主体地位；民族解放组织作为准国家实体，已具备了国家的某些特征，可在一定条件下和一定范围内承受国际法上的权利和义务。但其毕竟是过渡性主体，不可能像国家那样具有完全的权利能力和行为能力。

（3）由国际法规范的内容决定。“国际法的大部分是由约束国家的规则组成。”[①]现代国际法尽管增加了调整国际组织和民族解放组织的规范，但从整体来看，不论从国际法的传统部门，还是从国际法发展的新领域，仍主要是调整国家之间关系和制约国家行为的规范，有关其他主体的制度仅仅是一种补充；从规范形成看，造法性条约的签订者主要是国家，国际习惯法的形成也主要仰仗国家之间的反复实践。

（二）不同类型国家的国际法主体资格问题

1. 国家的概念和要素

从政治方面看，国家是阶级统治的工具，是阶级矛盾不可调和的产物和表现。这一概念用在法律上是不明确的，在国际法上应有客观、具体的概念。根据奥本海的表述：“当人民在他们自己的主权政府下定居在一块土地之上时，一个正当意义的国家就存在了。”[②] 我们可以将国家界说为：有确定领土、定居居民、一定政权组织并具有主权的实体。

可见，在国际法上，构成国家的要素有以下几方面：

（1）领土。领土是一个国家赖以生存的物质基础。没有领土，人民无物质基础而无法生存，国家无管辖空间而无法统治。世界上无领土的国家是没有的，至于领土的大小、国界完全划定与否，均不影响国家的成立。

（2）居民。国家是由一定数量的定居的人组成的，没有居民便不能构成国家。至于人口的多少，民族和种族状况，并不影响其作为国际法主体的资格。

（3）政府。政府是国家的行政管理机构，对内实行管辖，对外进行交往，是国家在政治上和组织上的体现，是国家区别于其他社会组织的根本特征。没有政府的社会不能成为国家，至于政府的具体形式、政府更迭情况，均系各国内政问题，不影响国家的存在。

（4）主权。主权是一个国家独立自主地处理对内、对外事务的最高权力。如果主权是抽象的，却是国家的根本属性。在一个地域之内，如果有政府、有居民，却没有主权，便只能算作地方行政单位或殖民地，而不能成为国家。

2. 国家的类型与主体资格

国家的种类很多，并非所有冠以“国家”称谓的都可成为国际法主体。因而有必要对各类国家做一分析，以辨明哪些国家具有国际法主体资格。

---

① ［英］斯塔克：《国际法导论》，赵维田译，法律出版社 1984 年版，第 64 页。

② 《奥本海国际法》（第一卷第一分册），［英］詹宁斯、瓦茨修订，王铁崖、陈公绰、汤宗舜、周仁译，中国大百科全书出版社 1995 年版，第 92 页。

国家可按不同的标准做不同的分类。按国家结构形式，可分为单一国家和联合国家，联合国家又可分为联邦和邦联等。按国家行使主权的状况，可分为完全主权国和主权受限国，主权受限国又包括永久中立国、附庸国和被保护国等。

（1）单一国家和联合国家。

1）单一国家（unitary state），是由若干行政区域构成的统一主权的国家。它实行统一的中央集权，全国拥有统一的宪法、统一的国籍和统一的立法、司法、行政机关，在国家内部划分行政区域，各行政区域的地方政府，受中央政府的统一领导；在对外关系上，中央政府代表国家行使外交权。

在国际法上，单一国以一个国际法主体出现，其行政区域的地方政府都不是国际法主体。有些国家的部分行政区拥有相当的自治权并依照该国宪法规定享有一定外交权。如回归祖国后的香港、澳门成为我国的特别行政区，其存在并不影响我国单一国的性质。因为香港特别行政区和澳门特别行政区是我国在当前的历史条件下实行“一国两制”的统一的国家行政组织形式。它们都是中国的一个行政区域，不具有国际法主体资格。

2）联合国家（composite state），在传统国际法上称为“复合国”，是指由两个以上的国家组成的国家联合体，可分类为联邦、邦联、身合国、政合国。此为我国大多数教材、专著所沿用。其实联合国家是一种国家联合（union of states）形式，而国家联合不仅限于联合国家。

我们从确定国际法主体资格的角度考虑，将国家联合分为严密型和松散型两大类，就一般而言，严密型的国家联合实质构成一个国家，通常成为国际法主体；而松散型的国家联合通常并未构成实际意义上的国家，往往不构成国际法主体。严密型的国家联合主要包括政合国、联邦；松散型的国家联合则主要有君合国、邦联，以及英联邦、法兰西共同体、独立国家联合体。以下将对各种形式的国家联合的国际法主体资格进行逐一说明：

第一，严密型的国家联合。

政合国（real union），又称物合国，指两个或两个以上的主权国家根据国际条约而组成的国家联合。组成政合国的国家处于同一君主之下，内政各自独立，各自保有宪法、议会和政府；对外合为一体，外交和军事事务由一共同机关处理，而且，宣战、媾和、缔约等重大事宜一般由共同拥戴的君主或代表进行。例如，1814 年至 1895 年的瑞典 - 挪威王国、1867 年至 1918 年的奥匈帝国。政合国本身是国际法主体，而其成员国则不是国际法主体。

联邦（federation），又称联邦国家，指两个以上的联邦成员国组成的国家联合，是联合国家（复合国）中最典型、最主要的形式。联邦有统一的宪法，统一的最高权力机关和行政机关，统一的国籍。联邦与成员国间的关系依宪法划定，联邦成员国具有一定自主性，在各自管辖的范围内行使职权。尽管联邦国家的国际地位，各国情况有所不同，有的联邦国家的成员国拥有一定程度的外交权（如苏联，1944 年及以后的宪法，均赋予各加盟共和国对外交往权，致使乌克兰和白俄罗斯成为联合国的创设会员国；又如瑞士联邦和原联邦德国，其所属各州可就地方性事务同外国签订协定），但一般认

为，联邦本身构成一个统一的国际法主体，而联邦成员国不构成国际法主体。

第二，松散型的国家联合。

君合国（personal union），又称身合国，指两个主权国家共同拥戴一个君主而形成的国家联合。其常常因两国王位继承法之规定导致。各成员国保有全部主权，各自可采用不同的政体，各自法律上独立，享有独立外交权，各自可拟定不同的条约。例如，1714 年至 1837 年英国和汉诺威的联合，1815 年至 1890 年荷兰和卢森堡的联合。从严格意义上讲，君合国不算国家联合。① 因而，身合国本身不是国际法主体，而其成员国是国际法主体。

邦联（confederation），指两个以上的主权国家为了某种特定的目的根据国际条约组成的国家联合。邦联本身没有统一的中央权力机关和行政机关，没有统一的立法、军队；邦联成员国仍是主权国家，各自拥有立法、外交、行政、国防、财政等完全权力；邦联本身没有统一的国籍，各成员国各有其本国国籍。较典型的邦联有 1815 年至 1866 年的德意志同盟，1815 年至 1847 年的瑞士同盟，以及 1982 年塞内加尔和冈比亚组成的塞内冈比亚邦联。在国际法主体资格上，一般认为，邦联本身不是国际法主体，而组成邦联的成员国才是国际法主体。

英联邦（British Commonwealth of Nations），是从英国和殖民地之间关系演变而成的一种特殊的国家联合。从总体上看，英联邦本身不具有主权，没有宪法，没有一个对各成员国及公民行使权力的机构，也没有代表各成员国进行国际交往的权力，尽管设立了英联邦总理会议制度，但其职权仅在于通过磋商，协调成员国的对外政策；而其各成员国都是主权国家，都具有外交能力，都是国际法主体。因而，英联邦区别于联邦国家。另外，英联邦不是通过条约而建立的，其也区别于邦联。总之，英联邦不具有国际法主体资格，在国际实践中，英联邦也从未以一个统一的国际法主体的资格参加过国际法律关系。

法兰西共同体（French Community），法国与已独立的原法属殖民地保持联系的特殊形式的国家联合。此种国家联合根据《法兰西宪法》建立，宪法规定设立了由法国总统、总理和各成员国政府首脑组成的行政委员会，还设有参议院、仲裁法院等共同体机构。从形式上看，它与联邦相似，但共同体机构不能对各成员国行使权力，也不能代表各成员国进行国际交往，足见其并非联邦；另外，共同体以宪法为基础而非以条约为基础，共同体成员不具有国际法主体资格，故其也非邦联。总之，法兰西共同体不构成一个国家，不具有国际法主体资格。

独立国家联合体（the commonwealth of independent states），简称独联体，是苏联解体后出现的一种新的国家联合形式。1991 年 12 月 21 日，苏联的 11 个加盟共和国在阿拉木图会议上签发了《阿拉木图宣言》，并在 12 月 30 日的明斯克会晤上签署了 9 项协议和决定书，将阿拉木图达成的原则协议转变为法律文件，并成立了独联体的机构——国家元首理事会和政府首脑理事会。实际上，这些机构并非权力机构，而仅仅是协调、建议性质的，不拥有对成员国的直接性、实质性的权力，各成员国无论是内政还是外交

① 参见日本国际法学会《国际法词典》，陆国忠等译，世界知识出版社 1985 年版，第 557 页。

都具有独立权利。因而，其区别于联邦；但其在核武器、军队等方面又具有共同执掌的权力，其又区别于邦联。总之，独联体是其成员国依据条约而建立的国家联合体①，它既非主权国家，也不具有国际法主体资格；而独联体成员国既是主权国家，又具有国际法主体资格。

（2）完全主权国和主权受限国。

1）完全主权国，即独立国，指行使全部主权的国家，即有权且能够在不受任何其他国家的控制、支配下完全独立处理本国对内、对外事务的国家。当今世界上的既存国已基本全是完全主权国。

2）主权受限国，指由于某种原因，该国主权受到限制而不能充分行使的国家。受限制的情况按受限制的意愿可分为：①自愿放弃某些权力，如永久中立国自愿放弃诉诸战争权；②被迫放弃某些权力，如成为他国的附属国。按限制的期限可分为：①永久限制，如永久中立国、附庸国；②短期限制，如被保护国，在约定的保护期内主权受到限制，承担责任时的限制主权情况，如“二战”后对德国、日本的一定时期的管制和占领。

永久中立国（permanent neutralized state），是指根据国际条约或国际承认，在对外关系中自愿承担永久中立义务的国家。严格来说，永久中立国并不构成单独的国家类型，只是具有某种特殊地位的主权国家。确立永久中立地位有两个要件：①在主观方面，该国自愿承担永久中立义务。除自卫外，不得对他国进行战争，不参加军事同盟及其条约。②在客观方面，其他国家承诺并保证该国的永久中立地位。永久中立实质是一种集体行动，有关国家必须明示或默示地同意才能使该国处于永久中立地位，也就是说，永久中立赖以该国的单方声明、国际条约及国际惯例，不能仅靠一国的单方声明。

永久中立国的永久中立义务主要有：①除了对外来侵略的自卫外，不得对他国进行战争；②不得缔结与永久中立地位相抵触的条约，如军事同盟条约、共同防御协定等；③在别国间的战争中保持均衡和公平的立场，恪守中立规则；④不得参与可能使自己卷入战争的行动，如不得允许外国军队过境、驻扎或在其境内建立军事基地，不得为他国战争提供条件，不得参加对他国的经济抵制和经济封锁；等等。

永久中立制度始于19世纪初。1815年由英国、俄国、法国、奥地利、普鲁士、葡萄牙、西班牙、瑞典等国签订的《维也纳公会宣言》承认并集体保障瑞士的永久中立，瑞士接受这一宣言，又经《维也纳公会决议书》《巴黎和约》等公约的确认，首先成为永久中立国，而且瑞士一直保持中立地位，虽经两次世界大战仍未改变，被视为永久中立国的典型。为恪守其永久中立国地位，瑞士一直坚持不加入联合国，直到2002年9月10日，瑞士才正式成为联合国第190个成员国。当然，加入联合国并不影响瑞士的永久中立国地位。继瑞士之后，比利时（根据1830年的《伦敦议定书》等）、卢森堡（根据1867年的《伦敦协约》）、奥地利（根据1955年奥地利的《关于奥地利永久中立的联邦宪法法律》和同年《对奥和约》当事国的承认）和老挝（根据1962年《老挝王国政府中立声明》和同年《关于老挝中立的宣言》）先后成为永久中立国。可是，后来

① 独联体现有12个成员国。

比利时、卢森堡和老挝的永久中立地位因被他国入侵而遭破坏。1991 年 10 月 23 日，柬埔寨四方代表和出席柬埔寨问题巴黎国际会议的 19 国外长共同签署了统称为“柬埔寨和平协定”的四个文件。其中，《关于柬埔寨主权、独立、领土完整及其不可侵犯、中立和国家统一的协定》中涉及了柬埔寨的“永久中立”问题。其中第 1 条规定，柬埔寨首先承诺在未来的宪法中将载明柬埔寨的“永久中立”，并承担义务，保证不与其他国家缔结任何军事联盟或缔结任何军事协定而损害其中立地位。由于该协定的任何部分均未把柬埔寨作为永久中立国专门做出规定，其他签字国也没有对保障柬埔寨的中立做出专门的承诺。因此，严格来说，至少在目前柬埔寨尚不是一个永久中立国。

附属国（dependent state），是指主权受到他国限制而处于从属地位的国家。主要有附庸国和被保护国两种：①附庸国（vassal state），是指隶属于宗主国宗主权下的国家。控制附庸国对外关系的国家称为宗主国，宗主国对附庸国享有的权力称为宗主权。附庸国在国家内部事务上可享有自主权，宗主权主要针对外交权而言，即对外关系权全部或主要由宗主国行使。宗主国与附庸国间的关系视宗主国国内法的规定而论，有的被认为是宗主国的一部分，被完全剥夺了拥有对外关系的权力，如 1914 年英国控制下的埃及；有的则有一定的对外关系权，如 19 世纪中的保加利亚。多数学者主张，附庸国的法律地位应以对外关系权的程度而定，完全被剥夺外交权者，不具有国际法主体资格；部分被剥夺者，则有部分国际法主体资格。附庸国现象与国家主权平等原则相抵触，因而已成为历史的陈迹。②被保护国（protected state），是指依据条约将其重要的对外事务交由一个强国处理，从而处于该国保护之下的国家。该强国称为保护国，保护国和被保护国的保护关系以条约确定。被保护国的主权受到一定限制，只有部分参与国际关系的能力。但被保护国在一定限度内仍是国际法主体，不是保护国的一部分，被保护国不适用保护国的法律，也不受保护国缔结的条约的约束，被保护国的元首在保护国或别国仍享有特权与豁免。在这方面其区别于附庸国。历史上的被保护国，如 1905 年日本对朝鲜的保护。被保护国是近代强权政治的结果，随着民族解放运动的发展，其已成为历史的陈迹。

（3）“微型国家”的国际法主体资格问题。

“微型国家”（microstate），又称“极小国家”，是指领土面积很小、人口极少、资源贫乏的国家。前联合国秘书长吴丹将其定义为：一个地域、人口和人力以及经济资源都格外小，却以独立国家出现的实体。[①] 该定义也未指明“格外小”的具体标准。一般认为像列支敦士登、圣马力诺、摩纳哥、图瓦卢等 60 多个国家为微型国家。

微型国家问题是针对联合国会员国资格问题提出的，有的国家提出应对微型国家的会员国资格有所限制，当然也涉及会费分摊、权利分配、表决效果等一些具体问题。

我们认为，微型国家仍属于独立的主权国家，享有国家的基本权利，应是完全的国际法主体，不能因其“微型”而否定或限制其国际法主体资格，视其为“低人一等”的国际法主体。至于这些小国在某国际组织中的权利与义务问题，应根据该国际组织的章程或协议来决定，国家大小并非影响其法律地位的条件。

① 参见［英］斯塔克《国际法导论》，赵维田译，法律出版社 1984 年版，第 87 页。

（4）“梵蒂冈市府国”的主体资格问题。

梵蒂冈市府国（State of the City of the Vatican），是一个特殊的政教合一的实体。梵蒂冈，教皇和罗马教廷所在地，位于意大利首都罗马城内，面积为 0.44 平方千米（约 100 英亩），拥有约 1000 名教职人员；拥有自己的货币、邮政和广播。梵蒂冈的前身是教皇国，1870 年意大利民族国家形成兼并了教皇国，但对教皇及教廷的权利予以保障。1929 年 2 月 11 日，意大利与罗马教廷签订了《拉特兰条约》，承认梵蒂冈为独立国家。但教廷声明其不愿意也不参与同其他国家的世俗争斗及相关的国际会议，而保留当争端当事国共同呼吁教廷的和平使命时运用道义和精神力量予以化解的权利。在国际实践中，许多国家与梵蒂冈建立了“外交关系”并互派了使节（教廷使节）；梵蒂冈也出席过许多国际会议；还与许多国家签订了被称为“教廷条约”的条约，并成为一些重要国际公约的缔约国或重要国际组织的成员国。尽管如此，在国际法学界对梵蒂冈的国际地位一直存在争议。假如严格用国家构成的四要件来衡量确显不足：梵蒂冈并无真正的居民和领土，很多世俗权利均由意大利行使，“政权”的设立只是为保障教权，对外也只是执行宗教任务。因而，我们认为梵蒂冈并非法律意义上的国家，其国际法主体资格不能与一般国家等同。

四、国际组织作为国际法派生性主体

（一）国际组织的国际法主体资格的确立

国际组织的国际法主体资格问题，是随着国际组织的产生和发展而提出的。21 世纪前，政府间的国际组织为数甚少，直到 19 世纪后期才有了国际电信联盟（1865 年）、万国邮政联盟（1874 年）等专门性组织，所以传统国际法一般不涉及国际组织的国际法主体资格问题。“一战”后成立了国际联盟，“二战”后成立了联合国，之后，政府间国际组织迅速增加，作用扩大，于是关于国际组织法律地位的问题被提出，并成为国际法学界共同关注的问题，同时，出现了两种截然对立的主张：

一类主张国际组织不是国际法主体。苏联部分学者主张“拥有主权是任何国际人格者的必要条件”。如苏联科学法院研究所 1957 年编写的颇有影响的《国际法》中明确指出：国际组织不是国际法主体；“无论国际组织享有多么广泛的权限，尽管它有时具有法律主体的性质，我们都不能将国际组织和建立这类组织的国家等同起来，因为国家的权利与国际组织的权利具有在质上不相同的基础和性质。国家权利是以它们的主权作为基础，而国际组织权利则是基于国家间所缔结的协定，也就是说这些权利是国家派生出来的。国际组织是在其规章所规定的范围之内，或者在成立这一组织的国家所签署的其他文件所规则的范围之内进行工作。国家作为国际法主体而存在，是与一定的领土和居民密不可分的，国际组织并不具有这些特征”①，此处作者依国家特征来衡量，而

① 苏联科学法院研究所：《国际法》，国际关系学院翻译组译，世界知识出版社 1959 年版，第 89 页。

不是以国际法主体特征来衡量。舒萨罗（Shur Shalao）教授也指出："国际组织不是国际法主体。"

我国学者周鲠生在《国际法》中强调国家是国际法唯一主体，从而否定了国际组织的国际法主体性，他指出："联合国是会员国的结合体，是根据主权国家间的协定而组成的；它本身不具有主权，并不能体现一个国际法主体资格所具有的全部功能。不但它的权利来源出自会员国，而且它的生存和一切活动最后仍以会员国的意志为转移。所以联合国不能说是一个国际法主体。"① 联合国组织既然不是国际法主体，任何其他国际组织更不必说。周先生注释中还指出：作为国际法主体，国家是国际权利义务的承担者，又是国际法制订的参与者，而联合国或任何其他国际政治组织并没有制订国际法的权利；不论是联合国大会通过的《国际公约》（草案），还是国际法委员会制订的《国际法规则》（草案），最后是否成为国际法的一部分，总是决定于各国的意志。②

朱荔荪教授也认为："国际法主体是制定和参与国际法律关系，在国际法上享有全部权利和承担全部义务的主权人格者（sovereign person），在这个意义上国家是国际法的唯一主体。"他还逐条批驳了主张国际组织是国际法主体的论据。③

另一类主张国际组织是国际法主体，持这种意见者占多数，实际上已成为现实和趋势。

英国著名学者斯塔克在《国际法导论》中指出：国际实践已把主体扩大到远超出国家的范围。像联合国与国际劳工组织这样的国际组织，依基本的含义来说，它是个国际法主体，能在国际上拥有权利和义务，能依此提出国际要求来维护自己的权利。④

日本寺泽一、山本草二主编的《国际法基础》中指出：在当今社会里，国际组织和国家同样被视为具有一定的权利能力和行为能力的行为主体而并存。于是在今天签订条约时，不论有无关于法人资格的明文规定，国际组织都具有国际法人资格。⑤

苏联伊格纳钦科、奥斯塔频科主编的《国际法》中指出：国际之间（政府之间）的国际组织具有独立的国际法律地位和行使国际权利与义务的法律能力。⑥

我国学者王铁崖主编的《国际法》对此做了明确的肯定：国际组织的国际法主体资格问题不仅是一个理论问题，也是重要的实际问题。国际实践的无数事实证明，政府间的国际组织既不受任何国家权利的管辖，而且又具有独立地参加国际关系和直接承受国际法上的权利和义务的能力，因而国际组织具有国际法主体资格。⑦

陈致中编著的《国际法教程》中认为：只有那些根据组织规约享受一定国际法律

---

① 周鲠生：《国际法》，商务印书馆 1976 年版，第 69 页。

② 参见周鲠生《国际法》，商务印书馆 1976 年版，第 72 页。

③ 参见朱荔荪等《国际法》，中央广播电视大学出版社 1985 年版，第 43、47 页。

④ 参见［英］斯塔克《国际法导论》，赵维田译，法律出版社 1984 年版，第 64 页。

⑤ 参见［日］寺泽一、山本草二《国际法基础》，朱奇武等译，中国人民大学出版社 1979 年版，第 172 页。

⑥ 参见［苏联］伊格纳钦科、奥斯塔频科《国际法》，法律出版社 1982 年版，第 129 页。

⑦ 参见王铁崖《国际法》，法律出版社 1981 年版，第 97 页。

行为能力的政府间国际组织才能在一定范围内享有国际人格，才得被认为是国际法主体。[①]

本书作者曾指出，国际组织是一个派生的、有限的国际法主体。[②]

我国国际法学者自20世纪70年代末开始提出国际组织具有国际法主体资格的问题，目前优势主张是国际组织是国际法主体，但其又分为两种观点：一是派生主体说，主张国际组织是一个派生的、特殊的国际法主体，是一个既区别于国家又与国家有着密切联系的国际法主体；[③] 国际组织虽是国际法主体，然而终究和国家的国际地位不能相提并论或等同起来。国际组织不是国家，而是若干国家为了达到一定目标而创立的，它的国际法主体资格不是产生于国际组织自身，而是产生于国家之间通过缔结条约而制订的组织章程。因此，国际组织是一种派生的、特殊的国际法主体。二是限制主体说，主张国家组成的国际组织在一定条件下和一定范围内是国际法主体。[④]

国际社会在广泛的国际实践中也确认了国际组织的主体资格，特别是国际法院的多次咨询意见都肯定了国际组织是国际法主体。

（二）国际组织的国际法主体资格依据

关于国际组织的国际法主体资格有以下三种代表性理论。

1. 自身存在论

此理论认为国际组织从根本上说是国际法的一般主体，它是建立在国际组织存在这一事实基础上，因此，国际组织和国家一样拥有一般国际法上固有的法律行为能力。英国劳特派特认为，联合国是国际社会的法律组织，具有它自己的国际人格，[⑤] 日本广部、和也认为：国际组织在开展对外有效而又负责的活动时，须具备一定前提条件，即必须具备能成为权利和义务主体的法律资格、法人资格的能力。在当今国际社会里，国际组织和国家同样被视为具有一定的权利能力和行为能力的主体而并存。[⑥] 国际法院1949年“为联合国服务而受损失的赔偿问题”的咨询意见指出：代表国际社会大多数成员的50个国家，根据国际法，拥有设立一个在客观上具有国际人格的实体的能力。该实体的国际人格不仅得到成员国的承认，而且具有国际求偿能力。

2. 缔约国授权论

此理论为多数学者所主张：认为国际组织是依据国家间协商同意的组织宪章而设立的，因此国际组织的主体资格不是产生于国际组织本身，而是产生于国家之间通过缔结条约而形成的章程。如凯尔逊（Hans Kelsen）主张“宪章给予联合国以缔结条约的权

---

① 参见陈致中《国际法教程》，中山大学出版社1989年版，第49页。

② 参见刘海山、慕亚平《国际法》，法律出版社1992年版，第122页。

③ 参见王铁崖《国际法》，法律出版社1981年版，第97页。

④ 参见魏敏《国际法概论》，光明日报出版社1985年版，第74页。

⑤ 《奥本海国际法》（上卷第一分册），［英］劳特派特修订，石蒂、陈健译，商务印书馆1971年版，第311页。

⑥ 参见［日］寺泽一、山本草二《国际法基础》，朱奇武等译，中国人民大学出版社1979年版，第172页。

利，从而就赋予了联合国组织的国际人格”①。《国际公法大百科全书》第5卷中指出：国际组织是否在国际法上具有法律人格是一个实在法问题，它取决于国际组织的成立条约。因此，国家可以自由地给予或不给予国际组织以法律人格。从国际实践看，国际组织的主权资格可以由其组织章程明示赋予。例如，1945年《联合国宪章》第104条规定：联合国在每一会员国的领土内，应享受于执行职务所必需之法律行为能力。1946年《联合国特权和豁免公约》第1条也确认了联合国具有国际法律人格等。

3. **隐含权力论**（implied power）

此理论认为国际组织国际人格的依据不单是约章的明示赋予，其还可以依据国际组织的隐含权力。何谓国际组织的隐含权力？目前不统一，一般认为是国际组织组成文件或类似条约规定的明示权力以外而为实现国际组织宗旨和职能所必需的权力。国际组织这种具有隐含权力的特征，也为国际组织法律人格提供依据。而且从发展来看，隐含权力研究越来受重视。因为国际组织在适应现实需要的名义下，随着时间的推移，不断演变，以至离条约基础越来越远。

（三）国际组织国际法主体资格的特性

国际组织虽然是国际法主体，但同国家的国际法主体地位是不能相提并论的。首先，国际组织不拥有国家领土和居民，因而无法行使属地管辖权和属人管辖权。其次，国际组织的国际法主体资格不是产生于国际组织本身，而是产生于由国家之间通过缔结条约而制定的组织章程，因此，国际组织的职能和活动范围必须受有关条约和本组织章程规定的限制。最后，国际组织的权利范围受到限制，如国际组织不能成为国际法院的当事者。即使是最有权威的国际组织，也只是一种介于国家之间的法律组织形式，而非国家实体。与国家的主体资格相比，国际组织的主体资格具有以下特征：

（1）职能性，国际组织享有为实现其宗旨、履行其职能所必需的国际法主体资格，其活动严格以组织约章为依据，行使其职能所必需的明示或默示权利；而国家无此限制。

（2）派生性，国际组织的国际法主体资格非本身具有，而是来源于成员国国家主权，是成员国主权派生的结果，国际组织的国际法主体资格取决并依据主权国家的授权；而国家的国际法主体资格来源于主权，是原生的。

（3）局限性，国际组织的国际法主体资格往往局限于其职责范围内，在一定条件下、一定范围内具有国际法主体资格，国际组织超越职责范围内所需的权限均属无效；而国家的国际法主体资格是绝对的和完全的。

（4）差异性，各国际组织的国际法主体资格会因各组织的性质、任务、职责及授权的差别而有差别，各国际组织的法律人格有大有小。而国家则因主权平等而具有平等的法律人格和地位。

---

① ［美］凯尔逊：《国际法原理》，王铁崖译，华夏出版社1989年版，第154页。

五、民族解放组织作为国际法过渡性主体

（一）民族解放组织的概念

民族解放组织（national liberation organization），又称争取独立的民族（striving for independent nation），指殖民地或被外国统治下的民族为行使民族自决权、争取民族独立、建立主权国家而组织的政治实体。

民族解放组织是民族国家政权的前身，能够代表争取独立的民族独立地进行国际交往，有一定的行使国际法上的权利和履行国际法上的义务的能力。其作为国际法主体必须具备如下特征或条件：①是在殖民压迫和奴役下的民族为争取民族独立进行斗争所组织起来的；②该民族团体正在领导本民族人民进行着有组织的武装斗争；③在争取民族独立的斗争过程中，民族团体已经发展到形成全国性政治组织，并达到即将建立主权国家的阶段。它已经在一定范围内具有独立享有权利和履行义务的权利能力和行为能力。

（二）民族解放组织的国际法主体资格的确立

民族解放组织获得国际法主体资格曾经历过一个发展过程。早在第一次世界大战期间，捷克斯洛伐克和波兰人民为争取民族独立解放，在巴黎成立了民族委员会。它们先后获得了英、法等国的承认，并作为协约国的同盟者直接参加了后来召开的巴黎和会。第二次世界大战后，殖民地和附属国人民反对殖民主义统治的斗争更加蓬勃发展，民族解放组织以国际法主体资格，活跃于国际舞台上。如当时尚未独立的印度和菲律宾参加了战争末期的旧金山会议，并成为联合国创始会员国。阿尔及利亚人民解放组织、巴勒斯坦解放组织和西南非洲人民解放组织等，被世界大多数国家承认是其民族和人民的合法代表。这些民族团体直接同外国签订条约，以正式代表身份或观察员身份参加国际会议和国际组织，特别是被联合国所承认，并被接受为常驻观察员，取得了在联合国派驻常驻观察员的资格。在巴勒斯坦国成立以前，巴勒斯坦解放组织就已得到 120 多个国家的承认，并向 80 多个国家和国际组织派驻了代表或常驻观察员。

确立民族解放组织可获得国际法主体资格的法律基础是民族自决权或民族主权。被压迫民族虽然尚未取得独立和建立主权国家，但仍拥有民族主权的各种属性。正是由于这种属性，就决定了它有权获得国际法主体资格。只要它建立了代表本民族人民争取独立的政治组织，就有权作为国际法主体参加国际活动。

民族解放组织具有国际法主体资格。它在国际交往和国际法上的地位同国家不尽相同，与具有完全权利能力和行为能力的国家相比具有一定局限性。例如，其尚未建立起自己的独立国家，未能在全国范围内实行有效的统治，行使管辖权的范围受到一定限制，也不可能履行所有的国际义务。这种权利能力和行为能力的不完整性反映了民族解放组织在过渡到民族独立国家的阶段上，具有某些国家的特征又不完全具备民族独立国

家条件的特点。[①] 但随着民族独立目标的实现，必将逐渐转变成为国家。在取得正式独立而成为新国家之前，民族解放组织只是一个过渡性主体或准国际法主体。

六、个人、法人不能成为国际法主体

个人不是国际法主体是由国际法自身的特点和特性决定的。[②] 在国际法的许多特性中，“实施需要国内法补充”和“间接适应于个人”是最突出的特性，而这些特性决定了国际法只能调整国家及类似国家的实体和具有一定国家职能的实体之间的关系，并通过他们间接地调整到个人，国际法并不直接对个人发生效力，也不能直接引起个人的权利和义务。

国际法的产生就是适用国家之间进行国际交往的需要，国际法主体就是国家。尽管随着国际关系的发展，国际组织、民族解放组织在有限制的范围内成为一定情况下的国际法主体，这是因为这些组织具备了某些类似于国家的特征。而个人永远不会具备国家的特征。虽然，随着社会进步，个人的权利越来越突出，国际法中保护个人权利的规范越来越多，但这并不能证明个人已成为国际法主体，个人是作为被保护的对象，被保护的个人不是国际法行为的主动者，这恰恰说明个人是国际法的客体，而非国际法的主体。

西方一些国际法学者极力主张个人是国际法主体，他们以个人可在国际法上享有某些权利和承担义务、国际法中包含着有关个人的规则为理由，并以下述主张作为论据进行论证。对此，有必要加以介绍、评析。

（1）认为外交、领事代表也是个人，却可以享有特权与豁免，证明个人可直接享受国际法上的权利。实际上这个论据是不成立的，因为特权与豁免本质上是赋予国家的，外交、领事代表是因其代表国家的身份才得以享有，代表一旦不代表国家，就不能继续享有这些权利。对此，《维也纳外交关系公约》序言做了明确说明：本公约各当事国“确认此等特权与豁免之目的不在于给予个人以利益而在于确保代表国家之使馆能有效执行职务”。该公约第 32 条还规定：外交代表所享有的管辖豁免的放弃，须由派遣国做出。

（2）认为国际法在许多方面赋予了个人权利和义务。菲德罗斯主张：国际条约不仅能使国家享受权利和承担义务，也能使个人享受权利和承担义务；即使是国际习惯法的个别规范也直接拘束个人；还认为“我们在若干国际社会中找到这类法规，它们由国际社会的机关发布，并且使个人直接享受权利和承担义务”，例如，国际法院的义务规定使该法院的法官和书记官享受权利和承担义务，联合国大会按照《联合国宪章》

① 参见梁西《国际法》，武汉大学出版社 1993 年版，第 74 页。

② 关于国际法的特性，参见李浩培《国际法的概念和渊源》，贵州人民出版社 1994 年版，第 32 页。

第 101 条所发布的职员法规使联合国的职员享受权利和承担义务。[①] 实际上，上述国际条约和国际习惯赋予个人的权利都是赋予国家的权利，个人只是享受这种权利所带来的利益。至于法官或职员的权利更非其个人的权利，而与其职位和国家的委派密切相关。

（3）认为犯有国际罪行的个人受到惩罚，证明个人能直接承受国际法上的义务。对战争罪犯个人进行处罚这是第二次世界大战后产生的国际法规则，《关于控诉和惩处欧洲轴心国主要战犯的协定》《欧洲国际军事法庭宪章》《远东国际军事法庭宪章》等国际文件中明确规定了对战争罪行的个人实行国际惩罚；许多国际公约也对海盗、贩奴、贩毒等罪犯予以严惩。于是有人主张，个人可以是国际法所直接规定的那些不法事实的主体，并且国际法的规定的不法行为的后果不仅针对国家，也针对个人。从法理上讲，个人犯有国际罪行而受到惩罚，只是作为国际法惩治的对象，不能同国际法的主体责任混同，因为在这个法律关系中承担国际义务的仍是罪犯的所属国。国际公约规定，犯有国际罪行的危害和平罪、战争罪和危害人类罪之人，不得援用请求及享受庇护之权利。这就说明有关国家和国际法庭有权对犯有国际罪行的个人实施惩治，罪犯所属国则负有不得保护和干涉的义务。

（4）认为国际法上关于国际保障个人基本人权的规定也赋予了个人国际法上的权利。在一些国际条约中，关于保障个人政治、经济、社会和文化权利的规定，不意味着个人具有直接承受国际法上的权利和义务的能力。个人之所以享有国际法的保护，是缔约国间以条约规则的形式赋予个人以权利的结果，即国家间自愿协议的结果。《经济、社会和文化权利国际公约》和《公民及政治权利国际公约》规定：公约缔约国承允尽其资源能力所及，各自并借国际协助与合作，采取种种步骤，务期以所有适当方法，尤其包括立法措施，逐渐使公约所确认之各种权利完全实现。公约还规定：条约条文不得解释为个人有权从事活动或实行行为，破坏本公约确认之任何权利或自由，或者限制此种权利或自由逾越本公约规定之程度。这些规定说明，个人权利与自由的保障是国家同意赋予的，个人不得破坏此种规定，也不得随意逾越条约规定的程度。可见，个人享受的权利保障受条约和国家的限制。因而，个人不能因个人权利受国际保障而成为国际法主体。

（5）认为个人也能参与国际诉讼程序，从而证明了个人在国际法上的诉权。确实，有的条约规定了个人可以参与国际诉讼程序：如《凡尔赛和约》规定，依和约成立的“混合仲裁法庭”受理个人对同盟国和协约国提起的诉讼。1952 年各协约国与德国签订的《德国外债协定》所规定的依约成立的混合委员会和 1954 年英美法与德国签订的《巴黎公约》所规定的依约成立的在德财产、权利和利益仲裁委员会都有权受理个人之间的案件。上述公约的规定似乎表明个人已成为国际诉讼程序的主体。从国际实践看，个人参与国际诉讼活动并未成为国家一致的实践，在时间上没有连续性，在空间上没有普遍适用，因而个人以国际法主体资格参与国际诉讼并没有被国际社会普遍承认，更没有成为一项国际习惯规则。国际法院规约明确规定：在法院得为诉讼当事国者，限于国

① 参见［奥地利］阿・菲德罗斯等《国际法》，李浩培译，商务印书馆 1981 年版，第 262 ～ 270 页。

家，自然人和法人只能作为保护对象由其国籍所属国在国际法院提起诉讼。

基于以上分析，我们坚持个人并不能成为国际法主体的主张。尽管随着国际关系的发展，国际法中保护个人权利的规范会越来越多，于是国家所承担的相关义务也越来越广泛，其中除了通过协议各国自愿承担的义务外，国际法也赋予各国应当履行的义务。而这种通过国家来达到保护个人权利的做法正是体现了国际法的特点。人类社会还远远没有达到由国际社会统一保护个人权利的程度，至少在相当长的时期内是这样。假如将个人的权利直接纳入国际法体系，将个人也列为国际法主体，国际法也就不成其为国际法了。

第三节　国际法律关系的内容

一、国际法律关系内容的概念和分类

法理学原理告诉我们，法律关系的内容是特定法律关系主体之间的权利和义务关系。[①] 同样道理，国际法律关系的内容是在国际交往中国际法主体之间的权利和义务的关系。在国际交往中，各个国际法主体都是以权利和义务为标准来衡量和协调各自及相互行为并调整国际关系的。可以说，国际法律关系是以权利和义务为内容的国际关系，任何国际法主体参加国际关系都是在追求享有国际法上的权利，并同时履行应当承担的义务。

国际法主体的权利和义务是指参与国际关系的国际法主体在国际关系中所应享有的权能、利益和必须履行的责任。国际法上的权利和义务是国际法律关系的重要构成要素，可以说，没有国际法主体之间的权利和义务，也就不存在国际法律关系。而国际法的重要功能就在于规范或协调国际法上权利和义务的统一和均衡。

国际法主体的权利和义务是个多义的广泛的范畴。倘若依据不同标准，可以对其进行不同分类：①可将其分为国际法上的权利和国际法上的义务；②根据内容不同，可将其分为政治权利和义务、经济权利和义务、诉讼权利和义务；③根据主体不同，可将其分为国家的权利和义务、民族解放组织的权利和义务与国际组织的权利和义务；④根据权利行使的范围可分为基本权利和义务与一般权利和义务；⑤根据来源情况，可将其分为固有权利和义务与派生权利和义务；等等。本章着重介绍不同国际法主体的基本权利和义务。

在国际法理论与实践上，国际法上的权利和义务常常分为基本权利和义务与一般的权利和义务。所谓基本权利是指国际法主体所固有的权利，而一般的权利是指从基本权利引申出来的权利。前者与国家主权相联系，对各主权国家而言是同样的而不能是有所差别的；后者则可以按照国家的意愿和行动结果而有所不同或加以改变。基本权利与基

① 参见张文显《法理学》，高等教育出版社、北京大学出版社1999年版，第111页。

本义务是相互统一的，一国在享受基本权利的同时，也必须承担与之相适应的基本义务，一国的基本权利正是他国的基本义务；反之亦然。

二、国家的基本权利和义务

在国际法学界中，多数学者承认国家拥有基本权利和义务。但对这些基本权利和义务的根据，则有不同的认识。主要有如下理论：①自然法学派的主张。认为国家的基本权利和义务是由国家本质所决定的，是固有的，是不能被剥夺的。这种学说实际上是以天赋权利为根据的，代表了以神的意志为核心的旧自然法学派的主张。②实在法学派的观点。认为在法律秩序建立以前，不能设想权利和义务的存在，这种权利和义务必须在取得各国的承认之后才能成立。③新自然法学派的观点。认为国家的基本权利和义务不是由国家意志决定的，而是国际社会的事实。④当今多数学者的观点。认为国家基本权利和义务是由国家主权引申或派生出来的，这种学说反映了当代国际法学的发展趋势，为大多数学者所接受。

（一）国家的基本权利

国家的基本权利是国家作为国际法主体所固有的、根本性的权利。国家的基本权利有哪些，学者的意见是有分歧的。一般都承认以下四项：独立权、平等权、自保权和管辖权。

1. **独立权**（right of independence）

独立权是指国家可以按照自己的意志处理其内政外交事务，而不受外力控制和干涉的权利。独立权包括两个方面的内容：一是自主性，即国家行使主权完全自主；二是排他性，即国家在主权范围内处理本国事务不受外来干涉。独立权是主权在对外关系上的体现，在某种意义上，独立权即主权。例如，在1928年4月4日帕尔玛斯岛仲裁案中胡伯法官所言："在国家间关系上，主权意即独立。"

独立权既包括政治独立，也包括经济独立，政治独立是经济独立的前提，而经济独立是政治独立的保障。

2. **平等权**（right of equality）

平等权是指国家在国际关系中具有的同其他国家处于完全平等地位的权利。它是主权在国家关系上的表现。主权国家在国际关系中互不隶属、互不管辖。国家不仅平等地参与国际法的制定，还享有同等的权利和承担同等的义务。

现代国际法要求，国家平等应是实质上的平等，而不是形式上的平等，即同等地享受权利，又同等地履行义务，国际法规定了国家平等权的种种表现形式。对此，在实践中，都应共同遵守。

3. **自保权**（right of self-preservation）

自保权是指国家为保卫自己的生存和独立发展，进行国防建设和自卫的权利。其包括两方面的内容：一方面是国家有权进行国防建设，防备可能来自外国的侵略；另一方面是当国家受到外国的武力攻击时，可以进行单独自卫和集体自卫。关于自卫的必要和

开始，西方学者有两种主张：一是英美法学派的主张，认为当一国遭遇或可能遭遇外来危害时，该国具有采取必要的自卫手段的权利。这一学说不以实际发生外来危害为自卫的条件。二是大陆法学派的主张，认为当一国遭遇外来实际危害时，该国有采取必要自卫手段的权利。这种学说以危害的客观存在为前提。我国在理论上和实践上都采取后一主张。

按照《联合国宪章》的有关规定和国际实践，有权进行自卫的是遭受侵害的国家和国家联合体，而且只有在国家主权、领土完整和政治独立遭到严重侵害，情势十分危急，防卫已是迫不得已的情况下，才能行使自卫权。《联合国宪章》对自卫权的行使附加了限制条件：①自卫权的行使限于在安理会采取维持国际和平与安全的办法以前，一旦必要的行动已采取，自卫即应停止；②自卫权必须在安理会监督下进行，而且行使自卫权的国家有义务将采取的自卫措施立即向安理会报告。

4. **管辖权**（right of jurisdiction）

管辖权是指国家对其领域内的一切人、物和事件以及境外特定的人、物和事件具有的行使管辖的权利。

（二）国家管辖权

国家管辖权是国家主权最直接的体现，国家行使管辖权的权利是以主权为依据的。假若国家失去了管辖权，就不能成其为国家。国家管辖权问题无论是对国家本身，抑或对整个国际法都是非常重要的。国家管辖权既牵涉国际法，也牵涉每一个国家的国内法。从国家内部来看，管辖权表现为最高权，意味着国家可以在其内部充分地行使各种权力；然而，当国家从事国际交往时，其管辖权的行使可能影响到其他国家的利益，于是管辖权又成为国际法上的问题，而且是十分重要的问题。“就国际法而言，为数众多的原则、规章和各种制度，主要是解决国家管辖权的。从这个意义上可以说，国际法的主要内容是划分国家管辖权的范围。”① 于是，一般认为国际法决定国家可以采用各种形式的管辖权的可允许限度，而国内法规定国家在事实上行使它的管辖权的范围和方式。②

管辖权的国际问题实质上主要是涉及国家根据自己的法律对发生的事件、人、物，设法主张其权威。行使管辖权的权利取决于管辖事项与有关国家的联系，即该国有理由对该问题加以规定。关于管辖权的规则大部分是通过国内法院适用本国法律的判决发展起来的。③

关于国家的管辖权从不同的角度可做不同的分类：从国家的基本职权来分，可分为立法管辖、司法管辖、行政管辖；从实施管辖的范围来分，可分为域内管辖、域外管

---

① 富学哲：《国际法教程》，警官教育出版社 1991 年版，第 102 页。

② 参见《奥本海国际法》（第一卷第一分册），［英］詹宁斯、瓦茨修订，王铁崖、陈公绰、汤宗舜、周仁译，中国大百科全书出版社 1995 年版，第 327 页。

③ 参见《奥本海国际法》（第一卷第一分册），［英］詹宁斯、瓦茨修订，王铁崖、陈公绰、汤宗舜、周仁译，中国大百科全书出版社 1995 年版，第 328 页。

辖；从进行管辖的对象来分，可分为对人管辖、对物管辖；从行使管辖时所采用的程序性质来分，可分为刑事程序管辖、民事程序管辖、行政程序管辖；从管辖适用法律的性质来分，可分为公法管辖、私法管辖；从国家管辖权的内容和形式来分，可分为属地管辖权、属人管辖权、保护性管辖权、普遍性管辖权。本章将着重介绍后一种分类。

1. 国家管辖权的形式

（1）属地管辖权。

属地管辖（territorial jurisdiction），又称属地优越权（territorial supremacy），指国家对其领土及领土内的人、物和发生的事件，按照本国法律进行管辖的权利。其主要以领域作为管辖的对象和范围。于是，对领土管辖权的含义可进行两方面的理解：一是国家对其领土各个部分及资源的管辖，即强调了以领土为对象；二是国家对其领土范围内的人、事件的管辖，即强调了以领土为范围。

领土管辖权与领土主权是既有联系又有区别的概念。国家的领土主权主要包括支配权和管辖权两个方面的意义。领土支配权（又称领土所有权）是指国家对其领土范围内的一切土地和资源拥有控制、使用和处置的权利；而领土管辖权是指国家对其领土范围内的一切人、物和事件具有的排他的管辖权利。此外，领土主权还包括国家具有保持国家领土完整的权利的意义。①

领土管辖是国家管辖权中最基本的管辖，在发生管辖冲突时具有优越权。因而权威学者提出："属地性是管辖权的根据，如果它行使管辖权的权利是与具有属地管辖权的国家的权利相冲突的，该另一个国家行使管辖权的权利就受到了限制。"②

在历史上，有的国家严格地实行领土管辖原则。例如，早在1812年，美国大法官马歇尔就提出了"国家在其领土内的管辖是排它的和绝对的，任何来自外部的限制，都意味着将其主权缩小"；1906年，美国国务卿在一次讲话中阐述了美国政法对行使刑事管辖权的立场：美国对于发生在美国国外的犯罪不行使管辖权，即使被害人是美国人。③ 随着国际法的发展和法律的现代化，其他形式的管辖权也为各国实践所接受。但大多数国家仍将领土管辖作为最基本的管辖原则。正如1990年欧洲犯罪委员会在关于刑事管辖权的研究报告中描述的那样：一个国家有权对发生在其领土内的一切活动确立管辖权是无可争议的，领土原则在世界各地都被接受并成为确立刑事管辖权的最牢固的基础。

从国际实践来看，以领土为对象的管辖权是确定的；而以领土为范围的管辖权则并未得以确定，这种不确定通常涉及与管辖权有关的行为或事实的发生地问题，一般而言，假若行为或事实明确是完全发生在某国领土内，则管辖权不存在争议；假若行为或事实存在某方面的"涉外因素"，便出现了如何确定行为或事实发生地的问题。于是，

---

① 参见王铁崖《中华法学大辞典》（国际法学卷），中国检察出版社1996年版，第401页。

② 《奥本海国际法》（第一卷第一分册），［英］詹宁斯、瓦茨修订，王铁崖、陈公绰、汤宗舜、周仁译，中国大百科全书出版社1995年版，第328页。

③ 参见邵沙平《现代国际刑法教程》，武汉大学出版社1993年版，第238页。

在国际法理论界出现了主观领土管辖权和客观领土管辖权的学说。①

1）主观领土管辖权，又称行为发生地说，指凡是行为在一国领土内发生的就视为该国领土内的行为，即可适用领土管辖原则。即强调行为发生的地点，并以行为发生地作为实行管辖权的依据。《法国刑事程序法》第693条明确适用了该原则："当具有犯罪要素性质的行为在法国完成就认为是在法国领土内犯罪。"我国《刑法》第六条规定，"犯罪行为或者结果有一项发生在中华人民共和国领域内的，就认为是在中华人民共和国领域内犯罪"，可见也适用了主观领土管辖权的原则。

2）客观领土管辖权，又称结果发生地说，指某种行为的结果在一国领土内发生，或者该行为后果及于一国领土就视为该国领土内的行为，可适用领土管辖原则。即强调行为发生的后果，并以行为后果发生地作为实行管辖权的依据。法国和美国的刑法或刑事程序法中均反映出客观领土管辖的原则。美国在其司法实践中能够证明适用客观领土管辖原则的引用最多的判例是"斯特拉斯海姆诉戴利案"，在对该案的判决中，霍尔姆斯法官阐述了客观领土管辖的观点：在该国管辖之外所做的，但企图或正在该国内产生有害结果的行为就证明了该国对这种行为的惩治是正当的。适用客观领土管辖权最著名的国际判例是"荷花号案"（the Lotus Case）。②

作为国家管辖权的最基本形式，领土管辖原则已经为各国普遍采用，而且每个国家均"在采用它认为最好和最适合的原则"。目前，各国在行使领土管辖权时，多采用主观领土管辖权和客观领土管辖权相结合的原则。

在国际实践中实行属地管辖优先的事例很多，如1935年德国秘密警察盖世太保在瑞士将德国籍反希特勒的新闻记者杰考博"秘密逮捕"，瑞士政府立即以侵犯其属地管辖权为由向德国政府提出抗议，迫使德国政府将杰考博释放并送还瑞士，并向瑞士政府进行了正式道歉。

领土管辖权的行使并未仅仅局限在"领土"上，国际法和各国实践接受了"拟制领土"的观点，将船舶和航空器的空间作为国家领土的一部分，从而出现了"浮动领土"管辖的原则，使领土管辖权原则扩大到领土之外并增加了"浮动"的情况。1940年《蒙得维地亚条约》规定了在公海上应由船舶所属国行使刑事管辖权；1982年《海洋法公约》也体现了这一原则，该公约规定"沿海国不应在通过领海的外国船舶上行使刑事管辖权"（第27条）。再如，《意大利刑法典》第4条规定，不论停泊在何处的意大利船舶和飞机都被认为是它的领土，除非按照国际法的规定应受外国属地法的管辖；③ 我国《刑法》第六条规定，"凡在中华人民共和国船舶或者航空器内犯罪的"适用我国刑法。但在行使领土管辖权方面，现代国际法排除了以往被列为"拟制领土"的驻外使馆，因为"治外法权"的原则已经被抛弃。在这方面，"拉德旺诉拉德旺案"

---

① 《奥本海国际法》（第一卷第一分册），［英］詹宁斯、瓦茨修订，王铁崖、陈公绰、汤宗舜、周仁译，中国大百科全书出版社1995年版，第329页。

② 编译评析参见陈致中《国际法案例》，法律出版社1998年版，第39～46页。

③ 参见邵沙平《现代国际刑法教程》，武汉大学出版社1993年版，第250页。

是个典型例证。[①]

领土管辖权原则是行使国家管辖权的最古老的、也是最基本的国际法原则。然而，在国际实践中，即使在适用领土管辖权的情况下，管辖权行使也并非绝对的，它不适用于依法享有特权与豁免的外国人，也不适用于境内的外国财产和国家行为。领土管辖权的行使还要受国际法的限制。例如，对外国人行使领土管辖权时，应尊重其国籍国的属人管辖权；在领海内行使管辖权时，应不干预外国船舶上的内部事务，并允许它们无害通过；利用边界河流时，应不损害邻国的利益和公共利益；对于国际河流，负有开放流经其领土河段的条约义务；经允许入境的外国军用航空器和军用船舶不受领土管辖权的制约；等等。

（2）属人管辖权。

属人管辖（nationality jurisdiction），国籍管辖，又称属人优越权（personal supremacy），指国家对于具有其国籍的人，无论他们在国内还是在国外均具有管辖的权利。其主要以国籍作为管辖的标准，国家管辖权在领土外的适用主要是针对具有其国籍的人或其他获得国籍的特定物。

1）对具有国籍的人的管辖。

国籍管辖权主要指国家对具有本国国籍的人实行管辖的权力。实践中“各国对它们的国外侨民主张管辖的范围有所不同，特别是刑法对他们行为的适用”，包括英国在内的一些国家，刑法的适用主要是受属地管辖原则的支配，很少有国外侨民的行为构成刑事罪行的规定；而其他多数国家主张“对它们的国外侨民的犯罪行为几乎完全的管辖权”[②]。在国籍管辖权的依据方面，通常又分为加害者国籍原则和受害者国籍原则：

第一，加害者国籍原则。其又称罪犯国籍原则、被告人国籍原则，[③] 也称积极属人管辖权原则，即由加害行为的实施者的国籍国来进行管辖的原则。根据这一原则，国家能够对在本国领域外从事违法、犯罪行为的具有本国国籍的人实行管辖权。我国《刑法》第七条采用了这一原则，对本国籍的犯罪人在领域外犯罪的管辖权做出规定：“中华人民共和国公民在中华人民共和国领域外犯本法规定之罪的，适用本法”，“中华人民共和国国家工作人员和军人在中华人民共和国领域外犯本法规定之罪的，适用本法”。在加害者国籍管辖方面“佐斯案”[④] 就是一个典型例证。

第二，受害者国籍原则。其又称被动的属人管辖原则，[⑤] 也称消极属人管辖权原则，即由加害行为的受害者的国籍国来进行管辖的原则。根据这一原则，国家有权对侵害本国公民的行为和行为人进行管辖。我国《刑法》第八条“外国人在中华人民共和国领域外对中华人民共和国国家或者公民犯罪，……适用本法”的规定，即体现了这

---

① 参见中国政法大学国际法教研室《国际公法案例评析》，中国政法大学出版社 1995 年版，第 291 页。

② 《奥本海国际法》（第一卷第一分册），［英］詹宁斯、瓦茨修订，王铁崖、陈公绰、汤宗舜、周仁译，中国大百科全书出版社 1995 年版，第 331 页。

③ 参见林欣《国际法中的刑事管辖权》，法律出版社 1988 年版，第 10 页。

④ 编译评析参见陈致中《国际法案例》，法律出版社 1998 年版，第 50 ～ 54 页。

⑤ 参见林欣《国际法中的刑事管辖权》，法律出版社 1988 年版，第 10 页。

一原则。

历史上的“卡丁案”[1] 可谓受害者国籍管辖权实施的典型例证。卡丁（A. K. Cutting）是美国公民，因其在美国得克萨斯州的《巴索报》上对墨西哥国民厄姆迪奥·麦丁那进行诽谤。1886 年某日，卡丁到了墨西哥，被墨西哥当局以诽谤罪逮捕。对此，美国政府出面进行干涉，要求释放卡丁。但墨西哥法院坚持其管辖权，认为按照墨西哥刑法的规定，对于外国人在外国对墨西哥人所进行的犯罪行为，墨西哥法院有权加以惩罚。

2）对具有国籍的特定物的管辖。

国籍管辖权还指对获得国籍的特定物的管辖。例如，船旗国管辖权，指国家对航行在别国领海或公海的具有本国国籍的船舶进行管辖的权利；航空器登记国管辖权，则是指航空器的国籍所属国对飞行在外国领空或公空的本国航空器的管辖。

应当注意，对船舶或者航空器等特定物的管辖，从两方面理解：一是将特定物作为管辖空间（范围）来理解，即适用领土管辖权。例如，在飞行在公海上的航空器内从事犯罪活动，该航空器便被视为“浮动领土”而适用领土管辖原则。二是将特定物作为管辖对象来理解，即适用国籍管辖权。例如，《联合国海洋法公约》明确规定：“每个国家应对悬挂该国国旗的船舶有效地行使行政、技术及社会事项上的管辖和控制。”

在国际实践中，行使属人管辖权往往容易与领土管辖权发生冲突，遇此情况双方应协商解决。

（3）保护性管辖权。

保护性管辖（protective jurisdiction），又称保护原则、安全原则。国家对于严重侵害本国国家或公民利益的行为及行为人进行的管辖，不论行为人的国籍，也不论行为发生在何地。其适用的范围一般是世界各国法律中公认的犯罪行为。

对于保护性管辖，历史上存在相当的争议。欧陆国家于 19 世纪首先提出这一原则，法国等欧洲、美洲国家均采纳。而英国等国持反对态度，例如，反映英国观点的国际法学家奥本海指出：“问题在于，国家是否有权对外国人在外国所做的行为行使管辖权，……对这个问题做否定的回答。”[2] 直到 19 世纪末期，英国才接受了这个原则。在现代，这个原则已经得到了各国普遍的承认，几乎所有的国家都对外国人在外国犯有危害其主权与安全的罪行行使刑事管辖权。[3]

在前面提到的“荷花号案”的判决中，国际常设法院充分肯定了土耳其当局所实行的保护性管辖权。碰撞事件发生后，土耳其当局对包括法国人戴蒙上尉在内的肇事者，依据土耳其刑法第 6 条[4]起诉，引起了法国政府的异议。国际常设法院在判决中做

---

① 参见《奥本海国际法》（上卷第一分册），［英］劳特派特修订，石蒂、陈健译，商务印书馆 1981 年版，第 249 页。

② 《奥本海国际法》（第一卷第一分册），［英］詹宁斯、瓦茨修订，王铁崖、陈公绰、汤宗舜、周仁译，中国大百科全书出版社 1995 年版，第 333、390 页。

③ 参见林欣《国际法中的刑事管辖权》，法律出版社 1988 年版，第 14 页。

④ 参见陈致中《国际法案例》，法律出版社 1998 年版，第 39 ～ 46 页。

了深刻的阐述：“国际法加之于国家的第一个、也是最重要的一个限制是国家不得以任何形式在他国领土内行使权力，不存在相反的允许规则。从这个意义上说，管辖权是具有属地性的。国家不能在其领土以外行使管辖权，除非能从国际习惯或从条约中找到允许这样做的规则。”并进一步指明：“如果国际法包含一个禁止国家把其法律和法院的管辖权扩大适用到境外的某些人、财产和行为的一般性原则，如果国际法允许国家在特定场合可以这样做，作为对这个一般性禁止规则的例外，这种观点才可以站得住。但当前国际法所持的观点不是这样。国际法不但没有禁止国家把它的法律和法院的管辖权扩大适用于在它境外的人、财产和行为，还在这方面给国家留下宽阔的选择余地。这种选择权力只在某些场合受到一些限制性规则的限制，但在其他场合，每个国家在采用它认为最好和最合适的原则方面是完全自由的。”还指出：“虽然所有法律体系都认为刑法的属地性是一项基本原则，但几乎所有这些国家的法律都把他们的自由管辖权扩大到其领土之外发生的犯罪行为。”①

目前，对于保护性管辖的适用各国均持肯定和接受态度，但对于该原则在多大范围内适用，在涉及哪方面的利益时才能适用，现代国际法还没有统一规则。② 对保护性管辖权一般在各国法律中都加以规定。从国际实践看，行使这类管辖权的条件如下：一是该外国人所犯罪行的后果危及本国或公民的重大利益，二是根据犯罪地法律也应受到刑事处罚的罪行，三是法定之罪或按规定应处一定刑期以上的罪行。例如，我国《刑法》第八条规定：外国人在中华人民共和国领域外对中华人民共和国国家或者公民犯罪，而按本法规定的最低刑为3年以上有期徒刑的，可适用本法；但是按照犯罪地法律不受处罚的除外。

在这里应当注意，保护性管辖与受害者国籍管辖都是在当本国人受到伤害时相关国家所实施的，于是在理论上容易令人混淆。其实，两者在管辖的依据和目的上都是有区别的：保护性管辖是以被侵害了的实际利益为根据，强调的是国家及国民的利益不受侵害；而国籍管辖则是以身份的固定联系为纽带，强调的是所属国民及财产的统治权。于是，两者所实施的范围和层次还是有所不同的：保护性管辖只在于保护外国人在外国实施犯罪所侵害的本国的国家利益，③ 其适用的范围是很有限的；而国籍管辖则是只要遇到当事的人或有身份的物（如船舶、飞机等）具有本国国籍，该国就有权关注或实施管辖，不会受到什么限制，并在许多情况下可以优先适用，故有“属人优先权”之称。

一般而言，国家行使保护性管辖要有一个前提，即行为人（或罪犯）在实施加害行为后进入受害国境内，才有可能实现其管辖权。于是，在实践中除了少数的罪犯进入受害国境内被逮捕而被管辖的情况外，多数是需要通过引渡罪犯来完成受害国的管辖权的。

（4）普遍性管辖权。

普遍性管辖（universal jurisdiction），又称世界性原则，指对于国际法规定的违反全

① 陈致中：《国际法案例》，法律出版社1998年版，第39～46页。

② 参见江国清《演变中的国际法问题》，法律出版社2002年版，第33页。

③ 参见江国清《演变中的国际法问题》，法律出版社2002年版，第33页。

人类利益的国际罪行，不论犯罪人的国籍，也不论行为发生在何地，各国普遍有权实行的管辖。之所以确立普遍性管辖权，是因为某些犯罪活动危害了国际社会的整体利益，其主要目的是基于惩治国际犯罪的需要而由各国国内法确定广泛的管辖。

原本普遍性管辖原则是意大利、土耳其等少数国家国内法的管辖原则，即所谓犯罪世界性说（universal theory of crime）。这种理论认为，不论犯罪者是哪国人，也不论他在何地实施犯罪，对于社会都是一种危害，任何国家都有权行使管辖。“当然在实践中这些国家也并不把这理论推行到极端，它们只是把它们的刑法适用于外国人在外国侵害国家或其公民的行为。”[①] 在国际实践中，普遍性管辖权原则已被许多国家引入国内法，成为国家行使管辖权的重要原则。我国《刑法》第九条也采纳了这一原则：“对于中华人民共和国缔结或者参加的国际条约所规定的罪行，中华人民共和国在承担义务的范围内行使刑事管辖权的，适用本法。”

国际法上适用的普遍性管辖受到了严格的限制。在相当长的时期内，习惯国际法所承认的可以适用普遍管辖原则的唯一场合是对“国际法上的海盗”的惩罚。[②] 到第二次世界大战以后，普遍性管辖原则的适用范围扩大。除了明确确定战争适用普遍性管辖外，还通过国际公约规定了一些可以适用的国际罪行。在国际实践中，行使这种管辖权的法律依据是国际条约。国际公约中也分别规定了一系列的国际罪行。例如，《欧洲国际军事法庭宪章》和《远东国际军事法庭宪章》规定的破坏和平罪、战争罪和危及人类罪，《联合国海洋法公约》规定的海盗罪，《防止及惩治灭绝种族罪公约》规定的灭绝种族罪，《禁止并惩治种族隔离罪行国际公约》中的种族隔离罪，《麻醉品单一公约》中的贩卖毒品罪，“反劫机三公约”中规定的空中劫持罪，等等。但在国际上，除了对破坏和平罪、战争罪和危及人类罪的普遍性管辖没有异议外，其他罪行，如贩卖奴隶和毒品、种族隔离与灭绝、空中劫持、恐怖主义行为等是否属于普遍性管辖的对象，目前尚无定论，有人称之为“准普遍性管辖”。

中国代表在第69届联合国大会第六委员会工作会议上“关于普遍性原则的范围和适用”的发言表明了中国的立场及普遍性管辖的现状。中国代表认为：普遍性管辖权是一个涉及政治、法律和外交的综合性问题，对国际关系和国际秩序的发展有重要影响，在目标和性质方面，普遍性管辖权是一种补充性管辖权，应严格区分其与其他管辖权的界限；在适用前提条件方面，普遍性管辖权的行使应遵循现有国际法原则和规则，包括不得侵犯他国主权、干涉他国内政或侵犯国家、国家官员、外交和领事人员享有的豁免权等，并特别强调，普遍性管辖权应当审慎使用，避免被滥用。[③]

2. 国家管辖权的冲突和协调

（1）国家管辖权的冲突。

国家管辖权的冲突是指由于各国实施的不同原则、规则，而导致的在管辖权方面的

---

① 周鲠生：《国际法》（上册），商务印书馆1981年版，第228页。

② 参见江国清《演变中的国际法问题》，法律出版社2002年版，第35页。

③ 参见中华人民共和国外交部政策规划司《中国外交》，世界知识出版社2015年版，第299～300页。

对立或不协调。在国际实践中，各国根据自己的实际确定行使管辖权的原则和根据，这些不同根据和原则的存在，致使几个国家可能有并存的管辖权，① 从而产生了国家管辖权的冲突。由于国际关系的复杂性，要完全消除国家管辖权的冲突、统一实施国家管辖权的规则是困难的。

导致国家管辖权冲突的原因是多样的，一个事件发生后可能会出现多个国家同时提出实施管辖权的问题，例如，对同一个国际犯罪案件，几个有关的国家都可以进行管辖的情况，有的采用领土管辖原则，有的采用属人管辖权原则，有的采用保护性管辖原则；即使在采取同一管辖权的原则下，也常常发生管辖权的冲突。又如，在采用属地管辖权原则的国家间，会因为同一行为人的几个不同行为及不同行为发生地或者结果发生地而发生管辖权的冲突，等等。

（2）国家管辖权的协调。

国家管辖权的协调就是要防止管辖权的冲突、避免管辖权的对立、解决管辖权的纠纷。协调管辖权的冲突，既具有各国国内法的方法，也具有国际间的协调方法。具体方法和措施主要有：

1）国内法中采用混合管辖制。

各国在制定相关国家管辖的法律、法规时，应当注意采用领土管辖、国籍管辖、保护性管辖相结合，以增加处理纠纷的灵活性，以利于减少或协调国籍管辖权冲突的发生。

2）通过国际公约规定优先管辖权。

在国家之间的管辖权发生冲突的情况下，通过多边条约或者国际公约事先或者事后的排列管辖顺序，不失为行之有效的方法。在这方面以对国际犯罪的行为人的引渡规则最为典型，有权请求引渡的国家一般是对罪犯主张有管辖权的国家，通常有三类：①罪犯本人所属国；②犯罪行为发生地国；③受害国。上述三类国家分别依据属人管辖权、属地管辖权以及保护性管辖权都可提出引渡请求。如果三类国家同时请求引渡同一罪犯，有的国际公约对该问题做了具体规定。如 1933 年《美洲国家间引渡条约》第 7 条规定：如果有几个国家为同一罪犯请求引渡时，犯罪发生地国有优先权；如果这个人犯了几项罪行而被请求引渡时，则按被请求国法律，罪行最重的犯罪地国有优先权；如果各罪行被请求国认为同样严重时，优先权依请求国先后而定。这个规定尽管并未成为一般国际法规则，但对解决管辖权冲突具有重要参考价值。

在国际实践中，领土管辖原则是最基本的管辖原则，许多国际公约在规定国家管辖权的依据原则时，通常是将领土管辖原则排在第一位，而将普遍性管辖原则排在最后一位。② 例如，1991 年《危害人类和平及安全治罪法草案》中规定："如果有几个国家要求引渡，应特别考虑罪行发生在其领土内的国家的要求。"③

① Michael Akehurst. A modern introduction to international law. George Allen & Unwin Ltd, 1997: 116.

② 参见邵沙平《现代国际刑法教程》，武汉大学出版社 1993 年版，第 262 页。

③ 王铁崖、田如萱：《国际法资料选编》（续编），法律出版社 1993 年版，第 13 页。

3）通过国际公约规定专属管辖权。

在国际公约中对某些特殊事项确定专属管辖权也是控制管辖权冲突的一种有力措施。例如，对于在公海上发生碰撞事件，从荷花号案判决后出现的许多多边条约、国际公约均限制了担负责任的人行使共同管辖权，而明确规定了专属管辖权。如 1940 年《蒙特维的亚条约》明确表明在公海上发生船舶碰撞或其他航行事故时应由船旗国行使管辖权。1982 年《联合国海洋法公约》第 97 条第 1 款、第 3 款也做出了明确规定："遇有船舶在公海上碰撞或任何其他航行事故涉及船长或任何其他为船舶服务的人员的刑事或纪律责任时，对此种人员的任何刑事诉讼或纪律程序，仅可向船旗国或此种人员所属国的司法或行政当局提出。""船旗国当局以外的任何当局，即使作为一种调查措施，也不得命令逮捕或扣留船舶。"又如《联合国海洋法公约》中规定了沿海国对于其专属经济区、大陆架上的资源的勘探、开发、管理、养护以及建立人工岛、设施，海洋科研、海洋环保等方面专属性的管辖权。① 这种规定明确了专门的管辖者，有利于避免多重管辖主张带来的冲突。

4）冲突国家间的友好协商。

如同解决其他的国际间争端一样，友好协商是行之有效的方法之一，即通过政治方法解决法律问题。

5）提交仲裁或者进行司法解决。

将管辖权冲突提交仲裁庭仲裁或者交由国际法院判决解决是处理管辖权冲突的有效方式。例如，1979 年《反对劫持人质国际公约》第 16 条中规定："两个或两个以上的缔约国之间关于本公约的解释或适用方面的任何争端，如不能谈判解决，经缔约国一方要求，应交付仲裁。如果自要求仲裁之日起六个月内，当事各方不能就仲裁的组织达成协议，任何一方得依照《国际法院规约》提出请求，将争端提交国际法院审理。"

（三）国家管辖豁免

1. 国家管辖豁免的概念和内容

国家管辖豁免（state jurisdictional immunity），即"对其他国家的行为及其财产的管辖权豁免"②，是指在国际交往中一国的行为及其财产未经所属国同意不受他国管辖。国家管辖豁免是"法定"的行使国家管辖权的例外情况。国家管辖豁免的行使往往涉及两方面：一方面是因其主权而使其行为和财产免受他国管辖的管辖豁免的权力的享有国，简称"豁免享有国"，对"豁免享有国"而言，其主要强调"不受他国管辖"；另一方面是未经他国同意而不得实施管辖的义务的承担国，简称"豁免承担国"，对"豁免承担国"来讲，其主要强调"不对他国管辖"。在许多教科书中，出现了不同角度的定义，应注意正确理解。

对于国家管辖豁免的内容可做不同的分类：

---

① 参见《联合国海洋法公约》第 56、59、60、77 条等。

② ［韩］柳炳华：《国际法》，中国政法大学出版社 1997 年版，第 282 页。

（1）分为国家行政豁免与国家司法豁免。[①]

所谓国家行政豁免，是指一国政府不得对他国采取行政性强制性措施，如免除国家公务行为收入的赋税，不得把外国国家财产转移、拍卖或用于公益事业和社会保险等。

所谓国家司法豁免，是指一国法院非经外国国家同意，不得对外国国家的行为和财产行使管辖。

（2）分为立法管辖豁免、司法管辖豁免与执行管辖豁免。

所谓立法管辖豁免，是指在一国法院对另一个国家提起诉讼时，被诉国有权排除起诉国法院依据其本国法律规则对其做出管辖或裁判的情形。

所谓司法管辖豁免，是指在一国法院对另一个国家提起诉讼时，被诉国有权拒绝起诉国法院对其国家的行为或财产进行管辖或裁判的情形。

所谓执行管辖豁免，是指在一国法院对另一个国家提起诉讼时，被诉国有权排除起诉国法院依据其做出的判决对其国家及其财产予以强制执行的情形。

通常在实践中，主要考虑后两种，立法管辖豁免并未受到重视。

（3）分为管辖豁免与执行豁免。[②]

所谓管辖豁免，是指一国法院非经外国国家同意，不得受理以该国国家为被告的诉讼，即国家的拒绝被诉权。但外国以原告身份向法院起诉时，法院得受理对方提出的与本案有关的反诉。法院地国的诉讼规则不能完全适用于外国国家，如不得扣押外国国家财产为诉讼担保。

所谓执行豁免，是指一国即使放弃管辖豁免，在未经该国国家同意时，法院也不得强制执行不利于该国的判决。

有的学者将国家管辖豁免一分为三：管辖豁免、诉讼程序豁免、强制执行豁免，[③]实际上是将其中的执行豁免进行细分。

按照国际惯例，放弃管辖豁免不得视为放弃执行豁免，管辖豁免和执行豁免须分别放弃，并且得以明示方式表示。

2. 国家管辖豁免的根据

国家凭什么能够得到其他国家在管辖方面的豁免？或者说国家为什么给予其他国家管辖豁免？即国家管辖豁免的根据是什么？对此，可归纳出以下学说。

（1）国际礼让说。这种主张认为，一个国家的主权效力只能及于本国领域，国家之间相互给予豁免权不是各自主权的需要，而是基于国家之间的礼让和善意。于是，一个国家给予另一个国家以管辖豁免并非法律义务，而是由国家根据实际情况自由斟酌决定赋予。

（2）互利互惠说。这种主张认为，国家之间并没有当然赋予对方豁免的义务，而是基于国家之间的互利互惠。于是，给予管辖豁免成为国家之间对等交往的手段：一方给予另一方豁免，另一方也给予其豁免；一方给予另一方绝对豁免，另一方也给予其绝

---

① 参见慕亚平、周建海、吴慧《当代国际法论》，法律出版社 1998 年版，第 131 页。

② 参见黄进《国家及其财产豁免问题研究》，中国政法大学出版社 1987 年版，第 3 页。

③ 参见韩德培《国际私法》，武汉大学出版社 1983 年版，第 388 页。

对豁免。

（3）国家主权说。这种主张认为，国家是有主权的，国家主权在国际关系中表现为平等和独立的特性，根据“平等者之间无管辖权”的古老法谚，主权国家在国际关系中享有管辖豁免是符合现代国际法确认的国家“对内最高”“对外独立”的本质特性的。

在以上三种主张中，尽管前两种具有一定合理性，但均未正确阐明国家管辖豁免的法律根据。国际礼让说只看到国家主权的属地性，而忽略了国家主权对外表现为独立权和平等权，因而看不到国家管辖豁免是主权派生权利这一实质。而且，其把豁免视为不受法律约束的任意行为，容易为少数大国侵犯他国豁免权提供口实；互利互惠说过于强调基于互惠给予他国豁免权，容易导致一些国家把管辖豁免视为于己有利的权宜之计。进而扩展成为完全根据本国对外政策需要及利害关系，作为给予他国管辖豁免的依据。可见该说也否定了国家管辖豁免的本质根据。而国家主权说较为合理地阐明了这一本质根据。本书赞同国家主权说的观点。

3. 国家管辖豁免的法律渊源

国家管辖豁免的法律渊源长期以来主要表现为习惯法规则，以及通过国内的司法判例、国际法学家的学说逐渐形成。直到 19 世纪末，关于国家管辖豁免不仅没有条约，也缺乏明确的国内法规定。从其形成过程来看，国内法院判例最初起了基本作用。[①] 较早的关于管辖豁免的判例有 1812 年美国最高法院的“交易号案”、1820 年英国法院的“费雷德里克王子案”、1880 年的“比利时国会号油轮案”、1849 年法国最高法院的“西班牙政府诉卡索案”等。

专门规定国家管辖豁免的国际公约主要有 1926 年的《统一国有船舶豁免的某些规则的国际公约》（简称“布鲁塞尔公约”）及其 1934 年的《补充议定书》、1972 年的《欧洲国家豁免公约及附加议定书》、1983 年美洲国家组织的《关于国家豁免的公约》等。此外，自 1978 年联合国国际法委员会着手编纂的《国家及其财产的管辖豁免条款草案》已经于 1991 年经联合国大会的二读通过。

此外，还有一些涉及国家管辖豁免内容的非专门规定国家管辖豁免的条约，如 1926 年《统一海事抵押和留置权的若干规定的公约》、1952 年《扣留海运船舶的国际公约》和《船舶碰撞中民事管辖权方面若干规定的国际公约》、1958 年《领海及毗连区公约》、1969 年《国际油污损害民事责任公约》、1982 年《海洋法公约》等。

4. 国家管辖豁免的放弃

（1）国家管辖豁免放弃的概念和条件。

国家管辖豁免的放弃是指国家对某个方面或某种行为不主张管辖豁免，放弃主权的行使，而愿意受到某外国或外国法院管辖的国家行为。

国家管辖豁免的放弃就其本质而言，是国家行使主权的一种方式，管辖豁免是国家的权利之一，在国际法上，权利可由国家在一定范围内放弃。另外，任何国内法院若想有效地对外国国家行使管辖，该国放弃豁免就是必要的管辖根据。

① 参见龚刃韧《国家豁免问题的比较研究》，北京大学出版社 1994 年版，第 24 页。

放弃管辖豁免是一项严肃的国家法律行为，其构成有着严格条件要求：[①]

1）自愿性，即放弃管辖豁免必须基于有关国家自身的意志。一个国家不得强迫另一国放弃管辖豁免，同时，一国的国内立法不能改变外国国家的放弃规则。

2）明确性，即放弃管辖豁免应该有明确的表示。无论管辖豁免的放弃是明示放弃还是默示放弃，都必须明确。一国不能任意将外国国家的某种行为视为放弃管辖豁免。

3）具体性，即放弃管辖豁免应当针对某一特定的法律关系以及特定的行为而作为；而且，这种放弃原则上也只能在当事国之间适用，对第三国没有法律效力。

（2）国家管辖豁免放弃的形式。[②]

国家管辖豁免的放弃可分为明示放弃和默示放弃两种形式。

明示放弃指国家在争端发生前后以明白的语言、文字表达的自愿放弃豁免而接受外国国内法院管辖的情形。明示放弃的基本形式有：通过双边或多边的国际条约、协定约定放弃豁免；外国国家与私人或法人签订合同约定放弃豁免；争端发生后国家授权其代表在法院正式发表口头声明，或者通过外交渠道提出书面函件；等等。

默示放弃指国家通过在外国法院的与特定诉讼直接有关的积极行为来表示接受其管辖的情形。默示放弃的基本形式有：国家作为原告在外国法院提起诉讼，作为与特定诉讼有利益关系的当事人介入诉讼，作为被告正式应诉、提起反诉，等等。

5. 关于国家管辖豁免的理论

从目前各国的立法和司法实践看，对国家管辖豁免问题有两种不同的理论和做法：

第一，绝对豁免论，又称绝对豁免主义，认为不管国家行为和财产的性质如何，除非国家放弃豁免，一律给予行政豁免和司法豁免。在19世纪中叶以前，这一理论在司法实践中被广泛采用。如1812年美国法院对“交易号帆船案”的判决，1880年英国法院对比利时“国会号邮轮案”的判决。目前，第三世界国家仍坚持这一理论和原则。

交易号案（the Schooner Exchange v. McFaddon）[③] 是涉及国家豁免及遵循绝对豁免规则的重要案例。交易号是一艘原属美国公民所有的私人船舶，1810年在公海上被法国军队拿获。在没有经过捕获法院判决的情况下，被没收为法国公船，并改名为“巴拉乌号”。第二年该船因遇恶劣天气进入美国宾夕法尼亚港避险。原船主知情后，遂向美国联邦地区法院起诉，要求将该船扣押并判决归还。法院受理了该案，并采取了临时保全措施，而法国方面无人出庭应诉。在案件审理中，宾夕法尼亚州检察长代表美国政府出庭陈述：美国与法国正处于和平状态，巴拉乌号属于法国的公船，其因天气原因被迫进入宾夕法尼亚港，并未构成对美国属地权的侵犯。并指出，即使事实上该船是从原告处非法夺取，但该船的所有权还是从法国没收之日起归属法国国家所有。因此，建议对巴拉乌号放行。法院采纳了检察长的意见，驳回了原告的起诉。原告上诉到联邦巡回法院，巡回法院又否定了地区法院的判决。于是，案件被提交至联邦最高法院，首席法

① 参见龚忍韧《国家豁免问题的比较研究》，北京大学出版社1994年版，第219页。

② 参见龚忍韧《国家豁免问题的比较研究》，北京大学出版社1994年版，第224页。

③ 参见陈致中《国际法案例》，法律出版社1998年版，第54～56页；编译评析参见黄惠康、黄进《国际公法、国际私法成案选》，武汉大学出版社1983年版，第193～199页。

官马歇尔审理了该案。联邦最高法院的最终结果是撤销巡回法院的判决，确认地区法院驳回起诉的判决。

在联邦最高法院的判决中用了相当篇幅阐述了国家的属地管辖权问题，主张“国家的属地管辖权是绝对的、完全的，除非国家自己愿意，任何外界无权迫使国家接受对其属地管辖权的限制。主权豁免原则是从国家主权原则产生出来的，主权国家为了进行友好的国际交往，为了互相尊重彼此的主权，必须放弃其属地管辖权的一部分，即相互给予主权豁免。国家行为和国家财产不受外国法院的管辖，是国际法上早已确立的原则”。判决中着重强调了外国公船享有国家主权豁免，判决认为，当一个普通外国人在一国国内居住，当外国商船进入一国领土进行贸易活动，假若不要求他们暂时服从当地的法律，隶属于该国管辖，显然对该国的社会是不利和危险的，很可能使法律遭到违反，使行政管理遭到破坏。而与此完全不同的是，交易号在被法国军队没收后，成为一艘为外国主权者服务的武装公船。美国政府与该国正处于和平状态，该船进入对它开放的港口寻求避险，就如同任何军舰通常被允许进入友好国家的港口和遇到紧急情况允许避险一样，对该船进行扣押及起诉是不应该的，美国应当免除对该船的管辖。

第二，有限豁免论，又称有限豁免主义，这一理论主张把国家行为划分为主权行为和非主权行为，或者统治行为和管理行为，或者公法行为和私法行为。对国家的主权行为、统治行为或公法行为给予豁免，而对非主权行为、管理行为或私法行为则行使管辖权。持这种理论的论据主要是：①由于国家越来越多地参与经济和其他民事活动，国家进行的一般经济和民事活动，就应与自然人和法人处于平等地位，受有关国家的法院管辖，以免造成不公平。②西方国家认为社会主义国家的经济和民事活动，都是以国家名义进行的。给社会主义国家这些活动以司法管辖豁免，会造成不公平。这种理论和做法，否定了社会主义国家和第三世界国家的国家主权和平等权。从实践上看，奉行有限豁免或相对豁免论的主要是西方工业发达国家。

1977年的“尼日利亚中央银行案”（Trendtex Trading Corporation Ltd. v. Central of Nigeria）[①] 被认为是适用有限豁免原则的有影响的典型例证：1975年尼日利亚政府同一家英国公司签订了一份购买建造军营用水泥的合同，付款方式为由尼日利亚中央银行以信用证支付。合同生效后，英国公司从瑞士特兰德克斯贸易公司购进水泥，并将尼日利亚中央银行开具的信用证转给该公司。恰逢尼日利亚新政府上台，为摆脱前政府造成的“水泥过剩”，新政府指令中央银行停止兑付该信用证。加之，由于尼日利亚港口堵塞，致使无法进港卸货而延迟了交付时间。当瑞士特兰德克斯贸易公司要求尼日利亚中央银行兑现信用证并支付滞留金时遭到了拒绝。于是，特兰德克斯贸易公司以尼日利亚中央银行为被告向英国高等法院提起诉讼。英国高等法院认为，中央银行是国家机构，享有豁免权，不能就信用证问题在外国法院作为被告，而驳回了起诉。原告方上诉于英国上诉法院，上诉法院认为虽然尼日利亚中央银行是国家机构，但其购买水泥、支付货款属于商业行为，根据限制豁免原则撤销原判。

丹宁法官在判决书中指出：

① 编译评析见陈致中《国际法案例》，法律出版社1998年版，第67～71页。

“尼日利亚中央银行主张其不能在外国法院被诉，因其享有主权豁免，而主权豁免规则是文明国家一致同意的国际法规则。本法官认为：‘一致同意’只是虚构的想法。……各国法院对该规则的适用是极不一致的，有的给予绝对豁免，有的给予限制豁免。这不是说国际法没有规则，而是说对规则的内涵存在不同看法，每个国家都为主权豁免设置了一定范围。

“……国际法是在变化着的，法院可以适用变化了的国际法规则而不需借助于议会立法。……在过去的30年中，主权豁免的范围大有改变，对此许多国家予以承认，也为各国法院包括英国法院所承认。枢密院对菲律宾海军上将号案的判决就是明显例证。”

丹宁法官的结论是，国际法在主权豁免问题上已经转向限制豁免。丹宁法官继续指出：

“对本案而言，购买水泥用于建筑军营，合同由尼日利亚国防部签订，就性质看属于政府‘统治权行为’而‘非管理权行为’，如同军队购买皮靴一样。但这不会影响豁免权的范围，政府部门到市场上购买皮靴或水泥，都一样是商业行为，应受市场规则支配。

“本案指控的是信用证兑付，而非购销水泥合同。信用证是一种特殊的合同，证明了从事的商业交易。本案所涉信用证是通过伦敦银行按照正常商业途径发出的。其完全在英国法院的属地管辖范围之内。因此，法院不认为尼日利亚方面可以在本案中主张主权豁免。”

上述案例是适用有限豁免的典型案例，当然，其中许多内容还是值得研究的。

同时，发达国家正以国内立法或国际条约的方式使其理论法典化。其中重要的国家的有关立法有1976年美国的《外国主权豁免法》、1978年联合王国的《国家豁免法》、1982年加拿大的《国家豁免法》，主要国际条约有1920年的《关于统一公有船舶豁免的若干规则公约》、1969年的《国际油污损害民事责任公约》和1972年的《欧洲国家豁免公约》。

我国学者普遍赞成国家主权绝对豁免说，认为这种理论符合国际法原则。那种把国家行为分为公法行为和私法行为的有限豁免论会导致自然人、法人同国家处于平等地位，从而否定国家主权的结果，是违背国际法的。目前，一些国家有关有限豁免的立法，仅仅是少数国家的实践，据1983年联合国国际法委员会的调查，采取这种主张的国家也只有14、15个国家。所以可以肯定地说，有限豁免说尚未形成公认的国际习惯法规则。

（四）国家的基本义务

这是指国家作为国际法主体所应承受的固定的、不可推卸的根本性义务。

国家既是权利主体，又是义务主体，任何国家在国际法上都享有基本权利，同时也承担基本义务。国家的基本权利和义务是统一的。国家在享受基本权利时，也要履行相应的义务。目前在国际法上对国家的基本义务的名称和数量尚无统一标准。根据《国际法原则宣言》的规定，这些义务是由下述情况产生的：

（1）依联合国宪章所负之义务。
（2）依公认的国际法原则与规则所负之义务。
（3）属有效之国际协定下所负之义务。
根据《国家权利和义务宣言草案》的规定，国家基本义务是：
（1）不得借战争为施行政策的工具和不得侵犯他国领土完整和政治独立的义务。
（2）不干涉他国内政外交的义务。
（3）尊重他国基本人权和自由的义务。
（4）和平解决国际争端的义务。
（5）反对或不承认以违反国际法方法而取得权益的义务。
（6）善意履行国际法的义务。

三、国际组织的权利和义务

此处所言可以享有的权利，并非具体权利，而主要强调国际组织作为国际法主体可具备的权利能力。当然其反映于国际法律关系中就成为“权利”。

各国际组织有其特定的目的和任务，并享有不同程度的权利，这些权利一般在约章中明文规定。但国际组织章程拟定时是很难预见履行职责所需的一切权利并明文写入约章中的。由于国际组织除具有章程明文规定的权利外，依其章程规定得行使“以必要暗示赋予它的，实质上属于履行其职务的”的权利。这种权利的范围在国际法上并无一般性规则可循。总体上来看，国际组织在一定条件下和一定范围内拥有国际法主体的权利能力和行为能力，并有一些国际组织具有普遍的权利能力和行为能力，一般可表现为：①缔结双边或多边条约；②召集与参加国际会议；③派遣和接受外交使节；④协调国际争端；⑤请求国际赔偿；⑥参加其他国际组织活动；⑦做出国际承认或被承认；⑧构成继承的主体或客体；⑨其他法律行为，如颁发身份、旅行证件，保存登记条约，临时托管一定领土，拥有组织旗帜、徽志等。

就其要者我们着重讲以下几个方面的权利。

（1）缔约权。国际组织具有一定的缔约权。国际习惯已赋予了国际组织以缔约能力，从1946年到1960年，国际组织签订了1200多个双边协定。[①]《联合国宪章》也确认了联合国的缔约能力，第43条规定，联合国有权与各会员国缔结特别协定，使会员国供给为维持国际和平与安全所需的军队；第63条规定，经济及社会理事会有权与政府间各种专门机构订立协定，订明关于专门机关与联合国发生关系之条件；第105条规定了联合国大会有权向会员国提议缔结有关特权与豁免的协定。国际法院也在国际组织与东道国在总部协定争议诉讼方面接受了国际组织的缔约能力。1986年《维也纳国际组织条约法公约》第一次以条约形式正式承认了国际组织的缔约权利。

当然，国际组织的缔约权具有“不同于国家的国际法主体为当事方的条约的特性”，国际组织缔结条约的能力依照该组织的规则。一般来说，国际组织只在其职权范

① 参见饶戈平《国际组织法》，北京大学出版社1996年版，第114页。

围内或由于该组织的存在必要与国家或其他国际组织签订条约。

（2）使节权。国际组织享有一定的派遣和接受外交代表的权利，尽管国际组织没有领土，但并不影响其接受会员国派遣的使节常驻东道国。国际组织的使节权分为两类：国际组织派遣使节驻在会员国的权利称为消极使节权（又称被动使节权），而接受会员国派遣使节驻在国际组织的权利称为积极使节权（又称主动使节权）。①

国际组织的代表团制度开始于国际联盟，在联合国成立后有了迅速发展，1969 年《联合国特别使团公约》、1975 年《维也纳关于国家在其对国际组织关系上的代表权公约》，均确定并规定了国际组织的使节权制度。

（3）索偿权。国际组织具有直接提起诉讼或采取其他合法手段保护自己的权益的权利。这种索偿权的实行方法主要有抗议、请求调查、谈判、申请仲裁、提起诉讼等。国际法院在 1949 年关于执行联合国公务中所受伤害的补偿案的意见中就肯定联合国有求偿权。国际法院认为，联合国能够向对联合国本身造成损害的会员国提出赔偿要求，也能为受害者和受害者授权的人提出赔偿要求。

（4）继承权。当一个国际组织解散时，依约定或组织章程的规定某国际组织对其加以继承的权利。国际组织的继承主要表现在国际组织职能继承、法律行为继承、职员继承、财产继承等。

（5）承担国际责任能力。国际组织具有一定的国际人格，因而对其所做的行为或行为结果负责，尽管这种责任因国际组织的国际人格所限是有限的。国际条约和国际法院均确认这一点。

四、民族解放组织的权利和义务

民族解放组织在国际关系中代表着正在争取独立的民族，在一定条件下和一定范围内具有国际法主体资格。其法律权利能力和行为能力如下：

（1）进行国际交往和国际联系，派遣或接受外交代表参加谈判，参加国际会议和国际组织。

（2）具有参加制定国际法规范和独立实施该规范的权利和义务，并且可以缔结国际协定或条约。

（3）根据本民族意愿，决定其政治社会制度和建立国家政权组织。

（4）在争取独立的斗争中，有享受战争法规的保护的权利和遵守战争法规的义务；有权接受国家或国际组织的援助。

（5）民族独立、保卫领土主权和其他各项权利。

以上的权利和义务充分地表明了民族解放组织具有国际法主体资格。它在国际交往和国际法上的地位，尽管同国家不同，但随着民族独立目标的实现，必将逐渐转变成为国家，而成为基本国际法主体。在取得正式独立而成为新国家之前，可以说，民族解放组织是一个过渡的或准国际法的主体。

① 参见王铁崖《国际法学大辞典》（国际法学卷），中国检察出版社 1996 年版，第 238 页。

第四节　国际法律关系的客体

一、国际法客体的概念

国际法律关系的客体（object of international legal relation）是国际法律关系的构成要素之一，通常习惯称为国际法客体（object of international law）。目前，在国际法学界对国际法客体做系统探讨的并不太多。关于国际法客体的定义，学者们的理解也不尽一致，主要主张可归纳为：①对象说，认为国际法客体是国际法主体行为的对象和国际法权利和义务的对象；[①] ②缘由说，认为国际法客体是国际法主体能够据以参加国际关系的一切缘由，[②] 或者说是因此而产生国际法上的权利和义务的所有事物。本书认为，国际法客体是国际法律关系内容的载体，是国际法主体的行为的诱因和归宿，是国际法上权利和义务的外在表现形式。

如果没有客体，没有国际法主体间权利和义务指向的具体对象，也就不能构成具体的国际法律关系。国际法规范同特定的国际法客体相联系，没有特定物质财富和法律行为的存在，就不存在主体之间的特定的权利与义务关系；但只有为一定的权利与义务关系所确认的事物才是国际法的客体。

二、国际法客体的内容

在国际关系中，法律关系是多种多样的，因而国际法主体的权利和义务所指向的对象也是多种多样的。本书认为，可将国际法客体做静态和动态的分类，静态包括物质财富，如居民、领土、空间等；动态包括国际法主体的法律行为，如承认、外交、侵略、缔约、战争等。应当注意，国际法的客体指的是宏观的对象，因此，不少国际法学者以不同国际法客体划分了国际法的部门法，例如，国家领土、海洋法、空间法、国际法上的居民、外交法、条约法等，就是依客体进行的划分。我国多数学者均采用此法。[③] 在此仅仅介绍几个相关的关键问题。

（一）领土和非领土空间是国际法的客体

领土作为国际法的客体的观点，在国际法学界争议并不大，一般视为客体，属地管

---

① 参见王铁崖《中华法学大辞典》，中国检察出版社 1996 年版，第 182 页。

② 参见［苏联］克里缅科等《国际法辞典》，程晓霞译，中国人民大学出版社 1987 年版，第 108 页。

③ 参见王铁崖《国际法》，法律出版社 1981 年版、1995 年版；端木正《国际法》，北京大学出版社 1989 年版、1997 年版。本书也基本采用此法。

辖权就是体现。

尽管非领土空间不在各国管辖之下，却仍在国际法管辖之下，其制度由相关的法律规定，如国家管辖下的非领海海域（如毗连区、专属经济区、大陆架等）、公海、极地、公空、公约所涉的外空，它们都是国际法的客体。目前，外空中的具体的天体不能成为国际法客体，因为当代国际法对其尚无专门规定。

（二）自然资源是国际法的客体

包括主权管辖下的领土和非领土的自然资源的永久主权：例如领陆、内水、领海内的自然资源属于所属国所有，所属国具有完全的排他的主权；专属经济区、大陆架等是沿岸国非领土管辖区域，对其自然资源沿岸国可以行使主权权利或专属管辖权。

非主权管辖下的自然资源是人类共同继承的财产：例如，南极、北极地区以及其他的“无主土地”，国际海底区域内的自然资源，以及外层空间中月球及天体内的自然资源，被作为人类共同继承财产，均由国际法作为确定权利和义务的对象，而成为国际法的客体。

（三）国际法主体的行为属于国际法的客体

国际法上的行为是国际法主体为达到一定目的所进行的活动。它可以包括积极的行为，如承认、建交、侵略等；也可以包括消极的行为，如负有责任而不履行国际义务、司法拒绝等。它可以包括合法行为，如和平利用外层空间、国家领土平等交换；也可以包括国际不当行为，如国际不法行为、国际罪行等。

（四）“非文明国家”和民族不是国际法客体

传统国际法将欧洲“文明国家”之外的亚、非、拉各国和民族看作它们侵略及殖民的对象，作为它们殖民瓜分和势力范围的标的，列为国际法律关系的客体。而在当代国际法中，所有主权国家，无论大小、强弱，文明程度如何均被列为国际法主体，而且正在争取独立的民族也被作为国际法主体，而非国际法客体。

（五）个人是国际法的客体

在“二战”之后，国际法学界出现了与上述主张相反的一种主张：认为现代国际法在很大程度上开始调整个人的关系，主张个人、法人是国际法主体。我们认为，根据现代国际法原理，个人不直接享受国际法上的权利和义务，其往往通过国家来参与国际法律关系，因此，个人在原则上是国际法客体。正如著名学者特里派尔（Heinrich Triepel，1868—1946）所言：国际法只拘束国家，而不能拘束个人，个人只受国内法的拘束，从而国际法规则如果涉及个人，必须被转化为国内法，才能使其享受权利和承担义务。于是我们认为，在国际法上个人（包括本国人，也包括外国人；包括自然人，也包括法人）并非以主体身份参与国际法律关系，而是由各国在国际关系中通过协商确定其地位、明确其待遇、保护其利益，其具有明显的法律客体特征。再说从国家构成的因素体现出的个人同国家的关系以及属人管辖权的角度来看，也可表明个人只是国际

法的客体。

（六）跨国公司并非国际法主体，而是国际法的客体[1]

跨国公司本身并没有国籍，跨国公司没有也不可能仅依据一个国家的法律而成立，不然也就不是“跨国”公司了。跨国公司所属的公司或者企业都是依据不同国家的法律而成立的，每一个公司或者企业都有自己的国籍。按照现行各国法律规范，不可能有哪一个国家的法律将分处在不同国家的公司合成一个整体进行调整。各国的法律只可以规定在本国设立的企业和公司的设立程序和条件，而不可能规范在其他国家设立的公司和企业，因此，一个公司或者企业所获得的只能是获得授予其法律主体地位的国家的国籍。对于公司投资某国所设立的公司或者企业（子公司等）只能基于东道国的法律而获得其法律地位。跨国公司是由若干法律主体组成的，但并不因此而使跨国公司本身获得法律主体资格，因为跨国公司并不是依据某一国法律而设立的。跨国公司的行为所产生的法律责任是由每一个成员来承担的，跨国公司并不以自己的名义独立地承担法律义务或者享有权利，况且各国法律是无法直接规范整个跨国公司的具体行为的。笔者强调，跨国公司并不是公司，而是公司（企业）的集合，跨国公司并不是法律关系的主体。

进一步而言，跨国公司不是国际法主体。跨国公司是若干个有一定联系的国内法主体的集合，虽然主体之间具有一定的涉外性，或者称跨国性，但这并不足以使跨国公司成为国际法主体。首先，现今的国际法主体包括国家、国际组织和民族解放团体，而个人和法人是不能成为国际法主体的，因为它们不具备参加国际关系，尤其是国际政治和国际法律关系的能力。跨国公司并不是国家，不是民族解放团体，也无法成为国际组织，因为国际组织的成员是国家，而跨国公司的组成部分是企业和公司，再说跨国公司也不是各个主体协议形成的。其次，跨国公司并不能独立地享有、承担国际法上的权利、义务。虽然在一些国际公约中会提及跨国公司，如《建立新的国际经济秩序的行动纲领》中提到了“对跨国公司活动的管制和监督”，但是参与这个行动纲领的主体还是国家，而不是跨国公司，跨国公司中的母公司和子公司在其中享有相应的利益，但不是权利。实际上公约所赋予的权利和义务是给国家的，而不是给个人的。[2] 跨国公司也不能依据国际公约而直接向国家主张权利，或者要求国家承担责任，遇到利益被东道国侵害时只能通过国家的外交保护来实现。

从经济和管理的角度看，跨国公司的行为是一体的，管理的策略和方式可以同一般的公司一样得到传达和实现，而跨国公司内部的产品、技术和资源也可以没有国境限制地共享。公司的利益和策略通过人的行为可以没有国界限制地进行。但由于法律关系的实在性，跨国公司的这种连续的行为被人为地基于国界而割裂划分，归属于不同的该跨国公司的母公司、子公司或者总公司。跨国公司作为一个经济上的整体，由于各国法律

---

① 参见慕亚平、沈虹《并非法律关系主体——跨国公司法律地位再探讨》，载《国际贸易》2002年第6期，第47～50页。

② 参见慕亚平、周建海、吴慧《当代国际法论》，法律出版社1998年版，第125页。

的不同和地域的限制，被分割成不同的法律主体，这种经济实体和法律实体的不对等是造成对跨国公司认识的差异及产生法律问题的根本原因。跨国公司的这种特殊性，使得国际社会的合作显得更重要，通过国际社会的合作，尽量地减少跨国公司经济实体和法律实体上的不协调。应当对跨国公司进行整体上的规范，而这种规范不是某个国家能够做到的，需要国际社会和国际法对整个跨国公司的活动进行规范和协调，制定出统一的"示范规则"，如《跨国公司行动守则》。笔者认为，统一的"示范规则"只是国际社会尝试对跨国公司的"一体"管制，在这里只是将跨国公司作为客体来规范，即使这个规则成为有拘束力的国际公约，也不能够使跨国公司成为国际法主体。如果说《跨国公司行动守则》是指导各国在从事跨国公司的经营活动中所应当遵循的规范体系的总结，那么，跨国公司就是各国约定的在管制中权利义务所指向的对象。所以，跨国公司应当作为调整跨国公司有关的国际法律关系的客体，而不是主体。

第五节　国际法律关系中的法律事实

一、国际法律事实概述

国际法律关系中的法律事实（juristic fact）是指能够引起国际法律关系产生、变更和消灭的客观情况，简称国际法律事实。如国家独立、合并、分裂，国际组织建立、解散，条约的签订、终止，外交关系的建立、断绝，战争的开始、结束，等等，这些情况的出现能够引起一定国际法律关系的产生、变更或消灭，它们都可以成为国际法律事实，是国际法律关系发生的客观依据。

国际法律事实名目繁多，但可以将其归纳划分为行为事实和自然事实两大类：

行为事实，即习称的"行为"或"国际活动"。国际法上的行为是由国际法主体实施的能够引起法律后果发生的事实。它是国际法中最主要的法律事实。

国际法上的行为，可进一步划分为合法行为和违法行为，前者如和平谈判签订条约、平等进行国际交往等，后者如侵害他国主权、破坏别国领土完整等。而在国际法律责任中将行为划分为国际法不加禁止的行为和国际不当行为，前者如各国和平利用外空的活动、民用核能利用等，后者如国际罪行、故意或过失的不法行为等。国际法上的行为，还可划分为单边法律行为和多边法律行为，前者如承认、抗议、条约保留、单方退约等，后者如签订多边条约、建立多国联盟等。

自然事实，即习称的"事件"，是指能够直接引起国际法律关系发生、变更和消灭而又与人的意志无关的客观现象。因添附而增加国家领土，因自然灾害致使条约无法履行，等等。

国际法律事实多种多样，种类繁多，本书不及深究。主要就国际实践中最为常见并非常重要的国际法律事实——承认和继承，做一概要阐述。

二、国际法上的承认

（一）国际法上承认的概念与特征

国际法上的承认（recognition in international law），指既存国家及国际组织以一定方式对某一社会团体的存在从国际法上予以确认，表明愿意与其交往并导致权利义务关系的行为。它有如下特征：

（1）承认的主体是国家、政府间国际组织。既存国家是承认的主要主体已为国际法理论和国际实践所接受。但国际法上的承认主体并不限于国家，国际组织也应具有承认的权利能力和行为能力。1950 年 3 月，联合国秘书长在向安理会提交的“关于联合国代表权的法律问题的备忘录”和 1950 年 12 月联合国大会通过的《联合国关于承认会员国代表权的决议》中，先后确认了国际组织接纳新会员国并不等于其他成员国对被接纳国的承认，以及国际组织接纳新会员国则意味着该国际组织对被接纳国的承认。在实践上也有这种先例。如 1988 年 11 月巴勒斯坦国成立，联合国秘书长佩雷斯·德奎利亚尔表示支持，阿拉伯联盟秘书长也发表声明呼吁世界各国支持巴勒斯坦国。两位秘书长作为国际组织的行政首长，他们的行为实际上表明了国际组织对巴勒斯坦国的承认。另外，前南斯拉夫解体后，各地区不仅要为各个国家所承认，也遇到了欧共体表态承认的问题。

（2）承认的客体主要是新国家、新政府、民族解放组织及交战团体、叛乱团体。此外，有时某些领土情势、国际情势和条约也被作为承认的对象。

（3）承认既是法律行为也是政治行为。承认行为的性质具有两重性。法律性质指明承认是产生、变更或终止权利和义务关系的行为。承认作为法律行为，主要表现在承认一旦做出，在承认者与被承认者之间产生一系列的权利与义务，并使得被承认者的国际法主体资格得到实现，享受国际法上的权利、承担国际法上的义务；政治性质表明承认是为实现某种政治利益而实施的并产生预期政治效果的行为。承认作为政治行为，首先，表现在承认者做出承认、何时承认或拒绝承认、何时做出拒绝承认，都是从本身的政治利益考虑的。承认者对承认保有自由裁量权。其次，表现在承认做出后产生一定的政治效果，即承认者与被承认者都享有政治上的利益。

（4）承认是一种单方行为。原则上承认或不承认被承认者是由承认者自由决定的事情，无需被承认者做出积极反映，因为它是行为的被动者。另外，承认行为的单方性还体现在承认行为一经做出便不可撤销。而在我国外交实践中，由于涉及我国台湾地区的问题，我国在承认问题上始终坚持通过谈判、达成协议采取相互承认的办法。相互承认在实现承认的法律和政治后果方面效果较为明显。应注意相互承认仅仅是对单方行为的合并，并非使行为性质发生改变。

（二）承认的作用

对承认在国际法上的作用，曾出现两种有影响的学说：

（1）构成说（constitutive theory），该学说认为承认具有构成或创造国际法主体的作用，新国家只有经过承认，才能成为国际法主体。这一学说盛行于19世纪的欧洲，主要代表人物除奥本海、劳特派特外，还有凯尔逊、耶利内克、安吉洛蒂等。劳特派特在其修订的《奥本海国际法》中指出："只有经过承认，一个国家才成为国际人格者和一个国际法主体。"①它代表了认为承认是纯法律行为的主张，反映了实在法学派的观点，其理论基础是建立在不同国家的国际法主体资格不平等的基础上的，它将被承认国得到承认国的承认看作一种"恩赐"。这种学说在理论上是错误的，因为新国家或新政府在被承认之前已经独立存在，并享有国际法上的权利与义务。在实践中，这种观点容易导致对国家主权平等原则的否定，可能成为帝国主义国家歧视、排斥新国家或新政府的借口。其已为国际实践所摒弃。

（2）宣告说（declaratory theory），该学说认为国家的成立和取得国际法主体资格，并不依赖于其他国家的承认。承认只是一种宣告行为，是对新国家或新政府已经存在这一既成事实的确认，表示愿意与之建立交往关系。同时该学说还主张，既存国家有义务对新国家给予承认。这种学说出现于19世纪，在第一次世界大战后较为流行。主要代表人物有布赖尔利、孔慈、霍尔等。1933年《美洲国家权利和义务公约》和1936年国际法研究院在布鲁塞尔年会上的决议都支持这一观点。它代表了承认是纯政治行为论者的主张，反映了自然法学派的观点。这种理论是作为构成说的对立面而出现的，它充分注意到国家的国际人格平等的现实，认为承认对国家的国际人格的产生没有影响，具有进步意义。但这种学说把承认简单地说成是一种通报行为，忽视了承认的法律性质及其所产生的法律效果。认为承认是既存国家对新国家或新政府的义务的主张，从国际实践看是不能成立的。

我们认为，承认的作用在于使国家的国际人格和政府代表该国的身份和权利得以实现，使其得以实现国际法的主体资格和享有代表身份。我们还认为，国家一经出现，就在事实上和法律上存在，就具有国际法主体资格，可以承受国家的基本权利和义务；承认实质上不过是既存国家以一定方式对新国家或新政府存在的认识，从而表明愿意与之建立正常交往关系，而绝不是对新国际法主体具有构成或创立、确认或否定等法律意义，承认不能创造一个国家，也不能产生一个新的国际法主体。另外，承认引起的法律关系是有限的，只限于一定的范围，只有在双方建立外交关系后，才能产生全面的权利义务关系。

（三）承认的种类

1. 对国家的承认，习称国家承认

（1）国家承认的概念。

国家承认（recognition of state）是指国家或国际组织以一定方式确认某一地区的居民已组成了新国家，并表明愿意与之正常交往的国家行为。在现代国际法中，国家的国

① 《奥本海国际法》（上卷第一分册），［英］劳特派特修订，石蒂、陈健译，商务印书馆1981年版，第102页。

际人格已实现了平等，具有国家资格的政治团体就同时具有国际人格，已不存在有国家资格而无国际人格的国家。因此，现代国际法中的国家承认已不具有赋予被承认国以国际人格的作用。

（2）引起国家承认的各种情况。

对国家的承认一般发生在新国家产生的下列情况下：

1）国家独立（independence of state），主要指殖民地和附属国摆脱殖民统治获得独立而成立新国家。第二次世界大战后，殖民体系瓦解，亚非拉人民纷纷独立，建立自己的国家。据统计在第三世界的100多个国家中，绝大多数都是在战后新独立的国家。

2）国家合并（merger of states），即两个或两个以上的主权国家合并组成一个新的主权国家。如1958年2月埃及与叙利亚合并组成阿拉伯联合共和国，1964年坦噶尼喀和桑给巴尔合并后称为坦桑尼亚。

3）国家分离（separation of state），即一国的一部分分离出去单独成立新国家或与其他国家合并组成新国家，而原来的母国仍然存在。如1971年东巴基斯坦从巴基斯坦分离出去成立孟加拉国。

4）国家分立（dissolution of state）。即一个国家分成两个或两个以上的新国家，而原来的母国不复存在。如第一次世界大战后，奥匈帝国分立为奥地利、匈牙利和捷克斯洛伐克三个国家。

2. 对政府的承认，习称政府承认

（1）政府承认的概念。

政府承认（recognition of government）是指确认一个团体在该国家内实行有效统治，在国际关系中作为该国唯一合法代表，而表示愿意与之交往的并由此引起权利和义务的国家或国际组织的行为。

政府承认与国家承认不同。首先，国家承认是在新国家成立时发生，属于承认一个新的国际法主体；而政府承认是在国家和国际法主体资格不变，而一国的政府发生非宪法程序更迭的情况下发生，是承认新政府具有代表该国的资格。其次，对新国家的承认已包括了对掌握该国政权的政府的承认，不需要再另行对该国政府进行承认；而对新政府的承认则不同，即使承认国对新政府所代表的国家已做过承认，当新政府产生后，承认国也必须以明示的或默示的方式表示承认，才能正常交往。例如，1958年伊拉克发生政变，虽然我国对伊拉克共和国已做过承认，但还是要对政变后的新政府正式表示承认。

（2）政府承认的原因。

政府的变更是引起政府承认的原因，但并不是一切政府变更都必然引起政府的承认。当代国际法主张，凡是正常情形下的政府变更，如宪法程序下的正常选举、王位继承，就不发生政府承认问题。引起政府承认的原因主要有两种情况，即通过社会革命或者通过政变取得政权而建立新政府，在这种情况下无论国体、政体改变与否都会发生政府承认问题。

（3）政府承认的原则。

对政府的承认的原则，在国际法上有过不同主张：

托巴主义（Tobar doctrine），是关于新政府获取承认的必要条件的主张。由厄瓜多尔外交部部长托巴于1907年提出，他认为，新政府通过正常的宪法程序产生是其获取承认的必要条件，一切违反宪法产生的新政府，在其依宪法重新组建以前，他国政府不应给予承认。这种主张为1907年、1923年中美洲5国缔结的条约所接受。该条约规定，对于通过革命、政变方式获得政权的新政府，在其人民自由选举代表依宪法重组国家之前，不应给予承认。托巴主义企图永久维护现有政权，否定各国人民改变本国政治体制的权利，违反了不干涉内政原则，遭到了广泛的反对。与托巴主义相接近的主张有"威尔逊政策"（Wilsonian policy），在威尔逊担任总统的1913年，美国曾主张对一切通过革命或政变等武力手段所建立的政府，不予承认，除非该政府经由宪法程序合法选举获得人民的支持。在这种政策指导下，美国对拉美各国新政府推行威尔逊主义，干涉其内政。

艾斯特拉达主义（Estrada doctrine）。1930年9月27日，墨西哥外长艾斯特拉达发表声明宣称：鉴于承认的给予是一种侮辱性实践，意味着对外国内政的判断，其本身就干涉了他国的内政，决定今后在各国发生革命或政变时，将避免以是否承认的方式，而以是否继续保持与外国政府的关系的角度来处理问题。该学说表面上似乎否认了政府承认这一国际法制度，但实质上，在某国存在两个集团都自称是唯一合法政府需决定和选择其中之一时，建立或维持外交关系本身就意味着判断，只不过是一种默示的判断，因此，仍然没有消除干涉内政、侵犯主权的可能性。

在国际法理论和实践中，对新政府的承认有一条通常遵循的原则——"有效统治原则"（principle of effective control），它要求以有效统治作为政府承认的前提和条件。其具体内容是，一个新政府要获得其他国家的承认，必须在本国领土内建立起对大部分领土和居民的实际上的控制和有效地行使政权，从而能够代表国家，独立地进行国际交往并承受国际法上的权利和义务。在实践中，"有效统治原则"曾在正式的外交文件中被采用，例如，1950年1月6日，英国政府在承认中华人民共和国政府的电文中写道："察悉中央人民政府已有效控制中国绝大部分之领土，今日业已承认此政府为中国法律上之政府。"同年1月14日瑞典来电也有相同提法。

限制不法的原则——不承认主义。不承认主义（doctrine of non-recognition），又称史汀生主义（Stimson doctrine），即不承认以武力占领取得的领土，不承认由外国武力扶植起来的傀儡政府的主张。它是20世纪30年代出现的：1931年"九一八"事变后，日本公然以武力侵占了中国东北三省，并酝酿成立伪"满洲国"，1932年1月7日，美国国务卿史汀生照会中日两国政府，声明美国不承认用违反《国联盟约》和《非战公约》的手段所造成的情势、条约或协定。同年1月16日，国际联盟行政院照会日本，提请日本注意，所有会员国不承认违反《国联盟约》而引起的领土变更。此后的许多国际条约都确认了这一原则，如1970年《国际法原则宣言》规定，"国家领土不得作为违背宪章规定使用武力所造成之军事占领之对象。国家领土不得成为他国以使用威胁或武力而取得之对象。使用威胁或武力取得之对象不得承认为合法"。

不承认主义在近些年来有所发展——不仅外国侵略的结果不应得到承认，凡是违反《联合国宪章》而建立的政府，也被认为是非法的。例如，1965年11月11日，少数白

人政府统治下的南罗得西亚宣布“独立”后，联合国大会于同日、安理会于次日，以压倒性多数通过决议，号召所有国家不予承认，结果该“独立”未被任何国家所承认。又如，安理会在1970年3月2日收到“独立”共和国宣言后，于18日做出决议，根据宪章第七章的规定不承认该违宪的宣言，并要求会员国承认非法政权必须慎重行事。可以预见，随着国际关系的发展，不承认主义还会有新的发展。

3. 对民族的承认

习称民族承认（recognition of nation），即对民族解放组织的承认，是在当一个民族起来反抗外族统治，形成自己的政权组织，并对其控制地区实行有效统治的情况下对民族解放组织的承认。

从国际实践看，对民族的承认始于第一次世界大战期间。1918年6月29日，法国宣布承认捷克斯洛伐克争取民族解放的民族委员会为“民族”；同年9月8日，英国承认其为“同盟民族”。第二次世界大战期间，捷克斯洛伐克再次被德国占领，德国建立了对捷克斯洛伐克的保护关系。捷克斯洛伐克人民为了反抗外来侵略，在法国巴黎成立了争取独立解放的民族委员会。1939年，法国承认该民族委员会为“临时政府”；战后的国际关系中，对民族的承认得到了广泛的适用。如阿尔及利亚民族解放阵线、安哥拉人民解放运动、莫桑比克解放阵线、西南非洲人民解放组织和巴勒斯坦解放组织都曾得到许多国家和国际组织的承认。

民族承认会产生一定的效果。如它的代表在外国享受外交特权与豁免权，使用自己的旗帜，参加国际会议和国际组织，有权接受援助、缔结条约等。从某种意义上讲，民族承认是国家承认的前奏。

4. 对叛乱团体的承认

习称叛乱团体承认（recognition of insurgency），指在一国境内发生武装叛乱，叛乱一方对部分或者个别领土实行有效占领的情况下，其他国家或者国际组织可以宣布叛乱一方为叛乱团体（insurgent body）的承认。它是次于交战团体承认的一种承认。当叛乱者尚未具备交战团体的必要条件时，外国出于政策需要而不承认其为交战团体时，外国出于人道主义或为保护自己利益，对这种叛乱事实状态所做的承认。与交战团体相比，虽然叛乱团体也是为了政治目的而斗争的有组织的武装叛乱，但它在发展程度上尚未达到内战阶段，往往是刚刚发动的叛乱，规模不大，占据的领土有限，还远没有成为地方政府。有关国家为保护本国商务利益和国民利益，往往承认该团体为叛乱团体。

5. 对交战团体的承认

习称交战团体承认（recognition of belligerency），指当叛乱者的叛乱活动在升级到内战的情况下，其他国家或政府承认叛乱者或起义者为交战团体的制度。

交战团体（belligerent community），指有组织为政治目的对其合法政府发动内战，具有交战者资格和权利的团体。一般说来，叛乱者一方被承认为交战团体，必须具备下列条件：①叛乱者一方必须为政治目的而战，目的是要推翻现有政府。叛乱包括民族解放战争和社会革命。②叛乱已发展为内战，即发展到一定规模并具有敌对双方之间的真正战争的性质。③叛乱者已实际占领该国一部分地区，并实行有效控制和管理。④叛乱者的军事活动必须遵守战争法规，叛乱者有按照战争法规从事敌对行为的意愿和能力，

特别是要在一定政治、军事组织的指挥下从事有组织的军事行动。

在实践中，交战团体的承认容易同干涉国家内政的行为相混淆，因此，各国在是否将叛乱团体承认为交战团体时都十分慎重。

（四）承认的方式

承认的方式可以从不同角度进行区分：

（1）按承认的表明方式，分为明示承认和默示承认。明示承认（express recognition）指用明白的语言文字直接表达的承认。通常都是进行明示承认。明示的方法有：由承认国以照会、声明、电报、函电正式通知被承认者，或者派特使前往参加成立典礼。默示承认（implied recognition）指通过一定行为间接表达出来的承认，即在实际上建立某种关系而不明确提及承认。譬如，与新政府建立或保持领事关系可推定为默示承认，实践中默示承认的方式较为少见。

（2）按承认产生的效果，分为法律上的承认和事实上的承认。法律上的承认（de jure recognition），指承认国或国际组织给予新国家或新政府以明确的表示愿意与之全面交往的正式承认。通常以明示方式做出。法律上的承认具有全面性，表示承认者愿意与被承认者进行全面的交往，为承认者与被承认者之间的全面交往关系奠定了法律基础；法律上的承认具有永久性，只要被承认的国家或政府存续，承认便有效，不能撤销。法律上的承认适用于国家承认和政府承认。事实上的承认（de facto recognition），指基于政治和其他方面的考虑，承认者不愿意立即与被承认者建立全面的交往，而又有一定交往的必要的情况下做出的默示的承认。这是一种非正式承认，具有片面性和过渡性的特点：所谓片面性指表示承认者愿在一定范围内与被承认者进行交往；所谓过渡性指事实上的承认可能导致法律上的承认，也可能因事实终了而自动撤销。事实上的承认一般适用于新政府承认，很少用于新国家承认。

（五）承认的法律后果

承认是一种法律行为，随着承认的做出会产生一定的法律后果。由于法律上的承认与事实上的承认差距较大，其法律效果也有明显不同。法律上的承认将产生全面而广泛的法律效果，而事实上的承认效果要少一些。

1. 就国家承认和政府承认而言

法律上的承认的法律效果主要有：①实现承认国与被承认国或政府间关系的正常化，双方结束敌对状态，可以建立外交关系或领事关系；②致使承认国和被承认国能够缔结政治、经济、文化等各方面的条约、协定；③承认被承认国或政府的立法、司法和行政权力和效力；④承认被承认国国家财产和行为享受行政和司法豁免权，以及处理在国外财产的权力。

法律上的承认原则上具有溯及力，即国家或国际组织对新国家或新政府的承认，可追溯至新国家或新政府成立之时，也就是对于新国家或新政府被承认前的法律和法律行为也认为有法律效力。

事实上的承认的法律效果主要有：①互派领事或商务代表；②缔结非政治性条约；

③承认被承认国或政府的立法、司法和行政权力以及效力；④承认被承认国国家财产和行为享受行政和司法豁免权，以及处理在国外财产的权力。

2. **就叛乱团体承认而言**

其法律效果是：叛乱者与政府军队作战时，遵守战争法规并享有法规规定的权利，叛乱者可在本国领域内作战，但不能做出有损承认国合法权益的作战行为，不能在公海上临检或搜索外国船舶。同时，承认国不能视叛乱者为罪犯，也不能将叛乱者在公海上对抗政府的行为视为海盗行为，不能将逃入其国境内的叛乱者引渡给中央政府等。这种承认，只是表示承认国在一定范围内对叛乱者的武装斗争保持中立或支持，叛乱团体承认的效果是有限的。

3. **就交战团体承认而言**

其法律效果是：交战团体一经获得承认，便在国际法上取得一定地位，使一种事实上的内战成为法律上的战争，战争法规开始适用于有关各方。①对第三国来说，对交战双方保持中立的立场，承受中立国的权利义务。同时，它在交战双方控制地区的合法权益受到保护，如受侵害有权要求赔偿。②对被承认的交战团体来说，则取得交战一方的法律地位，承受战争法规的权利和义务。如其战斗人员得享受正规战斗人员的待遇；其海上作战行动，不得被视为海盗行为。同时，它有义务保护外国承认国在其控制地区内的合法权益不被侵害，对控制地区内发生的事件负国际责任。③对中央政府来说，因外国承认交战团体而对其在交战团体控制地区的合法权益，不再负国际责任；同时，它也应尊重外国承认国的中立地位。交战团体在获得承认后，与中央政府之间的纠纷就是国际法的战争，战争法规开始适用。对交战团体的承认的效果是有限的。

（六）中华人民共和国关于承认的实践

中华人民共和国成立以来，通过外交实践初步形成了具有中国特色的承认理论与实践。在理论上，我国政府和学者认为承认是一种政治法律行为，反对承认的构成说，认为宣告说比较合理而近乎事实，但也存在缺陷。[①] 我国主张承认不应附加任何条件，提出了逆条件承认理论，即凡欲承认并愿与中华人民共和国建立外交关系的国家，必须承认只有一个中国，中华人民共和国中央人民政府是中国唯一的合法政府，并同台湾地区当局断绝一切官方关系。逆条件承认不同于附条件承认，是国际法原则和规则的具体适用。我国坚持不干涉内政原则，对于由外国武力扶植的傀儡国家或政权，采取不承认主义。我国坚持新政府有效统治原则，反对既承认新政府又保持与国内政府残余的官方关系的双重承认和制造两个国家或两个政府的做法。我国政府坚持相互承认。认为相互承认体现国家主权平等原则；相互承认还完全排除了对运用承认一词是否适宜的一切疑虑，因为一些国家会认为，承认一词隐含着对被承认国家政府的恩赐或侮辱。从实践中看，相互承认有利于承认法律效果的实现。于是，凡是没有承认我国政府的国家，我们一概不承认他们的大使馆、领事馆和外交官的合法地位。只把他们当作侨民看待，享有法律上的保护，违法时一样依法处理。

① 参见周鲠生《国际法》（上册），商务印书馆1981年版，第124～125页。

我国坚持认为对中华人民共和国的承认是对新政府的承认，而不是对国家的承认。因为中国革命的胜利，推翻旧政府建立新政权，使中国的社会制度和国家性质发生了根本变化，但不涉及中国作为国际法主体的资格。作为国际法主体，中华人民共和国是旧中国的继续；中国革命的胜利，既没有使原来的国际法主体归于消灭，也没有因此而增加另一个新主体。①

中华人民共和国在承认问题上的立场和做法，在国际法上是一个创举。

三、国际法上的继承

（一）国际法上的继承的概念

国际法上的继承是指由于某种法律事实的出现引起国际法权利和义务由一个承受者转移给另一个承受者的法律行为。

在国际法中，依据继承的主体，可把国际法上的继承分为国家继承、政府继承和国际组织继承。

（二）国家的继承

国家继承是指由于领土变更的事实而引起的国家之间权利和义务的转移。

国家继承必须具备两个条件：一是合法性，即国家继承必须符合国际法，一切与国际法相抵触的权利和义务的转移，均不属于国家继承的范围；二是领土性，即国家继承的权利和义务必须与所涉领土有关联，与所涉领土无关的不属于国家继承的范围。

关于国家继承，经国际法委员会进行编纂，现已拟订了两个法律文件：①1978 年拟订的《关于国家在条约方面继承的维也纳条约》，目前该条约尚未生效；②1981 年拟订的《关于国家对条约以外事项继承的公约草案》，该公约草案尚未在联合国大会通过。我们介绍继承方面的规则主要根据上述两个文件的规定和有关习惯法规则。

1. 引起国家继承的原因

引起国家继承的情况主要是领土变更的事实。领土变更的情况主要有：①独立；②合并；③分离；④分立；⑤部分转移。

2. 国家继承的对象

继承对象，也就是继承内容，其通常分为两大类：条约方面的继承和条约以外事项的继承。依《关于国家对条约以外事项继承的公约草案》规定，条约以外事项的继承事项包括：财产继承和债务继承。此外，按照实践，还有档案继承、国际组织成员资格继承、居民国籍继承等。

（1）条约的继承。

条约的继承是指继承国对被继承国有效条约中所规定的权利和义务的继承。即就实质而言是被继承国的有效条约对继承国是否有效的问题。

① 参见王铁崖《国际法》，法律出版社 1981 年版，第 103 页。

条约继承的国际习惯是：政治性条约不予继承，如同盟条约、友好条约、中立条约、共同防御条约等。经济性条约酌情继承，如贸易协定、投资保证协定等。领土、资源相关的条约予以继承，如边界条约、有关自然资源和财富的条约等。

由于各被继承国领土变更的情况不同，条约继承的具体规则也不同：

1）部分领土转移。一国领土的一部分成为另一国领土之一部分时：①被继承国的条约，自国家继承日期起，停止对国家继承所涉领土生效；②继承国的条约，自国家继承日期起，对国家继承所涉领土生效。

2）国家合并。当两个或两个以上国家合并时，在继承日期对其中任何一个被继承国有效的任何条约继续适用于对其有效的那一部分继承国领土，而不适用于全部领土，除非：①在多边条约的情况下，继承国做出继承通知，或者继承国与其他缔约当事国另有协议；②在双边条约情况下，经继承国与另一当事国另订协议，表示该条约对全部领土有效。如从条约可知或另经确定该条约对继承国全部领土的适用不合条约的目的和宗旨或者根本改变实施条约的条件时，上述规则即不适用。

3）国家分离或分立。在分离与分立的情况下：首先，不论被继承国是否存在，原来对其全部领土有效的任何条约，对所有继承国有效。而只对部分领土有效的任何条约，则只对与该部分领土有关的继承国有效。除非：①有关国家另有协议；②从条约可知或另经确定该条约对继承国的适用不合条约的目的和宗旨或者根本改变实施条约之条件。其次，被继承国仍然存在时，在国家继承日期对被继承国全部领土有效的任何条约，继承对该国的剩余领土有效，除非：①有关国家另有协议；②确定该条约只同已被继承国分离的领土有关；③从条约可知或另经确定该条约对被继承国的适用不合条约的目的和宗旨或根本改变实施条约之条件。

4）国家独立。新独立国家对于宗主国或殖民国家等被继承国所签订的条约，有权拒绝继承，这是国际法上著名的“白板原则”（clean state rule）[①]。白板原则是拒绝继承条约的原则，主要指新独立国家原则上不继承原殖民地或宗主国承担的任何条约义务，但白板原则不适用于有关国界和特殊领土制度的条约，也不适用于公认的国际法原则和规范。

实施继承的具体规则是：①关于多边条约。对原宗主国参加的多边条约有继承的权利，而且行使这一权利无须得到作为被继承国的原宗主国同意。继承国可发出继承通知，确定其成为该条约的当事国的地位。但从条约可知或另经确定该条约对新独立国家之适用不合条约的目的和宗旨或者根本改变条约实施条件，上述规则即不适用；或者，依条约规定或因谈判国数目有限和因条约的目的和宗旨，任何其他国家参加该条约必须认为应经全体当事国同意时，新独立国只有在获得此种同意后才可确立其成为该条约当事国的地位。②关于双边条约。对国家继承所涉领土有效的双边条约，原则上应对新独

① 国际法上的白板原则系由哲学引入的一个概念，它是拉丁文 tatula rasa doctrine 的意译，本义是未经刀笔刻写记事的蜡版，因为古希腊和罗马人曾用蜡版记事。亚里士多德曾把它比作尚未接受外来影响时的心灵。国际法学者借用这个名称，意指新独立国家对前殖民国家的债务和条约采取不继承的原则。这个原则在我国也被音译为克林·斯革特原则。

立国家无效。只有在以下情况，应被视为在新独立国家与别的当事国之间有效：一是两国已做此明示同意；二是因两国间的行为，可表明两国已对此同意。但从两国协议可知或另经确定有不同意向时，不在此限。

（2）国家财产的继承。

所谓国家财产，是指在国家继承发生时依被继承国国内法被确定为其所拥有的财产和利益。国家财产继承是指被继承国的国家财产转归继承国所有。

国家对国家财产的继承有“一个标准两个原则”①。一个标准是被转属的国家财产与领土之间有关联。两个原则是：随领土转移原则，即一国的国家财产随着领土的转移而由被继承国转移给继承国；实际生存原则，即国家财产的转移应考虑到该领土居民的实际情况，维持其起码的生存条件。

国家财产有不动产与动产之分。不动产实行随所涉领土转移的原则，即凡位于继承所涉领土内的被继承国的不动产，应转属继承国。动产继承遵循所涉领土的实际生存原则，即对于动产，不论其在被继承国领土内还是在被继承国领土外，应按照它是否与所涉领土活动有关来确定其归属。若该动产与所涉领土有关，则应转属继承国；若无关，则应按公平原则确定其归属问题。被继承国不能借口动产位于所涉领土外，而不转移给继承国。由于动产具有流动性，故不能以动产所处位置作为判断继承与否的标准。

在适用上述继承规则时，可能因领土变更情形不同，而适用不同的具体规则。现分述如下：②

1）国家合并的情况下，若被继承国不复存在，被继承国的全部财产，不论是动产还是不动产，不论是位于被继承国领土内还是领土外，都由合并后的继承国予以继承。至于被继承财产转属于继承国后，继承国内部对继承的财产的分配问题，可由继承国依国内法处理。

2）国家分立的情况下，首先由各继承国协商解决所继承财产的分配规则。若不能达成协议，则按国家财产继承的一般国际法规解决：①对位于继承国领土外的被继承国的不动产应转原有关继承国；对位于被继承国领土外的被继承国的不动产，应转属其中一个继承国，但须对其他继承国做出公平补偿。②对于被继承国的动产，无论其位于被继承国领土内还是领土外，按照与所涉领土的活动有关联的原则转属继承国；对于与所涉领土无关的被继承国的动产，无论其位于被继承国领土内还是领土外，按照公平比例原则转属各继承国。

3）领土部分转移的情况下，由于被继承国继续存在，关于财产的继承由继承国与被继承国协商解决。若无协议或达不成协议，则位于所涉领土内的不动产和与所涉领土活动有关联的动产，应转属继承国；对与所涉领土无关的被继承国的动产，则应按公平原则确定如何转属。

4）新独立的情况下，除适用国家财产继承的一般规则外，还应当考虑：①首先由新独立国家与被继承国协议解决继承问题。但订立的协议不能违反各国人民对其财富和

① 王铁崖：《国际法》，法律出版社 1981 年版，第 114 页。

② 参见刘海山、慕亚平《国际法》，法律出版社 1992 年版，第 149 页。

自然资源享受的永久主权原则。②若无协议或达不成协议，则由新独立国家继承转移领土内的不动产和与转移领土有关联的动产。③对于与转移领土无关的被继承国的动产，根据新独立国人民对所涉财产的贡献大小，按比例加以继承。④对于原属继承国领土所涉的，在殖民统治期间成为被继承国所有的财产，新独立国家有权继承。

(3) 国家债务的继承。

国家债务是指一国对他国或国际组织所负的任何财政义务。一国应担负的其他财政义务，如国家对外国企业、法人和个人所负的债务，不属于国家债务的范畴。从继承的角度，可将债务分成三类：一是国债，指整个国家所负的债务；二是地方化债务，指由国家承担的用于地方的债务；三是地方债务，指用于地方且由地方当局承担的债务。国家债务包括国债和地方化债务。

根据罗马法“债务同财产一并转移”（res transit cum suo onere）的原则，继承国既然继承了被继承国的财产，就应继承其债务。在现代国际实践中，继承国接受转移的被继承国的债务。但这种继承并非无条件地继承被继承国的一切国家债务，对恶债，继承国则不予继承。恶债（odious debts），也叫恶意债务，指以敌视、奴役负债国或政府为目的而形成的或者其他不符合负债国利益的国家债务，如征服债务、战争债务等。从形式上看，恶债是国家债务，但由于它违反了国际法原则和继承国的利益，因而不应予以继承。“恶债不予继承”已成为国际法上关于继承问题的一条原则。例如，1896 年美西战争后，美国拒绝分担西班牙政府于 1868 年和 1895 年为平定古巴叛乱所筹措的债务。第一次世界大战后签订的有关国际条约也采取了这一原则，如《圣日耳曼条约》第 205 条规定，奥地利应单独承担战争债务。

一般地说，国家债务继承一旦发生，就产生双重的法律效果：被继承国义务的消灭和继承国义务的产生。国家债务继承不影响债权国的权利和义务。

根据领土变更的不同情形，国家债务继承的具体规则如下：

1）国家合并情况下，被继承国不复存在，被继承国的债务应转属继承国。在不影响上述规定的条件下，继承国可按照其国内法将被继承国的国家债务的全部或任何一部分划归为其组成部分。

2）国家分立情况下，被继承国因分立为两个或两个以上国家而不复存在，除各继承国另有协议外，被继承国的国家债务应按照公平的比例转属每一继承国，但须顾及一切有关情况。

3）领土部分转移情况下，被继承国仍然继续存在，首先由继承国与被继承国协商解决，如无协议或达不成协议，则被继承国的国家债务应按公平比例原则转属继承国，但须顾及一切有关情况。该规则适用于一部分领土与该国分离同另一国合并的情况。

4）继承国为新独立国家情况下，应当遵循《联合国宪章》和《各国经济权利和义务宪章》等有关减轻或免除新独立国家的债务负担以促进其经济发展的规定。一般情况下，被继承国的国家债务不应转属新独立国家，即新独立国家对原殖民国家的国家债务采取不继承原则或“白板原则”，但新独立国家和被继承国之间另有协议者除外。而该协议不应违反各国人民对其财富和自然资源享受永久主权的原则，其执行亦不应危害新独立国家的经济基本均衡。

（4）国家档案的继承。

国家档案是指在国家继承发生时，按照被继承国国内法属于其所有并由其作为国家档案收藏的一切文件。档案是国家重要财富的一部分，为一个国家政治、经济、文化的发展提供了历史证据，并且体现了民族历史的连续性。由于档案对被继承国和继承国都极为重要，所以，继承国都要继承与所涉领土有关的档案。这种被继承国的国家档案按一定规则转属给继承国而引起的权利和义务的关系，称之为国家档案的继承。

国家档案继承的一般规则是，除新独立国家作为继承国这一特殊情况外，其余各种类型的国家继承，首先由继承国与被继承国协商解决国家档案的转属，如无协议，则按国家档案与所涉领土有关联原则，确定档案的转属。由于档案的不可分割性，在解决归属时，应注意保持档案的完整。但其他继承国有复制权。

为了消除殖民时代的有害后果，保持和发展新独立国家的文化和传统，联合国大会和联合国教科文组织曾多次通过决议，强调应将一切文化、历史档案归还给新独立国家，并由其继承。这是新独立国家所固有的、不可剥夺的合法权利。为进一步确认和保护这一合法权利，联合国应主持制定有关归还在过去殖民活动中掠夺去的一切属于原殖民地、被保护国和受托管地国家的档案和文化遗产的国际条约。

（5）国际组织成员资格的继承。

国际组织成员资格继承的实质在于被继承国的国际组织成员资格是否转属继承国的问题。

国家合并情况下，因被继承国不复存在，继承国可继承任一被继承国的国际组织的成员资格，而无须另行履行加入程序。

国家分立情况下，因被继承国不复存在，而且继承国为两个或两个以上，各继承国需分别履行加入手续，始得成为该国际组织的成员国。国际组织不应拒绝接纳。

国家分离情况下，被继承国仍继续存在，分离出来的领土部分即使单独成立国家，也不应继承被继承国的国际组织成员资格，而应另行申请加入，经同意接纳后，才能成为该国际组织的成员国。在部分领土转移而未产生新国家的情况下，不产生国际组织成员资格的继承问题。

新独立情况下，因原殖民国家继续存在，一般新独立国家不能继承被继承国的国际组织成员资格，尽管有关国际组织章程曾适用于它独立前的领土。但新独立国家有权申请加入该国际组织，只有在其为国际组织接纳后才能成为成员国。

（6）公民国籍的继承。

公民国籍继承的实质在于：被继承国所转移领土的居民是否丧失其原有国籍，而取得继承国国籍的问题。

国家领土发生合并和分立时，因被继承国不复存在，继承国往往继承被继承国的居民，即被继承国的居民取得继承国的国籍。例如，美国兼并夏威夷后，于1900年宣布所有在1989年8月12日系夏威夷公民的均成为美国人。但当继承国为两个或两个以上国家时，一般由继承国间协议解决。通常的做法是，允许被继承国的居民选择一个国家的国籍。

国家领土发生部分转移、分离和独立时，因被继承国仍然存在，一般由继承国与被

继承国协商解决被转移领土上的居民的国籍问题。在协议中通常允许被转移领土上的居民选择国籍。例如，《凡尔赛条约》规定，居住在转移给比利时、捷克、波兰和丹麦等领土上的德国公民，在2年期限内，有权选择德国国籍；并规定具有德国国籍的捷克人和波兰人若经常居住在德国领土内，有权选择捷克或波兰国籍。

（三）政府的继承

政府继承（succession of government）是指在同一国家继续存在的情况下，由于革命或政变导致政权更迭，代表该国的旧政府为新政府所取代，从而引起的权利和义务的转移。

政府继承与国家继承是两个不同的范畴：①引起继承的事实不同。国家继承是由领土变更的事实引起的；而政府继承则是由政变、革命等政府本身非宪法程序的更迭引起的。②变更的主体不同。国际继承关系的参加者是两个不同的国际法主体，是作为国际法主体的国家本身的变更；而政府继承关系的参加者是同一国际法主体内两个不同的政府，是作为国家管理者的政府的变更。③继承的范围不同。国家继承因领土变更的情形不同，有全面继承和部分继承之分；而政府继承一般只有全部继承。

对于政府继承的国际法规则，尚无明确统一的规定。从理论上说，由于政府是国家的代表，政府的行为都是以国家的名义做出的，所以政府所承担的义务应被视为国家的义务。因此，政府继承原则上应适用国家继承的规则。由于在发生政府更迭时，作为被继承者的旧政府往往随着新政府的建立而在国际法上归于消灭，所以政府继承只能是全部继承，应适用国家的全部继承规则。

（四）国际组织的继承

国际组织的继承（succession of international organization）指一个国际组织因解体或合并而引起的，通过协议与另一国际组织之间权利和义务的转移。如国际常设法院为国际法院所代替，国际航空委员会为国际民航组织所取代，又如欧洲煤钢联营与欧洲原子能联营合并入欧洲经济共同体，均发生了国际组织的继承。

一般来讲，一个国际组织解体或与其他国际组织合并时，并不必然或自动将权利和义务转移给其他国际组织。通常，国际组织的继承的原因主要有：①被继承者与继承者达成继承协议；②原国际组织做出决议并为继承的国际组织所接受；③有关国际组织或国际会议就有关继承事宜做出决定等。

国际组织的继承，除了职能继承外，还有条约、财产、债务、文书档案等方面的继承。关于继承的范围，往往由协议或决议来确定。如《联合国宪章》第92条规定，国际法院规约“系以国际常设法院之规约为根据”，这实际上是确定了联合国国际法院继承了国家联盟的国际常设法院的规约。

（五）中华人民共和国关于继承的实践

从国际法上说，中华人民共和国是旧中国的继续，中国作为国际法的主体并未改变，只是通过社会革命推翻了旧政府、建立了新政府。因此，中华人民共和国的继承不

属于国家继承，而属于政府继承。于是，中华人民共和国政府有权完全继承旧政府的一切合法权益。

我国在继承方面的基本立场是：

（1）在条约继承方面，对历届旧政府所签订的一切旧条约，既不全部承认其继续有效，也不盲目认为其当然失效，而是根据条约的内容和性质，逐一审查，区别对待。1949 年《中国人民政治协商会议共同纲领》第五十五条规定："对于国民党政府与外国政府所订立的各项条约和协定，中华人民共和国中央人民政府加以审查，按其内容，分别予以承认，或废除，或修改，或重订。"即对于不平等条约坚决予以废除，对于一般旧约予以修改或重订，对于国际公约重新表态，对于边界条约继续维持并经谈判修订。

（2）在国家财产继承方面，主张中华人民共和国有权继承旧政府在国内外的一切合法财产。我国政府对"两航公司案"和"光华寮案"的态度就表明了这一原则立场。

（3）在债务继承方面，主张根据债务的性质区别对待，对于外国政府援助旧政府进行内战的恶意债务，不予继承；对于合法债务，主张通过友好协商，公平合理地解决如何继承问题。我国政府在"湖广铁路债券案"和我国与美国、英国及加拿大签署的有关解决历史遗留资产问题的协议中，表明了上述立场。

（4）在国际组织成员资格的继承方面，主张中华人民共和国政府有权继承旧政府代表中国所享有的一切合法的国际权利。中华人民共和国中央人民政府成立后不久就声明，本政府为代表中国人民的唯一合法政府，前国民党政府已完全丧失了代表中国人民的任何法律和事实根据，在此基础上，我国政府极力要求继承中国在联合国等国际组织中的代表权。但这项权利曾被国民党当局长期非法窃据，直到 1971 年 10 月 25 日，我国才恢复了在联合国的合法席位。

第四章　国际法律责任

第一节　国际法律责任概述

一、国际法律责任的概念

国际法律责任（international legal responsibility）是指国际法主体对国际不法行为或损害行为所应承担的法律责任。或者说是指当国际法主体的行为违反国际法上的义务，或者给其他国际法主体的利益造成损害性后果时所必须承担的国际法上的责任。

上述定义表明，国际法律责任具有以下特征。

（一）国际法律责任的主体是国际法主体

国际法主体是国际法上的权利和义务的承受者，当国际法律责任发生时自然也是该责任的承担者，亦即国际法律责任的主体，国家是国际法律的基本主体。在以往的国际法理论中仅强调国家责任（state responsibility），甚至“用国家责任代替国际责任”①，这种做法是片面的。现代国际法主张，国家是国际法律责任的基本主体，但国际法律责任的主体不仅限于国家，只要是国际法主体并进行了可归咎于它的国际不法行为或损害行为而引起应承担的责任时，其便成为国际法律责任的主体。这种主体还应包括民族解放组织和国际组织。个人不能成为国际法律责任的主体。

（二）国际法律责任的起因是国际不法行为和损害行为

这里不仅强调了国际不法行为引起国际法律责任，还强调了国际法不加禁止的行为所产生的损害性后果（简称“损害行为”）的责任。这较之传统的国际责任概念有了变化，将一般国际责任（不法行为的责任）和损害责任并列为国际法律责任，反映了国际责任理论和实践的发展。因此，本章所述的国际法律责任不仅包括国家责任的内容，也包括其他主体责任的内容，还包括损害责任的内容。

---

① 白桂梅等：《国际法》，北京大学出版社 1988 年版，第 87 页。

（三）国际法律责任要求国际责任主体从法律上承担应承受的国际责任

法律责任是一种以法律原则和规范为依据且具有强制执行性质的责任，其任务是要确定国际不法行为或损害行为所产生的法律后果。法律责任不同于外交文件中提出的对某事件或某行为后果负责任的要求。后者并不一定指法律责任，有时指要求对方就不礼貌、不友好的行为承担道义责任，如受公共舆论的谴责；有时则要求对方承担政治责任，如宣布断绝两国关系等。

二、国际法律责任的意义

由于国际法的特殊性，国际法律责任在国际法上具有重要意义，可以说国际法律责任制度是维护国家主权和利益，保证国际交往安全、稳定进行的一个极为重要的制度。

之所以强调国际法律责任，是因为一般国际法原则和规则都包含具体的权利和义务，都对各国际法主体产生拘束，规范其行为，从而确保国际交往的正常进行。倘若某国际法主体的行为超过了应实施的范围，势必要承担一定责任予以补偿，以便维持国际法律秩序的稳定。反之，否定国际法律责任“将毁灭国际法，因为否定为了实施不法行为所负的责任，就也取消了各国按照国际法行动的义务”[①]。因此，强调国际法律责任是拘束各国际法主体遵守国际法、真诚履行义务的重要保证。就当今国际实践来看，国际法律责任已成为越来越受国际社会重视的热点问题之一。

三、国际法律责任内容和规则的发展

国际法律责任是一个十分重要而又复杂的问题，其中国家的国际法律责任是国际法编纂的重点内容之一。尽管相对国际法其他内容而言，国际法律责任算是个较新的问题，许多问题还有待探讨和发展，但国际法律责任的概念和内容的发展已经历了一个复杂和多变的过程。

在近代国际法中，关于国际责任问题没有确定的内容和统一的规则。“国际责任”常常被强国作为欺凌和侵略弱国的借口，借口这些国家使其侨民的生命和财产受到损害，应追究责任，从而对他们进行侵略或干涉。

现代国际法逐渐确定了国际责任的含义，并将其作为国际法上的一项重要课题。在早期，国际法律关系仅以国家责任表现出来，因为当时国际法主体只有国家，而且其内容主要限于国家违反对外国人待遇方面的义务的后果，如 1930 年海牙国际法编纂会议上给国家责任下的定义是“如果由于国家的机关未能履行国家的国际义务，而在其领土内造成对外国人身或财产的损害，则引起该国的国家责任”。在当时，国家责任被理解为只涉及对外国侨民的保护责任。联合国成立后，决定对国家责任问题进行编纂。在国际法委员会的努力下，决定摆脱传统国家责任的拘泥于特定国际义务的限制，转而研

① ［奥地利］阿·菲德罗斯等：《国际法》，李浩培译，商务印书馆 1981 年版，第 445 页。

究和编纂由于国际不法行为而产生一般责任的规则，即违反任何国际义务的责任。但除了在某些特殊领域内制订的专门性公约涉及该领域适用的责任规则外，迟迟未制定出关于国际责任的一般性公约。

直到 1979 年，国际法委员会草拟了《关于国家责任的条文草案》（即第一部分的草案，以下简称《条文草案》），[①] 1980 年国际法委员会第 32 届会议完成了第一部分的一读，增加了 3 个条款；1993 年第 45 届会议上完成了第二部分的 11 个条文草案；[②] 1996 年 7 月第 48 届会议通过《国家责任条文草案》的第二、第三部分的一读。至此，国际法委员会完成了全文的一读，全文共 60 条，分三个部分：第一部分，国际责任的起源；第二部分，国家责任的内容、形式与程度；第三部分，争端的解决。[③] 此一读通过的条文草案冲破了传统的局限，全面规定了国家违反其国际义务时的责任，特别强调了国家进行侵略、实行殖民统治、灭绝种族、种族隔离等国际罪行所引起的国际责任，从而明确了国际责任不仅包括一国所有的国际不法行为产生的责任，也包括一国所犯国际罪行的责任。2001 年 11 月，国际法委员会第 53 届会议通过了修改并更名为《国家对国际不法行为的责任条款草案》（以下简称《条款草案》），此次草案进行了较大修改，全文共 59 条，分为四个部分：第一部分，一国的国际不法行为；第二部分，一国国际责任的内容；第三部分，一国国际责任的履行；第四部分，一般规定。[④] 其不仅回避了争端解决的问题，取消了争端解决部分及两个附件，还以“严重违背对整个国际社会的义务”来取代“国家的国际罪行”的概念，绕过了国际罪行的责任问题。截至目前，不论是哪一稿《条款草案》都未形成具有法律效力的国际公约。

在对一般国际责任进行编纂的同时，联合国又开始了对新的国际责任形式——损害责任的编纂活动。自第二次世界大战以来，高科技迅猛发展，各国或国际组织在工业生产、原子能利用、外空探索及海底开发等活动中常常给别国带来损害或威胁。50 多年前，加拿大与美国之间的“特雷尔冶炼厂仲裁案”（Trail Smelter Arbitration）[⑤]，被视为国际法上新的责任制度——国际法不加禁止的行为所产生的损害性后果的国际责任（简称“损害责任”）形成和发展的前奏。此后，各国合法地从事危险性活动并造成损害的事件屡有发生，尤其是苏联“宇宙 954 号”核动力卫星坠落事件、切尔诺贝利核电站泄漏事故和美国埃克森公司油轮严重泄油事件更加引起各国的不安和关注。国际社会直接感受到这个问题的严重性，意识到制定国家或其他主体对此类行为造成损害性后果应承担责任的规则的迫切性。于是，一些规定有损害责任规则的公约应运而生；同

---

① 该草案当时仅 32 条。参见王铁崖、田如萱《国际法资料选编》，法律出版社 1982 年版，第 47 ～ 55 页。

② 参见中国国际法学会《中国国际法年刊 1994》，中国对外翻译出版公司 1994 年版，第 327 页。

③ 该次草案的中文译本，参见林灿铃《国际法上的跨国损害之国家责任》，华文出版社 2000 年版，第 245 ～ 261 页。

④ 参见《北大国际法与比较法评论》（第 1 卷），北京大学出版社 2002 年版，第 242 ～ 256 页。

⑤ 参见［联邦德国］马克斯 · 普朗克比较公法及国际法研究所《国际公法百科全书》（第二专辑），陈致中、李斐南译，中山大学出版社 1989 年版，第 457 ～ 463 页。

时，国际社会也在谋求制定一般性统一规则，国际法委员会从1978年第30届会议已将制定《国际法不加禁止的行为所产生的损害性后果的国际责任公约草案》（以下简称《损害责任草案》）列入议程，经过长期的争议和多年反复讨论，根据分阶段、按优先次序审议的做法，终于在1993年第45届会议上，一读通过了14条条文草案；在1995年第47届会议上使条款增加到20条，对“损害”定义、行动自由及其限制、预防、责任和赔偿、合作等问题均进一步做出规定。[①] 1996年第48届会议将草案增加到22条，分为三章：第一章，一般规定；第二章，预防；第三章，补偿和其他补救办法。[②] 2002年11月，国际法委员会第53届会议通过的草案又将条文减到19条，并且取消了分章。总之，损害性后果责任条文草案的制定，使国际责任制度又增加了新的内容和根据。

另外，随着国际法发展和国际法主体的扩大，人们也开始关注其他国际法主体，如民族解放组织和国际组织的责任问题，并且这一问题在国际实践中越来越受到重视。当前，这方面的规则正在酝酿和发展之中，尚未形成较成型的文件。

第二节　国际不法行为的责任

一、国际不法行为的概念

一般来讲，国际不法行为是国际法律责任的前提，任何国际法主体对于其所为之国际不法行为应负国际责任。

本章所说的“国际不法行为”采用了其广泛的含义，泛指各种违背国际义务和国际法的能够引起国际法律责任的行为。依1996年之前的国家责任条文草案的精神，一个国家的行为若违背国际义务，即为国际不当行为，不论所违背的主题为何。这种不当行为包括两类：国际不法行为（international illegal act）和国际罪行（international crime）。1996年的草案仍规定：国际罪行指违背对于保护国际社会的根本利益至关重要，以致公认为违背其便构成犯罪的国际义务的国际不法行为；国际不法行为指违背国际义务，而又未构成国际罪行的国际不当行为。2001年通过的《国家对国际不法行为的责任条款草案》中统一采用了“国际不法行为”的概念。

二、国际不法行为的构成要件

国际不法行为是招致国际法律责任的最主要的起因，一般国际责任是由于国际不法

① 参见《中国国际法年刊》，中国对外翻译出版公司1995年版，第342页。

② 该次草案的中文译本，参见林灿铃《国际法上的跨国损害之国家责任》，华文出版社2000年版，第262～267页。

行为引起的。就一般国际法律责任而言，只有某行为具备了国际不法行为的构成要件时，才能在法律上引起国际责任。国际不法行为的构成有四个要件，即同时具备国际不法行为的主体、客体、主观要素和客观要素。然而，许多教科书根据《条款草案》的规定，提出国际不法行为由两个要素构成：①可归因性；②违背国际义务。[①] 本书认为，倘若从国际法学理论来看，仅仅从上述两个方面来分析国际法律责任是远远不够的，因为：首先，由于《条款草案》仅仅涉及国家的责任问题是单一的主体，实质是指国家的国际不法行为，主体是确定的，故可以不必列出主体这一要件，而要研究国际法律关系，其内涵和外延均大于国家责任，故应对各种国际法主体的责任主体资格加以研讨；其次，许多教科书在分析要件时忽略了行为这个重要的客观要件，也疏忽了过错这个影响行为“定性”的主观要件，而这些内容实际已是包含在《条款草案》条文的表述中的，比如条文的“由作为或不作为构成的行为”等。本书认为，按照两个要件研究国际法律责任至少是不全面的，许多方面难以得到表述，而其中许多问题是至关紧要的。本书为系统、全面地对国际法律责任进行分析、表述，依据法理，采用四个构成要件的习惯分析方法。相信经过明确的分类分析，更容易加深读者对《条款草案》和国家行为的充分理解。

（一）国际不法行为的主体

由于国际法律责任多由国际不法行为引起，所以，国际不法行为的主体是主要的国际法律责任主体。

国际不法行为的主体指参与国际关系并从事违反国际法原则、规则和本国应承担的义务的行为者。按照一般国际法，只有具有能够直接承受国际法的权利和义务的能力的国际法主体，才能构成国际不法行为的主体。因此，国家、政府间的国际组织、民族解放组织均可构成国际不法行为的主体，而个人则不能成为这种主体。

1. 国家作为国际不法行为的主体

由于国家是国际法上权利和义务的主要承担者，所以国家也是国际不法行为的主要行为者。根据《条款草案》的规定，任何一个国家都有可能被认定犯了国际不法行为，因而需负国际责任。

国家作为国际不法行为的主体的情况，不仅包括国家本身的行为，也包括可归因于国家的行为。

（1）国家本身的行为。

国家本身的行为主要指国家机关的行为。《条款草案》规定：任何国际机关依该国国内法具有此种地位者，其行为依国际法应该为该国行为，但以该机关在有关事件中系以此种资格行事为限。

一个国家机关不论是属于制宪、立法、行政、司法或其他权力所属机关，不论担任国际性或国内性职务，也不论在国际组织中处于上级或下级地位，只要在有关事件中做

① 参见王铁崖《国际法》，法律出版社 1981 年版，第 124 页；王铁崖《国际法》，法律出版社 1995 年版，第 139 页。

出行为，其行为即应视为该国国家行为。

1）行政机关的行为。行政机关代表国家、政府与外国进行交涉，参与国际关系，是与国际法实践联系最密切的国家机关，因而与国家的国际责任的关系也是最直接的。因此，传统学说只把国际法意义内的国家行为界说为政府所做或依政府的命令所做的行为。[①] 一般认为，凡是行政机关的行为，不论其地位和种类，都被视为国家机关的行为，即国家的行为。例如，国家元首、政府首脑常常执掌行政机关，此时元首、首脑的行为即被认为是国家行为，倘若他们的行为违反了国际法，就要追究国家的责任。

2）立法机关的行为。立法机关是国内的最高机关。对于本国立法机关的立法行为，各国通常是不追究责任的，然而，立法机关的行为在国际法上被看作国家行为。若某国立法机关的行为造成了对国际法或国际义务的违反，该国则可能被追究责任。例如，根据一般国际法原则，各国不得制定出与公认的国际法原则、规则相抵触的国内法，倘若某国制定了与国际法相抵触的国内法，或者在接受了某国际义务后却不修改或废除原有的与该义务相冲突的国内法，或者不制定相应的国内法，而使别国受到损害时，就要追究该国的责任。目前，无论是在理论上还是在实践中，对立法机关的行为引起的国际责任问题都有很大争议。

3）司法机关的行为。司法机关的国际不法行为多指两种情况：一是司法机关在国内法秩序下不能恰当地适用和执行负有特定义务的国内法，从而违反该国应承担的国际义务。在这种情况下，不能把司法机关作为责任主体，而应视其行为为整个国家机关的行为，以国家机关所为之构成违反国际义务的国家行为问题来处理。二是司法拒绝（denial of justice），指由于司法机关的作为或不作为所引起的对国际义务的违反。其主要包括下列情形：一国司法机关拒绝让外国人诉诸司法程序以保护其合法权益；或者有时虽进入程序进行审理，却不向外国人提供一般正常审理中被认为是不可缺少的保证；或者出现恶意的执法及审判，如审判程序不当或判决不当的情况。倘若一国明显有司法拒绝的情况，便引起该国的国际责任。美墨求偿委员会 1927 年审理的“查特求偿案”（B. E. Chattin Claim）[②] 便涉及因不公正审判而产生的直接责任问题。

4）军队的行为。军队是国际的武装力量，它是国家权力的代表和象征之一。在国际关系中，军队既是国家利益的捍卫者，又是国家利益的代表者，军队的行为与国家责任密切相关。军队在执行国家交付的任务中，违反国际法律和义务就会使国家产生国际法律责任。

从总体上看，一国不能将上述机关的行为割裂开来以分担或推卸责任，而应将国家机关视为一个整体，以国家的名义去承担国际法律责任。一国不得以国家实行三权分立因而政府不干涉立法和司法为托词，拒不承担由立法或司法机关的国际不法行为所引起的国家责任。在此方面，中日“光华寮案”就是明显例证。在光华寮问题上，日本法院侵犯了我国对国家财产的继承权利，日本政府却以国家实行三权分立，因而政府不能

① 参见［美］汉斯·凯尔森《国际法原理》，王铁崖译，华夏出版社 1989 年版，第 99 页。

② 参见黄惠康、黄进《国际公法国际私法成案选》，武汉大学出版社 1987 年版，第 206 ～ 208 页。

控制立法、司法机关为借口，拒绝为立法或司法机关做出的不当行为承担责任。这是不能被接受的。

（2）可归因于（imputability）国家的行为。

这类行为又可分为以下两种：

1）经授权行使政府权力的其他实体机关的行为。这类实体机关包括：①国内地方政治实体机关；②虽非国家或地方政治实体而经该国授权行使政府权力的实体机关。若以上述资格行事，即使在某一特定事件中逾越国内授权权限或违背关于其活动的指示，该行为依照国际法仍应被视为国家的行为。威廉·韦求偿案（William T. Way Claim, 1928—1929）[①] 便是涉及国家对地方官员的不当行为承担责任的例证。在该案的裁决中可归纳出这样的规则：一国政府对它的下级官员的不法行为是否承担责任的关键因素是该官员行为的性质，如系该官员职权范围内且代表国家行事，应视为国家行为，国家应承担责任。另外，国家还应为其官员的虽未授权但在正常职责范围内侵害外国国家和个人的行为承担责任，只要他们的行为在外表上具有权威或者他们滥用国家给他们的权力。如果是私人行为则与非官员一样对待。[②]

2）实际上代表国家行事的人的行为。经确定，一个人或一群人的行为实际上代表国家行事的行为，或者一个人或一群人在正式当局不存在和有理由行使政府权力而行使了这些权力的行为，都被视为国家行为。

在这种情况中最典型的有：国家元首、政府首脑、外交使节等，他们在执行其职务时所做的国际不法行为，理应属国家行为，但如果他们以公务以外的私人身份进行了国际不法行为，其本国也应为其承担责任。尽管这些人员享有特权与豁免，但不能免除其本国的国家责任。此外，行政人员和军队人员为执行公务所做的行为亦属国家行为；但若以私人身份进行的侵权行为和超越授权或命令范围而实施的违法行为，则不属于其所属国的不当行为。“美洲豹号事件”就是有启发性的例证。[③]

应当注意的是，非代表国家行事的一个人或一群人的行为，依国际法不应视为国家的行为。至于实践中有时因私人的行为而引起责任，也往往是因为该国的立法不健全或者因为该国的消极行为（不作为）所致。换句话说，国家之所以由于某些私人行为承担国际法律责任，是因为应防止这些行为发生的国家本身，由于“立法疏漏”或“疏于防范”而构成违反国际义务所引起。

另外，在私人侵害行为发生后，如果该国及时地采取了国内救济措施，也不会构成该国的不法行为。反之，如果不适当地拒绝实行这种救济，则产生该国的不当行为，从而引起国际法律责任。因此，非代表国家行事的私人的行为并不直接产生国家责任，而

① 案情梗概：墨西哥某市地方长官出于私人恩怨，签发了对威廉·韦的逮捕令，逮捕令指明执行的官员可采取适当的手段。根据墨西哥法律，上述逮捕令是无效的，因为它没有说明逮捕所依据的指控。执行的官员配备了武器，并在执行逮捕时打死了威廉·韦。对此，美国、墨西哥两国成立了求偿委员会。

② 参见黄惠康、黄进《国际公法国际私法成案选》，武汉大学出版社 1987 年版，第 1 ～ 3 页。

③ 参见《奥本海国际法》（第一卷第一分册），［英］詹宁斯、瓦茨修订，王铁崖、陈公绰、汤宗舜、周仁译，中国大百科全书出版社 1995 年版，第 442 页。

是根据国家对私人行为在事前或事后采取的态度和行动确定。

此外，如果国家纵容或唆使个人或一群人进行侵害他国权益的行为，也可以成为归因于该国的行为。

2. 类似国家的政治实体作为国际不法行为的主体

（1）民族解放组织的行为。随着民族解放组织被确定为国际法主体，其活动所引起的责任也为国际社会所重视。由于民族解放组织只是在一定条件下和一定范围内成为国际法主体，其权利能力和行为能力受到一定限制，没有国家那么完全和充分，所以其作为国际不法行为的主体的情况也是有限的。但是，民族解放组织应该对其争取独立过程中所做的诸如损害其他国家的利益或对外国人的生命、人身和财产施加侵害的国际不法行为负责。目前关于民族解放组织的责任的具体适用规则尚未在国际公约中形成。

（2）叛乱团体的行为。在一国领土或其管辖下的任何其他领土内成立的叛乱运动的机关的行为，不应视为该国现存政府的行为，即不能因其发生在境内而被视为该国的行为。当叛乱运动已导致在现存国家的一部分领土上组成一个新政权时，其所做行为应视为将来新政府的行为。当叛乱团体已掌握了政权时，应由新政府承担责任。

3. 国际组织作为国际不法行为的主体

随着国际组织在国际事务中的地位和作用的提高，国际组织的国际法律责任问题也已为各国及国际法学界所重视。国际组织的国际法律责任是指由于该组织破坏了国际法原则、规则或因违反条约而产生的义务的结果。[①] 本章所讲的国际组织仅指政府间国际组织。

国际组织具有一定的国际人格，因而应对其所做的行为负责。一旦国际组织从事国际不法行为并引起损害，便成为国际不法行为的主体。

国际组织应对不遵守或不履行条约或其他国际义务的行为，对由于其本身或其机构和国际官员的活动给国家或其他国际组织或国际实体造成的损害承担责任。

国际组织作为国际不法行为主体，承担责任的规则与国家责任大体相同，关于国家责任的性质以及国际不法行为的法律后果也适用于国际组织。这一点在一些国际公约中已得到确认。例如，1972 年《空间实体造成损害的国际责任公约》第 22 条规定：若任何从事空间活动的政府间国际组织声明接受本公约所规定的权利和义务，在一定条件下对公约所称国家的一切规定完全适用于该组织。又如，根据《联合国宪章》的规定，联合国应享受执行职务和达成宗旨所必需之法律行为能力，其表明了联合国是一个国际人格者，虽然其国际人格是有限度的，联合国就曾对其工作人员的不当行为承担责任。[②]

国际组织作为国际责任的主体有其自身的特点，其权利、义务和责任都是有限的。在许多情况下，国际组织的成员国和国际组织一同对国际组织的国际不法行为负责。考查判定国际组织行为的不当性是比较困难的，所以实践中对国际组织不当行为及其责任

---

① 参见［苏联］克里缅科等《国际法辞典》，程晓霞译，中国人民大学出版社 1987 年版，第 159 页。

② 参见王铁崖《中华法学大辞典·国际法学卷》，中国检察出版社 1996 年版，第 237 页。

的确定多持较审慎的态度。例如，国际法院对解决争端具有诉讼管辖权，而对涉及国际组织的案件则只在联合国主要机关请求时才发表咨询意见，而这种意见是无法律拘束力的。

尽管目前关于国际组织的法律责任的国际规则尚不完善，有待进一步发展，但其已在某些国际条约中得到了承认和确定。这些条约主要有：1967 年《关于各国探索和利用包括月球和其他天体在内的外层空间的活动原则条约》，1972 年《空间实体造成损害的国际责任公约》，1960 年《核能方面第三者责任公约》，1962 年《核动力船舶经营者的责任公约》，1986 年《及早通报核事故公约》《核事故或辐射紧急情况援助公约》，等等。

（二）国际不法行为的主观要素

国际不法行为的主观要素指国际不法行为主体对于其所实施的不当行为的意志和所抱的心理态度。

关于行为的主观要素，在国际法学界一直存在争议。争议焦点不在于有过错情况下应否承担责任，而是在于无过错的情况下是否也要承担责任的问题。于是出现了以下不同的主张。

1. 过错责任原则（principal of responsibility on fault）

国内学者多称为“过失责任”[①]，其主张当国际法的主体的行为给别国造成危害时，该主体必须在主观方面有过错，才会引起承担国际法律责任。“换言之，使国家担负责任的国际不法行为包含有故意和疏忽的主观因素。在原则上，一国加害于另一国的行为如果无故意又无疏忽，就不是国际不法行为，国家责任就不成立。”[②]

这一原则在国际法中的适用最早是由格老秀斯提出的。格老秀斯以“无过错者原则上不受任何拘束”的罗马格言为基础，主张国家本身没有过错就没有赔偿损失的义务。这一主张在后来成了普遍接受的观点。国际法院 1949 年在英国诉阿尔巴尼亚的“科孚海峡案”（Corfu Channel Case）中肯定了无过错即无责任的原则。[③] 于是，长期以来，多数国家的实践和学者们都认为行为主体的国际不法行为在主观上有过错，是产生国际法律责任的不可少的要素和唯一根据。

过错责任原则中的“过错”是指实施不当行为时行为主体所抱的故意或过失的心理态度。

故意，是指国际不法行为的主体明知自己的行为违反国际法和其应承担的义务并会给其他国际法主体带来损失，却蓄意或怂恿结果的发生的态度。比如，南非白人统治者推行种族歧视和种族隔离政策，明知其行为违反国际法而继续实行，便构成这种故意。

---

① 参见王铁崖《中华法学大辞典·国际法学卷》，中国检察出版社 1996 年版，第 252 页；王铁崖《国际法》，法律出版社 1995 年版，第 141 页；王献枢《国际法》，中国政法大学出版社 1994 年版，第 118 页；等等。从法理上讲这种用法是不准确的。

② 王铁崖：《中华法学大辞典·国际法学卷》，中国检察出版社 1996 年版，第 252 页。

③ 参见黄惠康、黄进《国际公法国际私法成案选》，武汉大学出版社 1987 年版，第 1 ～ 3 页。

再如，伊拉克入侵科威特亦是如此。

过失，即通常所称的“疏忽”，指国际不法行为者对其行为的结果应当注意或能够注意，却因疏忽而没有注意，从而给另一主体造成损害的心理态度。在实践中常见的情况有：①防范疏忽，如一国在为别国使馆馆舍提供警察保护方面过于疏忽，使其受到侵扰或损害。例如，在“美国驻德黑兰外交和领事人员案”（Case Concerning United States Diplomatic and Consular Staff in Tehran）中，国际法院认为伊朗因事先未能采取特别的保护措施，事后未能立即采取行动惩治肇事者，而构成了对应承担的国际义务的违反，应承担责任。②判断失误，如一国国家机关或武装人员在执行职务中因没有充分注意或未能明辨而给别国造成损失的情况。例如，在 1954 年发生的“中国巡逻机误击英国运输机事件”中，我国政府承担了“一切损失的全部抚恤与赔偿”。

2. 无过错责任原则（principal of responsibility without fault）

其基本主张是，国际法主体应对其给其他主体造成的损害结果负责，而不论行为者有无故意或过失，也不论其行为系合法行为或非法行为。从法理上讲，它是一种严格赔偿责任。

无过错责任原则的发展可分为两个阶段。在两个阶段中无过错责任原则所采取的责任根据是不同的，故有人将早期的无过错责任原则称为结果责任，而把晚近期的无过错责任原则称为损害责任。

无过错原则作为国内法原则出现较早。罗马法中就已承认对动物造成伤害的无过错责任，而不管动物是处于看管中还是已经走失或逃走。许多国家的民法典都承认了无过错责任。而较早提出在国际法中适用无过错责任原则的代表人物是安齐洛蒂和加古根汉姆。他们主张在国际责任方面应排除任何有关过失的因素，而仅仅依据某种行为所导致的结果去判定应否承担国际责任。[①] 1907 年关于陆战法则的《海牙公约》第 3 条规定，一个交战国对该公约所规定的一切违反章程的行为应负责任，而不论其违反行为是否出于故意、恶意或过失。

由于“过错责任原则”是各国民法尤其是侵权法的基本原则及确定民事赔偿的主要依据，所以在关于国际责任的依据的争论中，过错责任原则逐渐占了上风，并被确立为一般国际习惯法规则。

而随着近几十年来科学技术的发展，在一些特别领域，诸如环境保护、高度危险性活动等领域中，一般国际责任的观点即过失责任原则已不能充分发挥作用。于是，“无过错责任”问题又被强调，但却是从完全不同于以往的角度提出的，即国际责任的承担不仅仅以国际不法行为和行为主体的故意和过失为根据，还可以以国际法主体在进行合法活动时意外地给其他主体带来损害这一事实为根据。这种责任被称为“国际法不加禁止行为引起的损害性后果的国际责任”。它使新的无过错责任原则得以适用。

从当代国际法的总体观点看，无过错责任原则仅在特定领域内才被承认和适用。而过错责任原则仍被广泛适用，并作为一般国际责任的要素和承担与免除国际责任的主要标准之一。

① 参见［奥地利］阿·菲德罗斯等《国际法》，李浩培译，商务印书馆 1981 年版，第 449 页。

在国际实践中，有时某主体的行为在客观上给别国或公民造成损害，构成了对外国权益的侵害，但由于其缺乏主观方面的故意和过失，而可以免除其责任。主要情况有：

（1）不可抗力和偶然事件。如果某主体的行为起因于不可抗拒的力量，或者其无力控制和无法预料的外界事件，便不构成国际不法行为，也不引起其国际责任。例如，因发生地震而使外交官生命、财产受到损害；或者由于风暴使军用航空器失控而进入别国的领空等，均不用承担国际责任。

（2）受害者同意。假如某一主体因其行为给对方造成损害，而行为起因于该受害国以有效方式所表示的且不违反国际法的同意，那么这种行为便不构成“国际不法行为”，也就免除了责任。因为“同意”已排除了该行为系故意和过失所致。当然这种同意必须是某主体自由意志的明确的实在的表示，而不能是“假定”的同意。

（三）国际不法行为的客体

国际不法行为的客体是为国际法所保护的并为国际不法行为所侵害的国际法律关系。在一般国际责任中，主体的行为只有侵害了一定的国际法律关系，才会构成国际不法行为。

早期的国际法把国际不法行为的客体局限在对外国侨民的人身和财产的保护方面。如1927年国际法学会在洛桑会议上对国家责任的表述和1930年海牙国际法编纂会议对国家责任所下的定义都没有超出这一范围。后来，扩大了国际不法行为的客体：在1996年以前的《条文草案》中，明确了一般国家责任所保护的国际法律关系，不仅包括一般性国际义务，也包括了对维护国际社会利益至关重要的根本性国际义务。在国际实践中，若违反前者即构成国际不法行为，而违背后者则构成国际罪行。从主要内容看，一般性国际义务主要包括：履行条约义务，尊重外交特权与豁免，保护外国人的人身、财产安全，进行司法协助；等等。根本性的义务主要包括：对维护国际和平与安全具有根本重要性的国际义务，例如禁止侵略的义务；对维护各国人民的自决权利具有根本重要性的国际义务，例如禁止以武力建立或维持殖民统治的义务；对保护人类具有根本重要性的国际义务，例如禁止奴隶制度、灭绝种族和种族隔离的义务；对维护和保全人类环境有根本重要性的国际义务，例如禁止大规模污染大气或海洋的义务；等等。一旦某国际法主体的行为违背上述义务，就是侵害了国际法所保护的国际法律关系，就会构成国际不法行为，进而引起国际法律责任问题。

（四）国际不法行为的客观要素

国际不法行为的客观要素是指国际不法行为的主体所进行的构成国际不法行为的诸客观事实要件。其主要内容包括行为的实施、行为的结果、行为与损害结果间的因果关系、行为的不法性等方面。

1. 行为的实施

国际法主体的行为的实施是构成国际不法行为的前提，没有实施这种行为就不会有国际不法行为。国际不法行为的实施在客观上的表现形式可概括为作为和不作为。

作为是指国际不法行为的主体以积极的、直接的行动导致违反国际法或国际义务，

从而对其他国际法主体造成侵害。这种作为的行为的责任比较明显，在国际实践中多数的责任都是因作为行为引起的。这种情况比较普遍，此处不再列举。

不作为指责任主体以消极的态度不认真履行其应当承担的国际义务和条约义务。现代国际法主张不作为的国际不法行为同样会引起国际法律责任。不作为的行为引起责任的主要情况可分为两类：①主体本身不履行或不完全履行自愿承担的条约义务，而使他方造成损害的。如缔约一方在签订条约后不认真履行条约的义务而给对方造成损失。在“科孚海峡案”中，法院认定水雷是不可能在阿尔巴尼亚政府毫无所知的情况下布设的，阿尔巴尼亚有义务发出其水域内有水雷的通知，并给予英舰以警告，而其并不试图阻止事件发生，这种严重的不作为引起了阿尔巴尼亚的国家责任。②主体因不能有效地制止和补救，甚至放纵某些人或团体的不当行为，而损害他方利益的。依照一般国际法，国家及其他国际法主体有义务防止某种由未经授权的机关或私人实施的伤害其他国际法主体的行为发生，而且如果已不可能防止这种行为及其结果，国家就有义务惩罚行为人并强迫其赔偿加害行为所引起的物质损害。否则，就会出现国际法主体对非自己所做的不当行为承担责任的情形。有人将这种情况说成是主体对于并非由于自己行为而违反国际义务的责任，并将其称为间接责任或转嫁责任。[①] 詹姆斯求偿案（Laura M. B. Janes，1928）可谓典型例证：1918 年，美国国民詹姆斯在墨西哥被解雇雇员卡贝杰开枪打死，当地警官未采取迅速和直接的行动，虽有多次机会，终未抓获罪犯。对该案的判决中称：在本案中，墨西哥当局显然没有采取迅速和有效的行动逮捕杀人罪犯，因此必须给予损害赔偿。[②]

2. 行为的结果

行为的结果，指由于国际不法行为而造成的对国际不法行为客体的侵害后果。这是构成国际不法行为的不可缺少的条件，因为如果某行为没有对国际法律关系造成任何损害，而且也不可能造成损害，那么这一行为就不会成为国际不法行为，当然也不会引起国际法律责任。

行为结果依其表现形式可分为物质和非物质两种。物质上的损害是国际实践中最普遍的形式，这种损害一般都是具体的、有形的，并且通常可以具体确定其程度。如发动侵略战争给对方造成的重大破坏，侵害外国守法侨民的生命财产而造成损失，等等，均可算出损害程度。国际不法行为引起其他国际法主体物质上损害的，加害方应予以物质上的赔偿。这是国际法上的一项规则。但是，国际法律责任并不以已发生物质上的损害为前提，因为一个国家或其他国际法主体虽然没有受到物质上的损失，也可能受到其他方面的侵害。例如，国家的荣誉和尊严受到损害，国家主权的行使被妨碍，等等，即非物质的损害。这种损害结果不同，行为主体所承担的责任形式也不同。

---

① 传统国际法将国际法上的责任分类为直接责任和间接责任，或者称为原始责任或转嫁责任。直接责任是基于国家及其他国际法主体自身的国际不法行为引起的责任，而间接责任是由于国际法主体没有适当地制止、补救或者纵容私人不当行为而应承担的责任。

② 参见黄惠康、黄进《国际公法国际私法成案选》，武汉大学出版社 1987 年版，第 212 ～ 214 页。

3. **行为与损害结果间的因果关系**

在某一损害后果发生后，只有某国际不法行为主体的行为与所发生的损害结果之间有因果关系，才能由行为实施人或其所属国际法主体承担国际法律责任。

4. **其他客观要素**

对于国际不法行为的认定，除上述客观要素外还应注意国际不法行为需具备下列条件：

（1）行为的不法性。加害行为及其结果的发生为责任的形成提供了条件，但一个主体单纯施加损害并非都会引起国际法律责任，只有在损害由于违反了国际法而发生的情况下，才能引起国际法律责任。也就是说，某行为只有在具有非法性要素时才能成为国际不法行为，这种不法性具体表现在违背国际义务方面。违背国际义务包括：①违背一般性国际法义务，即违背公认的国际法原则和规则，如发动侵略、推行种族歧视和种族隔离等。②违背某特定性的国际义务，如违反两国签订的条约所确定的义务，或者违背必须采取某特定行为或达成某一特定结果的国际义务。

（2）已用尽当地补救办法。用尽当地补救办法（exhaustion of local remedies）是国际法的一项规则，是根据卡尔沃理论（Calvo doctrine）发展而成的。[①] 指外国人在受侵害后应使用所在国向他实际开放的所有的法律补救程序，如果已用尽当地救济办法而仍未达到规定的结果时，受害外国人的国籍国可诉诸外交保护，从而使得该国的行为成为国际不法行为。比如，一国给予外国人的待遇达不到国际义务规定的结果，而在该外国人用尽一切有效的当地补救但仍未得到该国际义务所规定的待遇时，该国才算违背国际义务。《条文草案》第 44 条对用尽当地补救办法做了规定。《联合国海洋法公约》第 295 条也将这一规则列为提交仲裁或司法解决的前提。

（3）发生在该义务有效时期内。国际不法行为所违背的义务是在该主体行为时具有法律效力时，不得是发生在该义务生效之前的行为，也不得是该义务失效后的行为。对此，《条文草案》第 13 条规定，“一国违背国际义务的行为，应当发生在该义务对该国有拘束力的时期内”；第 14 条规定了违背国际义务的行为在时间上的延续问题。

以上四要件是每一国际不法行为所必须具备的，缺乏其中任何一项就不构成国际不法行为，也就不能引起一般的国际责任，或者将会出现国际法律责任的免除情况。

---

① 卡尔沃（Calvo，1824—1906）系阿根廷国际法学家。他提出，在有关契约方面的争端中，契约当事国中的外国人应依据该当事国的国内法，服从该国国内法法院的管辖，不应请求本国政府的外交保护，这就是卡尔沃主义。

第三节　损害性后果的责任

一、损害责任制度的发展

损害性后果的责任，简称损害责任（liability for damage），全称“国际法不加禁止的行为所产生的损害后果的国际责任”，有称“合法活动造成域外损害的国际责任”[①]，亦有称“跨国界环境损害责任”[②]“国际赔偿责任”[③]，是指当一国和其他实体从事国际法不加禁止的行为而给他国造成损害性结果时所应承担的赔偿责任。

由于损害责任制度出现较晚，国际法上对其所包含的原则和依据存在着分歧，在国际实践中也尚未发展到形成一套稳定和完整的体系的程度。但损害责任制度确实在各国的实践中形成并发展起来了。第二次世界大战以来，国际社会在关于损害责任制度方面已经制定并仍在制定一系列国际公约或文献，其中主要有：《关于核损害的民事责任的维也纳公约》《核动力船舶经营人的责任公约》《核能方面第三者责任公约》《关于油污损害的民事责任公约》《国际防止船舶造成污染公约》《远程跨界空气污染公约》《及早通报核事故公约》《国际水道非航行使用法条款草案》，以及正在制定的《关于国际法不加禁止的行为所产生的损害后果的国际责任的条文草案》等。这些公约、文献都在不同程度上规定了国家对从事特定活动所负的义务之标准，以及对其活动所造成损害应承担的国际责任。此外，一些相关公约也都有关于损害责任的规定。例如，1972年《空间实体造成损害的国际责任公约》第2条规定：“发射国对其空间实体在地球表面，或给飞行中的飞机造成损害，应负有赔偿的绝对责任。”《联合国海洋法公约》第194条规定，“各国应采取一切必要措施，确保在其管辖和控制下的活动的进行不致使其他国家及其环境遭受污染的损害……”；第235条规定，“各国有责任履行其关于保护和保全海洋环境的国际义务。各国应按照国际法承担责任”。

在损害责任方面，国际上还签订有相当数量的双边协定。这些协定确定了缔约国从事特定活动的原则和规范，包括行为国对其活动造成损害应承担的责任。此外，在国际实践和司法裁决中也有关于损害责任的实例。

当前，国际法委员会正致力于关于损害责任的条文草案的编纂工作。1978年根据联合国大会的决议，该委员会第30届会议将“关于国际法不加禁止的行为所产生的损害性后果的国际责任”专题列入工作计划，并于1988年第40届会议上将审议后的“10

---

① 周晓林：《合法活动造成域外损害的国际责任》，载《中国法学》1988年第5期。

② 王雪漫：《论跨国界环境损害责任》，见周忠海《和平、正义与法》，中国国际广播出版社1993年版，第368页。

③ 王铁崖：《国际法》，法律出版社1995年版，第162页。

条条文草案"[①] 提交起草小组委员会。经过多年的反复讨论，1992 年第 44 届会议决定，先就可能造成跨国损害的活动的预防问题进行审议，取得成果后再讨论赔偿和其他补救措施等；1994 年第 46 届会议一读通过了 14 个条款，共分两章，第一章为一般性条款，第二章为预防措施；1995 年第 47 届会议又通过了一般性条款、责任和赔偿、预防、损害定义等；2002 年 11 月国际法委员会第 53 届会议通过的"19 条条文草案"（以下简称"损害责任草案"），分别规定了范围、术语、预防、合作、实施、授权、风险评估、通知和情报、公平的利益平衡的因素、情报交换、对公众提供情报、国家安全和工业秘密、不歧视、与其他国际法规则的关系、争端解决等内容。这个草案将成为关于损害责任的第一个国际公约的基础。

二、损害责任的特点、性质和适用范围

损害责任具有以下特点：

（1）损害责任是国际法主体在从事国际法不加禁止的活动中因造成的域外损害的事实和结果所引起的责任。

（2）对损害责任的追究不仅要求造成损害的行为存在，更强调该行为导致的实际损害。

（3）损害责任的主观要素是无过错责任原则。

（4）损害责任的承担方式仅在于赔偿，不会出现道歉或限制主权的情况。

国际法主体在从事国际法不加禁止的活动而造成损害时应当承担责任，已为各国逐渐接受。但在如何辨明损害责任的性质及行为的性质上，学者各持己见。譬如：有人将责任称为"危险的责任"或"极端危险活动的责任"，也有人称其为"合法行为的责任"，而国际法委员会采用了"国际法不加禁止行为引起损害性后果的国际责任"的提法。因为，国际法委员会意识到若采用"危险的责任"这一提法，就等于将损害责任局限于极少数极端危险的范围之中，势必会将某些危险性小、无危险的而国际法又不加禁止的活动产生的严重损害后果排除在外。同时，之所以不采用"合法行为的责任"，是因为造成损害的行为究竟是否属于不当行为往往是有争议的，而且一种行为的合法性也并非一成不变，以往的合法行为可能会因社会环境和人们价值观念的变化而被认为是不法行为。[②]"损害责任草案"第 1 条规定了损害责任的对象和范围为：国际法不加禁止的、其有形后果可造成重大跨国损害之危险的活动。

从条款规定看，没有明确开列可能造成严重跨国危害活动的清单，致使危险的概念过于抽象、笼统。一般认为在目前情况下，损害责任主要适用于民用核活动、航空飞行、外空利用、国际河流和共同水域的利用、海洋开发和防止环境污染等领域。随着科学技术的发展和人类利用自然环境能力的扩大，损害责任可能会适用于更广泛的领域。

---

① 慕亚平、周建海等：《国际法词典》，陕西人民教育出版社 1993 年版，第 202 页。

② 参见周晓林《合法活动造成域外损害的国际责任》，载《中国法学》1988 年第 5 期。

三、损害责任的法理基础

一般国际责任即不当行为的责任，是基于行为的不当性及行为者的过错，归根结底是违反该国的国际义务。而损害责任的法理基础是什么呢？这是目前国际法界关注的理论热点。

目前在解释损害责任的法理基础方面，出现了几种有影响的解释：“无过错责任原则”“结果责任原则”和“严格责任原则”。这几种原则其实不无道理，但均是从某个要素的角度，而未能真正从法理上全面地为损害责任找到根据。

“无过错责任”主要从强调责任的主观因素着手，强调损害责任的特殊性只是说明虽无过错也要承担责任，而未能阐述损害责任的法理依据，因为“无过错”并不能产生损害责任。故而不能以无过错作为损害责任归责的法理依据。

“结果责任”是指以行为的结果而非其他因素作为国家损害责任的基础。其从强调责任的客观因素出发。依此观点作为责任法理依据有两点明显不足之处：一是没有认识到“损害的发生乃事实现象，损害本身不具有法律价值判断上的作用，充其量只能作为产生责任的前提条件，而不能作为归责基础”①。二是不符合责任（liability 或 responsibility）的基本内涵。苏联学者雅维茨认为法律责任“是违法者由于做出从法律观点看来应受指责行为而受到痛苦的一种特殊义务”②。我国台湾地区学者李肇伟认为“所谓法律责任，乃为义务人违反其义务时，所应受法律之处罚”③。我国学者周永坤主张“法律责任是法律规定的，义务之不履行所处之必为状态”④。上述法律责任的释义不管有何差别，都从不同角度揭示了违反义务行为与法律责任之间的关系，即违反义务是法律责任产生的归责依据和法理基础。国际法作为法学的一个分支，其对责任的理解也应与国内法相同，责任也应是对“否定义务的否定”，借用国际法院阿戈法官的话说：“国家责任（包括损害责任），是一国违反确定其权利义务的初级规则（primary rule）所导致的法律后果，是次级规则（secondary rule）规定的义务。”经济合作与发展理事会环境委员会在 1989 年“跨国污染的责任与赔偿”的报告中也指出：“跨国界的国际赔偿责任基于一般国际法原则。没有履行习惯法或条约义务则引起责任。大多数成员国认为，赔偿责任仍然是当一国不履行上述‘注意规则’（due dilligence）的国际义务引起，……只有当该国失职没有尽到其国际义务时，才产生国家责任。”⑤

“严格责任”的特征是不提过错，过错不是判断责任的依据和标准，行为与损害之间的因果关系就足以确定某国际法主体的赔偿责任。国际法界对严格赔偿责任原则作为损害责任的法理基础问题展开了争论。主要观点可归纳为：①反对引入严格赔偿责任原

① 孔俊祥：《论侵权行为的归责原则》，载《中国法学》1992 年第 5 期。
② 雅维茨：《法的一般理论》，莫斯科进步出版社 1984 年版，第 236 ～ 237 页。
③ 李肇伟：《法理学》，台湾中兴大学 1979 年版，第 306 页。
④ 周永坤：《法律责任论》，载《法学研究》1991 年第 3 期，第 9 页。
⑤ 经济合作与发展组织：《有关跨国界污染的责任与赔偿问题》，1987 年版，第 7 页。

则，认为其在习惯国际法中没有地位，如果将其一般化会导致不当侵犯主权国家的行动自由；还认为采用严格赔偿责任原则会彻底改变传统国家责任制度中的某些规则，从而对国家责任制度的统一性产生不利影响。②认为严格赔偿责任是取代基于不当行为的国际责任制度的唯一途径，确定严格赔偿责任往往会导致不当地保护损害行为国的利益而使受害国的利益得不到保障。③认为严格赔偿责任可作为损害责任的基础之一，但不是唯一的依据，主张采用一种变通了的严格赔偿责任。正如国际法委员会特别报告员巴尔沃沙所言：国际赔偿义务的主要依据就是“严格责任”。但是严格责任并不是一个一成不变的概念，由于这一概念涉及各种不同程序的严格性，使其成为一种有助于损害责任制度的足够灵活的手段。[①]

本书接受观点③的解释，但不同意以其作为损害责任的法理依据。因为严格赔偿责任原则也不能完全解释正在形成中的损害责任制度的全部内容，例如，严格赔偿责任可构成损害赔偿的基础，却说明不了责任主体有预防损害发生的责任。[②] 当然这一原则仍不失为对损害责任制度的发展有影响的内容之一，可在判定损害责任时将其作为重要因素加以考虑。

本书认为损害责任的法理基础是违反国际义务。而这种义务有别于国际不法行为的直接的积极的义务，损害责任的义务是消极的派生的义务。具体来说，主要违反了下列义务：

（1）预防与合作义务。各国在共同制定环境保护和高度危险活动领域行为的规则时，一般都规定了预防与合作义务：“国家保证采取‘适当措施’或‘做出适当努力’以控制或减少其活动造成的跨国损害。”如《关于长距离跨国空气污染公约》规定缔约国“应努力限制并尽可能减少和防止包括长距离跨国空气污染在内的污染”。《防止倾倒废物和其他物质污染海洋公约》也要求缔约国“特别保证采取一切切实可行的步骤，防止因倾倒废物及其他物质污染海洋”。《损害责任草案》第3条明确规定了国家的预防义务，即要求责任主体在从事造成或可能造成损害的活动时承担预防的义务，采取预防措施以避免或减轻跨国损害。我国代表在讨论草案的发言中指出：如果制定了预防措施的一系列条款，确定了国家负有遵守这些条款的义务，那么未能实施上述预防措施，或对上述措施未能给予“应有的注意”，……就产生了国际责任问题。[③] 据此可知，如果国家在从事国际法所不加禁止的活动时造成跨国损害，则是没有遵守条约所确立的行为准则，违反了合作与预防的义务。

（2）权利不得滥用义务（non-abuse of right）。权利不得滥用源于罗马法著名法谚“行使自己权利不得损及他人权利”。随着国际社会对整体安全、秩序和利益的注意，

---

① 参见巴尔沃沙教授关于本专题的第4次报告，中文本1986年版，第23～33页。

② 参见周晓林《合法活动造成域外损害的国际责任》，载《中国法学》1988年第5期，第119页。

③ 1993年11月3日，中国代表在第48届联合国大会第六委员会讨论关于国际法不加禁止的行为所产生的损害性后果的国际责任和国际水道非航行使用法的发言。参见中国国际法学会《中国国际法年刊1994》，中国对外翻译出版公司1994年版，第424～428页。

这个概念被引入国际法，并体现于一系列司法实践和条约中。在“特雷尔冶炼厂仲裁案”中，仲裁庭认为：“根据国际法原则以及美国法，一国无权或允许以污烟对他国领土、财产和人身造成损害方式使用本国领土。”“科孚海峡案”中国际法院认为阿尔巴尼亚政府对其本国领海海域中放置水雷一事不可能不知道，因此“出于人道主义的考虑，每个国家都有义务不得允许本国领土被用来从事有害他国权利的活动”。在奥匈边境争端中，奥地利指控匈牙利在其本国境内埋地雷造成爆炸事件对奥地利造成损害违反了“在一国境内采取的措施不得危及另一国公民的生命、健康和财产”的国际法原则。“权利不得滥用”原则还在许多国际公约和文献中被重申和发展。1972 年《联合国人类环境会议宣言》（《斯德哥尔摩宣言》）第 21 条原则规定：“国家负有确保在其管辖或控制下活动不致使其他国家或在国家管辖范围以外的其他区域的环境遭受损害的责任。”1982 年《联合国海洋法公约》第 194 条第 1 款规定，它指出各国有责任“采取一切必要措施确保在其管辖或控制下进行的活动不致使其他国家及其环境遭受污染的损害，并确保在其管辖或控制下范围内的事件或活动造成损害不致扩大到其按本公约行使主权权利的区域之外”。根据主权原则，国家有权按其意愿在其境内从事活动，也有权期待自己领土不发生受邻国活动有害影响的事件。国家按其意愿在其境内从事国际法所不禁止行为时，如果造成跨国损害并且超过其他国家可以容忍的程度，则应该认定为滥用了权利，损害了睦邻友好关系。

四、损害责任与国际不法行为责任的比较[①]

损害责任与国际不法行为引起的责任（即一般国际责任）既有联系又有区别。损害责任可视为源于一般国际责任，也是一种以国际法主体为责任主体的国际责任，而且损害责任制度对一般国际责任制度具有补充和完善作用。两者的区别在于：①一般国际责任的性质是不当行为责任，责任的产生取决于行为的不当性；而损害责任是非不当行为责任，责任产生取决于跨国损害的事实和结果。这是最主要的不同之处。②在一般国际责任中，如果国家或其他主体能够证明它已采取了可以采取的合理手段来阻止违反义务事实和结果的发生，即使其努力失败，也可免除其责任；但在损害责任中，一般而言，只要行为造成了损害性后果，行为国就负有赔偿责任或其他国际责任。③在一般国际责任中，违背义务即使未造成损害也已构成对该责任主体追究责任的理由；而在损害责任中，只有当行为造成实际损害时受害国才有求偿权。④在一般国际责任中，即使行为国对其违背义务的行为采取了补救措施，行为国也不能再实施该行为，因为该行为已侵害了国际法律关系的客体，属国际不法行为；而在损害责任中，只要行为国对其造成的损害给予赔偿，其该行动继续进行就不受限制。⑤一般法律责任的主观要素是过错责任原则，而损害责任则实行无过错责任原则等。

总之，损害责任与一般国际责任既有联系又有区别。它是对一般国际责任的补充和发展。如能确立其在习惯国际法上的地位，则将成为国际法律责任的一个新的部分，从

① 参见周晓林：《合法活动造成域外损害的国际责任》，载《中国法学》1988 年第 5 期。

而丰富、发展和扩大国际法律责任的内容和范围。

第四节　国际法律责任的免除

一、国际不法行为责任的排除

在因国际不法行为引起的国际法律责任中，行为的不法性与责任密切相关，如果某国际主体的行为已经被排除了不法性，该行为的国际法律责任也就随之免除。

行为的不法性被排除的依据，有两个方面：一是要件缺乏，某行为乍一看违反了国际义务属国际不法行为，但一经分析便发现，该行为并未同时具备前述国际不法行为的要件，缺乏某个或某几个方面的内容而不能构成国际不法行为，这种行为当然不用承担国际法律责任。比如不可抗力，某行为虽造成危害结果，但因其缺乏从事不当行为的主观要素，不能构成不当行为而可免责。二是法定排除，即国际法明确确定了在某些情况下某主体实施的危害行为可排除不法性。这种情况下的行为从表面上看可归因于行为主体，行为是故意所为，而且造成一定的危害结果，应当构成不当行为而引起责任，但是，由于国际法或国际条约明确规定可免除这类行为的责任，如对抗措施、避免危难、时效、国有化及已采取弥补措施等，均属于此类。因此，对这类行为可以不承担责任，也就是说，其不法性之排除的根据在于国际法的确定。根据国际实践中排除行为不法性的情形，除前面提及的不可抗力和偶然事件外，还有以下几种主要的情形。

（一）事先同意

即受害的主体事先以有效方式表示同意加害方实行某项与其应负义务不符的特定行为时，该行为在其相互关系上便排除了不法性。换句话说，使某一主体受害的行为是经该主体事先同意而进行的，就可排除行为主体的不法性。

适用“同意”免责时应注意：①合法性。任何主体不得援引已获得有关主体的同意，而使其行为与公认的国际法规则相违背，不得利用别国的“同意”而进行军事干涉和武力侵略，从而侵犯他国主权、独立和领土完整。②真实性。“同意”不能带来胁迫、欺诈的因素，而应是国际法主体自由意志的明确和实在的表示。该“同意”必须由国家权力机关或其他主体的有权部门在行为前做出，而不能在实施行为后才加以追认；也不能是由外国扶植和控制的傀儡政府所做出的“同意”表示。③有效性。“同意”的行为必须限于“同意”适用的范围和期限内，即“以该行为不逾越该项同意的范围为限”[1]，否则即为无效的同意。1935 年仲裁的“孤独号案”[2] 就是例证：1929 年正值美国实行禁酒期间，孤独号从事贩酒活动被发现，美国的海岸警卫船在距海岸 6.5 海里处开始紧追，后在距岸约 200 海里处开炮将孤独号击沉。本案中孤独号被发现处在美国领海以外，就一般而言不应紧追，但根据 1924 年《英美专约》的规定：为防止商船向美国从事走私贩酒，美国对商船的登临权和搜索权可延伸到领海以外至商船“从海岸线起一小时航程所能达到之处”。该规定表明英国赋予美国在一定范围内行使登临和搜索的权力，从而排除美国在领海外一定范围内实施登临权和搜索权的不当性。然而美国在行使权力过程中将孤独号击沉的行为显然超出专约“同意”的范围，从而使行为非法。

（二）对抗措施

对抗是国家及其他国际法主体针对其他主体所做的国际不法行为采取的相应措施。对抗又可分为对抗措施和自卫。对抗措施是一主体对其他主体的一般不当行为而采取的相应非武力对抗行为，如经济制裁、断绝外交关系等。自卫是指一主体受其他主体的武装侵略或攻击时，出于保卫该国主权和领土的目的所采取的有限度的武力反击行为。对抗措施和自卫适用时应注意三点：①针对性。即须针对他国对本国所为的国际不法行为而采用。②合法性。即对抗行为是国际法所允许的合法行为。③适度性。一国的对抗行为不应超过必要的限度，当然关于“适度”的标准在实践中争议较大。涉及对抗措施的案例较多，例如：1990 年 8 月伊拉克武装入侵并占领了科威特，从而引发了科威特及其他国家采取集体自卫行动——爆发了 1991 年年初的“海湾战争”，由于此次行动的目的在于“打击入侵者，解放科威特”，战争 42 天就结束了。此次行动完全符合上述三个条件，尽管给伊拉克带来了巨大伤害，但仍被认为是对抗措施，而排除了承担责任。相反，在 1986 年尼加拉瓜与美国“军事与准军事活动案”[3] 中，美国试图借口“尼加拉瓜支持某些武装力量侵袭别国”构成国际不法行为，美国的行动系采取的对抗措施，应予免责。此显然是行不通的，只要对比对抗措施的条件即可看出：①没有取得足够的证据以判定尼加拉瓜有武装攻击别国的不当行为；②即使尼加拉瓜确有支持武装力量袭击别国的行为存在，也并非针对美国一国实施的，根据“集体自卫”原则，不应由美国一国采取对抗措施；③美国所采取的措施并非国际法上认为的“确实必要且行为规模与攻击规模对称”的合法的措施，这些行为侵犯了尼加拉瓜的主权，给尼加拉瓜造成了重大损失。故国际法院提出了临时保全措施，判定美国立即停止封锁。

---

① 《国家对国际不法行为的条文草案》第 20 条。

② 参见［联邦德国］马克斯·普朗克比较公法及国际法研究所《国际公法百科全书》（第二专辑），陈致中、李斐南译，中山大学出版社 1989 年版，第 226 ～ 227 页；中国政法大学国际法教研室《国际公法案例评析》，中国政法大学出版社 1995 年版，第 20 ～ 22 页。

③ 参见中国政法大学国际法教研室《国际公法案例评析》，中国政法大学出版社 1995 年版，第 209 ～ 225 页。

（三）避免危难

国际法主体的不符合其义务的行为，如果是在极端危难而又别无他法的情况下所为，国际法承认其排除不法性，即所谓紧急避难。通常危难包括两种情况：①指构成该主体行为的行为人，在遭遇极端危难的情况下为了挽救生命或受其监护之人的生命，除此之外别无他法而做出不符其国际义务的行为；②指国家或其他国际法主体在遭遇到严重危及生存和根本利益的紧急状况下，为摆脱这种紧急危险状态而不得已所为的危害行为。

危难的适用应注意下列条件：①危难状态确已存在，并正在威胁之中。首先，这种危害应是客观的，不能基于推测或想象。倘若因对事实发生错误认识而实行了“避险”行为，应承担过失责任。其次，在时间阶段上确认危难行为确已发生，而不能行为于危难状态前，也不能在危难状态之后。②确属除此之外别无他法。1912 年 11 月，海牙仲裁法庭对俄土争端做出的裁决指出，如果国家的存在本身将处于危殆之中的话，如果遵守国际义务是自我破坏的话，一个国家执行条约可以减轻。[①] 提到紧急避难时安齐洛蒂指出，“紧急避难这个宥恕理由……不可能以违反法律以外的方法行动”[②]。例如，某外轮在公海上航行时遇到风暴，为避免沉船，不得已闯进别国的军港。③避难行为应是合理的、适度的。首先，紧急避难行为不能以牺牲别的主体的利益来保全自己。以美英“海王号案”为例，1795 年 4 月，英巡洋舰在公海上捕获了美国海王号船，理由是船上包括粮食等货物应送到英国，因为英格兰正在遭受着饥饿的威胁。混合委员会在受理此案时，英国以紧急避难为辩解，遭到该委员会驳斥。其次，紧急避难行为不能造成与危难状态同样的或更大的损害。对此，《条文草案》第 24 条做了明确规定。

（四）国有化

一国实行国有化或征用外国企业而给其他国际法主体及其国民带来损害的，并不构成国际不法行为，也不引起国际责任。因为，实行国有化是现代国际法所允许的。1974 年联合国大会《建立新的国际经济秩序宣言》第 4 条第（5）点规定：为了保卫其自然资源，每一个国家都有权采用适合于自己情况的手段，对本国资源及其开发实行有效控制，包括有权实行国有化或把所有权转移给自己的国民，这种权利是国家充分的永久主权的一种表现。1974 年《各国经济权利和义务宪章》第 2 条第 2 款 C 项规定，每个国家都有权将外国财产的所有权收归国有、征用或转移，在收归国有、征收或转移时，应由采取此种措施的国家给予适当的赔偿。应注意，这里提到的赔偿，仅仅是一种补偿，不能视为国际法律责任承担形式的“赔偿”。通常，因补偿引起的任何争论均由实行国有化的国家依照其国内法解决。

除上述免责情况外，超过时效和采用了弥补措施都是可免除国际不法行为责任的情况。

---

① 参见［奥地利］阿·菲德罗斯等《国际法》，李浩培译，商务印书馆 1981 年版，第 490 页。

② ［奥地利］阿·菲德罗斯等：《国际法》，李浩培译，商务印书馆 1981 年版，第 490 页。

二、损害责任的免除

国际法不加禁止的行为产生损害性后果，也并非在一切情况下都对损害负赔偿责任。也存在着一些免除行为者责任的情况，常见的有时效、共同过失、战争、国内暴乱、不可抗力包括特殊形式的自然灾害等。例如，《核能方面第三者责任公约》第9条规定：除国内法律可能做出相反规定的情况外，经营人对由武装冲突、入侵、内战、暴乱或特殊性质的严重自然灾害造成的核事故引起的损害不负赔偿责任。关于共同过失，《国际油污损害民事责任公约》第3条规定：如所有人证明，污染损害全部或部分是由受害者意图引起损害的作为或不作为所造成的，或者是由于受害者的过失所造成的，则可全部或部分免除该所有人对该受害者的赔偿责任。①

第五节　国际法律责任的承担方式

国际不法行为或损害行为与国际法律责任密切联系，前者是前提条件，后者是法律后果。国际不法行为或损害行为一经确定就产生承担相应责任的法律后果。责任承担方式取决于国际法主体实施的行为的性质和程度，行为的性质、诱因及造成损害的程度不同，行为主体在国际法律责任的承担方式上也不同。比如，国际不法行为可引起限制主权或赔偿或道歉，而损害行为一般只引起赔偿。

应注意，无论以什么方式承担国际法上的责任，均属法律责任。而在以往的国际法理论中，习惯将国际责任形式分类为政治上的责任、物质上的责任和道义上的责任，这种分类容易造成误解。实际上这种分类的意图是想说明责任主体从什么方面去承担国际法律责任，而给人的印象却是政治责任、经济责任和道义责任，从而超出了国际法的范围。

目前，国际法上对国际法律责任的承担方式尚无明确的、统一的规则，国际法学界的主张也不一致。但从国际实践看，国际法律责任的承担方式主要有：限制主权、赔偿或恢复原状以及道歉等。

一、限制主权

限制主权（limitation of sovereignty），是指那些对别国进行武装侵略、破坏国际和平与安全并构成国际罪行的国家所承担的国家主权之行使受到限制的法律责任承担形式。这是最严重的责任承担方式，对一般国际不法行为或损害行为不采用这种方式。

限制主权包括全面限制主权和局部限制主权。全面限制主权，指在一定时期内对责任国实行军事占领或军事控制。这方面最典型的例证就是第二次世界大战结束后，为惩

① 参见周晓林《合法活动造成域外损害的国际责任》，载《中国法学》1988年第5期。

罚侵略者和防止侵略势力再起，根据国际协定，在一定时期内，同盟国对德国和日本实行了军事管制，同盟国管制委员会代行其国家最高权力。如美、苏、英、法四国政府共同行使德国的最高权力，包括德国政府、司令部，以及各州、市或地方政府的一切权力。局部限制主权，指对于责任国在某些方面的权利进行限制或拒绝其参加军事同盟等。例如，1947 年的对意和约规定，该国拥有武装力量的数量不得超过实行自卫所必需的限度。又如，伊拉克对科威特的入侵，严重违反了国际法，为此，安理会做出决定，派出多国部队帮助收复科威特。海湾战争后，安理会就伊拉克的责任问题进行过多次讨论并做出一些决议，其中重要内容之一就是销毁和限制伊拉克的核武器和生化武器。这样，伊拉克便承担了局部限制主权的责任方式。

二、赔偿

赔偿（reparation），指国际法主体因其国际不法行为或损害行为给受害主体造成物质上的损害而承担的予以物质补偿的方式。

赔偿是最经常和普遍采用的国际法律责任承担方式，它可以适用于严重的国际罪行，可以适用于一般国际不法行为造成的危害，也是损害责任的承担的最基本方式。

赔偿一般通过恢复原状或者支付货币或实物的方式进行。恢复原状（restitution in integrum），指责任主体负责将被损害的事务恢复到损害发生前存在的状态。如撤销违反国际义务的国内法，归还非法没收或掠夺的财产，包括归还掠夺别国的文物和艺术珍品，修复被非法损害的物体，恢复被非法移地的边界标志，撤出非法占领的别国领土，积极排除或修复其造成的损害性结果，等等。支付货币或实物，指给受害方以一定数量的赔款或实物作为对损害的补偿。这种方式通常在难以恢复原状的情况下适用，而且支付赔款这一方式使用得最普遍。在实践中可以在予以恢复原状的同时，再支付部分实物或货币作为补偿。1947 年签订的对意、匈、保、罗、芬五国的和约，都规定了包括恢复原状和实物赔偿的条款。

关于赔偿的性质和限度，在国际法上没有统一规则，在理论和实践中也存在着分歧。有人主张，赔偿是补偿性的，而非惩罚性的，仅在极少数情况下赔偿才具有惩罚性，因此赔偿应低于实际损害。也有人主张，赔偿应是具有惩罚性的损害赔偿，赔偿数额可以不受实际损害数额的限制，赔偿数额依行为的性质及影响而定，可以小于也可以大于实际损害。多数人认为，赔偿以不超过所受损害的事物能恢复原状的限度为宜，当然具体数字只能根据具体情况来确定。

应注意，在发生战争或自然灾害的情况下，某国家或实体给予受害的外国人以人道主义的物质救济和补偿，不能视为赔偿；一国在实行国有化或征用外国企业时给予外国人以适当补偿也不能视为赔偿。

三、道歉

道歉（apology）指从事国际不法行为者对于给受害方造成的非物质的损害予以精

神上的补偿，使受害方得以满足的责任承担方式。

道歉的适用也很广泛，可适用于各类国际不法行为，特别是可适用于损害他国荣誉尊严的国际不法行为。道歉作为一种法律责任承担方式，不同于一般的“道歉”，它具有一定的强制性。

道歉的方式很多，可以口头表示，也可以采用其他方法表示。如国家领导人或当局付函电致歉，派专使前往受害国表示遗憾、认错，向受害国的国旗、国徽行礼致敬，惩办肇事者，保证不再发生类似事件，等等。

上述方式可以在某一事件中单独使用一种，也可合并使用多种。如在许多案件中，责任国除正式道歉或表达“深切遗憾”外，还要给予一定的赔偿。又如，第二次世界大战后，德、日等国既被限制了主权，又要承担赔偿责任。

四、关于国际法律关系的主体的刑事责任问题

目前，国际法律关系主体的刑事责任主要体现在国家的刑事责任方面。

传统国际法认为，国家在国际法上不负刑事责任；对于代表国家行事的个人所做的国际行为，个人也不负刑事责任，因为他们的行为一般被认为是代表国家的行为。第一次世界大战后的《凡尔赛和约》确定对德国皇帝威廉第二及主要将领进行审判，从而第一次在国际法上规定了对犯有国际罪行的国家首脑可追究其刑事责任。国家刑事责任进入国际法领域，产生了国际刑事责任的新概念。第二次世界大战后，关于惩处主要战犯的《伦敦协定》和《欧洲军事法庭宪章》《远东军事法庭宪章》以及对战犯的审判的实践，使追究战犯的刑事责任被确立为国际法的一项新制度。1949 年联合国大会通过决议，将其确认为国际法原则。国际实践证明，传统国际法的国家和代表国家行事的个人均不承担刑事责任的观点已经过时。当前国际法学争论的问题不是国家承不承担刑事责任，而是像战犯等严重国际罪行的责任承担的性质是国家责任还是个人责任，以及刑事责任是否可以作为国际法律责任的承担方式，等等。

一般认为，国际罪行只能归罪于国家，无论其是由国家机关还是代表国家行事的个人所为。因为，从国际罪行所涉及的方法、手段和目的来看，全是为推行国家政策，而非出于私人目的的所为；再说，若非在国家权力支持下有计划大规模地实施这些行为，个人要构成这么严重的犯罪是不可能的。于是，依照国际责任理论，国家必须对代表国家行事的个人行为所产生的危害后果承担直接的法律责任，如果这种行为已构成犯罪行为，该国理应承担与其行为相适应的国际刑事责任。这种责任应属国家的责任而不属于行为人个人的责任。

国际法委员会第 46 届会议及之后的多次会议上着重讨论了国家的国际罪行的法律后果问题，并一度将国际罪行作为专章做了规定。而在 2001 年通过的《条文草案》中回避了国际罪行的提法，并取消了相关的规定。

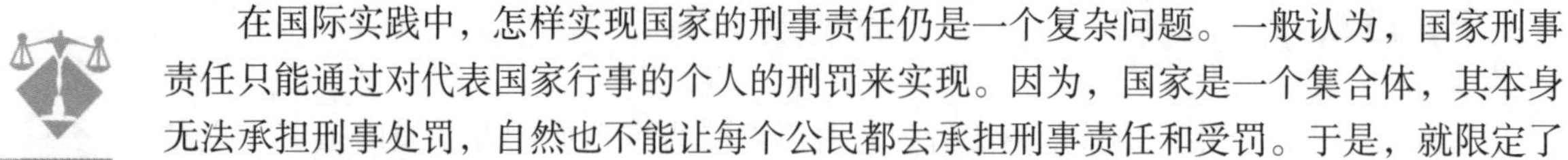

在国际实践中，怎样实现国家的刑事责任仍是一个复杂问题。一般认为，国家刑事责任只能通过对代表国家行事的个人的刑罚来实现。因为，国家是一个集合体，其本身无法承担刑事处罚，自然也不能让每个公民都去承担刑事责任和受罚。于是，就限定了

特定的人来承担这种责任并受罚。由于国家的一切政策和活动都是由具体个人制定和执行的，倘若国家构成犯罪，代表国家或经授权或纵容行为的个人就必须承担国际刑事处罚。这些个人之所以承担国际刑事责任和刑罚，是因为他们是国家的代表，或者称为"国家代理人"，他们的责任可以说是一种代理责任。因此，个人的国际刑事责任实际上是国家刑事责任的衍生物。

由于国家的刑事责任是一种严重的国际法律责任的承担方式，它与其他的责任承担方式在性质上、内容上、处置上都是不同的，具有其特殊性和独立性，不能为其他的责任承担方式所取代，因此，应将刑事责任作为国际法律责任的承担方式之一，适用于严重的国际不法行为或国际罪行。

目前，在国际法理论中尚未形成国家刑事责任问题的理论体系，而且在国际实践中关于国家刑事责任的制度尚不健全，还缺乏现行法的依据。2002 年成立的国际刑事法院显然不是专门针对国家自身的刑事责任而建立的。

此外，国际法学界在研究国家刑事责任的同时，也开始涉猎其他国际法主体如国际组织和类似国家的政治实体是否应成为国际刑事责任的主体的问题。

第五章　国际争端的和平解决

第一节　概　　述

一、国际争端的概念和特点

（一）国际争端的概念

国际争端（international dispute），是指国际法主体相互之间在政治利益、法律权利和事实确定等方面存在的法律观点、事实依据或者利害关系的矛盾和对立。

就本义而言，国际争端主要是指国家之间的争端。随着国际关系的发展、国际法主体增加，政府间国际组织和民族解放组织等类似国家的实体被确认为国际法主体，国际争端不仅发生在国家之间，而且发生在国家、国际组织及类似国家的政治实体之间。于是，不应将国际争端机械地理解为只是国家之间的争端。对此，《联合国和平解决国家间争端手册》中已经申明：本手册包括了"除国家以外的法律主体可能是当事方的那些争端"。

此外，还应当注意，尽管是国际法上的概念，但争端所涉事项的范围，既可以是当事方之间的法律权利，也可以是他们之间的政治权益。不能狭窄地理解为国际争端只是法律争端。

（二）国际争端的特点

国际争端与国内争端相比较，具有其本身的特点：

第一，主体不同。国际争端的主体是国际法主体，即国家或其他公认的国际法主体，非国际法主体间或者国际法主体与非国际法主体间的争端不属于国际争端。国内争端的主体之间，甚至国内法主体与国际法主体发生的争端均不能成为国际公法意义上的国际争端。

第二，起因不同。国内争端多与个人的法律权利或个人的利益相关联；国际争端虽可概括为有关法律权利和国家利益的争端两大类，但这些争端可源于领土、意识形态、民族、宗教等各个方面，比国内争端的潜在因素更复杂、重要。

第三，内容不同。国际争端关系到当事国的利益，甚至关系到某一地区乃至世界各个国家的利益，处理不当有可能引起武装冲突甚至战争；而国内争端主要关系到当事者个人利益，即使处理不当，其消极影响有限。

第四，效力不同。国际争端属于当事方彼此地位平等基础上的争端，除非矛盾和对立发展到非强制方法或者战争不能解决的程度，任何解决争端方法的适用，对应取得争端方同意，方具有法律效力。国际争端的主体之上无更高的权威，即使是法律解决也缺乏国内社会那种强制机关的强力保障。而国内争端大多不需要这种同意，在国内由凌驾于个人之上的国家为争端裁判者，裁判的执行由国家的强力给予保障。

二、国际争端的种类

按照传统国际法，国际争端因其所涉及事项的性质不同可分为法律争端和政治争端，并适用不同的方法解决。

（一）法律性争端（legal dispute）

这是指当事各方依国际法所承认的原则和规则为理由，就法律上的权利义务发生分歧而引起的争端。法律性争端包括哪些方面，国际法没有明确规定，国际法文件也没有进行全面列举。《国际法院规约》第36条规定了可供国际法院实行任意强制管辖的法律争端，这些争端在法律性争端中占重要地位。传统国际法把此类争端称为“可裁判的争端”（justifiable dispute），提倡应交付仲裁或司法解决。

（二）政治性争端（political dispute）

这是指争端当事方基于国家或民族的政治利益的对立或冲突而产生的争端。政治性争端范围广泛，可以说除法律性争端和某些事实分歧而导致的争端外，都属于政治性争端。传统国际法把此类争端称为“不可裁判的争端”（non-justifiable dispute），认为只能通过外交途径或用政治方法加以解决，不宜适用法律方法解决。

国际实践表明，由于国际争端的性质、内容和产生的原因错综复杂，纯粹的法律争端和政治争端亦不多见，更多的国际争端既涉及国家法律权利，也涉及国家政治利益。所以，对此类争端既可采用法律方法解决，也可采用政治方法解决，还可同时采用法律和政治方法解决。在法理上，区分国际争端的性质，对于认识争端、解决争端具有积极意义。但倘若过分强调争端的政治或法律性质，以寻求对应的解决方法，反而不利于争端解决。

三、解决国际争端的方法

传统国际法将解决国际争端的方法分为强制和非强制两大类。

（一）强制解决方法

强制解决方法是指争端当事方使用强制性手段迫使争端他方接受其所要求或采取措施消除争端起因的解决方法。其包括反报、报复、平时封锁和干涉等。按早期西方国际法学者的广义理解，战争和非战争的武力方法也被列为强制解决争端方法。

现代国际法明确废弃了战争作为解决争端的手段，摒弃了国家的所谓“诉诸战争权”，禁止使用武力和武力相威胁。于是，战争和非战争的武力方法被废弃，平时封锁和干涉也被视为违反国际法基本原则的非和平方法而禁止使用。

对于反报和报复，现代国际法并不完全禁止，联合国体系内也认同此类强制方法。但现代国际法更加提倡非强制的和平方法，主张采取强制解决方法必须在严格遵守国际法的基础上、在特定条件下、在严格限制的范围内使用。

反报（retortion），又称还报，指一国针对另一国的不友好、不礼貌、不公平的行为而采取的同样和类似的方法予以回报的行为。引起反报的行为通常并非不法行为，而是不礼貌、不友好或不公平的行为。反报主要适用于国家之间有关贸易、关税、航运以及移民和外侨政策等方面。反报的形式主要有：限制进口额、歧视性签字条件、禁止出入境、保护性关税、驱逐外交人员等。反报可能是为了得到赔偿，也可能是为了迫使对方停止不友好行为。反报的目的一经达到，就应立即停止。

报复（reprisal），又称平时报复，指一国针对另一国的国际不法行为而采取的，以迫使对方停止不法行为或者对不法行为后果承担责任，从而使争端得到解决的行为。报复的形式主要有：停止执行某些条约、扣押对方船舶或财产、禁运等。报复针对的是国际不法行为，目的是要促使争端获得解决，故在实行报复前通常向对方提出赔偿或补偿的要求，在要求无法得到满足时才能采取。现代国际法对报复做了严格限制，要求采取报复措施应当与不法侵害程度大体相当；另外，除非自卫目的，不得使用武力。

（二）非强制解决方法

非强制解决方法，是指对于国际争端采用非武力的和平方法，在平等的基础上求得解决。其可分为政治解决方法和法律解决方法。前者包括谈判、协商、斡旋、调停、调查、和解，以及利用普遍性或者区域性国际组织或区域办法；后者包括仲裁、司法解决。

谈判与协商、斡旋与调停、调查与和解等解决争端的政治方法，其历史长短不一，经历了独特的发展过程。但至1899年和1907年的《和平解决国际争端公约》、1928年的《和平解决国际争端总议定书》，对上述争端解决程序都做出了详细规定。

利用联合国和区域机关或区域办法解决争端，属于政治方法的范畴，是新近产生的。依赖集体力量解决国际争端的尝试始于第一次世界大战后的国际联盟。“二战”后建立的联合国在解决争端方面拥有更为广泛的职权。《联合国宪章》首先确认该组织的宗旨是“维护国际和平和安全”，要求会员国遵守和平解决国际争端原则，接着，《联合国宪章》第六、七、八章及其他有关条款从方法上做出具体规定，从而使联合国解决争端程度得以确立。

区域机关或区域办法是一种既与联合国程序相关联又有其自身本质特征的争端解决程序。区域性国际组织早已存在，但区域机关或区域办法在《联合国宪章》中才得以明确规定。国际实践表明，区域机关或区域办法运用其组成文书所载和平解决争端的有关条款以及根据后来的实践经验制定的原则，解决了不少争端。

仲裁作为民间解决争端的方法，可追溯到古希腊、罗马时代，而近、现代意义上的国际仲裁始于18世纪90年代英美之间的《杰伊条约》（*Jay Treaty*）。“二战”后，仲裁被《联合国宪章》《美洲和平解决争端公约》及《关于和平解决争端的欧洲公约》等所接受。1958年联合国国际法委员会的《仲裁程序示范规则》表明了现代仲裁程序规范化的方向。近些年来，各国对仲裁又产生了新的兴趣。

司法方法解决争端主要指通过司法机构进行判决解决争端。除国际联盟国际常设法院和联合国国际法院外，还有区域性的或专门性的国际司法机构，如欧洲法院、美洲国家间人权法院、欧洲人权法院以及国际海洋法法庭等。司法解决是一种潜力很大的解决争端程序。

四、和平解决国际争端是国际法的基本原则

和平解决国际争端是自19世纪末以来逐步创立的一项重要国际法制度，并逐渐成为国际法的基本原则。

1899年通过、1907年修订的海牙《和平解决国际争端公约》在确立和平解决国际争端方面具有重要意义。该公约首先明确宣布，缔约国决心以“最大努力保证国际争端之和平解决”。1928年8月27日签订的《关于废弃战争作为国家政策工具的一般条约》（简称《巴黎非战公约》《非战公约》《白里安－凯洛格公约》，*Briand-Kellogg Pact*）明确地将和平解决国际争端提升到国际法原则的高度。该条约第2条郑重声明，不论其性质如何，缔约各方“只能用和平方法处理或解决”它们之间可能发生的一切争端或冲突。

1945年的《联合国宪章》第2条明确规定“各会员国应以和平方法解决其国际争端，避免危及国际和平、安全及正义”，并把和平解决国际争端列为七项基本原则之一，标志着和平解决国际争端原则作为国际法基本原则的地位得以确立。此后，联合国通过一些重要决议和宣言确认、重申和平解决国际争端原则。如1970年《国际法原则宣言》、1974年《各国经济权利和义务宪章》、1982年《关于和平解决国际争端的马尼拉宣言》、1988年《预防和消除可能威胁国际和平与安全的争端和局势以及关于联合国在该领域的作用的宣言》、1991年《关于联合国在维持国际和平与安全领域中的实况调查宣言》等。许多重要的区域性国际组织的章程和区域性条约也明确规定了以和平方法解决成员国之间争端的义务，如1957年《欧洲和平解决争端公约》、1948年《美洲国家组织宪章》、1948年《美洲和平解决争端公约》和1963年《非洲统一组织宪章》等。

和平解决国际争端原则在现代国际法中具有重要的意义：从理论上看，和平解决国际争端原则是实现联合国首要宗旨的重要途径，也是国际关系中各国友好往来与合作的

法律保障。从现实来看，和平解决国际争端原则是避免国际争端升格为武装冲突乃至战争的重要原因，并为现代和平解决争端的具体方法的顺利发展开辟了道路。尤其是在冷战结束后的时代，国际格局的均衡被打破，在大国实力明显强大的形势下，强调和平解决国际争端尤为重要。

第二节　国际争端的政治解决方法（一）——传统方法

一、谈判与协商

谈判（negotiation），也称直接谈判、外交谈判，指两个或两个以上的争端当事方就争执问题进行交涉并获致协议以求得争端解决的方法。

谈判依据谈判者等级的不同可分为元首级谈判、首脑级谈判、外长级谈判、大使级谈判、一般性会谈等；谈判方式主要是当面会谈，又称口头谈判，有时也进行书面谈判，即通过互换照会、公文、信函的方式进行。谈判时各方应遵循主权平等、诚意与谅解精神，求同存异，力求争端得以公平合理地解决。谈判最大优点在于：争端各方直接进行接触，从而可以避免因第三方介入而带来的误会和不便。

谈判方式自古有之，现已广泛采用并为许多国际公约如《和平解决国际争端公约》《联合国宪章》等所确认。在国际实践中，各国在采用其他方式以前总是首先采用谈判的方法。

协商（consultation），指争端各方就有关问题和争端求得谅解和解决而进行交涉的方法，是与谈判相近似并且密切相关的方式。过去协商被认为是谈判的一种形式，现在协商已经成为解决国际争端的独立方式。协商的特点在于：①可以扩大参与谈判的成员，让一些中立国介入，不受当事国的限制；②议事规则、表决程序及决议形式均按照协商一致原则来处理。协商具有直接性、灵活性的特点，更体现和解精神。

自20世纪50年代后，协商作为外交谈判的一种特殊的补充形式，发展成为国际法的一种制度。协商作为解决争端的方法是我国在1953年8月《关于和平解决朝鲜问题的政治会议的声明》中首次提出的。之后，我国运用协商方法同许多国家解决了诸如国籍、边界等方面的争端。到70年代末，协商已在许多重要国际公约中得以明确规定，如1977年《禁止为军事或任何其他敌对目的使用改变环境的技术的公约》、1978年《关于国家在条约方面的继承的维也纳公约》等。

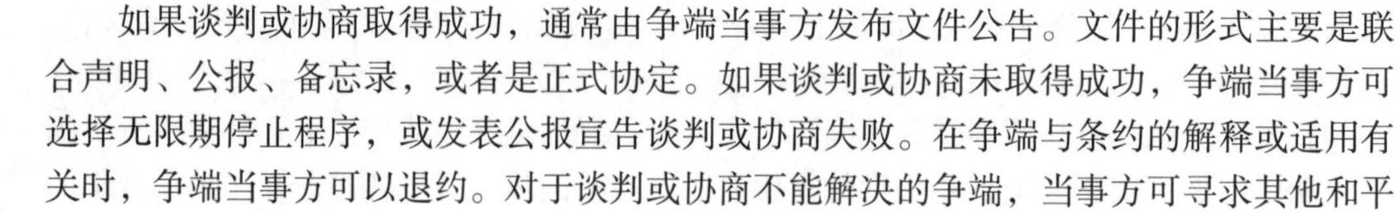

如果谈判或协商取得成功，通常由争端当事方发布文件公告。文件的形式主要是联合声明、公报、备忘录，或者是正式协定。如果谈判或协商未取得成功，争端当事方可选择无限期停止程序，或发表公报宣告谈判或协商失败。在争端与条约的解释或适用有关时，争端当事方可以退约。对于谈判或协商不能解决的争端，当事方可寻求其他和平

解决程序，包括和解、仲裁或司法解决等。

二、斡旋与调停

斡旋（good offices）是善意第三者进行的各种有助于促成争端当事各方直接谈判或重开谈判以实现争端和平解决的行为。

调停（mediation）是第三方以善意促成、参加并引导谈判，提出建议作为谈判基础，促使争端尽快解决的方法。

斡旋与调停的区别在于，斡旋者只进行有助于促成争端当事方直接谈判的行为，本身并不参加谈判也不提出建议；而调停则不同，调停者不仅是促成谈判，而且直接参加谈判，提出合理建议而为解决争端找到现实基础，甚至还力求保持最后达成的解决方案得到遵守，可以说调停是比斡旋更进一步的行为。

斡旋与调停都是第三方为协助争端当事方解决争端，作为和平解决争端的政治方法，斡旋与调停有如下共同点：①斡旋与调停的主持者都是与某争端及其无利益关系的善意第三者。其可以是国家、国际组织，或者个人。②斡旋与调停不论是第三方主动提出，还是由争端方请求，均应取得争端各方一致接受。③斡旋与调停都不妨碍争端当事方的自由抉择。斡旋与调停时提出建议与忠告，仅具有劝告性质，无法律拘束力，争端各方是否接受与采纳，均可自行决断。④斡旋与调停无论成功或失败，都不产生法律后果，斡旋或调停者均不承担任何法律责任。

三、调查与和解

调查（investigation），即国际调查，又称查明事实（fact-finding），指在特别涉及对主要事实发生分歧的争端中，争端当事方同意由调查委员会或个人就争执事实进行查证并提出报告，交由当事国自行解决争端的方法。

调查主要包括听取争端各方的意见、询问证人、收集证据、查看有关现场等，以查明和弄清事实真相。调查的任务是调查争端事实情况并出具一项报告。该报告“限于说明事实而不具有仲裁裁决特点”。争端当事方有权自由决定对报告赋予何种效力。报告的价值因赋予特写调查任务的职能和权限而有所不同。1907 年的《海牙和平解决国际争端公约》第 35 条确定的调查只是为了澄清事实，故调查报告只限于叙述已确定的事实，对争端各方无拘束力。1982 年《联合国海洋法公约》附件八承认的调查则不同，其报告除争端各方另有协议外，应被认为是结论性的。

调查一般是由若干人组成调查委员会或调查小组，有时也可由一个人独自调查。例如，根据联合国有关事实调查的宣言和文件，联合国秘书长、其他专门机构行政首长可以应争端当事方要求，指派一个调查团（或小组）甚至一个人进行有关事实方面的调查。如组成调查委员会，通常由 5 人组成。争端当事各方任命 2 人，其中一人为本国国籍，另一人为非本国国籍。第五人由以上 4 人共同选出，并担任首席委员。担任调查的人员应是有关问题的专家。

1899年和1907年《海牙和平解决国际争端公约》对由争端当事各方特别协定而临时产生的国际调查委员会做了详细规定。1914年美国政府为解决其与许多国家之间的纠纷，根据国务卿布赖恩的建议而签订的一系列“布赖恩和平条约”设立了国际常设调查委员会。1988年联合国大会通过《关于预防和消除可能威胁国际和平与安全的争端和局势以及关于联合国在该领域的作用的宣言》，要求国际社会充分利用联合国安全理事会、大会和联合国秘书长的事实调查能力，进一步加强联合国在维持国际和平与安全方面的作用和效力。

和解（conciliation），也称调解，是将争端交由和解委员会查明事实做成报告并建议解决方法、制定和解方案，甚至居间主持，以促进争端解决的方法。

和解的主要工作包括实况调查，听取争端当事各方陈述，审查其权利主张和反对意见并提出和睦解决之建议。和解委员会在履行其职责过程中也可召集和听取证人和专家的陈述，并征得当事各方的同意到有争议的地点进行访问。和解的任务主要为：①调查和澄清有关争端的事实；②设法提出为争端各方共同接受的解决问题的办法，以便使各当事方达成协议。

和解要设立和解委员会。有关条约规定，和解委员会可以是5人或3人。争端当事各方有权委派5名中的2名或3名中的1名，剩下的1名由争端当事各方协调委派，该名和解员应为第三国国民，而且一般为和解委员会主席。如果争端当事双方都要委派该名和解员发生困难从而妨碍和解委员会的组成时，争端当事方通常授权第三方（或第三国或一知名人士，如联合国秘书长或国际法院院长）来委派。近几十年来，和解委员会在实际组成和委派程序上有某些变化。1948年《波哥大公约》、1964年《非洲统一组织议定书》以及1969年《维也纳条约法公约》附件都规定事先编制并保持一份固定的和解员名单，以便争端当事方从中委派和解员。

和解委员会有关其程序规则、报告和建议等问题的决定，均由其成员的多数票做出。通常和解建议不具有法律拘束力。但某些条约使和解结果具有一定的拘束力。例如，1980年关于建立东加勒比国家组织条约第4条确定的和解程序是强制性的，和解委员会的建议不仅是最后的，而且对各当事方具有拘束力。

和解是在1907年的《海牙和平解决国际争端公约》的调查制度和1914年《布赖恩条约》常设调查委员会制度的基础上发展而来的。1944年修订的《关于和平解决国际争端的日内瓦总议定书》第15条，1957年《关于和平解决争端的欧洲公约》第15条，1948年《波哥大公约》第22条，1964年《非洲统一组织议定书》第24条，1969年《维也纳条约法公约》第4、5段以及1982年《联合国海洋法公约》附件也都对和解程序做了具体规定。

综上所述，调查与和解两种解决国际争端的方法有其相似之处：它们一般都由条约或协议具体规定，都有一定的组织机构，都要对争端的事实予以调查，最后都要提出不具有法律拘束力的报告书。但调查与和解不同，调查委员会与和解委员会也不同，其主要区别在于调查的目的是查明事实真相，在此基础上希望争端当事方能够自行解决它们之间的争端；和解的目的是在阐明于事实之外就解决争端提出解决条件或提出积极建议。

四、我国的实践

中国始终主张应以谈判与协商的方式解决国家之间的争端，认为“国际争端是可以用和平协商方法求得解决的”。周恩来同志 1954 年在日内瓦会议上的发言以及 1955 年在亚非会议全体会议上的发言都明确表达了这一观点。自 20 世纪 50 年代以来，中国政府本着平等互利、自愿合作、互谅互让和协商一致的原则，通过直接谈判或协商程序成功地解决了与印度尼西亚之间的双重国籍问题，与缅甸、尼泊尔和巴基斯坦、俄罗斯等邻国之间的边界问题，并正在或继续努力解决与印度之间边界或其他方面的争端问题。1984 年 12 月 19 日和 1987 年 4 月 13 日，中国与美英国、葡萄牙通过谈判与协商签订了《中英关于香港问题的联合声明》和《中葡关于澳门问题的联合声明》，使涉及我国领土主权的重大历史问题获得解决。而且，中国在与外国缔结条约时，对于彼此间可能出现的争端，一般都要求明文规定双方适用协商程序解决。例如，1955 年《中国印度尼西亚间关于双重国籍问题的条约》第 13 条、1961 年《中国尼泊尔间边界条约》第 4 条、1963 年《中国巴基斯坦间边界协定》第 5 条、1969 年《中缅边界条约》第 11 条等都做了这种规定。中国方面极力倡导以谈判与协商程序解决争端的主张已为越来越多的国家所接受和实践。

对于斡旋与调停，中国明确以斡旋者或调停者身份解决国际争端的实践不多。但随着我国在国际社会中地位的提高、威望的增强，以调停者身份对国际争端，尤其是亚洲地区国际争端的解决起到了重要作用。如日本同朝鲜就嫁给朝鲜人的日本妇女回国省亲的问题，就是在中国的调停下，于 1997 年 7—9 月间在北京经过多次会谈、磋商后初步解决的。对于柬埔寨问题，西哈努克亲王侨居北京，我国也以调停者身份在帮助探讨解决的途径。还有朝鲜半岛问题，韩国和朝鲜的代表经常在北京会面，1997 年 5 月和 7 月在北京举行了有关向朝鲜提供粮食援助的会谈。[①] 1997 年 12 月，就朝鲜半岛问题在日内瓦举行了中、美、韩、朝四方会谈，并取得了成功。[②] 朝核问题始于 20 世纪 90 年代初，之后成为在世界范围内受到关注的复杂问题，经过自 2003 年以来中国的积极斡旋，有关朝鲜核问题的六方会谈于 2003 年 8 月 27 日至 29 日在北京举行。至今有关问题仍在继续进行中。[③] 此外，我国作为联合国安理会五大常任理事国之一，在安理会的集体调停活动中也起了重要作用，受到世界各国的公认好评。

---

① 参见《“调停外交”提高中国国际威望》，载《参考消息》1997 年 10 月 11 日。

② 参见《朝鲜半岛问题四方会谈结束，各方官员均称会谈取得成功》，载《参考消息》1997 年 12 月 12 日。

③ 参见《朝核问题的由来》，见新华网：http://www.china.com.cn/chinese/zhuanti/chwtlfht/392233.htm；《中国高层外交斡旋 朝核问题六方会谈有望重启》，见人民网：http://news.sina.com.cn/c/2005-02-28/04355953303.shtml。

第三节 国际争端的政治解决方法（二）——通过国际组织解决

一、通过联合国机构解决争端

《联合国宪章》把和平解决国际争端的重任直接赋予联合国大会、安全理事会以及秘书处。在具体实践中，联合国还通过一系列关于和平解决国际争端的宣言、决议和文件，发展了维持和平行动。总之，联合国在解决国际争端方面发挥着巨大作用。

（一）联合国大会解决国际争端的职权

联合国大会在和平解决国际争端方面的职权主要有：

（1）讨论权。依据《联合国宪章》第 10 条，大会职权广泛，可以讨论宪章范围内任何问题或事项，并可以向联合国会员国或安理会提出包括对解决国际争端在内的任何问题或事项的建议。因此，大会可以直接呼吁争端当事国和平解决国际争端，并协调联合国各机关解决国际争端的活动。但大会解决国际争端的职权受到宪章第 12 条规定的限制，即非经安理会请求，大会对于安理会正在处理的争端或情势，不得提出任何建议。

（2）建议权。依据宪章第 11 条第 2 款，大会可以讨论联合国任何会员国向其提出的关于维护国际和平与安全的任何问题，并向有关国家或安理会提出任何关于这种问题的建议。依据宪章第 11 条第 3 款，大会对于足以危及国际和平与安全的情势，可以提请安理会注意。依据宪章第 14 条，大会对于其认为足以妨害国际间公共福利或友好关系的任何情势，不论其起因如何，包括由于违反宪章所规定的联合国宗旨和原则而引起的情势，可以建议和平调整方法。

（3）调查权。依据宪章第 35 条，大会对于会员国或非会员国向大会提出的争端或可能导致国际摩擦或引起争端的情势，与安理会有同样管辖权，包括进行调查和为此目的设立常设或临时委员会或机构。

大会通过对于国际争端或情势的调查或讨论，最终以大会决议形式提出关于争端或情势的解决方法或条件的建议。但是，大会的建议对争端当事国没有法律拘束力。

（二）安理会解决国际争端的职权

安理会是在维持国际和平与安全方面负主要责任的机关。宪章第 6 章和第 7 条明确规定了安理会在和平解决国际争端中的职权：

（1）促请当事各国利用和平方法解决争端。依据宪章第 33 条，任何争端当事国在争端继续存在并足以危及国际和平与安全之维持时，应尽先以谈判、调查、调停、和

解、公断、司法解释、区域机关或区域办法之利用，或者各该国自行选择之其他和平方法，求得解决。安理会认为必要时，应促请各当事国以此项办法解决其争端。

（2）调查争端以断定情势在事实上是否会危及国际和平与安全。依据宪章第34条，安理会对任何争端或可能引起国际摩擦或对引起争端的任何情势可以进行调查，以断定该争端或情势的继续存在是否足以危及国际和平与安全的维持。为行使此种调查权，安理会可以设立常设或临时调查委员会。

（3）建议争端当事各国以和平方法解决其争端。依据宪章第36条，安理会对足以危及国际和平与安全的争端或情势可以在任何阶段就解决争端的程序或调整方法提出建议。安理会的建议可以是一般性的，也可以提出具体解决条件。依据宪章第38条，应争端当事国请求，安理会可以就任何争端提出和平解决的建议。安理会的上述建议不具法律拘束力。

（4）断定威胁和平、破坏和平及侵略行为是否存在并采取应付办法。依据宪章第7章，安理会在断定有对和平之威胁、和平之破坏或侵略行为存在的情况下，可以提出建议以维持或恢复国际和平与安全。还可以采取包括强制要求各会员国对侵略者实施经济制裁和除武力以外其他措施在内的强制措施。甚至可以当其认为上述强制措施不足以解决国际问题时要求对侵略者采取必要军事行动。安理会的上述建议或决议具有拘束力和强制性。

（5）鼓励、利用区域机关或区域办法。依据宪章第52条，安理会应鼓励、利用区域机关或区域办法来解决区域性或地方性争端。具体做法是，通过各区域组织秘书长的来文和某个争端或情势的各当事国给联合国秘书长的来文，将各区域组织已经进行或考虑进行的活动随时告知安理会。

（三）秘书处解决国际争端的职权

联合国秘书处解决国际争端的努力和贡献主要通过秘书长来体现。宪章第99条明确赋予秘书长的职权有：

（1）执行联合国主要机构有关解决国际争端的决议。可采取多方面行动，包括亲自或派代表斡旋、磋商，或者要求第三国协助。

（2）防止与解决国际争端的“外交职能”。包括发出含有交涉和呼吁内容的文件，与当事国进行讨论和磋商，开展实况调查活动，参与为解决争端式执行商定的解决方案而举行的谈判或为此种谈判提供协助。

（3）行使宪章直接赋予权力的职能。在向大会提交的常年报告中，对联合国在维持国际和平与安全等方面展开的工作进行评价，并提出改进联合国在防止与和平解决国际争端方面的职能的建议。在行使宪章第99条赋予的权力时，也能起到积极预防作用，阻止冲突情况的恶化，帮助各当事国以和平方法解决新出现的争端。

为进一步发挥联合国在解决国际争端方面的作用，联合国在1982年通过《联合国和平解决国际争端的马尼拉宣言》，在1988年通过《关于预防和消除可能威胁国际和平与安全的争端和局势、关于联合国在该领域的作用的宣言》，联合国秘书长在1992年提出《和平纲领》。这些文件除了进一步强调大会、安理会和秘书处在维持国际和平与

安全、和平解决国际争端方面的职责，明确一些具体程序和方法外，无一例外地提出上述机构预防国际争端出现或升级的重要意义，要求上述机构进行预防性外交，包括建立信任的措施、事实调查、预警、预防性部署等。表明联合国在解决国际争端方面的一种发展趋势。

二、联合国维持和平行动

（一）维持和平行动的定义

联合国新闻部出版的《蓝盔——联合国维持和平的回顾》指出，维持和平行动是“由联合国建立的、在冲突地区帮助维持或恢复和平的、包括军事人员在内的、没有强制权力的一种行动”。联合国新闻部 1990 年出版的《联合国维持和平》指出，维持和平是“在联合国的指挥下，使用各国部队，帮助控制和解决敌对国家之间的冲突，有时候是控制和解决一个国家之内社团之间的冲突。它是联合国首创的一种方法，在这一方法中，军队是一种和平的促进剂，而不是战争的工具”。总之，联合国维持和平行动是由联合国安理会或大会通过决议创建的，并由秘书长指挥的，使用武装的和非武装的军事人员包括警察部队和文职人员，从事解决国际冲突、维持国家和平的一种行动。[①]自 1948 年以来，联合国共采取了 69 项维和行动。当前共有 16 项现行的维持和平行动。[②]

（二）维持和平行动的法律根据

《联合国宪章》中并没有关于维持和平行动的具体规定。宪章中具有和平解决争端的程序（第 33 ～ 38 条），以及授权安理会可使用（39 ～ 51 条）的规定。在和平解决与强制行动中有一个空白，维持和平行动成为填补这种空白的方法。于是，围绕其法律依据问题莫衷一是，主要观点可归纳为：

（1）援引宪章第 24 条与第 6 章、第 7 章之相关条款说明维和行动建立与管辖属安理会职权。

（2）有的援引与大会职权相关条款作为维和行动的根据。

（3）有的引用《联合维持和平决议》等联合国决议的法律基础。

（4）有的以联合国的实现其余者的隐含权力（implied powers）来论证维和的法律依据。

目前倾向性的观点认为：以宪章第 40 条来解释似乎更符合宪章的精神。该条规定在诉诸第 41 条（不使用武力的措施，如断绝经济、外交关系）或第 42 条（使用武力

---

① 参见刘恩照《联合国维持和平行动》，见陈鲁直、李铁城《联合国与世界秩序》，北京语言学院出版社 1993 年版，第 205 页。

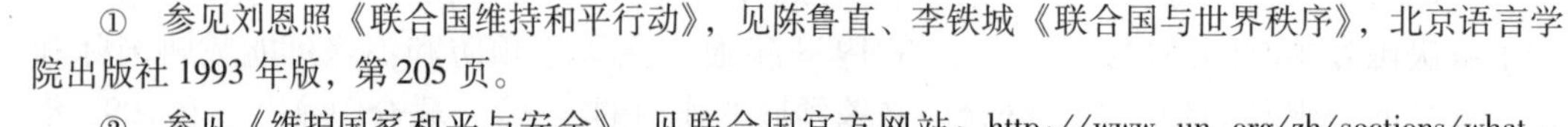
② 参见《维护国家和平与安全》，见联合国官方网站：http://www.un.org/zh/sections/what-we-do/maintain-international-peace-and-security/index.html。

措施）规定的行动之前，安理会可以采取临时办法，防止冲突局势的恶化。也有人把维持和平行动列为宪章第6.5章，它既不是第6章和平解决争端，又不是第7章武力措施。但其毕竟不是专门规定，故许多学者主张对宪章进行修正，专列一章对维持和平行动做出原则性规定。

（三）维持和平行动的目的和作用

联合国维持和平行动的目的是为了防止世界各地威胁和平的局部争端扩大化，谋求缓和、遇到和终止冲突，防止局势变化，同时与同和平解决争端成和平的努力一并执行。

维和行动的职权范围与作用视当时具体情况和需要而有所不同。部队和观察员及文职人员的人数，提供部队的国家也不等。维和行动的任务大体上包括：观察、报告有关地区的局势，监督该地区的停火或停战，执行脱离接触协议，监督和督促有关方面的撤军，阻止非法越界和军事渗透，控制有关方面达成的军事分界线和隔离区，监督选举，维持当地治安，保持军民活动以及从事人道主义的援助，等等。

（四）维持和平行动的特征

（1）国际性。它由联合国安理会或大会通过决议建立国际部队，其人员由中立的会员国提供，由秘书长指挥，其司令由秘书长任命。

（2）自愿性。接受方面，维和行动必须征得驻在国政府的同意，通常也要征得直接有关的其他各方的同意；派出方面，维和行动军事人员由会员国自愿提供。

（3）一致性。维和行动必须有会员国广泛的政治上的协商一致，一致体现出支持、合作。①支持，从而获得冲突中主要各方的支持，以及提供部队的各国的支持；②合作，由于维和行动和维和人员几乎或根本没有强制执行能力，而且他们使用武力只限于自卫，因而各方合作至关重要。并且一经驻在国要求，该部队要立即撤出驻在国。

（4）非强制性。维和部队是一支配带武器而有严格限制，若非在自卫必需时不得使用武力的部队，即不得对冲突各方使用武力或以武力相威胁，要求军事观察员不携带任何武器，维和部队只配备轻型防御性武器，除自卫外不得使用武力。而自卫的一般原则是在部队营房、车辆和人员遭到攻击时，用和平方法和说服手段失败后，由部队司令做出决定，才能使用最低武力行动。

（5）中立性。维和行动组成经由与争端无利害关系的国家提供分遣队，依惯例大国一般不参加维和部队，即所谓“大国不介入原则”，维和部队来源于安理会常任理事国以外的中小和中立国家，大国不参加维和部队而主要提供后勤支援。[①] 维和部队作为中立者：不能伪装其武器、阵地及士兵，其车辆、飞机、枪体应涂有白色或明显色并标明“UN”，阵地上的联合国旗在夜里应用灯照明。总之维和行动以中立的公正姿态出

---

① 1956年发生了苏伊士运河危机，当时的联合国秘书长哈马舍尔德提出常任理事国军人不得参加维和部队。该提议得到第1届紧急特别联合国大会1000号和1001号决议批准，1973年安理会340号决议对此加以确认。

现，被誉为“穿军装的外交家”。维和行动应保持中立，不得干涉东道国内部的事务，不得以任何方式影响会员国的内部纷争，不得偏袒一方以反对另一方。

（6）临时性。维和行动是非持久的临时措施，其目的一是遏制战争行为，二是监督达成协议的落实。但不单独解决争端，其与和平解决争端有机结合，相互促进。

（五）冷战后维持和平行动的变化及其原因

1. 冷战结束后维持和平行动的变化

从1988年起，维和行动迅速发展，蓝盔部队频频活跃在各个“战场”，截至2004年3月，在短短的16年间联合国就部署了43项维和行动。[①] 冷战后的维和行动打破了传统维和的基本原则，出现了许多原本不能采取的做法，形成了所谓第二代维和的新特点。

（1）职能扩张、任务庞杂。冷战后维和行动的对象除了国家间的冲突，还包括了国家内部的纷争，而且以后者居多，加之争端所涉因素的复杂化，使维和行动的职能不断拓宽，承担的任务范围涵盖解除、收缴帮派武装，遣散部队，排雷，清理战场，人道主义援助，遣返和安置难民，组织、监督选举，帮助建立警察部队，调查侵犯人权状况，协调和援助经济复兴等新的领域。维和的民事任务范围迅速扩大，文职部门在行动中所占的比重越来越大。这一时期的维和已不再仅仅局限于“维持”和平，而是延伸到冲突后的“重建和平”，于是，维和开始更多地介入国家的内部事务。随之而来出现了维和行动形式的多样化：除了军事观察团和维持和平部队外，还出现了公民投票特派团、保护部队、过渡时期权力机构、预防性部署部队、民事警察特派团、援助团、携带重型武器的维和部队等新形式，令人感觉维和换了模样。

（2）原有基本原则被突破。依据最初设计者的本意，经过长期的维和行动实践，逐渐形成了指导维和行动的基本原则，诸如中立原则、自愿原则（或称非强制原则）、大国不介入原则，这些对于维和行动具有重要的约束力。然而，在冷战后所实施的维和行动却打破了这些原则：

首先，中立逐渐弱化，内政常遭干涉。在冷战后的维和行动中，常常突破中立原则，出现了打一方、保一方，不同程度卷入冲突甚至粗暴干涉一国内政的现象。例如，进驻波黑地区的维和部队受到某些大国的左右，一直偏袒穆族，对其大举进攻塞族的活动不予制止，也没有促使双方进行和谈，甚至后来联合国秘书长授权北约两次空袭塞族阵地，致使378名维和官兵和观察员被扣做人质，反而促使矛盾激化。又如，索马里维和是在美国的积极推动下进行的，从一开始就具有明显的倾向性，维和部队不仅直接向当地15支部族武装中的艾迪德派武装发动进攻，甚至缉拿、搜捕该派领导人艾迪德，创下了联合国向一国的武装派别领导人发出逮捕令的先例，也使得联合国正式卷入索马里内战，成为冲突的一方。再如，在海地，塞德拉斯将军领导的军事政变推翻了阿里斯

① 从1948年至1978年的30年间，联合国仅部署维和行动13项。参见余民才、程晓霞《国际法教学参考书》，中国人民大学出版社2002年版；《世界知识年鉴》（2004/2005），世界知识出版社2005年版，第1067页。

蒂德的民选政府，可是联合国却进行了恢复海地民主的维和行动，反而使海地危机愈演愈烈。于是，经美国的策划，联合国通过决议授权组建以美国为首的多国部队，不惜采用武力手段强迫军人政权下台，恢复阿里斯蒂德的政权。海地危机从根本上完全是一个国家的内部事务，本应由海地人民自己解决，而联合国以武力强行恢复一国民主政治，实质上是干涉一国内政。

其次，自愿原则淡化，走向“强制和平”。在冷战后的维和中，已经不再重视并实际废弃了自愿原则：①不再限于同意。例如，联合国伊科观察团并未征得伊拉克的同意，两期的联合国索马里行动事先并未完全得到冲突各派的明确同意，联合国在波黑的维和行动中都一直受到冲突中某一方甚至多方的反对和抵制，近期的东帝汶维和也是联合国单方面做出决定的行动。②武力使用超出自卫的目的。在索马里，一支维和部队在对一个武器库进行检查时突遭袭击，该维和部队当即予以还击，并加派 12 辆坦克和 6 辆装甲车增援。后安理会认定此事是艾迪德派所为，授权秘书长“采取一切必要手段，回击这种进攻和公开挑衅行为”，于是维和部队对艾迪德派发动了军事惩罚行动。这显然超出自卫的范畴。此外，在波黑、在海地，维和部队也被授权“采取一切必要手段”，保证维和行动的实施。维和部队多次与当地的冲突某方交火，武力使用频繁。③频繁在人道主义救援的授权下使用武力。在索马里、波黑、海地、卢旺达等地的维和行动出现了以人道主义干预或预防性部署的名义进行先发制人的打击。武器装备逐渐加强。冷战后维和部队配备的武器不再限于轻型武器，各式先进的装甲车、坦克、机枪、大炮、飞机等重武器频频使用。

最后，突破大国不介入原则。冷战后许多国家投身于维和行动中，至 1998 年已有 111 个国家先后直接参与了维和行动。仅 1993 年一年间就有 77 个国家的 8 万人加入维和部队。[①] 而且，俄罗斯建立维和步兵营，日本通过《协助联合国维持和平行动法案》，法国出兵卢旺达，美国出兵索马里，德国加入波黑维和部队，中国参与柬埔寨维和等事实均说明，冷战后的维和已经打破了“大国不介入”原则，不仅介入，甚至主导维和行动。

（3）“人道主义干预”开始成为维和的理由。无论是索马里、科索沃还是东帝汶，“人道主义干预”一次又一次成为联合国主动采取行动的理由。时任联合国秘书长安南认为，“以主权为由对自己公民的人权进行欺诈，再也不可接受了”，“科战表明，今后尊重人权会在国际关系中重新找到其恰当的位置”。在第 54 届联合国大会开幕式上，安南进一步表达了联合国要对“人权侵犯者”采取军事行动的明确信息，他表示“不应该容忍大规模和有步骤的人权侵犯行为，不管这些行为发生在什么地方”[②]。

（4）出现了维和的变异形式。冷战后的维和行动中，出现了一种经安理会批准、由联合国授权、由西方大国直接指挥的参与联合国维和行动的多国部队。如索马里维和中的以美军为主力的多国部队（联合特遣部队）、波黑维和中的北约多国部队、卢旺达

---

① 参见《联合国维和五十年——访米亚特副秘书长》，载《人民日报》1998 年 6 月 4 日，第 6 版。

② 叶信君：《联合国东帝汶维和意味深远》，载《国际展望》1999 年第 19 期。

维和中的以法国为首的人道主义保护部队（“绿松石行动”）、海地维和中以美国为首的多国部队、科索沃维和中的国际安全部队（KFOR）[①] 及东帝汶维和中的以澳大利亚为主力的多国部队等。这些多国部队，有的是在联合国维和部队组建前被派遣先行进入冲突地区，如科索沃、东帝汶。有的是在联合国维和行动受挫时，被派遣前往冲突地区协助维和或强制执行和平，前者如法国及其他一些非洲国家向卢旺达派出人道主义保护部队，起到了一部分保护平民的作用；后者如以美国为首的多国部队被授权使用一切必要手段将海地现军人政权赶下台，恢复3年前被推翻的海地民选政府。

多国部队是联合国维和的“副产品”，与维和行动有许多区别：①多国部队不是由联合国直接组建，而是由某个或多个国家发起组建。②多国部队不是由联合国秘书长指挥，而是由在多国部队中占主要地位的国家领导。③多国部队的目的不是监督或维持停火，而是制止冲突、遏止危机，不是调停劝解，而是“排除障碍”（如海地）；使用武器不是为了自卫，而是为了压倒不听劝阻的当事方（如索马里）。[②] ④多国部队常被授权使用一切必要手段以实现目的，行动带有明显的强制性和军事性。⑤多国部队基本上由西方大国组成并占主导地位。总之，多国部队并不属于联合国维和部队，其采取的行动严格来说不属于维和的范畴。

2. 冷战后维持和平行动问题的原因分析

冷战后维和所产生的问题有着深刻的国际政治、经济原因：

（1）冷战后各种矛盾纷纷爆发，原有矛盾逐渐显示出来。冷战时期两大阵营的对立是国际社会的主要矛盾，紧张的军事对峙局面掩盖或冻结了民族、种族、宗教、领土等诸多问题。在过高的期望与屡屡失败的现实强烈反差下，国际社会又陷入悲观的情绪中，使得许多国家开始质疑联合国维护世界和平的能力。

（2）冷战结束使均势打破，国际秩序失衡。冷战时期国际社会处于两极霸权下的均势状态，冷战后，西方诸强凭借其强大的国力，企图在国际事务中占据主导地位。在没有其他因素可以抗衡的情况下，西方诸强得以事事插手，掌握维和行动的实际领导权。从某种意义上说，大国参与维和及多国部队的出现是这种国际局势的产物。

（3）一些西方国家将维和行动作为推行利己政策的工具。致使出现三种不良结果：一是在维和行动中难以保持中立。冷战结束以来的地区冲突或国内争端往往涉及民族、种族、宗教、领土、资源等诸多因素，各种因素结合在一起，使矛盾错综复杂。而参加维和行动的各国的利益不尽相同甚至互相矛盾，或者有大国从中操纵，更使维和部队的立场复杂化，因此，中立原则不断遭到破坏。二是借维和之名，行推行本国外交政策、干涉本国内政之实。例如海地维和，由于海地的地理位置对美国具有重要的战略意义，美国一直视海地为其“后院”，不准其内部发生骚乱，也不准外部势力染指。[③] 此次维和行动实质上是美国打着联合国的旗帜推行强权政治。三是有利可图与否和危险大小成

① 尽管这次多国部队的进驻也是经安理会的授权，但是它是在北约抛开联合国对南联盟软硬兼施后，才回到联合国的框架，联合国安理会实际上成了“橡皮图章”。

② 参见王逸舟《当代国际政治析论》，上海人民出版社1995年版，第412页。

③ 参见李一文《蓝盔行动——联合国与国际冲突》，当代世界出版社1998年版。

为参加维和行动的标准，以致时有发生某些参加国中途退出对非洲等贫困危险地区的维和行动的情况。

（4）联合国的决策机制自身存在缺陷。维和行动多是由少数大国决定的，为大国推行自己的战略和价值观提供了机会，出现认识和行动上的“双重标准”，在冲突、矛盾甚至敌对形势相当的情况下，出现了差别十分明显的做法，在有的地区动用大量人力、物力进行干预甚至大动武力，而对有的地区的则反应迟钝，甚至不闻不问。使人们不禁对维和行动的标准和公正性提出质疑，甚至失去信心或产生抵触。

三、通过区域性国际组织解决争端

《联合国宪章》第52条明文规定：宪章的任何规定并不排除旨在处理有关国际和平与安全的维持而适宜于区域行动的事项的区域协定或区域机构的存在，但此等协定或机构及其工作，须与联合国的宗旨和原则相符合。宪章特别强调了两点：一点是区域组织的基本职能是以区域行动来维持国际和平与安全，另一点是区域组织的存在不得违反联合国的宗旨和原则。

区域性组织在解决争端方面与联合国是合作与补充的关系：

（1）在把区域性争端提交安理会以前，应通过区域性机构力求争端的和平解决（宪章第52条第2款）。通过区域性机构来促进争端的和平解决的办法，安理会应予鼓励；这种办法可以由有关国家主动提出，也可以由安理会直接提交（宪章第52条第3款）。但是，这并不影响安理会根据宪章第34条和第35条行使有关职权（宪章第52条第4款）。

（2）区域性国际组织应协助安理会实施强制行动，但此等行动必须以安理会的授权为限，如未经授权，不得采取任何强制行动（宪章第53条）。

（3）区域性国际组织有义务为维护国际和平与安全的目的，对其已采取或正在考虑采取的行动，不论何时，均应向安理会充分报告（宪章第54条）。

四、通过联合国专门机构解决争端

联合国专门机构实际上是在特定活动领域具有权限的普遍性国际组织，它们具有独立的国际法主体地位。《联合国宪章》第65条规定，专门机构在必要时须和安理会提供安理会为维持国际和平而要求其提供的情报与协助。

在联合国专门机构的基本文件中都规定了成员国之间发生的争端的解决程序。有的基本文件规定的解决争端的程序和方法很详尽。有的基本文件只提出一个总要求，即通过直接谈判或其他外交手段没有解决的争端应提交给该组织的某一机构解决，如果还不能解决，那么可把这一争端交给一个特定的法院进行司法解决。

本章仅简述几个较有代表性的联合国专门机构解决国际争端的程序。

（一）世界贸易组织

世界贸易组织1995年1月1日根据关贸总协定乌拉圭回合最后正式成立。作为一个真正的国际经济组织，它将在组织体制上逐渐取代关贸总协定。其体系内解决争端的程序由几个步骤组成：

（1）协商与联合协商。如果一国采取的贸易措施被另一国政府认为具有抵损总协定宗旨的后果，前者应考虑后者提出的陈述，进行双边协商；如果双边协商不能产生令人满意的结果，就同各缔约方进行联合协商。据此，协商被当作解决争端的一种方法，并成为下一步程序和解的先决条件。

（2）和解。如果协商与联合协商都不能取得令人满意的结果，争端任何一方可以根据总协定第23条第2款，把争端提交缔约国和解。争端一方可要求建立一个专门小组或工作组。专门小组的职能是调查，查明引起争端的事实，评价总协定是否适用，做出建议，向理事会提交报告。专门小组在把结论向缔约国通报前应先发给争端双方，以鼓励争端双方能达成彼此满意的解决办法。

（3）理事会的裁决。理事会对于专门小组提交的报告通常予以采纳，以建议或裁决形式赋予报告中的建议以权威性质。有关争端当事国应按照裁决履行其义务。对于理事会做出建议或裁决的事件，都受缔约国的“监督”，它们定期审查依据建议或裁决采取的行动，并可能被要求做出适当努力，以便找到一种合适的解决办法，包括对不执行者采取报复措施。

（4）斡旋。在1992年部长级会议上，又增加了斡旋作为解决缔约方之间争端的一种方法和程序。总协定的总干事可以应任何争端一方请求，并征得另一方同意，自己本人或指定某个人或小组，在争端当事方之间进行斡旋，以求争端解决。

（二）国际劳工组织

国际劳工组织是1919年根据《凡尔赛和约》作为国际联盟附属机构成立的，1946年成为联合国专门机构。根据《国际劳工组织章程》的规定，其解决争端的程序如下：

（1）涉及《国际劳工组织章程》的规定及其和会员国缔结的公约的解释问题的争端，均应提交国际法院判决（章程第37条），对此类争端章程没有规定非司法程序。

（2）劳工或雇主控告成员国的争端。根据章程第24条和第25条的规定，任何劳工或雇主团体均可向国际劳工局提出控诉书，指控某一成员国没有遵守它作为任何第二组织公约缔约国承担的义务。第二组织理事会可请该国政府对该项指控做出答复。如果理事会未接到答复，或者对答复不满意，理事会可公布申诉书和对该申诉书所做的任何答复。

（3）一成员国控告另一成员国的争端。根据章程第26至34条，任何成员国如认为其他成员国未曾切实遵守双方均已批准的任何公约时，有权向国际劳工局提出控诉，理事会然后通知被诉国政府。如认为必要，它可设立一个调查委员会审议该项控诉，并提出报告，其中包括该委员会对于与确定各争执有关的一切事实问题的裁决。调查委员会也被要求对它所认为适宜处理该项控诉应采取的步骤做出建议。各有关政府必须在随

后3个月内通知国际劳工局局长，它是否接受调查委员会的建议，如不接受，是否拟将该案提交给国际法院，以做出最后判决。如果任何成员国不执行该委员会的建议或国际法院的判决，劳工组织可采取“其认为适宜与便捷之行动，以保证上述建议或判决之遵守”。

（三）国际民用航空组织

国际民用航空组织于1944年4月成立，同年5月成为联合国专门机构。根据《国际民用航空公约》第84条至第88条的规定，如果公约缔约国对公约及附件的解释或适用发生争议，进行谈判是解决争端的第一步。如果谈判失败，争端提交国际民用航空组织理事会裁定。理事会可要求国际民航组织秘书长进行调查以确定与争端有关的事实，通过书面和口头程序做出裁决。争端当事方如不接受理事会的裁决，可向争端当事另一方同意的特设仲裁法庭或向国际法院提出上诉。特设仲裁法庭的裁决与国际法院的判决是最终的，具有拘束力。如果争端当事方不履行最终裁决或判决，其他缔约国承诺不允许它的航空公司飞越自己的领空，国际民用航空组织大会可终止它的投票权。

五、我国的实践

自1971年恢复在联合国的合法席位后，中国政府和广大发展中国家一道，在联合国为和平解决国际争端，维护国际和平与安全方面做出了应有的贡献。在苏联入侵阿富汗，美国入侵格林纳达、支持尼加拉瓜反政府武装等热点问题上，中国政府始终态度鲜明地反对强权政治，反对以武力或武力威胁来推行自己的对外政策。中国政府通过自己的代表在联合国大会或安理会会议上发言表明自己的严正立场。

中国也积极促进消除地区冲突，支持和参加联合国的维持和平行动。1982年，中国派出军事观察员参加了中东地区的维持和平行动；1988年，参加了联合国维持和平行动特别委员会的工作；1989年，派出军事观察员参加了联合国纳米比亚过渡时期援助团的工作；1992年，又派军事人员参加了联合国驻柬埔寨维持和平行动，监督当地的停火、撤军、大选并帮助排除地雷。中国作为联合国安理会的常任理事国，逐渐成为维持和平行动的重要力量。

第四节　和平解决国际争端的法律方法

一、国际仲裁

（一）国际仲裁的概念和特点

仲裁（arbitration），又称公断，指争端各方自愿把把它们之间的争端交给他们自行

选任的仲裁员或仲裁机构做出裁决并承诺服从其裁决的争端解决方法。

与和平解决争端的其他方法相比，仲裁的特点表现为：

（1）基于自愿的管辖。仲裁的最大特点在于其是一种自愿管辖，体现在：①仲裁成立的先决条件是争端各方同意把争端提交仲裁。这种同意的表示方式是当事方订立的仲裁协定、仲裁条款或仲裁条约。②原则上仲裁员由争端各方按照协议自己选择，或选择个人，或选择机构。③仲裁适用的法律可由当事方协议选择，如果没有达成协议，则可适用《国际法院规约》第 38 条所指的国际法规则。④仲裁的程序也可以根据当事方的协议。如果没有协议或者协议程序不充分，则由仲裁庭规定全部或部分程序规则。

（2）具有法律拘束力。仲裁裁决的拘束力体现在仲裁的结果——仲裁裁决上：裁决由仲裁员多数做出，仲裁员不得弃权。裁决一经做出即对争端当事各方具有法律拘束力，争端当事方不能凭借自愿与否而拒绝裁决。这是仲裁有别于谈判与协商、斡旋与调停、调查与和解等政治方法的主要特点。

（二）国际仲裁制度的发展

国际仲裁是一个古老的制定，远在古希腊时代就已经产生。一般认为，近代意义上的仲裁制度始于 1794 年美英签署的以美国国务卿约翰·杰伊名字相称的《美英友好通商航海条约》，即《杰伊条约》（*Jay Treaty*）。该条约确立的混合委员会以公正、衡平与国际法来裁判案件及其裁决具有法律拘束力的制定与规则，对其后的争端解决产生了重要影响。尤其是 1872 年美英之间的“阿拉巴玛号仲裁案”[①] 取得成功，解决了美英之间的严重冲突，显示了仲裁制定解决国际争端的作用，更加扩大了运用仲裁方式解决争端的影响。1899 年的《海牙和平解决国际争端公约》首次对国际仲裁进行了系统、详细的规定。1900 年正式成立的“国际常设仲裁法院”标志着仲裁制度的进一步发展。1907 年的海牙和平会议和 1928 年的《日内瓦和平解决国际争端总议定书》，完善了仲裁庭的组织机构和规则，促使仲裁被确定为现代的解决国际争端的法律制度之一。之后，仲裁被《联合国宪章》《美洲和平解决争端公约》及《关于和平解决争端的欧洲公约》等所接受。1958 年联合国国际法委员会的《仲裁程序示范规则》，对仲裁协议、仲裁范围、仲裁庭组成、仲裁程序、仲裁裁决的效力等都做出了明确而具体的规定，使得国际仲裁制度更加完善。仲裁制度已经成为与国际司法解决方式并驾齐驱，并且被经常采用的和平解决国际争端的重要的法律制度。

（三）常设仲裁法院

常设仲裁法院（Permanent Court of Arbitration，PCA），依据 1899 年海牙《和平解决国际争端公约》成立的，负责裁决各缔约国间一切不能用外交方法解决的争端的常设机构。1900 年在荷兰海牙成立，截至 2012 年 2 月，常设仲裁法院已有成员国 113 个。

实际上，常设仲裁法院既非常设，又非法院，它完全不同于任何一个组织机构或者法院，没有固定的常设仲裁法官，也不是以整体的法院名义处理案件。①它没有法院的

① 参见陈致中《国际法案例》，法律出版社 1998 年版，第 479 ～ 483 页。

机构和职能。常设仲裁法院仅有两个机构：国际事务局和行政理事会。国际事务局由秘书长和少数工作人员组成，处理法院的行政事务，传递有关仲裁庭会议的通知，管理法院档案等。行政理事会由缔约国驻海牙的外交代表组成，荷兰外交部部长担任主席，负责指导和管理国际事务局，任命事务局的官员并规定聘用条件，也向缔约国提出关于法院活动和经费的年度报告。②它也非常设。常设仲裁法院的仲裁员实际上仅是由各缔约国提供的“至多选定 4 名精通国际法并享有最高道德声誉”的法学家组成的“各国团体”（national groups）汇总成的、供当事国选用的仲裁员名单。仲裁员任期 6 年，可连选连任。截至 2000 年 8 月，共有 265 人被列入仲裁员名单。解决争端时，可由当事国从仲裁员名单中选用仲裁员组成仲裁庭。事实上，列入仲裁员名单者只有在被选用为仲裁庭的仲裁员时才能获得特别地位，参与仲裁。

从 1900 年成立到 2000 年，常设仲裁法院共受理案件 32 起，其中 15 起是第一次世界大战前受理的，有 14 起都做出了裁决。“二战”后，受到国际法院的影响，常设仲裁法院的作用降低，而近些年来，由于和平解决争端的呼声越来越高，常设仲裁法院再次受到重视，并进行了必要的调整。常设仲裁法院于 1993 年 9 月召开历史上第一次全体仲裁员大会，共 54 个国家的 94 名仲裁员和 16 名特邀人士出席会议，集中讨论两项议题；常设仲裁法院的未来和制定第三个海牙和平解决国际争端公约。在 1994 年第 49 届联合国大会上，常设仲裁法院成为联合国大会的观察员。常设仲裁法院新近做出的裁决是 1999 年 9 月 17 日做出的厄立特里亚和也门的红海海域划界案。2000 年，常设仲裁法院举行活动隆重纪念法院建立 100 周年。

20 世纪 80 年代以后，法院采取了一些改革措施，先后组织制定了一系列任择仲裁议定书，增加了程序的灵活性，并允许非国家实体和个人在该法院进行仲裁。2000 年，法院通过了环境争端任择议定书，在国际上首创环境纠纷的专门仲裁规则。2011 年，法院又通过了有关外空争端的仲裁规则。除处理仲裁案件外，法院还可从事和解与调查。1976 年，联合国贸易法委员会仲裁规则第 6 条还赋予法院秘书长为该机构的争端当事方指定委派仲裁员机关（appointing authority）的职能。

（四）现代仲裁制度的主要内容

确定现代仲裁制度的国际文件主要有：1899 年的《和平解决国际争端公约》、1949 年的《日内瓦和平解决国际争端总议定书》和 1958 年国际法委员会拟定的《仲裁程序示范规则》。其中确定的现代仲裁制度的内容主要包括以下方面。

1. 仲裁的依据

据以引起仲裁的依据就是仲裁条款、仲裁协定、仲裁条约：

（1）仲裁条款（arbitration clause），条约中规定把争端提交仲裁的专门条款。仲裁条款可以包含在任何仲裁条约之外的条约中，可以附于双边条约中，也可以附于多边条约中。仲裁条款的内容差异很大，有的只在原则上选择仲裁方法，有的规定仲裁人员任命和仲裁庭组成方法，还有的甚至规定仲裁适用的法律和程序规则。仲裁条款排除了适用其他方法解决争议的前提条件。目前，相当多的条约在缔结时都订有仲裁条款。

（2）仲裁协定（arbitration agreement），也叫仲裁特别协定，是争端当事方达成的

“为着解决已经发生的某一特殊争端或一系列的争端而缔结” 的选择仲裁方式的协定。缔结仲裁协定不仅意味着争端当事方有将某项或某些争端诉诸仲裁解决的意愿，而且意味着它们愿意承担履行仲裁裁决的义务。仲裁协定的内容主要包括几个方面：对争端事由的清楚说明，对委派仲裁人方式的确定，对仲裁庭适用法律规则的提示，对仲裁庭组建和仲裁程序规则的规定等。

（3）仲裁条约（arbitration treaty），是国家之间在争议发生前或争议发生后缔结的运用仲裁方法解决争端的一种国际书面协议。仲裁条约是仲裁庭受理案件的依据之一。根据仲裁条约，缔约国承担义务同意将它们之间将来可能发生的一切争端或某类争端交付仲裁。仲裁条约中通常应当明确交付仲裁的争端的范围、内容、仲裁庭组成的方法、仲裁庭人数、仲裁地点、仲裁规则、仲裁适用的法律等内容。

2. 仲裁庭的组成

仲裁庭是对仲裁案件进行受理的组织机构。对于仲裁庭的组成，国际上并无统一的规定，其可以是常设的，也可以是临时的。有时由一个人担任独任仲裁员，也可由争端当事方在对等条件下指定同数量的仲裁员组成，还可以在当事国指派的仲裁员外，经各方同意共同指定仲裁员组成混合委员会。通常仲裁庭组成人数应为奇数，一般为 3 ～ 5 人。《仲裁程序示范规则》规定，争端各方应依协议和特别协定组织仲裁庭，仲裁庭的仲裁员人数必须是奇数，最好是 5 名。如果从达成仲裁协议之日起 3 个月内未能组成仲裁庭，则由国际法院院长在任一当事国请求下委派仲裁员。如果将争端提交常设仲裁法院，则从常设仲裁法院备有的仲裁员名单中选出仲裁庭组成人员。仲裁庭从建立至做出裁决时止，其组成应保持不变。

3. 仲裁的程序规则

仲裁的程序可以根据争端当事方的协议，也可以在争端当事方没有协议的情况下或者在争端当事方协议的程序不充分的情况下，仲裁庭有权确定或完善程序规则，仲裁员也可决定在仲裁过程中出现的程序问题。1958 年联合国大会通过的《仲裁程序示范规则》可供争端当事方自由采用。

仲裁庭审理案件一般包括辩护和审讯两个不同阶段。辩护应由各代理人向仲裁庭及时送交诉讼和辩诉状以及必要时的答辩状和复辩状。审讯应由当事双方展开口头辩论，包括听取证人证言，然后仲裁庭秘密讨论，做出裁决。

4. 仲裁适用的法律

当事国可就仲裁应适用的法律达成协议，如果当事国没有达成这种协议，仲裁应适用《国际法院规约》第 38 条规定的实质性规则。当然，这不排除仲裁庭适用公平、正义、公正等原则解决争端。1949 年和平解决国际争端修订总议定书第 28 条规定：在没有可适用于该争端的规则的情况下，仲裁庭应决定采用公允及善良原则。

5. 仲裁庭的费用

仲裁程序涉及两类费用。一类是律师费、专家费、取证费、文件翻译费、旅差费等，由当事方各方分别承担。另一类是仲裁庭的公共开支，如仲裁员费、书记员和仲裁庭工作人员的工资，文书设备等，由当事各方共同分摊。

6. 仲裁裁决

仲裁裁决（arbitral decision），即仲裁庭对争议进行审理后做出的对争端各方具有约束力的裁判。

仲裁裁决通常是书面的，由仲裁员多数票做出，需要仲裁庭庭长（首席仲裁员）签字并注明日期。有些仲裁协定允许仲裁员附上单独意见或不同意见。

仲裁裁决对争端各方都具有法律拘束力，各当事国应自觉遵守并履行。除仲裁庭允许执行的期限外，裁决应得到立即执行。当事国如发现可能对案件有决定性影响的新事实，可要求仲裁庭复核。仲裁庭接受后可以根据新事实再做裁决。

仲裁裁决是确定性的终局裁判，不得上诉。但裁决中如有明显错误，诸如《仲裁程序示范规则》中特别的笔误、印刷或算术方面的错误可以进行更改或修改。如果争端当事方对裁决的解释或执行发生分歧，除有相反协议，它们应将争端提交做出该裁决的仲裁庭解决。另外，争端当事方可依下列理由向国际法院对仲裁裁决提出异议：①仲裁庭超越权限；②仲裁员受贿；③裁决严重偏离基本程序；④仲裁协议无效。倘若裁决被国际法院宣告无效，争端应提交当事方协议组成的新的仲裁庭。

二、国际司法解决

（一）国际司法解决的概念与机构

国际司法解决（international judicial settlement），又称国际司法诉讼，指争端当事国经过事先或事后的同意，将争端提交已有的国际法院或法庭，做出对争端当事方具有法律拘束力的判决的方法。

司法解决同仲裁相比，有其自己的特点：

（1）国际法院或法庭是常设司法机构，其组成、管辖权限和程序规则都是由组成法院或法庭的条约预先决定。仲裁庭是临时和专设性质，是当事方根据平等原则选择仲裁员组成的，仲裁庭采用的程序规则和对案件适用的法律也由当事方决定。

（2）国际法院或法庭的法官是按照国际法院或法庭规约选举产生的，在任期内是专职的，并不得从事其他兼职活动。而仲裁员是由争端当事国为处理某具体案件而选任的，并非专任仲裁活动。

（3）国际法院或法庭严格依照国际法审理案件，适用较为确定的国际法原则或规则。仲裁适用的法律可以由争端当事方自由选择，任意性较大。

（4）国际法院或法庭的判决是确定性的终局裁判，不得上诉。判决具有保证执行的强制措施，争端当事方必须执行和服从。而仲裁裁决尽管也是终局性的，但可以向国际法院提出异议，并可能被宣告裁决无效。裁决主要靠当事国善意履行。

执行国际司法解决任务的是国际上常设的国际法院或法庭。建立国际司法机构是国际社会长期的愿望和努力的目标，到目前为止，具有世界规模的国际司法机构主要有3个：

（1）国际常设法院（Permanent Court of International Court），根据《国际联盟盟约》

创建于1922年，由15名独立法官组成，院址在荷兰海牙和平宫。其基本文件是《国际常设法院规约》及《国际常设法院规则》。由于第二次世界大战的爆发，国际常设法院1942年后停止工作，1946年1月1日全体法官提出辞职，同年4月解散。国际常设法院共受理诉讼案件65起，其中做出判决的32起；提出咨询意见28项。国际常设法院作为人类历史上第一个严格意义上的司法机构，无论是在组织形式、管辖权方面，还是在适用法律以及具体的工作程序方面都开了先河。

（2）国际法院（International Court of Justice），根据《联合国宪章》于1946年4月3日正式成立，是联合国六大机构之一。某种意义上它是对国际常设法院的取代，院址也在荷兰海牙和平宫。其基本文件是《国际法院规约》及《国际法院规则》。它由15名独立法官组成。（截至2018年2月，国际法院共做出判决127件，发表过咨询意见27件。）[①] 国际法院是目前国际社会中最具代表性的国际司法机构。

（3）国际海洋法法庭（The International Tribunal for the Law of the Sea），根据《联合国海洋法公约》于1996年10月正式成立，庭址在德国汉堡汉萨城。此前于1996年8月1日正式选举出21名独立法官。法庭对海洋法争端具有一般管辖权，其基本文件是《国际海洋法法庭规约》及《国际海洋法法庭规则》。截至2003年9月，法庭已经受理案件12起。[②]

另外，具有普遍性的国际司法机构——国际刑事法院。国际刑事法院（International Criminal Court）根据1998年7月7日通过的《国际刑事法院规约》（又简称《罗马规约》）建立，是审判特定的国际罪行并对犯罪分子处以法定刑罚的常设性国际刑事审判机构。由各规约缔约国选举的18名独立法官组成。法官任期9年，一般不得连选连任。国际刑事法院由院长会议、法庭（包括预审庭、审判庭和上诉庭）、检察官办公室和书记处四个机关组成。按照该规约规定，第60份批准书、加入书、接受书或核准书交存60天后的第一个月份的第一天才能生效。国际刑事法院于2002年4月11日举行了成立庆典，是第一个常设性的国际刑事司法机构。截至2015年10月6日，已有134个国家签署了该规约，其中123个国家批准，有40个国家已具备实施规约的国内法律，有31个国家已完成了立法草案。2016年，布隆迪、南非、冈比亚、俄罗斯相继宣布退出国际刑事法院。

除普遍性的国际司法机构外，还存在区域性的国际司法机构。其中有解决一般争端的区域司法机构，如1908—1918年的中美洲法院和1957年成立的欧洲共同体法院；也有解决特定种类争端的区域司法机构，如依据1950年《欧洲人权公约》和1969年《美洲人权公约》分别成立的欧洲人权法院和美洲人权法院，管辖与公约有关的违反人权的问题；1965年建立的荷比卢法院管辖荷比卢共同体法律规则的解释问题；1976年建立的卡塔赫纳法院管辖1969年《安第斯集团分区一体化协定》的解释和适用问题；1957年建立的欧洲核能法庭受理《在核能领域里建立安全管理的公约》缔约国或受影

① 参见余民才、程晓霞《国际法教学参考书》，中国人民大学出版社2002年版。

② 参见余民才、程晓霞《国际法教学参考书》，中国人民大学出版社2002年版；《世界知识年鉴》（2004/2005），世界知识出版社2005年版，第1219页。

响的单位对欧洲核能机构有关安全管理范围的决定提出的申诉；1972 年依据《欧洲国家豁免公约附加议定书》设立的欧洲法庭管辖指控违反公约规定的国家豁免规则的案件。

（二）国际司法解决的体制和程序

各个国际司法机构都有自己的规约和规则，而影响最大、最具代表性的当数联合国国际法院，以下将主要围绕国际法院讲述司法解决的规则和程序。

1. 国际法院的法官

国际法院由 15 名独立法官组成，其中不得有 2 名法官为同一国家的国民。《国际法院规约》规定法官须从“品格高尚且在本国具有最高司法职位之任命资格或公认为国际法之法学家”的人选中选出，选出的法官作为整体应确能代表世界各大文化及各主要法系。另依惯例，安理会五大常任理事国都拥有本国国籍法官。自 20 世纪 70 年代后，国际法院席位的分配基本上按照联合国安理会理事国席位的分配，即西欧 4 席，俄罗斯和东欧 2 席，拉美 2 席，亚洲 3 席，撒哈拉非洲 2 席，阿拉伯 1 席（也可为北非的席位）以及美国。[①]

法官候选人由国际常设仲裁法院的“各国团体”提名，或者由在常设仲裁法院没有代表的联合国会员国另行成立的国内团体提名。每一团体提名不得超过 4 人，其中属其本国国籍者不得超过 2 人。由联合国秘书长根据提名编制法官候选人名单。选举时联合国大会和安理会平行投票，在大会和安理会同时获得绝对多数票的法官候选人即当选为国际法院法官。至今，中国在国际法院共当选 5 名法官[②]，中华人民共和国的首任国际法院法官是倪征
法官是倪征𣈶教授，任期为 1984 年至 1993 年；第二任是史久镛教授，1993 年当选，2002 年连任，从 2000 年 2 月 7 日起担任国际法院副院长，2003 年 2 月 6 日当选国际法院院长，2010 年到任；第三任是薛捍勤，2010 年当选，是首位中国籍女法官，现担任国际法院副院长。

法官任期 9 年，可连选连任。法官不得行使任何政治或行政职务，或者执行任何其他职业性质之任务。法官除其余法官一致认为不再符合必要条件外，不得被免职。法官在执行法院职务时应享受外交特权与豁免。

在审理特定案件时，案件当事方如果在国际法院没有本国国籍的法官，可以根据法院规约第 31 条选派 1 名法官参与案件审理，该法官为专案法官（ad hoc judge）。专案法官参加特定事件审理时，与其他法官地位完全平等。专案法官不影响法官数额，一旦案件结束，职务随之终了。

法官秘密投票选举院长和副院长。院长和副院长任期各 3 年，可连选连任。院长主持法院工作和一切会议，并监督法院行政事务。院长职位出缺或院长不能执行职务时，

---

① Edward Mc Whinney. Judiciat settlement of international disputes. Kluwer Academic Publishers, 1991: 104.

② 联合国国际法院首任中国籍法官是徐谟（1946—1956），第二任是顾维钧（1957—1967）；此前国际联盟的国际常设法院还有 2 名中国籍法官：王宠惠（1921—1939）和郑天锡（1939—1946）。

由副院长代行其职务。

2. **国际法院的职权**

国际法院的职权主要是诉讼管辖权和咨询管辖权。

（1）诉讼管辖权（contentious jurisdiction），即国际法院受理各国提交的争端后通过诉讼程序对具体争讼事项进行审理和判决的职权。诉讼管辖权是国际法院管辖案件的前提和基础。如果就诉讼管辖权发生争议，法院应当先行裁决。

1）国际法院的诉讼当事者。

依据法院规约，国际法院的诉讼当事者限于国家。只有国家才能成为法院的诉讼当事方，任何国际组织或个人在国际法院无出诉权。国家成为法院诉讼当事者的情况有三类：①联合国会员国；②非联合国会员国但为《国际法院规约》当事国的国家；③非联合国会员国也非《国际法院规约》当事国，但按《联合国宪章》规定接受安理会所定义务的国家。

当然，作为诉讼当事者，上述三种国家的地位并无不同。

应当注意的是，随着国际关系的发展，国际司法机构的诉讼当事者限于主权国家的情况已经出现了例外。依据《联合国海洋法公约》第 1 条、第 305 条和《法庭规约》第 20 条规定，国际海洋法法庭的诉讼当事者包括主权国家、自治联系国或自治领土、《公约》附件 9 所指的政府间国际组织。依据《法庭规约》第 37 条，国际海洋法法庭海底争端分庭的诉讼当事者还包括国际海底管理局和企业部、国有企业、自然人或法人。

2）国际法院的受案范围。

根据国家主权原则，国家并没有必须把案件提交国际法院的义务，也不一定必须接受国际法院的管辖。国际法院的诉讼管辖权建立在诉讼当事国同意的基础之上。依据《法院规约》第 36 条规定，国际法院受理的案件包括三大类：①自愿管辖（voluntary jurisdiction），即在争端发生后争端当事国以特别协议形式将案件交国际法院进行管辖。这种方式提交的案件不限于法律性质的争端。②协定管辖（conventional jurisdiction），即争端当事国通过《联合国宪章》和对本国有拘束力的现行条约和协定授权国际法院对特定的争端或事件进行的管辖。譬如，凡遇现行条约或协定中规定，因条约解释或适用而发生争议应提交法院解决者，法院均有权管辖。③任意强制管辖（optional compulsory jurisdiction），即争端当事国根据任择条款所列范围自愿选择的接受国际法院强制管辖的情况。任择条款（optional clause），即《法院规约》第 36 条第 2 款的规定，本规约各当事国得随时声明关于具有下列性质之一切法律争端，对于接受同样义务之任何其他国家，承认法院之管辖为当然具有强制性，不须另订特别协定：①条约之解释；②国际法之任何问题；③任何事实之存在，如经确定即属违反国际义务者；④因违反国际义务而应予赔偿之性质及范围。到 2018 年，有 73 个国家声明接受国际法院的任意强制管辖，同时其中大部分国家还附有程度不同的保留。旧中国政府曾经于 1946 年 10 月 26 日做了关于接受国际法院强制管辖权的声明。中华人民共和国在恢复联合国合法席位后，于 1972 年 9 月 5 日致函联合国秘书长申明原声明无效。至今我国还没有就接受任意强制管辖问题再做声明，也没有向国际法院提交任何争端或案件。

（2）咨询管辖权（advisory jurisdiction），即国际法院根据联合国大会、安理会及其他机关和专门机构的请求发表发表法律意见的职权。根据《联合国宪章》第96条，联合国大会或安理会对于任何法律问题得请国际法院发表咨询意见。联合国其他机关及各种专门机关，对于其工作范围内之任何法律问题，得随时以大会之授权，请求国际法院发表咨询意见。[①] 国家不能请求国际法院发表咨询意见，也不能阻止国际法院发表咨询意见。任何个人，包括联合国秘书长，也无权请求国际法院发表咨询意见。

国际法院发表的咨询意见属咨询性质，仅供参考，一般没有法律拘束力。只是在特殊情况下，如关于国际行政法庭判决之效力和联合国某些经费的承担等问题上发表的咨询意见，才可以有拘束力。但国际法院的咨询意见仍具有重要法律意义，一方面，可以从法律上为国际争端的和平解决提供法律意见和依据，对国际机构，尤其是安理会和大会提交给它们的争端采取正确的举措；另一方面，咨询意见中对国际法律问题的阐释有助于国际法规范的明确和发展。

3. 国际法院适用的法律

国际法院应依国际法裁判案件，依据《国际法院规约》第38条的规定，裁判时适用的法律有：①国际条约或公约；②国际习惯；③一般法律原则；④司法判例和各国权威最高的公法学家学说。此外，征得争端当事国同意，法院可以依照“公允及善良”原则裁判案件。

4. 国际法院的诉讼程序

国际法院审理案件的基本程序如下：

（1）起诉。争端当事国可以以请求书或者特别协定的形式提交案件。以请求书向法院起诉，必须在请求书中写明请求当事国、被告国和争端事项，同时应在请求书中尽可能说明法院管辖权的根据和其诉讼请求的确切性质，并简要陈述诉讼请求所依据的事实和理由。以特别协定向法院提交案件，争端当事国应将其特别协定通知书记官长，通知书写明争端事项及争端当事国。通知书可以由各争端当事国联合提出，也可以由其中一国或几国提出。无论以哪种方式起诉，法院书记官长都应立即将请求书或特别协定书副本转送联合国秘书长、联合国各会员国和有权出席法院开庭的其他国家。

（2）诉讼的书面程序和口头程序。这是两个先后连续的不同诉讼阶段。书面程序指以诉状、辩诉状及必要时的答辩状连同可资佐证的各种文件及公文文书送达法院及各当事国。口头程序指法院询问证人、鉴定人、代理人、律师和辅佐人。法院进行口头询问，应由法院院长或副院长主持，公开进行，但法院另有决定或各争端当事国要求可拒绝公众旁听。口头程序结束，由院长宣告辩论总结。

（3）判决。辩论终结后，由法官评议和讨论判决。评议应秘密进行，并永守秘密。

---

① 目前，有资格请求国际法院发表咨询意见的机构有：联合国大会、安全理事会、经济及社会理事会、托管理事会、大会临时委员会、要求复核法庭所做判决的申请书委员会以及联合国专门机构，包括国际劳工组织、联合国粮食及农业组织、联合国教科文组织、世界卫生组织、国际复兴开发银行、国际金融公司、国际开发协会、国际货币基金组织、国际民用航空组织、国际电信联盟、世界气象组织、政府间海事协商组织、世界知识产权组织、国际农业发展基金以及国际原子能机构等。

由出席开庭的法官过半数票做出决定，如果投票数相等，由院长或代理院长投决定票。法官无论表示赞成还是反对，均不必说明理由。任何法官对判决的全部或部分有不同意见时，有权发表个别意见或不同意见，附于判决之后。

法院在完成评议或做出判决后，应将宣判日期通知各争端当事国。判决应在法院公开庭上宣读，并自宣读之日起对各当事国产生拘束力。

国际法院的判决是确定性的终局判决，不得上诉。但争端当事国可以请求法院对判决做出解释或复核。依据《国际法院规约》，如果对判词的意义或范围发生争端，可以申请法院给予解释。如1998年“喀麦隆与尼日利亚陆地和海上边界案”中，尼日利亚请求过国际法院解释；或者如果发现在判决宣告时所不知道的并具有决定性的事实时，可以请求法院进行复核。如对1982年的“突尼斯与利比亚大陆架划界案”的判决，突尼斯请求过国际法院进行复核。

依据《联合国宪章》第94条的规定，对于国际法院的判决，争端当事国应当善意履行。“遇有一造不履行依法院判决应负之义务时，他造得向安理会申诉；安理会如认为必要时，得作成建议或决定应采取的办法，以执行判决。”

除上述基本程序外，国际法院还有一些特别程序，被称为附带程序（incidental proceedings）：包括临时保全、初步反对意见、反诉、参加、向法院的特别提交以及停止等。

临时保全（interim protection），又称临时措施，是指争端当事方向法院起诉后，如感到其权利处于直接威胁之中，可随时请求法院指示临时措施保全其权利。争端当事方的请求书应指明请求的理由，请求不予同意时可能发生的后果以及要求采取的措施。对此种请求，法院应视其为紧急事项而优先处理。法院就临时措施的请求可做出接受或部分接受或拒绝的裁决。

初步反对意见（preliminary objections），指当事方为阻止法院就案件的实质问题做出判决，以法院没有管辖权或请求书不能被接受为理由提出反对意见。初步反对意见应在为送交辩诉状所规定的期限内提出。法院书记处收到初步反对意见时，关于实质问题的诉讼程序应暂时停止，应就法院案件有无管辖进行口述程序，并以判决形式决定是确认该反对意见，还是驳回该反对意见，或者宣告该反对意见不具有纯属初步的性质。

反诉（counter-claims），指当事一方针对当事另一方对自己的诉讼而向其提出的诉讼。反诉应在提出反诉的当事方的辩诉中提出，并构成其诉讼主张的一部分。反诉是否被接受由法院裁定。

参加（intervention），指诉讼当事方以外的第三方参加诉讼程序，以影响法院的考虑和判决，并保护其本身利益。参加发生在以下两种场合：①第三国在认为某一案件的判决可能影响属于该国具有法律性质的利益时，可以向法院申请参加诉讼，由法院决定其是否被允许参加；②在条约发生解释问题时，诉讼当事国以外的条约缔约国应得到书记官长的通知，得以参加诉讼程序。如果参加了诉讼程序，法院判决中对有关条约的解释对参加国具有同样拘束力。

向法院的特别提交（special reference to the court），其基本含义是指某一争端已经经过其他国际性法院或法庭或其他国际机构的审理，但根据有关现行有效的条约再提交

国际法院处理。这种提交使得国际法院产生类似于国内上诉法院的性质，所以有其特别性。特别提交案件的具体程序与一般诉讼案件一样。

停止（discontinuance），指当事各方在法院做出终局判决前主动要求停止诉讼，从而使案件从案件总表中注销。停止有当事各方同意停止诉讼和请求方单方请求停止诉讼两种情况。对于后者，应视被告方有无采取步骤，如果被告方对诉讼已经采取某些步骤，法院应确定期限让被告方说明是否反对诉讼的停止。被告方如提出反对意见，诉讼应继续进行。

国际法院审理案件，可以由全体法官出席开庭，也可以组成特种案件分庭、特定案件分庭和简易程序分庭进行。绝大部分案件都是由法官全体庭审理，根据规约规定，只要有不包括专案法官在内的 9 名法官就可以构成开庭的法定人数。有时由特定案件分庭审理的案件，如缅因湾案，布基纳法案与索马里边界争端案，西西里公司案，萨尔瓦多与洪都拉斯的陆地、岛屿和海上边界争端案等。

三、我国的实践

对于以仲裁方法解决国际争端，我国政府态度慎重。20 世纪 80 年代前，一般我们主张只有经济、贸易方面的争端可以通过仲裁程序解决。在中国同外国缔结的双边条约中，除一些对外贸易议定书外，几乎没有载入任何仲裁条款。在中国签署、批准或加入的多边条约或国际公约中，对有关仲裁条款，中国几乎都做出保留。1962 年中印边界争端发生后，印度政府曾提议双方寻求仲裁解决，但我国政府拒绝接受。80 年代后，我国对仲裁方式解决国际争端的态度有所改变。对于有关经济、贸易、技术、交通运输、航空、航海、环境、卫生、文化等专业性、技术性的双边或多边条约，不再排斥以仲裁方式解决国际争端的条款。在实践中，也开始把一些贸易、海运等方面的争端提交仲裁解决。对于国际常设仲裁法院，1993 年我国推荐 4 名德高望重的国际法专家——王铁崖、李浩培、端木正和邵天任担任仲裁员，4 名仲裁员出席了 1994 年 9 月的常设仲裁法院第一届仲裁员大会。2009 年 5 月，中国政府指派邵天任、许光建、薛捍勤和刘楠来为仲裁员。

对于通过司法方法解决国际争端，我国尚无此方面的实践。对于国际司法机构的态度由消极不信任转为积极参与。在中国于 1971 年恢复联合国的合法席位之前，中国与国际法院没有任何联系。我国从未与其他任何国家订立过将争端提交国际法院的特别协定，对于签署、批准或加入的国际公约中有关将争端提交国际法院的争端解决条款，一律做出保留。我国对于国际法院，同广大发展中国家一样，持一种不信任的消极态度。但 20 世纪 70 年代后，随着国际法院组成的合理化，我国态度有所改变。虽然，我国尚未发表接受国际法院强制管辖的声明，但自 1984 年后，我国在国际法院一直拥有本国国籍的法官，对国际法院的工作给予极大关注。

对于国际海洋法法庭，从法庭在《联合国海洋法公约》中的确立，到形成法庭规约、规则，我国都积极地参与。我国著名海洋法专家赵理海教授当选为第一届法官，任期为 1996—2000 年；许光建为第二任中国籍法官，任期为 2000—2008 年。现任法官，即该法庭第三位中国籍法官是高之国，他填补由于中国籍法官许光建因身体原因辞职而出现的空缺，于2008年3月就任，并于2011年6月成功当选连任。

对于国际刑事法院，中国一直持非常积极的态度，一直参加了国际刑事法院规约和法院成立的整个谈判过程，并且为规约的制定做出了重要的贡献。尽管我国并没有于2000年12月31日之前在《国际刑事法院规约》上签字，主要是因为中国代表团提出的一些重要主张，没有在规约中得到应有的反映。2014年12月，《国际刑事法院规约》第13届缔约国大会在纽约召开，中国以观察员身份与会发言，阐述了我国对国际刑事法院的原则立场和关切，指出国际刑事法院当务之急是通过司法实践取信于各缔约国和国际社会，强调在侵略罪修正案问题上，任何国际社会立法都要符合《联合国宪章》的规定，并希望法院通过实现司法正义促进一国政治稳定、社会和谐和民族和解进程。①

① 参见中华人民共和国外交部政策规划司《中国外交》，世界知识出版社2015年版，第315页。

下编　分　论

第六章　领土的国际法问题

第一节　概　　述

一、国家领土的概念和特性

（一）国家领土的概念

国家领土（state territory）是指处于国家主权管辖下的地球的特定部分。

国际法上的国家领土不是一个一般的地理概念，而是一个复杂的法律概念。对领土概念的理解应注意：①领土处于国家主权之下，受国家主权的管辖和控制；②这个概念又不单单限于“土”，领土除了陆地和底土外，还包括领水和领空，即在外延上穷尽了其各个组成部分。

（二）国家领土的特性

1. 确定性和固定性

国家领土总是确定于地球的某一个方位，而不会游移，同时具有相对稳定性，不会随意变更。尽管西方学者认为，船舶、航空器和驻外使馆具有“拟制领土”的性质，但其实质上完全不同于领土，根本原因在于它们不具备国家领土的确定性和固定性的特征。

2. 所有权与管辖权的不可分割性

领土主权包括统治权（imperium）和所有权（dominium）。管辖权表明在该领土上的一切人、物和发生的事件都受到该国家的管辖；所有权意味着在这个范围内的一切土地和资源均属这个国家占有、使用和支配，而不受外来侵犯。统治权与所有权是不可分割的，否则便会出现侵害他国领土主权的非法情形，诸如附庸国、被保护国等。有些西方学者主张应将统治权与所有权分开。认为领土只是在统治权之下，而不是在所有权之下，国家对于领土只是统治者，而不是所有者。[①] 很明显，这种主张是为干涉、侵害别

① 参见周鲠生《国际法》（上册），商务印书馆1981年版，第320页。

国权利制造依据，这种主张在理论上难于成立。若只有统治权而没有所有权，统治权就是无源之水，根本无法存在。

（三）领土主权与领土完整

领土完整是领土主权的表现，国家之间相互尊重领土完整是尊重领土主权的最主要内容。应当认清，领土完整是个法律概念，而非单纯的地理学概念。在地理学上，依领土分布的连续程度认识领土的完整性。将领土连成一片的称“连续领土”，领土被海洋分隔的称为“不完全连续领土”，部分领土被他国领土分隔或包围的称为“非连续领土”。习惯上将连续领土视为完整领土，将后者视为不完整领土。而在国际法上，领土完整表明了领土整体性和统一性的内在特征，指国家领土不能被分裂、肢解和侵占的属性。法律上鉴别领土是否完整的标准在于该领土是否已被分裂，领土主权是否被侵占。连续领土若为别国侵占或分裂，也不能视为领土完整；相反，领土并不连续，但并未被别国侵占，仍应属领土完整。领土完整是构成国家主权的重要部分，是鉴别国家是否真正享有独立和主权的重要标准。

国家是在自己的主权范围内行使主权的。只有国家主权存在，才能保证国家领土主权不可侵犯，才能保证领土完整。如果国家主权被剥夺，领土主权就失去了保证。国家领土主权受到侵犯，领土也不可能完整。如果侵犯了一国的领土完整，肢解、分裂、侵占了该国领土，当然就破坏了该国的主权。因此，尊重一国主权是国家行使主权的基础，尊重一国的主权必然应该首先尊重一国的领土完整，领土完整构成国家主权的重要组成部分。

二、国家领土的构成

国家领土由领陆、领水、领空和领底土构成。

（一）领陆

领陆（land territory），国家领土的陆地部分，指国家境界以内的陆地，包括大陆（含飞地）和岛屿。

领陆是领土的基础部分，决定着领水、领空、领底土的存在，其他部分都是附属于领陆的。领陆变动，其他部分也随之变动。

在地理位置上，国家领陆如果是全部领陆连成一片的，叫作连续领陆，多数国家为此种情况；有些国家领陆是被公海或别国领土隔开的，叫作非连续领陆，如我国大陆与我国台湾地区之间被公海分开，再如美国本土与阿拉斯加州被加拿大隔开。另外，完全与本国领土相分离而被其他一国或数国的陆地领土包围的一国部分领土，被称为“飞地”（enclave）。例如，西班牙位于法国境内的利维亚，德国位于瑞士境内的比辛根。

非连续土地的存在并不会影响一国的领土完整，也不影响其领土的法律地位。由于飞地等非连续领陆的特殊性，国际法上存在相关制度：诸如过境权问题、领土利用涉及周围国家的问题等。这些问题往往通过有关国家协商和缔约解决。

（二）领水

领水（territorial waters），国家领土的水域部分，通常指位于陆地疆界以内或与领陆邻接的水域。领水一词的用法不尽相同：有的指内水，有的指领海，也有的包括内水和领海。一般意义上，领水不是某种水域的名称，而是国家主权完全管辖的水域的统称。《联合国海洋法公约》生效，使得领水范围有所扩大。现在，领水应包括内陆水域（河、川、湖、泽）、内海水域（内海湾、内海峡、港口水域等）、群岛国的群岛水域和领海海域等。

领水的法律地位，因水域不同而有差异。本节将着重谈“内水”部分，其他部分将在国际海洋法一章中的“内海”“群岛水域”和“领海”的相关内容中讲述。

（三）领空

领空（territorial air space），国家领土的上空部分，指处在国家主权管辖之下的领陆和领水之上的空气空间。关于领空的概念、高度和法律地位将在国际空间法一章讲述。

（四）领底土

领底土（territorial subsoil），又称地下领土，指国家领土的地下层部分。包括领陆的底土、领水的水床及底土。有的学者将领底土并入领陆，其忽略了领水水床和领水底土部分。领底土的深度，理论上从领陆、领水范围垂直向下直至地心。同领陆一样，领底土受该国主权的完全管辖和支配。

三、国家领土的意义

领土对国家是非常重要的，其主要表现在以下几个方面。

（一）领土是构成国家的基本要素之一

在国家的构成中，领土同居民、政权、主权一样，是必不可少的要件，领土可大可小，但必须存在。比如，俄罗斯面积达1710万平方千米，而摩纳哥面积仅1.9平方千米，但其在作为国家要件方面的作用是同样的。假若没有这些领土，就不能成为国家，例如，一个游牧部落，即使有一定居民、有某些形式的政权，在其没有固定的定居领土之前，仍不能成为国家。

（二）领土是国家及其居民赖以生存的物质基础

国家领土是国家物质财富的主要源泉，它不仅为居民提供了衣食住行的场所，还为国家及其居民提供了自然资源及各种生产和生活条件，没有这些物质条件，国家就失去了存在的根据。

（三）领土是国家行使主权的对象和范围

其说明国家不仅对领土本身享有支配权力，即国家对自己的领土拥有完全的、排他的支配和管辖权，禁止他国的干涉和侵占；而且领土也是国家行使权利的主要区域，国家对领土范围内的一切人（不论是本国人还是外国人）、一切物（不论是本国所属的物，还是外国所属的物）及发生的事件都享有权力。

（四）领土是国家主权的物质表现

领土主权和领土完整是国家独立的重要标志，侵犯他国领土，就是破坏了国家主权。领土主权是国家主权的重要组成部分，二者有着不可分割的联系。尊重国家主权就必须尊重领土主权和领土完整不受侵犯。领土主权和领土完整不受侵犯是现代国际法的重要原则。《联合国宪章》规定：各会员国在其国际关系中不得使用威胁或武力，侵害任何会员国之领土完整和政治独立。在现代国际关系中，这一原则要求：①不得以武力威胁或使用武力破坏一国的领土完整；②国家边界不可侵犯；③不得成为军事占领的对象；④使用威胁或武力取得的领土不得承认为合法。凡违反上述原则的要求，侵犯他国领土主权和破坏他国领土完整，都是严重的国际违法行为。

四、对领土主权的限制

在国际实践和交往中，确有对领土主权加以限制的事实。对领土主权的限制，指依据国际习惯和条约，国家主权的行使在某些方面受到限制，以致不能行使或不能完全行使的情况。一般认为，对领土主权的限制分为一般限制和特殊限制。

一般限制指依据国际习惯和公约对多数国家设立的就个别或某些方面对领土主权所做的限制。譬如，每个国家应允许外国非军用船舶无害通过其领海；又如，各国有义务防止在其领土上做出有害于他国的行为；等等。

特殊限制指依条约在其特定范围内或特定方面对某缔约国领土主权的限制。其又分为自愿限制和非自愿限制。前者如根据条约，一国允许另一国公民在其领海内捕鱼；又如某国根据条约实行领土中立化，自愿承担不介入战事的义务。这类特殊限制为当代国际法所认可；而后者表现于传统国际法中，多为不平等条约所致，因而已为当代国际法所否定。特殊限制的方式主要有共管、租借、势力范围、国际地役等。

（一）共管

共管（condominium），即国际共管，两个或两个以上的国家依据条约对某国或某地区共同行使主权或管辖。共管通常可分为两种形式：①共同占有。其实际上形成了对共管领土的兼并。这种共管下的地区不能成为国际法主体。如 1898—1956 年英国、埃及对苏丹的共管等。②共同统治。这种共管并未构成兼并，其不影响共管地区的国际法主体资格，仅是对领土主权的行使加以限制。如 1945 年苏、美、英、法对德国的共管。又如，从 1923 年起，英、法、西三国对丹吉尔港实行共管，1940 年增加了意大利，

1952—1956年改为八国共管。

（二）租借

租借（lease）指一国根据条约从另一国租赁部分领土，并在规定期限内用于条约所规定的目的行使管辖权的法律关系。租借领土的国家称为承租国，被租借领土的国家称为出租国，条约协定租让的期限称为租期①，被租借的领土称为租借地。租借并非领土变更方式，其并不改变领土的归属，租借地的主权并不转移，仍归属出租国。

租借有自愿租借和非自愿租借之分。租借只有依据缔约双方自愿和平等原则才是合法的。历史上发生的租借，大多是根据不平等条约对一国领土主权所加的非法限制。

租借依性质分为三类：①政治性租借，指出租地的统治权完全由承租国掌握，承租国可以自由地行使行政权。国际法中主要强调这种租借。②军事性租借，为军事目的而租借，如承租国在与出租国协议租借的范围内建立军事基地。③商业性租借，一国出于经济目的而租借他国的土地，承租国在这种租借地中仅取得类似于国内法中租赁制度的权利。

租借始于1894年英国和刚果间的租借条约。而广泛的采用，当属列强各国在中国的实践：1898年德国租借胶州湾（99年）、俄国租借旅顺和大连（25年）、法国租借广州（99年）、英国租借威海卫（25年）、英国租借九龙（99年）等。这些租借都是列强通过不平等条约强行划占的结果。以上租借地随着1997年中国恢复对香港行使主权而完全收回。

（三）势力范围

势力范围（sphere of influence）指根据条约，一国将其控制下的别国领土的一部或全部，在名义上不加兼并的情况下，划为确保自己享有政治独占或经济专控等特权地位的利益范围。

势力范围最初见于欧洲列强瓜分非洲的1885年柏林会议。19世纪末，列强开始在中国领土上划分势力范围，他们甚至背着中国私自签订协定，如英、德两国通过1898年的《伦敦协定》擅自划出各自在华的势力范围；1899年英、俄两国又签订类似协定，加之之后一系列不平等条约形成了列强在华的势力范围。势力范围属列强国家依不平等条约而获取的特权，有违国家主权原则。现在势力范围已经成为历史遗迹而不复存在。

（四）国际地役

国际地役（international servitude）根据国家间的特别协定，一国为他国利益而对其部分领土施加限制和提供给他国长期使用。有权接受役务的国家称为需役国，有义务承担这种役务的国家称为供役国，因国际地役而承担的领土称为供役地。国际地役的成立基于条约，其对象是领土，假若对国家主权的限制并不涉及该国领土供他国利用，则不属于国际地役的范畴，如限制一国拥有军队、禁止一国制造某种武器等。

---

① 依国际惯例租期常常为10年、25年、50年、70年、99年。

国际地役可分为：①积极地役。需役国获得了在供役国对供役地可积极利用的准行性权利。如有权在他国领土内通行、有权使用他国机场和港口、有权在他国设置军事基地和卫星追踪站等。②消极地役。有权要求供役国承担禁止性义务，不得在供役地内采取特定的行动。如供役国不得在特定领土上设防，建立军事工程或驻军，等等。

国际法上的地役概念借之于国内民法。但是，国际法上的地役与国内民法上的地役在许多情况下是有所区别的：①国内民法上地役的当事者与国际法上地役的当事者是不同的；②国际地役的设定大都基于不平等的条约，国内民法上的地役则基于当事人的双方合意；③国内民法上的地役往往以相邻关系为前提，不相邻则无法设立地役关系，国际法上的所谓地役则不问是否相邻。

在绝大多数情况下，国际地役是基于不平等的条约关系而发生的，是为需役国的利益服务的，而这些需役国基本上都是列强或殖民者，完全表现了需役国与供役国之间的不平等关系。

第二节　国家领土的变更

领土的变更（territorial change），指由于某种法律行为和事件使得领土归属发生变动。就变更形式而言，有领土合并、领土分裂（含分离、分立）、领土自立。就变更后果而言，有取得领土或增加领土、丧失领土或减少领土。就变更原因而言，有自然原因变更，如添附；人为原因变更，如征服、割让等。

在国际法上，国家领土的变更方式随着领土观念的变化而变化，变更的合法性标准也在发生转变。传统国际法援引罗马法中关于财产取得、丧失的概念和标准，作为领土变更的合法方式。之后“文明社会”认可殖民扩张，战争结果成为领土变更的合法缘由，兼并和掠夺也被作为法律依据。传统国际法主张的领土变更方式主要有：先占、时效、添附、割让、征服等。而现代国际法只将符合国家主权原则、民族自决原则和平等互利原则及其他国际法规则的变更视为合法变更。

无论历史上或现实生活中，国家领土的变更的情况是经常发生的。当代国际法的任务就是确定原则，规定哪种情形的领土变更是正常的和符合国际法的领土主权原则的，哪种情况的领土变更是不正常和不符合领土主权原则的。因而有必要对各种领土变更方式加以分析、评价。

一、传统国际法的领土变更方式

在18、19世纪资本主义国家对外扩张时期，为适应殖民主义和帝国主义瓜分和掠夺别国领土的需要，资产阶级学者按照罗马法中关于私有财产取得的规则来解释领土的取得方式。他们把领土的变更视同私有财产的变动，将国家取得领土的方式分为五种：先占、时效、添附、割让、征服。在当代国际法中，这些方式有的已被采纳、发展，有的已被淘汰，有的作为领土变更方式失去合法性，但对解决现实领土纠纷仍具有一定意义。

（一）先占（occupation）

先占被作为原始取得领土的一种方式，指对无主土地实行最先且有效的占领，从而获得该领土主权的方式。从罗马法中无主物先占规则演变而来。

传统国际法认为，先占作为一种法律行为，必须具备三个要件：

（1）先占的主体是主权国家。即先占是一种国家占领行为，只能以国家名义进行，占领行为应于事先或事后经国家授权或认可。

（2）先占的客体为无主土地。所谓无主土地，即从未经他国占领或已被占领者放弃的土地。而按照西方学者的解释，除少数荒岛外，土著部落居住或者尚未形成“文明”国家的民族居住的土地都是无主土地，从而无限扩大了先占的范围。正如1975年国际法院在关于西撒哈拉法律地位的咨询意见中所指出的：“国家实践表明：住有土著部落或具有一定社会或政治组织的人群的地方就不能认为是无主土地。”只有在这块土地上确实没有任何居民居住的情况下，才是无主土地；而只要有土著部落在该地生存，他们就是该地的主人，即使他们没有建成国家，也不能认为是无主土地。任何国家依先占程序取得该地主权，就是剥夺该地原有居民的民族权利，是对民族自决原则的粗暴践踏。事实上，先占方式一直被殖民者作为抢占土著居民土地的一个重要手段而使用，因此，现代国际法对先占方式持否定态度是完全合乎情理的。

（3）先占的内容为有效占领。所谓有效占领（effective occupation），指国家不仅有占领的意思，而且有占领的行动，如建立行政组织、行使统治权力，仅有象征性的占领是不够的，还必须实行管理，并且能够稳定地占领下去。先占在自由资本主义时期极其盛行。刚开始时，先占者只需在“发现地”留下象征性的标志；后来，由于资本主义各国争夺殖民地的斗争日益尖锐和激烈，象征性的占领往往引起强烈的争执和冲突。《奥本海国际法》就认为，简单的“发现”不产生主权，它只产生“不完全的权利”，只起到暂时阻止另一国加以占领的作用。[①] 于是，后来就出现了“有效占领”说。所谓有效占领，《奥本海国际法》认为，占领者必须以取得国名义占有，对该地移民定居，并且必须在该地建立起国家的行政机构，实行管理。20世纪有不少案例适用这个规则，如帕尔马斯岛仲裁案（1928年）、克利柏敦岛仲裁案（1931年）、敏基埃群岛和艾克列荷斯群岛案（1953年）、东格陵兰法律地位案（1933年）、西撒拉哈案（国际法院咨询意见，1975年）等。其中以帕尔马斯岛仲裁案最为著名：在该案中，国际常设仲裁法院的瑞士法官麦克斯·胡伯（Hans Max Huber，1874—1960）指出：发现只产生一种“不完全的权利”，这种权利须在一个合理期间内通过对该地区的有效占领来完成。

随着世界上的土地的“瓜分完毕”，加之非殖民化的高涨，先占作为一种领土的取得方式已经不再具有多大现实意义。但是，在国家领土归属发生争端时，有时还要考虑先占作为领土变更的方式所产生的法律效果。所以说，在确定领土归属时，先占仍然具有一定的实际意义。

① 参见《奥本海国际法》（上卷第二分册），［英］劳特派特修订，石蒂、陈健译，商务印书馆1981年版，第77～78页。

（二）时效（prescription）

时效是指一国对某些他国领土进行长期安稳的占有后，就取得了该土地法律上的权利的方式。国际法上的领土时效源于罗马法中的“物权取得时效”，但国际法中的时效概念与国内法的含义有所不同：①国内法上时效的取得需要善意的占有，而国际法上的时效不论是否为善意占有；②国内法上时效有确定的年限，而国际法上的时效没有确定期限的限制。不过，因时效而取得对占有领土的有效控制必须伴随着被占国的默认，抗议和强烈的抵抗能够阻止因时效取得权利。于是，即使一国原先是不正当地和非法地占有某些领土，而在经过相当长时期继续并安稳的占有之后，以致造成一般信念以为事物现状是符合国际秩序的，则该国便成为该领土的合法所有者。

时效和先占的区别在于：时效是非法占有他国领土，即侵占他国领土；而先占则强调占领“无主土地”，即使有时也侵占“有主土地”，但它所占领的是尚未形成国家的民族的土地。可见，时效的侵略性表现得更强烈，时效方式为殖民主义、帝国主义掠夺领土提供了理论根据。现代国际法主张各国应相互尊重主权和领土完整，显然时效违背这一公认原则，因而，现代国际法不再承认时效为领土变更方式。

（三）添附（accretion）

添附是国家增加原始领土的一种方式，指因陆地的新的形成或增长而使国家领土增加的方式。添附分自然添附和人工添附。前者是由于自然力量作用所致，如海底隆起形成涨滩、近海新岛屿出现、河口沉沙堆积三角洲形成等；后者是人为造成的土地增长，如围海造田、岸外筑堤等。添附会影响到领海基线的划定，使领海范围扩大。安娜号案就是一个典型案例。[①]

添附是传统国际法取得方式，现代国际法予以合理的继承，但做了一定限制：譬如，强调采用人工添附不应该损害邻国利益和公共利益；又如《联合国海洋法公约》规定，近海设施和人工岛屿不应视为永久海港工程（第 11 条），因而不能添附领土；还规定，国家在专属经济区、大陆架以及公海上建造的人工岛屿、设施和结构，“没有自己的领海，其存在也不影响领海、专属经济区或大陆架界限的划定”（第 60 条和 8 款），因而不构成添附。

（四）割让（cession）

割让，俗称割地，是领土所有国根据条约将领土移转给其他国家。割让可以是和平谈判的结果，也可以是战争和武力胁迫的结果；可以是自愿的，也有被迫的；可以是有代价的，也有无代价的。据此将割让分为非强制性的和强制性的两类。

非强制性割让往往是自愿的和平谈判的结果，通常表现为买卖、交换、赠与等。买卖领土是指一国将其领土的一部分有偿地转让给他国的行为。例如，1803 年法国将整个路易斯安娜地区卖给美国；又如，1867 年美国用 720 万美元购买了俄国的阿拉斯加。

① 参见王铁崖《国际法》，法律出版社 1981 年版，第 146 页。

交换领土是指两个当事国出于自愿以基本等值的土地或实物进行互易。例如，1890 年英国将北海中的赫尔哥兰岛与德国东非保护地交换；交换也常发生在两国划界时，例如，1951 年苏联和波兰边界地区的交换；也有以物换地的实例，如 1940 年美国以 50 艘超龄军舰换取英属战略岛屿。赠与领土是指一国自愿将其一部分领土无偿地赋予他国，该他国表示接受并缔结条约的转让。赠与领土多发生在封建社会时期皇室婚娶时，近代则较少。基于平等的自愿性割让，是为国际法所允许的。

另一类割让为强制性割让。在实践中大量的、严格意义上的割让，就是指强制性割让。其常常是无代价的，是战胜国对战败国的兼并和掠夺，即通过战争，战胜国签订和约强迫他国割地。例如，1871 年普法战争中法国战败，依据《法兰克福和约》，法国把阿尔萨斯－洛林地区割让给德国。强制性割让在传统国际法中被认为是合法的，直到 1928 年《巴黎非战公约》特别是 1945 年《联合国宪章》宣告废除战争和各国有互不侵犯别国领土完整的义务时，其因已失去合法性才被现代国际法完全禁止。

（五）征服（conquest）

征服是指一国以武力占领他国领土的全部或一部，并迫使被占国停止反抗从而取得该领土主权的方式。征服与强制性割让的区别在于，征服不需要缔结条约。如果事后又缔结了和约，则征服便成为割让。

传统国际法认为，构成征服的合法要素有两个：①占领者必须具有征服的意思，而不是其他目的，并且实施了征服行动；②被占领者已屈服，即部分领土被占领时被战国放弃收复失地，全部领土被占领时战败国及其盟国停止一切反抗活动。否则征服不能成立。例如，第二次世界大战中德国虽然吞并波兰，但是，由于波兰仍在继续抵抗，故德国并未构成征服。

在允许将战争作为推行国家政策的工具或手段的时代，征服曾被认为是合法的，现代国际法已废止战争作为推行国家政策的工具，同时也否认征服是取得国家领土的合法方法。正如《国际法原则宣言》明确宣布的：使用威胁或武力取得之领土不得承认为合法。由征服而取得的领土在法律上是无效的。

二、当代国际法的领土变更方式

当代国际法否定传统国际法中那些不合理、不合法的方式，但并非不允许领土变更，也绝不是主张领土现状的不可变更性。当代国际法主张：在承认领土的可变性的同时，还要坚持领土的变更必须符合国际法的基本原则。在当代国际法主张的领土变更方式中，有的是新提出的，有的是从传统方式中继承的。这些方式主要为：添附、非强制性割让、民族独立或自立、公民投票、恢复权利或收复失地等。

（一）民族独立（national independence）或自立

其主要指按照民族自决原则，前殖民地的被压迫民族从宗主国或殖民国家分离出来成立独立国家或加入其他国家而发生的领土变更，这些新兴国家领土主权的取得，所依

据的是将民族的领土上升为国家的领土。例如，芬兰经过长期斗争从帝俄的版图中独立出来。此外，独立还包括原国际联盟委任统治下的领土独立，联合国托管领土与非自治领土的独立与自治，如密克罗尼西亚的独立。也包括独立主权国家内部的民族自立，如1991年波罗的海三国的自立。当代国际法认为，不论是采取武装斗争的形式还是采取公民投票的方式，只要是基于民族自决原则而变更国家领土，都是合法的。

（二）公民投票（plebiscite）

公民投票又称全民公决，即某地区居民以全民投票公决的方式决定自己领土的归属。以公民投票变更国家领土始于18世纪末，在现代已广泛适用。就领土进行公民投票多在三种情况下使用：①独立与自治。政治上争取独立的民族或地区通过全民投票决定领土归属。②归属争议。领土归属不明时由当地居民投票公决决定。③原战败国被占领土的处理。第一次世界大战以后，根据和约处理敌国领土时也采用了公民投票方式。公民投票的特点和目的是表达实行民族自决的人民自由决定其领土命运的意志。因而，公民投票作为领土变更的方式，必须是居民意志真正自由的表达。其合法性取决于公民意志的真实的充分的发挥。倘若投票结果为强迫、诈欺所致，即为非法和无效。

（三）恢复权利（restitution in the right）或收复失地（regain of lost territory）

这是指原领土所属国收回被别国侵占的领土而恢复其对该领土的历史性权利的领土变更方式。收复方法可用武力的，也可用非武力的。习惯上将非武力方法收复称为恢复历史性权利：指通过国际公约、国际组织决议、当事国谈判等方法让非法占有国归还侵占的领土。如依据1945年的《波茨坦公告》，中国收回了于1895年被日本强行割让去的台湾岛和澎湖列岛；又如，中国通过同英国政府的谈判，实现了恢复对香港行使主权。另外，用武力方法恢复称为收复失地，是指通过武力手段将被外国非法占有的领土主权收回。例如，1961年印度以武力收回了被葡萄牙占领的果阿、达曼、第乌三地。

第三节　内　　水

内水是国家领水的重要组成部分。内水又可分为内陆水和内海水。内陆水包括河流、运河、湖泊，内海水包括内海海域、内海湾、内海峡等。这里只讲内陆水，而内海水问题将在国际海洋法一章中讲述。

一、河流

按照河流流经国家的多少以及河流的法律地位的不同，河流可分为内河、界河、多国河流和国际河流。

（一）内河

内河（inland river），又称国内河流，是指从河源到河口完全流经一国领土的河流。它属于沿岸国的内水，完全处于该国主权之下，其法律及规章制度属国内法范畴。国家保留内河航行权，可以不对外国船舶开放。如未经一国同意或法律规定，外国船舶无权在该国内河中航行。获准在内河航行的外国船舶必须遵守沿岸国的法律及规章制度。

（二）界河

界河（boundary river），又称国界河流，是指流经两国之间、作为两国分界的河流。界河分属于两岸沿岸国，沿岸国船舶可在界河河道上航行，不受国界线限制。界河的划定、利用、捕鱼及河道的管理和维护等，由有关国家协商、签约做出规定。

（三）多国河流

多国河流（multinational river），是指流经多个国家领土的河流。河流经过的各段分属于各沿岸国并构成该国内水的一部分，该国对流经本国领土的河段享有管辖权。但应注意到尽管多国河流具有内河的某些性质，其毕竟不是内河，尤其作为一个整体看，它是所有沿岸国的自然水道，沿岸各国拥有共同的利益。一国在行使此项管辖权时，须照顾和考虑其他沿岸国的利益以及整个河流的共同利益。对于同一河流的各沿岸国的船舶则应允许航行。

（四）国际河流

国际河流（international river），是指流经数国，可通航公海，并且按照有关国际条约的规定向一切国家商船开放的国际化河流。从流经国家的多少来看，国际河流应属多国河流，但在法律地位上与一般多国河流有所不同，其按照国际条约规定向一切国家商船开放，并由全体沿岸国成立委员会进行共同管理。

河流的国际化始于19世纪初，它反映了资本主义开拓国际市场的需要。从1814年《巴黎和约》宣布莱茵河的航行自由起至今，世界上已有许多关于国际河流的国际文件。从这些国际文件的规定和国际实践看，国际河流的地位及航行制度大致包括以下几个内容：①它对于所有国家，无论沿岸国或非沿岸国的一切商船开放；②一切国家的国民、财产及船舶，在各方面享受完全平等的待遇；③沿岸国对于流经自己领土的那段河流得行使管辖权，特别是有关警察、卫生、关税等事项；④沿岸国为维护和改善河道航运，可以征收公平的捐税；⑤沿岸国负责维护在其管辖之下的河流部分；⑥沿岸国保留“沿岸航运权”，即外国船舶不得从事同一沿岸国的各口岸间的航运；⑦非沿岸国军舰不得享有在河流上航行的自由；⑧设立统一的国际委员会，以制订必要的管理规则，保障河流的航行自由。

目前，世界上主要的国际河流有：莱茵河、多瑙河、斯凯尔特河、默兹河、刚果河、尼日尔河、湄公河、亚马孙河等。其中，多瑙河是世界上最重要的国际河流。

二、运河

运河（canal），是指在一国领土内由人工开凿的水道。例如，中国的京杭大运河。一般运河的法律地位与自然内河相同，完全隶属于所属国管辖权之下。而在国际法上具有意义的是通洋运河（inter-oceanic canal），也就是沟通公海作为国际交通要道的运河。

根据国际法原则，无论国际通洋运河具有何等重大的意义，凡流经一国领土的运河都是该国领土的组成部分，受该国主权的管辖与支配；但从另一个角度，既然为国际运河且构成重要的国际海上通道，各沿岸国承诺，在尊重运河沿岸国主权和有关国际条约规定的条件下，各国船舶都可以自由通过。在实践中，运河的具体通行及其他制度往往由沿岸国与有关国家以条约方式确定。以重要运河苏伊士运河和巴拿马运河为例：

苏伊士运河位于埃及北部，它北起地中海的塞得港，南至红海苏伊士湾的陶菲克港，全长172.5千米，是欧洲与亚洲之间最短的水上通道。根据1888年《君士坦丁堡公约》的规定，苏伊士运河实行中立化，不论平时或战时，苏伊士运河向所有国家的商船和军舰开放，永远不得封锁；战时不得在运河港口3海里内从事军事行动，并且交战国军舰不得在运河港口停留，如情况绝对必要时，也不得超过24小时；交战双方的军舰和船舶进出港口时间应相隔24小时，而且不得在港口内装卸军队、军火和军事物资等，不得建筑军事要塞等。1956年，埃及收回了苏伊士运河主权后，运河开始完全为埃及所管辖。1957年埃及政府发有声明，重申尊重1888年《君士坦丁堡公约》所规定的运河自由航行规则，保证一切国家船舶自由航行。

巴拿马运河位于中美洲的巴拿马，它沟通了大西洋和太平洋。根据1901年《海－庞斯福条约》和《关于开凿通洋运河的条约》，美国承认并保证巴拿马独立；同时，巴拿马保证运河中立，并向一切国家开放。但又规定美国有权在任何时候使用它的警察、陆军和海军或建立要塞。在巴拿马人民的斗争下，1977年，美国与巴拿马签订了新的《巴拿马运河条约》和《关于巴拿马运河永久中立和运河营运条约》。在上述条约中，美国承认巴拿马对运河区的主权，而巴拿马继续保证运河的中立，并保证运河无论平时或战时的安全，同时，运河继续向各国和平通过的船舶开放。根据上述条约的规定，巴拿马将于1999年12月31日完全收回运河，从2000年1月1日起，巴拿马将独立管理运河。

三、湖泊

在地理学上，湖泊（lake）与内海有所区别，淡水湖称湖泊，咸水湖称内海；从法律意义上看，二者则是相同的。

湖泊可分两种情形：一种是完全由一国陆地所包围的湖泊，如我国的洞庭湖、青海湖，瑞士的苏黎世湖，等等，这种湖泊称内湖，属于该国的内水，构成该国领土的一部分，该国可以自由使用、管理，而不对别国开放。另一种是被两个或更多的国家的陆地所包围的湖泊，如日内瓦湖分属瑞士和法国，安大略湖分属美国和加拿大，等等，这种

湖泊常常作为界湖或“国际湖泊”。这些湖泊往往分属沿岸国所有，其划分和管理由有关的国家以协议规定。

第四节　国家边界和边境

一、边界的概念

国家边界（state boundary）简称国界，习称边界，是分隔一国领陆与他国领陆、一国领水与他国领水或其他海域、一国领空与他国领空或外层空间和一国底土与他国底土的界线。边界所确定的是国家行使领土主权的范围，边界以内的区域均属国家领土。

由于国家领土是由各个不同的部分所组成，因而边界可分为陆上边界、水上边界、空中边界和地下边界。

国家边界的形成有两种情况：①是由传统习惯所形成，称为传统习惯边界，是指边界两侧的国家在长期历史发展过程中形成的划分各自管辖范围的，有关国家没有异议的界线。传统习惯线是一种默认的界线。②是由条约所划定，称为条约划定边界。是有关国家通过谈判而缔结的边界条约所划定的边界。依条约划定的边界是一种明示的界线。在历史上，大量的边界是传统习惯线，在当代，以条约正式划定国家边界是主流和发展趋势。

二、划界

（一）划界的方法

边界可分为有形的和无形的两种：有形的边界，又可分为自然的和人为的边界。有形的边界是由实在的自然标志（如山脉、河流、岩石等）或具有实在的人工标志（如界石、界桩）等构成。无形的边界，即不是具体的物质标志，而是以经纬度为边界的天文学边界和以两个固定点之间的直线为边界的几何边界。还有划分领海与毗连区、专属经济区及大陆架界线的海上界线，也是无形的边界线。

在国际实践中，国界线的具体划分主要有三种，即地形国界、几何国界、天文国界。

（1）地形国界（terrain boundary），又称自然边界（natural boundary），是根据地形的特点和自然形成，如根据山脉、河流、湖泊、峡谷、丘陵的走向和分布来划定国界。

按照国际惯例，在采用地形国界实地划界中，往往参照下述规则：①以山脉为界。如果条约没有明确规定以山脉为界时，应采用分水岭原则，即以山脉的分水岭为界。②以河流为界。如果是可航河流，划分边界应有主航道中心线为界；如果是不可航河流，则以河道的中心线为界。③以桥梁为界。河流上的桥梁以中间线为界。④以湖泊为

界。通常是以中间线为界。这是国际实践中常常采用的规则，但并非强行规则，划界时往往要参照历史上两国实际行使管辖权的情况。

（2）几何国界（geometrical boundary），是采用几何的方法划定边界，如运用“两点成一线”的原理，将一固定点到另一固定点所划的直线作为国家之间的边界线。这种方法往往适用于水上和地形复杂难于勘探的区域，1881 年《中俄改定条约》第 8 条在中俄边界使用了几何国界。弧线法、交圆法、共同切线法均属几何国界。

（3）天文国界（celestial boundary），是采用天文定位的方法确定的国家间边界。最常见的是以经纬度作为界线。主要适用于海上或人烟稀少且边界线较长的地区。如美、加之间的主要分界线——北纬 49 度线，就是天文国界。

以上三种方法可以独立采用，也可混合采用。在国际实践中，一般采取混合划界方法，即采用地形边界和人为边界相结合，在某些地段采用地形边界，而在另一些地段采用几何学国界或者天文学国界。

（二）划界的程序

通过条约方式划定边界，一般要经过定界和标界两个阶段。

（1）定界（delimitation），就是有关国家通过谈判，签订专门的边界条约确定国家边界。在条约中规定边界的主要位置和基本走向，并标明在地图上。

（2）标界（demarcation），包括实地标界和制定边界文件。在边界条约正式签字后，由缔约国双方任命的代表组成划界委员会，根据定界条约进行实地勘测并详细而准确地确定边界的具体位置和走向，同时树立界标。然后制定详细载明边界走向和界标的边界议定书与地图等文件。这些文件同边界条约都有法律效力，是确定边界线的根据和证据。

三、边境制度

边境（frontier）和边界是两个不同的概念。边界是指两国领土的分界线，而边境则是指位于边界两侧的一定宽度的区域。故边境常常称为“边境地区”。

边境制度（frontier regime）各国对国界本国一侧特定范围地区的特殊的管理制度。边境制度包括国内法、国际法两方面内容。国内法方面，通过国内立法，比如海关法、出入境管理法、过境条例等法规，建立边境警卫、边境秩序、进出边境地区和在边境地区居留及在边境从事各项活动的制度。主要目的在于维护本国安全、加强边防和出入境管理。国际法方面，如通过签订条约、协定，建立共同遵守的各项制度，主要目的在于确保两国边境的稳定和友好往来。协定边境制度主要包括下列内容。

（一）边界标志的维护

对于边界标志，双方都有维护的责任，不得加以毁坏或移动。例如，1961 年中缅《关于两国边界的议定书》第 38 条规定：如一方发现界桩已被移动、损坏或毁灭，应尽量通知另一方，负责维护该界桩的一方这时应该采取必要的措施，在另一方在场的情

况下，在原地按原定的规格予以恢复、修理或重建。对于破坏边界标志的人和行为，各国国内法也都有惩罚的规定。我国《刑法》第三百二十三条规定：“故意破坏国家边境的界碑、界桩或者永久性测量标志的，处三年以下有期徒刑或者拘役。”

（二）界河的利用和管理

对界河的利用和管理包括水利灌溉、发电、水上航运、在河流分界线自己一方捕鱼等。在利用界河的过程中，不得损害邻国的利益，不得使河水污染，不得使邻国遭到河水枯涸或泛滥的危害，不得故意使河流改道。在边界自己一侧对领土的利用，也不得危害他方居民的安全。这些规则通常都在两国边界条约或协定中加以规定。

（三）边境居民的交往

为了边界的有效管理，各国在本国边境地区都设立了边境禁区和边防地带。非边境地区的居民进入边境地区需办理特别手续。但是，为了便利两国边境居民的生活和生产，相邻国家往往订立协定，给予边境居民以从事航运、贸易、探亲访友、进香朝圣等进出国境的特殊便利，不必办理护照、签证和许可证手续。例如，1956 年中国与尼泊尔《关于中国西藏地方和尼泊尔之间的通商和交通协定》规定，双方边民可以过境贸易、探亲和朝圣等。这种给予边民某些方便的做法，对于加强相邻国家之间的关系是有积极意义的。

（四）边境事端的解决

相邻国家可以订立专门协定，设立边界委员会或者其他机构，负责处理较轻微的边境事件或对边境事件进行调查，如果属于特别严重的边境事件，则须通过外交途径解决。

第五节　我国领土与边界问题

一、概况

我国幅员辽阔，测量结果表明：我国领土总面积为 1045 万平方千米。陆地为 944 万平方千米，岛屿为 7.54 万平方千米，滩涂为 1.27 万平方千米，内海为 6.97 万平方千米，领海为 2.28 万平方千米。除大陆外，还包括 6500 多个岛屿（包括台湾岛、澎湖列岛、钓鱼岛、东沙群岛、中沙群岛和南沙群岛等）以及广袤的海域。我国与 14 个陆地国家相邻，有着很长的边界线，其中仅陆上边界线即达 20000 多千米，海岸线有 18000 多千米，与 8 个国家海上相邻或相向。由于历史的原因，我国和某些邻国在领土和边界上存在着争议。对于这些问题，我国政府一贯主张，在和平共处五项原则的基础上，通过和平谈判和协商，求得公平合理的解决。根据这一立场，我国先后同缅甸

(1960 年)、尼泊尔（1961 年)、蒙古（1962 年)、巴基斯坦（1963 年)、阿富汗(1963 年)、老挝（1991 年)、俄罗斯（东段边界，1991 年；西段边界，1994 年)、哈萨克斯坦（1995 年)、吉尔吉斯斯坦（1996 年)、塔吉克斯坦（1999 年)、越南（陆地，1999 年）等国签订双边边界条约或协定，正式划定了边界线。然而，遗憾的是由于各种复杂的原因，我国依然存在边界争议问题。

在国家领土问题上，中国政府一贯坚决维护本国的领土完整和领土主权，经过与英国和葡萄牙的谈判，签订协议，成功解决了香港和澳门回归的问题，香港、澳门已于 1997 年 7 月 1 日和 1999 年 12 月 20 日由中华人民共和国恢复行使主权。对于侵占我国领土的行径，对我领陆、领海和领空进行侵略的行径，我国政府进行严正抗议，并重申对领土的主权和有关权益，反复主张解决领土争议问题应在和平共处五项原则的基础上，通过同有关国家和平谈判和协商，取得公平合理的解决。

在解决同邻国边界的问题方面，我国坚持的基本原则是：①对历代中国政府与外国签订的边界条约，一般予以承认。对其中一些不平等条约，仍同意在分清是非的情况下，照顾现实情况，全面解决边界问题。②对于帝国主义强加给我国的边界线，历代中国政府均未承认，我政府也不予承认。③对虽未划定但形成传统习惯线的边界，可依此习惯线为基础协商解决。④对于历史遗留的边界问题，力争通过和谈、协商，和平解决，不应诉诸武力。在和平解决之前应维持边界现状。我国政府的上述原则立场，受到了许多国家的高度赞赏。

二、钓鱼岛问题

钓鱼岛，又称钓鱼台列岛，日方称尖阁列岛，位于台湾东北约 120 海里之处，由钓鱼岛、黄尾岛、赤尾岛、南小岛、北小岛 5 个岛屿和 3 个石礁组成。钓鱼岛一直为中国所领有，这在我国现有资料、原琉球王国的记录及日本 1783 年、1785 年的地图中均可找到证明，1895 年钓鱼岛同台湾和澎湖列岛一起割让给日本。日本本应根据 1943 年《开罗宣言》和 1945 年《波茨坦公告》的规定将钓鱼岛同台湾和澎湖列岛一并归还中国。但日本政府违反国际协定的规定，拒不移交给中国，继续进行非法占领。1951 年美国依《旧金山和约》，以托管为名又占领了钓鱼岛，并于 1971 年 6 月非法将钓鱼岛连同冲绳一并“归还”给日本。日本便以 1895 年割让条约和 1971 年冲绳归还条约为依据，声称“日本恢复了对琉球群岛的完全主权，尖阁列岛最后主权归于日本”。对此，我国政府多次提出强烈抗议，并于 1972 年致函联合国秘书长和安理会主席抗议美日私相授受的非法行经。1981 年、1991 年我国又对日方在钓鱼岛进行活动提出抗议。另外，我国在 1992 年公布施行的《中华人民共和国领海及毗连区法》中明确肯定了钓鱼岛属于中国领土。但钓鱼岛主权问题争端并未解决。1996 年 7 月 14 日，日本右翼团体“日本青年社”在岛上设立了 5 米高的太阳能灯塔，并试图将该灯塔列入海上导航序列，为日本“拥有”钓鱼岛制造口实。4 日后日本政府宣布了包括钓鱼岛在内的 200 海里专属经济区。从而引起了内地、港澳、我国台湾地区及全世界华人的极大愤慨和强烈反对。2003 年年初《世界日报》转述《读卖新闻》的报道说，日本政府 2002 年 10 月间

和钓鱼台的“地主”签约，以每年2256万日元租用钓鱼台的3个小岛，以便强化“领土管理”。即日本政府采取租借方式从日本国民手中获得了对钓鱼岛的管理权，此举目的是限制转售该岛，阻止第三者登岛，并在外交交涉中显示日本政府的强硬立场。此举立即遭到了中国政府的强烈抗议，同时也引起了内地和港、台三地民众的强烈反响。

2012年9月3日，日本中央政府与钓鱼岛所谓的“岛主”展开正式“购岛”谈判，日本政府准备出价20.5亿日元。9月10日，日本政府决定购买“尖阁诸岛”中的钓鱼岛、北小岛和南小岛。

2012年9月10日，中华人民共和国外交部发表声明抗议日本政府“购买”钓鱼岛及其附属的南小岛和北小岛，实施所谓“国有化”。2012年9月10日，中国政府发表声明，公布了钓鱼岛及其附属岛屿的领海基线。9月13日，中国政府向联合国秘书长交存钓鱼岛及其附属岛屿领海基点基线的坐标表和海图。2012年9月，中华人民共和国国务院新闻办公室发表了《钓鱼岛是中国的固有领土》白皮书，我国政府的基本立场是：无论日本对钓鱼岛采取何种单方面举措，都不能改变钓鱼岛及其附属岛屿属于中国的事实。中国政府维护国家领土主权的决心和意志坚定不移，捍卫世界反法西斯战争胜利成果的决心毫不动摇。我们有信心、有能力挫败日本对历史事实和国际法理的践踏行为，维护地区的和平与秩序。

三、南海诸岛问题

南海诸岛位于中国海南岛东面和南面海域，包括西沙群岛、东沙群岛、中沙群岛、南沙群岛。包括数百个由珊瑚礁构成的岛、礁、滩、沙洲和暗沙。依位置不同分为4群：东沙群岛由东沙岛和附近几个珊瑚暗礁、暗滩组成；西沙群岛由30多个沙岛、礁岛、沙洲和礁滩组成，以沙岛为主；中沙群岛由20多个暗沙和暗滩组成，大多尚未露出水面；南沙群岛由200多座沙岛、礁岛、沙洲、礁滩等组成，其中曾母暗沙是中国领土最南端。

东沙群岛，中国南海诸岛中位置最北的一组群岛，目前隶属于台湾当局高雄市旗津区，名义上归广东省汕尾市陆丰市碣石镇管辖。

西沙群岛、南沙群岛、中沙群岛，习惯上合并称为西南中沙群岛。西南中沙群岛自古以来就是中国领土，中国人最早发现这些岛屿礁滩，长期以这些岛屿礁滩为基地进行渔业捕捞生产和居住，世代相继对这些岛屿礁滩进行辛勤的开发和经营，中国政府最早对这些岛屿礁滩实行管辖和行使主权。中华人民共和国成立后，继续对西南中沙群岛及其海域行使主权。1959年3月24日在西沙群岛的永兴岛设置“西沙群岛、南沙群岛、中沙群岛办事处”，自此，政府行政机构开始驻岛行使主权；1969年3月4日改称“广东省西沙、中沙、南沙群岛革命委员会”。1981年10月22日，经国务院批准在永兴岛设立“西沙群岛、南沙群岛、中沙群岛办事处”，作为广东省人民政府派出的相当于县级的办事机构，由海南行政区公署直接领导。1988年海南建省，海南省管辖范围包括海南岛内的19个市、县和西沙群岛、南沙群岛、中沙群岛的岛礁及其海域。1988年9月19日更名为“海南省西沙群岛、南沙群岛、中沙群岛办事处”。2012年建立了三沙

市，是海南省4个地级市之一。

目前，争议主要发生在南沙群岛。南沙群岛是中国南海诸岛中岛屿礁滩最多、分布最广的一个群岛。已发现和命名的岛屿礁滩有近200个，岛屿的陆地总面积约2平方千米。至2014年10月，我国公布的南沙群岛实控情况为：中国实际控制9个岛礁，其中中国大陆控制南沙群岛的永暑礁、赤瓜礁、东门礁、南薰礁、渚碧礁、华阳礁、美济礁等7个岛礁，中国台湾地区控制太平岛、中洲岛；越南占领28个岛屿和珊瑚礁，鸿庥岛、南威岛、景宏岛、南子岛、敦谦沙洲、安波沙洲、染青沙洲、中礁（沙洲）、毕生礁（沙洲）、柏礁、西礁（沙洲）、无乜礁、日积礁、大现礁、六门礁、东礁、南华礁、舶兰礁、奈罗礁、鬼喊礁、琼礁、广雅滩、蓬勃堡、万安滩、西卫滩、人骏滩、奥南暗沙、金盾暗沙；菲律宾占领8个岛屿，马欢岛、南钥岛、中业岛、西月岛、北子岛、费信岛、双黄沙洲、司令礁（沙洲）；马来西亚占领3个岛屿；文莱占领1个岛屿。①

2013年1月，菲律宾针对南海争议，在没有与中方协商甚至完全交换意见的情况下向位于荷兰海牙的国际常设仲裁法院依据《联合国海洋法公约》提出仲裁。2013年1月22日，菲律宾向中国发出提交仲裁的书面通知及权利主张。2013年2月19日，中国政府向菲律宾提交照会，拒绝接受书面通知并将其退还，采取了“不接受、不参与该仲裁”的基本立场。2014年12月7日，中国公布了《中华人民共和国政府关于菲律宾共和国所提南海仲裁案管辖权问题的立场文件》，阐明仲裁庭对于菲律宾提起的仲裁没有管辖权，并指出该立场文件不意味着中国接受或参与菲律宾提起的仲裁。仲裁庭于2015年7月就管辖权和可受理性问题进行了开庭审理，并于2015年10月29日做出了《关于管辖权和可受理性问题的裁决》，其中对一些管辖权问题进行了裁决并推迟对其他问题进行进一步审议。2015年11月24日至30日，仲裁庭接着对实体问题进行了开庭审理。2016年7月12日，国际常设仲裁法院做出一致裁决。根据裁决，中国太平岛化岛为礁，认为其不构成岛所具备的基本要素；并否定了“九段线”，还宣称中国对南海海域没有“历史性所有权”。对此，中国政府多次回应坚持该仲裁裁决不具有法律效力。②

四、中俄边界问题

中俄边界问题即苏联解体前所称的“中苏边界问题”，其由沙皇俄国在19世纪对中国领土的侵占和强加给中国的一系列不平等条约所造成。这些不平等条约有：1858年的中俄《瑷珲条约》、1860年的《中俄北京条约》、1864年10月的《中俄勘分西北界约记》、1879年的《伊犁条约》和1887年的《伊犁界约》以及后来的几个勘界议定书等。通过这些不平等条约，沙皇俄国强占了中国150万多平方千米的土地。苏联成立

① 参见《震撼曝光中国南海诸岛的实际控制状况》，见中商情报网：http://junshi.xilu.com/news/nanhaizhudao.html。

② 参见《多个中国使领馆阐述中方一贯立场　反对南海仲裁结果》，见新华网：http://www.xinhuanet.com/world/2016-07/21/c_1119259533.htm。

初期，曾明确主张废除上述不平等条约，将所占领土归还中国：在1919年7月25日第一次对华宣言中宣布，把沙皇从中国人民那里掠夺的一切交还中国人民；在1920年9月27日第二次对华宣言中又宣布，以前俄国历届政府同中国订立的不平等条约全部无效，放弃以前夺取的中国领土和在中国境内的俄租界。1924年5月31日签订的《中苏解决悬案大纲协定》规定：在双方商定的会议上，“将彼此疆界重新划定，在疆界未划定以前，允仍维持现有疆界”。由于当时的历史条件，上述事项未能得以实现。

对中苏边界问题，我国政府一向主张通过谈判和平解决，我们的基本立场为：分清历史是非，肯定沙俄强加于中国的边界条约是不平等条约；同时照顾现实情况，以这些条约为基础，通过和平谈判全面解决。而由于苏联一度坚持扩张主义，两国边界和领土争端长期得不到解决。随着1989年中苏关系的正常化，两国开始了边界问题谈判。并于1991年5月16日在莫斯科签署了《中华人民共和国和苏维埃社会主义联盟关于中苏国界东段的协定》。作为苏联权利继承者的俄罗斯于1992年2月13日批准该协定，我国人民代表大会常务委员会（以下简称“人大常委会”）于1992年2月25日批准该协定，使中俄边界东段问题得以解决。1994年9月3日，《中俄边界西段协定》在莫斯科签署，同年11月17日，两国在北京互换了批准书；2004年10月14日，两国签订了《中俄国界东段的补充协定》。此外，1995年9月11日，《中哈（萨克斯坦）边界协定》的批准书在北京交换；《中吉（尔吉斯斯坦）边界协定》于1996年签订；《中塔（吉克斯坦）国界协定》于1999年签署，2000年7月4日正式生效，2002年5月17日两国签订了《中塔（吉克斯坦）国界补充协议》。

五、中印边界问题

中印边界全长2000千米，因地形和他国领土分隔为东、中、西三段。全部边界线从未经条约正式划定，但历史上形成了一条传统习惯线：东段分界是喜马拉雅山南麓，中段分界是喜马拉雅山山脉，西段分界是沿着喀喇昆仑山主脉。依此传统习惯线，长期以来双方相安无事。但印度独立后，逐渐改变了过去地图的划法，把本属于中国的12.5万多平方千米的领土划入印度版图，其中，将东段边界线从喜马拉雅山南麓全线向北推移，直至所谓的“麦克马洪线”（the McMahon Line）[①]，这样，印度把原属于中国的9万平方千米领土划归印度；中段占去2000多平方千米；西段边界线也划在中国领土上，把33000平方千米的土地划归印度。

印度提出的依据是1913年的“西姆拉条约”（Simla Convention）和1842年西藏地方与克什米尔当局所订“条约”。中方认为，被印度作为东段界限根据的西姆拉条约是

① 麦克马洪线：1913年，英国、印度、西藏三方代表在印度西姆拉举行会议，英国代表麦克马洪与西藏代表夏扎司伦私下会晤，商定西藏和印度之间的边界线，把它绘在会议商定的“条约”的附图上，后人称其为“麦克马洪线”。该条约仅有被迫参加会议的中国代表陈贻范的草签，之后的中国政府否认了该约，而且条约正文并没有涉及“麦克马洪线”。足见所谓“麦克马洪线”毫无法律根据。

西藏地方与英国殖民者草签的，从未得到历届中国政府的承认，并非有效条约。按照国际法，一个地方政府无权与外国缔结条约，何况西姆拉条约也仅是草签，无论从哪一个角度讲，都不具有法律效力。

印度政府坚持西段边界是由1842年西藏地方当局和克什米尔当局订立的一个条约所划定。按照国际法，西藏作为中国的一个地方当局并没有对外缔约权，何况印度提出的西段争议地区80%属于中国新疆的阿克赛钦地区，西藏地方当局自然更无权代表新疆与外国缔约。

这条习惯线以北被印度划去的中国领土，历史上一直受中国西藏地方政府的有效管辖；这些地区的居民在宗教、风俗、经济和文化诸方面同我国藏族的关系极为密切，并且通用藏文和藏币，向西藏地方政府缴纳税赋。中国对这些地区的管辖权从未间断过。无论是从历史的角度考察，还是从国际法上看，印度主张的理由都是绝对站不住脚的，没有丝毫的历史和国际法的根据。这些所谓的争议地区历来属于中国所有，中国对其享有无可争辩的领土主权。

对于中印边界问题，中国一贯主张通过和平谈判和协商来解决，在未解决之前，应维持边界现状。我国政府的这一立场受到了世界各国尤其是第三世界国家的普遍欢迎。

中印边界问题特别代表会晤是为推动中印边界问题解决而专门成立的高级别会谈机制，自2003年双方建立了边界问题特别代表会晤机制至2015年3月，已先后举行过十八轮谈判。[①] 当前，中印边界谈判保持良好势头，两国边境地区保持和平稳定，这为中印关系的健康稳定发展和争端解决创造了有利条件。

第六节　南北极地区的法律地位

一、南极

南极地区，并非单纯地理概念，在国际法上指纳入《南极条约》确定的国际法制度适用范围的区域，包括南极洲大陆及其附近的岛屿和南纬60°以南的海域。南极洲面积为1400万平方千米，占世界陆地面积的近1/10。南极大陆95%以上的面积被平均2000米厚度的冰雪覆盖。在冰层下面，蕴藏着丰富的生物和非生物资源。据初步探明，南极大陆有丰富的铁、煤、铜、铅、锌、金、银、铀、石油和天然气等220多种矿产资源，其中铁、煤资源和石油天然气资源尤为丰富。南极的特殊地理位置也具有极大的战略价值。

南极于18世纪被发现，并从19世纪起为许多国家所考察。南极考察引起了不少国

① 2015年3月23日，中印边界问题特别代表第十八次会晤在新德里举行。中方特别代表、国务委员杨洁篪同印方特别代表、国家安全顾问多瓦尔就边界问题深入交换意见，就两国双边关系及共同关心的国际地区问题进行了战略沟通。

家对南极提出主权要求，主要主张有：①先占原则，即把南极视为无主土地，可由各国加以占有；②相邻原则，以疆域相邻和相近主张南极权利；③扇形原则，即以南极极点为顶点、以经线为腰并以纬线为底所形成的扇形范围内的区域，归提出主张的国家所有。扇形原则也称“扇形区理论”，于1908年由英国首先提出，主张占有南纬50°以南、西经20°至80°范围内的各岛和雷姆领地。接着，阿根廷、澳大利亚、智利、法国、荷兰、挪威等国对南极的一些地区也纷纷提出了主权要求。上述国家的要求相互重叠，经常发生争议。美国和苏联不承认别国对南极的领土要求，但声明保留由于本国公民的发现和考察所取得的一切权利。

为缓和各国纷争，1959年12月1日，12个国家[①]在美国华盛顿召开的南极会议上签订了《南极条约》，该条约于1961年6月23日生效，有效期为30年。1991年6月，30年届满时，条约当事国已达39个，至2012年，南极条约组织有49个成员国，其中28个为协商国，21个为非协商国。[②]

《南极条约》由序文及14条条款组成，主要内容有：①南极应只用于和平目的，禁止一切军事性质的措施，如建立军事基地，建筑要塞，进行军事演习和武器实验（第1条），禁止进行核爆炸和放置核废料（第5条）；②对南极进行科学考察自由和国际合作自由，包括互通情报，交流人员（第3条）；③保持南极现状，冻结对南极的领土主权要求，即在条约有效期间内，不对南极地区提出新的要求或扩大现有的要求，一切行为和合作，不构成其主张主权要求的任何根据（第4条）；④缔约各国有权指派观察员进行“观察”，观察员享有在任何时间进入南极任何地区的自由，包括空中观察和对驻所和装备的观察（第7条）；⑤成立由最初缔约国组成的南极条约协商会议，协商有关南极的共同利益的问题、交换情报、制定促进科学合作的方案等（第9条）。

《南极条约》以维持现状和冻结领土主权的方式使争夺南极的矛盾有所缓和，维持了南极一个相对的稳定局面。依《南极条约》第12条的规定，在条约期满后应尽快举行缔约国会议，审查条约的实施情况及变更、修改条约事宜。然而至今该会议尚未举行，南极条约的规定仍然继续有效。

除南极条约外，《南极条约》缔约国还签署了《保护南极动植物协议措施》（1964年）、《保护南极海豹公约》（1972年）和《保护南极海洋生物资源会议最后文件》（1980年）、《南极环境保护协定书》（1991年）等一系列公约和协定。这些公约和协定与《南极条约》一起共同构成了有关南极问题的条约体系。目前，这些公约和协定是有关南极法律地位和制度的国际法规则和规范的主要渊源。

2003年6月，第26届南极条约协商国会议在西班牙首都马德里举行，本届会议的最主要成果是决定成立南极条约秘书处，会议通过了规定秘书处法律地位、运行机制、财务和人事制度的一揽子法律文件，标志着南极条约体系进入了一个新的发展阶段。会

---

① 12国为阿根廷、澳大利亚、比利时、智利、法国、日本、新西兰、挪威、南非、苏联、英国和美国。

② 参见《南极条约和南极条约体系》，见新华网：http://news.xinhuanet.com/ziliao/2003-11/18/content_1183892.htm。

议还就《南极环境保护议定书》的责任附件的制定进行了深入讨论，各方对此仍存在分歧。

2005年6月15日，在斯德哥尔摩举行的第28届《南极条约》协商会议就有关南极发生严重环境灾难时的责任和赔偿问题通过了《斯德哥尔摩规则》。该规则明确规定，在南极从事科学考察或发展旅游业的国家必须努力控制环境事故的发生。一旦发生事故，造成事故的国家必须立即采取行动清除现场污染，控制污染扩散。如果当事国不采取行动，其他国家可以采取行动，但费用由当事国负担。[①]

我国自1979年开始，就有一些记者和科学工作者访问和考察南极。1980年，我国设立了“南极考察委员会”。1983年5月9日，我国加入了《南极条约》；同年，我国以观察员身份出席了第12届南极协商会议。1984年11月，我国向南极派出了一支考察工作队；1985年2月20日，我国在南极的全年考察站——“长城站”落成；同年10月7日，我国正式成为协商国。之后，我国于1989年2月26日建立了“中山站”，2009年1月27日建成“昆仑站”，2014年2月8日建成“泰山站”。

作为《南极条约》缔约方和协商国，我国政府高度重视《南极条约》及其协商国会议在南极问题上发挥的核心作用，支持各国在南极领域的全面合作与环境管理。

二、北极

北极除极少的岛屿外，其余部分全是冰川覆盖的大洋，本来北极属冰冻的海洋，不存在领土地位问题，由于有人也对北极提出过领土要求，从而其也成为领土制度的研究对象。

北极有巨大的渔场和狩猎场，自然资源极其丰富，因此，一些国家觊觎着北极，尤其是极地周围的一些国家。最先对北极提出主张的是苏联，苏联仿照英国提出的南极扇形区主张，对北极提出北极扇形区理论[②]。1926年4月15日，苏联中央执行委员会和人民委员会做出决议：“凡位于苏联沿北冰洋海岸，北极和东经32°4′35″及西经168°49′30″之间的一切陆地和岛屿，无论是已经发现的或将来可能发现的，都是苏联的领土。”

如果按照扇形区原则，在北极拥有扇形领土的国家除苏联外，还有美国、加拿大、挪威和丹麦。但是，美国和挪威反对在北极地区适用所谓扇形区理论，加拿大原则上也不赞同扇形区理论。1956年加拿大北部事务和国家资源部长指出：“我们从未支持一般扇形理论。照我们看来，海洋不管是在冰冻或自然的液体状态都是海洋；我们的主权存在于陆地和我们的领海之上。”

可见，苏联关于北极的地位的主张与毗邻北极的国家的观点存在严重分歧，并没有

---

① 参见《〈南极条约〉协商会议就南极环保责任达成协议》，见新浪网：http://news.sina.com.cn/c/2005-06-17/09236196570s.shtml。

② 所谓扇形区理论（sector theory），就是以极点为顶点，以两条经线为腰，以一条纬线或深入极地的国家边界以其海岸线为底构成的扇形区域。凡是在该扇形地区的一切陆地和岛屿，无论已经发现或尚未发现，都是该国领土，受该国主权的管辖。

得到广泛的承认。

目前，确定北极事务国际制度的是1920年2月9日在巴黎签订的《斯匹次卑尔根群岛条约》（也称《斯瓦尔巴德条约》），该约于1925年8月14日正式生效，目前共有39个缔约国。该条约旨在于群岛地区建立起一种公平的管理制度，以保证各国对该地区的和平利用。根据该条约，群岛地区领土主权属挪威，但各缔约方均享有在群岛地区进行工业、商业活动和科学考察活动等方面的权利。该条约使整个斯瓦尔巴德群岛成为北极地区第一个，也是唯一的一个非军事区。中国政府于1925年7月1日签署了该约，因此，至今中国公民仍有权自由出入该群岛，而且不需要签证，并在遵守挪威法律的前提下在那里进行正常的科学和生产等活动，包括建立北极考察基地，开展正常的科学考察活动。

20世纪90年代以来，我国逐步开展了对北极地区的科学考察和研究，1999年7月至9月进行了首次由政府组织的北极科学考察活动。2003年7月至9月，第二次北极科学考察活动圆满完成，本次考察旨在了解北极对全球气候变化的影响，考察队曾深入北极永久海冰区，并突破性地越过北纬80°，成为进入该纬度的少数国家之一，标志着我国已跨入北极科考强国之列。[①] 2004年7月28日，我国第一个北极科学考察站——中国北极“黄河站”在挪威斯匹次卑尔根群岛的新奥尔松（78°55N，11°56E）建成并正式投入使用。2010年8月7日，在北纬86度55分、西经178度53分的北冰洋一块相对固定的大面积海冰上，中国第四次北极科学考察队建立了“长期冰站”。

① 有关中国与北极近期事务的资料参见中华人民共和国外交部政策规划司《中国外交》，世界知识出版社2015年版，第308页。

第七章　国际海洋法

第一节　概　　述

一、海洋法的概念

海洋法（law of the sea），即国际海洋法，是确定各种海域及其法律地位和调整各国在各种海域中从事各种活动的原则、规则和规章、制度的总称。

海洋法的内容主要包括以下几方面。

（一）区划各种不同的海域

不同时期的海洋法对海洋有不同的划分。近代海洋法只将海域划分为公海和领海，1958 年的“海法四公约”将海域划分为内海、领海、毗连区、大陆架和公海。当前各种海域主要指 1982 年《联合国海洋法公约》划分的海域种类，主要包括：领海、内海、群岛国的群岛水域、毗连区、专属经济区、大陆架、公海、国际海底区域和用于国际航行的海峡。（见图 7－1）

（二）确定各种海域的法律地位和制度

上述各类海域依国家行使管辖权的情况可分为：①国家完全管辖的海域，即完全受沿海国主权支配和管辖的海域。如内海、领海和群岛国的群岛水域。②国家部分管辖的海域，即沿海国在其中的某些方面享有一定管辖权的海域。如毗连区、专属经济区、大陆架。③国家管辖范围以外的海域，即不属于任何国家管辖的海域。如公海和国际海底区域（见图 7－1）。各种不同的海域具有不同的法律地位，也各有其不同的法律制度，因而各国在各种海域中拥有不同的权利。

（三）明确在海洋中的各种活动

主要指在各种海域中从事的航行、资源开发和利用、海洋科学研究、海洋环境保护和保全等活动。

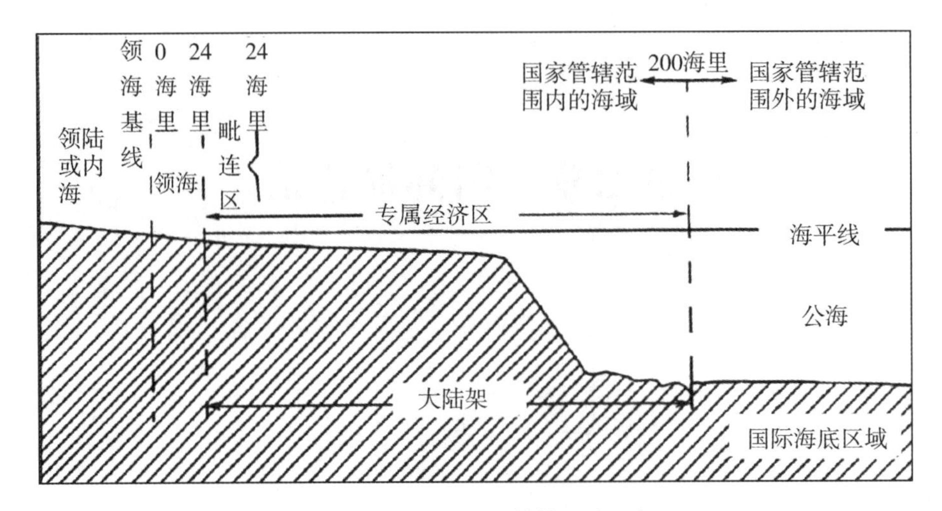

图7－1　海域区划和管辖区域示意

（四）规定各国在从事海洋活动中的权利和义务

海洋法中的许多规则对各国在不同海域的管辖权、航行权、资源开发和利用权、科学研究权以及相应的义务做了规定；并对如何对海洋资源、海洋环境进行保护，如何划定相邻或相向国家间的海域界限以及有关海洋的争端解决都做出了规定。

总之，作为国际法的一个部门的海洋法，不仅涉及一系列的法律问题，还与国际政治、外交、国际关系、军事、社会制度和各国历史以及自然科学都紧密相关。

二、海洋法的发展

海洋法的发展经历了一个漫长的过程，它是在古代海上法的基础上发展起来的。它的萌芽和产生可以追溯到公元初期，主要发展阶段有以下几个。

（一）罗得海法时期

罗得海法是大约于公元前2、3世纪在地中海东部地区出现的习惯法，它适应了当时各国海上贸易交流的需要。这种习惯法盛行了1000多年。然而在初期，它一直没有成文，直到7至9世纪东罗马帝国才将其编纂起来称为《罗得海上法》（*Sea Law of Rhodes*）。它对当时的海上活动起了不小的作用，但由于当时航海和海外贸易还不太发达，各种海域的概念及其制度均未形成。这一时期中，7世纪的《巴西里卡法典》和10世纪意大利阿马菲城编纂的《阿马菲法集》都补充了罗得海法的若干原则。

（二）奥里朗法典时期

由于中世纪十字军的几次东征促进了航海业的发展，于是又出现了新编纂的海事法典，如《奥里朗法典》、十字军法院的《耶路撒冷法典》等。《奥里朗法典》（*Olylong*

Code of Laws）是12世纪在大西洋沿岸的奥里朗形成的。它将法国和大西洋各港口间的贸易形成的习惯做了记载，被此后的英、法等西欧国家广泛接受和采纳，对《威斯比海上法》产生了重大影响。

（三）“海洋自由论”提出时期

16世纪西欧开始进入资本主义，远洋航运得到发展；而另一方面海上强国极力主张称霸海洋。为了反对少数国家的海洋垄断，代表新兴资产阶级利益的荷兰法学家格老秀斯于1609年发表了《海洋自由论》（*Mare liberum*），主张海洋应当是自由的，不能成为任何国家的占有物。而在当时，这一主张却遭反对，直到19世纪初叶，海洋自由才得到广泛承认，并成为传统国际法的一项原则。

（四）领海制度确立时期

17世纪初，意大利学者真提利斯（Albericus Gentilis，1552—1608）提出了国家领土包括毗连的海域的主张，开始形成领海的概念，从而将海洋区分为领海和公海。之后，荷兰学者宾刻·舒克（Bynker Shoek，1673—1743）提出了陆地上的控制权“以其炮火射程所及的范围为限”的主张，即所谓“大炮射程论”（Cannon Shot Rule），进而确定领海宽度为3海里，后来不少国家都采用了这一宽度。领海制度的确立是海洋法的一个重要发展。

（五）国际联盟的海洋法编纂

关于海洋法的编纂活动主要开始于20世纪。第二次世界大战以前，主要是国际联盟于1930年召开的海牙国际法编纂会议。1930年3月13日至4月21日，国际法编纂会议在海牙召开。会议在审议领海、毗连区、历史性海湾等问题时，发生了激烈的争论，结果在海洋法编纂方面成效甚微。但会议对很多问题的讨论和提出的关于领海制度的草案，为以后的海洋法编纂打下了基础。

（六）战后的三次海洋法会议

第二次世界大战之后，海洋法有了突破性的重大发展。随着时代的发展、科技的进步，许多国家提出了一些对海洋区域的新要求，海洋法急需补充和完善。这些内容集中而突出地反映在了在联合国主持下召开的三次海洋法会议上。第一次海洋法会议于1958年2月24日至4月27日在日内瓦举行，有86国参加。会议的重要成果就是制订了“海法四公约”，即《领海与毗连区公约》《公海公约》《大陆架公约》《捕鱼与养护公海资源公约》。由于当时许多亚非国家尚未独立，在与会国家中仅有30个亚非国家，于是大国操纵了会议，因此，通过的四公约当然不能代表广大发展中国家的愿望、要求和利益。第二次海洋法会议于1960年3月17日至4月26日在日内瓦举行。会议专门讨论了领海宽度和渔区问题，但因各种意见分歧太大而没达成任何协议。第三次海洋法会议，从1973年12月3日至1982年12月10日先后在纽约、加拉斯加、日内瓦召开了12期会议，与会者包括167个国家的代表以及近50个国际政治、法律、经济组织和

有关机构的观察员。会议经过了长期而激烈的斗争，终于在1982年4月30日以130票赞成、4票反对（美国、土耳其、委内瑞拉、以色列）、17票弃权（英、苏、意等），通过了《联合国海洋法公约》。1982年12月6—10日在牙买加举行的最后会议上，包括中国在内的117个国家的代表在公约上签了字。到开放签字的截止日期1984年12月9日，已有155个国家和4个实体签署了公约。

《联合国海洋法公约》共计446条，包括正文的17部分320条和9个附件。这一公约历时之久、签字国之多、内容之广、篇幅之长，在国际关系史上均可谓史无前例。这一公约不仅确认了已有的海洋法规章和制度，也发展了新的原则和规则，它是现代海洋法形成的标志和里程碑，也是第一部最系统、最全面的国际海洋法典。这一公约既照顾到了发展中国家的利益，又考虑到了发达国家的要求；既考虑到了沿海国的权利，又照顾了内陆国的利益。因此可以说，它是一个较合理的、能为多数国家接受的公约，是第三世界国家团结合作、长期斗争的结果。

然而，我们也应看到公约是在各种利益冲突及激烈斗争的情况下产生的，加之公约又使用了不得保留的“一揽子交易”，所以公约还有不完善甚至严重缺陷之处，有待以后进一步改进完善。

根据公约第311条，在缔约国之间该公约适用应优先于1958年的“海法四公约”。

依照公约第308条的规定：该公约应自第60份批准书或加入书交存之日后12个月生效。1993年11月16日，第60个国家批准了公约，1994年11月16日正式生效。然而在当时批准公约的国家中，除巴西、冰岛外，都是些小国、穷国，工业化大国仍然置身于公约之外，公约的普遍性远未实现，公约的完整性也面临危机。为了争取各主要工业化国家更广泛地参加公约，使公约发生普遍效力，1990—1994年，在联合国秘书长的主持下，就公约中有关深海底采矿的规定所涉及的一些问题，举行了两轮15次非正式磋商。第48届联合国大会续会于1994年7月28日以121票赞成、7票弃权、0票反对通过了《关于执行1982年12月10日〈联合国海洋法公约〉第11部分的决议草案和协定草案》（以下简称《执行协定》）。7月29日，包括中、美、英、法在内的41个国家及欧盟的代表签署了该协定，会后即开放签字。该协定于1994年11月16日与《联合国海洋法公约》同时生效。

至1997年3月15日，世界上144个沿海国中有113个国家批准了《联合国海洋法公约》；到2018年，《联合国海洋法公约》已有155个缔约国，包括154个国家和1个国际组织（欧洲共同体）。

三、《联合国海洋法公约》生效后的新形势

经过20多年酝酿、协商、斗争、妥协而制定的《联合国海洋法公约》，巧妙地折中与平衡了各国在和平利用国际海上要道，有效开发和养护海洋生物资源，公平划分海域的疆界，以及和平解决海洋争端等重要方面的利益需求；实现了海洋规范的统一，避免了因海洋法渊源多轨制而产生的海洋秩序不协调；并且以和平方式实现了海洋上的“土地革命”，使“世界政治地理发生了巨大的变化”。《联合国海洋法公约》的生效对

国际关系产生了深远影响，并带来了新的国际形势。

（一）世界政治地理发生了巨大的变化

《联合国海洋法公约》明确确定了领海的宽度可达12海里，毗连区宽度可以延伸至24海里，还确定了200海里专属经济区，大陆架为沿海国陆地领土的全部自然延伸，等等。从而大大突破了传统海域的概念，特别是大陆架、专属经济区突破了“领海之外即公海”的海洋法规则，被认为是“两个革命性概念”[①]，加之群岛国和海峡新制度的建立，一场“蓝色圈地运动”席卷全球。使3.61亿平方千米的海洋表面中的1.09亿平方千米海域被划归沿海国管辖，占海洋面积的30.3%，从而大大地缩小了公海总面积。加之各国依据公约重新划定了自己的海域，使得整个海洋的格局发生了重大变化。在这次海洋大调整中，那些海岸线长和岛域多的国家得到了较大的实惠，例如，美国、法国、印度尼西亚、新西兰、澳大利亚、俄罗斯和日本等国。其中，美国获益最大，可获得970万平方千米的管辖区域。[②]

（二）引起了世界范围内的“海洋土地革命”

《联合国海洋法公约》的生效，引起了世界范围内海洋区域的“重新划定”，更加激起了各国对其海洋权益的维护，同时也出现了国家边界海界争端和渔业纠纷骤然增多的现象。由于《联合国海洋法公约》中扩大了各个国家管辖范围区域的宽度，从而使得海上土地显得更重要：假使拥有一个不起眼的小岛，便可拥有以它为圆心，12海里为半径，面积达1590平方千米的领海，进而有了以它为圆心，以200海里为半径，面积达441562平方千米的专属经济区。这使不少国家卷入了对海洋上岛屿、礁石、陆架的空前激烈的争夺。尽管在制定《联合国海洋法公约》时各国注意到了这一问题，规定了20多条有关海洋划界的规则：例如，在规定了领海、毗连区、专属经济区等的宽度测量尺度后，又指出了划界时采用的原则、标准和方法。但是公约作为妥协的产物，许多规定比较笼统和含糊。依此种含糊规定划分各国间的海洋界线，难免出现争端。据统计，在整个太平洋区域共有97条海洋边界，到20世纪80年代末，约有30条边界得以划定；全世界海岸相向和相邻国家间共有420条潜在边界，到1989年，仅有150条边界协议得以实现，还有很大部分的海洋边界有待划分。[③]

海洋边界划分上的分歧往往引起国家间的矛盾和冲突。国际上接连发生的土耳其与希腊、罗马尼亚与乌克兰、日本与韩国、也门与厄立特、尼日利亚与喀麦隆的岛礁主权争议，以及挪威与冰岛、加拿大与美国、日本与俄国、法国与西班牙等国之间的渔业纠纷，有的几乎引发战争，就是典型例证。

---

① 联合国新闻部：《联合国海洋法公约评价》，海洋出版社1986年版，第34页。

② 参见倪健中《海洋中国》，中国国际广播出版社1997年版，第1526页。

③ 参见王逸舟《〈联合国海洋法公约〉生效后的国际关系》，载《百科知识》1996年第6期，第4页。

（三）出现了开发海洋的新热潮

《联合国海洋法公约》的生效，拉开了海洋世纪的序幕。开发海洋、发展海洋经济成了世界性趋势和各国的战略规划。沿海国家，竞相提出海洋发展战略，出台了各具特色的海洋开发计划。迄今，以英、美为代表的发达国家已经建立了结构庞大的海洋产业群。它们突破了以海洋渔业、盐业、运输业为主的三大海洋传统产业，建立了以海洋油气开采、海水养殖和海洋娱乐业为主的新兴海洋产业以及以海水资源利用、海洋能利用、海底矿物开采和海洋生物资源开发为主要内容的海洋高科技产业。广大发展中国家也加大了海洋开发力度，并力争建立科学合理的海洋开发体系。世界性的海洋开发高潮使海洋经济发展一日千里。据统计，1969 年世界海洋产业总产值仅为 130 亿美元，1995 年已高达 8000 亿美元，26 年增长了 60 多倍，预计到 21 世纪初将超过 15000 亿美元。① 从海洋经济在世界经济中的比重来看，20 世纪 70 年代初只占 2% 左右，90 年代初上升到 10% 左右。② 海洋经济逐渐成为国际经济的一大支柱，海洋经济的发展水平也成为衡量国家地位的一大标准。

（四）各国加强了对海洋的综合管理并完善了自身海洋法制

面对《联合国海洋法公约》生效后海洋管辖范围和海洋权益之争日益激烈的现实，各国采取了不同态度和对策。但是，不论是发展中国家还是发达国家，都纷纷走完善自身海洋立法的捷径，以期在海洋之争中"有法可依"而处于主动和有利地位。它们首先依据公约规定精神通过国内法划定或明确宣布了自己的管辖区域。到 1995 年年底，已有 125 个沿海国确定了 12 海里的领海制度，85 个国家宣布了 200 海里的专属经济区或专属渔区，82 个国家建立了大陆架制度。③ 他们还竞相批准《联合国海洋法公约》，将自身置于国际海洋法的约束和"庇护"之下。

我国周边的国家也意识到了海洋立法的重要性，纷纷于《联合国海洋法公约》生效前后完善自身海洋立法，尤其完善了有关专属经济区和大陆架的法律制度，由东北到西南来看，朝鲜早在 1977 年 6 月 21 日就发布了《朝鲜民主主义人民共和国经济水域的政令》，宣布"朝鲜民主主义人民共和国经济水域从领海基线起 200 海里，在不能划 200 海里的水域划至海洋的半分线"④，近期也在依据公约规定加以调整和实施。韩国十分重视海洋对其经济发展的作用，宣布的管辖海域达 445464 平方千米，是其领陆面积的 4.5 倍。为了使国内法与《联合国海洋法公约》相接轨、相适用，日本政府从 1994 年起成立了"日本新海洋法体制调查研究委员会"，对国内 70 多部相关法律进行审查，颁布了 8 部涉及海洋的法律。其中主张了 12 海里的领海、24 海里的毗连区，实行了直线基线，并于 1996 年 7 月 20 日宣布开始实施 200 海里专属经济区制度，并声称，根据

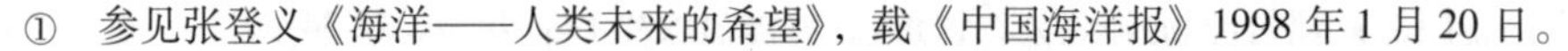

① 参见张登义《海洋——人类未来的希望》，载《中国海洋报》1998 年 1 月 20 日。

② 参见李尚志《迎接海洋世纪的挑战》，载《中国海洋报》1998 年 2 月 13 日。

③ 参见倪健中《海洋中国》，中国国际广播出版社 1997 年版，第 378 页。

④ 海洋问题研究会：《中国海洋邻国海洋法规和协定选编》，海洋出版社 1984 年版，第 128 页。

《联合国海洋法公约》，日本管辖的海域面积是其陆地面积的8倍。日本坚持在东海日本与中国同架，主张以东海海域两国中间线为界。菲律宾1978年6月11日发布了关于专属经济区及其他事项的《第1599号总统法令》，宣布了200海里的专属经济区，按此法令，我国黄岩岛和台湾地区以东部分海域被划为争议区。[①] 1996年12月，菲律宾三军首领视察了与中国有争议的岛屿，并声称要加强军事设施“保卫这些岛屿”，并阻挠我国船只通过其领海，扣押我国渔民、干扰我国渔船。马来西亚于1980年4月28日发表了《关于专属经济区的宣言》，建立了200海里的专属经济区，近年来在中国南海大力发展海上石油生产，海上石油年产量超过3000万吨，在其国民生产总值中占相当比重。印度尼西亚也于1980年宣布建立200海里专属经济区，[②] 近年来又同美国在纳土纳群岛建立了联合开发天然气的区域。文莱也宣布建立200海里专属经济区。而越南早在1977年就宣布建立12海里领海、24海里毗连区、200海里专属经济区，主张“专属经济区加上越南的领海成为200海里宽的海域”，大陆架依据自然延伸原则，不足200海里的“大陆架扩展到这一基线以外200海里”[③]，使其海洋面积扩大到100万平方千米，为其陆地面积的3倍。最近，越南官方杂志发文称：“越南是一个南海国家……，同时是西沙和南沙群岛的合法主人”，并加紧对已侵占的中国南沙岛屿的设防。[④]

同时，各国还建立起统一、权威的海上综合管理部门，以及强大、高效、精良的海上执法队伍，以便在激烈的海洋竞争中取得更多利益和维护已有的海洋权益。发达的海洋强国自不必言，就连海洋实力不算太强的环中国海各国也不甘示弱。日本的海上自卫队的实力远不止“自卫”的水平；韩国于1996年合并水产厅、海运港湾厅和海洋警察部队，成立了“海洋与水产部”，成为韩国最大的行政机构之一，负责海洋开发、保护、综合管理、法规制定等事宜，足见韩国对海洋的重视程度；菲律宾国会也于1995年通过了使其海军现代化的方案；印度尼西亚在1997年年初成立了国家海事委员会；越南政府也宣布组建海上警察部队，由海上警察局管理，以维护其领海主权和经济利益，确保有效实施国家法律和开发、利用海洋的连续性；马来西亚、文莱等国也积极购置军备，改革海洋机构，以保证其海洋利益的最大实现。[⑤]

各国，特别是我国周边国家借助《联合国海洋法公约》生效产生的新形势，完善海洋立法，加强海洋管理，一方面，为我国的海洋管理制度和海洋立法提供了范例和借鉴；另一方面，也对我国维护海洋权益，确立海洋制度及海域划分形成了严峻的挑战。由于邻国依据公约建立了制度，也促使我国尽快完善海洋立法和建立海洋制度，以使我

① 参见海洋问题研究会《中国海洋邻国海洋法规和协定选编》，海洋出版社1984年版，第77页。

② 参见1980年3月21日《印度尼西亚共和国关于印度尼西亚专属经济区的宣言》，见海洋问题研究会《中国海洋邻国海洋法规和协定选编》，海洋出版社1984年版，第112页。

③ 参见1977年5月12日《关于越南领海、毗连区、专属经济区和大陆架的声明》，见海洋问题研究会《中国海洋邻国海洋法规和协定选编》，海洋出版社1984年版，第117页。

④ 参见宋克刚《周边国家海洋战略新动向》，载《现代舰船》1997年第10期，第11页。

⑤ 参见倪健中《海洋中国》，中国国际广播出版社1997年版，第1562页；杨金森、贾宇《周边国家加大海洋管理力度给我们的警示》，载《中国海洋报》1998年1月13日。

国同邻国及其他国家从事海上交往有法可依，也促进我国同其他国家在海洋上的行为更加规范。

第二节　领　　海

一、领海的概论

《联合国海洋法公约》规定："沿海国的主权及于其陆地领土及其内水以外邻接的一带海域，在群岛国的情况下则及于群岛水域以外领接的一带海域，称为领海。"换句话说，领海（territorial sea）指邻接国家领陆、内水的或群岛水域的，受国家主权管辖和支配的一定宽度的海水带。从上述定义中可归纳出领海的特征：

（1）邻接着领陆或内水。这就决定了拥有领海的只能是沿海国，内陆国是不具有领海的；还决定了领海不能远离海岸或内水，而应与海岸、内水相邻，从而确定了领海的内侧位置。如系群岛国，则可邻接群岛水域。

（2）受一定宽度的限制。这说明领海并非辽阔无际，其宽度受到限制。公约将领海宽度限制在12海里以内。

（3）受国家主权的管辖和支配。领海属于国家领土的一部分，国家拥有排他的管辖权。

以上三个特征缺一不可。如果国家不邻海，则无领海，而远离海岸则划定将失去合法依据；如无宽度限制，则无法确定海域和管辖范围；若国家不能行使主权，领海也就形同虚设。

二、领海的划定

（一）领海基线

领海基线（baseline of territorial sea），就是确定领海从海岸何处起始的起算线。《联合国海洋法公约》规定，领海基线有正常基线和直线基线两种。

（1）正常基线（normal baseline），也称自然基线，即以落潮时海水退到离海岸最远的潮位线——低潮线作为测算领海的基线。公约规定，"正常基线是沿海国官方承认的大比例尺海图所标明的沿岸低潮线"（见图7-2）。

最早规定从低潮线起算领海的是1839年的英法捕鱼条约。目前多数国家采用正常基线法。正常基线多适用于海岸较平缓、无明显凸凹、无更多的离岸岛屿和低潮高地的情况。

（2）直线基线（straight baseline），也称折线基线，指以连接海岸和近岸岛屿的最外缘上所选的基点的直线作为领海的起始线。其划法为：在大陆沿岸突出处和岸外岛屿

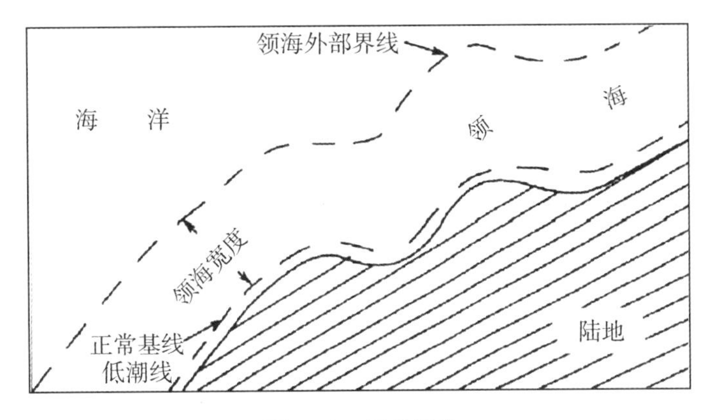

图 7-2 正常基线

最外缘选定一系列适当的基点，在这些基点之间连续地划出一条条直线，这些直线构成的一条沿着海岸的折线，就是直线基线（见图 7-3）。

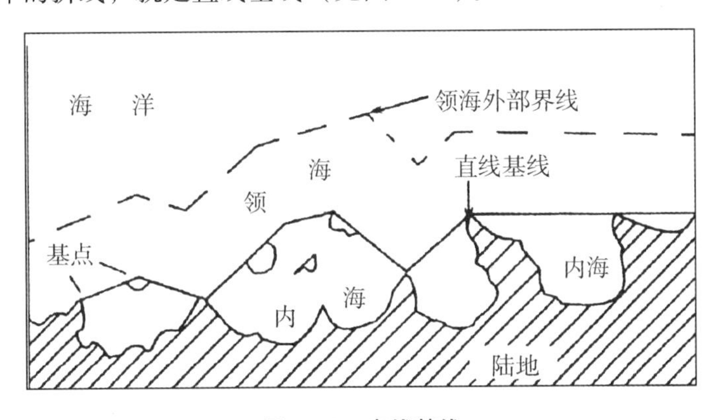

图 7-3 直线基线

1951 年，国际法院在“英挪渔业案”的判决中确认了直线基线法。直线基线主要适用于海岸极为曲折，并且在近岸有一系列岛屿、三角洲、礁滩而不适用正常基线的情况以及群岛国的情况。

公约承认沿海国为适应不同情况，可交替使用正常基线和直线基线。在实践中，也有不少国家兼采两种方法确定基线。

（二）领海宽度

领海的外部界限与基线之间的垂直距离就是领海宽度。

自领海概论提出后，几百年来没有一个公认的、统一的宽度。18 世纪出现的“大炮射程论”产生了很大的影响，但其确定的 3 海里宽度并未得到普遍承认。此后不久，一些国家就规定了大于 3 海里的宽度。如 1745 年挪威、丹麦确定为 4 海里，1760 年西班牙确定为 6 海里。

在公约正式生效前，各国领海宽度都是自行确定的。根据 Robert W. Smith 截至

1981 年 5 月对 135 个沿海国领海宽度的统计，主张的宽度有 3、4、6、12、15、18、20、30、50、70、100、150 直至 200 海里，其中主张 12 海里的最多，有 80 个国家。我国于 1958 年就宣布我国领海宽度为 12 海里，由《中华人民共和国领海及毗连区法》（以下简称《领海及毗连区法》）进一步确认。公约规定每一个国家都有权确定其领海宽度，但其不应超过 12 海里。

（三）领海的外部界限

领海的外部界限（outer limit of the territorial sea），简称领海外限，是一条其每一点同基线最近点的距离等于领海宽度的线。

根据各国实践，划定领海外限的方法主要有三种：

（1）交圆法（method of intersecting circles）。若领海基线为正常基线可适用此种方法。即在基线上确定若干适当的点，分别以这些点为圆心、以领海宽度为半径向外划出一系列相交的半圆而形成的波纹线，即为领海的外部界限（见图 7－4）。

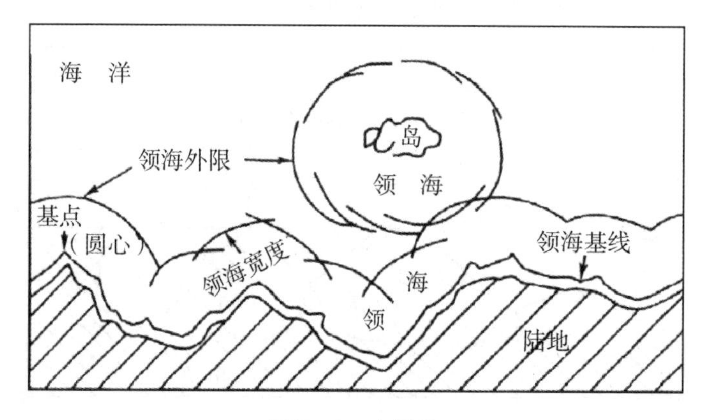

图 7－4　交圆法

（2）共同正切线法（method de tangente commune）。它适用于直线基线的情况，是以每个基点为圆心，以领海宽度为半径向外划出一系列半圆，然后划出同切两个半圆的共同正切线，这些切线连接形成领海的外部界限（见图 7－5）。

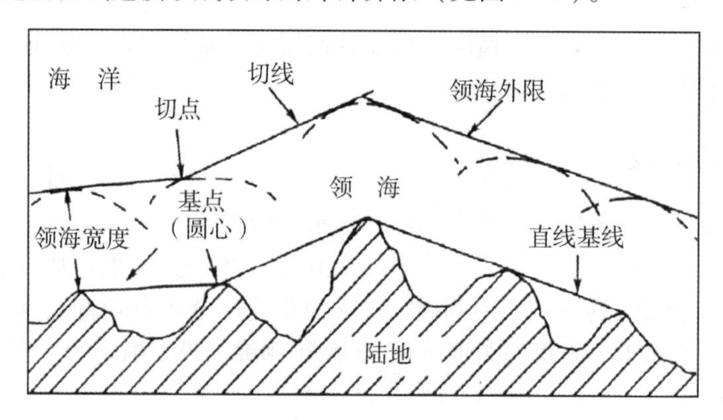

图 7－5　共同正切线法

（3）平行线法（method of the tracé parallele）。将领海基线向外推出一个领海宽度，使领海外部界限与基线完全平行，这种方法即平行线法。无论是正常基线或者直线基线的情况均可适用这种方法（见图7－6、图7－7）。

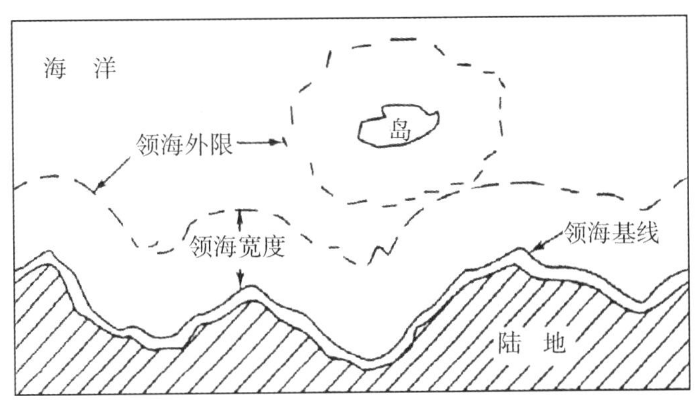

图7－6　平行线法（1）

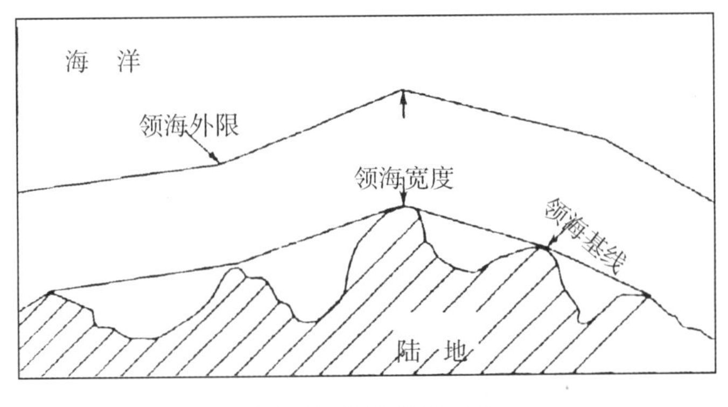

图7－7　平行线法（2）

在确定领海外部界限时，有时会遇到相向相邻国家重叠的情况。从国际实践看，通常以等距离中间线来划界，当然也可以协议确定，协议时应注意考虑历史性权利和其他特殊情况。

三、领海的法律地位

现代国际法确认：领海是沿海国领土的组成部分，处于沿海国主权之下，国家主权及于领海的水域、上空、海床及底土，国家对领海内的一切人、物、事件具有排他的管辖权。其主要包括以下内容：①对自然资源拥有所有权，即沿海国拥有对领海内的生物、非生物资源开发和利用的权利。②对领海上空拥有领空权，即未经许可，外国飞机不得进入该国领海上空。③沿海航运及贸易权，即沿海国为了保障主权和经济利益，只准许本国船舶从事沿岸港口之间的航运和贸易的权利。除非在互惠原则下相互给予这种权利，否则，外国船舶不得从事这种活动。④对有关制度拥有立法权，即沿海国有权制

定有关航行、关税、移民、卫生、电缆和管道，以及助航设备和设施的保护、水域保护和海洋生物资源养护等制度的法律和规章，并有权对违反者予以相应的制裁。⑤司法管辖权。⑥紧追权，即沿海国发现外国船舶在其领海内违反本国法律和制度时，可以实行追逐并可紧追至公海的权利。⑦中立权，即沿海国在战时保持中立时，交战国不得在其领海交战或拿捕敌国船舶。

四、领海的法律制度

（一）领海中的无害通过制度

无害通过制度是领海最重要的法律制度，也是外国在别国领海的唯一权利。

（1）无害通过的含义。无害通过（innocent passage）是指在不损害沿岸国和平、安全与良好秩序的情况下，无须事先通知或征得许可而继续不停地迅速地穿过领海或为驶入内水或自内水驶往公海而通过领海的航行。在此定义中，通过应是：①穿过领海但不进入内水。②为驶入内水或自内水驶往公海而穿过领海；而且这种通过应是继续不停地迅速进行，除公约允许的情况外不得停船和下锚。在海洋法中，通过是有条件的：①外国船舶要通过领海必须是无害的，无害指不损害沿岸国的和平安全和良好秩序，也不违反国际法规则。《联合国海洋法公约》第 19 条第 2 款专门列举了 12 种非无害通过的情况，用于对无害通过适用的限制。②外国船舶在实行无害通过时，应遵守沿海国的法律和规章。

（2）非军用船舶的无害通过。各国普遍承认并容许外国非军用船舶无害通过其领海，这早已成为公认的国际法规则，在理论和实践上都没有疑义。为保障本国的利益、安全，以及外国船舶顺利无害通过其领海，沿海国可制定有关法律、规章，外国船舶在行使无害通过权时应予以严格遵守。沿海国为了本国的安全，在必不可少的情况下可以暂时停止外国船舶的通过，但不得对任何国家的船舶在形式上和事实上加以歧视。

（3）军用船舶的通过问题。关于这个问题，国际法学界一直存在着重大分歧，各国实践和主张也不一致。有的主张适用无害通过制度，有的则主张实行须经事先许可或事先通知才能通过的制度。公约对这一问题规定得不够明确。但公约关于“所有国家，不论为沿海国或内陆国，其船舶均享有无害通过领海的权利”的规定，不能被简单地解释为已确定了军用船舶无害通过领海的权利。正如我国代表在海洋法会议上的主张：“本公约有关领海内无害通过的规定，不妨碍沿海国有权按照本国法律和规章，要求外国军舰通过领海事先经该国批准或通知该国。”另外在被允许通过领海的情况下，该外国军舰也应遵守沿岸国的法律和规章，如有违反，沿岸国可令其离开领海。

（二）国家在领海范围内的司法管辖权

根据国家的属地优越权，各国对在本国领海内发生的刑事、民事案件均具有管辖权。然而，在通常情况下，沿海国不在通过领海的外国船舶上行使刑事管辖权，但在遇有下列情况时，沿海国便得行使管辖：①罪行后果及于沿海国；②罪行属于扰乱当地安

宁或领海的良好秩序的性质；③经船长或船旗国外交代表或领事官员请求，地方当局予以协助；④是取缔违法贩运麻醉品或精神调理物质所必要的。沿海国通常对于通过其领海的外国船舶上的民事案件采取不干涉态度。在实践中，沿海国在民事方面的管辖也是很有限的。沿海国不应为对通过的外国船舶上某人行使民事管辖权而停止该船航行或改变其航向。除该船在通过时所承担的义务或债务外，沿海国不得为任何民事诉讼目的而对该船从事执行或加以逮捕。

五、我国的领海制度

我国海岸线很长，领海对我国具有重要的政治、法律、经济和国防意义。但从前清政府没有关于领海的法律；国民党政府在 1931 年沿袭了英美领海宽度为 3 海里的习惯做法，确定基线采用正常基线法。中华人民共和国成立前未建立起严格的领海制度，领海主权遭到严重的破坏，外国军舰和船只在我国领海乃至内水中享有自由航行的特权。

中华人民共和国成立后，废除了一切不平等条约，收回并捍卫了领海主权。1958 年 9 月 4 日，《中华人民共和国政府关于领海的声明》是中华人民共和国第一个关于领海的法令。领海声明和以后的有关法令，确定了我国领海的基本制度。为了进一步完善我国领海与建立毗连区制度，与《联合国海洋法公约》制度“接轨”，我国于 1992 年颁布了《领海及毗连区法》，该法为我国领海制度的基本法。我国现行的领海制度可归纳为：

（1）我国的领海为邻接中国陆地领土和内水的一带海域。领海宽度为 12 海里，领海基线采用直线基线法划定，领海基线的基点我国将分批宣布。[①]

我国与相邻或相向国家间的领海界限，通过协商，在国际法基础上，按照公平原则划定。

（2）外国非军用船舶享有依法无害通过我国领海的权利；外国军用船舶进入我国领海，须经中国政府批准。外国潜水艇和其他潜水器通过我国领海必须在海面航行，并展示其旗帜。任何外国船舶在中国领海航行，必须遵守我国法律、法规。1996 年 5 月 15 日，《全国人民代表大会常务委员会关于批准〈联合国海洋法公约〉的决定》中重申：《联合国海洋法公约》有关领海内无害通过的规定，不妨碍沿海国按其法律规章要求外国军舰通过领海必须事先得到该国许可或通知该国的权利。

我国政府有权采取一切必要措施，以防止和制止对领海的非无害通过。

（3）外国核动力船舶和载运核物质、有毒物质或其他危险物质的船舶通过我国领海，必须持有有关证书，并采取特别预防措施。

（4）外国船舶违反中国法律、法规的，由我国有关机关依法处理；外国军用船舶或者用于非商业性的外国政府船舶在通过中国领海时，违反中国法律、法规的，我国主管机关有权令其立即离开领海。

---

① 1996 年 5 月 15 日《中华人民共和国政府关于中华人民共和国领海基线的声明》中已经宣布了大陆领海的部分基线和西沙群岛的领海基线，其余领海基线将再行宣布。

（5）外国航空器进入我国领海上空须根据协议、协定或经我国政府批准。

（6）外国未经批准不得在我国领海进行科学研究、勘探、开发和利用活动及海洋作业，经批准进行上述活动者必须遵守我国法律和规章。另外，在我国领海内铺设海底电缆和管道必须经我国主管机关批准，并应遵守我国有关规定。

（7）对于通过我国领海的外国船舶上的犯罪行为，我们一般不行使管辖。但遇到罪行涉及我国或我国公民，或者罪行扰乱了我国的和平、安宁和良好秩序，或者罪行是非法贩运毒品等时，经船旗国请求协助，我国便得行使刑事管辖权。对于民事案件的管辖，我国一般按国际惯例办理，通常采取不干涉的态度。

（8）对违反中国法律、法规的外国船舶，有关主管机关可以行使紧追权。

第三节　内　　海

一、内海的概论和法律地位

内海（inland sea），是指一国领海基线以内的海域。它包括一国的内陆海、内海湾、内海峡、海港以及其他直线基线与海岸之间的海域（见图7－8）。《联合国海洋法公约》称为内水（internal waters），依通常理解，内海应为内水的一部分。

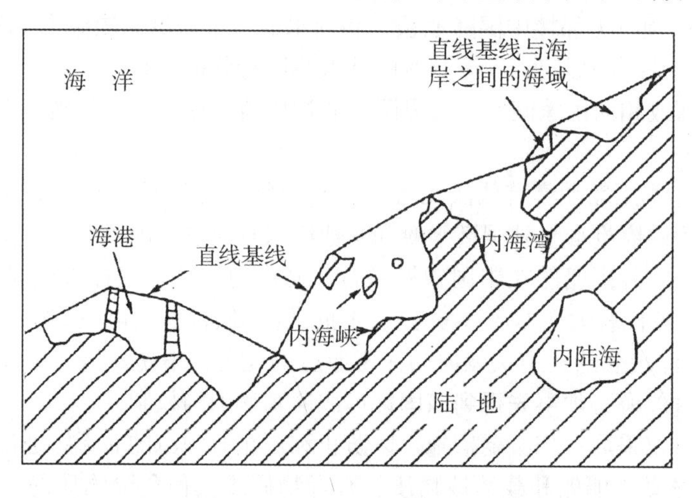

图7－8　内海

内海与国家的陆地领土具有相同的法律地位，国家对其行使完全的、排他的主权，有关内海的法律地位均由各国国内法确定。由于内海的这种地位，外国船舶未经许可不得驶入一国内海，也不得进行捕鱼和其他海洋活动，否则，就构成了对沿岸国领土主权的侵犯。当然，外国非军用船舶可遵照沿海国的法律、规章驶入其开放的内海海域。另外，公约规定，如果按照直线基线方法确定直线的效果使原来并未被认为是内水的区域

被包围在内成为内水，则在此项水域内应允许外国船舶无害通过。外国军用船舶要进入内海必须通过外交途径办理必需的手续。对于遇难船舶，各国一般允许进入，但其应严格遵守沿海国的规章、制度。

二、内海湾

海湾是指海洋深入陆地而形成的明显水曲。从国际法角度看，只有当水曲的面积大于或等于以湾口宽度为直径划成的半圆时，才能视为海湾（见图7－9）。

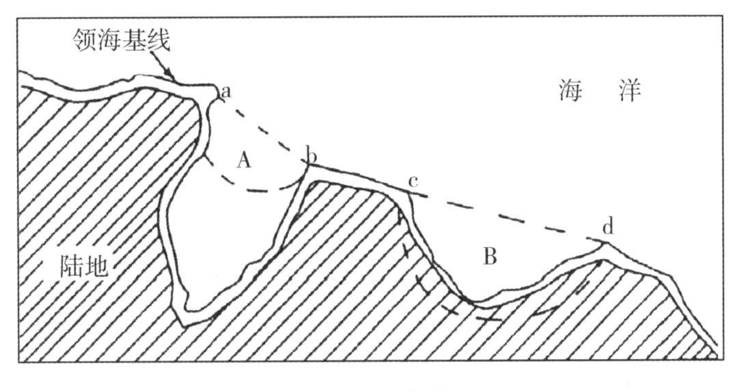

图7－9　海湾

从法律地位上看，海湾可分为内海湾（inland bay）和非内海湾（non-inland bay）。

按照《联合国海洋法公约》的规定：沿岸属于一国的海湾如果天然入口处两端的低潮标之间的距离不超过24海里，则可在两个低潮标之间划出一条封口线，该线所包围的水域应视为内水。该海湾即属内海湾。如果海湾天然入口处两端的低潮标之间的距离超过24海里，24海里的直线基线应划在海湾内，基线以内的水域才是内水，该海湾属非内海湾（见图7－10）。

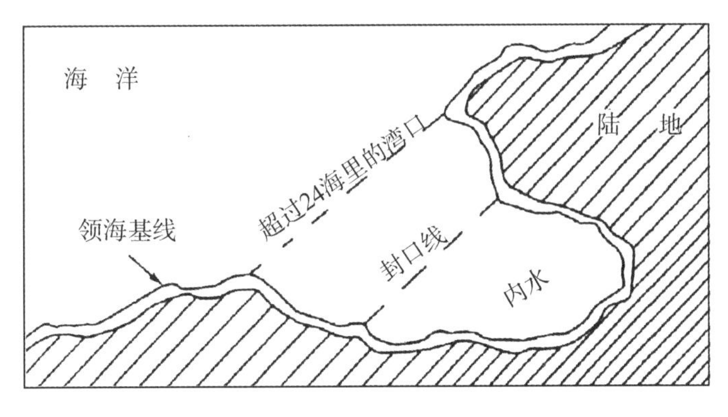

图7－10　非内海湾

公约还规定，上述规定不适用于历史性海湾。这是以湾口宽度确定内海湾的标准的例外。

历史性海湾（historic bay）是指海岸属于一国，其湾口宽度虽超过24海里，但历史上一向被承认是沿海国内海的海湾。

历史性海湾的概念及法律制度确立于1910年“英美北大西洋渔业仲裁案”的判决。对历史性海湾的要件国际法学界有不同主张，但一般承认历史性海湾应具备两个要件：①沿岸国已对该海湾在长时期内作为内海而行使主权；②其他国家长期承认（明示或默示）该项控制的事实。历史性海湾的典型例证有：加拿大的哈得逊海湾，其湾口宽度为50海里，根据加拿大的有效控制和各国默认而成为历史性海湾；苏联的大彼得湾，湾口宽度为110海里，其根据1957年苏联部长会议决定，也被宣布为历史性海湾。综上可见，历史性海湾属于内海湾。

海岸分属两个或两个以上国家的海湾，其法律地位尚未形成统一的国际法规则。但从一般原则和实践来看，这类海湾无论湾口宽窄均属非内海湾，其法律地位和制度由有关各方协商确定。

三、内海海峡

海峡是指两端连接海洋的狭长水道。海峡具有三个特征：①处于两块陆地之间；②连接两个海或洋；③是天然形成的。

海峡按法律地位来区分，可分为内海海峡、领海海峡和非领海海峡。

内海海峡（inland strait），即处于一国领海基线以内的海峡（见图7－11、图7－12）。这种海峡如同基线以内的其他水域一样，构成该国内水的一部分，该国对其具有完全的和排他的主权。其法律制度也由该国国内法规定，沿海国可以拒绝外国船舶通过海峡，外国船舶未经许可不得驶入。例如，我国的琼州海峡，1958年我国领海声明确定依直线基线方法划定基线，琼州海峡是基线以内的海峡，属于中国的内海。

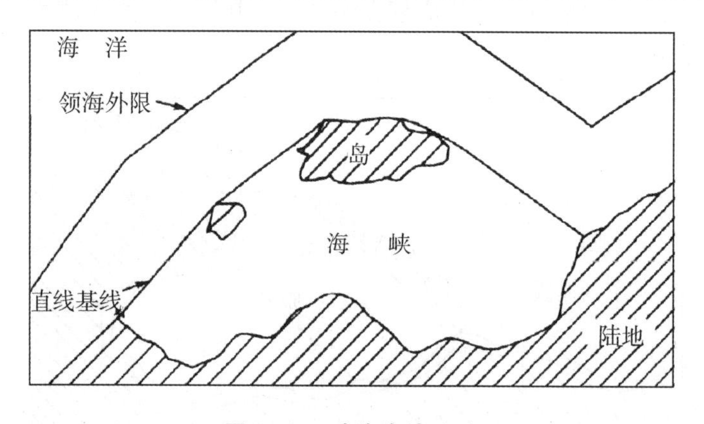

图7－11　内海海峡（1）

领海海峡（territorial strait），简称领峡，即峡宽在两岸领海宽度之和以内的海峡（见图7－13）。如果该海峡两岸同属于一国，则属沿岸国领峡，适用该国的领海制度，外国船舶可以实行无害通过；如果两岸分属不同国家，该海峡的划分、使用、通航办法

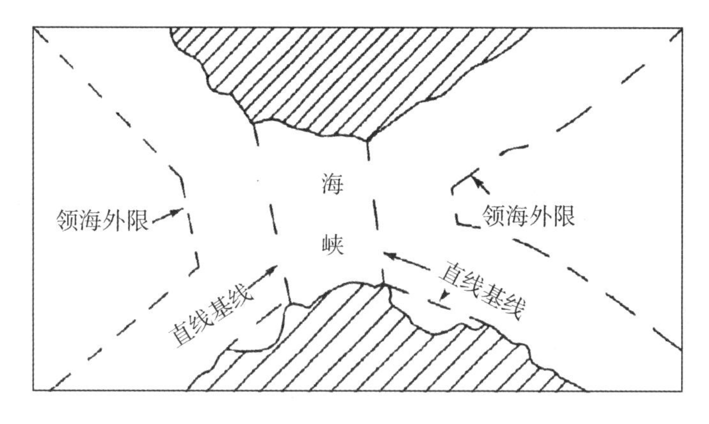

图7－12　内海海峡（2）

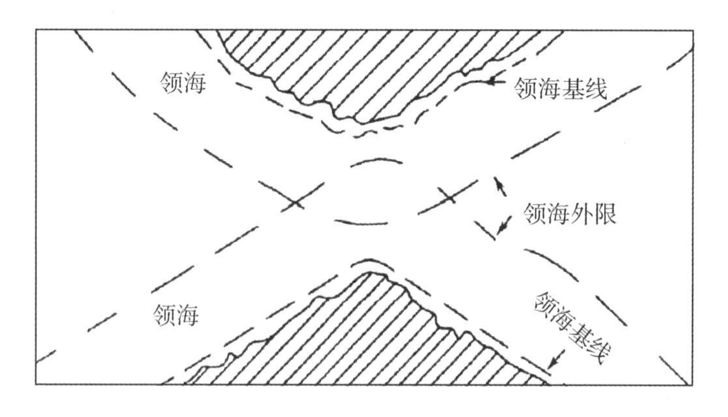

图7－13　领海海峡

由有关国家商定。

非领海海峡（non-territorial strait），又称非领峡，指宽度超过两岸领海宽度之和的海峡。这种海峡在领海外部界限以内的部分属于领海，适用领海制度；其余部分依海域性质不同，分别适用毗连区、专属经济区或公海制度，应允许外国船舶自由通过（见图7－14）。例如，我国台湾海峡除两岸的领海以外，中间还有一个可由各国自由航行的公海水道。

四、海港

具有天然条件和人工设备，便于船舶停泊和上下客货的港湾称为港口，海岸线上的港口即海港。海洋法中，海港指用于装卸货物、上下乘客和船舶停泊并具有各种工程设施的海域。海港实际上是一种特殊的内海湾。

海港可从不同角度分类：从其形成上可分为天然港和人工港，从其用途上可分为军港和商港，从其法律地位上可分为开放港和不开放港（又称封闭港），等等。

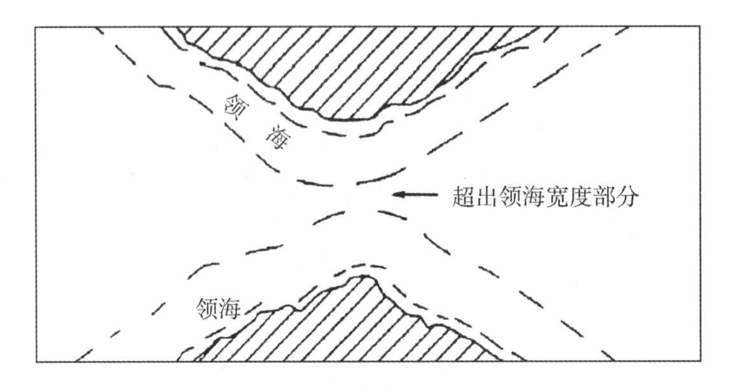

图 7-14　非领海海峡

由于海港是一国的海上门户，是沿岸国进行海上贸易的枢纽，对国内交通和国际贸易都极为重要，所以，有关海港的制度早就举世瞩目。国际上曾制定过许多国际条约，其中较为重要、迄今仍然有效的是 1923 年《国际海港制度公约》及其附件《国际海港制度规则》。其主要内容包括外轮进出港口、航务、税收和待遇，以及不得因船旗不同而有歧视等方面。

在国际实践中，各国在港口制度方面的规定可大致归纳如下：①外籍船舶进入港口须经许可、办理一定手续，并提早数日将预计抵港时间告知港口国。在到港前 24 小时之前，船舶应将到港时间、船体前后吃水情况向港务监督报告。②外籍船舶抵港后，应立即呈报有关报表和交验有关证书及文书，并接受港口国卫生防疫、海关缉私、移民、边防安全等部门的检查。③外船进港口时应接受强制引航并按规定的航道和航速行驶。④为维护港内秩序，各国都规定外籍船舶在港内应遵守的事项，如武器的封存、无线电装置使用的限制等。⑤为加强港内水域保护，许多国家还对港内排放油类、油性混合物和其他污物制定了专门的法规。如船舶排放压舱水、舱底水，必须向港监申请批准等。

沿岸国根据领土主权原则，对其港口内的外国船舶具有刑事管辖权。但在实践中，一般国家都是在不干涉船舶内部纪律的基础上采用沿岸国与船旗国管辖相结合的原则。只有当遇到扰乱港口安宁、案情重大、沿岸国为受害者或应船旗国请求管辖时，沿岸国才予以管辖。

对于港内外籍船上的民事案件，只有当其涉及船舶以外的因素，或者涉及船舶本身在港内航行、停留期间的权利义务时，沿岸国才予管辖。此外，诸如船舶内部纪律、工资、劳动条件、秩序、经济事务、人身权利或财产纠纷等问题，各国均不行使管辖权。

五、内陆海

内陆海是指被一国陆地环绕的海域，地理上称咸水湖。内陆海可分为两类：一是完全被一国陆地包围，不与海洋沟通，如我国的青海湖；二是被一国陆地包围而通过狭窄出口与海洋连接，如亚速海，其完全为苏联领陆包围并通过刻赤海峡与黑海相通，但苏联解体后，其实际成了俄罗斯与乌克兰间的“界湖”。

内陆海就其法律地位来讲，属于沿海国的内海，沿海国对其享有完全的主权，外国船舶未经许可不得进入。

六、我国的内海制度

我国海岸线长达18000多千米，沿海有许多岛屿、海湾、海峡、河口、港口。我国的内海海域包括被直线基线划入的海湾、海峡、港口、河口等海域。正如1958年领海声明所宣布的："在基线以内的水域，包括渤海湾、琼州海峡在内都是中国的内海"，由我国实行完全的排他的管辖权，任何外国船舶未经我国政府许可不得进入。

渤海湾，位于辽东半岛和胶东半岛之间，湾口总宽为57海里，其总面积为80000平方千米。渤海湾自古以来就受到中国的有效控制和管理，并得到了各国的承认。因此，从传统的观点看，渤海湾即属于我国的历史性海湾。此外，由于岛屿自北向南排列在渤海湾口，将该海湾分割成为八九个水道，最宽的老铁山水道约22.5海里，因此按《联合国海洋法公约》的"24海里封口线"的方法亦可将其划为我国内海湾。另外，我国宣布采用直线基线，也同样把渤海湾划入我国内海范围。

琼州海峡，位于雷州半岛和海南岛之间，峡宽约10.8海里，长为54海里。根据1958年领海声明，它被划入领海基线以内，属于中国的内海海峡。1964年6月8日，国务院通过的《外国非军用船舶通过琼州海峡的管理规则》规定：琼州海峡是中国的内海海峡，一切外国军用船舶必须在事先按本规则提出申请，得到批准后，才允许过峡。过峡时须遵守我国的有关规则。

港口制度，我国沿海分布着几百个港口，其中用于对外贸易和出入外籍船舶的开放港有几十个，如上海、天津、大连、烟台、青岛、广州、厦门、海口等。

1954年1月23日发布的《中华人民共和国海港管理暂行条例》规定：海港所占水域属于中国的内海，任何外国船舶出入港口或在港内停留，都应遵守中国的法律、法令、规则，并接受管辖。

我国根据本国情况并参照国际惯例和规则制定了港口制度，其主要内容包括：

（一）进港规则

（1）外籍船舶进入我国港口须经事先许可，应在预计抵港1周前，通过我外轮代理机构办理进港批准手续；并且要在到港24小时前再做一次到达具体时间、船体吃水情况的报告。

（2）外籍船舶经批准入港后，应在指定地点等候检查，我国实行港监、边防、海关、检疫部门的联检。

（3）外籍船舶进出我港口及在港内航行、停泊都必须经我国引航员引航，即强制引航制度。

（二）港内规则

（1）外船抵港后，船上武器、弹药应由港监封存；无线电通讯及信号设备应停止

使用，只有在紧急情况下经批准才能使用。

（2）港口禁止射击、游泳、钓鱼、鸣放鞭炮及其他危及港口安全和秩序的行为。除因航行完全必须外，不得随意鸣放声号。

（3）港内航行和停泊的外船，应悬挂其国旗，并加挂船名呼号和港口规定的有关信号。

（三）出港规则

（1）船舶出港，须呈报告及文件，经查后发给出口许可证。

（2）船舶不适航状态、违法船舶或发生事故的船舶，我港监部门有权禁止其出港或令其返航、停航。

（四）管辖

根据国家主权原则，我国对港内外船上的一切事件都拥有管辖权。但在实践中，只有下列案件我方才予受理：案件涉及或损害我国公民利益的，案件扰乱了我国沿海安宁和良好秩序的，案情影响重大、经船长或船旗国请求援助的，有关船舶本身海损、污染、追索、赔偿等责任纠纷的案件。

我国在内海上行使管辖权的机关是港务监督、海关、海事法院和海事仲裁委员会等。此外在海上，还有国家海洋局、海关、渔政、港监、公安巡逻队和海军承担保护我国内海的任务。

第四节　群岛国的群岛水域

一、群岛国的概念及基线的划定

群岛国（archipelagic state）是指全部由一个或多个群岛构成的国家，并可包括其他岛屿。《联合国海洋法公约》对群岛国制度做了规定，对群岛国的利益给予了一定照顾。

关于群岛基线，公约第47条规定：“1. 群岛国可划定连接群岛最外缘各岛和各干礁的最外缘各点的直线群岛基线，但这种基线应包括主要的岛屿和一个区域，在该区域内，水域面积和包括环礁在内的陆地面积的比例应在1∶1到9∶1之间。2. 这种基线的长度不应超过100海里。但围绕任何群岛的基线总数中至多3%可超过该长度，最长以125海里为限。”（见图7－15）。

群岛国的领海应从群岛基线向外测算一定宽度，即群岛基线以外邻接的一带海域为群岛国的领海。群岛国的毗连区、专属经济区和大陆架的宽度，也应从群岛基线向外测量划定（见图7－15）。

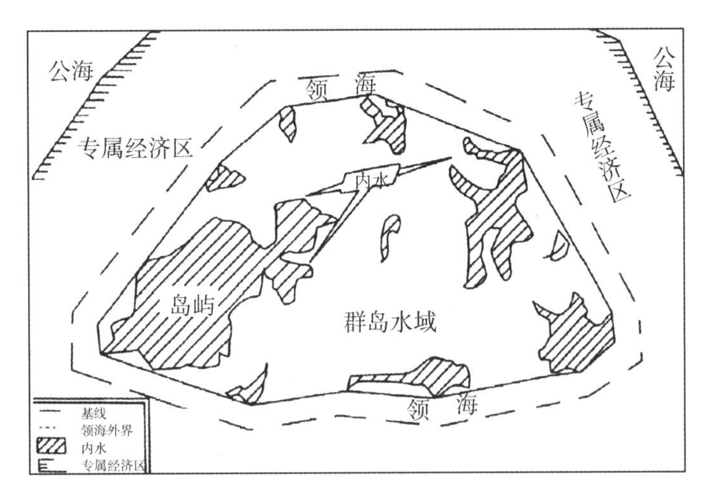

图7－15　群岛基线

二、群岛水域的法律地位及其通过制度

群岛水域（archipelagic waters）是指群岛国的群岛基线所包围的水域（见图7－15）。

群岛国的主权及于群岛水域及其上空、海床和底土，以及其中所包含的资源。应当注意，尽管群岛水域在基线以内，但其地位并非内水，群岛国的内水可在河口、海湾、港口等处用封闭线划定。群岛水域具有不同于内水，又不同于领海的独立的法律地位。

关于群岛水域的通过制度，公约规定：①所有国家的船舶均享有通过群岛水域的无害通过权。（第52条）②群岛国可指定适当的海道和空中航道，以便外国船舶和飞机继续不停地和迅速通过或飞越其群岛水域和邻接的领海。所有外国船舶和飞机均享有这种群岛海道通过权（right of archipelagic sea lanes passage）（第53条）。③如果群岛国没有指定海道或空中航道，外国船舶和飞机均可通过正常用于国际航行的航道，行使群岛海道通过权（第53条）。④外国船舶和飞机在通过群岛水域时应遵守群岛国的有关法律和规章。

第五节　毗　连　区

一、毗连区的概念和法律地位

毗连区（contiguous zone），又称邻接区或特别区，是指沿海国在毗连其领海的一定范围内，为对其海关、财政、卫生和移民等类事项行使管制而设置的区域。从领海基线

量起不超过24海里。

从当今世界看，毗连区设置发展很快，1952年仅有41个国家设置毗连区，到1973年已有116个国家。

在第三次海洋法会议上，有的国家主张取消毗连区，将沿海国在毗连区的权利并入专属经济区；而多数国家则主张保留毗连区，认为毗连区和专属经济区的目的和管辖事项都是不同的。比如，任何国家都不应在专属经济区内行使征收关税这一权力，但却可以在毗连区内行使。公约采纳了多数代表的意见保留了毗连区制度。但对1958年《领海与毗连区公约》规定的毗连区制度做了两点重要修改：①取消了毗连区属于公海的提法；②把毗连区的外部界限从12海里延至24海里。

毗连区的法律地位不同于领海。沿海国对毗连区不享有主权，只在毗连区行使某些方面的管制，而且国家对毗连区的管制不包括毗连区上空。总之，毗连区没有独立的法律地位，其地位取决于其依附的海域，或接近于公海或接近于专属经济区。

《联合国海洋法公约》规定了沿海国在毗连区行使下列管制：①防止在其领土或领海内违犯其海关、财政、移民或卫生法律和规章；②惩治在其领土或领海内违犯上述法律和规章的行为。可见国家在毗连区内行使管制是为了维护本国主权和法律秩序，是为了对违法者进行追究和惩罚。

二、我国的毗连区制度

鸦片战争后，西方国际法中的毗连区制度也影响到了中国。1899年，清政府正式以法律形式设置了海关缉私区并制定了局外中立法规。民国时期我国还设置了海关、检疫、渔业、安全、中立等专门管辖区。然而，由于清政府和国民党政府的腐败无能和丧权辱国，连领海主权都拱手让与了外国，毗连区当然只能是形同虚设，根本不能起到有效保护海洋权利和安全的作用。

中华人民共和国成立后，设置过若干专门区域，如禁渔区、机轮拖网保护区、军事警戒区、军事作战区等，用于保护我国近海利益和安全。1992年2月25日公布实施的《中华人民共和国领海及毗连区法》建立并确定了我国的毗连区制度：①

（1）规定我国毗连区的宽度为12海里。为避免理解概念时容易发生的异解，和与公约规定的表述统一，该法进一步说明，毗连区外部界限为从基线量起等于24海里的线。

（2）明确了我国在毗连区内的权利，防止和惩治在领陆、内水、领海内违反有关安全、海关、财政、卫生或出入境管理的法律、法规的行为。

（3）规定对违反我国法律者可以从毗连区内开始紧追。

① 《领海及毗连区法》第四、十三、十四条对毗连区制度做了规定。

第六节　用于国际航行的海峡

一、用于国际航行的海峡的概念和法律地位

对用于国际航行的海峡可有广义和狭义的理解。广义的指所有的经常用于国际航行的海峡通道，而不论其具有何种法律地位。它可以包括具有内海、领海、专属经济区或公海地位的海峡以及有专门条约规定了制度的海峡。而狭义的则是指《联合国海洋法公约》中确定了地位的特指的“用于国际航行的海峡”（straits used for international navigation）。本节采用狭义的含义。关于这类海峡的范围，公约第35条规定：“本部分的任何规定不影响：（a）海峡内任何内水区域，……（b）海峡沿岸国领海以外的水域作为专属经济区或公海的法律地位；或（c）某些海峡的法律制度，这种海峡的通过权已全部或部分地规定在长期存在、现行有效的专门关于这种海峡的国际公约中。”根据公约精神可概括出这样一个概念，即用于国际航行的海峡指连接公海或专属经济区的具有领海地位的且未受专约限制的又频繁用于国际航行的海峡。

从这个概念中可以看出，用于国际航行的海峡具有以下特点：

首先，这种海峡就两端连接区域看，是指两端连接公海或专属经济区，或者一端为公海或专属经济区另一端为领海的海峡。

其次，它具有领海地位。这种海峡从法律地位上讲属于领海，这意味着：①其宽度在最窄处不超过24海里，而且处在沿海国领海范围内；②除通过制度外，其在法律地位上仍属于领海，沿岸国对海峡水域、上空、海床和底土仍行使其主权。这一特征将内海峡和非领峡排除在外。

再次，这种海峡未受专约拘束。在国际海峡中，有一些海峡由于历史原因和其特殊的地理位置成为重要国际航道而由专门国际条约规定了专门制度。譬如，直布罗陀海峡的航行制度由1904年、1907年英、法、西三国间的协定确立，黑海海峡制度则主要由1936年的《蒙特娄公约》规定。对这类海峡，《联合国海洋法公约》仍承认其特定的通过制度有效，即公约的规定不影响这类海峡的法律地位。于是公约关于用于国际航行的海峡的规定将这类海峡排除在适用范围之外，公约适用的海峡是未被专门条约确定过制度的海峡。

最后，这种海峡经常用于国际航行。这种海峡地理位置重要，频繁用于国际航运，构成了世界性的海洋通道。这就排除了用于国内航行的海峡。

二、用于国际航行的海峡的通过制度

用于国际航行的海峡数量多、分布广，其制度的确立会涉及世界各国的利益，因而关于这种海峡的制度一直为各国所关注，特别是宣布领海宽度为12海里的国家越来越

多，使许多原来的非领峡被划入一国或几国主权范围而成为领海。据统计，若统一采用12海里的领海宽度，世界上将有116个海峡因宽度不足24海里而处于沿海国领海之内，其中有30余个被认为是“用于国际航行的海峡”①。于是，关于用于国际航行的海峡的通过制度，在第三次海洋法会议上展开了激烈斗争，苏、美、英等海洋大国竭力主张航行和飞越自由，而中国、菲律宾、埃及等第三世界国家则坚持主张实行无害通过制度。《联合国海洋法公约》采用了折中的方案，规定在用于国际航行的海峡中分别适用过境通行和无害通过制度。

（一）过境通行制度

过境通行（transit passage）指所有外国船舶或飞机在公海或专属经济区之间的用于国际航行的海峡以继续不停和迅速过境为目的而行使的航行和飞越自由。

过境通行适用于在公海或专属经济区的一部分和公海或专属经济区的另一部分之间的用于国际航行的海峡。但如果海峡是由海峡沿岸国的一个岛屿和该国大陆形成，而且该岛屿向海一面有在航行和水文特征方面同样方便的一条穿过公海或穿过专属经济区的航道，过境通行就不应适用（见图7－16）。

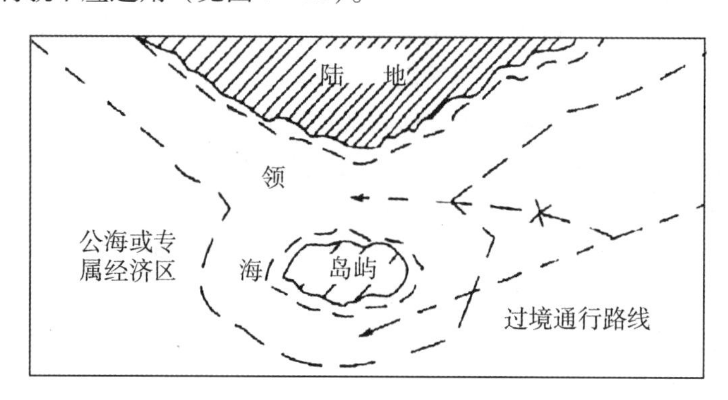

图7－16　过境通行

《联合国海洋法公约》明确规定了海峡沿岸国和过境者的权利和义务，即所有船舶和飞机均享有过境通行的权利。而其在行使过境通行时，应毫不迟延地通过或飞越海峡，并遵守沿岸国所制定的有关的法律和规章，不得对沿岸国主权、领土完整或政治独立进行任何武力威胁或使用武力。海峡沿岸国不应妨碍或中止过境通行，不得对过境船舶有所歧视，并应将其所知的对航行有危险的情况妥为公布。

对过境通行的理解应注意两个界限：①过境通行与航行自由的界限。过境通行赋予了所有外国船舶或飞机在用于国际航行的海峡中享有航行和飞越自由，但应明确这种自由与航行自由制度有本质的区别：航行自由是指在不属于沿海国管辖的海域内船舶自由行动，可缓行、可停驶甚至可从事军事行动。它不仅包括在水面航行，而且包括对水体、海床洋底及其上空的使用权利。而过境通行除保障“通行”外，在其他方面沿岸

① 陈德恭：《现代国际海洋法》，海洋出版社2009年版，第128页。

国仍享有领海的权利。也就是说，过境通行只限于以继续不停和迅速过境为目的而行使的航行和飞越自由，而不包括其他任何方面的活动和权利。②过境通行与无害通过的界限。公约对过境通行也强调了继续不停和迅速通过，明确了外国过境船舶和飞机的其他义务，并规定了沿岸国的权利。过境通行与无害通过有不少相同之处，但两者又有许多差异，主要区别在于：①过境者有所不同。过境通行适用于所有船舶和飞机，包括潜艇水下潜行通过和军用船舶飞机的通过。而无害通过则主要适用于非军用船舶，军用船舶通过要受到限制，即使在沿岸国同意的情况下，外国潜艇通过也须上浮水面并展示国旗，无害通过不适用于外国航空器。②权利和义务有所不同。沿岸国对适用无害通过制度的海峡拥有较适用过境通行制度的海峡更广泛的管辖权，公约对外国船舶在无害通过时所规定的义务，要更严格、具体。相反，船旗国对过境通行是介于无害通过与航行自由之间的航行制度，它既保持了沿岸国的主权和管辖权，又使过境船舶和飞机享有更多的权利和自由。

（二）无害通过制度

依公约规定，在部分用于国际航行的海峡中可适用无害通过制度，而且规定在这种海峡中的无害通过不应予以停止，从而使其较之领海的无害通过扩大了过境船舶的权利。

无害通过制度应适用于下列国际航行的海峡：

（1）该海峡是位于公海或专属经济区的一部分和外国领海之间的（见图7－17）。例如，连接红海和亚喀巴湾的蒂朗海峡，峡宽10.5～26海里，两岸分属埃及和沙特阿拉伯。

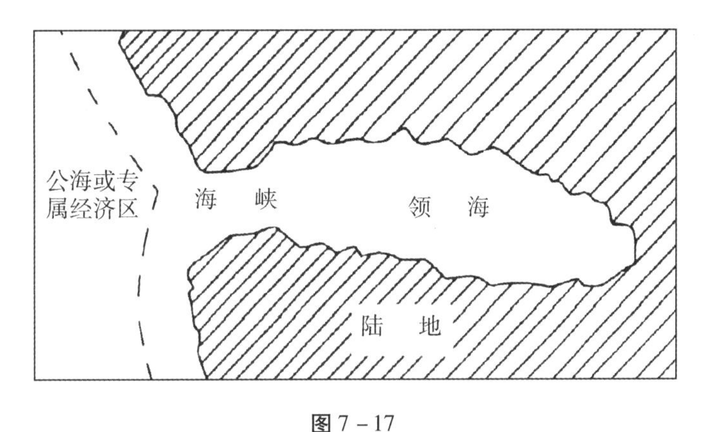

图7－17

（2）该海峡是由沿岸国的一个岛屿和该国大陆形成的，而该岛向海一面有在航行和水文特征方面同样方便的穿过公海或专属经济区的航道，因而不适用过境通行制度的海峡（见图7－16）。例如，位于坦桑尼亚大陆和奔巴岛之间的奔巴海峡。

第七节 专属经济区

一、专属经济区的概念和法律地位

专属经济区（exclusive economic zone）是领海以外并邻接领海的一个区域，该区域从测算领海宽度的基线量起，不超过200海里。

专属经济区的概念是在第二次世界大战以后的各国海洋实践中创造的，是发展中国家的200海里海洋权斗争胜利的结果。1946年6月23日，智利总统发表《总统声明》："凡距离智利海面200海里以内的海域均属智利国家主权扩展的范围，由智利实行保护和控制，但不影响其他国家公海自由航行的权利。"从而拉开了200海里海洋权的序幕。此后秘鲁、萨尔瓦多、洪都拉斯、尼加拉瓜、巴拿马、阿根廷、乌拉圭、巴西、哥斯达黎加、厄瓜多尔等国相继宣布了200海里的海洋区域。1972年加勒比海沿岸各国共同签署了《圣多明各宣言》，提出200海里内的海域为"承袭海"（patrimonial sea），有的国家使用了"专属渔区"（exclusive fishing）。"专属经济区"的名称和概念，首见于1972年非洲国家喀麦隆海洋法会议，1973年由第十届非洲元首及政府首脑会议批准的《非洲统一组织关于海洋法问题的宣言》进一步重申。1982年的《联合国海洋法公约》正式确定专属经济区为国际海洋法的重要制度。目前，已有95个国家宣布了专属经济区，25个国家宣布了专属渔区。

沿海国在专属经济区享有以勘探和开发、养护和管理其自然资源为目的的主权权利，以及关于在该区从事经济性开发和勘探，如利用海水、海流和风力生产能源等其他活动的主权权利；对该区域内的人工岛屿、设施和结构的建造和使用以及海洋科学研究、海洋环境的保护和保全享有管辖权；并具有公约规定的其他权利和义务。外国在专属经济区内享有船舶航行、飞机飞越以及铺设海底电缆和管道的自由，但在行使此权利时，须遵守沿海国的有关法律和规章。

专属经济区不同于公海。它是受国家一定管辖和支配的海域，沿海国对该区域的自然资源享有主权，并在其他一些方面享有管辖权，从而限制了其他国家在该区域的活动。专属经济区又不同于领海。它不属于沿海国领土的组成部分。沿海国的主权只及于专属经济区的自然资源，而不包括其他方面，因而其他国家在专属经济区内仍享有一些自由。总之，专属经济区既非公海又非领海，而是自成一类的具有独立地位的海域。

二、关于海岸相向或相邻国家间专属经济区的划界问题

海岸相向或相邻国家间专属经济区的划界是个为各国所重视的问题。据统计，在实行200海里专属经济区制度后，将有135个独立沿海国和一些未独立地区面临着至少与一个邻国的专属经济区发生重叠的情况。因而，用什么原则和标准进行划界，成为第三

次海洋法会议争论不休的一个问题。一些国家，包括英国、日本、西班牙、希腊等23个提案国和30个支持国，极力主张等距离中间线为最公平而又确切的原则，即中间线原则；而另一些国家如爱尔兰、利比亚、罗马尼亚、中国等连同提案国和支持国共50多个国家则主张，鉴于各国海域情况复杂，划界时应当公平合理地进行划界，即公平原则。经过激烈争论和反复协商，最终以折中方案达成协议。公约第74条规定：①海岸相向或相邻国家间专属经济区的界限，应在《国际法院规约》第38条所指国际法的基础上以协议划定，以便得到公平解决。②有关国家如在合理期间内未能达成任何协议，应诉诸第15部分（争端的解决）所规定的程序。③在达成第1款规定的协议以前，有关各国应基于谅解和合作精神，尽一切努力做出实际性的临时安排，并在此过渡期间内，不危害或阻碍最后协议的达成。这种安排应不妨害最后界限的划定。④如果有关国家间存在现行有效的协定，关于划定专属经济区界限的问题，应按照该协定的规定加以决定。

三、我国的专属经济区制度

我国支持200海里专属经济区建立的立场是一贯的，早在1970年，我国就发表声明支持拉丁美洲国家维护200海里海洋权的正义斗争，在第三次海洋法会议上，我国代表多次重申，完全支持发展中国家建立200海里专属经济区的正义立场。

从实践来看，我国对近海区域的管理是积极的：1955年我国在渤海、黄海、东海建立了机轮拖网渔业禁渔区，从中朝边界一直向南延伸到浙江省；1980年又划定了南海与福建省的沿海禁渔区，这些区域均扩展到200海里。还通过签订双边或多边条约与周边国家建立海洋科学研究、进行渔业养护的制度。我国于1998年6月13日公布了《中华人民共和国专属经济区和大陆架法》（以下简称《专属经济区和大陆架法》）。

我国专属经济区的主要制度为：

（1）我国的专属经济区，指我国领海以外并邻接领海的区域，从测算领海宽度的基线量起延至200海里。

（2）与海岸相邻或者相向国家关于专属经济区的主张重叠的，在国际法的基础上按照公平原则以协议划定界限。

（3）我国对在专属经济区为勘查、开发、养护和管理海床上覆水域、海床及其底土的自然资源，以及进行其他经济性开发和勘查，如利用海水、海流和风力生产能等活动，行使主权权利。

在专属经济区和大陆架有专属权利建造并授权和管理建造、操作和使用人工岛屿、设施和结构。对专属经济区的人工岛屿、设施和结构的建造、使用和海洋科学研究、海洋环境的保护和保全，行使管辖权。对专属经济区的人工岛屿、设施和结构行使专属管辖权，包括有关海关、财政、卫生、安全和出境入境的法律和法规方面的管辖权。

我国主管机关有权在专属经济区和大陆架的人工岛屿、设施和结构周围设置安全地带，并可以在该地带采取适当措施，确保航行安全以及人工岛屿、设施和结构的安全。

（4）任何国际组织、外国的组织或者个人进入我国专属经济区从事渔业活动，必

须经我国主管机关批准，并遵守我国的法律、法规及我国与有关国家签订的条约、协定。

我国的主管机关有权采取各种必要的养护和管理措施，确保专属经济区的生物资源不受过度开发的危害；有权对专属经济区的跨界种群、高度洄游鱼种、海洋哺乳动物、源自我国河流的溯河产卵种群、在我国水域内度过大部分生命周期的降河产卵鱼种，进行养护和管理。

（5）任何国家在遵守国际法和中国的法律、法规的前提下，在我国的专属经济区享有航行、飞越的自由，在专属经济区内享有铺设海底电缆和管道的自由，以及与上述自由有关的其他合法使用海洋的便利。铺设海底电缆和管道的路线，必须经我国主管机关同意。

在行使勘查、开发、养护和管理专属经济区的生物资源的主权权利时，为确保我国法律、法规得到遵守，可以采取登临、检查、逮捕、扣留和进行司法程序等必要的措施。

对在专属经济区内违反中国法律、法规的行为，有权采取必要措施，依法追究法律责任，并可以行使紧追权。

第八节　大　陆　架

一、大陆架的概念

大陆架（continental shelf）原是地质地理学的概念，是指从海岸低潮线起，海底以极其平缓的坡度向海洋方面倾斜延伸，一直到坡度发生显著增大的转折处为止的这一部分海床。地理学上还把大陆坡、大陆基作为陆地的延伸部分。大陆坡（continental slope）指从大陆架之外坡度显著变陡的转折处到坡度再度缓转折处之间的海床。大陆基（continental rise）指大陆坡向外到进入海底平原前的充满沉积岩的海底区域。《联合国海洋法公约》为便于为大陆架定义，将大陆架、大陆坡和大陆基三部分统称为大陆边（continental margin）（见图 7－18）。

自 20 世纪 40 年代美国总统杜鲁门发表《杜鲁门公告》后，大陆架问题作为一个法律问题开始进入国际法领域，并在自然地理学上的大陆架概念的基础上逐步形成了大陆架的法律概念。

1958 年《大陆架公约》第 1 条规定，大陆架指邻接海岸但在领海范围以外，深度达 200 米或超过此限度而上覆水域的深度容许开发其自然的海底区域的海床和底土。这一定义包括两个含义：①大陆架是领海以外并邻接领海的海底区域；②大陆架宽度标准有两个，一是 200 米等深线，二是技术上可开发的深度。

1982 年的《联合国海洋法公约》第 76 条给大陆架下了一个新的法律定义：沿海国的大陆架包括其领海以外依其陆地领土的全部自然延伸，扩展到大陆边外缘的海底区域

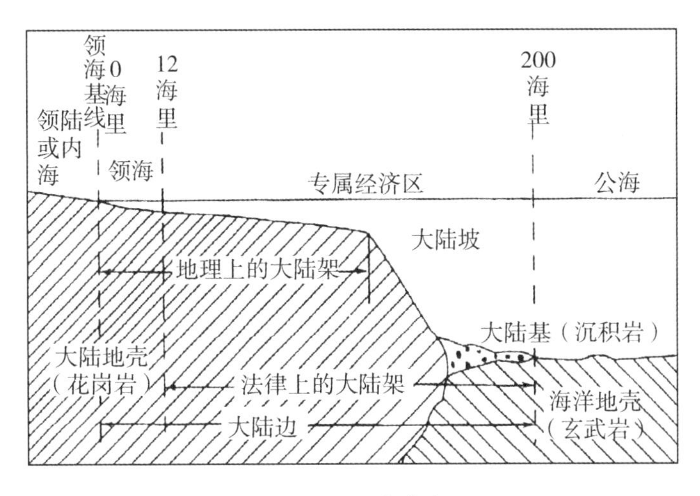

图 7－18 大陆边

的海床和底土。如果从测算领海宽度的基线量起到大陆边的外缘的距离不到 200 海里，则扩展到 200 海里的距离。如从测算领海宽度的基线量起超过 200 海里，大陆架在海床上外部界限的各定点，不应超过从基线量起的 350 海里，或者不应超过 25000 米等深线 100 海里。

二、大陆架的法律地位

《联合国海洋法公约》规定，沿海国为勘探和开发其自然资源的目的，对大陆架行使主权权利。这种权利是专属性的，即沿海国对大陆架的权利不取决于有效或象征的占领或任何明文公告；如果沿海国不勘探大陆架或开发其自然资源，任何人未经沿海国明示同意，均不得从事这种活动；沿海国对大陆架的权利不影响上覆水域或水域上空的法律地位。另外，沿海国有授权和管理为一切目的在大陆架上进行钻探的专属权利。在进行勘探和开发自然资源时，沿海国有权建造人工岛屿、必要的设施和结构，并对其拥有专属管辖权。

但沿海国对 200 海里以外大陆架的非生物资源的开发，应缴付费用或实物。费用或实物应通过管理局缴纳，管理局应根据公平分享的标准将其分配给各缔约国，同时考虑到发展中国家的利益和需要，特别是其中最不发达的国家和内陆国的利益和需要。

三、海岸相向或相邻国家间大陆架的划界原则

关于相向或相邻国家间大陆架的划界是一个极为复杂而又为各国密切关注的问题。自《杜鲁门公告》后，尤其是《大陆架公约》后，国际间关于大陆架划界的原则和方法一直存在着严重分歧。20 世纪 60 年代后，国际间解决了一系列有关大陆架划界的争端，其中较著名的有：1969 年国际法院对“北海大陆架案”的判决，1977 年仲裁法庭

对“英法大陆架案”的裁决，1981 年国际调解委员会关于冰岛与挪威的扬马延群岛之间大陆架划界的建议，1982 年国际法院对“突尼斯和利比亚大陆架划界案”的判决，等等。这些案例进一步阐述了属于“特殊情况”的诸因素，丰富了大陆架划界的原则和方法。在第三次海洋法会议上，围绕着大陆架划界问题又展开了激烈论争，其焦点集中于依什么原则和标准划界。会上形成了两个对立的利益集团，日本、意大利、英国、西班牙等 24 国的“中间线集团”和阿尔及利亚、法国、越南、土耳其等 30 国的“公平集团”。最后，《联合国海洋法公约》采纳了折中的方案，即“协商原则”，从而暂时缓和了各方的论争。

《联合国海洋法公约》签署后，国际法院又处理了多个有关大陆架的案件。[①] 这些判决和裁决，对于大陆架划界中应适用的原则和方法有了进一步的阐述。此外，还有人提出了大陆架划界的新方法。[②] 关于大陆架划界的主张主要有以下几种。

（一）等距离中间线原则（principle of equidistance-medium line）

等距离中间线，是指海岸相邻或相向国家间进行大陆架划界时所作的一条其每一点均与领海基线的最近点距离相等的界限。等距离线适用于海岸相邻间“横侧”划界，中间线则适用于海岸相向的国家间的“中间”划界。实际上中间线也就是等距离线。

1958 年《大陆架公约》规定：大陆架疆界是“一条其每一点与测算各国领海宽度的基线的最近点距离相等的中间线”，或者“应适用与测算各国领海宽度的基线的最近点距离相等的原则予以确定”。从而正式确定了等距离中间线原则。然而在此后的实践中，有关这一原则的地位和适用引起了争论。一些国家认为，《大陆架公约》的规定和各国实践均表明，中间线或等距离线已经成为大陆架划界的习惯国际法和一般国际法原则，它是最公平最平等的海域划界原则。而另一些国家认为，《大陆架公约》并没有赋予中间线或等距离线以一般国际法原则的地位，并指出它仅是一种划界方法，而且并非唯一的划界方法。1969 年国际法院在对“北海大陆架案”的判决中否定了中间线或等距离线规则已成为一般国际法或习惯国际法的论点，指出“等距离方法的使用不是强制性的，也不存在任何其使用在所有情况下都是强制性的其他唯一划界方法”。

（二）自然延伸原则（principle of nature prolongation）

自然延伸原则认为，从地质地理学上看，大陆架是国家陆地向海下的自然延伸，据此，法律上确认近海大陆架应归沿海国所享有，所以大陆架划界时应达到使“每一个当事国都尽可能地得到凡构成其陆地领土向海洋的自然延伸的一切部分，而不侵犯另一当事国陆地领土的自然延伸”。

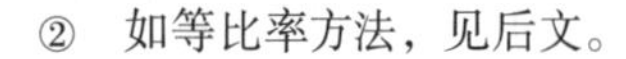

① 这些案例如：1984 年 10 月 12 日，对“美国与加拿大的缅因湾海域划界案”的判决；1985 年 2 月 14 日，对几内亚和几内亚比绍提交的“海洋疆界案”做出仲裁裁决；1985 年 6 月 3 日，对“利比亚和马耳他大陆架划界案”的判决；1993 年 6 月 14 日，对格陵兰和扬马延岛地区海洋划界案（丹麦诉挪威）；等等。

② 如等比率方法，见后文。

自然延伸原则首次在1945年的《杜鲁门公告》中提出，并逐渐被各国接受，许多国家在以不同方式对大陆架提出要求时都是以此原则作为法律上的根据。1958年《大陆架公约》确定了大陆架是沿海国领土的自然延伸，1982年《联合国海洋法公约》也肯定了大陆架是陆地领土的自然延伸，从而为沿海国对大陆架行使主权权利和大陆架的划界提供了原则基础。

（三）公平原则（equitable principle）

公平原则的基本主张是“公平”，而公平并不等于在有关国家之间不顾一切情况地平分，而是依据大陆架与陆地密不可分的关系，把属于该国的领土的自然延伸部分划归该国。“北海大陆架案”的判词中对这一原则做了强调和阐述，指出“在具体情况下究竟采用何种划界方法，必须从该情况出发，并以划界必须符合公平原则这一基本规范来衡量，来决定”。这里所说的具体情况包括两个方面的内容：一是充分考虑大陆架是陆地的自然延伸；二是必须考虑相关的具体条件和因素，诸如各地海域的不同情况，即海岸构造和海岸线的比例、岛屿的位置、海底地质和地理构造及其自然资源等。

公平原则是同大陆架的法律概念同时产生的。1945年《杜鲁门公告》提出，“大陆架延伸至他国海岸或邻国同处于同一大陆架的情况下，边界应由美国与有关国家按照公平原则予以确定”。其后，一系列国家宣布按照公平原则划分同邻国的大陆架疆界。国际法院在对“北海大陆架案”的判决中进一步确立了公平原则在大陆架划界理论和实践中的地位。在第三次海洋法会议上，由于主张公平原则国家的努力，尽管《联合国海洋法公约》没有明确规定公平原则，却也强调了划界时得到公平解决。

（四）《联合国海洋法公约》第83条的规定（协商原则）

在第三次海洋法会议上，“公平原则集团”与“中间线集团”各持己见，僵持不下，最后公约以妥协方式采用了折中方案，即公约第83条的规定。该条规定：“1. 海岸相向或相邻国家间大陆架的界限，应在国际法院规约第38条所指国际法的基础上以协议划定，以便得到公平解决。2. 有关国家如在合理期间内未能达成任何协议，应诉诸第15部分所规定的程序。3. 在达成第1款规定的协议以前，有关各国应基于谅解和合作的精神，尽一切努力做出实际性的临时安排，并在此过渡期间内，不危害或阻碍最后协议的达成。这种安排应不妨害最后界限的划定。4. 如果有关国家存在现行有效的协定，关于划定大陆架界限的问题，应按照该协定的规定加以决定。”这就是说，大陆架划界应根据国际法由当事国协商解决，最根本的原则是公平解决，如协议不成，可采用解决海洋争端的程序解决。故有人称之为“协商原则”。这一原则具有灵活性，既可为按自然延伸原则和公平原则划界的国家所接受，也可为倾向于按等距离中间线规则划界的国家所认可，对缓和相对立的“原则集团”的冲突有重要作用。但因其未确定具体适用的原则，而在实践中很容易引起争执。因此可以说，公约此项规定也不尽完善。

（五）等比率方法

（1）等比率方法的概念和特点。等比率方法是《联合国海洋法公约》签订后，西

方学者提出的“最适合于不规则地形条件下”的大陆架划界新方法。它指“在两个沿海国管辖之下的海上区域的边界线，无论海岸相邻或相向，将被称为等比例线。该线上每一点到两国领海基线上的最近各点的距离按照一定的比率确定”。简言之，海岸相向或相邻国家间的大陆架的界线依据其每一点到领海基线上最近各点的比率划定。

等比率方法是在充分考虑公平原则的要求后，在等距离原则基础上提出的。它归纳了公平原则与等距离原则的要求，并弥补了两者的不足。其优点在于，对不同要求的适应性简单明确的测算方法及能够客观地适用于所有地理环境。

等比率方法的“比率”，是海域界线上每一点距 A 国领海基线上最近各点的距离与距 B 国基线最近各点距离的比值。若为 0.9 ∶1 称 0.9 等比率，若为 0.8 ∶1 则称 0.8 等比率，以此类推。

在划界实践中，确定双方相互接受的“比率”往往需要当事国谈判、磋商。一般来说，比率越小对地形不利的国家越有利（见表 7 - 1，为便于理解，假设 3 个沿海国的低潮线长度相同并且都为 8 个长度单位，其陆地面积分别为 15、33、24 平方单位）。

表 7 - 1　不同的比率对等比率划界方法测定横侧边界线产生的影响

国家	海岸线长度	领土大约面积	大陆架的大约面积		
			等距离方法	等比率方法	
				0.9 等比率	0 等比率
A	8（单位）	15（平方单位）	63.5（平方单位）	53.5（平方单位）	48（平方单位）
B	8（单位）	33（平方单位）	17（平方单位）	32（平方单位）	42.5（平方单位）
C	8（单位）	24（平方单位）	50（平方单位）	45（平方单位）	40（平方单位）
			130.5（平方单位）	130.5（平方单位）	130.5（平方单位）

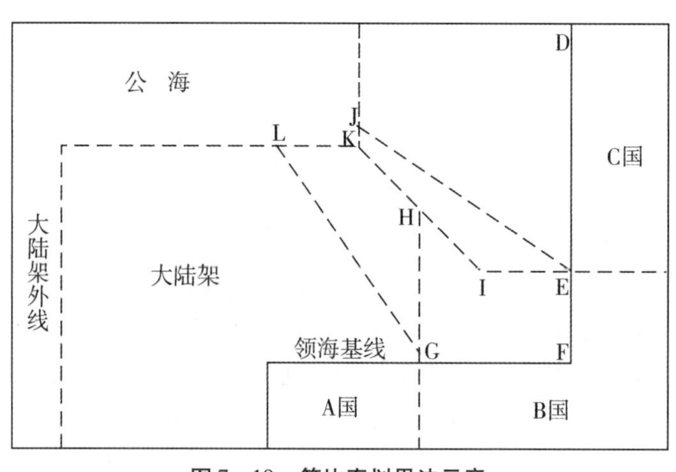

图 7 - 19　等比率划界法示意

（2）等比率划界法适用的假设情况。依据等距离划界方法，以上假设的 3 国间的大陆架区域便会显示不公平的后果：面积最小的 A 国将取得最大管辖面积，而面积最大的 B 因基线向内凹而导致拥有最小的面积（见图 7 - 19 中 E、F、G、H、I 围成的区

域）。等比率方法可成为一种补救措施，采用这一方法可使 B 国在划界中取得较大的一部分。具体适用的比率要依据谈判者在大陆架划界时提出的公平主张予以确定。假设谈判者同意有利于 B 国的比率划界，就会出现图 7－19 的情况，B 国将取得 E、F、G、L、K、J 围成的区域的管辖权。

四、我国的大陆架问题与制度

我国大陆架极为广阔，属于大陆架宽度超过 200 海里的 18 个国家之一，渤海和黄海海底全部为大陆架，东海有 2/3 的海底是大陆架，最宽处近 400 海里，南海大陆架占海底面积的 1/2 以上。在我国的近海大陆架上，有极为丰富的自然资源。

我国的大陆架除渤海外，都存在着与邻国的划界问题，如在黄海与朝鲜，在东海与朝鲜、韩国、日本，在南海与越南、马来西亚、菲律宾等国都存在着划界问题。

就海底资源而言，最有意义的是东海大陆架。东海大陆架位于中、日、朝 3 国之间，面积达 51 万平方千米。在东海大陆架的东西两部分之间有一个冲绳海槽区，冲绳海槽为我国大陆架与琉球岛架的自然分界线。在大陆架划界问题上，中日两国在适用原则和方法上存在着严重分歧。我国提出，根据东海大陆架的具体情况，在自然延伸的基础上按照公平原则协议划界以求得公平解决，应是东海大陆架划界遵循的主要原则。依此原则冲绳海槽构成两国大陆架的界线，我国大陆架可延伸到 250 ～ 370 海里。日本方面主张应以等距离线或中间线为划界原则，这样一来，中国与日本琉球之间是“共大陆架”。

中日关于划分东海大陆架的不同主张，理应通过谈判协商解决，以公平合理地划分各自的大陆架。但日本政府却片面地与韩国当局于 1974 年 1 月 30 日签订了“共同开发协定”，开发面积达 82000 平方千米，其中包括理应属于我国的大面积的大陆架。对此，我国政府多次发表声明，提出抗议。

2005 年 7 月 14 日，日本政府正式宣布批准帝国石油公司在东海海域试开采石油天然气，这是日本政府首次认可日本民间企业在东海海域中国大陆架和专属经济区中试开采油气田。[①] 中国政府对此一直强烈反对。

2008 年 11 月 12 日，日本通过联合国秘书长向联合国大陆架界限委员会提交了《日本外大陆架申请案》，涉及日本本州和东南七个海域，主张的总面积约 74 万平方千米，相当于日本国土面积的两倍。

2009 年 5 月 11 日，中国常驻联合国代表团向联合国秘书处提交了中国关于确定 200 海里以外大陆架外部界限的初步信息。

2012 年 12 月 14 日，中国常驻联合国代表团代表中国政府向联合国秘书处提交了东海部分海域 200 海里以外大陆架外部界限划界案。

在南海，主要涉及南海诸岛的归属和大陆架划界及北部湾的海上分界问题，对此我

① 参见《日本批准企业在中国专属经济区试开采石油天然气》，见网易新闻：http://news.163.com/05/0714/22/1OLHET0D0001121S.html。

国一直谋求通过谈判、协商公平合理地加以划定。

关于相邻或相向国家间的大陆架划界，我国的原则立场是，应由有关各方根据公平原则，考虑到各种因素和情况，通过平等协商加以确定。只有这样，才能获得对各方都公平合理的结果。中间线或等距离线是划界的一种方法，只有在符合公平原则的条件下才能适用。公平原则是一项公认的国际法原则，不仅为许多重要国际文件所确认，而且为有关海域划界的重要国际判例所肯定。[①]

《专属经济区和大陆架法》规定了我国大陆架的基本制度：

（1）我国大陆架，是我国领海以外依本国陆地领土的全部自然延伸，扩展到大陆边外缘的海底区域的海床和底土；如果从测算领海宽度的基线量起至大陆边外缘的距离不足200海里，则扩展至200海里。

（2）与海岸相邻或者相向国家关于大陆架的主张重叠的，在国际法的基础上按照公平原则以协议划定界限。

（3）我国为勘查大陆架和开发大陆架的自然资源，对大陆架行使主权权利。在大陆架有专属权利建造并授权及管理建造、操作和使用人工岛屿、设施和结构，并对大陆架的人工岛屿、设施和结构的建造、使用，海洋科学研究，海洋环境的保护和保全，行使管辖权。对我国大陆架的人工岛屿、设施和结构行使专属管辖权，包括有关海关、财政、卫生、安全和出境入境的法律和法规方面的管辖权。我国拥有授权和管理为一切目的在大陆架上进行钻探的专属权利。

我国主管机关有权在专属经济区和大陆架的人工岛屿、设施和结构周围设置安全地带，并可以在该地带采取适当措施，确保航行安全以及人工岛屿、设施和结构的安全。

（4）任何国际组织、外国的组织或者个人在我国的大陆架进行海洋科学研究，必须经中国主管机关批准，并遵守中国的法律、法规。主管机关有权采取必要的措施，防止、减少和控制海洋环境的污染，保护和保全专属经济区和大陆架的海洋环境。

（5）任何国家在遵守国际法和中国的法律、法规的前提下，在我国的大陆架享有铺设海底电缆和管道的自由。但铺设海底电缆和管道的路线，必须经中国主管机关同意。

（6）我国对在大陆架违反中华人民共和国法律、法规的行为，有权采取必要措施，依法追究法律责任，并可以行使紧追权。

第九节　公　　海

一、公海的概念

公海（high sea）的概念产生于16世纪，到19世纪被公认。在相当长的时期内，

① 见1980年8月25日中国代表团副团长在第三次海洋法会议第9期会议上的发言。

公海指领海以外的海域。1958 年《公海公约》规定，公海指不包括在一国领海或内水内的全部海域。随着科学技术和海洋法的发展，海域的区划有了变化，出现了许多新的海域，使得公海概念受到了影响。

《联合国海洋法公约》规定：公海是指不包括在国家的专属经济区、领海、内水、群岛国的群岛水域内的全部海域。

二、公海的法律地位

公海不属于任何国家领土的组成部分，也不在任何国际法主体管辖之下，它属于管辖范围以外的海域。因此，任何国家不得有效地将公海的任何部分置于其主权之下，不得将其任何部分据为己有，不得对公海本身行使管辖权。这是公海法律地位的基础，也是公海不同于其他海域的本质特征。据此特征，公海是全人类的共同财富，对所有国家开放，所有国家包括沿海国和内陆国可平等地共同使用公海，并有权行使公约规定的各项自由。

三、公海的法律制度

（一）公海自由

公海法律制度的基础和主要原则是公海自由。公海自由最初主要指航行自由和捕鱼自由。1958 年《公海公约》规定了公海“四大自由”，即：①航行自由；②捕鱼自由；③铺设海底电缆和管道的自由；④飞越自由。为适应海洋科学技术的发展和人类对海洋利用规模的扩大，《联合国海洋法公约》将公海自由的内容扩大为六项，即：①航行自由；②飞越自由；③铺设海底电缆和管道的自由；④建造国际法所容许的人工岛屿和其他设施的自由；⑤捕鱼自由；⑥科学研究自由。

公海自由是公海制度的核心，然而国际法对行使公海自由绝不是毫无限制的。公海自由并不是说公海可以处于无法律状态，相反，公海自由本身就是一种法律状态。所以，各国在行使这些自由时，除应注意对各种自由的具体限制外，还必须遵守以下规则：①公海应只用于和平目的。各国在行使公海自由时，应为世界和平与安全服务，而不应把公海变成进行军事活动、侵略和战争的场所。②一国行使公海自由不得侵害别国的权利和利益。只顾自己在公海上行使自由，不准别国在公海上行使权利，也将导致对公海自由的破坏。③公海自由的行使不得违反海洋法公约和公认的国际法原则及有关规则，否则势必造成滥用或破坏公海自由的结果。

在公海六大自由中最主要的是航行自由和捕鱼自由制度。

1. 公海航行制度

具体包括以下几个方面：

（1）航行自由。是指所有国家的各种船舶，均有权在公海的任何区域自由航行，其他国家不得加以干涉和阻碍。它标志着：①所有国家的船舶都有在公海上航行的权

利，并享有在公海的任何区域完全无阻碍地自由航行的权利；②每个国家不论是沿海国还是内陆国，均有权在公海上行驶悬挂其国旗的船舶，内陆国有出入海洋的权利和过境自由；③在公海上航行的船舶，除受船旗国的管辖和国际法的限制外，不受其他国家的支配和管辖，不受任何强制性的海上礼节的约束。

（2）船舶的国籍。任何在公海上航行的船舶应各有其国籍。公海上确定船舶国籍的证件是船舶证书和悬挂的国旗。国际法没有规定给予船舶国籍的条件。各国均以国内法规定给予国籍并允许悬挂国旗和发给证书的条件，通常以船舶所有权或船员国籍比例或船舶制造地为标准，而具体条件各有不同，但有一个共同要求，即船舶必须在该国一个港口登记，并取得船籍证书。我国授予船舶国籍的条件是：①船舶的所有权应属于中华人民共和国国家、集体或个人所有；②船员应为中国公民。

船舶航行应仅悬挂一国的旗帜。船舶在航程中或在停泊港内不得更换其旗帜。悬挂两国或两国以上旗帜航行并视方便而换用旗帜的船舶，对任何其他国家不得主张其中任一国籍，并可视同无国籍的船舶，不受任何国家的保护。

（3）防止碰撞和海上救助。防止船舶碰撞是保障海上航行安全的极重要问题。船舶碰撞不仅包括船舶之间的碰撞，还包括船舶与礁石、流冰及防波堤等人工设备设施的碰撞。

由于船舶碰撞造成的损害后果严重，国际社会极为重视，先后制定了《关于防止海上碰撞的国际规则》（1948 年）、《海上避撞规则》（1960 年）、《海上避碰规则》（1972 年）等专门国际公约。《公海公约》《联合国海洋法公约》均将防止碰撞作为船旗国在公海上的义务而做出明确规定。

在公海上船舶有互相救助的义务。每个国家责成其船长在不严重危及其船舶、船员或乘客的情况下，应救助在海上遇难的人；在发生碰撞时应对被损害之船舶、船员和乘客予以救助。

在《联合国海洋法公约》之前，也有一些国际公约对海上救助义务事项做出规定。1910 年《关于统一海上救助若干法律规则的公约》是最早的专门规定海上救助的国际公约；此外，还有 1960 年和 1974 年的《国际海上人命安全公约》等。

2. 公海捕鱼制度

公海捕鱼自由是指任何国家或其国民都有权在公海上自由捕鱼，而不受其他国家的阻碍。《联合国海洋法公约》第 116 条明确规定："所有国家均有权由其国民在公海上捕鱼。"

捕鱼自由并非毫无限制地任意进行的自由。现代捕鱼技术发达，如由各国随意狂捕滥捞，将会导致海洋渔业资源枯竭。为了保护公海生物资源，近百年在海洋国家间缔结了一些渔业协定调整公海捕鱼业，如 1882 年的《北海渔业公约》、1911 年的《北太平洋海豹保护办法公约》、1946 年的《关于管理捕鲸办法》及 1958 年的《捕鱼与养护公海生物资源公约》等。1982 年《联合国海洋法公约》也对公海捕鱼制度做了规定，其主要精神为：

（1）各国的公海捕鱼自由须受其参加的条约义务的限制，即各国国民在公海上捕鱼，不能违反在平等的基础上与其他国家签订的条约。

（2）各国任其国民在公海上捕鱼的权利应受到养护公海生物资源之义务的限制。公海生物资源是全人类的共同财富，所有国家应通力合作以管理和养护公海生物资源不致因现代高度机械化的捕捞技术而导致鱼源枯竭，应使捕捞鱼种的数量维持或恢复到能生产最高持久产量的水平。

（3）保护公海生物资源是各国在享有公海捕鱼自由的同时应承担的义务。只有各国通力合作，通过签订条约采取一切必要措施维护公海生物资源，各国捕鱼自由才有保障。

3. 铺设海底电缆和管道制度

在公海上，所有国家都有铺设海底电缆和管道的自由，任何国家不得阻止或破坏。

依《联合国海洋法公约》之规定，所有国家均有权在大陆架以外的海底铺设电缆和管道。这种铺设不影响国际海底区域的法律地位，不构成对海底的占有和支配。

各国在铺设海底电缆和管道时，应照顾到已经铺设的海底电缆和管道，不使其修理的可能性受到妨碍。对于在铺设时使其他电缆或管道受到的破坏和损害，应负担修理费用。故意或因重大疏忽而破坏和损害海底电缆或管道的行为，均为应予处罚的罪行，由各国国内法规定处罚措施。

（二）公海上和管辖权

公海不属于任何国家的管辖范围，但并非在公海上没有任何形式的管辖，当然，这种管辖不是针对公海本身。按照国际法，船舶在公海上也要服从国际法与本国法律。因而在公海上仍有以下管辖。

1. 船旗国管辖

船旗国即船舶的国籍国。船旗国管辖指各国有权对在公海上具有该国国籍的船舶的管辖。对此，《联合国海洋法公约》明确规定：船旗国对其在公海上航行的船舶具有专属的管辖权；每个国家应对悬挂该国旗帜的船舶有效地行使行政、技术及社会事项上的管辖和控制；此外，依据国际习惯和上述公约的规定，船旗国对船舶在公海上碰撞等事故享有专属的管辖权；军舰或专用于政府非商业性服务的船舶在公海上享有不受船旗国以外任何其他国家管辖的完全豁免权。

船旗国对其在公海上的船舶的管辖是多方面的，而且主要是适用船旗国的法律。

2. 普遍性管辖

为了维持公海上的良好秩序，各国有权对公海上的违反人类利益的国际性罪行以及某些违反国际法的活动进行干预和管辖。

（1）管辖的对象主要是从事海盗、贩毒、贩奴、非法广播等行为者。

主要包括：①海盗行为，指私人船舶或飞机的船员、机员或乘客，为私人目的在公海上或任何国家管辖范围以外的地方对另一船舶或飞机或其上的人或财物进行非法的强暴、扣留或掠夺的行为。海盗行为是各国公认的国际性罪行之一，各国均有权制止和惩罚。②贩运奴隶，包括“贩卖或运输奴隶之每一种行为”。它是一种非人道的罪行，也被视为一种国际性罪行。《联合国海洋法公约》规定：每个国家应采取有效措施，防止和惩罚准予悬挂该国旗帜的船舶贩运奴隶，并防止为此目的而非法使用其旗帜。还规

定，在任何船舶上避难的任何奴隶，不论该船舶悬挂何国旗帜，均当然获得自由。③吸食毒品是危害人类健康的大敌，贩运毒品为国际社会高度重视的一种罪行。公约规定，任何国家如有合理根据认为一艘悬挂其旗帜的船舶从事非法贩运麻醉药品或精神调理物质，可要求其他国家合作，制止这种贩运。还规定，所有国家应进行合作，以制止船舶违反国际公约在海上从事上述非法贩运活动。④非法广播，即在公海上从事未经许可的广播。“未经许可的广播”，是指船舶或设施违反国际规章，在公海上播送旨在让公众收听或收看的无线电传音或电视广播，但遇难呼号的传播除外。依公约精神，船旗国、设施登记国、广播人所属国，以及可以收到这种广播的任何国家或得到许可的无线电通信受到干扰的任何国家都可以对非法广播行使管辖权。

（2）管辖的方式为登临检查、扣押或逮捕。

登临权（right of visit），又称临检权，指各国军舰或经授权的政府船舶在公海上遇到外国船舶（军舰等享有豁免权的除外）有从事公约所列违反国际法的行为嫌疑时，可以靠近和登上该船进行检查的权利。

各国在行使登临权时应遵守公认的国际法规则。一是被登临的船舶只能是军舰和专用于政府非商业性服务的船舶以外的船舶。二是登临检查要有正当理由，被登临的船舶必须涉嫌从事公约所列行为，即：①海盗行为；②贩奴；③非法广播；④无国籍；⑤虽悬挂一国旗帜或拒不展示旗帜而事实上与军舰同一国籍。三是登临权应由各国军舰、军用飞机或经正式授权的为政府服务的船舶或飞机行使。四是登临的方式为：军舰可先行派由一名军官指挥的小艇登船检查其船舶文件，仍有嫌疑时，军舰可做进一步检查，但检查应审慎，以免造成不必要的损害。五是禁止登临权的滥用，如果登临后经证明嫌疑无根据，而且被登临的船舶并未从事涉嫌的任何行为，对因登临而造成的损失或损害，登临国应负责赔偿。

扣押和逮捕均系由军舰将经查确实犯有罪行和船舶或人员拿捕，并由拿捕国法院判定应处以惩罚的方式。如公约第105条至108条对海盗船舶及人员、财物的扣押、逮捕做了规定，第109条对从事非法广播的人员、船舶及广播器材的逮捕、扣押做了规定。

3. **保护性管辖**

这是沿海国为维护其本国利益对某些违反其法律和规章的行为的管辖延伸到公海实施的情况，也是国家属地管辖权的延伸适用。这种管辖在公海制度中突出体现在“紧追权”上。

紧追权（right of hot pursuit），指沿海国的军舰或军用飞机对于在其管辖范围内的海域内违犯了该沿海国法律的外国船舶进行追逐直至公海仍可继续以期拿获的权利。

依照公约和国际习惯，各国在行使紧追权时应遵守下列规则：

（1）紧追必须从国家管辖范围内的海域开始。即须从沿海国的内水、群岛水域、领海、毗连区、专属经济区或大陆架开始。而且，紧追只有在外国船舶视听所及的距离内发出停驶信号后，才可开始。

（2）紧追必须连续不停地进行，不得中断。如果紧追船舶、飞机需要更替时，须在后者到达后才能退出。否则即为中断，中断后再追逐，紧追便不成立。

（3）紧追的终止情况：①将被追逐船舶逮捕；②被追逐的船舶进入其本国或第三

国领海。

（4）紧追只可由军舰、军用飞机或其他有明显标志的经授权的为政府服务的船舶或飞机进行。

（5）紧追权行使应当审慎，紧追不当，追逐国应承担赔偿责任。

第十节　国际海底区域

一、国际海底区域的概念和法律地位

国际海底区域（international sea-bad area），简称区域，是指大陆架以外的不属于国家管辖范围的海床、洋底及其底土。

国际海底区域是国际海洋法中的新概念和新制度。区域的概念不同于以往公海海底，它不具有公海“公”的性质，而具有“共”的特性。

20 世纪中叶以前，人类在海底区域的活动仅限于铺设海底电缆和管道。60 年代以后，随着科技发展，海洋资源的发现，尤其是多金属锰结核矿被发现，把人们的注意力吸引到了海底。然而，至今只有几个大国有能力开发。为了避免对海底矿物资源的垄断，发展中国家提出了海底区域的法律地位应区别于公海，应由国际社会进行控制，以造福于全人类的主张。1967 年，马耳他的帕多在联合国会议上建议把“区域”宣布为“人类共同继承财产”（the common heritage of mankind），此项建议产生了重大影响，后为《联合国海洋法公约》采纳并依此确定了国际海底区域的法律地位。对此，第三世界国家欢欣鼓舞，认为这是发展中国家的巨大胜利。相反，以美国为首的一些西方国家则极为不满，认为区域制度的确立将是发达国家最惨重的失败。美国不仅在表决公约时投了反对票，还背着广大与会国，同法国、联邦德国、英国签署并于 1982 年公布了一项《关于深海海底多金属矿结核的临时措施的协议》，即所谓“小条约”，用以和公约对抗。当时的苏联以国内命令表达的立场与美国等国的立场十分相似。发展中国家对这种做法表示了强烈的反对。其实，《联合国海洋法公约》与大国利益并无根本利害冲突。

为促进公约的普遍化进程，联合国秘书长主持召开了磋商会议，并于 1994 年在第 48 届联合国大会通过了修改公约“区域”制度实质性条款的《关于执行联合国海洋法公约第十一部分的协定》（以下简称“执行协定”）。执行协定由本文（共 10 条）和附件（共 9 节）组成。执行协定吸收了西方主要发达国家的主张，不仅加速了海洋法公约的普遍化进程，也使之更符合国际政治经济形势的发展需要。执行协定主要对“区域”制度的实质性条款做了修改，但从其内容来看，没有出现“修正”或“修改”的词语，只用了“不适用”的词语。修改的内容主要涉及以下几个方面：①关于管理局机关设置问题；②关于先驱投资者保护问题；③关于决策方面的内容；④关于技术转让方面的内容；⑤关于生产政策方面的内容；⑥关于合同的财政条款方面的内容。执行协

定自通过以来，公约及其执行协定的效力正在日益显现和提升。①

依照公约的规定，国际海底区域的法律地位为：

（1）国际海底区域及其资源是人类的共同继承财产。任何国家不应对“区域”的任何部分或其资源主张或行使主权或主权权利；任何国家或自然人或法人，也不得将“区域”的任何部分据为己有。

（2）对“区域”内资源的一切权利属于全人类，由国际海底管理局代表人类行事。

（3）在区域内的开发活动应为全人类的福利而进行，不论各国地地理位置如何，也不论是沿海区或是内陆国，并特别考虑到发展中国家和仍未取得独立或其他自治地位的人民的利益和需要。管理局在无歧视的基础上公平分享从区域内活动取得的财政及其他经济利益。

（4）各国在“区域”内的一切行为应符合国际法。

（5）“区域”的法律地位不影响上覆水域和水域上空的法律地位。

二、国际海底区域的开发制度

关于国际海底区域的开发制度，在第三次海洋法会议上曾有过激烈的斗争。广大发展中国家主张由国际海底管理局负责区域的勘探和开发等一切活动。而某些大国极力主张开发工作由缔约国及其企业进行。反复争论、协商的结果是采用了“平行开发制度”（parallel exploitation system），作为过渡时期，国际海底区域资源的勘探和开发应在管理局的安排和控制下进行。一方面由管理局企业部进行；另一方面由缔约国或国家实体，或者在缔约国担保下的具有缔约国国籍或这类国家或其国民有效控制的自然人或法人与管理局的协作方式进行。具体来说，在一区域被勘探后，开发申请者要向管理局提供两块具有同等价值的矿址，管理局选择其中一块作为保留区（reserve zone），留给管理局通过企业部或以发展中国家协作的方式进行活动；另一块是合同区（contract zone），可由缔约国或其企业通过与管理局签订合同进行开发。

三、国际海底资源开发的政策

（一）生产政策

公约第150条规定了“区域”内活动的政策：“促进从‘区域’和从其他来源取得的矿物价格合理而又稳定，对生产者有利，对消费者公平，并促进供求的长期平衡。”第151条规定了海底生产的限制。依其规定，每年海底生产最高限额是一个固定量加上一个变量。固定量是到海底最早商业生产前一年为止的连续5年的世界镍消费累计增长量，变量是申请生产许可那一年到最早商业生产前一年这个期间世界镍消费累计增长量

① 参见金永明《从“大洋一号”环球科考看国际海底区域制度》，载《中国海洋报》2005年5月24日。

的 60%。公约采用镍的世界消费增长量为计算海底生产的基础，铜、钴和锰等其他金属的产量不应超过公约规定的镍产量的最高限额。

（二）技术转让

为了确保企业部能够与公私企业同时进行勘探和开发，最重要的是使企业部获得技术和筹备资金。公约第 144 条规定：管理局应采取措施，以“取得有关‘区域’内活动的技术和科学知识，并促进和鼓励向发展中国家转让这种技术和科学知识使所有缔约国都从其中得到利益”。公约附件 3 第 5 条就技术转让做了如下规定：每一申请者在提出工作计划时，应向管理局提交关于进行“区域”内活动所使用的装备和方法的一般性说明以及关于这种技术特性的其他非专有情报；合同承包者在技术转让方面的一切义务应构成合同条款，若有违反将受公约规定的暂停、终止或罚款和处分；合同承包者在管理局提出要求时，应以公平合理的商业条款和条件向企业部提供其在“区域”内活动时所使用并在法律上有权转让的技术。

（三）合同的财政条款

即作为取得勘探和开发合同的承包者的缔约国公私企业向管理局缴纳税款的事宜。公约附件 3 规定了两种缴税方式和缴税比例，供承包者选择：

（1）单一制，即只缴付生产费。第一项勘探和开发合同应缴纳申请费 50 万美元，固定年费 100 万美元。生产费按多金属结核生产的加金属的价格的百分比计算。其数额为：①商业生产的第 1 年至第 10 年为 5%；②商业生产的第 11 年至结束为 12%。

（2）混合制，即同时缴付生产费和一份收益净额。第一项合同申请费为 50 美元；生产费的比例为，商业生产第 1 期（前 10 年）缴 2%，第 2 期（10 年以后）缴 4%；缴给管理局的净收益份额按累进计算。

（四）反垄断条款

公约附件 3 中规定，申请者的选择应考虑到有必要使所有缔约国都有更多的机会参加“区域”内活动，并防止垄断这种活动。该附件第 6、7 条规定了反垄断的具体规定：①避免使一缔约国在国际海底矿区中 40 万平方千米圆形区域内拥有 30% 的开发面积；②一缔约国各开发区域的面积之和不得超过“区域”中未予保留和不准开发区域的总面积的 2%；③对尚未取得开发合同和生产许可的缔约国予以优先照顾。

（五）审查制度

审查制度是发展中国家接受平等开发制度的一个条件。公约规定，从公约生效之日起，大会每 5 年对“区域”的国际制度的实际实施情况，进行一次全面和系统的审查；从最早的商业生产开始进行之日起 15 年后，大会应召开一次会议，审查勘探和开发“区域”资源制度的各项规定是否已达到其各方的目标，包括是否已使全人类得到收益，是否“特别考虑到发展中国家的利益和需要”。从而决定是否对勘探和开发制度进行必要的修改。

（六）关于先驱投资者

先驱投资者（pioneer investors）指进行预备性投资的国家、企业和国际财团。预备性投资指在公约生效以前，为在“区域”勘探和开发多金属结核而进行的投资。这种投资不是用于直接的商业性开发，而是用于为进行大规模商业性开采所必需的准备活动，即“开辟活动”。

1982年4月30日，第三次海洋法会议通过《关于对多金属结核开辟活动的预备性投资决议》（以下简称《决议》），承认了先驱开发者的地位，赋予其在一定区域的勘探权和公约生效后其工作计划被核准的优先权。

《决议》规定了申请先驱投资者的条件：①申请者必须“于1983年1月1日以前至少已将相当于3000万美元的数额用于开辟活动”，若为发展中国家可延长至1985年1月1日以前，其中至少10%即300万美元用于作为开辟区域的定位、勘查和评价的费用。②必须有一个公约签署国为“证明国”，证明申请者已支出上述数额用于开辟活动。

被《决议》列为先驱投资者的有法国、日本、印度和苏联四国及肯尼科财团、海洋采矿联合公司、海洋管理公司和海洋矿产公司4个国际财团。1987年12月，管理局和海底筹委会在联合国总部召开总务委员会会议，审查法、日、苏三国对太平洋国际海底多金属结核资源矿区的申请。包括我国在内的由36名成员组成的总务委员会通过决定，批准了这三国的申请登记。至此，包括印度在内的4个第一批先驱投资者申请国际海底资源矿区的登记工作已告完成，标志着先驱投资者的申请登记制度已开始建立。

管理局于2000年根据公约和执行协定的有关规定制定并通过了首部规范“区域”内活动的勘探规章，是对公约“区域”制度的具体化和细化，便于管理局实际操作和核准申请者勘探和开发“区域”内活动的工作计划。同时，管理局根据勘探规章，已与7个先驱投资者签订了勘探合同。

1991年8月28日，联合国秘书长签发给中国“先驱投资者”登记证书，成为第五位已登记的先驱投资者。我国取得先驱投资者身份后，在东北太平洋获得了15万平方千米的采矿区，已经投资1.96亿美元。在深海勘查方面，中国已拥有多波束测深系统、深海拖曳观测系统、6000米水下自治机器人等勘查手段；在深海开采技术方面，中国大洋协会已展开了1000米深海多金属结核采矿海试系统的研制工作；在能力建设方面，我国于2002年已完成对“大洋一号”科考船的现代化改装工作；在国际事务及地位方面，我国实施的“基线及其自然变化”计划已列为管理局组织的四大国际合作项目之一。[①] 我国于1996年当选为国际海洋开发理事会B组成员，2000年连任，2004年当选为A组成员。

① 参见金永明《从“大洋一号”环球科考看国际海底区域制度》，载《中国海洋报》2005年5月24日。

四、国际海底管理局

国际海底管理局（以下简称“管理局”）是以所有成员国主权平等为基础建立的，代表全人类行使职权，负责组织和控制国际海底区域内活动特别是管理区域资源的组织。于1994年11月16日《联合国海洋法公约》生效的当日成立，总部设在牙买加首都金斯敦。截至2017年3月，167个国家和欧盟是公约缔约国和管理局成员。

（一）管理局主要职能

（1）处理请求核准勘探工作计划的申请并监督已核准勘探工作计划的履行。

（2）执行国际海底管理局和国际海洋法法庭筹备委员会所做出的关于已登记先驱投资者的决定。

（3）监测和审查深海底采矿活动方面的趋势和发展。

（4）研究深海底矿物生产对生产相应矿物的发展中陆地生产国的经济可能产生的影响。

（5）制定海底开发活动及保护海洋环境所需要的规则、规章和程序。

（6）促进和鼓励进行海底采矿方面的海洋科学研究。

（二）管理局主要机关

1. 大会

大会是管理局的最高权力机关，由全体成员国组成，每年召开一届常会，必要时可召开特别会议。大会职权相当广泛，如有权就管理局权限范围内的任何问题或事项制定一般性政策，审查定期报告和特别报告，决定各成员国对管理局的行政预算、应交的会费，审议和核准财政、经济问题并决定收益分配，选举理事会成员、秘书长、企业部董事和总干事，等等。管理局的一般政策应由大会同理事会制定。作为一般规则。管理局各机关的决策应当采取协商一致的方式。

2. 理事会

理事会是管理局的执行机关。由36个成员国组成，通过大会选举产生，任期4年。理事会包括4个消费国（A组）、4个投资国（B组）、4个生产国（C组）、6个代表特殊利益的发展中国家（D组），以及按区域分布的18个席位（E组）。中国作为8个最大投资国之一竞选B组成员，后连续当选为B组理事国。2004年5月，在管理局第十届会议上中国成功当选为理事会A类成员，任期4年。中国首次从B组进入A组，表明中国经济实力的增强以及在国际海底事务中地位的提升。

理事会按照公约的规定和大会所制定的一般政策，制定管理局内应遵循的具体政策，负责监督规定的实施，制订议事规则，同国际组织缔结协定，向企业部发出指示，向大会推荐秘书长候选人和企业部董事会董事、总干事候选人，等等。理事会下设几个专门委员会，如财务委员会、法律和技术委员会、经济规划委员会等。

3. **秘书处**

秘书处由秘书长一人和若干所需工作人员组成。秘书长是管理局的行政首长，由大会选举，任其4年，可连选连任。秘书长应就管理局的工作向大会提出年度报告。秘书处工作人员由秘书长任命。

4. **企业部**

企业部是直接进行“区域”内资源勘探、开发等活动以及从事运输、加工和销售从“区域”回收的矿物的管理机关。企业部由大会和理事会领导，具有相对独立性，在进行业务时拥有自主权。

企业部设董事会、总干事及所需的工作人员。董事会由大会根据理事会推荐选出的15名成员组成，任期4年。总干事为企业部的法定代表和行政首长，向董事会负责，由大会根据理事会推荐和理事会提名选出，任期为5年。

第十一节　海洋争端的解决

一、海洋争端的概念

海洋争端是指由于各国在从事海洋活动中对特定权利的主张不一致或各国在海洋利益上的冲突，或者由于对海洋法公约的解释或适用的分歧而引起的国际争端。

海洋争端属于国际争端的一部分，它具有一般国际争端的共同点，也具有其自身的特点。海洋争端主要表现在海洋活动的各个方面，如国家之间由领海、专属经济区、大陆架的划界而产生的争端，由内陆国行使海洋航行权而引起的与沿海国的争端，在别国领海、群岛水域内航行引起的争端，在外国的大陆架和专属经济区上进行科学研究而发生的争端，由于各国捕捞和养护渔业资源而造成的争端，由国际海底资源开发而产生的争端，由海洋环境保护与污染而引起的争端，等等。

二、解决海洋争端的方法

《联合国海洋法公约》规定：“各缔约国应按照《联合国宪章》第2条第3款以和平方法解决它们之间有关本公约的解释或适用的任何争端，并应为此目的以宪章第33条第1款所指的方法求得解决。”《联合国宪章》第33条第1款规定：“任何争端之当事国，于争端之继续存在足以危及国际和平与安全之维持时，应尽先以谈判、调查、调查、和解、公断、司法解决、区域机关或区域办法之利用，或各该国自行选择之其他和平方法，求得解决。”依此看来，海洋争端的解决方法与一般国际争端解决方法相似，既有谈判与协商、调停、调查与和解的政治解决方法，也有具有拘束力的强制程序的仲裁、司法解决的法律解决方法。但在这些方法的具体适用上，公约又有所发展和完善。本节将着重介绍公约突出强调的几种方法。

（一）调解

《联合国海洋法公约》在附件5中用两节分别规定了两种调解程序：①普通调解程序。缔约国可就有关公约的解释或适用发生的争端提交调解程序。其任何一方可向争端他方发出书面通知提起程序。而且除非争端各方另有协议，调解委员应确定其本身的程序。②强制调解程序。即在公约规定的某些海洋争端的限制下，只要争端一方提起调解程序，争端的另一方就有义务接受这个程序。如果争端一方不接受程序，不应阻碍程序的进行。关于强制调解程序的范围，公约做了具体规定。

公约规定，调解委员会应由5名调解员组成，并详细规定了调解员的指派程序和要求。

（二）仲裁

公约及附件7、8均对仲裁做了专门规定，提及了四种仲裁程序：

（1）普通仲裁程序。即争端任何一方可向争端他方发出书面通知，将争端提交仲裁程序。对此程序中的法庭组成、职务执行等具体内容，公约附件7做了具体规定。

（2）特别仲裁程序。公约附件8规定，这种程序适用于，关于本公约中有关：①渔业；②保护和保全海洋环境；③海洋科学研究；④航行，包括来自船只和倾倒造成的污染的条文在解释或适用上争端。公约规定，争端任何一方可向争端他方发出书面通知，将争端提交特别仲裁程序；还对特别仲裁法庭的组成做了规定。

（3）法庭仲裁。根据公约第188条的规定，缔约国、管理局或企业部、国有企业及法人、自然人之间关于国际海底勘探和开发合作或工作计划的解释或适用的争端，经争端任何一方的请求，应提交有拘束力的商业仲裁。

（4）各方自愿选择的仲裁程序。公约承认争端各方自愿选择的公约以外的仲裁程序。

（三）司法解决

根据公约的精神，司法解决指将海洋争端提交国际法院或国际海洋法法庭通过审理做出判决的强制解决方法。国际法院和国际海洋法法庭都是解决海洋争端可供选择的司法机关。

国际海洋法法庭（International Tribunal for the Law of the Sea），是指公约中规定的按照具有拘束力裁决的强制程序解决有关海洋法公约的解释或适用的任何争端的司法机关。1996年10月宣告成立，总部设在德国的汉堡汉萨城。

国际海洋法法庭由独立法官21人组成，从享有公平和正直的最高声誉且在海洋法领域内具有公认资格的人士中选出。法官的选举应确保能代表世界各主要法系和公平地区分配，确定每一地理区域集团有法官至少3人。法庭法官中不得有2人为同一国家的国民。

每一缔约国可以提出不超过2名法官候选人，由联合国秘书长、法庭书记长官依字母次序编制所提出的候选人名单。在选举会议上，由缔约国2/3构成法定人数，选举中

得票最多且获得出席并参加表决的缔约国 2/3 多数票的候选人当选为法庭法官，但该项多数须超过缔约总数的半数。

法庭法官任期 9 年，连选可连任，但须第一次选举选出的法官中，7 人任期为 3 年，另 7 人为 6 年。北京大学赵理海教授于 1996 年 8 月 1 日当选，任期 6 年；许光建任期自 2002 年至 2008 年；高之国自 2008 年连任至今。

关于国际海洋法法庭和国际法院对海洋法案件的管辖权，公约规定应属于：①各当事国向其提交的有关公约的解释和适用的任何争端；②对于与本公约的主题事项有关的国际协定，经所有缔约国同意，对有关协定的解释或适用而提交的任何争端；③对于法院或法庭是否具有管辖权的争议，由法院或法庭予以裁定。

法庭还可设立海底争端分庭和其认为必要的特别分庭，包括简易分庭、渔业争端分庭和海洋环境争端分庭等，以处理海底区域勘探和开发引起的争端和特定种类的争端。分庭享有较大的独立性，并且分庭在组成和管辖权等许多方面与法庭都有所不同。

法庭截至 2013 年已审理 21 宗案件，主要是关于船只、船员迅速释放和临时措施等案件。

第十二节　中国与海洋法

一、我国的海洋立法及参加公约情况

我国是一个濒临海洋的国家，邻近我国大陆和岛屿的海域非常辽阔，北自渤海北岸，南至南海南端，纵跨 44 个纬度，直线长约 4500 千米；西从北部湾，东至东海东界，横穿 20 个经度，直线宽度 2000 千米，整个海岸线长度为 18000 多千米，由黄海、渤海、东海、南海四个海域构成的中国海面积达 472.7 万平方千米。

除了 1931 年国民党政府宣布了领海宽度为 3 海里、缉私区为 12 海里外，中华人民共和国成立前在海洋立法方面几乎是空白。

中华人民共和国成立后，非常注重制定国内海洋法律、法规，并积极参加国际海洋立法活动。我国已经制定、公布的法律、法规和法令主要有：1954 年《海港管理暂行条例》，1956 年《关于商船通过老铁山水道的规定》，1958 年《关于领海的声明》，1961 年《进出口船舶联合检查通则》，1964 年《外国籍非军用船舶通过琼州海峡管理规则》，1974 年《防止沿海水域污染暂行规定》，1976 年《海港引航工作规定》，1979 年《对外籍船舶管理规则》《国际航行船舶试行电讯卫生检疫规则》，1982 年《中华人民共和国海洋环境保护法》（以下简称《海洋环境保护法》）、《对外合作开采海洋石油资源条例》，1983 年《中华人民共和国海上交通安全法》（以下简称《海上交通安全法》）、《防止海洋污染海域管理条例》和《海洋石油勘探开发环境保护管理条例》，1985 年《海洋倾废管理条例》，1986 年《中华人民共和国渔业法》（以下简称《渔业法》），1987 年《航道管理条例》，1988 年《防止拆船污染环境管理条例》，1989 年

《水下文物保护管理条例》，1990 年《防治陆源污染物污染损害海洋环境管理条例》，1992 年《领海及毗连区法》，1996 年《中国政府关于领海基线的声明》，1998 年《专属经济区和大陆架法》。上述法律、法规、法令的实施使我国的海洋立法在领海、毗连区、专属经济区、大陆架、内海湾、内海峡和港口制度、海上安全、海洋资源维护和利用、防止海洋污染等方面基本形成了体系。

我国在海洋法领域已经并正在努力以双边形式谋求问题的解决：在于 1999 年完成《中越陆地边界条约》签署之后，于 2000 年 12 月 25 日签署了中越两国《关于两国北部湾领海、专属经济区和大陆架的划界协定》和两国政府的《北部湾渔业合作协定》；中日两国政府的《中日渔业协定》于 1997 年签署，于 2000 年 6 月 1 日正式生效；2000 年 8 月 3 日，中韩两国政府的《中韩渔业协定》于北京正式签署。其他相关双边协定仍在磋商、谈判之中。

我国已参加的国际条约主要有：1966 年《国际船舶载重线公约》（1973 年 10 月加入，1974 年 1 月对我生效），1967 年《国际水道测量组织公约》（1979 年 5 月我国加入），1969 年《国际船舶吨位丈量公约》（1980 年 4 月加入，1982 年 7 月对我生效），1969 年《国际干预公海油污事故公约》（1990 年 2 月加入，1990 年 5 月对我生效），1969 年《国际油污损害民事责任公约》（1980 年 1 月加入，1980 年 5 月对我生效），1971 年《禁止在海床及其底土安置核武器和其他大规模毁灭性武器公约》（1990 年 10 月批准加入，1991 年 2 月对我生效），1972 年《国际海上避碰规则公约》（1980 年 1 月加入并对我生效），1972 年《防止倾倒废物及其他物质污染海洋的公约》（1985 年 11 月加入，1985 年 12 月生效），1973 年《干预公海非油类物质污染议定书》（1990 年 2 月加入，1990 年 5 月对我生效），1974 年《国际海上人命安全公约》（1979 年 12 月批准，1980 年 5 月对我生效），1976 年《国际海事卫星组织公约》（1979 年 7 月签字、对我生效），1976 年《国际海事卫星组织业务协定》（1979 年 7 月签字、对我生效），《1973 年国际防止船舶造成污染公约 1978 年议定书》（1983 年 7 月加入，1983 年 10 月对我生效），《1974 年国际海上人命安全公约 1978 年议定书》（1982 年 12 月加入，1983 年 3 月对我生效），1979 年《国际海上搜寻救助公约》（1985 年加入，1985 年 7 月对我生效），1981 年《国际海事卫星组织特权与豁免议定书》（1987 年 3 月核准，1987 年 6 月对我生效），1988 年《制止危及海上航行安全非法行为公约》（1988 年 10 月签署），1988 年《制止危及大陆架规定平台安全非法行为议定书》（1988 年 10 月签署），1994 年《中白令海峡鳕资源养护与管理公约》（1994 年签署，1995 年 12 月对我生效）。特别是 1982 年的《联合国海洋法公约》，我国于 1995 年 5 月 15 日批准，6 月 7 日向联合国秘书长交存了批准书，7 月 7 日我国正式成为公约的缔约国。

公约生效后，我国积极参与有关国际活动和组织机构：根据公约附件 6 设立的国际海洋法法庭是“对《公约》所调整的一切领域产生的争端进行管辖”的司法机构，我国已有赵理海、许光建二人当选为法庭法官。根据公约第 11 部分设立的国际海底管理局是对国家管辖范围以外的海床、洋底及其底土的资源进行管理的机构，1996 年 3 月我国当选为管理局理事会 B 组成员，2004 年当选为 A 组成员。1996 年 8 月我国代表分别当选管理局财务委员会、法律和技术委员会委员，1997 年 3 月我国的候选人当选大

陆架界限委员会委员。

二、《联合国海洋法公约》生效对我国的影响

（一）正面影响

《联合国海洋法公约》生效会对我国产生怎样的影响呢？在此借用李肇星的表述：公约对我国生效，“有利于维护我国海洋权益和扩大我国海洋管辖权，有利于维护我国作为先驱投资者所取得的实际地位和长远利益，有利于发挥我国在海洋事务中的积极作用，有利于维护我国的形象”①。《联合国海洋法公约》总体来讲是有利于我国的，其对我国的有利影响主要表现在以下几个方面。

1. 使我国领海与毗连区的宽度主张有了国际法的依据和保证

领海宽度问题长期以来是各国争执的问题之一，也是1958年和1960年两次海洋法会议争论的焦点，直到1973年第三次海洋法会议召开，该问题被作为主要问题带入第三次海洋法会议。在《联合国海洋法公约》中冲破了英、美、德、日等海洋大国代表主张的3海里的宽度限制，确定“每一个国家有权确定其领海的宽度”，但其不应超过12海里。这一规定与我国一贯主张是相吻合的。早在20世纪50年代，《中华人民共和国关于领海的声明》就宣布，中华人民共和国的领海宽度为12海里；70年代到80年代，中国代表在第三次海洋法会议上一再表明自己的立场，确定领海和管辖范围是各个国家的主权，国家有权根据其自身特殊情况决定其领海宽度，国际社会应在平等基础上共同商定一个国际上合理的领海最大限度；90年代，中国的《领海及毗连区法》再次重申，“中华人民共和国领海的宽度从领海基线量起为十二海里”。《联合国海洋法公约》的生效为1958年《中华人民共和国政府关于领海的声明》（以下简称《领海声明》）和1992年《领海及毗连区法》关于领海宽度的规定提供了国际法依据和保证。

2. 过境通行制度有利于中国走向海洋

为了缓和矛盾，《联合国海洋法公约》规定了“用于国际航行的海峡”的过境通行制度，给予了外国船舶和飞机享有继续不停和以迅速过境为目的而行使的航行和飞越自由。同时规定外国船舶和飞机享有的过境通行权不影响海峡沿岸国对这种水域及其上空海洋和底土行使主权和管辖权。公约的这种规定折中了在用于国际航行海峡适用无害通过或者适用航行自由的两种主张，兼顾了船旗国和沿岸国合法利益。从我国实际情况分析，过境通行制不仅不会损害中国的海洋权益，而且会有利于中国航海和贸易的发展：因为在中国领海内基本上没有典型的重要的用于国际航行的海峡，我国近海的渤海、琼州海峡等都是我国内水，适用有关内水的法律制度，所以，适用了用于国际航行的海峡制度并不影响我国的领海制度。相反，国际海峡制度对中国发展远洋交通有利，中国虽然濒临世界上最大洋——太平洋，但中国大陆海岸线并不直接通向太平洋，而在其间横隔着日本列岛（琉球群岛）、菲律宾群岛、印度洋西亚群岛，这些群岛周围的海峡以及

① 倪健中：《海洋中国》，中国国际广播出版社1997年版，第383页。

群岛国海道，有许多成为中国进行远洋航行的必经之路，例如，朝鲜海峡、巴士海峡、巴林塘海峡、马六甲海峡等。而过境通行制度，较之无害通过而言，给予了外国船舶和飞机较为广泛的自由。对正在发展远洋业的中国而言，该制度可防止途经海峡沿岸国时因受政治因素的影响而在海峡通行时实行歧视待遇或阻碍航行的行为，从而更有利于中国走向海洋、走向世界。

3. 专属经济区和大陆架制度的确立拓展了中国管辖区域

《联合国海洋法公约》第一次在普遍性公约中确立了专属经济区制度，规定沿岸国有权在领海基线量起不超过200海里的海域建立专属经济区，《联合国海洋法公约》还发展了1958年《大陆架公约》对大陆架制度的规定，明确大陆架是领海外陆地领土的自然延伸，并且规定沿岸国在该两区域内享有主权权利和管辖权。《联合国海洋法公约》的规定从根本上是有利于包括中国在内的广大发展中国家的利益的。对我国而言，扩大了“海洋国土”，使中国管辖海域由37万平方千米拓展至300万平方千米，水域纵深从基线外12海里延伸至200海里，甚至更宽的海域，维护了中国的近海资源权利，《联合国海洋法公约》规定沿岸国对其专属经济区内的所有资源和对大陆架的海床和底土的非生物资源的勘探、开发、使用具有主权权利，这些权利专属于沿海国，非经该国同意，任何其他国家不得从事勘探、开发和使用，这有利于中国的发展。随着陆地资源越来越不能满足各国经济发展，人们已将注意力移向海洋。我国海洋资源十分丰富，但目前我国开采能力很有限，而某些国家对中国丰富的海洋资源觊觎已久，专属经济区和大陆架制度的确立，可以避免或减少这些资源被勘探、使用和开采的侵掠，而有利于我国未来的发展，也合乎我国支持第三世界国家200海里的一贯立场。

4. 国际海底区域制度的确立利于维护我国权益

《联合国海洋法公约》规定，国际海底区域及其资源是人类共同继承的财产，这一原则是海洋法的一项重要创新，它打破了一些西方国家长期坚持的海底区域及其资源是“共有物”或“无主物”的陈旧法律观念，限制了那些国家有权单方面立法进行深海采矿的主张和在经济、技术上居优势的国家的无度开采区域的行为，建立了经济援助基金，补偿了发展中国家因区域开采所受的损失。因而成为包括中国在内的发展中国家维护自身权益，同海洋大国进行斗争的有力武器。因此，公约的规定合乎我国的利益和一贯主张。

此外，我国被联合国批准为深海采矿的“先驱投资者”，从而使我国在东北太平洋拥有一块15平方千米的矿区，可以享有准主权的开辟活动。[①] 按《联合国海洋法公约》规定到1999年，其中7.5万平方千米的矿区将由我国进行排他性开采，具有效性管辖权，[②] 这也受益于海底制度的确立。

5. 国际海洋法法庭的创立有助于争端解决

国际海洋法法庭是根据《联合国海洋法公约》的规定增设的，对公约所调整的一

---

① 我国自20世纪70年代以来，对太平洋东北部海底资源进行了多次勘查，在北纬7°～18°、西经138°～157°的范围内圈出了30万平方千米的申请矿区，1991年获国际海底管理局筹备委员会批准，其中15万平方千米的矿区作为我国的开发区。

② 参见李尚志等《迎接海洋世纪的挑战》，载《中国海洋报》1998年2月13日。

切领域产生的有关争端进行管辖的司法机构。该法庭的建立有利于海洋争端的解决，有利于发展中国家，也有利于中国。因为发展中国家对以欧洲为中心的国际法院缺乏信任，不愿将他们之间的争端提交国际法院，而海洋法法庭是在广大发展中国家积极主张下建立的，他们“通过自己积极参加的一个过程，可能接受新法庭的管辖”①。加之，按照《联合国海洋法公约》的规定，缔约国以外的实体——“作为观察员参加会议的领土、政府间组织以及自然人和法人”，都能以与国家平等的地位进入法庭，如果不设立国际海洋法法庭，这些诉讼当事者就无法将其争端提交国际法院，因为自然人、法人进入国际法院诉讼是不允许的，而建立海洋法法庭“将会保证发展中国家起到更大作用”。另外，公约是折中妥协的产物，其中不少规定含混不清，需要一个专门法庭解决由解释和适用本公约而引起的争端。建立法庭的主要意义，正如我国著名海洋法学家赵理海教授所称：“是和平解决海洋争端的一项创举，也是客观形势发展的必然结果。”②

在现实中，我国在海域划界和利用方面与邻国存在着许多分歧，而且面临着岛礁被侵占、资源被掠夺的情况，国际海洋法法庭的建立为我国解决海洋争议提供了新途径；另外，赵理海教授当选国际海洋法法庭法官，既显示了我国在国际社会中地位和影响，也增强了我国利用法庭的信念和信心。

（二）负面影响

《联合国海洋法公约》总的来说有不少进步，促进了国际海洋法的发展，打破了传统海洋法长期有利于少数大国的局面，可以说此公约对于我国在海洋开发利用、维护海洋权益方面定会起到积极影响，但还有不少条款规定得并不完善，甚至有严重的缺陷，致使在某些方面并不利于中国，也就是说，《联合国海洋法公约》也会给中国带来一些负面的影响。

1. 在关于军舰的无害通过方面有潜在矛盾

《联合国海洋法公约》第17条规定，“所有国家，不论为沿海国或内陆国，其船舶均享有无害通过领海的权利”。该条并没有区别民用船舶和军用船舶，很容易被解释为军用船舶也享有无害通过领海的权利。

该条规定同我国一贯主张和国内立法并不一致：我国在1958年《领海声明》中强调，“一切外国飞机和军用船舶，未经中华人民共和国政府的许可，不得进入中国的领海和领海上空”③；在第三次海洋法会议上，我国代表曾极力主张对于军舰通过领海实行事先批准或事先通知的制度，并提出对公约第17条和第29条做出修改。后因为响应大会主席呼吁，为保证草案以协商一致方式通过，才未坚持要求将有关的修正案提交表决；在1983年《海上交通安全法》、1992年《领海及毗连区法》中规定“外国军用船舶进入中华人民共和国领海，须经中华人民共和国政府批准”；而我国在批准《联合国海洋法公约》时重申该公约有关领海内无害通过的规定，不妨碍沿海国按其法律规章

① 赵理海：《海洋法问题研究》，北京大学出版社1996年版，第122页。

② 赵理海：《海洋法问题研究》，北京大学出版社1996年版，第121、123页。

③《中华人民共和国政府关于领海的声明》，第（三）条。

要求外国军舰通过领海必须事先得到该国许可或通知该国的权利。

可见，公约的规定与我国立场和国内立法精神不尽一致，在执行公约的过程中涉及军舰无害通过领海问题时有潜在的矛盾，如何才能平衡协调二者关系，需要慎重考虑。

2. 在关于专属经济区、大陆架划界方面存在困难

《联合国海洋法公约》中和了“公平原则”和“中间线原则”这两种对立主张，规定海岸相向或相邻国家间专属经济区、大陆架的界限，应在《国际法院规约》第38条所指国际法的基础上以协议划定，以便得到公平解决（第74、83条）。这一规定为国家间专属经济区、大陆架划界提供了和平解决的思路，但公约的这种规定是笼统、含糊的，没有可以遵循的严格标准，甚至可以说对协商划界时应当遵循什么原则采取了回避态度。致使不同派别、不同利益集团在对该内容解释时出现了截然不同的“结果”。因此，分歧和争论依然存在。正如美国学者查理所言：“海洋法公约的生效对于海洋划界的争端解决只能起到非常有限的作用。”①

对我国而言，若依此规定划分中国与周边国家专属经济区、大陆架的界限，实在是困难的，它没有可具体参照的规范，因而难以发挥出决定作用。因为中国近海的四大海域，除渤海是我国内海不存在主权争议外，其他三个海域——黄海、东海、南海都有不同程度的海洋划界争端。在东海和南海我国所主张的主权管辖范围与相邻国家主张的管辖范围有交错和重叠，加之钓鱼岛及南沙群岛的许多岛屿的领土归属争端，使得海洋划界问题变得更加错综复杂。而且我国坚持公平原则标准，有关争议国家多持中间线原则标准，在此大是大非问题上谁也不会主动让步或轻易放弃权利，因而相持不下，争端在短期内难以得到解决。

3. 新的渔业制度给我国的渔业带来的影响

《联合国海洋法公约》生效后，各国不断加强对海洋渔业的管理，国家间的摩擦也在不断增多，加拿大与西班牙的渔业争端，美国与加拿大就大马哈鱼保护发生的冲突，就是例证。对我国而言，周边国家依据公约扩大的权利，不断提高对我国的入渔条件，对我国的牵制越来越大，与邻国的渔业冲突时有发生，经常发生渔船受扰、被抓扣，武装对峙、开枪开炮的事端，严重影响了我国渔业的进行和发展。

4. 海洋争端及其解决的某些程序也使我国面临困惑

根据公约规定，缔约国对于公约的解释和适用的任何争端可以由当事各方通过谈判协商和调解程序解决，如果这些措施不能产生效果，《联合国海洋法公约》规定争端当事方应选择下列一种或一种以上方式，即：①国际海洋法法庭；②国际法院；③仲裁法庭；④特别仲裁法庭。也就是说，在政治途径不能解决的情况下，争端的司法裁判程序是多层次、权威性和强制性的。此外，公约还规定国际海洋法法庭海底分庭对其职权范围内的管辖权是强制性的，公约这些强制性规定，其目的显然是为了加强公约的权威性和避免混乱，但却有将某一机构的意志强加于一国之嫌，这与我国平等协商解决争端的主张和立场不一致，甚至可能会在某些情况下，导致违心接受某种解决争端的程序和方

---

① Jonathan I. Charney. Central east asian maritime and the law of the sea. American Journal of International Law, 1995, 89 (4): 725.

式。我们需要认真研究，寻找更加合理、合法的解决争议的途径。

5. 在其他方面的遗憾

《联合国海洋法公约》建立了繁复的国际组织机构，如国际海底管理局、国际海洋法法庭、国际划界委员会等，这些机构运作需要大笔经费。据统计，国际海底各机构的年度行政预算即为5000万美元。如果依《联合国海洋法公约》的某些费用分担到成员国的规定，我国将要承担相当繁重的财政负担。

《联合国海洋法公约》生效，对中国既是机遇，也是挑战。中国应以《联合国海洋法公约》生效后所出现的新形势为契机，提高海洋意识，修改现行法律，完整海洋管理体系，并采取一系列举措和后续行动，维护我国海洋权益、促进我国海洋事业的发展。

第八章　国际空间法

第一节　概　　述

地球表面之上是无限高的空间。随着科学技术的发展，空间逐渐为人们所认识。科学家和法学家把空间分为“空气空间”和“外层空间”两个区域。空气空间（air space）是接近地球的大气层空间；外层空间（outer space），俗称“太空”“宇宙空间”是空气空间以外的广阔空间。空气空间和外层空间是两个性质不同的空间领域。人类在空气空间的活动称为航空，在外层空间的活动称为航天。指导并规范空气空间活动的法律称为空气空间法（air space law），或者称航空法（air law）；指导并规范外层空间活动的法律称为外层空间法（outer space law）。空气空间法和外层空间法统称为“国际空间法”（international space law），是当代国际法的一个新分支。

一、国际空间法的产生

在人类历史的发展进程中，很早就产生了飞翔天空、遨游宇宙的愿望。中国民间广为流传的“后羿射日”“嫦娥奔月”的美丽传说，反映了人类对空间的向往和征服宇宙的强烈愿望。经过几千年的探索，美丽的幻想变为了现实。1783 年，法国蒙特哥菲尔兄弟（J. Montgolfier Brothers）将空气热气球升上天空，被认为是人类空间活动的开始。1903 年，美国莱特兄弟（Wright Brothers）把重于空气的动力装置安装在飞行器上，被公认为世界第一架飞机的发明。从此，开创了人类航空的新纪元。20 世纪爆发的两次世界大战，对航空事业产生了猛烈的推动和冲击，特别是第二次世界大战中喷气飞机和雷达的发明，大大加快了飞机的速度，提高了飞机的导航性能；“二战”后，喷气民航机时速可达 1000 千米，高度达万米以上，飞行平稳，可装载数百名旅客和行李，续航能力达 10 小时以上，飞机可不降停地飞越太平洋。飞机的发明和广泛使用使得空间活动与现代人类生活的联系越来越密切。

随着航空活动的开展，人类活动的范围更加广泛，外层空间逐渐为人类所认识。1957 年 10 月 4 日，苏联第一颗人造地球卫星发射成功，标志着人类开始了航天时代。此后，1961 年 4 月 20 日，苏联宇航员加加林成为世界上第一个进入太空的人。1969 年 7 月 20 日，美国人阿姆斯特朗和奥尔德林乘“阿波罗”飞船经过 4 天的飞行第一次登上月球，成为震惊世界的壮举。1981 年 4 月，美国研制成功能够往返于地球和外层空间并能够多次重复使用的航天飞机，为人类探索和利用外层空间提供了更加有效的手段。1988 年 12 月 21 日，苏联两名宇航员创造了在太空飞行整整一年的纪录。自卫星上天后，很快就实现了空间技术的实际应用。卫星已应用于通信、广播、气象、遥感的诸多领域。

1970 年月 24 日，中国成功地发射了第一颗人造地球卫星，标志着我国进入宇宙空间时代，成为继苏、美、法、日之后世界上第五个用自己的运载火箭发射自己制造的卫星的国家。1975 年 12 月，中国首次发射回收卫星成功，成为继美、苏之后第三个掌握回收技术的国家。20 世纪 80 年代，我国成功发射了用于通信、广播和气象的领域的卫星。90 年代，我国成功发射的“长征”2 号 E 大推力火箭，标志着我国的火箭运载技术达到国际领先水平。2003 年 10 月 15 日，“神舟五号”发射，实现了中国载人航天的梦想。中国独立自主地进行航天活动，以较少的投入，在较短的时间里，走出了一条适合本国国情和有自身特色的发展道路，取得了举世瞩目的成就。中国在卫星回收、一箭多星、低温燃料火箭技术、捆绑火箭技术以及静止轨道卫星发射与测控等许多重要技术领域已跻身世界先进行列，在遥感卫星研制及其应用、通信卫星研制及其应用、载人飞船试验以及空间微重力实验等方面均取得重大成果。

当代国际法的发展与科学技术的发展紧密相连。航空航天科学技术的发展，产生了国际法的新分支——空气空间法和外层空间法，在当代，科学技术是影响国际法的一个十分重要的因素，科学技术对国际法的影响一方面是促使传统的国际法的一些原则、规则和制度发生改变；另一方面是在原有的国际法原则、规则和制度之外逐渐形成了一套新的原则和规则，① 空间法律问题的出现和法律制度的建立，正适应了现代科技发展的要求。

二、国际空间法的渊源

作为国际法新分支的空间法，其渊源与国际法及其他部门的渊源是一致的，主要是国际条约和国际习惯。不过表现形式各有侧重。譬如条约法、外交关系法或战争法等，其渊源主要表现为国际习惯；而空间法主要以条约的形式表现出来。因为空间科技的发展是晚近的事情，而且空间科技的发展速度惊人，超乎人们的想象，因而决定了空间法没有古老的国际习惯，于是，我们研究空间法问题，不论是研究空气空间法，还是研究外层空间法，都离不开空间法的一系列条约。本章主要围绕有关空气空间法和外层空间法的各个条约进行研讨。这些作为国际空间法渊源的条约主要包括以下方面。

（一）确立航空法律制度的条约

（1）《巴黎航空公约》，全称《关于航空管理的公约》，1919 年 10 月 13 日订于巴黎。前后有 38 个国家参加。

① 参见王铁崖《国际法》，法律出版社 1981 年版，第 24 页。

（2）《哈瓦那公约》，全称《泛美商业航空条约》，1928 年订于哈瓦那，其内容基本与巴黎航空公约相同，只是增加了商业航空的部分条款。

（3）《华沙公约》，全称《统一国际航空运输某些规划的公约》，1929 年 9 月 12 日订于波兰华沙。1933 年 2 月 13 日生效，后经多次修改，我国于 1957 年 7 月加入，1958 年 10 月对我国生效。主要内容包括航空运输的业务范围、运输票证、承运人的责任、损害赔偿标准等，形成了国际航空运输上的“华沙体系”。

（4）《芝加哥公约》，全称《国际民用航空公约》，1944 年 12 月 7 日订于芝加哥，1947 年 4 月 4 日生效，该公约取代了《巴黎航空公约》和《哈瓦那公约》。至 1985 年年底已有 156 个参加国。中国于 1944 年 12 月签字，1946 年成为当事国，后因历史原因中断，1974 年 2 月 15 日我国承认该公约。

（5）《国际航空运输协定》，又称五种自由协定。1944 年 12 月 7 日在芝加哥签订，1945 年 2 月 8 日生效，我国未加入该协定。

（6）《国际航班过境协定》，又称两种自由协定。1944 年 12 月 7 日于芝加哥签订，1945 年 1 月 30 生效。我国尚未加入该协定。

（7）《东京公约》，全称《关于在航空器上犯罪和其他某些行为的公约》，1963 年 9 月 14 日签订于东京，已有 137 个参加国，我国于 1978 年加入。

（8）《海牙公约》，全称《关于制止非法劫持航空器的公约》，1970 年 12 月 16 日签订于荷兰海牙，1971 年 10 月 4 日生效。已有参加国 144 个，我国于 1980 年加入。

（9）《蒙特利尔公约》，全称《关于制止危害民用航空安全的非法行为的公约》，1971 年 9 月 23 日签署于加拿大蒙特利尔，1973 年 1 月 26 日生效。已有参加国 148 个，我国于 1980 年 10 月加入。

《东京公约》《海牙公约》《蒙特利尔公约》被习称为“反劫机三公约”。

（10）《北京公约》，全称《制止与国际民用航空有关的非法行为的公约》，2010 年 9 月 10 日签订于北京，2018 年 7 月 1 日生效。可以说《北京公约》是“反劫机三公约”的升级版。

（二）规定外层空间法律制度的条约

（1）《外层空间条约》，全称《关于各国探索和利用包括月球和其他天体在内的外层空间活动的原则条约》，1967 年 1 月 27 日开放签署，同年 10 月 10 日生效。该条约被认为是外层空间法的基石，被称为“外层空间宪章”。我国于 1983 年 12 月 30 日加入该条约，该约着重于规定外层空间活动的法律原则和法律制度。

（2）《营救协定》，全称《营救宇宙航行员、送回宇宙航行员和归还发射到外层空间的物体的协定》，1968 年 4 月 22 日开放签字，1968 年 12 月 3 日生效，我国于 1988 年 12 月 14 日加入。该协定使《外层空间条约》的原则中关于营救的规定具体化。

（3）《国际责任公约》，全称《外空物体所造成损害之国际责任公约》，1972 年 3 月 29 日签订，1992 年 9 月 1 日生效。我国于 1988 年 11 月加入，该公约详细规定了各国发射空间物体造成损害的责任制度及损害赔偿的原则。

（4）《月球协定》，全称《关于各国在月球和其他天体上活动的协定》，1979 年 12

月 5 日于联合国大会通过，1984 年 7 月 11 日生效。该协定确定了月球和其他天体的法律地位及各国在月球和其他天体进行活动的法律原则及制度。我国尚未加入月球协定。

（5）《登记公约》，全称《关于登记射入外层空间物体的公约》，1974 年 11 月 12 日于联合国大会通过，1975 年开放签字，1976 年 9 月 16 日生效，我国于 1988 年 11 月加入该公约。规定了发射日对空物体应该登记册，登记其所发射物体并上报联合国秘书长等具体制度。

上述条约确定了空气空间和外层空间的法律原则和制度，被认为是国际空间法的主要渊源。

三、空气空间和外层空间的划分

（一）空气空间与外层空间的界限

空气空间和外层空间的界限是外层空间与其他空间的主要分界，指外层空间的下部界限。对此，国际法上缺乏条约的规定，理论界的学说、主张、标准甚多，归纳其理论根据，主要有两种观点：

（1）空间论（spatial approach），主张依空间的物理特征和大气层空气分布情况作为标准划界，其以自然科学的标准来划定。

物理学家按照地球上空空气的变化，将大气分为五层：①

对流层	海平面至约 10 千米
平流层（同温层）	约 10 千米至约 40 千米
中间层（外平流层）	约 40 千米至约 80 千米
热成层（电离层）	约 80 千米至约 370 千米
外大气层（电离层）	约 370 千米以上

地球上空的大气约有 3/4 在对流层内，约 97% 的大气是在平流层上缘以下。平流层的上缘是航空器依靠空气的支撑进行飞行的限度。在 16000 千米处仍有大气存在。

据此，国际法学者提出不同主张，有的以大气的上浮力为标准，有的以大气密度为标准，有的以大气踪迹为标准，因而产生几十千米、几百千米甚至几千千米的说法。例如，平流层以外的空间应被认为是外层空间，离海平面约 30 ～ 40 千米；以大气层的最高限为界限，最高可达 16000 千米；此外，赤道国家提出以赤道国家上空的地球静止轨道为界，约距海平面 35871 千米，等等。众说纷纭，莫衷一是。此论以苏联、阿根廷、意大利等国为代表。

（2）功能论（functional approach），主张用空间的功能作为标准划界。目前，许多学者提出按飞行器的功能来确定其所适用的法律：飞行器分为“航空器”和“航天器”两类。航空器（aircraft）是从事航空活动的工具，指能够从空气的反作用而不是从空气对地面的反作用中获得支撑的任何器械。航空法中航空器主要是指飞机。航空器的活动

① 参见贺其治《外层空间法》，法律出版社 1992 年版，第 39 页。

适用航空法。航天器（spacecraft）是从事航天活动的工具，指在外层空间按照天体力学的规律运行的各类飞行器。目前，航天器运行范围尚仅在太阳系内。航天器从发射到返回地面或在外层空间消失的全过程，适用外层空间法。功能论是根据飞行器的功能和作用来决定适用的法律，借以避开空气空间和外层空间在分界上的困难。此论以美、英、荷等国为代表。许多有关外层空间的国际条约的制订都考虑了功能论的观点。

在国际空间的实践和空间法理论的研究中，人们逐渐倾向于苏联提出的综合了空间论和功能论的观点：主张以人造卫星运行最低限和航空器飞行最高限，即以离地面100千米左右的空间作为空气空间与外层空间的界限。根据空间研究委员会于1976年向联合国外空委员会提交的一份报告中称：目前人造卫星轨道距地面的最低高度为130千米，椭圆形轨道的最低点为100千米，建议以100千米的轨道为外层空间的最低界限。国际法协会也在1978年的一份报告中称：海拔100千米以上的空间已日益被各国接受为外层空间。但这个100千米标准也尚未形成公认的标准，更未能被认为是一项习惯国际法规则。因此，空气空间和外层空间的界限问题还没有得到最后的确定。[①]

（二）空气空间和外层空间的不同法律地位

空气空间和外层空间的界限虽未确定，但外层空间独立于空气空间之外和不受地面国主权支配的观念已为当代国际法的理论和实践所公认。这也表明空气空间与外层空间是两个性质完全不同的空间领域。空气空间与外层空间具有完全不同的法律地位。

按照罗马法上“谁有土地，就有土地的上空”（cujus est solun，ejus estusque ad coelum）的法律格言，国家领土的上空，自然属于地面上的国家。领土上空是国家领土的构成部分，即领空。国家在其领空是否享有完全的主权？这个问题在19世纪后半叶就开始被提出，并在第一次世界大战前形成了几种不同的理论：第一是完全自由论，认为空气空间和公海一样是开放的，完全自由的；第二是有条件自由论，即在原则上，空气空间是开放的和完全自由的，但国家享有自保权，有在必要情况下对其领土上空进行干预的权利；第三是海洋比拟论，把空气空间与海洋相类比，像海洋分为公海和领海一样，把空气空间分为公空和领空；第四是国家主权论，认为国家领土上空属于国家主权，为国家领土的一部分，受国家的管辖和支配；第五是有限制的国家主权论，即在原则上承认国家对其领土上空的主权，但受无害通过的限制。[②]

随着航空活动的发展，地面国家对其领土上空的权利以及领空的法律地位问题，在1919年签署的《巴黎航空公约》中明确做出了规定，根据公约规定“缔约国承认每一国家对其领土的空间享受完全的和排他的主权”，使领空主权原则首次在国际条约中得以确定。但是，第二次世界大战中飞机广泛用于战争，领空主权原则遭到破坏。随着战争即将结束，为恢复被战争破坏了的航空活动，1944年各国在美国芝加哥召开国际民用航空会议上签订《芝加哥公约》，公约第一条规定“缔约各国承认每一国家对其领土上空具有完全的和排他的主权”，它表明了关于领空主权的国际法原则得以重新确立。

---

① 参见端木正《国际法》，北京大学出版社1997年版，第252页。

② 参见王铁崖《国际法》，法律出版社1981年版，第215～216页。

根据当代国际法的公认原则，国家对其领空行使完全的管辖和控制，国家有权禁止外国飞机进入领空，或者在一定条件下准许外国航空器通过。外国航空器如擅自飞越一国领空，就是对该国领空主权的侵犯，地面国有权根据具体情节，采用必要的措施，如抗议、警告、迫降，甚至击落。

对于领空之外的空气空间的法律地位国际文献并无明确规定，一般认为其属于各国共有，是自由的，对一切国家开放。

自 1957 年苏联成功地发射第一颗人造地球卫星后，法律上的传统空间观念被打破。事实也表明，国家的领空主权只能达到一定的高度，超过了一定的高度，其主权不能行使，也就是说，国家主权只能及于领土之上的空气空间，而不能到达外层空间。外层空间成为国际法的客体，外层空间的法律地位逐渐确立。

当代国际法确认，外层空间法律地位是：外层空间不属于国家领土主权范围，不受任何国家的管辖；应对各国开放，各国均可自由探索和利用，但不能成为任何国家、国际组织之间转让、交换、买卖的对象，任何国家、实体不得垄断或独占；对外层空间的利用应为全人类谋福利而进行；禁止将外层空间用于军事和战争目的。

上述地位得到了国际公约和国际文献的确认：

《外层空间条约》第 1 条规定，“探索和利用外层空间（包括月球和其他天体），应为所有国家谋福利和利益，所有国家可在平等、不受任何歧视的基础上，根据国际法自由探索和利用外层空间，自由进入天体的一切区域”①。

《外空法律原则宣言》的前三项原则也阐明了上述外层空间的法律地位。②

第二节　国际民用航空的法律制度

一、关于领空的主权

《巴黎航空公约》第 1 条明确规定：“每一国家对其领土上空具有完全的和排他的主权。”

《芝加哥公约》规定，各缔约国可在其领空行使主权，其主要内容包括：

（1）维护本国领空安全。各国具有对其领土上空的完全的和排他的主权，外国国家航空器，未经特别协定或许可，不得在其领空飞行和降落。

（2）制定航空法律、规章。缔约国对于他国的航空器飞入或飞经其领土的情况，有权制定法律和规章。这些法律和规章应同等适用于所有缔约国，不得有任何歧视，不能违反有关公约的规定。

（3）保留“国内载运权”。国内载运权（right of air cabotage），又称国内两地间空

① 王铁崖、田如萱：《国际法资料选编》，法律出版社 1982 年版，第 561 页。

② 参见王铁崖、田如萱《国际法资料选编》，法律出版社 1982 年版，第 561 页。

运权，在一国境内一地点航空载运客、货、邮往该国境内另一地点的权利。缔约国有权拒绝其他缔约国的航空器在其领土内实施这一权利。该权利只能由地面国经营。他国不得把这权利转让，也不得对他国要求这种权利。

（4）设立“禁止飞行区”。禁止飞行区，又称“空中禁区”，是一国领空中禁止他国飞行的区域。缔约国为了军事需要和公共安全可以指定境内某地区的上空为禁区，禁止或限制其他缔约国的航空器飞越。这些禁区不应妨碍空中航行，并同等适用于一切缔约国的航空器。

总之，领空是国家领土的组成部分，依国家主权原则，各国可自行制定航空法，但一国国内航空法应与国际公约的规定相符合。

《芝加哥公约》充分确立了国家的领空主权。然而，在1983年9月1日发生了骇人听闻的“苏联击落韩国客机事件”[①]，苏联在其禁飞区内用导弹击落韩国民航客机，致使机上269人全部丧生。针对此事，国际民用航空组织大会于1984年5月10日通过了《芝加哥公约》的四点修正案，可以说对国家领空主权的行使构成了一定限制。其规定为：[②]

（1）缔约各国承认，每一个国家必须避免对飞行中的民用航空器使用武力。如果拦截，必须不危及航空器内人员的生命和航空器安全。

（2）缔约国承认，每一个国家在行使主权时，对未经许可而飞入其领空的民用航空器，或者有合理的根据认为该航空器被用于与《国际民用航空公约》宗旨不符的目的，有权要求该航空器在指定的机场降落。

（3）缔约国应在其本国法律和规章中规定，以便在该国登记或者在该国有主营业所或永久居所的营业人所使用的任何私人航空器必须遵守上述命令。

（4）缔约国应采取适当措施，禁止将在该国登记的或者在该国有主营业所或永久居所的营业人所使用的任何民用航空器肆意用于与本公约宗旨不相符的目的。

二、航空器的法律地位

航空器（aircraft）通常指从事航空活动的工具。1944年芝加哥公约给航空器所下定义为：凡是能够从空气的反作用，而不是从空气对地面的反作用，在大气中获得支持的任何器械。纸鸢、气球、飞艇、滑翔机和飞机等都是航空器。在航空法中主要指飞机。[③] 航空器是航空法的客体，其活动及权利与义务要受航空法的规范。

《芝加哥公约》把航空器分为“民用航空器”和“国家航空器”两类。这一分类不是依据航空器所有权，而是决定于使用性质。国家航空器（state aircraft）指用于军事、海关和警察部门等公务的航空器。民用航空器（civil aircraft）指国家航空器外的所有航空器。

---

① 参见梁淑英《国际法学案例教程》，知识产权出版社2003年版，第94～96页。

② 参见梁淑英《国际法学案例教程》，知识产权出版社2003年版，第94～96页。

③ 参见徐振翼《航空法知识》，法律出版社1985年版，第44页。

航空器的国籍采用“登记主义”原则，即航空器的国籍取决于注册，即具有其登记国的国籍。而且它只能在一个国家进行有效登记，若同时在两个国家登记，其国籍便没有效力。从事国际航空飞行的航空器应具有适当的国籍标志和登记标志，航空器受登记国的法律管辖。机长在航空器内具有特殊地位，他是公司和登记国的代表，有权对机组人员与旅客发布严格的命令和行使管理。

根据航空协定规定的航线航空器得飞入或降落于缔约国的领土，但国家航空器未经特别协定或其他方式许可不得飞入另一缔约国上空。

航空器飞越他国领空时，受领空地面国法律管辖，应遵守该国法律和规章。但在公海上空，航空器仅受其国籍的法律管辖。飞行器在飞越沿海国的毗连区、专属经济区或大陆架上覆水域上空时，有自由飞越的权利，但应遵守沿海国的有关法律和规章。

三、国际民航的飞行权

《芝加哥公约》把缔约国航空器在其他缔约国领土上空的飞行分为“非航班飞行”和“航班飞行”两类，并对各自的飞行权利做了不同规定。

非航班飞行（non-scheduled flight），又称不定期飞行，或者称不定期的国际航空运输业务，即不按公布的班期表运输，也不受正常航班运费与费率约束的运输业务。依惯例，不定期航班运输不使用从事定期航班的飞行器进行作业。

公约第5条规定，缔约国一切不从事国际航班飞行的航空器，不需事先获准，有权飞入或飞经其他缔约国的领土而不降停，或者做非运输业务性的降停，但该国有权命令它降落。

航班飞行（scheduled flight），又称定期的国际航空运输业务，是指以航空器从事国家间乘客、邮件或货物运输的定期的航运业务。国际民用航空组织理事会在1952年3月28日给国际航班飞行定义时指出其特点：①飞越两个以上国家的领空；②为取酬而运送客、货、邮等；③按班期时间表飞行，每次班期都开放供公众使用，而且航班是定期和频繁的，成为公众有规律的系列。

《芝加哥公约》第6条规定：国际航班飞行，非经一缔约国的特准或许可，不得在该国领土上空飞行或飞入该国领土。

1944年的《国际航空运输协定》，规定在缔约国之间凡从事航班飞行的航空器可在其他缔约国上空享有航空运输的“五项自由”：①不降停而飞越其领土；②非运输业务性的降停；③卸下来自航空器所属国的客、货、邮；④装载前往航空器所属国的客、货、邮；⑤装卸前往或来自任何其他缔约国的客、货、邮。然而该协定只有20个国家签字，12个国家批准。

同时签订的《国际航班过境协定》规定了国际航班飞行的“两项自由”：①不降停而飞越其领土；②非运输业务性降停。这个协定的签字国虽然比上一个多一些，但仍未取得普遍的赞同。

四、中华人民共和国民用航空法

（一）《民用航空法》的主要内容

我国于1995年10月公布了《中华人民共和国民用航空法》（以下简称《民用航空法》），该法共16章214条，已于1996年3月1日起施行。内容包括领空主权、航空管理、航空运输、航空安全、对外国民用航空器的特别规定等，涉及民用航空的各个方面。

（1）关于领空主权，明确规定，中华人民共和国领陆和领水之上的空域为中华人民共和国领空。中华人民共和国对领空享有完全的、排他的主权。

（2）关于民用航空器的国籍。规定民用航空器是指除用于军事、海关、警察飞行任务外的航空器，民用航空器经国务院民用航空主管部门登记具有中华人民共和国国籍，民用航空器不得具有双重国籍。

（3）关于机长的权利。民用航空器的操作由机长负责，机长在职权范围内发布的命令，航空器上所载人员都应执行。在飞行中的航空器上，对于任何扰乱航空器内秩序、危害航空器内人员或财产安全、破坏航空器的行为，机长有权采取必要的适当措施。飞行中遇到特殊情况时，为保证航空器及所载人员的安全，机长有权对航空器做出处置。

（4）外国民用航空器根据其国籍国政府与我国政府签订的协定的规定，或者经我国民用航空主管部门批准或接受，方可飞入、飞出我国领空和在我国境内飞行、降落，外国民用航空器的经营人经其本国政府指定并取得我国民用航空主管部门颁发的营业许可证，方可经营协定规定的国际航班运输。外国民用航空器的经营人经其本国政府批准和我国民用航空主管部门批准，方可经营我国境内一地和境外一地之间的不定期航班运输。

（5）外国民用航空器的经营人，不得经营我国境内两地之间的航空运输。

（6）外国民用航空器应按我国民用航空主管部门批准的班期时刻或飞行计划飞行，变更班期时刻或飞行计划的，其经营人应获得我国民用航空主管部门批准；因故变更或取消飞行的，其经营人应及时报告我国民用航空主管部门。

（7）外国民用航空器因在我国民用航空主管部门指定的设有海关的机场起飞或降落。

（8）关于民用航空安全。该法规定了对危害民用航空安全的劫持航空器和其他犯罪行为的处置，同时，规定依法追究以暴力、胁迫或者其他方式非法劫持航空器的犯罪分子的刑事责任。

（二）《民用航空法》的修改

《民用航空法》的调整对象涉及民用航空的行政管理关系和民商事关系两个方面，内容非常广泛，而航空活动的国际性突出，适用时必须考虑国际通行做法和航空事业的

飞速发展。至今，《民用航空法》已经施行20多年，这些年来，航空安全形势和航空运输都有了很大变化，我国民用航空运输体制改革已取得了不小成果。我国已成为仅次于美国的航运大国，客货运输增长率都居世界前列。

为适应国际航空运输的发展，我国先后对《民用航空法》进行了四次修改：

2009年8月27日第一次修改：①对第一百九十四条、第一百九十六条、第一百九十八条、第一百九十九条中关于刑事责任的规定做出修改。②将第一百九十一条中引用已纳入刑法并被废止的关于惩治犯罪的决定的规定修改为“依照刑法有关规定”。③将第一百九十二条修改为：“对飞行中的民用航空器上的人员使用暴力，危及飞行安全的，依照刑法有关规定追究刑事责任。”第一百九十三条第一款修改为：“违反本法规定，隐匿携带炸药、雷管或者其他危险品乘坐民用航空器，或者以非危险品品名托运危险品的，依照刑法有关规定追究刑事责任。”第三款修改为：“隐匿携带枪支子弹、管制刀具乘坐民用航空器的，依照刑法有关规定追究刑事责任。”第一百九十五条修改为：“故意在使用中的民用航空器上放置危险品或者唆使他人放置危险品，足以毁坏该民用航空器，危及飞行安全的，依照刑法有关规定追究刑事责任。”第一百九十七条修改为：“盗窃或者故意损毁、移动使用中的航行设施，危及飞行安全，足以使民用航空器发生坠落、毁坏危险的，依照刑法有关规定追究刑事责任。”

2015年4月24日第二次修改：①删去第六十八条中的“会同国务院财政部门、物价主管部门”。②将第九十二条修改为：“企业从事公共航空运输，应当向国务院民用航空主管部门申请领取经营许可证。”③将第九十三条中的“设立公共航空运输企业”修改为“取得公共航空运输经营许可”。④将第九十七条第三款修改为：“国际航空运输运价的制定按照中华人民共和国政府与外国政府签订的协定、协议的规定执行；没有协定、协议的，参照国际航空运输市场价格确定。”⑤删去第二百一十一条中的“对被吊销经营许可证的，工商行政管理部门应吊销其营业执照”。

2016年11月7日第三次修改，删去第三十九条第（一）项中的“领航员”“飞行通信员”。

最近的一次修改是在2017年11月4日，删去第一百四十七条第二款中的“并依法办理工商登记；未取得经营许可证的，工商行政管理部门不得办理工商登记”。也就是说，办理该项工商登记不再需要前置审批。

第三节　制止危害国际民航安全的行为

民用航空运输业的发展，为国际交往、经济贸易往来和人员交流提供了极大的便利。于是，在航空器上的犯罪活动成为引起世界各国广泛关注的重大问题。为了防止和惩治这种行为，国际上通过召开外交会议，制定了“反劫机三公约”，即《东京公约》《海牙公约》和《蒙特利尔公约》。1988年，针对一些国家多次发生机场暴力行为，国际民用航空组织主持制定了《补充蒙特利尔协定书》。“反劫机三公约”和补充协定书，从不同的角度对危害国际民用航空安全的非法行为的概念、管辖权以及引渡和起诉等问

题做出了明确的规定，缔约国都应承担义务，不得放纵危害民用航空安全的罪行，对罪犯不问其动机都要给予严厉惩罚。从而建立了制止危害国际民航安全的行为的法律制度。2018 年生效的《北京公约》，是对“反劫机三公约”的完善和升级。

一、反劫机三公约关于惩治“空中劫持”的规定

（一）“空中劫持”的概念

空中劫持（aerial hijacking）是危害国际民用航空安全的非法行为的俗称，有狭义与广义之分。

狭义的空中劫持，仅指在飞行中的航空器内从事的劫夺（seize）行为。《海牙公约》第 1 条规定，“凡在飞行中的航空器内的任何人，用暴力或用暴力威胁，或用任何其他恐吓方式，非法劫持或控制该航空器，或企图从事任何这种行为，或是从事或企图从事这种行为的人的同犯，即是犯有罪行”。并对“在飞行中”（in flight）做了明确规定：“航空器从装载完毕，机舱外部各门均已关闭时起，直至打开任一机舱门以便卸载时为止，应被认为是在飞行中。航空器强迫降落时，在主管当局接管对该航空器及其所载人员和财产的责任前，应被认为仍在飞行中。”可见该约采用了狭义的含义。

广义的空中劫持，即危害民用航空安全的非法行为，泛指一切劫夺、破坏、损害和其他危害民航安全的非法行为。不仅包括对在“飞行中”，也包括对在“使用中”做出的行为；不仅包括针对航空器的犯罪行为，还包括针对航空设备的破坏行为。

1971 年的《蒙特利尔公约》规定，危害民用航空安全的非法行为包括下列五种行为：①对飞行中的航空器内的人从事暴力；②破坏使用中的航空器使它不能飞行；③在使用中的航空器内放置危及其飞行安全的装置或物质；④破坏、损害或妨碍航行设备，危及其飞行安全；⑤传送假情报危及飞行中航空器的安全。同时还明确规定，凡从事上述行为或企图从事上述行为的人及其同犯，均是犯有危害民用航空安全罪。对于航空器“在飞行中”和“在使用中”（in service）两个概念，公约也做了确切规定：“航空器从装载完毕，机舱外部各门均已关闭时起，直至打开任一机舱门以便卸载时为止，应被认为是在飞行中”[①]，“从地面人员或机组人员为某一特定飞行而对航空器进行飞行前的准备时起，直到降落后二十四小时止，该航空器应被认为是在使用中”[②]。可见，该公约的规定采用了广义的空中劫持的含义。

（二）关于“空中劫持”的管辖权

对在航空器上犯罪的管辖权，在《东京公约》前，国际上没有统一的规则，管辖问题主要由各国的国内法加以规定，由于各国法律规定不同，一方面会产生管辖权的冲突，另一方面会出现管辖权的疏漏或空白，从而常常给犯罪分子以逍遥法外的可乘

① 王铁崖、田如萱：《国际法资料选编》，法律出版社 1982 年版，第 545 页。
② 王铁崖、田如萱：《国际法资料选编》，法律出版社 1982 年版，第 551 页。

之机。

1.《东京公约》的规定

根据各国采用的规则和现实存在的情况，《东京公约》规定了并行的管辖权体系。[①]该体系具体表现为：一方面，航空器登记国拥有管辖权。第3条第1款规定，航空器登记国有权对在航空器上所犯的罪行和行为行使管辖权。另一方面，非登记国的缔约国也有一定的管辖权。第4条规定拥有管辖权的条件是：①罪行在该国领土上具有后果；②犯罪人或受害人为该国国民或在该国有永久居所；③罪行危及该国的安全；④罪行违反该国现行关于航空器飞行或操作的任何规则或条例；⑤为确保该国遵守根据多边国际协定所承担的任何义务而有必要行使管辖权。

该公约第3条第3款明确规定，该公约不排除依照本国法律行使的任何刑事管辖权。

2.《海牙公约》和《蒙特利尔公约》的规定

《海牙公约》第4条的规定扩大了管辖的范围，也采取了并行的管辖权体系，第1款规定下列国家均有权行使管辖权：

航空器登记国，即罪行是在该国登记的航空器内发生的。

降落地国，即在其内发生罪行的航空器在该国降落时被指称的罪犯仍在该航空器内。

承租人主要营业地或永久居所地国，即罪行是在租来时不带机组的航空器内发生的，而承租人主要营业地或永久居所是在该国。

以上是行使管辖的主要情形，有人称其为“主要管辖”。该条第2款规定了“辅助管辖”：

嫌疑犯所在国，即当被指称的罪犯在缔约国领土内，如未将此人引渡给上述有“主要管辖权”的国家，该国应同样采取必要措施，对这种罪行实施管辖权。从而构成了较为严密的法网，可防止劫机罪犯逍遥法外。

该条进一步确认各国可以根据本国法行使任何刑事管辖权。

就上述规定看来，《海牙公约》采取了近乎普遍性的管辖。

《蒙特利尔公约》中对管辖权问题做了与《海牙公约》几乎相同的规定。同样采取了广泛的管辖，规定犯罪行为发生地国、登记地国、降落地国、承租人主要营业地或永久居所地国以及嫌疑犯所在国都有权行使管辖权。

（三）关于对“空中劫持”罪犯的引渡或起诉

对“空中劫持”罪犯的引渡或起诉是与管辖密切相关的问题。

1. 关于引渡

《东京公约》对此仅做了简单的规定。在缔约国登记的航空器内所犯的罪行，为引渡的目的，应被视为不仅发生在发生地，也是发生在登记国领土上（第16条）。当降落地国拒绝受理时，该国可将其送回本国，但公约的任何规定不能被解释为同意给予引

① 参见林欣《国际法中的刑事管辖权》，法律出版社1988年版，第78页。

渡的义务（第 14 ～ 16 条）。

《海牙公约》和《蒙特利尔公约》第 8 条做了相同的规定，不仅扩大了引渡的范围，而且还对引渡的依据和规则做了具体规定：首先，明确空中劫持是可引渡的罪行。第 1 款规定，对空中劫持在缔约国之间现有的或者将来缔结的引渡条约中都应被认为是“一种可引渡的罪行”。其次，规定了没有引渡条约时的引渡规则。被请求引渡的国家可自行决定以本公约作为请求引渡的法律根据。并规定引渡应遵照被请求国法律规定的条件进行。

2. 关于起诉

《海牙公约》和《蒙特利尔公约》第 7 条明确了“或引渡或起诉原则”。公约规定：在其境内发现被指称的罪犯的缔约国，如不将此人引渡，则不论罪行是否在其境发生，应无例外地将此案件提交其主管当局以便起诉。该当局应按照本国法律以对待任何严重性质的普通罪行案件的同样方式做出决定。

《海牙公约》和《蒙特利尔公约》都规定空中劫持是一种可引渡罪行，但没有设置强制的引渡义务。嫌疑犯所在地国可以有两种选择：一是按照这两个公约第 8 条的规定引渡给有“主要管辖权”的国家；二是按照这两个公约第 7 条的规定把案件提交主管当局以便起诉，主管当局应把此犯罪行为视作严重的普通罪行（即非政治罪）予以惩处。

二、《北京公约》对制止危害民用航空安全行为的提升

反劫机三公约在反对空中劫持及其他非法干扰活动方面发挥了重要作用。但随着形势变化和科技发展，反劫机三公约有些内容不再完全适应需要，尤其是在针对在航空器上实施恐怖活动的策划者、参与者惩治方面规定不够明确。

“9・11”事件后，国际民航组织第 33 届大会通过 A33－1 号决议，重点针对新的和正在出现的对民用航空的威胁，强调重新研究现有公约能否充分适应新情况的需要。经过多年努力，国际民航组织法律委员会通过了特别小组委员会提交的两份条约草案——《制止与国际民用航空有关的非法行为的公约》和《制止非法劫持航空器公约的补充议定书》。2009 年 10 月，国际民航组织理事会同意召开外交会议审议这两份草案。2010 年 8 月 30 日至 9 月 10 日，国际民航外交会议在中国北京举行，来自 76 个国家及 4 个国际组织的代表参会。2010 年 9 月 10 日，在北京举行的签字仪式上，18 个国家签署了《北京公约》，19 个国家签署了《北京议定书》。

这也是民航史上首个以中国城市命名的国际公约。在《北京公约》中，ICAO（国际民用航空组织）将组织或指挥他人实施犯罪、作为同犯参与犯罪，以及非法及有意协助他人逃避调查、起诉或惩罚的人也界定为构成犯罪。新公约生效后，犯罪行为的幕后组织者和领导者同样也将被定罪，这必将有效地加大对破坏民用航空安全的犯罪活动的打击力度。《北京公约》的签订有利于保障民航业安全、有序、正常的发展，给旅客营造更为安全的乘机环境。同时对我国也具有非凡的意义，标志着我国在国际航空法领域的地位的惊人提升，同时彰显出我国已经成为世界航空大国的地位和身份。

（一）《北京公约》对航空犯罪的犯罪定义的修改

1. 将《海牙公约》第1条第1款犯罪定义进行修改

通过《北京议定书》第2条将定义修订为：任何人如果以武力或以武力威胁，或者以胁迫、以任何其他恐吓方式，或者以任何技术手段，非法地和故意地劫持或控制使用中的航空器，即构成犯罪。

在时间和空间上扩展了适用范围。新条款采用“使用中”的概念，与1971年《蒙特利尔公约》保持一致。还取消了“航空器内”的措辞，将空间的适用范围扩展到航空器外实施有关犯罪的行为。

2. 对作案手段进行了扩充

《北京议定书》新增“以任何技术手段”劫持或控制航空器的规定，说明航空犯罪不仅包括现有的由犯罪主体出现在航空器上非法控制航空器的情形，还包括可能出现的任何以技术手段非法控制航空器的情况，例如网络侵入、遥控指挥等。所谓“控制”，也不仅限于传统意义上的在航空器内对航空器或机上人员的实际控制，也包括由地面人员通过信号等技术手段进行远程控制。

另外，还增加了“胁迫”的作案手段。其目的在于涵盖在劫机过程中可能行使的手段，包括采用恐吓、威胁手段令机上或者机外人员屈从而危害航空安全的行为。

（二）《北京公约》增加了多个应处罚的航空犯罪的罪行

《北京公约》将几种威胁民航安全的行为界定为国际犯罪，例如，以民用航空器作为武器，使用极危险武器、物质攻击民用航空器，使用极危险武器、物质从民用航空器攻击其他目标，非法利用民用航空运输极危险武器、物质，网络攻击航空设施危害航空安全，等等。同时，将其定义为国际罪行，纳入“或引渡或起诉”范围。

1. 以民用航空器作为武器

以民用航空器作为武器即利用使用中的航空器旨在造成死亡、严重身体伤害，或者对财产或环境的严重破坏的行为。“9·11”恐怖袭击中，恐怖分子便是利用民用航空器作为袭击手段。当然，“9·11”袭击本身构成多重犯罪行为，譬如，劫持飞行中的航空器，故意损坏使用中的航空器，在航空器使用暴力、谋杀手段导致人身伤亡和财产损失，等等。相比之下以民用航空器作为武器具有更明显的犯罪恶性和更大的社会危害性。于是，《北京公约》在第1条第1款第（6）项规定“利用使用中的航空器旨在造成死亡、严重身体伤害，或对财产或环境的严重破坏”，即构成犯罪。

2. 使用极危险物质攻击航空器或其他目标

考虑到使用生物、化学和核武器或其他类似物质攻击民用航空器或其他目标也已经被认为是一种新的和正在出现的威胁。《北京公约》第1条第1款第（7）、第（8）项将以下行为规定为犯罪：

从使用中的航空器内释放或排放任何生物武器、化学武器和核武器，或者爆炸性、放射性或类似物质，而其方式造成或可能造成死亡、严重身体伤害或对财产或环境的严重破坏；或者对一使用中的航空器或在一使用中的航空器内使用任何生物武器、化学武

器和核武器，或者爆炸性、放射性或类似物质，而其方式造成或可能造成死亡、严重身体伤害或对财产或环境的严重破坏。

可见，前项是指从航空器发出的针对其他目标的攻击，而后项是指针对民用航空器的攻击或在该航空器内的行为。

3. 非法航空运输罪

非法航空运输罪即利用航空器非法运输生物、化学和核武器及其相关材料。

《北京公约》以第1条第1款第（9）项规定以下行为构成犯罪，在航空器上运输、导致在航空器上运输或便利在航空器上运输：①任何爆炸性或放射性材料，并明知其意图是用来造成，或者威胁造成死亡或严重伤害或损害，而不论是否具备本国法律规定的某一条件，旨在恐吓人群，或者迫使某一政府或国际组织做出或放弃做出某种行为；②任何生物武器、化学武器和核武器，并明知其是第2条中定义的一种生物武器、化学武器和核武器；③任何原材料、特种裂变材料，或者为加工、使用或生产特种裂变材料而专门设计或配制的设备或材料，并明知其意图将用于核爆炸活动或未按与国际原子能机构的保障监督协定置于保障监督措施下的任何其他核活动；④未经合法授权的任何对设计、制造或运载生物武器、化学武器和核武器有重大辅助作用的设备、材料或软件或相关技术，而且其意图是用于此类目的。

但涉及当事国进行的活动，包括当事国授权的个人或法律实体进行的活动，则不构成③和④的罪行，只要运输这类物品或材料，或者其使用、所进行的活动符合其作为当事国适用的多边不扩散条约包括第7条提到的条约拥有的权利、责任和义务。

4. 网络攻击航空导航设施

《北京公约》在《蒙特利尔公约》第1条第1款第（4）项规定的基础上进行补充、细化，在第2条第（3）款的定义中加入以下内容：即空中航行设施包括航空器航行所必需的信号、数据、信息或系统。从而使《蒙特利尔公约》“毁坏或损坏空中航行设施，或妨碍其工作，如任何此种行为可能危及飞行中的航空器的安全”构成犯罪的规定，可以针对新形势下的犯罪，即犯罪分子利用新技术手段扰乱航空秩序，危及航空人员、乘客和航空器安全，包括使用无线电发射器或其他手段干扰或改变地面或机载的航行或导航控制系统状态，或者篡改与航空运行相关的电脑数据等。完善了《蒙特利尔公约》的内容，使其第1条第1款第（4）项不仅包括针对空中航行设施的攻击，还包括了新手段对空中航行设施的软件进行的攻击行为。

第四节　外层空间法的原则和制度

一、外层空间法的原则

《外空宣言》《外层空间条约》及其他外空条约、文献中确定了外层空间法的主要原则，以作为各国在外层空间的活动中所必须遵守的原则。

（一）为全人类谋福利而进行

外层空间，是对全人类开放的空间。所有国家，不论其经济或科学发展程度如何，都可在平等、不受任何歧视的基础上，根据国际法自由探索和利用外层空间，自由进入天体的一切领域。但这种探索和利用必须是为全人类谋福利和利益。任何违背这个宗旨的探索和利用都是违反国际法的行为。

（二）不得将外层空间据为己有

外层空间是全人类的共同继承财产，是“共有物”而不是“无主地”，任何国家、组织不得通过占领、使用或任何其他方式提出主权要求。月球及其资源均为全人类的共同财产。月球的表面及其下层的自然资源均不应成为任何国家、国际组织、非政府实体或自然人占有的对象。月球不得由国家提出主权要求。在月球表面或下层安置人员、外空运载器、装备设施、站所和装置，以及在月球上竖立旗帜、命名的行为，不应视为对外空及其天体取得所有权或实施主权行为。

（三）应当和平利用外层空间

各国在探索和利用外层空间时应遵守国际法和联合国宪章，以和平方式加以利用，并只用于和平目的。各国应保证：①不在绕地球的轨道上放置任何带核武器或任何其他类型大规模毁灭性武器的实体，不在天体装置这种武器，不以任何其他方式在外层空间部署这种武器。②禁止在天体建立军事基地、设施和工事。③禁止在天体试验任何类型的武器和进行军事演习。根据上述规定精神，任何为军事目的而利用外层空间、月球及其他天体的行为，都是违反国际法的行为。

（四）国际合作和互助

各国探索和利用外层空间，应以合作和互助原则为准则。由于利用外层空间的活动具有全球性质，各国的活动必须通过国际合作来促进。各国在外层空间所进行的一切活动必须：①妥善照顾其他国家的同等利益；②避免使外层空间遭受有害的污染；③将活动的性质、方法、地点及结果通知联合国秘书长、公众和科学界；④将其在月球和天体上的驻地、设施、设备和宇宙飞行器对各国开放；等等。

二、外层空间法的制度[①]

（一）宇航员与外空物体营救制度

《营救协定》规定，宇宙航行应得到一切可能的援助：

（1）当宇宙航行员发生意外、遇难，或者在他国境内或公海紧急降落时，发现国应提供一切可能的援助，立即把他们送还登记国，并通知联合国秘书长。

（2）在外层空间进行活动时，一国的宇宙航行员应向他国航行员提供援助。

（3）各国应把在外层空间发现的对宇宙航行员有危险的现象通知他国或通知联合国秘书长。

（4）各国在获悉或发现空间物体或实体的组成部分返回地球并落在它所管辖的区域内，或者落在公海或不属于任何国家管辖的地方时，应通知发射当局和联合国秘书长。

（二）外空损害责任制度

《责任公约》规定，发射国应对其空间物体所造成的损害承担国际责任。涉及外层空间的国际责任可归纳为：

（1）绝对责任。发射国对其空间物体对地面的损害负有绝对责任。发射或促使空间物体发射的国家，以及从其领土或设施发射空间物体的国家，均为该物体发射国，发射国对其空间物体在地球表面造成的损害或给飞行中的飞机造成的损害，应负赔偿的绝对责任。

（2）过错责任。发射国对空间物体在地球表面以外的地方对另一国或对第三国的空间物体的损害，由具有过失的发射国单独或共同负损害责任。当空间物体在地面表面以外的其他地方对另一国空间物体及其所载人员造成损害时，如损害是由前者的过失或其负责人的过失造成的，该国应负赔偿责任；如果这一损害也对第三国的地球表面或飞行中的飞机造成损害时，前两国应共同对第三国负绝对责任；如果这一损害在地球表面以外的地方对第三国的空间物体造成损害时，前两国对第三国所负的责任，要根据它们的过失或所属负责人员的过失而定。

（3）共同责任。由两个或两个以上国家共同发射的空间物体所造成的损害，应由这两个或两个以上的发射国共同或单独承担赔偿责任。

损害赔偿的要求，可由受损害的国家或受损害的个人（自然人或法人）向发射国提出。如要求国与发射国有外交关系，则应通过外交途径提出；若没有外交关系，则请另一国向发射国提出；若要求国与发射国都是联合国会员国，也可通过联合国秘书长提出。

赔偿额应按国际法及公正合理的原则来确定，以能恢复到损害发生前的原有状态为

① 参见端木正《国际法》，北京大学出版社1997年版，第252页。

原则。赔偿一般以要求国货币偿付，若该国请求也可以赔偿国的货币偿付。

（三）外空活动登记制度

根据《登记公约》的规定，联合国秘书长应保持一份“外空物体总登记册”。发射国将其发射的空间物体的下列情报向秘书长报告以便登记入册：

（1）发射国或几个发射国的国名。

（2）空间物质的适当标志或其登记号码。

（3）发射的日期和地域或地点。

（4）基本的轨道参数（交点周期、倾斜角、远地点、近地点）。

（5）空间物体的一般功能。若登记国切实知道其所登记的物质已不复在地球轨道内，应尽速通知联合国秘书长。设立登记制度的目的是为了确立发射国对空间物体的管辖和控制，并对该物体所造成的损害承担国际责任。

（四）月球及其他天体的制度

《月球协定》对月球及其他天体的制度做了明确规定：

（1）月球及其他天体的自然资源是人类的共同财产，任何国家不得对月球及其他天体提出主权要求或据为己有。

（2）月球供各国专为和平目的使用，禁止在月球使用武力，或者以武力相威胁，或者从事任何其他敌对威胁行为，禁止在月球建立军事基地、设施，设置核武器，试验任何类型武器或军事演习。

（3）月球及其他天体不应遭受破坏。

（4）月球及其他天体的探索和利用应为全人类谋幸福。

（5）探测利用活动应尽可能通知联合国秘书长、科学界及各国。

（6）各国对其在月球上的人员、运载器、站所保有管辖权和控制权。

（7）各国应对其在月球及其他天体的活动负国际责任。

（五）卫星直接电视广播制度

卫星直接电视广播指通过卫星将电视广播直接传送至地面电视机，而不需通过地面电视接收站的传播。自 1965 年美国发射国际通信卫星以来，卫星电视广播现已发展为三种方式：①间接电视广播，又称“点到点的通信卫星广播”，即通过地面接收站接收；②半直接电视广播，又称“载波分送电视广播”，即由地面集体接收站接收后再把电视送到用户；③直接电视广播，用户不需通过任何地面接收站而直接接收卫星的节目电波。在联合国外空委员会制定的文件中，上述的半直接和直接电视广播均被列为“直接电视广播”。其所引起的法律问题主要有：①一国利用自己卫星进行跨国界的直接电视广播是否应征得有关国家事先同意？②直播时如何保护作者的著作权和版权？③卫星直播时不可能限于仅由某个国家接收，如何对待出现“外溢”问题？④未按照国际法规则所进行的，或者为接收国明确阻止的传播，能否构成未经许可的非法广播？等等。

从1960年开始，外空委员会法律小组委员会设立直接电视广播工作组，专门研究卫星直接电视广播的社会、文化和法律问题。1982年12月10日，联合国大会以107票赞成13票反对通过了《各国利用人造地球卫星进行国际直接电视广播所应遵守的原则》。该原则由15条构成，分别规定了宗旨和目标、国际法律的适用性、权利和权益、国际合作、和平解决争端、国家责任、协会的义务和权利、版权和邻接权利、对联合国的通知、国家间的协商、协议等。该原则指出了从事卫星国际直接电视广播所应遵循的基本方向，对解决相关法律问题并对这一领域的国际法的形成和发展产生了巨大作用和影响。由于这些原则尚未成为具有普遍拘束力的法律规范，因此，关于卫星直接电视广播的法律制度尚在形成与发展之中。

（六）卫星遥感地球制度

卫星遥感地球，又称外空遥感地球，指利用在外空运行中的卫星上的传感器观察和探测地球物体和现象的性质，分析和决定此种物体和现象的状况的一种空间科技方法。进行遥感活动的国家称为“遥感国”，因遥感活动而涉及的地球物体和现象的所属国家称为“被感国”。卫星遥感地球这种方法的采用始于1972年美国发射的“陆地卫星一号”。现被广泛适用于资源勘探、环境监测、气象预报、自然灾害预测、海洋勘察、地质测绘等诸多领域。

卫星遥感地球涉及的法律问题有：①遥感是否须事先征得被感国同意？②遥感数据和资料是否可由遥感国自由处理？③遥感国获得的数据可否散发？④被感国应否优先、优惠取得与领土有关的遥感资料、数据？⑤遥感国应不应当对其遥感活动的各种责任负责？等等。

1969年12月，联合国大会首次就卫星遥感问题通过决议。1971年成立外空科技小组委员会卫星地球工作组，1975年起开始起草遥感问题的法律文件，至1986年4月法律小组委员会就《关于从空间遥感地球的原则》达成一致，经由外空委员会提交联合国大会，于1986年12月3日通过。

该原则共15条，主要内容包括：

（1）遥感活动应为所有国家谋福利和利益，应特别考虑发展中国家的需要。

（2）进行遥感活动应遵守国际法，应遵行所有国家和人民对其财富和自然资源享有完全和永久主权的原则。不得损及被感国的合法权利和利益。

（3）应促进遥感活动方面的国际合作。

（4）遥感国按照彼此同意的条件向其他有兴趣的国家提供技术援助。

（5）被感国亦得按同样基础和条件取得任何遥感国拥有的关于其管辖下领土的分析过的资料。

（6）遥感应促进保护地球自然环境及人类免受自然灾害的侵袭。

（7）操作遥感卫星的国家应对其活动负有国际责任。

上述原则尚不是具有法律拘束力的国际公约，有关卫星遥感地球的具体制度和规范尚在形成之中。

（七）外空使用核动力源的制度

随着各种大型航天物体的建造和使用，利用核能源已势在必行。1964 年，美国一颗核动力卫星在重返地球时在印度洋上烧毁，其燃料铀 – 238 在高空中产生的放射性强度为 17000 千居里。1978 年，苏联核动力卫星“宇宙 – 954 号”在加拿大境内坠毁，几十公斤的放射性残片散落在加拿大西北部 4. 6 万平方千米的领土上。这些事件引起了国际社会的关注。联合国外空委员会的法律小组委员会在 1978 年提出了这个问题，1992 年，联合国大会通过了由法律小组委员会拟定的《关于在外层空间使用核动力源的原则》的决议，确定了从事外空使用核动力源活动的原则：

（1）切实必要。核动力源的使用限于非用不可的航天器。载有核动力源的空间物体的设计和使用应确保其危害低于国际辐射防护委员会建议的防护目标。核反应堆可用于实际航天任务和足够高的轨道，核反应堆的燃料只能用高浓缩铀 235 并应有一个极可靠的操作系统。放射性同位素发电机应用封闭系统加以保护并应保证没有反射性物质散入环境。

（2）确保安全。对核动力卫星拥有管辖和控制权的国家在发射前应做彻底和全面的安全评价，并公布评价结果。

（3）尽速通报。当发射国具有核动力源的空间物体发生海洋面有放射性物质重返地球的危险时，应及时通知其他国家，并将该资料送交联合国秘书长。其他国家要求索取进一步的资料时，发射国应尽速答复。

（4）通力合作。拥有监测和跟踪设施的国家应本着合作精神，向联合国秘书长及有关国家提供情报，发射国和所有拥有有关技术的国家和国际组织应对受影响的国家提供协助。

（5）承担责任。在因发射物体造成损害时，发射国应承担国际责任。进行的赔偿应包括有适足依据的搜索、回收和清理工作的费用以及第三方提供援助之费用。

上述原则尚未形成有法律拘束力的制度，外空使用核动力源的国际法原则尚在形成中。

第九章　居民的国际法问题

居民（inhabitant），是指在一国境内居住并受所在国法律管辖的自然人。居民是构成国家的必不可少的要素，没有居民的国家是不存在的。在国际法上，不仅仅将居民作为国家的要素，同时将居民作为国际法的客体，确定法律制度和规则，并明确国家的管辖权及外国人的法律地位。居民的法律地位，特别是居民中非本国人的法律地位，就成为国家之间需要解决的问题。一国居民主要包括本国人，也包括外国人、双重或多重国籍人及无国籍人。依据外交关系法，享有特权与豁免的外国人不列入居民中的一般外国人的范畴。

依据国家主权原则，国家对居住在本国境内的居民具有属地管辖权，对居住在其境外的本国人具有属人管辖权。属地管辖权与居民所处领土相关联，而属人管辖权则与居民的国籍相关联。因而，明确国籍对于实施管辖和进行保护是至关重要的。

第一节　国　　籍

一、国籍和国籍法

（一）国籍的概念和意义

国籍（nationality），是指一个人属于某一国家国民或公民的法律资格，是一个人同一特定国家固定的法律联系，也是国家实施外交保护的法律根据。

国籍对国家、个人和国际社会都具有重要意义：

（1）国籍是确定个人属于某国的公民或国民的法律资格。当一个人具有了某国的国籍，就可成为该国的公民或国民。从而将本国人与外国人区别开来。

一般而言，国民或公民并无严格区别。中华人民共和国成立初期，曾在《中国人民政治协商会议共同纲领》中采用“国民”（national）一词，但自1954年宪法后，我国所有法律和法规均采用“公民”（citizen），并沿用至今。只是一些国家通过国内立法对具有本国国籍的人加以区别，造成了国民与公民国内政治地位上的差别。如美国法律规定，凡是出生于美国本土并受美国管辖的人，是美国公民；凡是出生于美国海外属地的人，则为美国国民。英、法等国也有类似的规定。这些国家的公民享有完全的政治权

利，而国民只享有部分政治权利。他们在国内法律上的地位不同，但就国际法而言，这种区别无实际意义。只要具有一国国籍，无论是该国国民还是公民，都受其国籍国的管辖和保护。

（2）国籍体现了个人与国家之间的法律联系。一旦具有一国国籍便同该国建立起了固定的法律关系，只要不丧失该国国籍，这种关系就存续。从国家角度，国籍国有权要求国籍拥有者遵守并服从其法律和法令，同时也负有对其进行保护的义务和责任，无论其是在国内还是国外。从个人角度，一国国民享有其国籍国赋予他的各项权利（如选举权和被选举权等），同时他对其国籍国也承担相应的义务（如服兵役等）；对侨居在国外的国民来说，其拥有享受国籍国外交保护的权利，也负有效忠国籍国的义务。

（3）国籍是国家对个人行使管辖和进行保护的法律依据。因为国家的属人管辖权和外交保护只能施及具有其国籍的人，只有一个人具有了某特定国家的国籍，该国才能够对其进行属人管辖，才能在其处于国外时对其进行外交保护。即便是国家行使属地管辖权时也是必须区别国籍的，因为对本国人和外国人的管理制度是不同的，譬如，外国人不能享有选举权和被选举权，不能担负服兵役义务，等等。

（二）国籍法的概念和国籍立法

国籍法是一国规定国籍的取得、丧失、变更等事项的国内法。国籍法是一国国内法的组成部分。各国根据不同的民族传统和习惯以及具体的政治、经济利益，并考虑到人口发展或控制的需要，采用不同的立法原则和方式来制定自己的国籍法。有些国家把国籍事项规定在宪法中，有些国家把国籍事项规定在民法典中。目前，大多数国家采取单行法规的形式来集中规定国籍的各种问题。

国籍法虽然属于国内法，但因国籍问题具有国际性，因而成为国际法内容的一部分。由于各国国籍法的规定不同，在国际交流不断增加、各国人民交往频繁的情况下，往往会形成国籍的冲突，产生双重、多重国籍或无国籍的状况，从而引起国家间的纠纷。要解决这些冲突与纠纷仅靠某个国家单方的努力是不够的，需要国家之间的协调和国际社会的共同努力。于是，国家间签订有关国籍问题的双边条约或国际公约，成为国际间避免国籍冲突的重要途径。

国际社会在签订关于国籍的公约方面已取得一些成果，例如，1930 年 4 月 12 日在海牙签订的《关于国籍法冲突的若干问题的公约》《关于某种无国籍情况的议定书》《关于双重国籍某种情况下兵役义务的议定书》，1933 年 12 月 26 日在蒙得维的亚签订的《美洲国家间国籍公约》《美洲国家间关于妇女国籍的公约》。联合国成立后，把国籍问题列为优先考虑的编纂项目之一。在联合国主持下，1954 年签订了《关于无国籍人地位的公约》，1957 年签订了《已婚妇女国籍公约》，1961 年签订了《减少无国籍状态公约》，等等。

二、国籍的取得

国籍的取得指一个人取得某一特定国家的国民或公民的身份的方式和法律事实。根

据各国国籍立法、条约和实践，国籍的取得方式主要有：

（一）因出生取得

即一个人由于出生而获得某国国籍，这种取得为原始取得，故通过此方式取得的国籍称原始国籍（original nationality）。世界上绝大多数人都由于出生而取得国籍，这是取得国籍最主要的方式。在因出生而取得国籍方面各国适用不同的立法原则：

（1）血统主义（jus sanguinis）原则。即依据亲子关系（即血统）来确定子女的国籍的原则。根据这一原则，凡本国人所生子女当然具有本国国籍，不论其出生在国内或国外；而外国人所生的子女仍然是外国人，即使出生在居住国国内。

血统主义又可分为单系血统主义和双系血统主义。单系血统主义是依父亲的国籍决定子女的国籍，故又称父系血统主义。双系血统主义是指父母的国籍均可决定子女的国籍。由于单系血统主义存在男女不平等的倾向，目前多数国家采取了双系血统主义。例如，法国1945年国籍法第17条规定：父亲是法国人，其合法婚生子女都为法国人。1973年修改后的法国国籍法第17条规定：不论婚生或非婚生子女，其父母中有一人为法国人，可取得法国国籍。

（2）出生地主义（jus soli）原则。即依出生地作为取得国籍的标准的原则。根据该原则，子女出生在哪国就取得哪国国籍，而不问其父母国籍如何。实行该原则有利于增加移民速度，历史上一些地广人稀的国家，为吸收外来人口都曾采取过出生地主义原则，如美国以及墨西哥、阿根廷、巴西等国都有此实践。

（3）混合制（mixed system）原则。即兼采血统主义原则和出生地主义原则，即父母国籍和出生地都可作为取得国籍的根据。采取混合原则的国家，有的是平行兼采两种原则；有的以血统主义为主，出生地主义为辅；有的以出生地主义为主，血统主义为辅。

美国国籍法专家Flournoy曾把各国依据国籍法确定的取得国籍原则分为四大类：第一类是纯粹采取血统主义的国家，有17个；第二类是平行兼采血统主义和出生地主义的国家，有2个；第三类是采取血统主义为主、出生地主义为辅的国家，有25个；第四类是出生地主义为主、血统主义为辅的国家，有26个。[①] 我国学者李浩培教授在研究了99个国家的国籍法后得出结论：纯粹采取血统主义的国家有5个，以血统主义为主、出生地主义为辅的国家有45个，以出生地主义为主、血统主义为辅的国家有28个，平行兼采血统主义和出生地主义的国家有21个，纯粹采用出生地主义的国家无。[②] 可见，绝大多数国家采取混合原则。

（二）因加入取得

简称入籍（naturalization），即根据本人的意愿或某种事实，依某国法律的规定取得入籍国的国籍。通过此方式取得的国籍称继有国籍（derivative nationality）。“入籍”又

① 参见周鲠生《国际法》（上册），商务印书馆1983年版，第26页。

② 参见李浩培《国籍问题的比较研究》，商务印书馆1979年版，第49～50页。

有狭义和广义之分，狭义的入籍仅指申请入籍；广义的入籍既包括申请入籍，也包括由于婚姻、收养、领土变更等事实而依有关国家的法律规定取得该国国籍。

（1）申请入籍。旧称“归化”（naturalization），指外国人或无国籍人按某国法律规定，自愿申请并经批准而取得该国国籍。

申请入籍是各国都实行的制度，至于需要什么条件和怎样的程序才能申请并获准，属于一国国内法规定。关于入籍的条件，许多国家都列举有年龄、职业、财产状况、行为表现、居住年限等。如英国规定必须在该国居住过7年，美国、法国都规定5年为最低居住期限。有的国家规定入籍的文化条件（如要求通晓该国语言）和健康条件等。某些国家，对于入籍规定了苛刻的政治条件或带有种族歧视的内容，如1940年美国国籍法第305条规定，“宣传、提倡、教导无政府主义者”“怠工者”不得加入美国国籍。美国还曾经限制和排斥黄种人入籍，特别是否定中国人的入籍资格，1943年后才改变了这种做法。申请入籍通常须经一定机关的批准。有的国家由立法机关批准，有的由司法机关批准，有的由公安机关批准，有的由政府或某一主管部门（如移民局）批准。有的国家规定正式入籍时，申请人要履行宣誓效忠的手续。对符合某项条件的人（如对该国做出过特殊贡献，为它服过兵役或在该国拥有大量不动产等），在入籍时给予优惠，如缩短居住期限等。

（2）由于婚姻。指一国国民与他国国民结婚而取得他国国籍。通常，男子的国籍一般不受婚姻的影响，主要涉及妇女国籍变更的问题。

关于婚姻对妇女国籍的影响，各国有不同规定：①无条件妻随夫籍。凡外国妇女与本国男子结婚即取得本国国籍，凡本国女子与外国男子结婚即丧失本国国籍。这种规定始于1804年的法国民法典，盛行于19世纪，反映了男尊女卑的观点。现仍有少数国家，如印度尼西亚、伊拉克、约旦、阿富汗、埃塞俄比亚等国有此规定。②有条件妻随夫籍。外国女子与本国男子结婚原则上取得本国国籍，但有一定条件，如女方本国不要求其本人保留本国国籍。例如，法国1945年国籍法规定，同法国人结婚的外国女子，在结婚时取得法国国籍，但如果该女子本国法律准许她保留国籍时，她可以在婚前声明拒绝取得法国国籍。③无条件对外，有条件对内。即规定外国女子与本国男子结婚无条件取得本国国籍，而本国女子与外国男子结婚则有条件丧失本国国籍。如日本（1922）、秘鲁（1933）、奥地利（1949）、瑞士（1952）和西班牙（1954）的规定。现在采用这类规定的国家已很少。

目前，多数国家的立法倾向是规定婚姻不影响国籍，即外国女子不因同本国男子结婚而自动取得本国国籍，本国女子不因与外国男子结婚而自动丧失本国国籍，可以各自保留原国籍，也可以通过申请改变国籍。有些国家规定，外国人与本国人结婚后，如果要求入籍，条件可以放宽。

（3）由于收养。当发生收养外国人或无国籍人为子女时，可能致使被收养人取得收养人国籍的情况。从各国立法和实践看，收养对国籍的影响，一般有三种情况：①本国人收养外国人或无国籍人的子女，使被收养人取得本国国籍。采取这种规定的国家为数不多，有英国、比利时、爱尔兰、苏联等。②被收养人的原有国籍虽不因收养关系立即受到影响，但被收养人可按比较优惠的条件，申请取得收养人所属国的国籍。这些国

家，有美国、日本、瑞士、匈牙利、保加利亚等。③规定被收养人不因收养关系而影响其原有国籍。即本国人被外国人收养或外国人被本国人收养，均不当然取得和丧失国籍，可保留原有国籍。如奥地利、墨西哥、罗马尼亚等国均有过此类规定。

（4）由于选籍。选籍，即选择国籍，即从已经取得或者可能取得的两个或以上国籍中选择一国国籍。选籍多发生在具有双重或多重国籍的情况下，或者发生在领土交换的情况下。国家之间按照平等原则，将各自领土的一部分转移给对方，这种交换包括对领土主权、管辖权以及领土上居民的交换。如果所涉领土上的居民不愿意随领土转移到另一方，可以搬迁到原来国家的境内居住。其是否因为领土交换而取得对方国籍并退出原有国籍，一般是通过双边条约做出规定的。根据1960年10月中缅关于两国边界条约的换文，所涉领土上的居民，如果不愿意随领土转移到另一方，可在条约生效一年后的第一年内声明选择原来一方的国籍，并可从那时开始的两年以内迁入原来的一方境内居住。

对于入籍而取得国籍的人，在法律地位上是否与该国原有国民完全相同的问题，各国的规定也不一样。大多数国家规定两者法律地位原则相同，有的国家则规定了两者的差别。如1990年日本国籍法对入籍者在政治权利方面做了七项限制；美国宪法规定，入籍的人不得当选为美国总统。

三、国籍的丧失与恢复

（一）国籍的丧失

指一个人由于某种原因而丧失某一特定国家的国籍。其可分为自愿丧失和非自愿丧失：

（1）自愿丧失。国籍是以当事人明确的意愿表示为基础的丧失。主要因申请出籍和选择别国国籍而丧失。申请出籍是当事人主动要求并获准退出某一国国籍。其须具备两个条件：一是当事人的自愿申请，二是被申请国的批准或许可。在各国立法中均规定有退籍条件。例如，1952年《瑞士国籍法》第42条规定："任何瑞士国民，如果并不居住在瑞士境内，年龄至少已满20岁，且已取得或保证能够取得一个外国国籍者，经过申请，得被解除其国籍。"1980年《中华人民共和国国籍法》（以下简称《国籍法》）第十一条规定："申请退出中国国籍获得批准的，即丧失中国国籍。"选择国籍是当事人自愿选择某一国国籍而丧失另一国国籍的情况，多发生在具有双重或多重国籍的情况下，或者发生在领土交换的情况下。

（2）非自愿丧失。是指由于某种事实或法定原因，而不是因当事人的意愿丧失原有的国籍。常见的原因有：由于婚姻、收养、选籍和被剥夺国籍等。

1）因婚姻丧失国籍，指一个人由于同外国人结婚并按本国法规定丧失原国籍。这一般涉及妇女的国籍问题。如1921年《意大利国籍法》规定，意大利妇女嫁给外国人，即失去意大利国籍。但现在大多数国家的立法倾向是，规定本国妇女因同外国男子结婚而丧失本国国籍以已取得丈夫国的国籍为前提。如1952年《瑞士国籍法》规定：

“瑞士女子同外国人结婚时，如果她由于结婚而取得或已取得其夫的国籍，且在公告结婚或举行婚礼时并未声明愿意保持瑞士国籍，即丧失瑞士国籍。”

2）因收养而丧失国籍，是指一国儿童被外国国民收养，收养关系成立后取得收养人国籍，便丧失本国国籍。

3）因被剥夺而丧失国籍，指在规定有剥夺国籍制度的国家中，因当事人构成了某种特定行为而由主管机关根据法律规定剥夺其国籍。各国规定的剥夺国籍的理由不尽相同，归纳起来，有下列行为之一者可被剥夺国籍：危害国家独立或安全的行为，对本国不忠诚或为外国利益而危害本国利益的行为，逃避兵役的行为，在战争中为敌国服务的行为，等等。例如，巴拉圭1940年《宪法》第41条规定：“巴拉圭公民直接或参与侵害共和国的独立和安全而未遂者，应终止为巴拉圭公民。”剥夺国籍具有惩罚性，而且会导致无国籍现象发生。国际法学界大多反对剥夺国籍。《世界人权宣言》第15条第2款规定：“任何人的国籍不得任意剥夺。”

（二）国籍的恢复

国籍的恢复又叫国籍的回复，指已丧失某国国籍的人重新取得该国的国籍。许多国家都有此项规定，如1952年《泰国国籍法》规定：“泰国国民由于任何原因丧失泰国国籍后愿意恢复泰国国籍者，应依所颁规章规定的方式向主管部长提出申请。”我国1980年《国籍法》第13条规定：“曾有过中国国籍的外国人，具有正当理由，可以申请恢复中国国籍；被批准恢复中国国籍的，不得再保留外国国籍。”关于恢复国籍的条件，各国规定也不相同，有的规定恢复国籍只限于具有本国原始国籍而丧失者，对继有国籍而丧失者不予适用；但有些国家则规定不受其限。

四、国籍的冲突

国籍的冲突，又称国籍的抵触，可分为积极冲突和消极冲突两种情况。

（一）国籍的积极冲突

国籍的积极冲突，是指一个人同时具有两个或两个以上国家的国籍。具有两个国家的国籍称双重国籍（double nationality），具有两个以上国家的国籍称多重国籍（multiple nationality）。

1. 双重（多重）国籍产生的原因

导致产生双重（多重）国籍的根本原因是由于各国国籍法关于国籍取得和丧失的不同规定所产生的。而产生双重、多重国籍的具体原因如下：

（1）由于出生。有的国家采取血统主义，有的国家规定出生地主义，如采用血统主义的国家的国民到采用出生地主义的国家境内所生的子女，一出生就有可能具有双重国籍。若是子女的父母分属不同的国籍，就更容易在出生时使子女具有双重国籍，甚至多重国籍。

（2）由于婚姻。有的国家规定结婚并不影响国籍，有的国家规定“妻随夫籍”，这

样就可能因涉外婚姻而使妻子成为双重国籍人。例如，一个罗马尼亚女子与一个泰国男子结婚，根据罗、泰两国国籍法的规定，这个女子结婚后就会具有罗、泰双重国籍。

（3）由于收养。有的国家规定外国人被本国人所收养，即取得本国国籍，另一国家规定，收养并不对国籍产生影响，假如，采取第一种立法原则的国家的人收养了采取上述第二种原则的国家的儿童，这个被收养的儿童就可能成为双重国籍的人。

（4）由于申请。有的国家规定，取得国家并不以申请人是否脱离原国籍为条件，有的国家也未规定取得外国国籍自动丧失本国国籍，某人在没有退出本国国籍的情况下，申请到新国籍，此人在加入新国籍时便可能成为双重国籍人。

2. 双重（多重）国籍的弊端

双重（多重）国籍是一种不正常的现象。其弊端主要表现在：

（1）使得双重国籍人处于窘迫境地。双重（多重）国籍者不但享受一定的权利，还应承担对所有的国籍国效忠的义务。若几个国籍国同时要求他服兵役，他就无法履行这种义务。因此，双重（多重）国籍人时常处于困难的境地。如果几个国籍国之间发生战争，他的处境就更为艰难。因为不论他去哪一国服役参战，都会被另一国视为叛国。如1951年美国上诉法院曾经判决了一个具有美国国籍的日本人川喜多犯了叛国罪和残酷迫害美国战俘罪，原因是他在第二次世界大战日、美正式开战之前，凭美国护照来到日本，在日本逗留期间，他在日本的战俘营中任职，参与虐待过美军俘虏。

（2）容易造成国家之间的纠纷。历史上由于双重（多重）国籍引起保护权和兵役义务的冲突，使有关国家陷于纠纷之中的事例屡见不鲜。1812年，英国与美国曾就英国强迫已在美国入籍的英国人服兵役引起争端，成为当年英、美之间发生战争的原因之一。1915年，美国与法国之间有过类似的纠纷，法国通知已入美国籍的法国人回国服兵役，并扣留了回到法国境内的这种类型的人，强迫他们服兵役。美国国务院向法国政府提出了抗议，但法国答复说，依照法国的国内法，法国公民在外国归化只有经过法国政府批准才可解除法国国籍。

另外，双重（多重）国籍也常为第三国对外国人的管理带来不便。尤其是在该双重国籍人卷入民事或刑事案件，而必须明确当事人的国籍时，这个问题就更为棘手。

3. 双重（多重）国籍的解决

解决双重（多重）国籍问题，目前国际法上还没有公认的统一规则。在国际实践中，有一些主要办法能尽量防止、减少和消除双重或多重国籍现象。这些方法通常通过国内立法、双边条约、国际公约的规定体现出来：

（1）国内立法。各国在进行国籍立法时，尽量避免可能导致双重或多重国籍的情形，通常有下列具体规定：①允许选择国籍，即允许双重（多重）国籍人在成年时，选择其中一个，当然这种选择只有在两个或两个以上有关国家都承认时才有效。②允许放弃本国国籍，即允许在一定条件下，自动丧失本国国籍。如按葡萄牙民法典，凡同时具有葡萄牙国籍和其他外国籍的人，可在成年时声明不愿成为葡萄牙国民。③允许拒绝取得本国国籍。主要适用于与本国男子结婚的外国女子。通过国内立法可以解决一部分双重（多重）国籍问题。

（2）双边条约。两个相关国家，在平等基础上通过协商，达成协议，签订双边条

约，是最行之有效的方法，它可以比较彻底地解决彼此之间存在的双重国籍问题。例如，1956年，朝鲜、南斯拉夫分别与苏联签订了解决双重国籍的条约，使在国内立法中可能不成功的选择国籍的办法，通过双边条约解决了。

我国华侨人数众多。我国在采用双边条约解决华侨的双重国籍问题方面很有成效。经过多次谈判，1955年我国与印度尼西亚签订了《关于双重国籍的条约》，1960年又制定了该条约的实施办法。双方确认，凡同时具有中国国籍和印尼国籍的人，应自愿在这两个国籍中选择一个国籍，而自动丧失另一个国籍。此外，我国还分别于1974年与马来西亚、1975年与菲律宾、1975年与泰国发表联合公报，谋求解决双重国籍的问题。

（3）国际公约。国际社会通过协商订立了多边条约或国际公约，制定统一标准，也不失为一种行之有效的方法。例如，1930年订于海牙的《关于国籍法冲突的若干问题的公约》和《关于双重国籍某种情况下兵役义务的议定书》，1933年订于蒙得维的亚的《美洲国家间国籍公约》，1954年、1957年、1961年联合国通过的有关国籍问题的公约，等等。但由于双重（多重）国籍问题的复杂性和各国利益的不一致，批准和加入有关公约的国家为数不多，有的国家即使加入或批准了有关公约，也提出了各种保留。因而，这些公约虽对防止和消除双重（多重）国籍在一定程度上起到作用，但从总体来看，作用还远远不够。

（二）国籍的消极冲突

国籍的消极冲突是指一个人不具有任何国家的国籍，又称无国籍（statelessness）。

1. 无国籍产生的原因

无国籍产生的原因同样是由于各国国籍法关于国籍取得和丧失的不同规定所产生的。具体原因主要有：

（1）由于出生。如一对无国籍的夫妇，在采取血统主义的国家里所生的子女，仍然是无国籍人；一对其本国采取出生地主义的夫妇在采取纯血统主义国家的领土内所生的子女，其子女也就成为无国籍人。

（2）由于婚姻。有的国家的法律规定，本国女子与外国男子结婚即丧失本国国籍；而另一个国家的法律规定，外国女子与本国男子结婚，并不当然取得本国国籍。这样，前一国的女子与后一国的男子结婚，她就会成为无国籍人。虽然她可以通过申请加入后一国国籍，但在批准入籍之前，仍是无国籍人。

（3）由于被剥夺。有些国家的国籍法订有剥夺国籍的条款，如果一个人被剥夺了国籍，在他没有获得新的国籍之前，就是一个无国籍人。

（4）其他原因。诸如偷越国境、没有合法的护照或其他证件，护照过期而不去更换新证等，都可能导致无国籍。国际上由于相邻国家之间的武装冲突或国内的某种动乱、冲突而造成的国际难民，也是产生无国籍的一种原因。

2. 无国籍现象的弊端

无国籍人不具有任何国家的国籍，当其利益遭到侵害时，他不能请求任何国家给予外交保护，任何国家也没有外交保护的法律依据。目前，多数国家对无国籍人通常给予一般外国人的待遇，但是无国籍人不能享受根据互惠原则给予某些特定国家的国民或公

民的优惠待遇。因此，无国籍人的地位待遇令人同情。

3. 无国籍的解决

国际社会和各主权国家均采取积极措施以消除和减少无国籍现象。主要方法有：

（1）国内立法。通过国内立法的方式减少、消除无国籍是一种有效的办法。例如，许多国家规定无国籍人在本国所生的子女可取得本国国籍；有的国家允许无国籍人通过法定的手续申请入籍；有的国家规定国籍不明的弃儿可取得本国国籍；也有些国家规定，只有在取得或能够取得外国国籍的条件下，才可以丧失或声明放弃本国国籍。

（2）国际公约。国际社会也注意通过订立国际公约来改善无国籍人的地位，防止与消除无国籍状态。例如，1930 年海牙国际法会议制定的《关于某种无国籍情况的议定书》、1933 年的《美洲国家间国籍公约》，特别是联合国主持签订的 1954 年《关于无国籍人地位的公约》、1961 年《减少无国籍状态公约》为解决无国籍状况起到了一定的作用。但现有的国际公约规定尚不完备，参加国为数不多，即使参加这些公约的国家，也有待于通过国内立法，将公约的内容付诸实施。可见，解决无国籍现象仍是各国长期要面临的任务。

五、我国国籍法

中华人民共和国成立前，当时的政府曾经颁行过 3 部单行国籍法规，即 1909 年清政府颁布的《大清国籍条例》，1914 年 12 月 30 日袁世凯政府颁布的《修正国籍法》，以及 1929 年 2 月 5 日民国政府颁行的《修订国籍法》。中华人民共和国成立后，废除了旧的国籍法。在 1980 年前的 30 年间，我国处理国籍问题主要是依据政府有关政策的规定。1980 年，我国颁布了《中华人民共和国国籍法》，该法共 18 条，集中反映了我国的一贯政策和多年来处理国籍问题的实践经验，并参考了国际公约和各国立法经验。

《中华人民共和国国籍法》的立法原则可归纳如下。

（一）平等原则

这包括民族、种族平等和男女平等。依据《国籍法》第二条，我国各族人民都具有中国国籍。依据《国籍法》第七条，外国人或无国籍人申请加入中国国籍，不附带任何民族或种族歧视的条件。此外，我国《国籍法》坚持妇女国籍独立原则和双系血统主义原则以体现男女平等。

（二）血统主义与出生地主义相结合的原则

我国《国籍法》第四条规定，父母双方或一方为中国公民，本人出生在中国（第五条还规定即使“本人出生在外国”），也具有中国国籍。否定了中华人民共和国成立前历次国籍立法所奉行的父系血统主义原则，而实行了双系血统主义原则。第五条又以但书规定，“但父母双方或一方为中国公民并定居在外国，本人出生时即具有外国国籍的，不具有中国国籍”。其表明我国兼采了出生地主义原则，其目的是为了避免双重国籍和无国籍状况的产生。

（三）不承认双重国籍原则

我国《国籍法》第三条明确规定："中华人民共和国不承认中国公民具有双重国籍。"第五条但书规定，"本人出生时具有外国国籍的，不具有中国国籍"，这就使得中国公民不会因出生而取得双重国籍。第九条规定："定居外国的中国公民，自愿加入或取得外国国籍，即自动丧失中国国籍。"第八条规定："被批准加入中国国籍的，不得再保留外国国籍。"第十三条规定："被批准恢复中国国籍的，不得再保留外国国籍。"使得中国公民不会因入籍、复籍而取得双重国籍。

（四）防止与消除无国籍原则

我国《国籍法》第六条明文规定："父母无国籍或国籍不明的，定居在中国，本人出生在中国，具有中国国籍。"改变了我国过去一度采取的"无国籍人的子女还是无国籍人"的政策，这是防止出现新的无国籍问题的十分具体的立法措施。第七条还规定，在中国的无国籍的人，与外国人一样，只要愿意遵守中国的法律，具备了一定的条件（如系中国人近亲属、定居在中国或有其他正当理由），可以经申请批准加入中国国籍，这对消除无国籍状态起到了积极作用。

（五）自愿申请与审批手续相结合原则

与其他国家的国籍法相比，根据本人自愿申请加入或退出中国国籍的规定，是《中华人民共和国国籍法》的一个重要特点。除了为避免双重国籍而在第九条规定华侨因取得外国国籍而自动失去中国国籍，以及为了维护国家利益而在第十二条规定"国家工作人员和现役军人，不得退出中国国籍"之外，我国国籍法没有任何关于自动取得、丧失国籍的规定，也没有任何关于取得、退出国籍的强制性规定。这是为了避免违背个人意愿而导致国籍的变更。另外，我国《国籍法》又强调中国国籍的加入、退出和恢复，必须经过我国主管机关的批准。第十四条还指定了受理国籍申请的机关——在国内为县级以上公安机关，在国外则是我国派出的外交代表机关和领事机关。

第二节　外国人的法律地位

一、国家对外国人的管辖依据

外国人（alien）指在一国境内不具有居住国国籍而具有其他国家国籍的人。在实践中，为便于管理无国籍人，其往往也被视为外国人。此处的外国人主要是指一般外国人，即不享有特权与豁免的普通外国人。外国人不仅包括自然人，还包括外国法人。

根据国际法，规定外国人的法律地位是一国国家的主权权利，一国境内的外国人的法律地位由所在国的法律加以规定。每一个国家都可以根据自己的具体情况，规定有关

外国人的待遇及其权利和义务，以及入境、出境、居留的管理办法等。但是一国规定外国人法律地位时需顾及国际法原则及国际习惯，不得违背该国所承担的国际义务。因为处于他国境内的外国人，会同时受到居留国的属地管辖权和国籍所属国的属人管辖权双重管辖。这种双重管辖就构成确定外国人法律地位的根据。

依据国家的属地管辖权，每一国都可根据自己的具体情况，规定有关外国人入境、出境、居留的管理办法以及外国人在此期间的权利、义务。有权规定外国人必须遵守的法律法令；同时，也有义务保护外国人的合法权益。对于外国人来说，由于他受居留国的属地管辖，有权要求居留国保护他在该国的合法权益；同时，他也有遵守居留国的法律和法令、尊重当地的风俗习惯、与当地人民和睦相处的义务。

国籍所属国行使属人管辖权主要体现在对侨居国外的本国人实行的外交保护权上。即一国对在外国的本国侨民，当其合法权益遭到损害时，有权通过外交途径予以保护。外交保护权是从国家主权派生出来的权利。对此，国际法院在“诺特保姆案”“巴塞罗那公司案”等案件的判决中给予了确认。国籍所属国进行外交保护的前提条件是在居留国已经用尽当地救济。外国人受到非法侵害后，首先应通过居留国司法或行政机关以使自己得到补偿。国际法院在“国际工商业投资公司案”中，接受了美国政府以瑞典公司尚未用尽它可能使用的当地救济方法为由而提出的抗辩。

二、外国人入境、居留和出境的管理制度

从上文可知，管辖外国人是国家权利的内容之一，因此，国家有权根据本国实际情况，对外国人的入籍、出境及居留制度做出具体规定。

（一）外国人的入境

国家是否准许外国人入境，在什么情况下允许外国人入境，完全由各国国内法规定。国家并没有准许外国人入境的义务，外国人也没有要求入境国必须准许他入境的权利。通常各国都在互惠的基础上允许外国人为合法目的入境，但要履行一定程序，一般须持有护照并办理签证（visa）。无国籍人入境，则应持有其居留国签发的旅行证明。国家之间也可以在互惠基础上通过签订互免签证条约或协定，而互相免去签证手续。如欧洲联盟成员国的往来一律不需签证。

为维护本国的安全和利益，国家有权禁止可能有害于本国的人入境，例如，传染病患者、精神病患者、刑事罪犯、恐怖分子以及从事不正当职业者。有些国家还规定，携带违禁品（如毒品、武器等）、走私、伪造或涂改证件者不得入境。但如果一国采取种族歧视政策，限制或禁止特定民族、特定国家的人入境，则是违背国际法的。

（二）外国人的居留

合法入境的外国人，可以在该国短期、长期或永久性地居留。居留期间应遵守所在国的法律、法规，而其人身、财产和其他正当权利，则应得到居留国的保护。

外国人的民事权利，诸如人身权、财产权、著作权、发明权、劳动权、受教育权、

婚姻家庭权、继承权和诉讼权等应当得到居留国的保护。而本国人所享受的政治权利，如选举权、被选举权等，各国一般不给予外国人，除非法律做出例外规定，例如，乌拉圭法律规定，在乌拉圭居住达15年以上的外国人享有选举权。

（三）外国人的出境

外国人出境的条件，由各国国内法规定，通常要求办理了出境签证，无未纳的税务或未偿的债务，无未了结的民事、刑事纠纷等。对于合法出境的外国人，应允许其依照居留国法律的规定带走合法的财产。

根据国际法，一国不能禁止外国人合法离境。但为维护本国公共秩序或公共安全，一国有权限令外国人出境，或者将其驱逐出境。如1928年美洲国家间《关于外国人地位的公约》第6条规定："各国得以公共秩序或公共安全的理由，将在其领土内设有住所、居所或临时过境的外国人驱逐出境。"1955年《关于居留的欧洲公约》第3条第1款规定："在其他各方领土内正常居住的缔约各方国民，除非威胁国家的安全或违犯公共秩序或善良风化，不得被驱逐。"但这项权利不可滥用。如果借此权利迫害外侨中的进步人士或歧视某个特定民族，则违背国际法，会招致当事人国籍国的抗议甚至报复，引起国际责任。

三、国家给予外国人的待遇

给予外国人怎样的待遇，国际法上没有统一的规定。一国境内的外国人享受权利的程度各国实践不一，在具体待遇上也有一定的差别。外国的待遇主要由各国国内法加以规定，有时也由条约加以规定。各国通过国内法和国际条约确定的外国人的待遇形式和原则主要有以下几种。

（一）国民待遇

国民待遇（national treatment）指一国给予外国人与本国人的待遇相同的情况。即在同样条件下，外国人所享受的权利和承担的义务与本国人相同；同时，外国人也不能要求比本国人有更多的权利。其是待遇平等原则的体现。

通常国民待遇一般指民事方面和诉讼方面的权利，并不包括政治方面的权利。一般来说，外国人在居留国不享有选举权和被选举权，不得担任公职，同时也不承担服兵役的义务。

国民待遇通常是国家之间在互惠原则的基础上相互给予的，通过国内法、双边条约或一些区域性公约来规定。如1995年《欧洲居留公约》第4条规定："缔约各方国民在其他各方领土内关于民事权利的享受和行使，无论是个人方面或财产方面，享有与国民待遇同等的待遇。"

（二）最惠国待遇

最惠国待遇（most favored nation treatment），指一国给予另一国的公民或法人的待遇，不低于现在或将来给予任何第三国公民或法人的待遇。

国家之间通常在平等互利的基础上，签订双边或多边条约，来规定哪些方面给予缔约国的公民或法人以最惠国待遇。最惠国待遇是为了防止在国际交往中出现歧视性待遇而确定的，最初其仅适用于特定国家，后来逐渐发展为适用于所有国家。除适用于自然人和法人的法律地位外，最惠国待遇通常的适用范围有商品的进出口关税、捐税和其他费用的征收、海关手续、进出口许可证以及其他证件的办理和发放、船舶和飞机的出入境、停留等。

最惠国待遇可以根据不同标准做不同分类：从施惠国给予受惠国最惠国待遇时是否附加条件看，可分为无条件最惠国待遇和有条件最惠国待遇；从最惠国待遇的给予是否互惠来看，可分为互惠最惠国待遇和片面最惠国待遇；从最惠国待遇的适用范围上看，可分为无限制最惠国待遇和有限制最惠国待遇。目前，国际条约普遍采用无条件的、互惠的以及有限制的最惠国待遇。

（三）差别待遇

差别待遇（differential treatment），指在外国人与本国人之间或在不同的外国人之间存在的待遇不同的情况。包括两方面：一方面是指外国人与本国人之间的差别，即给予外国公民或法人的权利，在某些方面少于本国公民或法人；另一方面是指外国人之间存在差别，即对不同国籍的外国公民或法人给予不同的待遇。譬如，适用互惠待遇的情况。如果差别待遇不含任何歧视，国际法是接受的；如果采取歧视性的不合理的差别待遇，则是违反国际法的。

此外，一些西方国家和学者就外国人待遇曾提出“国际标准”的主张：其要求给外国人的待遇，不能低于“文明世界”的“国际标准”或“最低标准”，否则就要承担国际责任。这种“国际标准”或“最低标准”，实际上只是西方国家的标准，而不是现代国际法规定的标准，其并没有被多数国家所接受。

四、外国人在我国的法律地位

在中华人民共和国成立前，由于帝国主义国家实行侵略和掠夺、奴役和控制，使得外国人在中国攫取了种种特权，如领事裁判权、内河航运权、片面的最惠国待遇等。这是对国际法基本准则的严重破坏和践踏。因此，中华人民共和国成立后，理所当然地取消了帝国主义国家在中国享有的特权地位，同时，也取消了外国人在中国的种种特权。

（一）外国人在我国的法律地位

在中国，外国人指在中国境内的依照《中华人民共和国国籍法》不具有中国国籍的人。在管理上，无国籍人也被作为外国人看待。

我国《宪法》第三十二条规定，“中华人民共和国保护在中国境内的外国人的合法权利和利益，在中国境内的外国人必须遵守中华人民共和国的法律”；第十八条规定，“在中国境内的外国企业和其他外国经济组织以及中外合资经营的企业，都必须遵守中

华人民共和国的法律。它们的合法的权利和利益受中华人民共和国法律的保护。”我国刑法、民法、中外合资经营企业法、中外合作经营企业法、外资企业法、商标法、合同法等对外国人，包括外国法人的实体权利和义务做了相应规定。我国的刑事诉讼法、民事诉讼法等对外国人的诉讼权利和义务做了相应规定。此外，我国还同有关国家签订了有关贸易、投资保护以及避免双重征税的双边条约或多边条约，在互惠对等的基础上给外国人以最惠国待遇。

我国政府保护在中国境内外国人的合法权益，外国人的人身自由不受侵犯，未经公检法机关决定和执行不受逮捕。外国人的劳动、福利、受奖励、受教育等权利受到保护。外国人在中国期间不享有政治权利，也不承担服兵役的义务。同时，外国人在中国境内，必须遵循中国法律，不得危害中国国家安全、损害社会公共利益、破坏社会公共秩序。

（二）外国人入境、居留和出境管理制度

为便于对外国人的管理，我国于1964年颁布了《外国人入境出境过境居留旅行管理条例》，1985年颁布了《中华人民共和国外国人入境出境管理法》（以下简称《外国人入境出境管理法》），国务院于1986年制定了《中华人民共和国外国人入境出境管理法实施细则》，1994年对该实施细则做了修订。这些法律、法规确定了我国对外国人入境、居留和出境的管理制度。

（1）外国人的入境。外国人入境过境应经中国政府主管机关的许可，须申请办理签证。我国主管办理签证的机关，在国内是公安部、外交部或由公安部、外交部授权的地方公安机关出入境管理部门和地方外事部门，在国外是中国的外交代表机关、领事机关或外交部授权的其他驻外机关。在特定情况下，外国人可向中国主管机关指定口岸的签证机关申办签证。我国根据外国人来华的身份和所持护照的种类，分别发给外交签证、公务签证、礼遇签证和普通签证。

外国人入境后可能危害我国国家安全、社会秩序的，不准入境，包括：被中国政府驱逐出境未满不准入境年限的，被认为入境后可能进行恐怖、暴力、颠覆活动的，被认为入境后可能进行走私、贩毒、卖淫活动的，患有麻风病、艾滋病、性病、开放性肺结核病等传染病的，不能保证其在中国期间的生活费用的，被认为入境后可能进行危害我国国家安全和利益的其他活动的。外国人入境时，边防检查机关如发现下列情形之一者，有权阻止其入境：未持有效护照、证件或签证的，持伪造、涂改或他人护照、证件的，拒绝查验证件的，公安部或国家安全部通知不准入境的。此外，还规定携带危险品、爆炸物品以及携带枪支、弹药者也不准入境。

（2）外国人的居留。外国人在中国居留，应在规定时间内到当地公安机关校验证件，如变更居住地点，必须按规定办理迁移手续。为了给在中国投资以及与中国企业进行经济、科技、文化合作的外国人提供方便，《外国人入境出境管理法》第十四条做出了给这类外国人以长期居留或永久居留资格的规定。

外国人持有效的签证或居留证件，可以前往对外国人开放的地区旅行。但非经当地公安机关许可，不得前往非开放地区。

（3）外国人的出境。外国人出境，凭本人有效护照或其他有效证件。外国人应当在签证准许停留的期限内或者居留证件的有效期内出境。

有下列情形之一的外国人，不准出境：①刑事案件的被告人和公、检、法机关认定的犯罪嫌疑人；②人民法院通知有未了结的民事案件不能离境的；③有其他违反中国法律的行为尚未处理，经有关主管机关认定需要追究的。有下列情形之一的外国人，边防检查机关有权阻止其出境，并依法处理：①持用无效出境证件的；②持用他人出境证件的；③持用伪造或者涂改的出境证件的。

外国人如果非法入境、出境，在中国境内非法居留，未持有效证件前往非开放地区，或者伪造、涂改、留用、转让入境出境证件，我国县级以上公安机关可处以警告、罚款或10日以下的居留，情节严重构成犯罪的，可依法追究刑事责任。《外国人入境出境管理法》第三十条还规定，犯有上述行为，情节严重的外国人，公安部可令其限期出境或将其驱逐出境。

第三节　难民的法律地位

从某种意义上看，难民是一种较为特殊的外国人，难民的地位及保护属于特殊的外国人的法律地位问题。

一、难民的定义

国际法中的难民是指因政治迫害、战乱或其他严重扰乱公共秩序的事件而逃离本国或居住国，失去任何政府保护的外国人或无国籍人。

1951年《关于难民地位的公约》对“难民”做了基本定义：“因有充分理由畏惧由于种族、宗教、国籍、属于某一社会团体或持有某种政治见解的原因留在其本国之外，并且由于此项畏惧而不能或不愿受该国保护的人；或者不具有国籍并由于上述事情留在他以前经常居住国家以外而现在不能或者由于上述畏惧不愿返回该国的人。”

1951年《关于难民地位的公约》经过联合国解决难民和无国籍人地位全权代表会议通过，被认为是国际难民法的一个里程碑。随着新的难民群体的出现，1967年联合国又通过《关于难民地位的议定书》，取消了1951年的时间限制和地域限制，使其真正具有了普遍性。1954年4月22日公约生效。截至2011年4月1日，已有144个国家批准了该公约，另有19个国家签署了该公约，有145个国家批准了议定书。我国于1982年8月23日加入该公约和议定书。

随着形势发展，联合国难民署所“关注的人”早已超越1951年公约定义的范围。1975年后联合国大会通过的有关决议中常出现“流离失所者”，他们不一定符合1951年公约中的定义，但由于本国发生的事件使他们处于“像难民一样的境地”。而且，在联合国大会和秘书长的要求下，难民署还可帮助留在本国的流离失所者。1975年塞浦路斯事件后，难民署应联合国秘书长的要求，协调对当地流离失所者的人道援助。此外，难民署对自愿回归本国后的难民的状况还发挥监督作用。

二、难民的甄别

难民地位的甄别与确定具有重要意义。联合国难民署1979年曾出版《关于难民地位甄别程序和标准手册》，成为难处理难民资格问题的指南。

1. 甄别难民地位的机构

确定某人是否具有难民资格，可以由某人的所在国政府进行，也可以由负责难民保护与援助的国际机构进行。

如果一国是1951年公约和1967年议定书的签字国，则由该国政府负责给予难民地位。取得此种难民地位的人称为“公约难民”，其地位最优惠：他不仅可以保证不被“推回”，而且可获得公约与议定书中规定的多项经济和社会权利，包括获得旅行证的权利。

联合国难民署也可以依其章程确定难民。取得此种难民地位者称“章程难民”。实际上章程难民定义与公约难民定义相同，只是章程难民的确认不取决于庇护国是否是1951年公约和1967年议定书的签字国。对章程难民，由难民署给予保护，使其不被“推回”并享受人道主义待遇。但章程难民不能要求享有与公约难民完全一样的权利。

2. 甄别难民地位的标准

“一个人不是因为得到认可才成为难民，而是因为他是难民才得到承认。”一般情况下，一个人符合难民定义中的标准，他即是难民。依据1951年公约和1967年议定书，要获得难民地位必须具备主客观两方面因素：①主观上畏惧迫害，而且这种畏惧不是假想或虚构的。甄别时要结合个人与家庭背景，在某种族、宗教、国家、社会或政治团体中的身份，个人的环境或经历等因素来综合考量。②客观上申请者的畏惧与受迫害相关。这种迫害是“由于种族、宗教、国籍、属于某一社会团体或持有某种政治见解的原因”，即是一种“政治迫害”。因此，害怕饥荒或自然灾害的人不是难民；仅仅为改善经济状况而非出于对迫害的畏惧而离开本国的人也不是难民，而是经济移民。而非洲统一组织难民公约和卡塔赫纳宣言已把这种客观因素扩大到战乱、遭受外来侵略、严重危害公共秩序的事件等。同时，还要考量一个标准：即申请者在本国或原经常居住国之外。一个人在其本国国内不应取得难民地位，其在法律上不被视为“难民”，尽管联合国难民署近年把其关注的对象扩大到一国内的“流离失所者”。

同时，在甄别时还应当注重1951年难民公约的“终止性条款”和“排除性条款”。前者规定难民如获得了国籍国保护或受迫害情况不再存在，则不再享受难民地位。后者规定给予申请者难民地位时，应当排除下列情况：已接受联合国保护或援助的人，因为享有庇护国国民的权利和义务而被认为不需要国际保护的人，以及犯有破坏和平罪、战争罪、危害人类罪的人，或者在以难民身份进入庇护国前曾在庇护国以外犯过严重的非政治罪行的人，曾有违反联合国宗旨和原则的行为并被认为有罪的人。

3. 甄别难民地位的程序

难民地位甄别程序是确保执行1951年公约和1967年议定书的关键。然而这两个文件均未做出程序规定，由于各国行政和司法制度互不相同，也不可能产生统一的难民地位甄别程序。1979 年难民署《关于难民地位甄别程序和标准手册》做了一般规定：合格工作人员应对难民地位的申请进行公正和适当审查；只要条件许可，应允许申请人当面陈述其案情并填写联合国难民署资格甄别表；对被拒绝申请者应说明拒绝理由并为其上诉提供咨询；上诉案应由另一名人员或另一组人员处理；等等。

三、难民的待遇

一个人经申请获准取得难民资格后，难民本人及其家庭成员便可享受公约难民地位或章程难民地位，而不被推回其本国或居留国，即坚持“不推回原则”。

1951 年公约和 1967 年议定书的缔约国承诺：在其境内的任何难民在宗教自由、缺销产品的定额供应、初等教育、行政协助的费用、任何捐税或费用的财政征收等方面与本国国民享有同等待遇，在其境内合法居留的难民在公共救济和救助以及劳动立法和社会安全等方面与本国国民享有同等待遇，在其境内经常居住的难民在艺术权利和工业财产的保护以及出席法院等方面与本国国民享有同样待遇。在其他方面难民享有不低于一般外国人所享有的待遇。此外，难民有获得身份证件的权利，以便其旅行。在入籍方面应给难民提供便利。

联合国难民署对章程难民，首先尽力帮助希望返回家园的难民自愿遣返，并由难民本国、庇护国和难民署共同起草遣返协议，阐明难民回国的条件并列出回国者的安全保证条款。在自愿遣返不可能时，难民署力促庇护国就地安置并融合难民。对于既不能回到本国，又不能安全地留在庇护国的难民，难民署力争第三国重新安置难民。同时，难民署会同联合国的一些专门机构并联合一些非政府组织尽可能给难民以人道主义救济。当然，联合国难民署并不限于对章程难民进行保护与援助，也参加对公约难民的保护与援助。

四、中国与难民的国际保护

自 1971 年恢复在联合国的合法席位后，我国便积极参加联合国保护难民的活动。1979 年我国恢复在难民署执行委员会中的活动并多次出席有关难民问题的国际会议。1982 年中国加入 1951 年《关于难民地位的公约》和 1967 年《关于难民地位的议定书》。联合国难民署 1979 年在中国设立了办事处。但中国国内目前没有专门的难民立法和确定难民身份的程序。

中国境内出现大规模难民是在 1978—1979 年。自 1978 年始，大批华裔越南人逃到中国，被称为“印支难民”。中国政府接收了约 28.6 万印支难民，其中约 91% 为华裔，8% 为越南人，1% 为老挝人。中国政府将这些印支难民安置在大约 190 个国有农场和生产单位。1981—1982 年，中国政府又接收了约 2500 名老挝难民和一小批柬埔寨难民，分别安置在云南和江西、山西等地。近年来，来自索马里、布隆迪、卢旺达的留学生约 73 人在中国也寻求到难民地位。

鉴于中国没有难民立法，联合国难民署驻北京办事处目前负责难民身份的甄别，与民政部接待和安置难民办公室合作，为来中国寻求保护的难民提供援助。

第四节　庇护与引渡

一、庇护

（一）庇护的概念和根据

庇护（asylum）是指国家对由于政治原因受迫害或遭追诉的外国人，准其入境和居留并给予保护，拒绝将其引渡给任何外国的行为。庇护包括两方面的内容：①拒绝将被庇护者引渡给其他任何国家；②庇护国给予被庇护者以法律上的保护。

庇护以国家的属地优越权为依据，是国家依其属地优越权为依据而派生出的权利，是国家主权的具体体现。因此，对请求庇护的外国人是否给予庇护，由庇护国自主决定。应当注意到，庇护权不是个人权利，任何人不能强迫其他国家必须接受对其庇护的请求。

各国进行庇护的主要根据是国内立法。通常在宪法或相关法律中加以规定：譬如，1946 年法国宪法、1947 年保加利亚宪法都做了此类规定。我国 1982 年《宪法》第三十二条规定："中华人民共和国对于因为政治原因要求避难的外国人，可以给予受庇护的权利。"我国 1985 年《外国人入境出境管理法》第十五条也规定："对因为政治原因要求避难的外国人，经中国政府主管机关批准，准许在中国居留。"

在国际法方面，1967 年 12 月 11 日联合国大会通过的《领土庇护宣言》规定了关于庇护的一般原则；以及一些区域性的公约，如 1928 年《美洲国家关于庇护的公约》和 1933 年《美洲国家间关于政治庇护权的公约》等。

（二）庇护的对象

庇护的对象主要是因政治原因遭受追捕或迫害的人，所以庇护也叫政治避难。对于受庇护人是否因政治原因，其性质的判定权属于庇护国。联合国《领土庇护宣言》第 1 条第 3 款规定："庇护之给予有无理由，应由给予庇护之国酌定之。"从国际实践看，各国保护又不局限于政治犯，通常庇护的对象大于政治犯的范围。普通刑事罪犯和公认的国际罪行不在庇护之列。对此，联合国《领土庇护宣言》第 1 条中明确规定："凡有重大理由可认为犯有国际文书设有专条加以规定之危害和平罪、战争罪或危害人类罪之人，不得援引请求及享受庇护之权利。"

获得庇护的外国人的法律地位等同于一般外国人。他应遵守庇护国的法律、规章，不得参与庇护国的政治活动，也不得在该国从事反对他国的活动。庇护国有义务对受庇护人的活动加以必要的监督或限制，从而不致使本国领土成为受庇护人反对别国的政治

活动基地。《领土庇护宣言》第4条规定："给予庇护之国家不得准许享受庇护之人从事违反联合国宗旨与原则之活动。"

（三）域外庇护问题

域外庇护（exterritorial asylum），又称外交庇护，是指一国在驻外使、领馆，军事基地，停泊于外国港口、机场的本国军舰、飞机等领域之外的地方来实施庇护外国人的行为。外交庇护尚未得到一般国际法的承认，只有根据条约的特别约定或者区域性条约的规定，才能够实施这种庇护。

域外庇护与领土庇护的最大区别在于，它是庇护国在外国领土内利用特权与豁免来庇护外国人。依据外交关系法，一国在享有特权与豁免的同时必须尊重和遵守所在国的法律，不应侵犯所在国的领土主权或干涉所在国的内政。《维也纳外交关系公约》第41条以及《维也纳领事关系公约》第47条均明确规定馆舍不得用于与使馆或领馆职务不相符合的用途。所以，域外庇护一直未得到国际社会的普遍接受。

有的国家曾有过域外庇护的实践。美国驻匈牙利使馆1956年曾庇护匈牙利红衣主教明曾蒂，让其在使馆中居住至1970年。哥伦比亚驻秘鲁使馆1949年庇护阿亚·德拉·托雷。印度驻尼泊尔使馆曾庇护尼泊尔前国王特里布哈范。国际法院在"阿亚·德拉·托雷案"（庇护权案）中，明确区分了领土庇护与使馆庇护的界限，认为后者会使违法者逃避使馆驻本国的管辖，构成对完全属于驻本国权限内事务的干涉，除非在具体案件中确立了法律依据，这种对领土主权的损害不能得到承认。

域外庇护在拉美国家的相互交往实践中得到认可。1928年《美洲国家间关于庇护的公约》以及1933年《美洲国家间关于政治庇护权的公约》均规定了域外庇护制度。从第二次世界大战后拉美国家间相互行使域外庇护权的实践看，庇护的结局一般是允许受庇护者安全离境。

二、引渡

（一）引渡的概念及法律依据

引渡（extradition）是指国家根据有关国家的请求，把在其境内而被他国追捕、通缉或判刑的人移交给请求国审判或处罚的国际司法协助行为。

根据一般国际法，国家没有必须引渡的义务。当一国接到外国的引渡某请求时，有权根据国内法决定是否引渡。当然，如果相关国家之间缔结了引渡条约则另当别论。国与国之间的引渡条约或包含引渡条款的国际公约是引渡的法律依据。

现代意义上的引渡制度产生于18世纪的欧洲。1791年法国宪法首次在国内法上规定引渡的内容。1794年，英美两国签订了《杰伊条约》，该条约第27条规定："双方同意，应各自的大臣或专门授权的官员提出的请求，陛下和合众国将遣送一切被指控在各自管辖范围内的杀人或伪造罪并向另一国寻求庇护的人。"此后，美、英、法、丹、智利、委内瑞拉等国相继签订了双边引渡条约，并逐步扩大可引渡罪行的范围。1833年，

比利时率先制订专门的引渡法，而英国1870年颁布的引渡法成了各国的立法蓝本。进入20世纪后，在签订了大量双边引渡条约的同时，各国还签订了多边引渡条约和含引渡条款的国际公约：如1933年《美洲国家间引渡公约》、1957年《欧洲引渡罪公约》等，此外，三个反劫机公约、有关惩治种族歧视或种族隔离罪行的公约等都有引渡条款。联合国近年制定了几项关于国际刑事司法合作的示范条约（模式协定），如《引渡示范条约》（联合国大会1990年12月14日通过）、《刑事互助示范条约》（联合国大会1990年12月14日通过）、《关于移交外籍囚犯的模式协定》（第七届联合国预防犯罪和犯罪待遇大会通过）等都更多反映了各国普遍接受的引渡规则。

（二）引渡的主体

引渡的主体主要是主权国家。引渡是请求国和被请求国之间的国家行为，其包括提出引渡和接受引渡两个方面：

（1）提出引渡请求的一般是具有管辖权的国家，通常有三类：①罪犯本人所属国；②犯罪行为发生地国；③受害国。上述三类国家分别依据属人管辖权、属地管辖权以及保护性管辖权而提出引渡请求。

（2）接受引渡请求的国家通常基于以下三种情况加以决定：①与被请求国订有引渡条约；②共同参加引渡公约或者具有引渡规则的国际公约；③处于互惠和对等的考虑。在实践中，除非条约或公约有明确规定，被请求国对于引渡与否、引渡给谁具有自由裁量的权力。有时管辖权发生冲突，上述三类具有请求权的国家同时请求引渡同一罪犯，对于这种情况一般国际法中没有规定，通常由被请求国决定把罪犯引渡给何国。而有的国家之间已经订有具体规定。譬如1933年《美洲国家间引渡条约》第7条规定：如果有几个国家为同一罪犯请求引渡时，犯罪发生地国有优先权；如果这个人犯了几项罪行而被请求引渡时，则按被请求国法律，罪行最重的犯罪地国有优先权；如果各罪行被请求国认为同样严重时，优先权依请求国先后而定。

在引渡主体方面还涉及一个问题，即引渡权由谁实行的问题。尽管目前各国规定的引渡程序和具体机构各有差异，但各国均规定引渡只能由中央政府进行，地方政府不得直接与外国进行引渡活动。但有些国家存在独立的司法管辖区之间的移交罪犯的情况，譬如，美国各成员邦之间的“州际引渡”。此种引渡的法律根据是该国的宪法，引渡主体是不享有国家主权的成员邦。再如，我国的香港、澳门等地区，在“一国两制”情况下的不同“法域”之间的移交罪犯的国内引渡合作；同时还存在独立司法管辖区同外国之间的罪犯引渡问题，使独立司法管辖区成为“准引渡主体”。

（三）引渡的客体

引渡的客体，即引渡的对象，指引渡双方当事国同意移交的罪犯以及与犯罪有关的物品。传统国际法中，引渡的客体只指被请求引渡的罪犯。随着国际关系的发展，“移交与犯罪有关的物品”开始为国际实践接受。1957年《欧洲引渡公约》第20条，1981年《美洲引渡公约》第19条都做了规定，1994年《中华人民共和国和泰王国引渡条约》（以下简称《中泰引渡条约》）第14条也规定：“被请求方应在其法律允许的范围

内，根据请求方的请求，扣押并在引渡时移交下列财物：（一）可被作为证据的财物；（二）作为犯罪所得的财物，以及在逮捕被请求引渡人时或在此之后发现由该人占有的财物。”

对于所引渡的罪犯，从现行引渡制度的实践来看，应具备两方面条件，一是该罪犯的行为属于可引渡罪行，二是该罪犯属于可引渡之人。

1. 可引渡的罪行

由于各自法律的差异，各国采用不同的办法确定可引渡的罪行。有的国家在引渡法中具体规定可引渡的罪行，如卢森堡1870年《引渡法》和比利时1874年《引渡法》。有的国家在签订引渡条约时规定可引渡的罪行。规定的方式有二，一种是列举式，把可以引渡的犯罪一项项列举出来；另一种是概括式，即概括性规定判刑至少为若干年的犯罪为可引渡的犯罪。我国与外国签订的双边引渡条约均采用后一种方式，如《中泰引渡条约》第2条规定：“就本条约而言，可引渡的犯罪是指根据缔约双方法律可处一年以上监禁或其他形式拘禁或任何更重刑罚的犯罪。”有学者称此规定方式为“淘汰式”。[①]

但在国际实践中，无论怎样规定，在接到外国的引渡请求时，被请求国总要遵循一项原则——同一原则。同一原则（principle of identity），也叫“双重犯罪原则”，是指对于被请求引渡人的行为，只有当请求国与被请求国的法律都认为是犯罪并应受处罚时才能引渡。

在确定可引渡的罪行时，各国的立法、双边条约或多边引渡条约都明确规定了“政治犯罪不引渡”原则。所谓政治犯不引渡是指当被请求国接到被请求国的引渡请求时发现此人是因为政治原因被追诉的就可以拒绝引渡。这一原则是18世纪末期形成的，最早见于1793年的《法国宪法》，该法第120条规定，“法国给予为了争取自由而从其本国流亡到法国的外国人以庇护”。比利时1833年《引渡法》明文禁止引渡政治犯罪。目前这一原则无论在条约、习惯上，或者是国内法中都已为各国普遍接受。然而，这一原则的实施也常遇到困难：譬如政治犯概念不确定，各国解释不一，加之由于政治色彩很浓，没有任何一项国际条约或任何一国的国内立法对“政治犯”下一个明确界定；再如，通常都将对政治犯罪行为的政治性评判决定权交给被请求国，由被请求国根据本国的法律制度做出裁量，[②] 使得政治犯不引渡原则的实施举步维艰。

有关的国际公约在确定可引渡的罪行时，明确规定将国际罪行排除在政治犯罪之外。也就是说，政治犯不引渡原则不适用于国际罪行。这些国际罪行主要包括战争罪、反和平罪与反人类罪，刺杀外国元首的犯罪，灭绝种族和种族隔离罪，侵害应受国际保护人员包括外交代表的犯罪等。对这些国际罪行都有相应的国际条约明确规定不得视为政治犯罪。

2. 可引渡的人

从请求引渡的角度看，被请求引渡的人可能是请求国国民，也可能是被请求国国民

① 参见黄风《中国引渡制度研究》，中国政法大学出版社1997年版，第29页。

② 参见黄风《中国引渡制度研究》，中国政法大学出版社1997年版，第62页。

或第三国国民。但是，在当今的国际实践中，绝大多数的国家坚持“本国公民不引渡原则”（principle of non-extradition of nationals），即当被请求引渡的人具有本国国籍且处于本国管辖之下时，该国拒绝将其引渡给请求国来处罚。这些国家认为自己对本国国民拥有优先管辖权，即使本国公民的犯罪行为是在国外实施的。如德国 1949 年《基本法》第 16 条、保加利亚 1991 年《宪法》第 25 条将该原则规定到根本大法中。但是，一些英美法系的国家则认为：犯罪人应当在犯罪地接受审判和处罚，以便使当地受到犯罪侵害的秩序和正义得到恢复和伸张，这种属地管辖的原则适用于一切人，包括本国公民。如英国 1870 年《引渡法》和《美国法典》第 209 编“引渡”都规定引渡的对象可以是“任何人”。我国坚持本国公民不引渡原则，相关法律和我国与外国签订的双边引渡条约均包含拒绝引渡本国国民的条款。

（四）引渡的程序与后果

引渡程序通常在引渡条约和有关国内立法中规定。引渡的请求和答复一般通过外交途径办理。引渡的请求书可由各国外交代表制作，如无外交代表则由领事代表转达，或者由各国政府直接通知。请求国还应提供指控犯罪人员的犯罪证明材料。被请求国对引渡请求按照国内立法由特定机构进行审核。当请求被接受时，还应派人在移交罪犯的指定地点接收罪犯。移交罪犯的时间、地点的决定权在于被请求国，往往选在一国边境的适宜点。罪犯移交完毕，引渡程序即告结束。

在引渡后果方面，各国主张坚持“罪行特定原则”（principle of specialty），又称专一原则，引渡效果有限原则，即请求引渡国只能就请求引渡时提出的罪名对罪犯进行审判或处罚，不得更换罪名，而以引渡理由之外的其他罪名进行审判或处罚。这一原则的目的在于防止请求国以引渡为借口迫害被请求国应予保护的人。此外，对于引渡罪犯的转引渡问题，各国实践并不一致，有的国家同意再引渡给第三国；有的则规定未经被请求国同意，请求国不得将被引渡人再引渡给第三国。

（五）我国有关引渡的法律与实践

中华人民共和国成立后，有关引渡的立法相对滞后，相当一段时间既没有引渡法规，也没有引渡条约。于是，我国在司法实践中对外逃的罪犯和犯罪的外国人多通过与有关国家间的友好合作，采取遣返方式来达到相互引渡罪犯的目的，即不通过外交途径，而是由两国警方合作，将罪犯驱逐出境后进行移交。如 1983 年，巴西将杀人犯姜洪庆、董德亮遣返我国；1987 年，南也门将杀人犯李文龙遣返我国；1988 年，泰国将诈骗 130 余万元人民币的案犯李牧遣返我国；1989 年，日本将重大诈骗犯费宣遣返我国；1989 年，菲律宾将贪污 240 万元人民币的案犯张振忠遣返我国；1990 年，哥伦比亚将盗窃 10 万美元的案犯桑继辉遣返我国；等等。

1993 年，中国与泰国签订了引渡条约，这是中国与他国签订的第一个引渡条约。截至 2018 年 2 月，我国已与 71 个国家缔结司法协助条约、资产返还和分享协定、引渡

条约和打击“三股势力”协定共138项（116项生效），[①] 其中引渡条约50项（37项生效），[②] 与有关国家彼此建立了稳固的、可靠的引渡关系。据报道，从1993年起通过国际刑警组织和双边警务合作，我国警方先后从国外押解、遣返犯罪嫌疑人210多名，办理刑事司法协助案件300多起。有的达到了严惩犯罪分子的目的，有的还给国家挽回了巨大的经济损失。

2001年6月，特大诈骗犯徐宏被从南美洲押解回北京。徐宏自称美籍华人，未经注册就挂起两个“美国”公司的牌子，骗走了全国48家企业的5亿元人民币。后畏罪潜逃，隐姓埋名，在国外一藏就是8年。

2000年8月，北京房山区河北信用分社的会计杨彦军被从蒙古押解回国，杨彦军携200万元巨款出逃案告破。这是中国与蒙古签订引渡条约后双方进行引渡工作的首次合作。

1998年5月，中国银行南海支行丹灶办事处储蓄员麦容辉和信贷员谢炳峰转移5250多万元的款项，并分别携款经香港潜逃至泰国。2000年8月，麦容辉因被“红色通缉令”追得走投无路而自首。9月被引渡回国。谢炳峰于2000年11月被泰国警方抓获，11日被引渡回国。

2003年4月，因贪污巨额公款、潜逃俄罗斯达3年之久的犯罪嫌疑人王德宝被吉林省检察机关从俄罗斯引渡回国。

除双边条约外，我国还加入了一些含有司法合作条款的国际公约，据以承担相应的司法协助和引渡的国际义务，如《维也纳领事关系公约》《防止及惩治危害种族罪公约》《防止及惩治灭绝种族罪公约》《禁止并惩治种族隔离罪行公约》《关于在航空器内的犯罪和其他某些行为的公约》《关于非法劫持航空器的公约》《关于制止危害民用航空安全的非法行为的公约》《制止在为国际民用航空服务的机场上的非法暴力行为的公约》《关于防止和惩处侵害应受国际保护人员包括外交代表的罪行的公约》《反对劫持人质国际公约》等。此外，中国代表团还参加了联合国关于国际司法合作的几项示范条约的讨论、制定工作，如《引渡示范条约》《刑事互助示范条约》《刑事诉讼移转示范条约》《关于移交外籍囚犯的模式协定》等。

2000年12月28日，我国颁布了《中华人民共和国引渡法》（以下简称《引渡法》），其不仅吸收了各国立法的先进经验，同时考虑到国际通行的原则、规则。该法

---

① 参见《我国对外缔结司法协助及引渡条约情况》，见中华人民共和国外交部网站：http://www.fmprc.gov.cn/web/ziliao_674904/tytj_674911/wgdwdjdsfhzty_674917/t1215630.shtml。

② 与我国签署引渡条约并已经生效的国家分别是：泰国（1993年）、白俄罗斯（1995年）、俄罗斯（1995年）、保加利亚（1996年）、罗马尼亚（1996年）、哈萨克斯坦（1996年）、蒙古（1997年）、吉尔吉斯斯坦（1998年）、乌克兰（1998年）、柬埔寨（1999年）、乌兹别克斯坦（1999年）、韩国（2000年）、菲律宾（2001年）、秘鲁（2001年）、突尼斯（2001年）、南非（2001年）、老挝（2001年）、阿联酋（2002年）、立陶宛（2002年）、巴基斯坦（2003年）、莱索托（2003年）、巴西（2004年）、阿塞拜疆（2005年）、西班牙（2005年）、纳米比亚（2005年）、安哥拉（2006年）、阿尔及利亚（2006年）、葡萄牙（2007年）、法国（2007年）、墨西哥（2008年）、意大利（2009年）、波黑（2012年）、伊朗（2012年）、塔吉克斯坦（2014年）。

共分四章五十五条：第一章总则，包括宗旨、适用范围、互惠原则、主权原则、指定机关及用语等；第二章规定了外国向我国请求引渡，包括引渡的条件、引渡请求的提出、对引渡请求的审查等；第三章规定了我国向外国请求引渡；第四章附则，包括我国引渡的决定机关，撤销、放弃引渡请求及其引渡请求错误的赔偿等。主要规则包括：

首先规定了互惠原则和国家主权原则。我国和外国在平等互惠的基础上进行引渡合作；引渡合作，不得损害中华人民共和国的主权、安全和社会公共利益（第三条）。实践中我国参加或缔结了有关引渡的条约，依条约办。如果双边引渡条约与我国参加的国际公约相抵触，则优先适用由国际公约所承担的义务和享受的权利。[①] 无条约规定时，请求国应当做出互惠的承诺（第十五条）。

规定双重犯罪原则，引渡请求所指的行为，依照我国法律和请求国法律均构成犯罪，而且达到严重程度的（第七条）。

规定本国国民不引渡原则，根据我国法律，被请求引渡人具有我国国籍的应当拒绝引渡（第八条）。

规定政治犯、宗教犯、军事犯不引渡原则，因政治犯罪而请求引渡的，或者中国已经给予被请求引渡人受庇护权利的；被请求引渡人可能因其种族、宗教、国籍、性别、政治见解或者身份等方面的原因而被提起刑事诉讼或者执行刑罚，或者被请求引渡人在司法程序中可能由于上述原因受到不公正待遇的；根据我国或者请求国法律，引渡请求所指的犯罪纯属军事犯罪的，均应当拒绝引渡（第八条）。

体现了人权及人道主义原则，被请求引渡人在请求国曾经遭受或者可能遭受酷刑或者其他残忍、不人道或者有辱人格的待遇或者处罚的，应当予以拒绝（第八条）；由于被引渡人的年龄、健康等原因，根据人道主义原则不宜引渡的，我国可以拒绝引渡（第九条）。

坚持罪行特定原则。请求国不对被引渡人在引渡前实施的其他未准予引渡的犯罪追究刑事责任，也不将该人再引渡给第三国（第十四条）。

此外，规定了我国引渡审查制度：外交部、最高人民法院、最高人民检察院和公安部为负责处理引渡案件的主管机关。并详细规定了引渡审查程序：外交部在接到外国的引渡请求后对资料进行审查，再由最高人民法院指定的高级人民法院审查并做出裁定，并分别就已经被引渡拘留和未被引渡拘留的审查程序做出规定；还规定了为引渡而采取的强制措施、引渡的执行等内容。

① 我国与泰国等所签订的双边引渡条约专条做出的规定。

第十章　人权的国际法问题

第一节　人权的概念和范围

一、人权的概念

人权（human rights），即人的权利，是作为人应当享有的权利。

对人权的概念可以做广义和狭义的理解。广义的人权泛指所有有关人的权利，是一个包括与人有关的各种权利的——既有个人权利，又有集体权利；既有政治权利，又有经济、社会、文化权利；既有国内保护机制，又有国际保护机制；既有基本权利，又有一般权利的，有机结合的广泛的权利体系。狭义的人权仅指个人的基本权利和自由。具体来说主要包括：生命权，人身自由权，人身安全权，选举权与被选举权，工作权，财产权，受教育权，以及言论、出版自由，集会、结社、游行、示威自由，宗教、信仰自由，等等。[①]

人权是阶级性很强的概念，其在不同的国家和地区存在着极大的差别。于是，在对人权的标准、范围、性质的理解上，各国之间也不尽相同，无法抽象出普遍的人权概念。

人权又是不断演变的概念，它随着历史的发展而不断发展变化。有学者通过对人权概念的演变和发展的考察，提出了三代人权概念，以阐述人权概念的阶段性发展与特点，而对于三代人权概念的解释也不尽相同。

有学者将三代人权概念解释为：[②] 第一代人权概念，指 17、18 世纪资产阶级革命时期所形成的人权概念。主要是指公民的政治权利，包括生命权、人身自由权、私有财产权、追求幸福的权利、反对压迫的权利、选举权与被选举权，以及言论、出版、集会、结社等政治自由。第一代的人权概念建立在“天赋人权”的理论基础之上，“天赋人权”说是针对封建特权和神权提出的，具有一定的进步意义。第二代人权概念，指由《世界人权宣言》首先倡导，并经《经济、社会、文化权利国际公约》以法律形式

① 参见朱奇武《中国国际法的理论与实践》，法律出版社 1998 年版，第 273 页。

② 参见董云龙《从国际法看人权》，新华出版社 1998 年版，第 6 ～ 7 页。

确认的人权概念。主要是指与劳动者有关的经济、社会、文化权利，包括就业权、劳动条件权、同工同酬权、社会保障权、物资帮助权、受教育权等。第三代人权概念，指由《联合国宪章》及一系列国际公约确定的人权概念，主要是指包括民族自决权、发展权在内的集体人权概念。目前，对于发展权作为一项基本人权的问题，一些西方国家尚不承认。于是，制定确认发展权的国际公约还有待努力。

有的学者则依权利内容划分为：第一代人权概念为“自由权”，即公民和政治权利；第二代人权概念为“平等权”，即经济、社会和文化权利；第三代人权概念为“集体人权”，即自决权和发展权等权利。①

还有的学者根据国际人权文件划分三代人权概念：② 第一代人权概念，可简称为“个人人权”，是以《国际人权宪章》等保护个人权利的规则为根据，侧重个人的公民和政治权利，经济、社会和文化权利；第二代人权概念，可简称为“民族自决权”，是以联合国大会国际文件如《关于人民与民族的自决权决议》（1952 年）、《给予殖民地国家和人民独立宣言》（1960 年）以及其他公约关于人民自决权的规定为根据，侧重人民和民族的集体权利；第三代人权概念，可简称为“发展权”，是以联合国大会一系列决议如《关于自然资源永久主权的决议》（1962 年）、《社会进步和发展宣言》（1969 年）、《建立新的国际经济秩序宣言》及行动纲领（1974 年）、《各国经济权利和义务宪章》（1974 年）以及其他联合国大会一系列承认和强调发展权的决议为根据，侧重强调发展中国家发展权的集体人权。

且不说哪种划分更为确切，哪种划分更能被普遍接受，其借用“代”的概念对人权进行静态的表述是为了帮助人们更好地理解和认识，其反映的人权概念的发展是确实的。“代”的概念并非割裂人权的不同内容，而是在前一代人权概念基础之上进一步丰富和发展了人权的内涵和外延。

另外，我们在理解人权概念时，必须注意到，人权概念在国际法与国内法中的差别。应当说，人权问题本质上是属于一个国家内部管辖的问题。因为任何国家实现和维护人权的道路，都不能脱离该国的历史和经济、政治、文化的具体情况，并需要由主权国家通过国内立法对人权制度予以确认和保护。③ 但是，人权问题又绝不仅仅是国内法问题，人权问题也具有其国际性的一面，而且随着国际关系的发展，国际性的因素将越来越突出。因此，国际社会需要加强人权领域内的国际合作。

国际法上的人权，即受到国际法调整和制约的人权方面，又称国际人权，主要指属于国际社会共同确认的，国际法主体依据国际公约负有尊重和保护义务的，人的基本权利和自由。

假如给人权下定义，可界说为：人类社会为确保每个人和社会群体的生存和发展，由国家承担义务单独或与其他国家合作采取措施以保证其实现的，由国际法和国内法确

① 参见白桂梅《论国际人权法的等级》，载中国国际法学会《中国国际法年刊 1994》，中国对外翻译出版公司 1994 年版，第 26 页。

② 参见饶戈平、慕亚平《国际法》，北京大学出版社 1999 年版，第 373 页。

③ 参见梁西《国际法》，武汉大学出版社 1993 年版，第 255 页。

认并赋予他们的在物资方面和精神方面应享有的基本权利。①

二、人权的范围②

经过数百年的发展，人权的内容非常广泛，而且仍处于发展变化之中。于是，关于人权所包括的范围，学术界也莫衷一是。但人们普遍认为，人权不仅指个人的权利，也包括集体——民族和国家的权利；而且人权已经并正在从个人权利扩大到集体权利。于是，我们可以从大的类型上，将人权分为个人人权与集体人权。

（一）个人人权

个人人权（individual human rights），指人类个体依照国际法和国内法所应当享有的权利。或者说是只能以个人的名义和身份享有的权利和义务，内容主要是关于每个人为实现其生存和发展以及人格之保护所必需的公民、政治、经济、社会和文化权利。③ 个人人权的实现，与集体人权的实现是分不开的。

个人人权主要包括公民、政治权利与经济、社会和文化权利两大部分。

1. 公民权利和政治权利

公民权利和政治权利（civil and political rights），是经国际公约确定的基本人权的组成部分。依据《公民权利和政治权利国际公约》的规定，其主要包括生存权、自由权、平等权、免受酷刑免受奴役权、婚姻家庭权、选举与被选举权、担任公职权等。

（1）生存权，是指使人的生命安全和生存条件获得保障的权利。生存权的提法是我国对人权理论的贡献，并且提出生存权是首要的人权。生存权与生命权密切关联，包括了生命权的主要内容，并超越了生命权的范围。生存权的主要内容包括:④ ①生命权、人身自由与人身安全权。即任何人的生命不得被随意和非法剥夺，不受非法逮捕、拘禁或放逐，不受酷刑等非人道待遇，不受奴役，即使是犯罪人员也有权享有人道待遇和人格尊严。此外，还包括婚姻权、家庭权、生育权等人的生命延续权。②生存保障权。即任何人均享有人类最基本的生活条件诸如衣、食、住及医疗的权利；以及立法、司法保障和社会保障权。

（2）自由权，是指人根据自己的意愿自由表达自己意见和为各种合法行为的权利。自由权主要包括：人身自由、思想和宗教信仰自由、言论自由、集会自由、结社自由等。

（3）参政权，是指每个人都应具有的参与国家管理的权利。参政权利包括：①每个人都有平等的权利和机会直接或通过自己自由选择的代表参与公共事务；②每个人在具有法律人格后都具有在选举中的选举权与被选举权；③每个人在合乎规定条件后，均

① 参见刘海山、慕亚平等《国际法》，法律出版社 1992 年版，第 383 页。

② 参见李云龙《人权问题概论》，四川人民出版社 1998 年版，第 6 ～ 14 页。

③ 参见饶戈平、慕亚平《国际法》，北京大学出版社 1999 年版，第 374 页。

④ 参见富学哲《从国际法看人权》，新华出版社 1998 年版，第 84 页。

有相等机会为国服务，有权担任公职。

2. **经济、社会和文化权利**

经济、社会和文化权利（economic，social and cultural rights），是个人基本人权的主要组成部分。根据《经济、社会、文化权利国际公约》规定，主要包括工作权、社会保障权、受教育权、组织与参加工会的权利、享受科学的权利等，以及特殊群体受保护的权利，如妇女权利、儿童权利、残疾人的权利等。

（1）经济权利。主要包括：①财产权利，即每个人都有占有物资财产的权利，这种权利不得被侵犯和剥夺；②工作权利，即人人具有通过自己的工作进行谋生的权利，国家应当帮助实现这种权利；③同工同酬权，即每个人应当具有的通过工作获取相当报酬及在同等情况下获取同等报酬的权利；④休息权，即工作时间应有限制，不得随意延长工作时间，享有节假日并获报酬；等等。

（2）社会权利。主要包括：①社会保障权，即人在失业、退休、患病的情况下获得社会帮助的权利；②免于饥饿权，即人人有权为自己和家庭获得相当的生活水准，有权改变生活条件；③医疗照顾权，国家应创造条件，使患者能得到及时治疗；④受教育权，人人有受教育的权利，包括享有免费受义务教育和有权选择受进一步教育的权利。

（3）文化权利。主要包括：①任何人都有参加文化生活、进行科学研究和艺术创作的权利，不受身份、地位、财产情况的限制；②人人有享受科学进步及其收益的权利；③成果受保护的权利，无论是科学研究，还是文化创作，其所得成果及其合法权益，应当得到保护和保障。

（二）集体人权

集体人权（collective human rights），指民族或国家作为整体在国际社会中应当享有的人权。或者说是只能以集体的整体名义主张的，而不能由该集体的成员以个人的名义和身份享有的权利。集体人权主要包括民族或国家的生存权、发展权、和平权、环境权、对自然资源的永久主权和民族自决权等。集体人权的实现是个人人权得以实现的前提和保障。集体人权的确立是对传统人权概念的突破。

1. **人民生存权**

生存权是一种广泛的权利，包括个人的生命权在内。而作为集体人权生存权的核心是集体的生存，其首先确定各国家和各民族均有权作为国际社会的平等一员，防止和避免武装侵略、残害其他民族和种族，尤其是种族灭绝；反对种族歧视、种族隔离。生存权还要求消除饥饿、疾病、贫困和营养不良，有权通过取得国际社会的援助，使人民的生存条件获得最基本的保障。

2. **发展权**

作为集体人权中的发展权，主要是指将国家和民族的发展纳入人权范围。1986 年联合国大会通过的《发展权利宣言》宣布，“发展权是一项不可剥夺的人权，由于这种权利，每个人和所有各国人民均有权参与、促进并享受经济、社会、文化和政治发展，在这种发展中，所有人权和基本自由都获得充分实现”。发展权的内容首先是国家和民族的经济发展，以及整个国家和民族的社会、文化教育、卫生、福利等多方面发展。发

展权不仅是个人的发展，而且是整个国家和民族在各个方面的全面发展。[①] 发展权极大地丰富了人权的概念，但某些西方发达国家对发展权尚不承认。看来要确认发展权在人权范围内还需各国，尤其是发展中国家继续努力。

3. 民族自决权

民族自决权也称人民自决权，作为集体人权的主要方面，指给予各国人民独立自主决定本国政治、经济和社会制度的权利，强调各国人民有权自由处置自然资源和财富。也就是使民族国家拥有充分的政治主权、经济主权和文化主权。

三、人权的发展

人权思想萌芽于欧洲的中世纪。但是，人权作为一个明确的理论体系或政治法律概念，是伴随着资本主义社会的产生而出现的。资产阶级自然法学派的代表英国的洛克和法国的卢梭在理论上对近代意义上人权概念的形成起到了重要作用。人权的历史发展大体经历了四个发展阶段，[②] 而在各个阶段都各有重点内容和进步。

（一）酝酿阶段

这个阶段，人权尚处在“天赋人权”的理论阶段。最早提出人权思想的是著名国际法学家格老秀斯，他认为人拥有一种自然权利，是不能废除的。约翰·洛克（John Locke，1632—1704）提出“每个人都平等享有各种权利”，“任何人不得侵害他人的生命、健康、自由和财产”。[③] 卢梭（Rousseau，1712—1778）全面系统地阐述了“天赋人权”和“社会契约论”，提出“每个人都生而自由平等”。为人权问题进入法律领域、进入国际社会奠定了基础。

（二）初级阶段

18 世纪末的美国独立和法国革命成为历史契机，1776 年美国的《独立宣言》，1789 年法国的《人权和公民权宣言》以及 1789 年美国的《宪法修正案》（权利法案）等国内法文件，使人权的概念进入了近代资本主义国家的政治法律制度中。在这一时期中，与人权保护有关的近代国际法的发展主要限于如下领域。

1. 保护少数者

保护少数者或少数民族是国际法涉及有关人权保护的最早领域。1648 年《威斯特伐利亚和约》就规定，在德国的新教徒享有和罗马天主教徒同等的宗教自由。进入 19 世纪后，有关保护少数者的条约出现了新的发展趋势：保护对象不再限于宗教上的少数者，而扩及种族上的甚至语言上的少数者；不再局限于双边条约，出现了多边条约；少数者被保护的权利内容不再限于宗教礼拜自由，而扩及某些公民和政治的平等权利。在

---

① 参见李云龙《人权问题概论》，四川人民出版社 1998 年版，第 6 ～ 14 页。

② 参见富学哲《从国际法看人权》，新华出版社 1998 年版，第 2 ～ 5 页。

③ 参见［英］洛克《政府论》（下册），商务印书馆 1982 年版，第 5 页。

这个阶段，有关保护少数者的条约缺乏一个监督缔约国履约的机制。

2. 禁止奴隶贸易

从 15 到 19 世纪，欧美的奴隶贩子把数以万计的黑人奴隶从非洲贩运到美洲，因奴隶贸易而死亡的非洲大陆总人数超过 7000 多万。大约从 17 世纪末开始，在英国率先发起废除奴隶贸易和奴隶制度的运动。英国议会于 1807 年宣布禁止奴隶贸易，并于 1823 年最终废除奴隶制。法国政府 1848 年签署废除法属西印度殖民地奴隶制的法令。美国国会在南北战争后于 1865 年制定了废除奴隶制的宪法第 13 条修正案。在条约方面，英国政府率先和其他国家以及非洲一些部落酋长缔结了大量有关禁止奴隶贸易的双边条约。在多边条约方面有，1815 年欧洲国家签署的《关于取缔贩卖黑奴的宣言》、1841 年的《关于取缔非洲奴隶贸易的条约》、1885 年的《柏林会议关于非洲的总议定书》、1890 年的《关于贩卖非洲奴隶问题的总议定书》等。

3. 战争中的人道主义规则

18 世纪法国思想家卢梭在《社会契约论》中阐释了战争的目的以及应对士兵及平民给予人道主义待遇。[①] 但通过国家实践形成战争法中人道主义原则主要在 19 世纪以后，主要表现为：①关于保护伤病员的规则。如 1864 年的《改善战地武装部队伤者境遇的公约》（日内瓦公约），1899 年的《关于 1864 年 8 月 12 日日内瓦公约的原则适用于海战的公约》（海牙第三公约），1906 年的《关于改善战地武装部队伤者和病者待遇的公约》等。②关于战俘地位的规则。1899 年的《陆战法规和惯例公约》是第一个有关战俘地位的多边条约。1907 年的《陆战法规和惯例公约》附件又重申了 1899 年公约附件中有关战俘地位的基本内容。③限制过分残酷的战争手段。1868 年《圣彼得堡宣言》、1899 年海牙《陆战法规和惯例公约》、1899 年《禁止使用在人体内宜于膨胀变形的投射物的宣言》等都禁止使用具有过分伤害力的战争手段。1899 年《禁止使用专用于散布窒息性或有毒气体的投射物的宣言》及 1899 年《陆战法规和惯例公约》禁止使用化学和细菌武器。1907 年《关于战时海军轰击公约》对海战作战手段也给予了限制。总之，在近代国际法上出现了某些与人权保护有关的条约法规则，但这些规则一般限于特定的领域。

（三）发展阶段

在人权的保护方面，通过国际组织给予保障成为可能。到第二次世界大战爆发前，国际法中的人权保护在内容和保障制度方面都有很大进步。

1. 在保护少数者方面

在“一战”后出现了一系列有关东欧及中欧地区保护少数者的条约。这些条约形式不尽相同，但内容基本上是以 1919 年 6 月 28 日主要协约国以及参战国和波兰之间的条约为蓝本，一是规定应保证对少数者给予平等待遇，二是规定为保护这些少数者所应采取的特别措施。并且，对少数者的保障不仅通过缔约国的国内法，而且通过国际联盟。缔约国同意国际联盟行政院作为保障本国境内少数者权利的保证机关。在保护少数

① 参见白桂梅等《国际法上的人权》，北京大学出版社 1996 年版，第 15 页。

者问题上引入国际组织的保障和监督体制是一个进步和创新。

2. 在禁止奴隶制方面

"一战"后，国际社会在禁止奴隶制方面有了重要发展。1926年的《国际禁奴公约》规定各缔约国承允禁止奴隶贩卖，并逐步和尽速地完全禁止一切形式的奴隶制度。

3. 在国际劳工保护方面

1919年的巴黎和会上，成立了一个专门研究国际劳工立法的委员会，该委员会建议在和约中插入成立与国际联盟有关联的国际劳工组织的劳工条款。经巴黎和会讨论通过，国际劳工组织章程草案成为《凡尔赛和约》的第13部分，国际劳工组织作为国际联盟的一个高度自治的附属机构而成立。依据《国际劳工组织章程》序言的规定，国际劳工组织的主要目的是从正义和人道主义出发，改善劳动条件。截至"二战"前，国际劳工组织大会一共通过67个国际公约和66个建议，内容涉及基本权利、劳动权利、劳动条件和生存条件的权利、禁止童工和保护青工以及保护妇女工人等方面。

（四）体系形成阶段

"二战"后，人权问题成为国际社会普遍关注的事项。《联合国宪章》首先表现出对人权保护的重视，并在人权领域开展了一系列活动。同时，若干区域性的人权保护体制也逐步形成。因此，人权问题开始全面进入国际法领域。

在这个阶段。国际法所涉的人权保护的内容更加全面而广泛：除了在公民和政治权利以及经济、社会和文化权利方面进一步完善，权利进一步扩展，进一步有法律保障外。人权的范围进一步拓宽，规则进一步全面。主要表现在如下诸多方面。

1. 在禁止非法战争方面

侵略战争给人民的生命权带来了最大威胁，而生命权是最低限度的人权之一。1928年《巴黎非战公约》彻底废弃了国家战争权，禁止国家把战争作为推行国家对外政策的工具；《联合国宪章》把维持国际和平与安全提到联合国首要宗旨的地位，并要求会员国"消除对于和平之威胁，制止侵略行为或其他对和平之破坏"。

《欧洲国际军事法庭宪章》明确宣布危害和平罪、战争罪和违反人道罪是滔天的国际罪行。1968年联合国大会通过的《战争罪及危害人类罪不适用法定时效公约》中指出，"有效惩治战争罪及危害人类罪是防止此种罪行，保障人权与基本自由，鼓励信心，促进民族间合作及增进国际和平与安全的一个重要因素"。并规定，战争罪、危害人类罪、不人道行为及灭绝种族罪，不论这些行为是否触犯所在地的国内法，都是国际法上不适用法定时效的罪行。

2. 惩治灭绝种族、种族隔离以及消除种族歧视方面

灭绝种族罪的主要特征是从肉体上消灭某一种族，即剥夺该种族每个人的最低限度的人权——生命权。联合国大会1948年12月9日通过《防止及惩治灭绝种族罪公约》确认灭绝种族是"国际法上的一种罪行"。也被列为不受时效限制应受惩罚的罪行。

种族隔离也是国际法公认的国际罪行之一。1973年10月30日，联合国大会通过《禁止并惩治种族隔离罪行国际公约》。该公约规定，种族隔离罪行是指为建立和维持一个种族团体对任何其他种族团体的主宰地位，并且有计划地压迫他们而做出的一系列

不人道行为，主要包括杀害、任意逮捕或非法监禁一个种族集团的成员，对一个种族集团的成员强加有意灭绝该集团的生活条件，建立法律和社会条件，阻止一个种族集团的发展和参与其本国的政治、社会、经济和文化生活，等等。该公约促使各缔约国承担义务采取一切必要措施去预防、禁止和惩罚种族隔离罪行。

灭绝种族和种族隔离是最严重的种族歧视，但种族歧视形式多样，还有许多其他表现形式，一直是人权领域最引人注目的问题。

3. 废除奴隶制和禁止强迫劳动方面

从“一战”前禁止奴隶贸易起，国际社会就在努力废除奴隶制。联合国大会1953年又通过《关于修正1926年9月25日在日内瓦签订的禁奴公约的议定书》，该公约不仅禁止奴隶制、债务奴役、农奴制，而且还禁止包办或买卖婚姻、转让妻子、妻子在丈夫死后由他人继承、役使儿童少年或剥削其劳动力等奴隶制残余。

关于强迫劳动，国际劳工组织大会先后通过两个专门的国际公约：1930年《关于强迫劳动公约》和1957年《关于废止强迫劳动公约》。分别规定了除因法院判定有罪而被迫从事劳动等例外情况外，缔约国不得以惩罚相威胁，强使任何人从事本人不曾自愿从事的所有工作和劳务；以及缔约国承诺“制止和不利用任何方式的强迫或强制劳动”。

4. 保护妇女、儿童权利方面

联合国成立不久，即建立了妇女地位委员会。联合国大会1952年通过《妇女政治权利公约》，1967年通过《消除对妇女歧视宣言》，宣布对妇女的歧视是“侵犯人格尊严的罪行”。1979年通过《消除对妇女一切形式歧视公约》，对妇女歧视下了定义：“基于性别而作的任何区别、排斥或限制，其影响或目的均是以妨碍或否认妇女，不论已婚未婚，在男女平等的基础上认识、享有或行使在政治、经济、社会、文化、公民或其他方面的人权和基本自由。”该公约使缔约国承担了在立法、司法和行政方面采取措施以消除对妇女歧视的义务，并设立消除对妇女歧视委员会审议有关公约的执行情况。

1924年，国际联盟大会通过保护儿童的日内瓦宣言；1959年，联合国大会通过《儿童权利宣言》，提出了一切儿童在享有权利方面不受差别对待和歧视、儿童应受特别保护、自出生之日起即获得姓名和国籍、有权享受社会保障和受教育等10项原则。1989年11月20日，联合国大会又通过《儿童权利公约》，规定了儿童在政治、经济、社会、文化等方面所享有的权利以及各缔约国为保证实现这些权利而承担的具体义务；规定在禁止贩运毒品、拐卖儿童、酷刑等方面对儿童给予保护。

5. 难民与无国籍人的地位方面

国际联盟1921年任命弗里特约夫·南森为首任难民事务高级专员。联合国1946年成立国际难民组织，1951年改为难民事务高级专员办事处（以下简称“难民署”）。1951年联合国大会通过《关于难民地位的公约》，明确规定了不驱回原则，即不得违背任何人的意志将其遣返回可能遭受迫害的地区。该公约还规定了难民待遇的标准，包括法律地位、就业和福利。1967年联合国大会又通过《关于难民地位的议定书》。此外，还有一些区域性文件，如非洲统一组织1969年制定的《关于非洲难民问题具体方面的公约》，中美洲国家1984年通过的《卡塔赫纳难民宣言》，对难民的范围都做了扩展。

国际社会签订了一系列国际公约以防止和减少无国籍状态。最重要的是联合国大会1954年通过的《关于无国籍人地位的公约》及1961年通过的《减少无国籍状态公约》。

6. 关于司法方面个人权利的保障

囚犯待遇方面，联合国于1955年通过《囚犯待遇最低限度标准规则》，该规则规定，“不应基于种族、肤色、性别、语言、宗教、政治或其他主张，国籍或社会出身、财产、出生或其他身份而加以歧视”，“必须尊重囚犯所属集体的宗教信仰和道德标准”。

青少年司法审判方面，联合国于1985年通过《少年司法最低限度标准规则》，该文件要求联合国会员国“应尽力创造条件确保少年能在社会上过有意义的生活，并在其一生中最易沾染不良行为的时期使成长和受教育的过程尽可能不受犯罪和不法行为的影响”，“应充分注意采取积极措施……以便促进少年的幸福，减少根据法律进行干预的必要，并在他们触犯法律时对他们加以有效、公平及合乎人道的处理”。还就少年司法的目的、少年权利、调查和检控、审判和处理以及非监禁与监禁待遇等做了具体规定。

禁止酷刑方面，《世界人权宣言》第5条及《公民权利和政治权利国际公约》第7条均规定，对任何人都不得施以酷刑，或者给予残忍、不人道或有辱人格的待遇或处罚。但施行酷刑的状况仍然存在。联合国大会1975年通过《保护人人不受酷刑和其他残忍、不人道或有辱人格待遇或处罚宣言》；1984年又通过《禁止酷刑和其他残忍、不人道或有辱人格的待遇或处罚公约》，该公约限定“酷刑”是指为取得情报或供状，蓄意使某人在肉体或精神上遭受剧烈疼痛或痛苦的任何行为，而这种疼痛或痛苦是由以官方身份行动的人所造成或在其唆使或默许下造成的行为（第1条）。该公约要求各缔约国采取有效的立法、行政、司法及其他措施以防止在其管辖范围内任何国家的酷刑行为。

7. 有关社会进步和发展方面

发展权方面，联合国大会1969年通过《社会进步和发展宣言》，声明社会进步和发展的目的在于不断提高社会所有成员的物质和精神生活水平，尊重和遵守人权和基本自由；要求发达国家和发展中国家公平分享科学技术的进展，以利社会发展。1986年又通过《发展权利宣言》，确认发展权利是一项不可剥夺的人权。“由于这种权利，每个人和所有各国人民均有权参与、促进并享受经济、社会、文化和政治发展，在这种发展中，所有人权和基本自由都能获得充分实现”，强调“发展是经济、社会、文化和政治的全面进程”，“发展权利的所有方面都是不可分割和相互依存的”。

和平权方面，联合国大会1978年通过《为各社会共享和平生活做好准备的宣言》，将和平作为一项权利加以规定。1984年又通过了《人民享有和平权利宣言》，承认并保证人民享有和平权利是充分实现联合国宣布的各种人权和基本自由所必不可少的条件，该宣言强调“各国的政策务必以消除战争，尤其是核战争威胁，放弃在国际关系中使用武力，以及根据《联合国宪章》以和平方式解决国际争端为其目标”。

环境权方面，1981年《非洲人权和民族权宪章》第24条规定，“一切民族均有权享有一个有利于其发展的普遍良好的环境”；1972年联合国通过的《人类环境宣言》宣

布，“人类有权在一种能够过尊严和福利的生活的环境中，享有自由、平等和充足的生活条件的基本权利，并且负有保护和改善这一代和将来的世世代代的环境的庄严责任”；等等。

第二节　国际人权法的概念与渊源

一、国际人权法的概念

国际人权法（international human right law），又称人权国际法（international law of human right），简称人权法。广义的人权法，还应包括战时人权法，即国际人道主义法，也就是包括在战争或武装冲突期间适用的保护平民、战争受难者以及交战者的国际法规范。而通常意义上的国际人权法主要是指平时人权法。我们可以对其做一简要界说：国际人权法是指国际法主体之间缔结的，或者通过长期国际实践形成的并得到公认的关于促进和保护个人人权与集体人权的国际法律原则、规则和制度的总和。①

二、国际人权法的渊源

国际人权法的主要渊源是涉及人权保护的国际条约和相关的国际习惯。各国宪法和国际组织通过的关于人权问题的决议、宣言和声明等国际文件可以作为确定渊源的辅助材料。

（一）国际人权条约

国际人权条约是国际人权法的主要渊源。因为，“国际人权法主要产生于那些国家允诺、承认、尊重和保证其本国居民的特定权利的当代国际协议”②。

目前，国际人权条约包括联合国大会、联合国专门机构、区域性国际组织制定通过的有关人权的条约、公约、盟约和议定书等。有学者将其分为三个层次：①国际人权公约。包括《联合国宪章》的人权条款、联合国大会通过的保护基本人权的公约——《公民权利和政治权利国际公约》《经济、社会、文化权利国际公约》以及公民权利和政治权利国际公约的两个任择议定书。②其他专门性人权公约。包括30多个公约，内容涉及防止歧视，惩治战争罪行和危害人类罪行，废除奴隶制、奴役和强迫劳动，国籍和难民，保护妇女和儿童，婚姻家庭，社会保障，等等许多方面。③区域性人权公约。包括《欧洲人权公约》《美洲人权公约》《非洲人权和人民权利宪章》等。③ 以下择其

---

① 参见刘海山、慕亚平等《国际法》，法律出版社1992年版，第384页。

② ［美］亨金：《权利的时代》，信春鹰译，知识出版社1997年版，第26页。

③ 参见曹建明、周洪钧等《国际公法学》，法律出版社1998年版，第531页。

要者进行介绍。

1.《联合国宪章》的人权条款

《联合国宪章》中规定了与人权有关的内容，将促进经济、社会、文化等各方面之国际合作，而且不分种族、性别、语言或宗教，增进并激励对于全体人类之人权及基本自由之尊重作为联合国的重要职权之一（第1条）。第55条规定："为造成国际间以尊重人民平等权利及自决原则为根据之和平友好关系所必要之安定及福利条件起见，联合国应促进：……（寅）全体人类之人权及基本自由之普遍尊重与遵守，不分种族、性别、语言或宗教。"第56条进一步规定："各会员国担允采取共同及个别行动与本组织合作，以达成第五十五条所载之宗旨。"该章两条款被认为是宪章有关人权的关键条款，使会员国承担了尊重人权并与联合国合作以实现尊重人权的义务。第62条中将人权作为经济及社会理事会的职权之一，理事会"为增进全体人类之人权及基本自由之尊重及维护起见，得作成建议案"。第68条规定："经济及社会理事会应设立经济与社会部门及以提倡人权为目的之各种委员会，并得设立于行使职务所必需之其他委员会。"

上述关于人权的条款是一般性规定，比较抽象，既没有人权概念的具体定义，也没有规定对人权实施保障的具体措施。因此，宪章中这些条款并不能直接构成会员国的直接义务。① 但是，宪章中的人权条款使会员国承担了尊重与遵守人权的法律义务，尤其是宪章第56条，使会员国承担了与联合国合作，共同促进对于人权的尊重和遵守的法律义务。只是这项法律义务难以单独适用，其适用有赖于联合国的人权实践。②

2. 国际人权公约

主要包括联合国人权两公约及两个任择议定书。

"联合国人权两公约"是《经济、社会和文化权利国际公约》和《公民权利和政治权利国际公约》的通称。《经济、社会和文化权利国际公约》（*International Covenant on Economic, Social and Cultural Rights*），1966年12月16日由联合国大会通过，1976年1月3日生效。截至1997年9月，已有140个国家签署该约。全文有序言和31条条文。《公民权利和政治权利国际公约》（*International Covenant on Civil and Political Rights*），1966年12月16日由联合国大会通过，1976年3月23日生效。截至1997年9月，已有143个国家签署该约。该约全文包括序言和53条条文。

联合国人权两公约的主要内容包括：

首先，对自决权和天然资源主权做了规定。两公约第1条第1款都同样规定："所有人民都有自决权。他们凭这种权利自由决定他们的政治地位，并自由谋求他们的经济、社会和文化的发展。"这就使自决权作为一项基本人权，第一次被规定在国际公约的正文中。两公约第1条第2款都进一步规定："所有人民得为他们自己的目的自由处置他们的天然资源和财富，而不损害根据互利原则的国际经济合作和国际法而产生的任何义务。在任何情况下不得剥夺一个人民自己的生存手段。"此外，两公约还规定：

① 参见王铁崖《国际法》，法律出版社1995年版，第201页。

② 参见白桂梅等《国际法上的人权》，北京大学出版社1996年版，第64～65页。

“公约的任何部分不得解释为有损所有人民充分地和自由地享有和利用他们的天然财富与资源的固有权利。”

其次，两公约分别对公民权利和政治权利以及经济、社会和文化权利做了具体规定。

《公民权利和政治权利国际公约》涉及的内容包括：生命权（第6条），免于酷刑和不人道待遇的自由（第7条），免于奴役和强迫劳动的自由（第8条），人身自由和安全权（第9条），被剥夺自由者享有人道待遇权（第10条），免于因债务而被监禁的自由（第11条），迁徙自由（第12条），外国人免于非法驱逐的自由（第13条），公正审判权（第14条），禁止刑法的溯及效力（第15条），法律前的人格权（第16条），私生活不受干扰权（第17条），思想、良心和宗教自由（第18条），自由发表意见权（第19条），禁止鼓吹战争的宣传或煽动民族、种族或宗教仇恨（第20条），和平集会权（第21条），自由结社权（第22条），婚姻和成立家庭权（第23条），儿童享受保护权（第24条），参政权（第25条），法律面前平等（第26条），保护人种、宗教或语言的少数者的权利（第27条）。与《世界人权宣言》相比，该公约有些新的规定：例如，关于被剥夺自由者享有人道待遇权的第10条，关于任何人不得因无力履行约定义务而被监禁的第11条，关于禁止鼓吹战争的宣传或煽动民族、种族或宗教仇恨的第20条。但该公约未列入《世界人权宣言》第14条的庇护权和第17条的私有财产权。

《经济、社会和文化权利国际公约》的内容包括：工作权（第6条）；公正和良好的工作条件（第7条）；组织工会权（第8条）；社会保障权（第9条）；保护家庭，包括对母亲和儿童的特别保护（第10条）；相当的生活水准权（第11条）；健康权（第12条）；受教育权（第13条）；逐步实行初等义务教育（第14条）；参加文化生活和享受科学进步及其应用所产生利益权（第15条）。与《世界人权宣言》相比，该公约的条文增加了6条，其内容更为具体、详细，并有新的发展。如公约不仅规定工作权，而且在第7条详细规定了公平工资、男女同工同酬、安全和卫生及公共假日报酬等公正和良好的工作条件。公约第8条规定了组织和参加工会的权利等。

《公民权利和政治权利国际公约》还包括了1966年的任择议定书和1989年的第二个任择议定书。第一任择议定书与公约同时通过作为其附件，它又是一项单独的文件。该议定书于1976年3月23日生效，主要内容是设立“人权事务委员会”及有关事宜。第二任择议定书于1989年12月15日通过，1991年7月11日生效，该议定书旨在废除死刑。

3. 其他专门性人权条约

目前，主要包括近30个条约。①

（1）有关防止歧视：《消除一切形式种族歧视国际公约》（1965年12月21日联合国大会通过，1969年1月4日生效），《禁止并惩治种族隔离罪行国际公约》（1973年11月30日联合国大会通过，1976年7月18日生效），《歧视（就业及职业）公约》（1958年6月25日通过，1960年6月15日生效），《取缔教育歧视公约》（1960年12

① 参见北京大学法学院人权研究中心《国际人权文件选编》，北京大学出版社2002年版。

月 14 日通过，1962 年 5 月 22 日生效)，《男女同工同酬公约》(1951 年 6 月 29 日通过，1953 年 5 月 23 日生效)。

(2) 有关妇女权利：《消除对妇女一切形式歧视公约》(1979 年 12 月 18 日通过，1981 年 9 月 3 日生效)，《消除对妇女一切形式歧视公约的任择议定书》(2000 年通过，2000 年 12 月 22 日生效)。

(3) 有关儿童权利：《儿童权利公约》(1989 年 11 月 20 日通过，1990 年 9 月 2 日生效)，《儿童权利公约关于儿童卷入武装冲突问题的任择议定书》(尚未生效)，《儿童权利公约关于买卖儿童、儿童卖淫和儿童色情制品问题的任择议定书》(尚未生效)，《关于禁止和立即行动消除最有害的童工形式公约》(1999 年 6 月 17 日通过，2000 年 11 月 19 日生效)。

(4) 有关奴隶制、奴役、强迫劳动：《禁奴公约》(1926 年 9 月 25 日订立，1927 年 3 月 9 日生效)，《关于修改一九二六年九月二十五日在日内瓦签订的禁奴公约的议定书》(1953 年 10 月 23 日批准，1953 年 12 月 7 日生效)，《废止奴隶制、奴隶贩卖及类似奴隶制的制度与习俗补充公约》(1956 年 4 月 30 日通过，1957 年 4 月 30 日生效)，《强迫劳动公约》(1930 年 6 月 28 日通过，1932 年 5 月 1 日生效)，《废止强迫劳动公约》(1957 年 6 月 25 日通过，1959 年 1 月 17 日生效)，《禁止贩卖人口及取缔意图营利使人卖淫的公约》(1949 年 12 月 2 日批准，1951 年 7 月 25 日生效)。

(5) 有关自由权：《国际更正权公约》(1952 年 12 月 16 日通过，1962 年 8 月 24 日生效)，《结社自由及保护组织权公约》(1948 年 7 月 9 日通过，1950 年 7 月 4 日生效)，《组织权及共同交涉权公约》(1949 年 7 月 1 日通过，1951 年 7 月 18 日生效)。

(6) 有关就业、福利：《关于促进集体谈判的公约》(1981 年 6 月 19 日通过，1983 年 8 月 11 日生效)，《关于促进就业和失业保护的公约》(1988 年 6 月 21 日通过，1991 年 10 月 17 日生效)。

以及，《关于难民地位的公约》(1951 年 7 月 28 日通过，1954 年 4 月 12 日生效)，《关于无国籍人地位的公约》(1954 年 9 月 28 日通过，1960 年 6 月 6 日生效)，等等。

4. 区域性人权公约

“二战”后，在联合国把促进与尊重人权纳入其体系的同时，区域性人权保护制度也随之产生并确立。1950 年，欧洲理事会成员国率先缔结了《欧洲人权公约》；美洲国家组织在 1948 年成立时通过《美洲人的权利和义务宣言》，1969 年通过《美洲人权公约》；1981 年非洲统一组织通过《非洲人权和人民权利宪章》。

(1) 欧洲主要人权文件。

早在 1950 年，欧洲理事会就通过了一系列人权文件，包括 1950 年《保护人权及基本自由欧洲公约》(亦称《欧洲人权公约》) 及其 11 项议定书，1961 年《欧洲社会宪章》，1987 年《防止酷刑和非人道或有辱人格的待遇或处罚欧洲公约》，等等。《欧洲人权公约》主要规定了公民的政治权利，如生命权，禁止酷刑和奴役，人身自由权，公正审判，罪行法定，私生活不受干扰，思想、良心及宗教自由，言论自由和集会及结社自由，等等。欧洲理事会有 30 多个成员国，均为《欧洲人权公约》缔约国。

（2）美洲主要人权文件。

美洲国家组织于1948年发表《美洲人的权利和义务宣言》（以下简称《美洲人权宣言》）；1969年美洲国家间特别人权会议通过《美洲人权公约》，该公约于1978年正式生效。《美洲人权公约》所保护的公民权利和政治权利包括27项，涉及生命权、人道待遇权、免受奴役、自由与安全权、公平审判、受有追溯力的法律的约束、私生活权、良心和宗教自由、思想和发表意见的自由、集会权、结社权、家庭权、迁移和居住自由、姓名权、儿童权、国籍权、法律人格权、司法保护权、参政权、财产权、避难权等。《美洲人权公约》没有对经济、社会和文化权利做出具体规定，这部分内容通过1967年《修订美洲国家组织宪章的议定书》（即《布宜诺斯艾利斯议定书》）在《美洲国家组织宪章》中做了详细规定。

美洲国家组织还于1985年通过《防止与惩治酷刑行为美洲国家间公约》，1994年通过《人身强制失踪美洲国家间公约》。

（3）非洲主要人权文件。

《非洲统一组织宪章》的宗旨之一是“从非洲根除一切形式的殖民主义”以及“在对联合国宪章与世界人权宣言给予应有的尊重的情况下促进国际合作”。在人权问题方面，该组织于1969年通过《关于非洲难民问题具体方面的公约》，1990年通过《非洲儿童权利与福利宪章》，最重要的人权文件是1981年通过的《非洲人权和民族权宪章》。

《非洲人权和民族权宪章》不仅规定了公民权利和政治权利，同时也规定了经济、社会和文化权利；不仅规定了个人人权，而且规定了民族权利和集体权利；不仅规定了个人享有的权利，同时强调了个人对于家庭、社会、国家以及其他人应尽的义务。该宪章第3至14条规定了16项公民权利和政治权利，如平等权，生命权，尊严权，公平审判权，良心和宗教自由，言论、结社、集会自由，迁移自由及寻求庇护权，参政权，财产权，等等。该宪章第15至18条规定了9项经济、社会和文化权利，如工作权、健康权，受教育权，家庭权，妇女、儿童、老人和残疾者受保护权，等等。宪章第19至24条规定了民族权利和集体权利，如民族平等权、民族自决权、天然资源主权、发展权、和平与安全权、环境权等。宪章第27至29条还规定了个人的义务。

（二）国际人权习惯

国际人权习惯也是国际人权法的重要渊源。有关人权的国际习惯法规则，主要集中在1948年《世界人权宣言》之中。

《世界人权宣言》（*Universal Declaration of Human Rights*）是联合国通过的第一个专门人权的国际文件，于1948年12月10日在巴黎召开的联合国大会第三届会议上通过。12月10日被联合国定为国际人权日。该宣言包括序言和30条条文。从权利的内容看，可以分为两部分：第一部分（第1～21条）主要规定公民和政治权利，第二部分（第22～27条）主要规定各种经济、社会和文化权利。

该宣言规定的公民和政治权利包括：人人生而自由，在尊严和权利上一律平等（第1条）；人人有权享有生命、自由和人身安全（第3条）；任何人不得使为奴隶或奴

役（第4条）；任何人不得加以酷刑，或者施以残忍的、不人道的或侮辱性的待遇或刑罚（第5条）；人人在任何地方有权被承认法律前的人格（第6条）；法律面前人人平等，并有权享受法律的平等保护，不受任何歧视（第7条）；在基本权利遭到侵害时享受有效法律补救的权利（第8条）；对任何人不得加以任意逮捕、拘禁或放逐（第9条）；人人有权平等地由独立而无偏倚的法庭进行公正和公开的审讯……（第10条）；被推定无罪权（第11条）；不溯及既往（第11条）；任何人的私生活、家庭、住宅和通信不得任意干涉，对他的荣誉和名誉不得加以攻击（第12条）；人人在各国境内有权自由迁徙和居住（第13条）；人人有权离开任何国家，包括其本国在内，并有权返回其本国（第13条）；人人享有避免迫害并在他国寻求庇护的权利（第14条）；人人有权享有国籍（第15条）；人人有权婚嫁和成立家庭（第16条）；人人享有财产所有权（第17条）；人人享有思想、良心与宗教自由的权利（第18条）；享有主张和发表意见的自由（第19条）；和平集会和结社的自由（第20条）；人人享有直接或以自由选举的代表参加本国政府的权利以及平等参加公务的权利（第21条）。

宣言规定的经济、社会和文化权利由第22条引出。该条首先规定："每个人，作为社会一员，有权享受社会保障，并有权享受他的个人尊严和人格自由的发展所必需的经济、社会和文化方面各种权利的实现，这种实现要通过国家努力和国际合作并依照各国的组织和资源情况。"该条既指出了个人与社会的关系，也阐明了个人尊严和自由与经济、社会和文化权利的密切关系。个人在这方面的权利包括：人人享有工作等各项权利（第23条），人人享有休息和闲暇的权利（第24条），人人享受维持本人及其家庭健康和福利所需的生活水准的权利（第25条），人人享有受教育的权利（第26条），人人享有自由参加社会文化生活的权利（第27条）。

宣言第28条至第30条为最后条款，主要规定人人有权要求一种使上述权利和自由得以充分实现的社会和国际秩序（第28条），并强调个人对社会负有义务和责任（条29条）。任何国家、团体或个人都无权破坏宣言所载权利与自由（第30条）。

宣言较全面地规定了人权的内容。重点强调个人的权利和自由，尤其是公民和政治权利，也规定了经济、社会和文化权利。只是宣言中没有保护少数者的条款，也没有关于诸如民族自决权等集体人权方面的规定。作为第一部关于人权的世界性文件，此宣言无疑具有重要历史意义，它被看作对《联合国宪章》中的人权条款的权威性解释，而且成为1966年两项国际人权公约以及许多专门人权条约和区域性人权条约的基础。

从法律渊源角度看，宣言本身并不具有法律拘束力，不能成为国际人权法的渊源。然而，宣言的内容得到联合国及有关机构的一再确认，而且宣言的规定许多已写进国际公约和各国的国内法中，更为各国的国际实践所确认。因此，许多学者认为宣言所载的各项主要原则与规则已经被各国"作为通例之证明而经接受为法律"，已构成国际习惯法的一部分。[①]

联合国大会和其他政府间国际组织所通过的关于人权问题的宣言和决议中所确认的

① 参见《奥本海国际法》（第一卷第一分册），［英］詹宁斯、瓦茨修订，王铁崖、陈公绰、汤宗舜、周仁译，中国大百科全书出版社1998年版，第366页。

有关禁止歧视、禁止灭绝种族、反对各种形式的奴隶制、禁止酷刑以及禁止强迫劳动和关于保护难民的原则和规则，都已经成为国际人权的习惯法部分。[①]

围绕着人权问题有一系列国际文件，这些文件有的属于国际条约，如那些被称为“盟约”“公约”“议定书”等的文件，对批准或加入国有拘束力；而有的文件，如那些被称为“宣言”“原则”“准则”“标准规则”以及“建议”等的文件，则一般不具有法律拘束力，但这些文件中的某些原则或规则已经成为具有普遍法律拘束力的国际习惯法的一部分。[②]

第三节 国际人权机构

一、普遍性人权机构

（一）联合国直接负责人权事务的机构

1. 联合国大会

依据宪章，大会应发动研究并做成建议，以便“不分种族、性别、语言或宗教，助成全体人类之人权及基本自由之实现”。为此，大会把来自经济及社会理事会、其他主要机构、各会员国及秘书长提出的有关人权项目列入大会议程。大会第三委员会，即社会、人道主义和文化委员会是处理人权事务的主要委员会。

大会可以设立为执行其职务所必需的附属机构。其中涉及人权事务的附属机构有：《给予殖民地国家和人民独立宣言》执行情况特别委员会，亦称非殖民化特别委员会；联合国纳米比亚理事会；反对种族隔离特别委员会；调查以色列侵害占领区居民人权的行为特别委员会；巴勒斯坦人民行使不可剥夺权利委员会；等等。这些附属机构由大会设立，并赋予其特定的职权，为促进和实现具体人权做出积极努力。

2. 经济及社会理事会

经济及社会理事会的职权之一是“为增进全体人类之人权及基本自由之尊重及维护起见，得作成建议案”。经济及社会理事会设立的与人权最直接相关的机构是人权委员会和妇女地位委员会。

（1）人权委员会（Commission on Human Rights），1946 年成立，由 53 个国家代表组成，根据区域代表性原则选举产生，3 年为一任期。人权委员会职权广泛，处理与人权有关的所有事务。其最初职责是负责起草国际人权宪章，该项任务业已完成。目前，主要负责进行专题研究、拟具建议和起草与人权有关的国际文书，调查关于侵犯人权的

---

① 参见富学哲《从国际法看人权》，新华出版社 1998 年版，第 2 ～ 5 页。

② 参见北京大学法学院人权研究中心《国际人权文件选编》，北京大学出版社 2002 年版，“编著说明”与目录。

指控和处理与这种侵犯有关的来文，并协助经济及社会理事会协调联合国系统内关于人权的活动。委员会通常每年2—3月在日内瓦举行会议。

人权委员会下设若干委员会和工作组，其中最主要的是防止歧视及保护少数小组委员会，其于1947年设立，由人权委员会选举26名专家组成，任期4年。该专门委员会的主要任务是对所有人权问题开展调查研究，而不仅仅局限于少数民族或歧视问题，同时，就特别问题或国家做出决议，并向人权委员会提出建议。

此外，还有一些特设的工作小组，工作针对某一特定专题或某个具体国家。如果工作小组由1人组成，该人称为特别报告员。迄今为止，人权委员会曾设立的工作小组主要有：南部非洲人权问题特设专家工作组，审查有一贯严重侵犯人权迹象情况的工作组，发展权问题政府专家工作组，强迫或非自愿失踪问题工作组，任意扣押拘禁问题工作组，土著居民问题工作组，酷刑问题特别报告员，非法、草率或任意执行死刑问题特别报告员，宗教偏狭问题特别报告员，针对妇女之暴力问题特别报告员，当前种族主义、种族歧视、排外情绪及有关偏狭现象问题特别报告员，等等。这些工作组或特别报告员均依据人权委员会的有关决议行使职权，向人权委员会提交年度报告，报告中通常包括如何改善所述人权局势的建议。

（2）妇女地位委员会（Commission on the Status of Women），由经济及社会理事会于1946年设立，由32个联合国会员国代表组成。其职能是：就促进政治、经济、文化、社会以及教育领域的妇女权利向经济及社会理事会提出建议和报告。

委员会根据经济及社会理事会各职司委员会的议事规则进行工作，出席和参加其工作的安排与人权委员会一样。经它起草的公约有：《妇女政治权利公约》《已婚妇女国籍公约》《消除对妇女一切形式歧视公约》等。

3. 秘书处

秘书长负责人权领域的斡旋活动，还设有人权中心。其前身是秘书处社会事务部的人权司，1982年更名。人权中心主任是主管人权事务的副秘书长。人权中心设在联合国驻日内瓦办事处，在联合国总部纽约设有办事处。

人权中心的职能是：向人权委员会、防止歧视及保护少数小组委员会及其附属机构提供法律、技术及行政管理方面的支持；根据秘书长的要求，就人权问题进行调查研究；负责处理联合国受理的所有事务的联络工作；实施向各国政府人权问题提供的咨询服务和技术援助计划。

此外，联合国的其他机构——安理会、托管理事会、国际法院在执行其各自职能时也常涉及人权问题。安理会曾多次就侵犯或否定人权或基本自由的情势进行调查并通过决议。例如，1980年以色列不对被占领土的平民提供充分保护问题，1984年南非对被压迫人民的持续屠杀问题，1985年拘留人质及劫持问题，等等。托管理事会依据《联合国宪章》第75条第3款，更是把促进人权及基本自由作为目的之一。国际法院也多次受理涉及庇护权、外国人的权利、儿童权利、外交人员被扣为人质等案件。

（二）联合国人权条约设立的人权机构

为监督条约的实施，受理缔约国的报告，处理有关国家或个人的来文，目前已设立

了7个“人权公约机构”：依据《消除一切形式种族歧视公约》设立的消除种族歧视委员会，依据《公民权利和政治权利国际公约》设立的人权事务委员会，依据《经济、社会和文化权利国际公约》设立的经济、社会和文化权利委员会，依据《消除对妇女一切形式的歧视公约》设立的消除对妇女歧视委员会，依据《禁止酷刑和其他残忍、不人道或有辱人格待遇或处罚公约》设立的反酷刑委员会，依据《儿童权利公约》设立的儿童权利委员会，依据《禁止并惩治种族隔离罪行国际公约》设立的三人小组等。

在此仅简要讲述联合国人权两公约的执行体系与机构：

公民和政治权利与经济、社会及文化权利属于不同的权利范畴。前者的重点在于个人免于来自国家方面的干涉和压制，需要国家的消极或弃权行为加以保障，因此，《公民权利和政治权利国际公约》第2条第1款要求“本公约每一缔约国承担尊重和保证在其领土内和受其管辖的一切个人享有本公约所承认的权利”。后者则需要来自国家方面的积极介入，国家应积极采取干预措施以求权利的实现，因此，《经济、社会和文化权利国际公约》第2条第1款要求“每一缔约国承担尽最大能力个别采取措施或经由国际援助和合作，特别是经济和技术方面的援助和合作，采取步骤，以便用一切适当方法，尤其包括立法方法，逐渐达到本公约所承认的权利的充分的实现”。由此决定了两公约执行体系的不同。

《公民权利和政治权利国际公约》的执行体系包括设立常设机构——人权事务委员会，该委员会的职权之一是审议缔约国定期提交的人权报告，并审议来自国家和个人关于违反公约的申诉。人权事务委员会由18名来自不同国家的独立委员组成。委员经缔约国提名通过无记名投票选出，任期4年，连选可连任。《公民权利和政治权利国际公约》第40条要求各缔约国要在该公约生效后1年内，向联合国秘书长送交“关于它们已经采取而使本公约所承认的各项权利得以实施的措施和关于在享受这些权利方面所做出的进展的报告”。此后，在人权事务委员要求时提出此等报告。联合国秘书长将所有报告转交人权事务委员会，后者可以对缔约国提出一般建议，也可以将建议连同报告副本转交经济及社会理事会。人权事务委员会的职权之二是审议一缔约国对另一缔约国不履行公约义务的申诉。但委员会的这一职权是任择性的，只有在指控和被指控的缔约国均已事先声明接受委员会此等职权的条件下才可行使。人权事务委员会的职权之三是审议个人对国家违反公约义务的申诉。该项职权同样是任择性的，只有在被控国参加《公民权利和政治权利国际公约任择议定书》的条件下才能受理。

《经济、社会和文化权利国际公约》开始没有像《公民权利和政治权利国际公约》那样建立专门的执行机构，只规定了普通报告制度。依据公约第16～21条的规定，各缔约国要把它为实现公约所载人权所采取的措施及取得的进展向联合国秘书长报告，后者再把报告副本转交经济及社会理事会以及有关的联合国专门机构。报告书中要说明由于何种因素或困难以致影响公约所规定的义务履行的程度。接到报告书的上述机构可以就实现人权的有关问题提出一般性建议。1978年，经济及社会理事会成立一个由15人组成的工作组，协助审议缔约国提高的报告。1985年，该工作组转变为经济、社会和文化权利委员会，由18名专家组成。该委员会除审议缔约国提交的报告以外，还可根据它对这些报告和联合国专门机构送来的报告的研究情况向经济及社会理事会提出一般

性建议。

上述条约机构执行的具体任务不同，执行任务的方式各异。但这些机构都为审查条约的执行情况而设立，大体说来有如下特点：大多由专家组成，专家以个人身份进行工作；条约机构有权审查各缔约国就其条约呈交的报告，并就这些报告内容提出质疑或表示关注；条约机构还有权受理由个人提出的有关其受到条约保护的权利被侵犯的指控并提出建议。因此，条约机构被认为是具有准司法职能的执行监督机构，有关人权公约的缔约国在法律上有责任与条约机构合作。

二、区域性人权机构

（一）欧洲人权机构

《欧洲人权公约》第19条设立了欧洲人权委员会和欧洲人权法院为该公约的执行机构，同时为欧洲理事会部长委员会规定了监督公约实施的重要职权。

欧洲人权委员会由与公约缔约国数目相等的委员组成。委员并不代表各自政府，而以个人身份开展工作。欧洲人权委员会的主要职责是接受并处理对公约缔约国破坏公约的申诉。这种申诉可以由一缔约国对另一缔约国提出，也可以由个人、非政府组织或个别团体对一缔约国提出。后一种情况下，必须是被控缔约国事先已依据公约第24条声明它承认委员会拥有此权限，委员会才能受理个人、非政府组织或个别团体提出的申诉。截至1990年1月，公约的全体缔约国均已发表声明，承认了欧洲人权委员会的上述权力。

欧洲人权法院由同欧洲理事会成员国数目相等的法官组成。法官以个人资格独立行使职务，任期9年，由欧洲理事会咨询议会从欧洲理事会各成员国所提名的候选人中以多数票选出。依据公约第44～48条的规定，法院的职能主要是审理缔约国和欧洲人权委员会提交的涉及解释和适用公约的一切案件。法院对缔约国的管辖权是自愿管理，以缔约国依公约第46条做出接受声明为前提。但到1990年1月，欧洲理事会全体成员均已声明承认欧洲人权法院的强制管辖权。法院判决为终审判决，欧洲理事会部长委员会有权监督判决的执行。

欧洲理事会部长委员会由欧洲理事会各成员国外交部部长或其他代表组成，是欧洲理事会的决策和执行机构。依据《欧洲人权公约》第32条，部长委员会负责监督欧洲人权法院判决的执行；对于没有被欧洲人权委员会或有关缔约国提交欧洲人权法院的案件，部长委员会有权做出是否违反《欧洲人权公约》的决定并采取必要的措施。此外，部长委员会可请求欧洲人权法院就相关公约和议定书解释方面的法律问题发表咨询意见。

（二）美洲人权机构

根据《美洲人权公约》第33条，负责实施该公约的机构有两个：美洲国家间人权委员会和美洲国家间人权法院。

美洲国家间人权委员会并不是《美洲人权公约》所设立的常设机构，而是美洲国家组织的附属机构，由美洲国家组织大会选出的7位代表组成。在1969年《美洲人权公约》制定前，该委员会的主要职责是促使美洲国家组织各成员国的人权得到遵守和保护。自1965年开始，委员会根据被纳入《美洲国家组织宪章》的《美洲人权宣言》，已受理个人指控美洲国家组织成员国侵犯《美洲人权宣言》的诉状。1978年《美洲人权公约》正式生效后，美洲国家间人权委员会便成为一个具有双重职权的国际监督机构，除上述职权外，还有权根据《美洲人权公约》的规定，对全体公约缔约国家实行监督，以保证各公约缔约国所承担的各项保护人权的义务。

根据《美洲人权公约》第44条，美洲国家间人权委员会有权受理来自任何个人、群体或非政府组织对某一缔约国侵犯《美洲人权公约》的行为的指控而无须被控国事先接受任何任择性条款。依据《美洲人权公约》第45条，委员会还受理缔约国对另一缔约国侵犯公约行为的指控，但前提是两缔约国事先都已接受公约第45条的任择条款，确认委员会有此权力。因此，在受理个人指控和缔约国指控的权限方面，美洲国家间人权委员会与欧洲人权委员会的情形正好相反。

美洲国家间人权法院于《美洲人权公约》1978年生效时建立，是执行公约的司法机构。它由公约缔约国选出的7名法官组成。法官任期6年，只能连任一次。法院受理缔约国和美洲国家间人权委员会提交的案件。但法院管辖权只及于根据公约第62条做出声明或根据特别协议接受法院管辖的缔约国之间。法院判决是终局性的，对当事各国具有法律拘束力。法院的咨询管辖权相当广泛，依据公约第64条，美洲国家组织的所有成员国和机构有权就公约或有关美洲国家保护人权问题的其他条约的解释请求法院提供咨询意见。

（三）非洲人权机构

同其他区域性人权公约一样，《非洲人权和民族权宪章》也建立了相应的实施机构——非洲人权和民族权委员会。该委员会依据宪章第30条于1987年设立，由非洲统一组织国家元首和政府首脑会议选出的11名委员组成。委员以个人身份工作，任期6年，可连选连任。

非洲人权和民族权委员会的主要职能是促进人权和民族权利；保证人权和民族权在宪章拟定的条件下受到保护；应缔约国、非洲统一组织机构或非洲统一组织认定的非洲组织的请求，解释《非洲人权和民族权宪章》的一切条款等。委员会有权审议缔约国对另一缔约国侵犯宪章行为的指控并提出建议。对于个人或非政府组织的指控，经委员会过半数同意，委员会也可审议，并将意见转达非洲统一组织国家元首和政府首脑会议，后者会允许公开发表这些意见。同时，如果个人的控诉涉及一系列对人权及民族权的严重或大规模侵犯时，该委员会应提请非洲统一组织国家元首和政府首脑会议对此予以关注，后者可要求前者对这些案件进行深入调查，并提出附有审查结果和建议的事实报告书。

《非洲人权和民族权宪章》没有建立区域性人权法院。

第四节　中国与国际人权

一、中国对人权保护的原则立场

从1991年11月发表第一个人权白皮书——《中国的人权状况》起，中国政府以国务院新闻办公室的名义已经分别发表了有关人权的一系列白皮书。其他包括：《中国改造罪犯的状况》（1992年）、《西藏的主权归属与人权状况》（1992年）、《中国妇女的状况》（1994年）、《中国知识产权保护状况》（1994年）、《中国的计划生育》（1995年）、《中国人权事业的进展》（1995年）、《中国的儿童状况》（1996年）、《1996年中国人权事业的进展》（1997年）、《中国的环境保护》（1996年）、《中国的粮食问题》（1996年）、《中国的宗教信仰自由状况》（1997年）、《西藏自治区人权事业的新进展》（1998年）、《1998年中国人权事业的进展》（1999年）、《中国的少数民族政策及其实践》（1999年）、《中国人权发展50年》（2000年）、《西藏文化的发展》（2000年）、《中国的禁毒》（2000年）、《中国21世纪人口与发展》（2000年）、《2000年中国人权事业的进展》（2001年）、《中国的农村扶贫开发》（2001年）、《西藏的现代化发展》（2001年）、《中国的劳动和社会保障状况》（2002年）、《新疆的历史与发展》（2003年）、《2003年中国人权事业的进展》（2004年）、《2004年中国人权事业的进展》（2005年）。

中国政府在这一系列人权白皮书中全面阐述了中国人权的理论和实践，系统地介绍了中国政府和人民为促进人权所做的巨大努力和取得的巨大成就，同时也阐述了中国政府在人权问题上的原则立场。

（一）维护人权概念的全面性和完整性

中国政府认为，人权是一个完整的概念，公民权利，政治权利，经济、社会、文化权利是一个有机的整体，相辅相成。反对片面强调某方面的权利而忽略或者排斥其他方面的权利的理论和做法。中国在人权活动中，在倡导给予充分的个人人权的同时，尤为强调集体人权——民族自决权、发展权和生存权。

（二）人权保护不能脱离该国的国情

中国政府认为，人权状况的发展受到各国历史、社会、经济、文化等条件的制约，是一个历史的发展过程。各国历史背景不同，社会制度、文化传统、经济发展的状况也有巨大差异，因而对人权的认识及实施并不相同。人权问题虽然有其国际性的一面，但主要是一国主权范围内的问题。因此，观察一国的人权状况，不能割断该国的历史，不能脱离该国的国情；衡量一个国家的人权状况，不能按一个模式或某个国家和区域的情况来套。①

（三）生存权是首要人权

中国政府认为，对一个国家和民族来说，人权首先是人民的生存权。没有生存权，其他一切人权均无从谈起。②

（四）确认并推动发展权

中国政府认为，从国际社会来看，要实现普遍人权和基本自由，要注重发展中国家的发展权。没有和平安定的国际环境，没有公正、合理的国际经济秩序，就不可能实现普遍的人权。国际社会只有将促进人权同维护世界和平、促进人类发展联系起来，系统地加以推进，才能取得持续有效的进展。③

（五）反对借口人权问题干涉别国内政

各国主权平等和不干涉内政原则是国际法和国际交往的基本准则，也是联合国迄今为止赖以存在的基石。目前，除少量国际人权习惯规范（如禁止灭绝种族、种族隔离和种族歧视，禁止奴隶制和奴隶贸易，禁止酷刑以及其他严重侵犯人权的行为）外，国家对人权的保护承担的是条约义务。各国应努力在国内维护和促进人权，而不应热衷于指责和教训别国，更不应把人权当作制造政治对抗、推行霸权主义和干涉别国内政的工具。

（六）强调并促进人权的国际合作

《联合国宪章》第 1 条第 3 款明确规定，国际社会促进人权的根本途径是“促进国际合作”。1993 年世界人权大会通过的《维也纳宣言和行动纲领》重申：促进人权“必须按照《联合国宪章》的宗旨和原则，特别是作为联合国首要目标的国际合作的宗旨”。1996 年 11 月，第 51 届联合国大会专门通过《加强人权领域的国际合作》的决议，再次强调：在人权领域“需要通过在各国相互尊重和平等的基础上的真正的建议性的对话来促成国际合作”。④ 可见，当今国际社会在人权领域要求合作、对话，反对对抗和施压。中国政府顺应这一历史潮流，愿意为人权的国际合作做出自己的贡献。

---

① 参见国务院 1991 年发表的《中国的人权状况》前言。

② 参见国务院 1991 年发表的《中国的人权状况》第一部分。

③ 参见国务院 1995 年发表的《中国人权事业的进展》第十部分。

④ 参见国务院新闻办公室发表的《利用人权制造对抗的又一表现——评美国国务院 1996 年〈人权报告〉中国部分》第四部分。

二、中国自觉承担人权保护义务

（一）积极参加人权公约并积极履行义务

中国政府一贯尊重《联合国宪章》促进人权和基本自由的宗旨，积极参与联合国人权领域的活动，努力推动国际人权事业的健康发展。中国政府尊重和肯定联合国《世界人权宣言》《德黑兰宣言》和《维也纳宣言和行动纲领》所确认的人权准则，并对1966年两个人权公约给予了积极评价。

自1980年起，我国先后签署、批准或加入了24个有关人权问题的国际公约，[①] 包括：《消除对妇女一切形式歧视公约》（1980年签署并批准，1981年对中国生效），《消除一切形式种族歧视国际公约》（1981年加入，1982年对中国生效），《关于难民地位的议定书》（1982年加入，同年对中国生效），《难民地位公约》（1982年加入，同年对中国生效），《禁止并惩治种族隔离罪行国际公约》（1983年加入，同年对中国生效），《禁止酷刑和其他残忍、不人道或有辱人格的待遇或处罚公约》（1988年批准，同年对中国生效），《儿童权利公约》（1992年批准，同年对中国生效），《1949年8月12日日内瓦四公约》及其1977年两个《附加议定书》（中国于1956年和1983年分别加入），《男女工人同工同酬公约》（1990年批准，同年对中国生效）。此外，中国于1985年签署了《反对集体领域种族隔离国际公约》。最重要的是，1997年4月和1998年10月，中国政府分别签署了《经济、社会和文化权利国际公约》和《公民权利和政治权利国际公约》。2001年2月28日，中国正式批准了《经济、社会和文化权利国际公约》，该约于2001年5月27日对我国生效。中国政府本着认真负责的态度，正在积极研究批准《公民权利和政治权利国际公约》问题。[②]

中国对于已经加入的人权公约，遵循“条约必须遵守”的原则，给予认真的履行，并通过国内立法、司法和行政等各种措施，严肃认真地履行公约所规定的义务，还以积极的态度参加了有关公约设立的保障人权实施的机构。

中国参加的人权条约中有5项规定缔约国须定期提交履约报告，即：《经济、社会和文化权利国际公约》《消除一切形式种族歧视国际公约》《消除对妇女一切形式歧视公约》《禁止酷刑和其他残忍、不人道或有辱人格的待遇或处罚公约》及《儿童权利公约》。中国政府严格履行公约义务，按照公约规定，认真撰写、提交履约报告，并以诚恳和合作的态度接受审议。截至2004年6月，中国提交履约报告的情况如下：就《经济、社会和文化权利国际公约》提交了首次报告；就《消除一切形式种族歧视国际公约》提交了5次报告并均已接受审议；就《消除对妇女一切形式歧视公约》提交了4次报告，已接受3次审议；就《禁止酷刑和其他残忍、不人道或有辱人格的待遇或处罚公约》提交了3次报告，均已接受审议；就《儿童权利公约》提交了2次报告，已

① 参见余民才、程晓霞《国际法教学参考书》，中国人民大学出版社2002年版，附件二。

② 参见2005年4月13日发表的《2004年中国人权事业的进展》白皮书。

接受1次审议。[①]

（二）建立并完善国内人权保护的法律

中国政府根据国情和长期实践经验，建立了自己的人权理论和观点，并制定了相应的法律和政策。

《中华人民共和国宪法》规定，中华人民共和国的一切权力属于人民。中国的人权具有广泛性、公平性以及真实性。中国的宪法和法律全面保障中国人权的实现。

在公民权利和政治权利方面，宪法规定公民享有选举权和被选举权，公民有言论、出版、集会、结社、游行、示威的自由，公民享有参与国家管理的权利，公民的人身自由不受侵犯。1990年10月1日施行《中华人民共和国行政诉讼法》，1994年5月制定《中华人民共和国国家赔偿法》，1995年2月又修改《中华人民共和国全国人民代表大会和地方各级人民代表大会选举法》和《中华人民共和国地方各级人民代表大会和地方各级人民政府组织法》，1996年3月又颁布《中华人民共和国行政处罚法》，从不同角度保障公民权利和政治权利得以实现。此外，1995年2月颁布实施《中华人民共和国人民警察法》《中华人民共和国检察官法》以及《中华人民共和国法官法》，1996年5月颁布实施《中华人民共和国律师法》，1996年和1997年分别修改了1979年制定的《中华人民共和国刑事诉讼法》和《中华人民共和国刑法》，以加强司法中的人权保障。

在经济、社会、文化权利方面，中国宪法规定中国公民有劳动权、合法财产权、受教育权、健康权等，中国公民有进行科学研究、文化艺术创作的自由，对妇女、儿童、残疾人的权益给予特别保护。1994年7月颁布的《中华人民共和国劳动法》对宪法赋予劳动者的基本权利做了全面、具体的规定。1995年3月颁布实施《中华人民共和国教育法》，1996年5月又颁布《中华人民共和国职业教育法》，以促进公民受教育权利的实现。1992年颁布《中华人民共和国妇女权益保障法》，对保障妇女政治、文化教育、劳动、财产、人身和婚姻家庭等各方面的权益做出了具体规定；1995年8月，中国政府又颁布《中国妇女发展纲要（1995—2000年）》，确定中国妇女发展的总目标为：提高妇女的整体素质，使法律赋予妇女的各项权益进一步得到落实。1991年9月颁布实施《中华人民共和国未成年人保护法》，1992年国务院颁布《九十年代中国儿童发展规划纲要》，形成了较为完善的保护儿童权益的法律体系。1990年12月颁布实施《中华人民共和国残疾人保障法》并制定了保障残疾人权益的相应政策、条例和规定。1996年8月颁布实施《中华人民共和国老年人权益保障法》，重视对老年人合法权益的保障。此外，1991年颁布了《中华人民共和国著作权法》，1992年修改了《中华人民共和国专利法》，1993年修改了《中华人民共和国商标法》，建立起了保护知识产权的法律体系。

① 参见“中国履约情况”，见中华人民共和国外交部网站：http://www.fmprc.gov.cn/chn/wjb/zzjg/tyfls/wjzdtyflgz/zgygjrqf/t129646.htm。

三、中国积极参与国际人权行动

中国政府一贯赞成《联合国宪章》关于尊重人权和基本自由以及促进人权国际合作的原则和规定。自1971年恢复在联合国的合法席位后，便开始积极参加联合国在人权领域的活动。从1979年起，中国连续3年以观察员身份参加联合国人权委员会会议。1981年中国当选为联合国人权委员会成员国后，连选连任该委员会成员国至今，并每年派团出席该委员会例会。从1984年开始，中国推荐的人权事务专家连续当选为防止歧视和保护少数小组委员会委员。在联合国各机构和会议中，中国积极参加有关人权议题的审议和讨论，阐述自己的看法，为不断丰富人权概念的内涵，促进世界对人权的普遍尊重做出自己的贡献。中国参加了1993年在维也纳召开的世界人权大会及其筹备工作。在亚洲区筹备会上，中国为达成《曼谷宣言》做出了积极努力。在世界人权大会上，中国积极阐述自己的立场观点，努力促成《维也纳宣言和行动纲领》的顺利通过。1995年9月，中国成功地承办了联合国第四次世界妇女大会，该次大会成为妇女权利方面的一个里程碑。中国还参加了《发展权宣言》的起草工作，多次派代表团参与联合国《儿童权利公约》《保护所有移徙工人及其家属权利国际公约》《禁止酷刑和其他残忍、不人道或有辱人格的待遇或处罚公约》《〈禁止酷刑和其他残忍、不人道或有辱人格的待遇或处罚公约〉任择议定书》《个人团体和社会机构在促进和保护世所公认的人权和基本自由方面的权利和义务宣言》《保护民族、种族、语文、宗教上属于少数人的权利宣言》《儿童权利公约关于儿童卷入武装冲突问题的任择议定书》《儿童权利公约关于买卖儿童、儿童卖淫和儿童色情制品问题的任择议定书》等国际人权文件的起草工作组，为这些文件的产生做出了努力。

第十一章　外交关系法和领事关系法

第一节　外交关系与外交关系法

一、外交关系的概念和形式

外交关系（diplomatic relations）主要指国家及其他国际法主体之间通过互访、谈判、出席会议和缔结条约等方式，以及互设常驻代表机关而形成的全面交往关系。

现在，国际实践中主要有四种外交关系形式。

（一）正式的外交关系

正式的外交关系亦称正常的外交关系，是全面的外交关系。它是以双方互派大使、公使级常驻使节为主要标志。这是国际关系上最基本、最常用的形式，是有关国际公约确定和调整的主要对象，也是本章重点讲述的内容。我国同其他国家或国际组织的外交往来中多采用这种形式。截至2017年6月，我国已同175个国家以及一些国际组织建立了正式的外交关系。①

（二）半外交关系

它是以双方长期保持互派代办级使节为特征的。这种形式实质上是国家关系中的不正常现象，往往在两国关系存在问题时才采用。例如，1972年以前，我国同英国、荷兰之间就保持这种半外交关系。其原因主要是中华人民共和国成立后这两个国家一直在联合国阻挠恢复我国在该组织的合法席位，尤其是英国还与我国台湾地区保持领事关系。直到1972年英、荷两国改变了态度，中英、中荷的外交关系才由代办级升格到大使级。但荷兰政府竟于1980年11月批准向台湾地区出售潜艇，从而完全背离了1972年两国外交关系升格公报的原则。因此，中国于1981年5月决定把大使级关系降格为代办级。后来荷兰政府改变了立场，拒绝向台湾地区出售武器。于是，经两国磋商又于

① 参见中华人民共和国与各国建立外交关系日期简表，见中华人民共和国外交部网站：http://www.fmprc.gov.cn/web/ziliao_674904/2193_674977/。

1984 年 2 月 1 日由代办处升格为大使馆。

以上两种形式均是由有关国际公约确定了规则，在外交实践中广泛采用的形式，属于正规的外交关系形式。

（三）非正式的外交关系

其特点为没有正式建交的国家保持长期的接触和外交会谈，甚至互设某种联络机构。例如，自 1955 年 8 月起，中美两国一直持续着大使级会谈，并于 1973 年 8 月互设联络处，作为两国保持外交接触的固定的、特殊的方式，直到两国于 1979 年正式建交。这是我国在国际关系上的创造性实践。

（四）国民外交

国民外交亦称民间外交，是国家间非官方的而又具有一定官方背景的民间交往活动。其特点为：①主体的民间性。国民外交不同于正式外交由国家、政府及其领导人来进行的方式，而是主要通过有影响的各行业、各阶层的人士和代表团之间的友好活动来实施。②交往的广泛性。国民外交可以涉及国家之间关系的政治、经济、科学、技术、文化、教育等各个方面。③形式的多样性。国民外交形式多样，不受更多的礼宾规则、组织形式的拘束，它可以通过非正式的私人访问、个人接触，也可运用较正式的双边、多边会谈以及召开国际民间会议、签订民间条约等方式来进行，甚至可以以更灵活的方法，施行时方便灵活而且行之有效。④性质的半官方性。国民外交不同于单纯的民间交往，其各种方式的活动都是有领导的、有组织的、配合着国家对外政策而进行的，它具有半官方的性质，较之民间往来意义重大。

我国推行国民外交，并将其作为外交关系的形式之一，作为正式外交的补充，可以说是中华人民共和国在外交关系上的新创例，是对国际法和外交理论的完善和发展。这种形式对于没有建立外交关系的国家或虽建交但存在关系危机的国家间的关系具有特殊意义。尽管国民外交还不是公约承认的正式的外交关系形式，但其在现代国际关系中已占有了一定地位。

二、外交关系法的概念及内容

外交关系是国际关系的重要内容，外交活动受到有关的国际法原则、规则和规章、制度的调整。在长期的国际交往实践中产生了一系列的调整外交关系的国际法规范，从而使外交关系法形成了以条约为主，以国际习惯为辅的，具有相对独立体系和丰富内容的国际法部门，成为国际法的重要分支。

外交关系法是调整国家及其他国际法主体之间的外交关系的，规范外交关系机关及人员的组成、地位、职能及活动方式、程序的国际法原则、规则和规章、制度的总称。

外交关系法的主要内容涉及：①建立外交关系及互设使馆；②派遣或接受外交代表机关及其人员；③使馆及其外交人员的职务；④外交代表机关及人员的特权与豁免；⑤外交代表机关及人员与接受国的其他关系；⑥国际组织与东道国的其他关系；⑦特别

使团的派遣及职责；等等。

外交关系法经历了一个漫长的发展过程。在过去主要表现为国际习惯，条约仅有1815年《维也纳议定书》、1818年《亚琛议定书》和区域性的1928年《哈瓦那外交官公约》。第二次世界大战后签订了一系列公约、条约，其中主要有1946年《联合国特权与豁免公约》、1947年《联合国专门机构特权与豁免公约》、1961年《维也纳外交关系公约》、1969年《特别使团公约》、1975年《维也纳关于国家在其对普遍性国际组织关系上的代表权公约》、1973年《关于防止和惩处侵害应受国际保护人员包括外交代表的罪行的公约》等。然而公约没有明文规定的问题，仍依照国际习惯法办事。

在上述公约中，最重要的是《维也纳外交关系公约》，该公约于1961年4月18日签署，1964年4月24日生效。该公约对外交关系制度做了全面而具体的规定。截至2014年4月2日，随着巴勒斯坦的正式加入，该公约已经达到了190个缔约国。我国于1975年11月25日加入该公约，但对第14条、第16条和第37条第2、3、4款做了保留。

三、外交关系机关的体系

国家设置的为实现其对外政策、用于与其他国家或国际组织进行外交活动的各种机关统称为国家外交关系机关。国家外交关系机关可分为：①国家的中央外交关系机关，有国家元首、政府及其首脑和外交部门。这些机关在国内按其本国宪法和法律各有自己的职权范围，在国际上都是代表本国与外国保持外交关系进行外交活动的机关。②驻外的外交关系机关，即外交代表机关，也被称为外交使团（diplomatic mission）。在国际实践中，国家为了实现其对外政策，常常通过在别国设立使馆、派遣特别使团、派代表团参加国际会议和在国际组织中派遣常驻代表等方式进行交往。其可分为常驻的和临时的两类。常驻的指派驻某一国家或国际组织的行使日常外交职务并保持外交关系的机构。常驻的机构又可分为派驻他国的使馆和常驻国际组织的常驻使团。临时的外交代表机关，又称特别使团，指临时出国执行特别任务的外交代表和代表团。其又可分为两类：政治性的是指为某一特定事项进行交涉、签约或出席国际会议而派遣的，礼仪性的是针对诸如国庆典礼、元首就职等重大庆典活动或国葬等重大国事活动而派出的。

第二节　国家中央对外关系机关

一、国家元首

国家元首是国家对外关系方面的最高机关和最高代表，以国家元首名义所做的决定和行为全权代表国家。综观各国国家元首制度，可分为个人元首和集体元首。个人元首，如美国的总统、英国的女王、卢森堡的大公等；集体元首，如前南斯拉夫的联邦主

席团、瑞士的联邦委员会等。

国家元首在对外关系方面的职权，由其本国宪法规定，一般都包括以下职权：①派遣和接受外交使节；②批准和废止条约；③宣战和议和；④参加国际会议、进行高级会谈、缔结重要条约；等等。

我国《宪法》规定，由国家主席作为国家元首代表中国。我国元首职权由国家主席与国家最高权力机关结合起来行使。1982 年《宪法》规定，国家主席可根据全国人大和全国人大常委会的决定，在国家遇到武装侵略或必须履行国际间共同防止侵略的条约时，宣布战争状态；可代表国家接受外国使节；根据全国人大常委会的决定，派遣和召回驻外全权代表；批准和废除同外国缔结的条约和重要协定。

依照国际惯例，应邀访问的外国元首［（许多国家习惯称为“国宾”（state guest）］在礼仪上享有最高的尊荣，比如要举行最高规格的、最隆重的迎宾仪式，包括铺红地毯迎送、鸣放礼炮 21 响、检阅三军仪仗队等。另外，在国外期间，国家元首享有完全的外交特权与豁免。

二、政府和政府首脑

政府是国家的最高行政机关。对政府的称谓有许多种，如英国、日本称“内阁”，苏联称“部长会议”，朝鲜称“政务院”，我国称“国务院”，等等。

各国对外关系多由政府领导，政府在对外关系方面具有重要职权，如决定国家对外政策和管理对外事务，签发外交代表的全权证书，任免高级外交人员以及同外国政府进行谈判、签约等。

根据我国宪法和国务院组织法的规定，国务院在对外关系方面的职权，除了谈判、签约外，还领导各部和各委员会包括外交部的工作；管理对外事务，任免外交部副部长及驻外使馆参赞、总领事等高级外交、领事人员；核准某些协定和议定书。

政府首脑，即政府的最高行政首长，如内阁首相、部长会议主席、国务院总理等。政府首脑在对外关系中居重要地位。他可以与外国政府进行谈判，出席国际会议和缔约条约，而且无须出示全权证书。政府首脑不同于国家元首，元首是代表国家，首脑则代表政府，地位不相同；政府首脑不在国宾之列，如日本将政府首脑称为“公宾”；在尊荣方面也略有区别，如欢迎仪式的规格低于国家元首，鸣放礼炮 19 响。

在外国访问期间，政府首脑也享有完全的外交特权与豁免。

三、外交部门

外交部门是专门执行国家外交政策、具体负责处理日常对外事务的政府机构。对外交部门的称谓也不尽相同，如美国称国务院，瑞士称政治部，英国称外交与联邦事务部，日本称外务省，多数国家则称外交部。我国最早于 1861 年设立总理各国事务衙门，1901 年改为外务部，1912 年改为外交部，中华人民共和国沿用外交部的名称。

外交部门是国家掌管和处理对外关系的中心机关。外交部的职权主要是：①代表本

国与外国进行联系和交涉；②领导和监督外交代表机关的工作与活动；③与外国的外交代表机关保持接触、联系和谈判；④提请政府审议重大对外政策问题；⑤保护本国及本国公民在国外的合法权益；等等。本国其他各部门同驻该国的外国使、领馆的联系，一般都要通过外交部。

对外交部门的长官各国的称谓也不同，大多数国家称外交部长，英国称外交大臣，美国称国务卿，等等。习惯上，将其统一简称为“外长”。外长负责执行国家的对外政策，领导并处理外交部门的日常工作；同外国政府代表团谈判、签约；参加国际会议和签约。由于外长的特殊身份，对外活动时无须出示或提交全权证书。在国外期间，外长也享有完全的外交特权与豁免。

第三节　驻外的外交关系机关

一、使馆的建立

根据国际关系准则，国家有权向别国派遣外交代表，建立外交关系和设立使馆。但这种关系必须以双方共同协议为前提。对此，《维也纳外交关系公约》第 2 条规定：“国与国间外交关系及常设使馆之建立，以协议为之。”至于协议形式，在国际实践中多采用条约、换文、公报、声明等。

提出或接受建交要求，确定建交条件和程序，是由各国自行决定的。例如，在建交条件方面我国一向坚持“承认中华人民共和国为中国唯一合法政府”的条件，凡接受这一条件的即可以进行建交谈判；否则，对建交之事不予考虑。另外，由于某种原因，在建交并设立使馆后，一国也可以单方面暂时关闭使馆、中止甚至断绝两国间的外交关系。这是国家主权的体现。

另外，建立什么样的外交关系，互设哪一级的使馆，由双方协商确定。各国多依平等和对等原则，使馆彼此设于对方的首都，而且互派的使馆馆长等级是相同的。如果两国关系改善或恶化，双方均可提出外交关系升格或降格。

二、使馆人员的设置

（一）使馆馆长

在 19 世纪，因各国对使馆馆长的等级划分不统一而经常发生位次的争执。1815 年的《维也纳议定书》将外交使节划分为大使、公使、代办三个等级，从而统一了划分规则。这种划分方式为 1961 年的《维也纳外交关系公约》采纳。该公约规定使馆馆长分为三级：大使、教廷大使，公使、教廷公使，代办。

1. **大使、教廷大使**

大使（ambassador），又称特命全权大使（ambassador extraordinary and plenipotentiary），是由一国元首向另一国元首派遣的最高一级使馆馆长和外交代表。其享有完全的外交特权与豁免，也享有高于其他两级馆长的礼遇。19 世纪以前，只有大国间才能互派大使，这反映了当时大小国之间的不平等。现在绝大多数国家都是互派大使。

“特命”二字在以前并未冠于“大使”之前，因而在实践中时有常驻大使与特使争执礼宾位次的现象发生，特使自认为负有特殊使命，总想排在常驻大使之前，到了 17 世纪末叶，各国在大使称呼前加上“特命”，使得大使与特使礼宾位次相同。

教廷大使（papal nuncios）是由罗马教廷向一些国家派遣的代表罗马教皇的相当于大使一级的教廷使节。在一般国家里，教廷大使与大使位次相同，而在信奉天主教的国家给予教廷大使以优先地位，视其为外交团的当然团长。此在《维也纳外交关系公约》中也有所反映。对于该公约有关教廷使节的条款，我国在 1975 年加入公约时做了保留。

2. **公使、教廷公使**

公使（minister），亦称特命全权公使（minister plenipotentiary and extraordinary），也是由国家元首向另一国元首派遣的。他是公使馆的馆长，代表本国及国家元首常驻接受国办理外交事务。公使享有仅次于大使的礼遇。由罗马教廷派遣的相当于公使一级的使节称教廷公使（papal lnternuncio）。

20 世纪以前，互换公使的国家较多。“二战”后，任命公使一级的越来越少，绝大多数国家将公使升格为大使。比如，我国清朝末年与列强的外交关系均采用公使馆形式，而目前，我国除与圣马力诺建立公使级关系外，与其他国家都是互设大使馆。

有一点应注意，近年来，不少国家在大使馆内增设了“公使”职衔，如公使或公使衔参赞。这与特命全权公使不同，主要表现在：①特命全权公使是一级馆长，代表国家行使职务；而大使馆内的公使是次于大使的外交人员的职衔。②特命全权公使的任命需经接受国同意，而大使馆内的公使无须事先征得接受国同意。③两者职权范围也有差异。

3. **代办**

代办（charge d’affaires）是由一国外交部长向另一国外交部长派遣的最低一级使馆馆长。他代表本国及外交部与接受国办理外交事务，是代办处的馆长。代办的派遣在现代国际关系中并不常见，多在两国关系不正常或严重分歧时才采用。如 1954 年至 1972 年中英、中荷之间互派代办就是如此。

必须注意的是，临时代办（charges d’affaires ad interim）不同于代办，他不是一级馆长，而是在使馆馆长（大使或公使或代办）因故不能理事或空缺时，被委派暂代馆长职务的外交人员。临时代办一般由使馆中主管政务的、级别最高的外交人员担任。外交人员被委派为临时代办均不必事先征得接受国同意，但应由馆长或派遣国外交部长通知接受国外交部。

使馆馆长的等级不同，除了位次和礼仪上有所区别外，在其他方面不应有任何差别。

（二）使馆其他人员

在外交实践中，各国使馆中属于在编的使馆人员可分为外交人员、行政技术人员和服务人员。

外交人员是一国派往他国办理外交事务并具有外交官职衔的人员。包括使馆馆长和其他外交人员。其他外交人员有参赞、秘书、武官、随员和专员等。

参赞（counsellor），使馆内帮助馆长办理外交事务的高级外交官。依其专业性不同，参赞可包括商务参赞、文化参赞、新闻参赞、科技参赞等。在未设公使的使馆中其地位仅次于馆长。他是馆长关于国际法和外交实践的助手和顾问。在馆长离职期间通常是由参赞担任临时代办代理馆务。

秘书（secretary），使馆内秉承馆长旨意办理外交事务以及文书的外交官，位于参赞与随员之间，分一、二、三等秘书。

武官（military attaché），一国军事部门向另一国军事部门派遣并保持联系的代表。按职别可分为国防武官、军种武官、副武官。国防武官为首席武官，其等级与参赞相近；军种武官可分为陆军武官、空军武官和海军武官。武官既是沟通两国军事机关之间关系包括举行有关军事问题谈判和观察有关军事情况的外交官员，又是使馆馆长的军事方面的顾问和助手。

随员（attaché），由外交部派遣的办理各种外交事务的最低一级外交官，位于秘书之后。

此外，在外交实践中，有些国家的使馆中还有由各业务部门派遣的办理专门事务的人员——专员，如商务专员、文化专员、新闻专员等。在外交实践中通常授予这些专员以外交职衔并在优先权和豁免等方面按外交人员同等对待。

行政和技术人员，是使馆中从事行政及技术工作的人员。他们负责处理使馆内日常行政和技术性事务，如办公室负责人（称使馆主事）、登记员、速记员、译电员、打字员、翻译、无线电技术员、会计等。

服务人员，是使馆中从事后勤服务工作的人员，包括司机、传达员、厨师、司阍（门卫）、维修工、清洁工等勤杂人员。

私人仆役，指作为使馆人员佣仆而非为派遣国雇用之人，即为使馆人员的私人服务员，如保姆等。私人仆奴不在使馆人员编制之列。

三、使馆人员的派遣

使馆人员是由派遣国任命的，而外交人员特别是使馆馆长的派遣应遵照一定程序，因为其人选对两国关系往往会直接产生影响。

（一）指定人选

派遣驻外使馆的人员，首先按照国内法及程序由有关主管机关提名和决定人选，对于重要的使馆人员如大使的任命，许多国家都规定需要国家最高权力机关或国家元首的

批准同意，或者由政府委派。例如，美国指派大使级使馆馆长要由总统提名、国会通过后，才能成为正式的人选。我国的驻外全权代表由全国人民代表大会常务委员会决定，国家主席派遣；驻外使馆参赞及相当职衔的外交人员由国务院负责任命。

（二）征求同意

1. 使馆馆长的征求同意

通常在正式任命前，派遣国须向对方提供新馆长的简历，并以口头或书面方式征得同意。在接受国同意后，派遣国才能依国内法的程序予以正式任命。作为接受一方，各国都有权拒绝其认为不愿接受的人为驻本国的代表，而且无须说明任何理由。这是国家行使主权的表现，况且拒绝只是针对某一特定的人，不应视其为国家的不友好行为，更不应以此为借口制造国家间纠纷。但这种拒绝往往会使派遣国感到难堪。因此，各国在实践中为避免发生不愉快，对人选的征求同意多以保密方式进行，直到正式任命时才公开；或者在出现了应拒绝的情况时，拒绝国总是设法陈述自己拒绝的理由。

历史上，对将任命或已任命的大使、公使拒绝接受的事不乏其例。如 1891 年清政府拒绝接受美国派来北京的公使布莱尔，陈述的理由是布莱尔在担任美国参议员期间，以极端的言论攻击大清帝国并怂恿排斥华侨。又如，1820 年撒丁国王拒绝接受普鲁士使节冯·马滕斯，因为他和一个弑君者的女儿结了婚。

使馆馆长一般都是派驻某一特定国家的，有时也可兼驻两国或几国，如我国驻坦桑尼亚大使同时兼任科摩罗、塞舌尔大使；有时也可兼驻某国际组织，如我国驻比利时大使同时兼任驻欧洲共同体大使。但兼驻须征得有关各方面的同意。

2. 其他使馆人员的选派

除武官外，其他外交人员原则上自由委派，无须征得同意。而武官的任命应按《维也纳外交关系公约》第 7 条之规定，“接受国得要求先行提名，征求该国同意”之后，再由派遣国任命。

对行政和技术人员、服务人员，派遣国可自由选派，无须征得对方同意。

3. 不受欢迎的人与不能接受

依照《维也纳外交关系公约》的规定，接受国得随时不具解释即通知派遣国宣告使馆外交人员为不受欢迎的人或其他人员为不能接受。从实践来看，这种宣告常见情形主要有两种：①使馆馆长或武官的提名在就任前征得接受国同意时被拒绝，或者对其他人员接受国不予接受。即对于使馆任何人员，接受国可以在他到达接受国国境前宣告为不受欢迎的人或不能接受，从而拒绝给予入境签证或拒绝其入境。②在外交人员或其他人员就任后从事了与其身份不合的行为，而被终止职务的情况下，也被宣布为不受欢迎的人或不能接受。派遣国应酌情召回该人员或终止其在使馆中的职务。

（三）赴任与到任

经征得接受国同意后，派遣国即可按国内法程序予以任命、公布，并为赴任做准备。依规定，大使、公使到任要携带国书。国书（letter of credence）是派遣国元首为派遣或召回大使、公使致接受国元首的正式文书。派遣国书是派遣国元首的信任状，一

般写明使馆馆长的任命和等级，表示发展两国关系的愿望以及请求接受国对代表给予信任等内容。国书由派遣国元首签署，外长副署。代办不带国书，而携带由派遣国外长签署并向接受国外长发出的介绍书。

按照惯例，已建交的国家的新任馆长在启程前，往往通过本国外交部礼宾司联系拜会接受国派驻本国的使馆馆长。新任馆长启程，接受国在该国的外交官员应前往送行。新任馆长到达接受国边境和首都时应及时通知接受国外交部，接受国应派官员迎接。

使馆馆长到达接受国后，由接受国安排尽快拜会接受国外长，商谈递交国书事宜和程序，并将其国书副本、颂词副本交于对方。递交国书有专门的仪式，在仪式上由新任馆长亲自向国家元首递交国书。这种仪式各国不尽相同，有繁有简。现在我国递交国书的仪式较为简便，主要程序为：①外交部礼宾司司长乘礼车（车前悬挂中国国旗）前往使馆迎接大使或公使至人民大会堂，馆长及馆员由礼宾司司长引入接待厅；②新任大使向我国国家主席递交国书；③大使、馆员与国家主席、外长、副外长等握手；④全体参礼人员合影；⑤大使及馆员随主席至会客室谈话；⑥大使及馆员告辞，由礼宾司长陪送大使乘礼车回使馆。

代办一级的馆长到任不递交国书，只向接受国外长递交本国外长的介绍书。

依《维也纳外交关系公约》的规定，在呈递国书后或在向接受国外交部或另经商定的其他部通知到达并将所奉国书正式副本送交后，即视为在接受国内开始执行职务。在实践中，也有的国家规定自馆长一踏上接受国国土就算已经到任。在我国，外国使馆馆长抵达后，即可开始活动，但到任日期以递交国书时间为准。

四、使馆的职务

根据《维也纳外交关系公约》第 3 条的规定，使馆的职务主要有五项：

（1）代表，即在接受国中代表派遣国。

（2）保护，即于国际法许可之限度内，在接受国中保护派遣国及其国民之利益。

（3）交涉，即与接受国政府办理交涉。

（4）调查，即以一切合法手段调查接受国之状况及发展情形，向派遣国政府具报。

（5）促进，即促进派遣国与接受国之友好关系，以及发展两国间之经济、文化与科学关系。

此外，使馆还可在接受国允许的情况下，代行领事职务，或者受委托保护第三国及国民在接受国的利益。例如，1965 年 1 月，布隆迪王国政府宣布暂时中止同中华人民共和国的外交关系，我国驻布大使及使馆人员撤回，便委托阿拉伯联合共和国驻布使馆代为保管中国在布隆迪的使馆房地产等。

五、使馆及其人员职务的终止

从外交实践来看，除任期届满外还有种种原因会引起使馆人员职务终止，其主要原因可归纳为两类：一类是体现在使馆人员个人方面，一类是体现在国家方面。

（一）个人方面原因

（1）使馆人员由于调职、辞职等原因而被本国召回。

（2）使馆人员因死亡或失去理事能力。

（3）使馆人员从事了接受国不能容忍的活动，诸如敌对、破坏、间谍等活动，被接受国宣布为不受欢迎的人或不能接受。

（二）国家方面原因

（1）国家、政府变更。国家变更涉及国际法主体资格和变更，必然使原有外交关系受到影响，令使馆职务不能继续保持而终止。例如，1958 年埃及、叙利亚合并，原与两国有外交关系的国家又必须重新对其加以承认再行建交，自然使原有关系终止。政府变更是由于革命或政变，新政府取代了旧政府，原外交代表使命告终，例如，1949 年中国革命胜利后，所有各国原来驻华使节的职务即告终止，承认中华人民共和国的国家需经谈判重新建交。在此之前，外国原使馆留华人员一律被给予普通外侨待遇。

（2）外交关系变格。是指由于两国关系的变化，外交关系的升格、降格。变格也必须经两国协议，更改国书或介绍书，同时终止原使馆人员的职务，重任新任。例如，中荷两国 1981 年的外交关系降格就是在中方终止职务撤回使馆后宣布的。

（3）两国中止外交关系。即由于两国关系恶化以致发生冲突或战争，虽然保留外交关系而实质上使馆活动已无法开展，现任使馆人员职务终止。以后两国关系改善还需重新委任。例如，1967 年 9 月，中国与突尼斯中断外交关系，中国大使馆闭馆；1971 年 10 月，两国关系恢复正常化，使馆工作重新恢复。

（4）两国外交关系断绝。两国断交的原因很多，断交可由一方单方提出，也可双方共同宣布。断交的直接后果之一就是各自撤回使馆，使馆人员职务即行终止。

六、常驻使团

（一）常驻使团的概念

常驻使团（permanent mission）主要指各国派往国际组织的代表其本国的常设代表团。本章重点介绍各国派驻联合国及其专门机关的使团。在这方面最全面的国际公约是 1975 年通过的《维也纳关于国家在普遍性国际组织关系上的代表权公约》（以下简称《代表权公约》），只是该公约至今尚未生效。

（二）常驻使团的设立

如无特别规定，主权国家在得到国际组织允许后均可派出常驻使团，该组织的成员可设立常设代表团，非成员国可设立常设观察员代表团。

在常设使团设立前，应先行将代表团编制通知东道国。

（三）常驻使团的职务

《代表权公约》规定，常驻使团的职务主要包括：①确保派遣国在组织的代表权；②保持派遣国同组织之间的联络；③同组织在组织内进行谈判；④查明组织的各项活动，向派遣国政府提出报告；⑤确保派遣国参与组织的各种活动；⑥保护派遣国在同组织关系上的利益；⑦同组织和在组织内进行合作，促进组织宗旨和原则的实现。

（四）常驻使团的人员的设置

常驻使团的人员可分为三类，即外交职员、行政及技术职员和事务职员。

外交职员指在常驻使团所任职务具有外交官地位的职员。如常驻代表（使团团长）、副代表、顾问、技术专家、秘书等。

行政及技术职员指受常驻使团雇用担任行政及技术工作的职员。

事务职员指受常驻使团雇用担任内务或类似工作的人。

（五）常驻使团人员的派遣

在公约准许的范围内，派遣国得随意任命常驻使团的成员。但除非得到接受国同意，原则上应委派派遣国国籍的人。

使团团长的委派，须有持有由国家元首或政府首脑或外长或专门部门签发的证书，证书须递交该国际组织。

若常驻使团团长职位空缺或常驻使团团长不能执行职务时，派遣国得委派代理团长，并将姓名通知组织，由组织通知东道国。

由于常驻使团是向国际组织而不是向东道国派遣的，因而对常驻使团人员不适用宣布为“不受欢迎的人”或“不能接受”的程序，而只能按照外交程序令其离境，或者在派遣国放弃豁免权的情况下，由东道国依其国内法处罚。

（六）职务的终止

常驻使团职务终止的情况主要有：①派遣国将使团人员职务的终止通知组织；②常驻使团最后撤离或暂时召回。

七、特别使团

（一）概念

特别使团（special mission）指临时出国执行特别任务的外交代表和代表团。《联合国特别使团公约》所下的定义为：“特别使团是指由一个国家，经另一国家同意，为了就特别问题同该另一国进行交流，或为了执行同该另一国有关的特别任务，而派往该国进行交涉，或为了执行同该另一国有关的特别任务，而派往该国的、代表其本国的临时使团。”

特别使团的出现较使馆为早，但其法律制度远不像使馆制度那样完善，甚至许多方面没有形成明确的国际法规则。联合国大会1969年通过的《联合国特别使团公约》是这方面最主要的公约，只是公约至今尚未生效。

（二）特别使团的职能和组成

特别使团的职能应由双方同意而予以决定。一般来讲其主要职能有两类：一是政治性职能，如出席国际会议，交涉重要问题、谈判、签约等；二是礼仪性职能，如参加开国大典、元首就职等庆典活动等。

特别使团由一名或几名代表组成。特别使团中可包括外交人员、行政和技术人员以及服务人员。其中外交人员原则上应为派遣国国民。

（三）特别使团及其成员的派遣

《联合国特别使团公约》规定，派遣特别使团应通过外交或其他途径事先取得对方同意。只要双方同意，即使没有建立外交关系，也不妨碍互派特别使团。

在提供了必要情况后，派遣国可自行任命特别使团成员；接受国也可以不说明理由而拒绝接受任何一人充任特别使团成员，接受国还可以随时不加解释地宣布特别使团的外交人员为不受欢迎的人，宣布其他人员为不能接受的人。

（四）特别使团职务的开始与终止

特别使团职务的开始以与对方外交部或专门机构正式接触为标志，而不取决于提交全权证书、委任书或正式介绍的时间。

特别使团的职务遇到下列情况即行终止：①经有关各国取得协议；②特别使团任务完成；③为特别使团指定的期限届满；等等。两国间外交关系或领事关系的断绝，并不必然造成特别使团职务的结束。

八、外交团

外交团（diplomatic corps）是对各国驻在一国首都的外交人员的总称。有的国家认为外交团仅限于驻在同一国首都的使馆馆长；也有的国家认为外交团不仅包括各国使馆馆长，还包括其他外交人员及其家属。外交团可包括特别使团中的外交人员，但领事不属于外交团成员。

外交团制度不是基于某种国际法规范而是依照外交传统和国际惯例而设立的。它不是某种国际组织，也不具有独立的法律地位，所以不具有法律性质的职能，主要在礼仪方面起作用。比如，在东道国的隆重庆典、集会、宴会上致辞祝酒，就礼仪性及日常事务与东道国交涉，向新成员介绍接受国的风俗习惯，为离任的使节饯行，调解外交团成员间的纠纷，等等。东道国对于外交团提出的要求，并无履行的义务。但东道国对外交团的正常活动和正当要求应提供方便并予以尊重。外交团不应进行政治性、法律性的活动，更不许向东道国施加压力或干涉东道国的内政。外交团的内部事务也应平等协商解决。

外交团团长由外交团中等级最高、到任最早的馆长担任。而在一些信奉天主教的国家，教廷使节被认为是当然的外交团团长。例如，在西班牙，教廷大使一直充任驻该国外交团的团长。

外交团中其他外交人员的位次，由等级和到任时间决定。先按等级排列，大使高于公使，公使高于代办，参赞高于秘书……依顺序类推；在职位相同的外交人员中，大使馆人员先于公使馆人员；对于同级馆长按正式到任时间先后确定；同职的其他人员，亦按到任时间先后而定。

第四节　外交特权与豁免

一、外交特权与豁免的概念

外交特权与豁免（diplomatic privileges and immunities）是指使馆和使团及其人员在接受国所享受的一定的特殊权利、优惠待遇和一定豁免的总和。

其实，外交特权与豁免并不完全是一个内容。外交特权是由于其所处的与外交相关的特殊地位而享有一般人所不能享有的特殊权利。外交豁免是因其特殊地位而对其不行使国家的管辖权并免除其一定义务的履行。但这两个概念的界限是很难截然区分的，它们常交织在一起。何况从某种意义上讲，豁免也属于一种特权。因此，一般都将其统称为“外交特权与豁免”。

长期以来关于外交特权与豁免的规则和内容多属于国际习惯，或者由国内法加以规定。直到1961年，《维也纳外交关系公约》才正式以公约形式统一了各国的实践，比较系统、完整地规定了外交特权与豁免的各项内容和适用范围。

二、外交特权与豁免的根据

为什么要给予外交人员以外交特权与豁免？对于这个问题，国际法学界有三种学说：

（1）治外法权说。认为驻外使馆象征着派遣国领土的延伸，外交人员虽身在接受国，但法律上推定他仍在本国领土上，因此使馆及人员不受接受国法律的管辖。“治外法权”在历史上曾被帝国主义国家作为对弱小国家和民族进行欺侮和干涉的根据，这种学说早已被摒弃。

（2）代表说。认为使节是派遣国国家与国家元首的代表，体现着主权者的尊严，根据“平等者之间无管辖权”的原则，作为国家代表的使节自然应享有外交特权与豁免。

（3）职务需要说。这种学说以职务需要来说明特权与豁免的理由，认为之所以让外交人员享有外交特权与豁免是为了使其更好地履行职务。

《维也纳外交关系公约》兼采职务需要说与代表说，将二者有机结合起来解释给予外交特权与豁免的根据。公约序言指出："此等特权与豁免之目的不在于给予个人以利益而在于确保代表国家之使馆能有效执行职务。"这是当今普遍接受的观点。

三、使馆的特权与豁免

依据《维也纳外交关系公约》，使馆作为一国派驻另一国的外交代表机构，主要享有以下特权与豁免。

（一）使馆馆舍不得侵犯

使馆馆舍，指供使馆使用和供使馆馆长寓邸之用之建筑物或建筑物之各部分，以及其所附属之土地。

所谓使馆馆舍不得侵犯，依公约第22条的规定，包括三层含义：①未经馆长许可，接受国官吏不得进入。公约甚至未对诸如火灾、瘟疫等紧急情况做例外的规定。②接受国应"采取一切适当步骤"对馆舍加以特别保护，使其免受侵入或损害。若违反这一规定，接受国应承担国际责任。例如，1979年美国驻伊朗使馆被侵占，使馆人员被扣作人质，这是外交关系史上罕见的事件。国际法院在审理该案的判决中指出：伊朗政府在美国使馆受到攻击时，没有采取任何"适当步骤"保护使馆馆舍、人员和档案的安全，事后也没有做出努力来迫使或说服侵入的人退出使馆及释放被扣的外交和领事人员，从而违反了《维也纳外交关系公约》的有关规定。③接受国不能对馆舍进行任何司法程序，也不得对馆舍内的设备、财产、交通工具进行搜查、征用、扣押或强制执行。

（二）使馆档案及文件不得侵犯

公约第24条规定："使馆档案及文件无论何时，亦不论位于何处均属不得侵犯。""不论何时"，包括两国发生武装冲突或断绝外交关系时在内。"不论位于何处"指不论是在馆舍内还是在馆舍外，也不论是否放在外交信袋之内，均不得侵犯。

（三）通信自由

依公约第27条之规定，使馆通信自由包括三方面内容：①使馆为一切公务目的有使用外交信使及明、密码通信的权利。但使馆非经接受国同意，不得装置并使用无线电发报机。②外交信差人身不可侵犯，不受逮捕或拘禁。③来往公文和外交邮袋不可侵犯，不得开拆、检查、扣押和毁坏。

当前，关于外交邮袋的使用与保护已成为国际法界关注的问题之一。国际上确有外交邮袋被滥用现象，而同时，侵犯外交邮袋和外交信使的事件亦时有发生。因此，联合国大会和有关机构一直在谋求制定《关于外交信使和没有外交信使护送的外交邮袋的地位条文草案》，以确保使馆档案及文件不得侵犯和通信自由的实现。1986年，国际法委员会完成了该专题的共计33条的条文草案，1988年决定在修订后提交起草小组委员会。该草案中外交邮袋的保护被认为是关键问题，也是讨论草案过程中争议最大的问题。具体问题主要有：对邮袋的电子扫描是否被允许；是对所有种类的邮袋适用全面和统一的方法，还是应按有关国际公约的规定区别对待；在邮袋的待遇特别是开拆邮袋方面，过境国是否具有与接受国同样的权利；等等。对此，有人认为直接或采用电子扫描对邮袋进行检查这类做法有违《维也外交关系公约》的规定，并认为这将破坏公务文件和用品的完整性和机密性；也有人主张，为了防止邮袋被滥用，并鉴于当今恐怖主义和贩毒活动的严重性，关于保护邮袋的规定应在保密性和被滥用之间建立某种平衡。对此，我国的主张为：对外交邮袋的保护符合《维也纳外交关系公约》之精神，维护外交通信的保密性是国家公务的需要，因此，任何直接和间接地检查邮袋都是不能允许的。此外，拥有先进电子扫描技术的只有少数发达国家，而大多数国家特别是发展中国家缺乏这种技术手段，如允许对外交邮袋进行扫描检查，将使多数国家处于不利地位。同时我国主张，外交邮袋只能专用于政府的公务目的，任何与此目的不相符的滥用包括贩毒和恐怖活动滥用外交邮袋的现象均应被禁止。对于确有理由相信装有违禁品的邮袋进行非渗透性的外部安全检查，如利用嗅探犬的方法，可以考虑。但无论如何，任何形式的检查均不得危及邮袋所装文件及其他合法物品的机密性，外交邮袋不可侵犯原则必须坚持。

（四）免纳捐税、关税

按照公约第 23 条、第 28 条和第 36 条的规定，使馆免纳的捐税、关税包括：使馆所有或租赁之馆舍，免纳国家、区域或地方性捐税，但为其提供的特定服务应付之费用，如水、电、煤气费等，不在免除之列；使馆办理公务所收的规费及手续费免征一切捐税；使馆公务用品准许入境并免除一切关税，以及除了贮存、运送及类似的服务费用以外的一切其他课征。

（五）使用国旗和国徽

使馆及其馆长有权在使馆馆舍、使馆馆长寓邸和交通工具上使用派遣国的国旗和国徽。

四、使馆人员的特权与豁免

（一）外交人员的特权与豁免

外交人员包括使馆馆长和其他外交职员。其特权与豁免主要有：

（1）人身不可侵犯。公约第 29 条规定：“外交代表人身不得侵犯。”该条有两方面的含义：①接受国不得对外交人员进行人身搜查、侮辱、拘禁、逮捕，即使触犯了接受国法律，也应通过外交途径解决，而不能采取逮捕或扣留的方式。但这并不排除对此种人员行凶时进行的防卫，也不排除当其破坏驻在国的法律而进行犯罪时采取必要的措施加以制止。我国对 1974 年的马尔琴柯间谍事件采取的措施就是一例。②接受国对外交

人员应特示尊重，有义务采取必要措施对外交代表加以保护，防止其人身自由或尊严受到侵犯。接受国对侵犯外交人员人身者，应予严惩或引渡给有关国家惩处。例如，1708年俄国驻英大使马特维也夫将要离任回国，却在伦敦街上被英国警察强行逮捕，原来警方受一些商人教唆，企图通过此种方式迫使他偿还债款。后马特维也夫被友人保释。英国女王得知此事后，令外交大臣向大使道歉，并表示严惩滋事者。但大使仍不满意，未递交辞任国书便离开了英国。英政府又指定驻俄大使为特使，谒见彼得大帝，代表女王道歉以为补救。此事在当时影响很大，促成英国于当年通过了《外交特权法》。

国际上侵犯外交人员人身不可侵犯权的事件屡有发生。据统计，自1979年年底到1981年8月期间发生的47起侵犯外交特权的事件中，有22件是涉及扣押、绑架、伤害外交代表的事件。这些事件引起了国际社会的广泛关注。联合国大会在1973年的《关于防止和惩处侵害应受国际保护人员包括外交代表的罪行的公约》之后，于1981年通过了《采取有效措施以加强对外交领事使团和代表的保护及安全的专门决议》。该决议重申各国政府应对严重侵犯外交和领事人员人身安全的罪犯，绳之以法，严加惩处。

（2）寓所、文书、信件、财产不可侵犯。寓所，即外交人员的私人寓所，指与馆舍相分离的、馆长以外的外交人员的私人住宅。这里寓所与住所不同，寓所要广泛些，可以包括外出时临时居住的处所。

寓所和馆舍享有同样的不可侵犯权，这是从人身不可侵犯引申出来的。对外交人员寓所的侵犯就构成了对国际法的违反。例如，1980年某国特务非法闯入我国外交随员王××的临时寓所，对其进行要挟，企图策反，对此我外交部提出了强烈抗议。

公约规定，外交人员的私人文书和信件，同样不可侵犯。

财产主要是指外交人员寓所中的私人财产，也包括供其个人使用的物品、汽车等。这些财产除按公约规定的民事管辖豁免的三种例外情况外，均不得侵犯。

（3）管辖的豁免。依公约第31条，外交人员不但对接受国刑事管辖享有豁免，而且对民事和行政管辖也享有豁免。

1）刑事管辖豁免。外交人员触犯接受国刑律时，免受接受国当局的司法管辖，接受国不得对他加以传讯、起诉或审判。这种豁免是绝对而无例外的。但这并不意味着外交人员可以无视接受国法律、规章，也不是说他犯罪可以不受惩处，仅是指接受国对其违法犯罪行为不得行使管辖权，而应通过外交途径与派遣国交涉解决。我国《刑法》第十一条规定："享有外交特权与豁免的外国人的刑事责任问题，通过外交途径解决。"这同公约的精神是一致的。

目前，各国处理这类问题的实践是：对触犯接受国法律的外交代表，如系一般违法行为，通常由接受国外交机关向其使馆发出通知提请注意或发出警告；如违法或犯罪情节较重的，便宣布其为"不受欢迎的人"，要求派遣国召回；当严重威胁接受国安全时，接受国可将其当场拿获并驱逐出境。

2）民事管辖豁免。外交人员对接受国的民事管辖也享有豁免。接受国不得因债务问题对外交代表提起诉讼或进行判决。但民事管辖的豁免有以下例外：①关于私有不动产之物权诉讼；②以私人身份参与继承事件的诉讼；③关于外交代表于公务范围以外所从事的专业或商业活动引起的诉讼。此外，公约第33条第3款规定，如外交代表主动提起诉讼，就不能对与主诉直接相关的反诉主张管辖的豁免。凡遇上述情况，外交人员不能援引民事管辖的豁免为理由，主张享有豁免权。

3）行政管辖豁免。公约规定，外交人员对接受国的行政管辖享有豁免权。例如，外交人员不需做户籍登记，不用服兵役和劳务；外交代表死亡、子女出生等都不须履行接受国的有关行政手续。1931 年丹麦使馆秘书死亡后免验尸体，就是免受行政管辖的例证。

4）无作证义务。公约第 31 条第 2 款规定，外交人员无以证人身份做证之义务。但在一定条件下，如某一外交人员为某一案件的目击者，此事又不涉及使馆，经派遣国同意，外交官也可出庭做证。例如，1881 年 10 月 2 日，美国第 20 任总统加菲尔被芝加哥一律师吉托在华盛顿车站刺杀，被刺时委内瑞拉驻美公使科马卓恰好在场。后经美国政府请求，委内瑞拉政府同意，开庭时科马卓出庭做证。

管辖豁免亦可放弃。外交人员管辖的豁免可以由派遣国放弃，而且放弃必须是明示的。对管辖豁免的放弃可以是刑事的，也可以是民事的或行政的，应该分项单独放弃，特别是在民事或行政诉讼程序上管辖豁免的放弃与判决执行豁免的放弃，更须分别进行。应特别强调一点，外交人员享有的上述管辖豁免个人不能随意放弃，而必须由派遣国明示放弃才有效力。在此介绍一个放弃刑事管辖豁免的事例：1909 年，德国驻智利公使威廉·贝克尔特谋杀了本馆的智利刁阍，并放火烧毁办公室，企图掩盖侵吞公款的行为。德国同意了智利法院对他进行的追诉。经智利法院审理，判处威廉死刑。

（4）免纳捐税。捐税豁免是一个极复杂而细致的问题。由于社会制度和国情不同，各国具体做法也各不相同。国际上一般认为：捐税可分为直接税和间接税。直接税指对纳税人的收入、财产征收的捐税及对消费者直接征收的捐税，间接税指计入商品或劳务价格中的捐税。一般原则是对外交人员应免征直接税，而不免征间接税。

按照公约规定，外交人员免纳一切对人或对物课征的国家、区域或地方性的捐税，如个人所得税、公用房地产税、汽油税、娱乐税、印花税、购买税等。但公约同时做了例外的规定，如私有不动产应纳之捐税、遗产税、继承税、不动产登记费、抵押税以及前述之间接税等。由于各国税收制度不同，许多国家都要求在免税问题上达成协议，而公约第 34 条在这方面提供了以上基本统一的规则。

（5）免除关税和查验。外交人员及其家属的私人用品入境时免征关税。而且其私人行李免受查验。但有重大理由推定其中装有不在免税之列的物品，或者接受国法律禁止出、入境或检疫条例加以管制的物品时，则可以检查。而检查时须有外交人员或授权代理人在场。

（6）其他特权和豁免。外交人员免于适用接受国所施行的社会保险办法，并免除一切个人劳务和各种公共服务；免除军事募捐、征用等军事义务。

（二）使馆其他人员的特权与豁免

按传统国际法，享有外交特权与豁免的只有外交人员及他们的配偶和未成年子女。至于使馆行政、技术人员与服务人员是否应当享有，或者是否应享有全部外交特权与豁免，各国实践也不一致。

《维也纳外交关系公约》扩大了享受外交特权与豁免的人员范围。依公约规定，不仅外交人员以及与其构成同一户口之家属享有外交特权与豁免，而且使馆行政和技术人员及与其构成同一户口之家属，如非接受国国民且不在该国永久居留者，除下述两点外，也享有与外交人员相同的外交特权与豁免。两点例外是：①其执行职务范围以外的行为不享有民事和行政管辖的豁免；②关税之免除仅限于最初定居时所输入的物品，而且私人行李不免除查验。

使馆服务人员，如非接受国国民且不在该国永久居留者，就其执行公务的行为享有豁免，其受雇所得报酬免纳捐税，并应免于适用接受所施行之社会保险办法。至于使馆人员的私人仆役，如果不是接受国的国民且不在该国永久居留者，其受雇所得报酬可免纳捐税，仅此而已。

我国在 1975 年加入《维也纳外交关系公约》时曾声明，对使馆行政与技术人员及家属、服务人员、使馆私人仆役的特权与豁免的规定（即公约第 37 条 2、3、4 款）做了保留。后于 1980 年 9 月 15 日撤销了这项保留，接受了公约的规定。

五、常驻使团及其职员的特权与豁免

关于常驻使团及其职员的特权与豁免，一般规定在有关组织与东道国订立的会所协定中。1975 年《维也纳关于国家在其对普遍性国际组织关系上的代表权公约》（以下简称《代表权公约》）第二编对常驻使团及其各类职员的地位做了规定。按照这部分的规定，常驻使团及各类职员享有相当于《维也纳外交关系公约》规定的使馆及其人员所享有的各项特权与豁免，只是个别事项上稍有差异。例如，《代表权公约》第 23 条规定：常驻使团的办公处不受侵犯。非经常驻代表团团长同意，东道国的公务人员不得进入。但遇有火警或其他严重危害公共安全的灾祸而须采取及时的救援行动时，得推定为已得到团长的同意。再如第 28 条规定：对常驻代表团团长及其外交职员应示适当的尊重。总之，使团和使团团长以及其他外交职员享有的特权与豁免在某些方面比使馆外交人员所享有的稍低。1947 年《联合国和美利坚合众国关于联合国会所的协定》规定：凡由一会员国指派为其常驻联合国的首席代表和大使或全权公使级的常驻代表以及经秘书长、美国政府与有关会员国同意的驻会所常任职员，享有驻美国的外交使节所享有的同等特权与豁免。

六、特别使团及其人员的特权与豁免

1969 年《联合国特别使团公约》借鉴或采纳了《维也纳外交关系公约》的许多规定。特别使团及其人员大体上分别地享有使馆及其外交人员所享有的各项特权与豁免，但在某些方面有些区别。例如，《联合国特别使团公约》第 21 条规定，由派遣国元首、政府首脑或外长率领的特别使团，除适用本公约规定的特权与豁免外，还享有国际法赋予国家元首、政府首脑和外交部长正式访问时应给予的各种便利、礼遇、特权与豁免。再如，第 25 条规定，特别使团的房舍不得侵犯。但又规定，在发生火灾或其他严重危

及公众安全的灾难的情况下，并且只有在不可能获得特别使团团长或在适当情况下不可能获得常设外交使团团长的允许的情况下，接受国可以推定已经获得允许而进入。第29条规定，接受国应以“应有的尊重”对待特别使团的外交人员，而没有使用“特示尊重”。第31条规定了特别使团中外交人员的管辖豁免。在民事和行政管辖豁免方面，除了外交关系公约规定的三种例外情况外，还增加了“关于有关人员在公务范围以外由于使用车辆肇事造成损害的诉讼”。

七、外交特权与豁免的开始和终止

在此方面，有关国际公约对于使馆、常驻使团和特别使团做了几乎相同的规定。

享有外交特权与豁免的人员，自进入接受国国境前往就任时就享有特权与豁免。如已在接受国境内者，则从将他的委派通知送达接受国外交部时开始享有。

特权与豁免的终止。享有外交特权与豁免的人员的特权与豁免通常于其离境之时，或者离境的合理期间终了时停止。此处所讲的“合理期间”不受武装冲突影响。《维也纳外交关系公约》还规定，“遇使馆人员死亡，其家属应继续享有应享之特权与豁免，至听任其离境之合理期间终了之时为止”。

八、我国的实践

关于外交特权与豁免问题，我国先后颁布了几个法规性文件，其中有1951年政务院的《对各国外交官及领事官优遇的暂行办法》、1961年《对各国外交官及领事官的行李物品进出国境优待暂行办法》、1957年外贸部《中华人民共和国海关对进出国境的中国和外国信袋及外交信使个人行李物品放行办法》等。1986年9月，我国又颁布了《中华人民共和国外交特权与豁免条例》，这是我国第一部由国家最高权力机关制定的此方面的法律文件。该条例依照《维也纳外交关系公约》，参照国际习惯及新的发展并结合我国具体情况和外交实践，对外交特权与豁免的根据、内容、适用及用语含义做了明确规定。总体来看，条例与公约在实体内容与主要精神上基本一致。但该条例结合我国具体情况和新的国际实践又对公约内容做了完善和补充：①条例扩大了特权与豁免的适用范围。该条例规定，在中国境内享有外交特权与豁免的人员除使馆人员、外交信使、途经中国的驻第三国的外交人员外，还有持有中国外交签证或外交护照（仅限于互免签证的国家）来中国的外交官员；经中国政府同意给予特权与豁免的其他来华访问的外国人士，以及来中国访问的外国的国家元首、政府首脑、外交部长及其他同等身份的官员。②体现了我国国情和主权的结合。条例第2条规定，使馆外交人员原则上应具有派遣国国籍，若委派属中国或第三国国籍的人为使馆外交人员，则必须征得中国主管机关的同意，中国主管机关可以随时撤销此项同意。又如第19条规定，使馆和使馆人员携运自用枪支、子弹入境，必须经中国政府批准，并且按中国政府的有关规定办理。③强调了对等原则。条例第26条规定，如果外国给予中国驻该国使馆、使馆人员以及临时去该国的有关人员的外交特权与豁免，低于中国本条例给予该国驻中国使馆使

馆人员以及临时来中国的有关人员的外交特权与豁免，则中国政府根据对等原则，得给予相应的外交特权与豁免。

条例还规定，来中国参加联合国及其专门机构召开的国际会议的外国代表、临时来中国的联合国及其专门机构的官员和专家、联合国及其专门机构驻中国的代表机构和人员的待遇，按中国已加入的有关国际公约和中国与有关国际组织签订的协议办理。

我国在与国际组织的交往中，恪守我国参加的国际公约和同国际组织签订的协议，对来中国的国际组织或国际会议的有关人员，给予充分的、合理的特权与豁免。

此外，我国对于当前国际上关注的与外交特权与豁免相关的热点问题做出了反映：为确保外交代表的不可侵犯权，除条例规定外，我国全国人大常委会于 1987 年 6 月做出一项决定，规定中华人民共和国对于其缔结或者参加的国际条约所规定的犯罪行为（包括侵害外交代表的犯罪行为），将视为国内法上的犯罪，在承担条约义务的范围内，行使刑事管辖权，保证我国法律可以根据有关条约，对有关国际罪行肇事者行使刑事管辖权。1987 年 8 月 5 日，我国又加入了 1973 年《关于防止和惩处侵害应受国际保护人员包括外交代表的罪行的公约》。中国承诺接受公约所定义务，对有关侵犯国际保护人员的犯罪行为行使刑事管辖。这充分表明了我国政府对维护受国际保护人员安全进行国际合作的重视及其切实履行有关国际义务的严正立场。

另外，我国对有关外交信使和外交邮袋的争议问题也申明了立场：对外交邮袋给予保护是符合 1961 年《维也纳外交关系公约》的精神与规定的，维护外交通信的保密性是国家公务的需要；同时，外交邮袋只能专用于政府的公务目的，任何与此目的不相符的滥用应被禁止。

第五节　享有外交特权与豁免者在接受国的义务

使馆、使团和外交人员及其他享有特权与豁免的人员，在其行为活动中必须遵守公认的国际法原则和规则，并对接受国负有一系列的义务。

使馆的义务，首先，不得将馆舍用于与使馆职务不相符合的用途。这在国际实践中主要表现为：①不得在使馆内拘留人。即不得利用使馆馆舍拘留或拿捕任何人，如发生拘留人的事件，接受国有权要求将人交出，1896 年中国驻英公使馆拘留孙中山的事件就是著名例证。②不得在使馆内庇护人。世界上大多数国家不承认使馆拥有庇护权，一般不允许在使馆内庇护当地政府通缉的人。如遇有罪犯避入馆舍，或者不享有外交特权与豁免的人在使馆内犯罪，接受国要求交人时，使馆应予交出。关于外交庇护，一些拉丁美洲国家间缔结的有关庇护条约给予了承认，这当然只在拉美国家间适用，不影响一般国际法的规定。其次，洽商公务，应与接受国外交部或另经商定的其他部门直接进行。

享有外交特权与豁免人员的义务：首先，要尊重接受国的法律、规章，例如，治安

规则、交通规则、卫生规章等。其次，不得干涉驻在国的内政，即外交代表必须避免做出任何直接或间接地干涉接受国内政的言论和行动。比如，不得公开批评接受国领导人及其政策，不参加亦不支持反对接受国政策的集会、游行示威活动等。最后，外交代表不应在接受国内为私人利益从事任何专业或商业活动。

常驻使团、特别使团及其人员对接受国负有的义务与使馆及其人员应负之义务大体相同。

第六节　领事关系法

一、领事关系概述

领事（consul）是一国根据与他国的协议派驻该国某一城市或地区，以保护派遣国及其公民和法人在当地的合法权益的代表。

领事关系与外交关系既有联系也有区别。

两者的联系在于：①两者都是执行派遣国对外政策的常驻国外的机关。②两者都是根据协议而建立，使馆馆长和领馆馆长同由派遣国国家或政府派遣。③均受派遣国外交部的领导。在国外，领事还须受外交使馆的领导。④领事关系与外交关系有一定联系，同意建立外交关系即包括同意建立领事关系，但断绝外交关系，并不当然断绝领事关系。在两国尚未建立外交关系的情况下，领事关系的存在可对促进两国外交关系的建立起一定作用。⑤按国际实践，外交使节同时执行领事职务；另外，在本国与驻在国正式建交的情况下，领事亦可兼办外交事务。

两者的区别在于：①名义、地位不同。外交使馆是全面代表派遣国，同接受国外交部就涉及两国关系的带有全局性的重大问题进行交涉，并可拜见国家元首；而领事馆则是在其职务范围内同接受国地方当局进行交涉，它不能直接同接受国中央打交道，如确有必要，须经由其使馆进行。②职务不同。使馆所保护的利益对派遣国来说，是属于全局性的重大利益，而领事的主要职责则是保护派遣国关于商务及侨民的具体利益。③工作地域范围不同。使馆可及于接受国全境，而领事一般以其辖区为限，仅与该地方当局进行交涉。④享受特权与豁免的程度不同，包括礼仪上的待遇不同。总的来说，领事与领馆享受的特权与豁免要比外交代表和使馆少。

早在古希腊时期，就有了领事的萌芽。但一般认为领事制度起源于中世纪后期。由于国际商业关系的发展，当时在意大利、西班牙和法国的商业城镇中，外国商人为了调解他们之间的争端，常从商人中间推选一个或几个人为“仲裁领事”，或者称为“商人领事”。在12、13 世纪时，由于十字军东侵，欧洲商人将领事制度带到了西亚地区，并且缔结了一些领事裁判权条约，使得领事的职能扩大了，包括对本国侨民的特权、生命、财产的保护以及对他们行使民事和刑事管辖权。15 世纪，领事制度又流传回西方。到了16 世纪，西方国家的领事已改由政府派任。19 世纪中期以后，资本主义处于上升

时期，国际贸易、航海和航运普遍发展，领事制度受到更大重视并得到了发展。随着资本主义向外侵略扩张，领事制度成为它的一种重要工具。西方大国在这一时期，不但把领事制度带到了东亚各国，而且在这些国家，特别是在中国攫取了领事裁判权，形成“国中之国”，肆意侵犯驻在国的主权，干涉驻在国的内政，将其变为殖民地、半殖民地，进行残酷剥削和掠夺。在这方面中国受害最深。直到第二次世界大战结束后，领事裁判权才被废除。

在20世纪60年代以前，国际上存在着大量关于领事关系的双边条约，但并无一个普遍适用的国际公约。1963年4月22日，在联合国主持下制定的《维也纳领事关系公约》是国际上第一个全面规定领事关系一般规则的国际公约。该公约于1967年3月19日生效。截至2018年2月5日，公约的成员国数量达到191个，我国于1979年7月3日加入。[①]

中华人民共和国成立以后，根据独立自主原则发展对外关系，取消了帝国主义国家在中国的各种特权包括领事裁判权。我国在独立自主和平等互惠的基础上同外国发展领事关系。从1949年到20世纪60年代初，有13个国家在我国设有领馆30个，我国在8个国家设领馆14个。60年代，一些国家与我国关系恶化，还有一些国家因财政困难关闭了设在我国的领馆。到1978年年底，外国在我国的领馆只有4个，我国在外国的领馆只有7个。从20世纪70年代末我国实行对外开放政策以来，国家非常重视发展同外国的领事关系。1979年，我国决定加入《维也纳领事关系公约》，使中外领事关系进入了一个全面发展的新时期。从1980年到2010年2月，我国先后同45个国家缔结了领事条约。外国在我国和我国在外国设立的领馆也逐步增多，截至2013年11月底，有90个国家在我国设立领馆192个，[②] 我国在51个国家设有领馆93个。[③] 此外，有一些国家与我国已达成协议只是尚未建馆，还有一些国家正在同我国商谈互设领馆和签订领事条约事宜。

二、领馆人员的类别

领馆人员分为领事官员、领事雇员和服务人员。领事官员指执行领事职务的人员，包括领馆馆长；领事雇员指行政和技术人员；服务人员包括汽车司机、传达员等。私人服务员不在领馆人员之列。

领事有两种：专职领事和名誉领事。专职领事（career consul），又称派任领事，就是国家正式派遣的领馆馆长。按其职位可分为四级：总领事、领事、副领事和领事代理人。在中国具体实践中，对外委派的领事官员有总领事、副总领事、领事、副领事和领

---

① 参见《中国领事工作》编写组《中国领事工作》，世界知识出版社2014年版，第158页。

② 其中总领馆172个、领事馆4个、名誉领事馆9个、领事办公室7个。参见中华人民共和国外交部政策规划司《中国外交》，世界知识出版社2015年版，附录。

③ 其中总领馆84个、领事馆6个、领事办公室3个。参见中华人民共和国外交部政策规划司《中国外交》，世界知识出版社2015年版，附录。

事随员。名誉领事（honorary consul），又称选任领事，指一国政府从接受国当地居民中选任的执行领事职务的兼职官员。多从当地的本国侨民中选任，也可从接受国的国民中选任。通常都选用律师或商人担任。名誉领事不属于派遣国国家人员编制、不领取薪金，其报酬从领馆手续费、规费中支付。名誉领事有名誉总领事和名誉领事两级，中华人民共和国成立至今，未曾向外国委派过名誉领事，一些国家在我国香港特区、澳门特区和内地个别城市委派有名誉领事。

三、领事的派遣

（一）领事的委派与接受

领事由派遣国委派，并由接受国承认准予执行职务。任命领事的职权属于何机关，由派遣国国内法规定。有的国家规定由国家元首任命，如美国；而我国总领事由国务院任命，其他等级的领事，如领事、副领事和领事代理人都由外交部任命。

派遣国任命时，应将领事委任书[①]通过外交途径送至接受国外交部，由其发给"领事证书"（exequatur），或者在领事委任书上批写"领事证书"字样后，方可开始执行职务。

对领事人选接受国是否同意，一般通过是否发给领事证书来表示，而无须再预先征求对方意见。如接受国不同意接受可拒发领事证书。公约规定，接受国可随时通知派遣国，宣告某领事官员为不受欢迎的人或宣布其他领馆馆员为不能接受的人，并视情形于必要时，"撤销关系人员之领事证书或不复承认该员为领馆馆员"。采取上述措施，接受国无须说明其理由。

（二）领事的到达和就任

领事馆馆长前往接受国赴任，派遣国应先通知接受国，领事馆所在地的接受国地方当局一般均予以迎接。迎接的规模和迎接官员职位的高低取决于领馆馆长的职任、两国的关系和当地的惯例。领馆馆长到达任所后，一经接受国承认即算就任。领事馆馆长就任后，一般要发就任通知书，进行适当的拜会和举行就任招待会。

非馆长的领事就任，也应通知接受国，但接受国一般不派人迎接。

四、领事的职务

根据1963年《维也纳领事关系公约》第5条的规定，领事的职务有13项之多，其主要内容可归纳为：

（1）保护，即保护本国及其侨民和法人在接受国的利益。

① 领事委任书又称委任文凭（consular commission），我国习称领事任命书，即派遣国发给派驻他国的领馆馆长的证明文书。

（2）促进，即促进本国与接受国间的商业、经济、文化和科学关系的发展，并在其他方面促进两国间的友好关系。

（3）调查，即以一切合法手段调查接受国内商业、经济、文化及科学活动的普及发展情形，向派遣国政府具报，并向有关人士提供资料等。

（4）办证，即办理护照、签证、公证、认证以及侨民的出生、死亡和婚姻登记事项。

（5）帮助，即给予本国侨民以及进入接受国境内的本国飞机，船舶及其人员以所需要的帮助。

此外，公约规定，一国受第三国（与驻在国断绝领事关系或不存在领事关系的国家）的委托，并经接受国同意后，可代表该国执行领事职务。

五、领事职务的终止

领馆终止职务的原因主要为：①领馆关闭；②领事关系断绝；③两国之间发生战争。应注意，依公约规定，断绝外交关系并不当然断绝领事关系。当两国断绝外交关系时，领事关系是否断绝，依两国意图而定。

领馆人员职务终止的原因主要有：①派遣国通知接受国该员职务终了；②撤销其领事证书；③接受国通知派遣国谓接受国不复承认该员为领馆人员；④被宣告为不受欢迎的人或不能接受。

六、领事特权与豁免

（一）领馆的特权与豁免

根据1963年《维也纳领事关系公约》的规定，领馆的特权与豁免主要有：

（1）领馆馆舍在一定限度内不可侵犯。领馆馆舍是指专供领馆使用的建筑物及各部分和其所属土地。所谓“领馆馆舍一定限度内不可侵犯”，是指专供领馆工作之用的那部分馆舍未经许可不得进入，而馆舍的其余部分不包括在内；此外，遇紧急情况时，如火灾和其他灾害须迅速采取措施的场合，可推定领馆馆长已经同意而采取保护行动。依公约规定，接受国对馆舍负有特殊责任，应采取一切适当步骤保护领馆馆舍免受侵入或损害，并防止任何扰乱领馆安宁或有损领馆尊严之事件的发生。公约还规定，领馆馆舍、设备及其财产在一般情况下应免受征用。但在确有必要征用时，则可征用，然而应给予赔偿，并应采取措施，避免对领馆职务的执行造成妨碍。

（2）领馆档案及文件不可侵犯。领馆档案及文件无论何时，也不论位于何处，都不得侵犯。

（3）通信自由。此项特权与使馆的规定基本相同，包括三方面的内容：①领馆享有使用一切适当方法，包括外交、领事信差、外交或领馆邮袋及明密码电信在内的通信的权利，但非经接受国许可，不得装置和使用无线电发报机。②对领馆的来往公文不得

侵犯。③领馆邮袋不得予以开拆或扣留。但如有重大理由怀疑邮袋所装之物品并非公文时，可请求派遣国指派一人当面开拆，如对方拒绝，可将邮袋退回原发送地点。

（4）与派遣国国民通信和联络。由领事职务性质决定，领事官员可以与本国驻接受国的国民自由接触和联系；并有权按接受国法律的规定，探访受监禁、羁押或拘禁的派遣国侨民，进行交谈和通信，可以为其安排法律代表等。

（5）其他特权与豁免。包括行动自由，免纳捐税、关税，使用国旗、国徽的权利，等等。

（二）领馆人员的特权与豁免

依 1963 年《维也纳领事关系公约》的规定，领馆人员的特权与豁免有：

（1）人身自由的一定保护。根据公约第 40、第 41 条的规定，接受国对于领事官员应表示适当尊重，应采取一切适当步骤，保护其人身自由和尊严免受任何侵犯。除非领事人员犯了严重罪行或为了执行有确定效力之司法判决，一般不得予以逮捕或羁押候审。如对领事官员提起刑事诉讼，其应出庭，但接受国应照顾到该员所任职务。

（2）一定的管辖豁免。领馆人员就其执行职务所涉事项无担任作证或提供来往公文及文件之义务。但对他们的私人行为不给予管辖的豁免。在民事诉讼方面，领馆馆员凡以私人身份所订之契约，以及第三者因车辆、船舶、飞机在接受国内造成意外事故而要求损害赔偿之诉讼均不在豁免之列。

（3）捐税、关税和查验免除。领馆人员免纳一切国家、区域或地方性的捐税，但间接税、遗产税不在此列。领馆服务人员以其服务所得的工资免纳捐税。公约还把免税的范围扩大到领事雇员及与其构成同一户口之家属。免纳关税的物品指他们的私人自用品，包括定居的物品，但消费品不得超过本人直接需要的数量。领馆人员及与其构成同一户口之家属的私人行李免验，只是在某种特殊情况时，才可依一定程序加以查验。

（4）其他特权与豁免。免除外侨登记和居留证的义务，免除工作证的义务，免予适用社会保险办法，免除个人劳务及捐献、屯宿等军事义务。

（三）我国的《领事特权与豁免条例》

1990 年 10 月 30 日，我国颁布了《中华人民共和国领事特权与豁免条例》，这是我国第一个对领馆及领馆人员享有的特权与豁免做了专门性规定的法规。该条例共二十九条，对驻华的外国领馆及领馆人员享有的特权与豁免做了规定。

该条例规定的领馆及各类人员享有的特权与豁免，同 1963 年《维也纳领事关系公约》的基本精神是一致的，规定的主要内容也是大致相同的。但条例也兼顾我国的实际情况和我国现行的政策、法规精神、对上述公约未做规定或规定不够明确的地方做了必要的补充，使其更明确、更具体。例如，条例第十二条规定："领事官员不受逮捕或者拘留，但有严重犯罪情形，依照法定程序予以逮捕或者拘留的不在此限。领事官员不受监禁，但为执行已经发生法律效力的判决的不在此限。"第十四条规定："领事官员和领馆行政技术人员执行职务的行为享有司法和行政管辖豁免。领事官员执行职务以外的行为的管辖豁免，按照中国与外国签订的双边条约、协定或者根据对等原则办理。"

条例还较公约更具体地规定了不适用民事管辖豁免的情况：①涉及未明示以派遣国代表身份所订的契约的诉讼；②涉及在中国境内的私有不动产的诉讼，但以派遣国代表身份所拥有的为领馆使用的不动产不在此限；③以私人身份进行的遗产继承的诉讼；④因车辆、船舶或者航空器在中国境内造成的事故涉及损害赔偿的诉讼。在公约中未对进口枪支、弹药做出规定，条例根据我国实际在第二十条中规定："领馆和领馆成员携带自用的枪支、子弹入出境，必须经中国政府批准，并且按照中国政府的有关规定办理。"条例还把"家属"定义为"共同生活的配偶及未成年子女"，显得更加明确具体。

七、领馆和领馆人员的义务

领馆及领馆人员应遵守公认的国际法准则，对接受国负有以下义务：领馆馆舍不得以任何与执行领事职务不相容的方式加以使用，领馆人员负有尊重接受国法律、规章的义务，负有不干涉接受国内政的义务，职业领事官员不应在接受国内为私人利益从事任何专业或商业活动。

第十二章　国际条约法

第一节　概　　述

一、条约的定义和特征

条约（treaty），即国际条约（international treaty），是指国际法主体之间所缔结的，以国际法为准，用于确立、变更和终止其相互关系中的权利和义务，并具有法律拘束力的国际书面协议。

根据这个定义，条约具有以下特征。

（一）条约的主体是以国家为主的国际法主体

国家是国际法的基本主体，目前国际上的条约绝大多数是国家间的条约。1969 年《维也纳条约法公约》和 1978 年《关于国家在条约方面的继承的维也纳公约》均规定仅适用于国家间的条约："称'条约'者，是指国家间所缔结而以国际法为准之国际书面协定，不论其载于一项单独文书或两项以上相互有关之文书内，亦不论其特定名称如何。"1986 年《关于国家和国际组织间或国际组织相互间条约法的维也纳公约》（以下简称《维也纳公约》）规定："条约指一个或更多国家和一个或更多国际组织间，或国际组织相互间，以书面缔结并受国际法支配的国际协议，不论其载于一项单独的文书或两项或更多的有关文书内，也不论其特定名称如何。"这个公约套用了 1969 年《维也纳条约法公约》的定义，增加了国际组织这个缔约主体。此外，民族解放组织也可以成为条约的主体。而自然人间、法人间或自然人与法人之间以及自然人、法人与国家之间达成的协议，无论内容如何重要，都不属于条约的范畴。例如，1952 年 7 月，国际法院在"英伊石油公司案"的判决中指出，英国公司与伊朗政府订阅的石油开发协议只不过是一国政府与一个外国公司之间的协议，它并非国际法主体之间的协议，因而不能视之为条约。

（二）条约须以国际法为准

条约须以国际法为准或"受国际法支配"（governed by international law），其包括两层含义：①条约是根据国际法而不是根据国内法缔结的。如前所述，非国际法主体间订立的协议不是条约，相反，国际法主体之间订立的协议也不一定都是条约。因为，作为国际法主体的国家和国际组织不仅是国际公法的主体，它们还常常以私法主体的身份参与国际民事交往，并在其中享有权利和承担义务。因此，国家或国际组织有时可能以私法主体的身份依国内法或国际私法订立协议，如订立贷款、买卖货物等商务交易方面的协议，订立购置房屋或租用土地作为使馆馆舍之用的协议等。这种协议是根据国内法缔结的，并由国内法或国际私法调整。②条约必须符合国际法，凡违反国际法的条约，都不具有法律上的拘束力，属非法条约，因而是无效的。

（三）条约的内容是确定权利、义务关系

各种条约，无论是双边的契约性条约，还是多边的造法性条约，总是涉及条约主体间的权利和义务关系。如果某国际文件在内容上没有关于缔约各方权利和义务的规定，即便使用了条约的某些名称，如宣言、公报等，也不是条约。例如，1941 年《大西洋宪章》，只是罗斯福和丘吉尔对美、英两国国策中的某些共同原则予以宣布，而没有规定双方国家的权利和义务，因此不能视为条约。

（四）条约主要是书面形式的协议

这是指条约的内容要形成文字，以书面形式出现。这是因为国际关系极为复杂，条约的内容常常涉及国家重要事项，如不以书面的形式用文字加以确切记载，难免会在适用中被歪曲或随意解释而无据可查，造成条约履行的困难。1969 年和 1986 年的条约法公约第 2 条都把书面形式作为条约的要件之一，但这两个公约第 3 条又同时肯定了非书面国际协定的法律效力。

二、条约的分类和名称

条约从不同角度可分为不同种类：

（1）按缔约方的数量，可分为双边条约和多边条约。双边条约是指两个当事方缔结的条约，每一当事方并不限于一个国家或国际组织，它可以是几个国际法主体。如 1919 年《凡尔赛和约》，一方为 32 个战胜国，另一方为战败的德国。多边条约是 3 个或 3 个以上的缔约方签订的条约，如《联合国宪章》是 51 个国家签订的。

（2）按条约的法律性质，可分为造法性条约和契约性条约。造法性条约是指规定有各国共同遵守的行为规则的条约，此类条约的形式多是多边条约或国际公约；契约性条约是指涉及缔约国一般关系或关于特定的具体事项的协议。

（3）按非缔约者可否加入，分为开放性条约和非开放性条约。开放性条约允许非缔约者自由加入。一般来说，凡条约内容规定的是国际社会所共同关心的事项的，通常向非缔约方开放，特别是由国际法委员会起草并由联合国大会通过的条约，多是开放性条约。这种条约几乎都载明加入条款，至于开放对象、范围和条件，取决于条约当事国的意愿。非开放性条约，又称封闭性条约或排他性条约，一般不允许非缔约者加入，条

约和当事方只限于特定国家。

（4）按条约在国内的效力，可分为自执行条约和非自执行条约。自执行条约指不需任何国内立法措施确认便可直接在国内执行的条约；非自执行条约指必须经过国内立法补充后，国内法院才可适用的条约。

（5）按条约的内容，可分为政治性条约和非政治条约。如《中华人民共和国条约集》将条约分为14类：政治、法律、边界、边境问题、经济、文化、科技、农林、渔业、卫生保健、邮政电信、交通运输、战争法规和军事。

此外，条约还可分为永久性条约与临时性条约、平等条约与不平等条约、正式条约与简化条约、人身条约与处置条约等。

关于条约所使用的名称，在国际法上并没有明确统一的规则。条约作为国际法学上的概念有广义和狭义两种含义。广义的条约包括国际法主体间缔结的各种协议，狭义的条约仅指以“条约”为名称的协议。广义的条约的名称很多，常见的有：

条约（treaty）：一般适用于较重要的政治、军事、经济、法律等方面的协定，如和平条约、同盟条约、领土条约、边界条约、互不侵犯条约等。这种条约有效期较长，缔结程序较为复杂，条文结构完备，缔结形式庄重。

公约（convention）：是多数国家为解决某重大问题举行国际会议而缔结的多边条约。其内容多系造法性质，缔约国数目较多，缔约形式庄重，一般都需要一定数量的国家批准并交存批准书后方能生效。例如，《维也纳条约法公约》《联合国海洋法公约》等。

协定（agreement）：一般是为解决行政性或技术性的具体问题而达成的协议。它不如条约、公约那样正式，一般有效期较短，涉及的事项不是很重要。例如《中华人民共和国政府与马来西亚政府海运协定》《国际航空运输协定》。

议定书（protocol）：多是辅助性的法律文件，解决的问题比协定还具体。议定书可分为：①作为条约的辅助文件，由原条约谈判者缔结。其内容规定对某些条款的解释、说明或保留意见。例如1965年《中国和阿富汗边界议定书》，是作为1963年《中阿边界条约》的辅助文件。②作为公约的附件，又有一定独立性，需单独签署、批准。如1930年签订《关于国籍法冲突的若干问题的国籍法公约》时还签订了《关于国籍的议定书》作为附件。③作为独立的条约，如1925年6月《关于禁用毒气或类似毒品及细菌方法作战议定书》。

专约（convention）：是规定专门问题的双边协议，其内容较单一，专约一般需要批准。如通商专约、领事专约等。

宪章（charter）、盟约（covenant）、规约（statute）：这类条约是关于国际组织的组织约章，属于多边性条约。如《联合国宪章》《国际联盟盟约》《国际法院规约》等。这类条约，一般需要批准。

换文（exchange of notes）：换文是最常见的一种简易缔约方式，指当事国就彼此关心的事项，通过互相交换外交文件而达成的协议。换文可作为独立的条约，也可作为修改或解释条约的条款。换文可在两国间进行，也可在多个国家或国际组织间进行。换文程序简单，便于解决具体问题，因而在现代采用较多。据统计，1920年至1946年《国

际联盟条约集》所载条约中，换文达1078件，约占25%；在《联合国条约集》所载1946年至1951年的1000个条约中，换文达272件，占27%。

宣言（declaration）：宣言表达的内容较复杂，有时是条约，有时不是条约。大体可分为三种情况：①如果是两国或数国在会谈后就重大国际问题所发表的，并不规定具体权利和义务的声明，则不属于严格意义上的条约。②如果不仅就重大问题发表声明，还规定了某种具体的权利和义务，就具有条约的性质。如1943年的《开罗宣言》对有关国家就具有法律上的拘束力。③有的宣言本身就是一个条约，规定了国家的行为规则。如1856年《巴黎海战宣言》规定了海战四原则。

联合公报（joint communique）、联合声明（joint statement）：指两国或数国领导人在会谈后，就会谈进程、经过以及达成的协议所共同发表的正式文件。它也有条约与非条约之分，一般来说，若该文件仅为阐明当事国的立场、合作目的和原则，宣布会谈成果，即不属于条约；但若该文件意在创立、变更或废止当事方法律上的权利和义务，则属于条约。例如，《中英关于香港问题的联合声明》《中美建交公报》就是条约。

备忘录（memorandum）：是国家间通报事项的一种形式。它通常申明当事国对某问题的立场或把某事项概况通知对方。一般单方发出的备忘录并不具有条约性质，若对方表示对备忘录予以同意，便具有条约的意义。例如，1983年我国外交部《关于湖广铁路债券案备忘录》仅申述了我国立场，因而不具有条约性质；而1984年《中英香港问题备忘录》则具有条约的意义。

在国际实践中，关于条约名称的使用并无严格规则，对名称的选择运用也不尽一致。如条约、协定、公约等名称经常可以交错使用，有时同一性质的国际协议，常常使用不同名称。名称不同并不意味着条约的法律性质不同，而条约的效力也不取决于条约名称如何。正如施瓦曾伯格所说："条约、公约、协议、议定书、换文或其他同义词意味着同一件事，即双方同意受国际法约束，即以同一法律为准。"

三、条约的格式和文字

国际法上对于条约格式并无统一规定，对条约各部分内容和安排也没有统一规则。一般来说，正式条约都包括三个部分：①序言，或称序文，载明缔约方名称、缔约目的、宗旨、各方授权情况，有时还要载明重要原则。序言对条约的解释有重要意义。②主文，或称正文，系条约的主要条款，即确定条约的对象和缔约方的权利和义务的条款。实践中为便于正确理解主文内容，常常在主要条款前，将其使用的术语做出定义。主文是条约的实质部分。③结尾，或称最后条款，包括条约的生效办法、可否保留、有效期、文字、文本保管、批准、签字日期、地点及代表的签字等。有些情况下，还可以制定附件、补充议定书等，作为条约的特殊组成部分。

关于缔约条约使用的文字，国际法上没有统一的规定。按照一般习惯，双边条约的正本为两份，每份都用缔约双方文字写成，两种文本同一作准；也有以第三国文字作为正式文本的情况，如1689年《中俄尼布楚条约》的正式文本是拉丁文；多边条约的文字，在中世纪多采用拉丁文，19世纪多采用法文，1919年后几种文字并用已经通行。

现行的多边条约多使用英文、法文、中文、俄文、西班牙文和阿拉伯文。例如，《联合国海洋法公约》就采用了以上6种文字。

四、条约法公约

长期以来，缔结条约主要是依据国际习惯法和各国国内法的实践。条约法编纂始于非官方编纂，1876年美国国际法学者菲尔德的《国际法典大纲草案》、1891年瑞士学者伯伦智理的《国际法典草案》、1981年意大利学者费奥勒的《国际法草案》，都包括了对条约法的编纂。第一次世界大战后，国际联盟曾试图对条约法进行编纂但未获成功。联合国的成立，使条约法编纂进入了新的阶段。国际法委员会在1949年做出决定，将条约法列为14个重点编纂的项目之一。经过近20年的努力，终于在1969年5月23日在维也纳外交会议上通过了关于国家之间条约的《维也纳条约法公约》。该公约已于1980年1月27日生效。它由85条和1个附件组成，是对条约法最全面系统的编纂。它不仅将过去的习惯规则成文化，而且吸收了不少新的内容，从而促进了国际法的发展。我国于1997年5月9日加入该约，加入时对第66条“司法解决、公断及和解程序”做了保留。

国际法委员会根据第24届联合国大会第2510号决议，开始对国际组织间的条约进行编纂，并于1986年3月21日在联合国主持召开的维也纳会议上通过了《关于国家和国际组织间或国际组织相互间条约法的维也纳公约》。该公约由86条和1个附件组成，从内容到体系都与1969年公约保持对应，文字和序言也基本相同。但它也针对国际组织作为当事者的这一情况做了特殊规定。该公约第73条还就与1969年公约的关系做了规定。截至2017年10月，只有32个国家批准了该公约，因此该公约仍未正式生效。

第二节　条约成立的实质要件

条约成立的实质要件，是指缔约能力和缔约原则。

一、缔约能力

缔约能力（treaty making capacity），亦称缔约资格，是指按照国际法缔约主体能够合法取得和行使缔结条约的权利的资格和地位。缔约能力是国际法主体权利能力和行为能力的一部分，也是条约成立的必备要件之一。

（一）国家的缔约能力

国家是国际法的基本主体，也是缔约的基本主体，它具有完全的缔约能力。1969年《维也纳条约法公约》第6条确认：每一个国家都具有缔结条约的能力。这就是说，每一个国家都有权在不违反国际法原则的情况下，同其他国家举行谈判、缔结条约。这

是国家主权的表现。一般情况下，一国的地方行政机关没有同外国缔结条约的资格，除非经过了中央政府的特别授权。例如，1914 年的“西姆拉条约”，西藏地方当局虽然签了字，但未经过中国政府签署、批准，因而属无效条约。但在特殊情况下，有些国家也依其国内法赋予国内地方行政区某种缔约能力。例如，1984 年 11 月签订的《中英关于香港问题的联合声明》规定，香港特别行政区可以以“中国香港”的名义单独同各国、各地区及有关国际组织保持和发展经济、文化关系，并可签订非政治性协定。为履行这一条约，1990 年《中华人民共和国香港特别行政区基本法》第一百五十一条授权：“香港特别行政区可在经济、贸易、金融、航运、通讯、旅游、文化、体育等领域以‘中国香港’的名义，单独地同世界各国、各地区及有关国际组织保持和发展关系，签订和履行有关协议。”应当注意，香港的缔约能力是由中央人民政府授予的，并且限制在特定范围之内。因而，其缔约能力是相对的、有限的。

缔约权属于国家，但由何机关行使此项权利，则是各国宪法规定的事项。各国实践大体分为三种类型：①多数国家规定，国家元首有权代表国家缔结条约。②有的国家规定，由国家元首缔约，但须国家权力机关批准。如美国宪法第 2 条规定：“经参议院的协议及同意，并得该院出席议员三分之二赞成时，总统有权缔结条约。”时任美国总统威尔逊在巴黎和会上亲自签署的《凡尔赛和约》由于未得到参议院的同意而未获批准。③有的国家规定，由政府行使缔约权、国家权力机关承认、批准。如日本由内阁缔结条约，“但须在事前或因事宜关系在事后经国会之承认”。

（二）政府间国际组织的缔约能力

政府间的国际组织在一定范围内具有缔约能力，其缔约能力的依据是成立该组织的约章。1986 年《维也纳公约》第 6 条规定：“国际组织缔结条约的能力依照该组织的规则。”例如，《联合国宪章》对联合国及其专门机构缔约能力做了规定：宪章第 43 条授权联合国与会员国缔结特别协定，使各会员国提供为维持国际和平与安全所必需的军队；第 63 条授权经济及社会理事会与专门机构订立协定；第 77 条规定，联合国可缔结托管协定；第 105 条规定，联合国有权向各会员国提议缔结关于特权和豁免的协定；等等。

（三）民族解放组织的缔约能力

民族解放组织在一定条件下和一定范围内具有缔约能力。民族解放组织的缔约能力源于民族主权或民族自决权。1969 年公约虽然没有规定民族解放组织的缔约能力，但国际法委员会在其会议纪要中却指出，“对其他国际法主体”应理解为“如起义者这样的其他国际组织体，它们在一定的情况下可以参加国际条约”。事实上，民族解放组织参加了许多国际缔约活动。例如，非洲人国民大会和巴勒斯坦解放组织均参加了 1982 年《联合国海洋法公约》的表决和签字。

二、缔约原则

缔结条约必须遵循以下基本原则。

（一）自由同意原则

条约的成立需要双方的同意，而且是自由的真正自愿的同意，不应是在胁迫或任何压力下表示的所谓“同意”。同意是一种法律行为，具有创立、变更或消灭权利义务的效果。倘若同意有欠缺，即条约法术语上所称的有瑕疵的同意，便不属于自由真正的同意。尽管同意的具体方式可以不同，但却不得违反自由同意的原则。在实践中违反自由同意的情形有诈欺、贿赂、强迫，其为导致条约无效的实质原因。

（二）可履行性原则

可履行性原则是指所签署的条约必须是事实上可能的，也就是说条约所创设的权利和义务必须是能够履行的，不能脱离实际的可能去缔结根本无法履行的条约。例如，缔约方不能约定割让不属自己领有的土地或根本不存在的领土。

（三）合法性原则

合法性原则是指所缔结的条约必须符合联合国宪章、国际法基本原则和一般国际法强制规范，倘若条约与之相抵触，理应无效。条约的内容一般由缔约各方自行决定，但其确定的内容只有符合国际法才具有法律效力。

第三节　条约的缔结程序

条约的缔结程序，是指缔结条约的一般过程和需要履行的手续。根据 1969 年和 1986 年维也纳两公约的规定，缔约的程序主要有谈判、签字、批准、交换批准书、加入、保留、接受、赞同等。我们把谈判、签字、批准、交换批准书称为缔结条约的一般程序，把加入、保留、接受、赞同称为缔结多边条约的特殊程序。

一、缔结条约的一般程序

（一）谈判（negotiation）

谈判往往是缔结条约的第一步，是缔约的准备阶段。

谈判是指缔约方之间就条约的内容和形式进行交涉获致协议的过程。重要的国际条约由国家元首直接参与谈判，通常情况下是国家元首派遣外交代表进行谈判。外交代表参加条约谈判，通常须持有全权证书。所谓全权证书（full powers），指一国主管当局所

颁发，指派一人或数人代表该国谈判、议定或认证条约约文，表示该国同意承受条约拘束，或者完成有关条约的任何其他行为的文件（1969 年、1986 年维也纳两公约第 2 条）。全权证书通常由国家元首签署，并由外交部长副署。

依照缔约程序，一般于谈判前，各方代表应校阅全权证书，而最迟也要在条约签字前进行，以确认谈判者的身份和是否被授权。在举行双边条约谈判时，双方代表校阅全权证书可采用相互展示的方式，也可采用相互交换的方式。在举行多边条约谈判时，一般成立一个全权证书委员会，负责审查各国谈判代表交验的全权证书。如果参加谈判、签约的人未经授权，而事后其所属国家和国际组织又不确认，该条约可能会无法律效力。而国家元首、政府首脑和外交部长，因其身份对外代表国家，参加谈判时不需要持全权证书。

谈判时，一般各代表团团长主谈，其他成员从旁协助。

谈判时，条约的文本由何方提出或如何起草，国际上并无统一规定，有时由一方提出草案，再由双方以此为基础进行磋商，也可由双方共同起草；多边条约文本的起草，可由各方代表共同起草；也可在举行国际会议前先组成一个条约起草委员会，根据各方提案拟定草案，然后交付国际会议讨论。在实践中，重要的国际公约多先由某国际组织的有关机构拟定草案，然后再召开国际会议讨论通过。例如，1969 年《维也纳条约法公约》就是先由国际法委员会拟定草案，后分别于 1968 年和 1969 年在维也纳国际会议上讨论通过。

谈判达成协议，约文拟定之后，各方都要向自己的政府请示，为确定各方谈判代表对其拟定约文的认可，通常采用草签或暂签的方式。草签（initiating），又称缩写签字，是条约正式签署前的初步签字。暂签（signature ad referendum），又称待示签字或待核准签字，是表示谈判代表对拟定约文的认证等待本国核准确认的一种临时签字。草签与暂签的区别在于：草签通常缩写谈判代表的姓名，西文姓名只签署其第一个字母，中文姓名只签署其姓氏。草签一般无溯及力，经正式签字后，以正式签字日期作为签字日，而暂签则须签署谈判代表的全名，而且一般具有溯及力，经正式签字后，签署的效力可追溯至暂签之日。草签和暂签均非条约签署的必经程序。

（二）签字（signature）

签字即条约的签署，是缔约的关键性步骤，是缔约方表示同意承受条约拘束的一种重要方式。签字须在约定的日期举行，通常要在庄严的仪式下进行。

依国际习惯，双边条约的签字顺序通常采用轮换制。轮换制（alternate），又称轮署制，即签署双边条约时，各自在本国保存的条约文本的首位签字（左或上为首），然后再在对方保存文本的次位签字（右或下为次）。多边条约的签署无法轮换，是以缔约方所同意文字的各国国名按字母顺序依次签字。在实践中也会根据实际情况采用特殊的处理办法。例如，1945 年《联合国宪章》的签署就是例证。

（三）批准（ratification）或正式确认（formal confirmation）

一般来说，条约签字后，即可生效，但一些重要的条约在签字后还须经过缔约方批

准或正式确认，才能发生法律效力。

批准是指条约的当事国对其代表所缔结条约的确认，以表示同意接受条约约束的法律行为。正式确认是国际组织所采取的类似于国家对条约批准的行为。

根据1969年和1986年维也纳两公约第14条第1款的规定，在下列情况下，条约必须经过批准才能生效：①条约中有批准的条款；②另经确定谈判方代表的全权证书表明或在谈判时已申明该谈判方对条约做出须批准的签署和意思。

批准是一国主权行为，一般由各国国内法加以规定。纵观各国宪法，条约批准的机构大体分为三种类型：①国家元首专属权，即只有国家元首具有批准条约的权力，如第二次世界大战前的日本、德国、意大利等。②立法机关专属权，即议会具有批准条约的权力，如1960年以前的土耳其国民大会是该国唯一批准条约的机关。③国家元首、行政机关和立法机关分属权，即将条约的批准权分属国家元首、行政机关和立法机关。实行这种批准方式的国家，一般将条约分为两类——重要条约和次要条约，对于前者通常由国家元首在立法机关通过条约后予以批准，对于后者则由政府或外交部核准。

条约的核准（sanction of treaty）是指政府对其代表所签署条约的确认。作为批准条约的简易方式，无须立法机关参与，核准适用于行政性、技术性的协定、议定书、换文等，特别适用于国家与国际组织所订的条约。

批准的法律意义在于承认条约对本国或国际组织的拘束力。如果拒绝批准双边条约，则该条约就不能生效；如果拒绝批准多边条约，则该条约对拒绝方无效。批准和拒绝批准条约均由国家自主决定，也就是说，国家没有必须批准其代表所签署的条约的义务。

（四）交换批准书（instrument of ratification）或正式确认书（formal confirmation）

有些条约除需要批准外，还必须交换批准书或正式确认书。

交换批准书或正式确认书，即缔约双方互相交换各自国家权力机关或国际组织批准该条约的证明文件。

依国际习惯，双边条约若在一缔约国首都签字，则批准书应在另一缔约国首都交换。例如，1978年《中日和平友好条约》在北京签字，而批准书则在日本东京交换。多边条约一般采用交存制度，即把批准书或正式确认书交给条约规定的国家或国际组织。例如，在联合国主持下制定的多边条约，批准书和正式确认书提交联合国秘书长保存。

二、缔结多边条约的特殊程序

在多边条约的缔结过程中还有一些特殊程序，它既非条约的必经程序，也非正常的缔约程序。主要有条约的加入、接受、赞同和保留等。

（一）条约的加入

加入（accession），又称附入，是指没有在多边条约上签字的国家或国际组织，于多边条约签署后参加该条约并接受其拘束的正式法律行为。即非缔约方接受条约的权利和义务，成为条约的当事方。

加入的对象主要是开放性多边条约。从国际实践看，并非所有多边条约都允许加入，要根据条约的性质而定。凡条约中明文规定，允许非签字国加入，而且没有任何附加条件的，即可自由加入；有的条约规定，加入有条件和范围的限制，此类多边条约多见于区域性的；有的多边条约中没有“加入”的规定，只有在全体缔约国同意的情况下才能加入。双边条约很少有加入的情况。如果第三国要求参加双边条约，可通过另订条约实现。例如，第二次世界大战前，1939 年《德意同盟条约》签订后，日本要求加盟，于是三国在 1940 年另订了《德意日三国同盟条约》。

传统意义的加入限于已生效的条约。而根据当代国际法的实践，国家不仅可以加入已生效的条约，也可以加入尚未生效的条约，而且还被计算在生效所需具备的数字之内。如 1961 年《维也纳外交关系公约》规定的生效办法为：在第 22 件批准书或加入书递交联合国秘书长存放之日后第 30 日起生效。

加入是单方的法律行为，但原则上仅仅提出加入并不一定产生法律效果，加入只有在原缔约方接受或许可的情况下才能生效。

（二）条约的接受和赞同

接受（acceptance）和赞同（adherence）与批准、加入一样，都是国家或国际组织表示同意承受条约约束的方式，具有相同的法律效果，但它们适用的场合不同。

条约的接受通常在两种情况下使用：①在未参加条约签字的情况下，表示同意接受条约约束，类似加入。②在参加了尚未生效的条约签字的情况下，又做出最终同意接受条约约束的表示，类似于批准，但又不同于批准。批准往往须经议会认可后由国家元首做出；而接受无须议会认可，接受多用于那些可以不要求立法机关承认的条约。条约的接受的意义应从国内法角度来看，其同加入、批准不仅名称不同，而且也有实质上的差别，可将接受理解为批准的简化形式。

条约的赞同通常也在两种意义上使用：①以赞同为条件的签字，类似于条约的批准；②不经签字而予以赞同，用于开放性条约，类似加入。在习惯上多采取第一种。赞同与接受的区别在于：赞同多适用于那些要求立法机关承认的条约，由立法机关进行；而接受多适用于那些不要求立法机关承认的条约，不一定由立法机关进行。

（三）条约的保留

条约的保留（reservation）往往发生在多边条约，因为制定多边条约涉及的国家或国际组织较多，而各国或国际组织的利益往往大不相同，常常产生分歧，如果要使所有缔约方或加入方对条约的内容完全同意，有时较为困难。为使多边条约的参加者更广泛，当代国际法承认国家或国际组织在参加条约时，享有保留的权利。双边条约一般不

发生保留问题，因为对不同意的内容，谈判双方完全可以协调解决，假若不能取得一致意见，就无法达成协议，条约就不能成立。

（1）保留的含义。保留是指缔约方为排除条约中某些条款对该缔约方适用时的法律效果而做的片面声明。1969 年、1986 年两公约第 2 条规定的定义是：一国或一国际组织的签署、批准、正式确认、核准、接受、赞同或加入条约时所做的片面声明，不论其措辞或名称为何，其目的在于摒除或更改条约中若干规定对该国或国际组织适用时的法律效力。

（2）保留的范围。当代国际法确认，各国或各国际组织在参加条约时可提出保留。但保留不是任意的，根据两个公约第 19 条的规定，在下列情况下不得提出保留：

1）条约本身禁止保留。例如，《联合国海洋法公约》第 309 条规定："除非本公约其他条款明示许可，对本公约不得做出保留或例外。"

2）条约中的特定条款不得保留。例如，1957 年《已婚妇女国籍公约》第 8 条规定：任何国家得于签字、批准或加入时对本公约第 1 条及第 2 条以外之任何条款提出保留，即不得对第 1、2 条做出保留。

3）保留与条约的目的和宗旨相抵触时不得保留。例如，1958 年《大陆架公约》第 12 条规定，对于涉及该约目的及宗旨的第 1 条至第 3 条不得提出保留。

（3）保留的提出与撤回。保留可在条约签署、批准、正式确认、接受、赞同或加入时提出。实践中，保留主要以签署协定书、批准书或加入书等形式表示出来。保留系在签署须经批准、接受或赞同之条约时提出者，必须由保留国在表示同意承受条约拘束时正式确认。遇此情形，此项保留应视为在其确认之日提出。明示接受保留或反对保留系在确认保留前提出者，其本身无须经过确认。保留、明示接受保留通知时起，开始发生效力。对保留提出之反对之撤回，自提出保留之国家收到撤回保留，在对另一缔约国的关系上，自该国收到撤回，自提出保留之国家收到撤回反对之通知起，方始发生效力。撤回保留和撤回对保留之反对，必须以书面为之。

（4）保留的有效成立。保留是国家或国际组织单方的行为，一般来说，保留只有在被其他国家或国际组织接受的情况下，才产生法律效力。如 1951 年国际法院在其所做的"关于《防止和惩治灭绝种族公约》的保留案的咨询意见"中指出，保留须经其他缔约国一致同意方属有效的学说并不适用，保留的有效与否应根据与条约的目的及宗旨是否符合来确定。

维也纳两公约第 20 条对保留成立的规则做了规定：

1）须经其他全体缔约国或国际组织主管机关接受才能有效成立的保留。①凡为条约明示准许的保留，无须其他缔约方事后予以接受，但条约规定须如此办理者，不在此限。这是保留提出前全体缔约方已事先同意或接受的保留。②如果从谈判方之有限数目及条约之目的与宗旨，可见在全体当事方接受的保留。③如果条约为国际组织之组织约章，除条约另有规定外，保留须经该组织主管机关接受。这是须经国际组织主管机关接受的保留。

2）经个别缔约方单独接受即可部分成立的保留。这主要适用于条约对保留没有明文规定，即不属于以上三种情形的情况：①保留经另一缔约方接受，就该另一缔约方而

言，保留方即成为条约之当事方，但须条约对各该方均已生效；②保留经另一缔约方反对，则条约在反对方与保留方间并不因此而不生效力，但反对方确切表示相反之意思者不在此限；③表示一方同意承受条约拘束而附以保留之行为，一俟至少有另一缔约方接受保留，即发生效力。

3）保留经另一缔约方反对，该条约在保留方与反对保留方之间会出现两种结果：①如果反对保留方提出反对时，仅所提出的保留所关涉的条款在两方间不发生效力，则该条约的其余条款仍可在两方间生效，如前述丹麦、澳大利亚的反对；②如果反对保留方在提出反对保留的同时，提出因保留而条约的全部条款不生效力时，则该条约的全部在两方间不生效力。

（5）我国在条约的保留方面的实践。我国在签署、批准或加入国际条约时，根据我国的对外政策和实际情况，曾提出过保留，也曾撤回过保留。

我国提出的保留主要针对：

1）有关将争端交付仲裁或提交国际法院的条款。因为我国一贯主张以谈判、协商方式解决争端。例如，我国在加入《海牙公约》《蒙特利尔公约》和《消除对妇女一切形式歧视公约》时，均对有关此种规定的条款做了保留。

2）载有承认台湾地区国际法主体资格的条款。例如，1975 年我国加入《维也纳外交关系公约》时声明，台湾地区当局盗用中华人民共和国名义对该公约的签字和批准是非法和无效的。

3）某些与我国实践情况不合或与我对外政策不一致的条款。例如，我国在加入《维也纳外交关系公约》时对使馆行政与技术人员及家属、服务人员、使馆人员的私人仆役的特权与豁免的规定（公约第 37 条第 2、3、4 款）做了保留；还对第 14 条、第 16 条关于教廷使节的规定做了保留，因为我国不承认梵蒂冈的国际法主体资格，也不承认由其派遣的教廷使节的法律地位。

我国也曾撤回过保留。例如，1980 年 8 月，我外交部函告联合国秘书处，正式通知撤销对《维也纳外交关系公约》第 37 条第 2、3、4 款的保留。

三、条约的保管、登记

（一）条约的保管

条约的保管（depository of treaty），根据条约缔约方在该约中或以其他共同同意的方式指定的某一机关管理该条约的行为。一般来说，双边条约由缔约方各保存一份，保管者可由本国政府担任。多边条约的保管者一般由条约当事方以协定确定。在实践中，国际会议的东道国常为条约的保管者，例如，美国就是《联合国宪章》的保管国。国际组织或国际组织的行政首长也常兼任保管条约的职务。近年来，为了保证某些具有重大意义的条约获得普遍参加，常常指定几个国家作为保管者，例如，1968 年《不扩散核武器条约》由苏联、英国和美国 3 国作为保管者。

保管者的职务具有国际性，所以必须秉公执行其职务。保管者的职务主要有：①保

管条约正本及全权证书；②备就和分送条约副本；③接受、审查和保存有关条约的其他文书并通知各当事方；④将条约的签署、批准、接受、加入等情况通知有关当事方；⑤向联合国秘书处登记条约；⑥执行两个条约法公约规定的其他职务。

（二）条约的登记

条约的登记（registration of treaty），将缔结的条约交存国际组织以便公开发表的行为。现代的条约登记制度是国际联盟登记制度的沿用和发展。《国际联盟盟约》第18条规定："嗣后联盟任何会员国所订条约或国际协议应送秘书处登记并由秘书处从速发表。此项条约或国际协议未经登记以前不生效力。"根据这一规定，凡有国联会员国参加缔结的条约，都应登记，未经登记条约不能生效。据说这一规定的目的是为防止订立秘密条约，可在实践中，其反而成了大国监督、控制别国外交活动的工具。

现行的条约登记制度是由《联合国宪章》第102条、1969年《维也纳条约法公约》第80条及1986年《维也纳公约》第81条规定的。依据《联合国宪章》及维也纳两公约的规定：凡联合国会员国所订的条约和国际协定，应送请联合国秘书处登记。这是会员国应尽的义务，同时也是直接或间接参加联合国机构活动的非会员国的义务。但不登记并不影响条约的生效和效力，而只是未登记的条约不得在联合国机构中援引，这是对国际联盟条约登记制度的改进。随着1986年《维也纳公约》的签订，登记条约也成了国际组织的义务。

凡在联合国秘书处登记、归档和备案的条约、协定文本，将由秘书处用原文文字在《联合国条约集》中公布，另附英、法文译本。

1985年6月12日，中英两国政府同时将《中英联合声明》送联合国秘书处登记，这是我国登记条约的开始。

第四节　条约的效力范围

一、条约对缔约方的效力

（一）条约必须遵守原则

条约一经生效，就对各个缔约方开始发生法律拘束力。缔约各方必须善意履行，依条约规定行使权利、履行义务，不得违反，这就是国际法上的条约必须遵守原则（pacta sunt servanda）。这是一个古老的原则，而在现代国际法中也具有重要意义。因为在国际社会中没有一个超国家的最高权力机关可以强制执行条约，倘若在国际交往中各国都不遵守自己签订的条约，正常的国际秩序就无法保证，国际法也就失去了基础。所以许多重要的国际文件中都载有条约必须遵守的规定，如《联合国宪章》郑重宣布："尊重由条约和国际法其他渊源而起之义务"（序言）、"各会员国应一秉善意，履行其

依本宪章所担负的义务”，将条约必须遵守列为联合国的原则之一。1969 年和 1986 年两条约法公约序言也宣称，条约必须遵守规则乃举世所承认，并在条约必须遵守的标题下做出规定：凡有效之条约对各当事方有拘束力，必须由各当事方善意履行（第 26 条）。而且“忠实履行国际义务”这项基本原则就是在条约必须遵守原则的基础上延伸和发展起来的。

条约必须遵守的核心内容是依约善意履行，即诚实、公平地履行条约。这就要求在履行条约时，既要严格遵守条约的文字规定，又要符合条约的精神，从而真正实现条约的宗旨和目的。如果违反该原则，就构成国际不法行为，应负国际责任。

应当注意，当代国际法的条约必须遵守原则并非旧有原则的简单照搬，而是有了较大发展。其含义并非对所有条约都一味遵行，不能把条约必须遵守原则绝对化，该原则所要求履行的不是任何性质的条约，而是强调遵守合法、有效条约，即条约具备国际法规定的要件，并在时间上和空间上都是有效的。依据当代国际法，凡是在平等自愿基础上缔结的符合国际法的条约都应严格遵守；相反，凡以侵略战争、非法使用武力、以武力相威胁、诈欺等手段，强迫缔结的侵略性和奴役性的不平等条约都是非法条约，应是无效的，缔约国有权不予履行。维也纳两公约对此明确规定：“条约系违反联合国宪章所含国际法原则以威胁或使用武力而获缔结者无效。”

（二）条约在各国的实施

条约是规定国家权利义务关系的，为了保证履行条约义务，在国际上往往采取各种措施来监督条约的实施。从各国的立法实践看，大体采用三种方式：①纳入（adoption），也称直接适用，即条约不需另经国内立法程序而直接纳入国内法，在国内具有法律效力，而不需要国际法转化为国内法。[①] 纳入的特点是不需要重新进行国内立法，而是原则地宣告国际条约可以在国内适用，并不改变国际条约作为国际法的性质、主体和内容。纳入的优点是快捷节省立法成本，缺点是将会引出国际条约在国内法院的直接援引性和国际条约的效力等级等一系列理论与实践问题。这种方式以德国为代表。②转化（transformation），也称间接转化，即条约必须经国内立法程序转化为国内法，在国内才具有法律效力，其是将国际法的原则、规则和制度由于国内法律行为而纳入国内法律体系中，成为国内法律，或者具有国内法律的效力。[②] 转化相当于参照国际条约进行国内立法，使国际条约的内容在国内法里具有相应的规定。其实在这种情况下，国内法院适用的就是国内法而不是国际法。这种做法的优点在于避免了法院在处理国际条约与国内法关系的复杂问题，解决了它们之间的矛盾；缺点在于立法成本过高，国际条约的数量随着国际政治经济关系的发展而快速增长，一个国家置身于国际社会不可避免地要缔结和参加大量国际条约，如果一律把它们重新进行国内立法则成本太高，更重要的是有些条约或有些条约中的某些条款是无法转化为国内立法的。这种方式以英国为代表。③混合转化，即兼采纳入和转化的方式，这是最为流行的方式，为多数国家采用。

---

① 参见王铁崖《国际法引论》，北京大学出版社 1998 年版，第 199 页。

② 参见王铁崖《国际法引论》，北京大学出版社 1998 年版，第 199 页。

事实上，各国在接受国际条约的规定时，会根据条约的性质、内容及本国的具体情况来决定采用转化还是纳入的方法。也有一些国家采取必须把条约转化为国内法才能实施的制度，如意大利和英国。如果采用转化的方式，国际条约的规定就成了国内法的内容，法院在审理案件时适用这些规定实际上是在适用国内法，这没有什么可深究的。问题是，如果采用纳入方式，由于国际条约的国际法性质并无改变，形式也不是国内法的形式，那么私人是否可以直接援引该条约的规定而在国内法院主张权利呢？这就给理论界和各国实践提出了问题，于是自动执行的条约和非自动执行的条约的划分由此而生。

（三）我国处理国际条约在国内适用的实践

我国一贯真诚履行条约必须遵守原则。凡是我国缔结、承认、接受和加入的条约，均善意履行；对于违背条约成立的实质要件的非法条约，特别是对于通过使用武力或武力威胁而缔结不平等条约，我国则不予承认，并坚决予以废除。在立法实践中，我国一贯采取积极有效的措施履行我国承担的国际义务。

1. 我国接受条约规则在国内适用

在接受国际条约规则的方式方面，我国法律中并没有明确使用“转化”和“纳入”的概念，但从我国实践来看，既有转化也有纳入。

一方面，我国根据缔结或参加的国际条约的规定，对国内法做出相应的修改或补充。例如，我国加入《巴黎公约》等保护专利的公约后，全国人大常委会就于1992年对《中华人民共和国专利法》（以下简称《专利法》）中与有关公约明显不一致的规定进行修改，规定对药品和化学物质等可授予专利权进行保护；而当我国加入世界贸易组织大局已定时，为了适应WTO协议中的《与贸易有关的知识产权协议》（TRIPs）的规定，我国于2000年对《专利法》再次进行修改，规定对专利复审委员会的任何行政行为均可以要求法院予以司法审查。这种适用条约的方式实际就是转化。

另一方面，我国一些法律对国际条约的适用做了原则性的规定。较早的见于1982年《中华人民共和国民事诉讼法（试行）》第一百八十九条，该条规定“中华人民共和国缔结或者参加的国际条约同本法有不同规定的，适用该国际条约的规定”。后来，陆续有一些法律做出类似规定，如《中华人民共和国民事诉讼法》第二百四十七条和第二百六十二条有关涉外民事诉讼送达和司法协助的规定，《中华人民共和国公民出境入境管理法》和《中华人民共和国外国人入境出境管理法》有关边民出入境的规定，《中华人民共和国商标法》有关外国人在我国申请注册商标的规定，《中华人民共和国继承法》关于涉外财产的继承的规定，《中华人民共和国民法通则》关于涉外关系的法律适用的规定。这些规定被我国学者称为“国际条约优先原则”。按照这些规定，相关的条约规定就被纳入我国的法律体系。

2. 我国的条约直接适用于国内的问题

我国现行法律尚未对条约在我国法律中的地位及能否直接适用做出明确规定。尽管中国代表在一些国际会议上曾表示：“根据中国的法律制度，中国缔结或者参加国际条约，要经过立法机关批准或国务院核准程序，该条约一经对中国生效，即对中国具有法律效力，我国即依公约承担相应的义务……关于禁止酷刑公约在中国的适用，也是基于

上述原则。一方面，该公约在我国直接生效，其所规定的犯罪在我国亦被视为国内法中所规定的犯罪。该公约的具体条款在我国可以得到直接适用。”① 但并不能依此作为我国关于条约地位的立场和判定条约可在我国直接适用的根据：首先，该声明只是针对这一特定公约，并非对我国条约在法律中的地位问题的专门而全面的阐述，因此不能简单推断所有条约都可直接适用；其次，这只是一个外交声明，并不具有国内立法的法律效力；最后，即使表明“该条约一经对中国生效，即对中国具有法律效力，我国即依公约承担相应的义务”，这也是指国际法层面的对国家的效力及国家责任的表态，是否可以在国内适用是另外一个问题。

从我国法律规定和适用条约规则的实践来看，我国既采取转化方式也采取纳入的方式。经我国国内法转化的条约规则已经成为国内法的一部分，也自然就不存在条约可否在国内直接适用的问题；但是，我国仍然存在被纳入的条约是否可以在我国国内法院直接适用的问题。对于这个问题，我国法律尚缺乏明确规定，学者主张也不一致。本书认为，对于我国“纳入”的条约规则不能一概而论，可以参照自执行条约与非自执行条约的划分模式区别对待：首先，已经在国内法中明确规定优先适用的条约可以直接适用。如前面所列的《中华人民共和国民法通则》等法律规定。这种情况，可以认为国内法已经对条约进行了补充立法，即使该条约是非自动执行的也应该可以直接适用。其实我国的含有这类规定的法律为数极其有限。其次，对没有在国内法中明确规定可否直接适用的条约，是否直接适用需要进行具体分析。应具体分析其内容及法律后果并结合我国的法制现状及实际国情后，再决定是否给予其直接适用的效力，而不能简单地一概而论。

3. 可直接适用的条约规则的效力等级问题

如果一个条约被认定为可以在我国国内直接适用，还会遇到该条约及规则在我国法律中的效力等级问题。对于这个问题，我国《宪法》《立法法》没有规定。我们可以根据相关法律进行推定：《宪法》第六十七条规定由全国人大常委会决定同外国缔结的条约和重要协定的批准和废除，《缔结条约程序法》第七条规定条约和重要协定由国务院报请全国人大常委会决定批准，国家主席根据全国人大常委会的决定予以批准。于是，我们可根据法律的效力等级主要由制定该法律的机关的等级决定的原理，直接适用的条约的效力等级可以推定为：一般而言，条约和重要协定的效力高于国务院的行政立法、地方人大立法，这在《立法法》中有所体现；而全国人大制定的法律与条约和重要协定具有同一等级，由全国人大或全国人大常委会解释或决定法律与条约和重要协定的优先适用问题。当然有两类例外：①当国内法律没有规定，或者规定不明时，可直接适用条约和重要协定；②法律中有明确规定条约优先适用的，如《中华人民共和国民法通则》的规定，则该条约可优于全国人大制定的法律适用，但其效力始终低于我国《宪法》。

① 见1990年4月27日中国向联合国禁止酷刑委员会审议提交的执行《禁止酷刑和其他残忍、不人道或有辱人格的待遇或处罚公约》的报告。转引自陈寒枫、周卫国、蒋豪《国际条约与国内法的关系及中国的实践》，载《政法论坛》2000年第2期。

二、条约对非缔约方的效力

第三国（third state），并非指某个特定国家，而是泛指条约以外的任何国家，即既非条约缔结国，也非条约加入方。从广义解释，第三国还可包含“第三组织”（国际组织），作为“第三方”理解。

一般来说，条约只对缔约方发生效力，而不能约束第三方。即条约对第三方既不赋予权利，也不设定义务。这是从“约定对第三者既无损也无益”（pacta tertiis nec nocent prosunt）的法律格言引申而来的。1969 年和 1986 年两公约第 34 条规定，条约非经第三方同意，不为该国或国际组织创设权利和义务。

然而在国际实践中，某些条约不仅对第三国造成某种必须重视的事实，也会引起某些法律后果。条约能够影响到第三国的情形主要有：

（1）条约所载的规则成为国际习惯法规则而拘束第三方。例如，外交特权与豁免，原仅存在于少数国家签订的条约中，后来越来越多的双边条约反复采纳这一规则，并逐渐成为对第三国也有拘束力的公认的国际习惯法规则。又如，1851 年英、法、奥等 8 国签订的《维也纳议定书》第 1 条所规定的外交代表分三级的规则，已成为国际习惯法规则，所以对非缔约国也有拘束力。

（2）条约因事实上的原因使第三方享有权利。

某些条约创设了大于缔约国范围的权利，世界上有些关于运河或国际海峡的公约，其规定有时超越缔约方的范围，使第三方受益。例如，1888 年关于苏伊士运河的《君士坦丁堡公约》规定，该运河向一切国家开放，这样非条约当事国也可享有航运的权利。

某些确定领土和政治状态的条约为第三方设定义务。前者如有关边界位置或领土变更的条约，第三方有尊重的义务，并产生影响。例如，1981 年苏联与阿富汗签订《边界走向条约》，其涉及中苏边界的帕米尔争议地区，为此我国提出抗议；后者如1856 年《巴黎公约》关于亚兰群岛非军事化的规定，对于非缔约国的芬兰和瑞典也产生了拘束力。

（3）最惠国待遇条款，是为第三方创设权利的最明显的例证。最惠国待遇条款是指两国之间订立的一方给予任何第三方待遇的条款。如果某条约有最惠国待遇的条款，那么该国就应该把给第三国的最优惠待遇给予对方；同理，假若条约中给予对方的待遇高于以往享有待遇的国家，那么给予第三国的待遇也应随之提高。

（4）某些普遍性国际组织章程有时也涉及第三方。例如，为了使联合国能有效地维持国际和平与安全，该宪章也赋予了非缔约国一些权利。例如，宪章第 2 条第 7 款规定，宪章不得认为授权联合国干涉在本质上属于任何国家国内管辖的事项。这意味着非缔约国也具有保证其内政不被联合国干涉的权利。此外，宪章第 32 条、第 35 条、第 50 条、第 93 条都规定了非缔约国可以享有的权利。在义务方面：例如，依据宪章第 2 条第 6 款的规定精神，实质上在维持国际和平与安全的必要范围内，对非会员国间接产生了遵守宪章第 2 条第 1 款规定的原则的义务。

三、条约的空间效力

根据1969年《维也纳条约法公约》第29条规定，除条约表示不同意思或另经确定外，条约对每一当事国家之拘束力及于其全部领土。其表明，在通常情况下条约的规定应在当事方中的每一国家的全部领土内适用，而不论是单一制国家、还是联邦制国家，因为国家是以一个整体的身份来缔结条约的。从当代国际法观点看，条约的空间范围不仅包括国家领土，还包括条约当事国领土外的船舶和航空器。此外，若条约当事国为沿海国，条约的空间范围还包括领土外的国家管辖的海域，如毗连区、专属经济区和大陆架等海域。

四、条约的时间效力

根据1969年《维也纳条约法公约》规定，条约应自生效之日起，开始适用。原则上无追溯的效力。对此，1969年、1986年维也纳两公约规定，除条约有不同意见或另经确定外，对一当事方生效之日前所发生之任何行为或事实或已不存在之任何情势，条约之规定不对该当事方发生拘束力。时间效力有时还会遇到优先适用问题。

（一）条约的生效

条约生效（entry into effect of treaty）指条约对缔约方开始发生拘束力。对于条约的生效日期和方式，国际法上没有统一规定。通常“依条约之规定或依谈判国之协议”，一般都在条约的结尾部分写明。

目前双边条约生效日期主要有以下几种：

（1）自签字之日起生效。这类条约多是经济贸易或技术合作的协定。

（2）自批准或正式确认之日起生效。一般指双方互相通知批准和正式确认之日为条约生效之日，双方批准或确认日期不同的，以后者日期为准。

（3）自互换批准书或正式确认书之日起生效。这一程序多适用于意义重大的政治性条约或普遍性国际公约。

（4）自条约规定的特定日期生效。条约在约定的某特定日期，或者在经确定所有谈判国都已同意受该条约拘束时才生效。

多边条约的生效日期较为复杂，主要有以下几种方式：

（1）自全体缔约方批准之日起生效。

（2）自一定数目的缔约方交存批准书或加入书之日或之后某日起生效。例如，《联合国海洋法公约》规定，该公约自第60份批准书或加入书交存之日起12个月后生效。

（3）自一定数目的当事方（其中包括某些特定当事方）交存批准书或加入书后生效。例如，《联合国宪章》规定，宪章在中、法、苏、英、美以及其他签字国过半数交存批准书时，才发生效力。

（4）自条约规定的条件达到后生效。例如，1972年《国际海上避碰规则公约》规

定："本公约应在至少有15个国家参加本公约之日起12个月后生效，该15国的商船总和应不少于全世界100总吨及100总吨以上的船舶的艘数或吨位的65%，以先达到者为准。"而且还规定："本公约在1976年1月1日前不应生效。"

（二）条约的有效期

条约可依时效分为无期限的条约和有期限的条约。

无期限的条约，不规定有效期，除非另订新约或缔约各方一致同意终止，否则一直有效。这类条约多见于造法性国际公约和某些永久性的双边条约，例如，《联合国宪章》《外交关系公约》及领土、边界条约等。

有期限的条约，一般是规定国家间具体的权利和义务的条约。其期限长短取决于条约内容及具体情况。一般来说，政治性条约的期限较长，可以为期10年、20年或更长；经济性条约的期限较短，可以是5年、3年或1年。有的条约不明确规定期限，而是规定事务执行完毕条约即告终止，这实际上也是一种有期限的条约。条约的有效期一般在条约中加以规定。

（三）条约冲突时的适用

条约冲突时的适用，是指缔结方所订条约的内容若与其先前或之后所订条约的内容相冲突时以哪一条约优先适用的问题。

原则上，各国和国际组织缔结条约不应含有与前条约义务相冲突的义务，因为条约对缔约国具有拘束力，而相冲突的义务是无法履行的。

维也纳两公约规定，宪章与普通条例冲突时，首先应适用宪章。《联合国宪章》第103条的规定"排除了"各国间缔结条约与宪章宗旨和原则冲突的可能性。该条规定："联合国会员国在本宪章下之义务与其依任何其他国际协定所负之义务有冲突时，其在本宪章下之义务应居优先。"即宪章的效力高于普遍条约的效力。

维也纳两公约第30条规定了"关于同一事项先后所订条约之适用"的规则：

（1）如果所订条约中载有"不得违反某条约"的规定，则该条约优先，而无论其为先制定或后制定。

（2）在条约没有明文规定的情况下：①如果先后两个条约的缔约方完全相同，而且订立后约没有终止先约，则先约仅在其规定与后约相符的范围内才适用，即后订条约优于先订条约。②如果先后两个条约的缔约方不完全相同，有两种适用办法。一是同为先后两个条约的当事方间，先约也仅在其规定与后约相符的范围内才适用，即后订条约优于先订条约；二是在为两个条约当事方与仅为其中一个条约的当事方间，其权利和义务，依两方都是当事方的条约为准。

第五节　条约的解释

一、条约解释的概念

条约在履行过程中，由于缔约各方对约文内容、适用条件理解不同，因而产生分歧，这就引起了条约的解释问题。

条约的解释（interpretation of treaty），是指对条约的整体和个别条款的含义、内容和适用条件所做的正确说明。

原则上条约应由缔约各方解释，因为条约是国家间的协议，只有缔约国最了解缔约的意图和各条款所包含的内容，所以由缔约国平等协商解释，被理解为“权威解释”。如果各方的解释有分歧，通常由缔约国通过友好协商解决。多边条约的解释，常由缔约国召开国际会议共同协商，如果达不成协议，可交付国际仲裁或提交国际法院解决。此外，每个国际组织有权解释涉及其关系的条约，但国际组织的解释只对自己有拘束力。

二、条约解释的原则

条约解释的目的在于确保条约的目的和宗旨的实现。这是一种复杂而细致的工作。缔约各方在对条约进行解释时应遵循以下三项原则：

（1）善意原则。解释的前提，应本着善意和协商一致的原则。

（2）合法原则。解释的效力，要符合条约的目的和宗旨，不得违背国际法的基本原则。

（3）效率原则。解释的效果，要能够促使条约发挥最大的效率和实用。

三、条约解释的规则

（一）善意全面、避免孤立解释

1969 年、1986 年维也纳两公约第 31 条规定，条约应依其用语按其上下文并参照条约的目的及宗旨所具有之通常意义善意地加以合理解释。这一规定表明，条约解释不能孤立地解释某些词义，而应全面地进行。条约的文字应采纳通常的意义或本义，但对专门用语应按专门意义解释，还应注意条约上下文的一致性。所谓上下文，包括条约的序言、正文、附件以及为缔约各方接受的与条约有关的任何文件，还包括后来签订的有关条约解释、适用的协定。本项规则要求必须对整个条约、附件及有关文件全面研究，了解缔约的动机、背景，以便做出合理的正确解释。

（二）利用补充资料进行解释

维也纳两公约第 32 条规定，如果采用上述规则所做解释仍意义不明、难解、显然荒谬或不合理时，便可使用解释的补充资料，包括缔约时的谈判记录、条约的历次草案、讨论草案的会议记录等。

（三）作准文字出现分歧时的解释规则

缔结条约采用什么文字，国际上并无统一规则。采用不同文字作为作准文字的条约，难免会出现适用上的分歧和解释上的分歧。维也纳两公约第 33 条做出以下规定：

（1）条约用两种或两种以上文字写成，若条约中规定了遇有解释分歧时应以某种文字的约文为根据者，便应以条约指定的文字为准。例如，1958 年《中国与也门王国友好条约》的约文用中文和阿拉伯文定成。该约规定："两种文本有同等效力，在解释上有分歧时，以阿拉伯文本为准。"

（2）条约用两种或两种以上文字写成，若条约中没有特别规定时，每种文字的约文应同一作准。如《联合国宪章》的五种文字的文本就是同一作准的。

（3）作准文字以外的其他文字做成的条约译本，通常在解释时只供参考。

（4）在两种以上文字同一作准的条约中，如比较作准约文后发现意义确有差别而又不能根据上述方法消除时，就采用顾及条约目的及宗旨的最能协调各约文关系之意义。例如，《联合国宪章》第 27 条第 3 款关于否决权的规定，英文约文与法文约文不同，英文约文所表述的是包括常任理事国同意票在内的 9 个理事国。按上述解释规则，在实践中采用了英文约文的规定。

第六节　条约的修正与修改

条约在适用过程中，为适应不断变化的国际情势，常常需要加以更改。根据公约规定，其包括两种情形：修正与修改。

条约的修正（amendment to treaty），指全体缔约方通过协议，对条约内容进行的更改。其主要是针对条约的部分条款进行更改，而条约本身继续有效。对多边条约的修正建议应通知全体缔约方。缔约各方有权参加修正条约的任何协定的谈判和程序。多边条约一般都明文规定修正的程序，如修正建议的提出时间、修正协定的通过方式等。经法定程序修正之后的条约，以修正后的文本作准。

条约的修改（modification to treaty），指若干缔约方经缔结协定对多边条约的更改。双边条约只能有修正，而不能有修改。修改多边条约，必须依据条约中的相应的规定，修改也不妨碍条约宗旨和目的的实现。修改完毕后，应将修改的内容通知其他缔约方。条约经修改，效力以修改后的文本作准，缔约方受修改后的文本的约束。

1969 年和 1986 年两公约对条约的修正和修改做了限制性规定：①必须是条约内有这种修正或修改的规定；②该项修正或修改不为条约所禁止；③该项修正或修改不影响

其他当事方的权利和义务；④该项修正或修改不影响有效实现条约的目的和宗旨；⑤应将修正或修改的内容通知其他当事国或国际组织。

第七节　条约的无效、终止和中止

一、条约的无效

条约的无效（invalidity of treaty），是指条约因不符合国际法所规定的条约成立的实质要件而自始无法律效力的情况。条约的无效主要情况有：缔约者没有缔约能力、因强迫、因违背国际法强行法、因错误、因诈欺、因贿赂等。可归纳为以下三大类。

（一）违反一般国际法强制规范（强行法）

维也纳两公约第 52 条规定，违反《联合国宪章》所体现的国际法原则，以武力威胁和使用武力而获缔结的条约无效。第 53 条规定，条约在缔结时与一般国际法强制规范抵触者无效。

（二）违反自由同意原则

依据当代国际法，条约的缔结是缔约各方自愿的不受任何强制和威胁的自由表达。如果缔约时一方对另一方进行诈欺、施加强迫，对谈判代表进行贿赂，则违反了缔约国自由同意原则，这种条约应属无效。

（1）诈欺（fraud），指缔约一方故意以虚假的陈述或事实欺骗另一方诱使其缔结条约的行为。1969 年和 1986 年维也纳两公约都在第 49 条规定，如果一缔约方因另一谈判方的诈欺行为而缔结条约，该缔约方得援引诈欺为理由撤销其承受条约拘束的同意。1889 年 5 月，意大利与埃塞俄比亚的所谓“友好条约”是诈欺的著名实例。

（2）贿赂（corruption），指一方直接或间接贿赂另一方谈判代表，使其同意与之缔约的行为。1969 年和 1986 年维也纳两公约都在第 50 条规定，如果一方同意承受条约拘束之表示系经另一谈判方直接或间接贿赂其代表而取得，该缔约方得援引贿赂为理由撤销其承受条约拘束之同意。清朝晚期，帝国主义列强通过欺骗、贿赂清朝大臣签订了许多丧权辱国的不平等条约。

（3）强迫（coercion），指一方使用强制手段迫使另一方订立条约的行为。可分为两种情况：①是对一方谈判代表实施的强迫，例如，1939 年捷克总统和外长在希特勒的强迫下签订了《德国保护波希米亚和摩拉维亚条约》。1969 年和 1986 年维也纳两公约都在第 51 条规定，一方同意承受条约拘束之表示以行为或威胁对其代表所施之强迫而取得者，应无法律效果。②是对国家或其他国际法主体的强迫。传统国际法认为，对一国实施强迫而缔结的条约具有法律效力。但随着传统国际法中战争权的被废除，这一规定已失去了存在的基础。1928 年《非战公约》和 1945 年《联合国宪章》都规定，禁

止以战争作为推行国家政策的工具和非法使用武力，所以，缔约时对国家实施强迫，该条约应归于无效。1969 年和 1986 年维也纳两公约都在第 52 条规定，条约违反联合国宪章所含国际法原则以威胁或使用武力而获缔结者无效。

（三）条约依据的基本事实的错误

错误（error），使缔约方承受条约拘束的同意归于无效的理由之一，主要是指条约的同意是依据错误的事实与情势而缔结的，当事国可以撤销其对条约的同意。在国际实践中，因错误而缔结的条约是罕见的，但也有例证：如 1772 年 8 月俄奥瓜分波兰的条约规定，波兰国界应以波德阿史河为界，嗣后发现根本无此小河存在，因此撤销了该条约。1969 年和 1986 年维也纳两公约都在第 48 条原则上同意缔约方可以错误为由撤销条约。但规定，援引错误作为条约无效的理由必须具备两个条件：①被援引的错误是缔约事方在缔结条约时假定存在的事实或情势；②此种事实或情势构成该缔约方同意的必要根据。但如果错误是缔约方自己的行为造成，或者当时情况足以使该缔约方知悉错误的可能性，则不能援引错误使条约无效。另外，只涉及条约约文措辞的错误，不影响该条约的效力。

二、条约的终止

条约的终止（termination of treaty），又称条约的失效（outlawry of treaty），是指条约由于某种事实或原因而失去效力。导致条约终止的情形可分为两类：一是因全体当事方共同同意而终止，二是因当事方单方意愿而终止。

引起条约终止的具体情形有：

（1）条约期限届满。有期限的条约，期限届满后，若没有提出延长，或者一方提出而对方不同意延长的，条约随即终止。

（2）条约执行完毕。条约事项执行完毕，缔约各方履行了各自的义务，条约即告终止。

（3）条约解除条件成立。有些条约明文规定了解除条件，一旦该条件成立，条约就失去效力。

（4）旧约为新约所代替。一般来说，新约的法律效力优于旧约的法律效力。依照维也纳两公约第 59 条的规定，任何条约于其全体当事方就同一事项缔结新条约时，旧约应视为业已终止。

（5）缔约各方协议终止。不论是双边条约或多边条约，也无论是无期限的条约或是有期限但尚未届满的条约，都可因缔约方一致同意而终止。

（6）条约执行不可能。条约缔结后，因出现当事方意志以外的事件使得条约执行成为不可能而失效。主要有以下几种情况：

1）双边条约当事一方丧失国际人格。但若该当事国由他国继承，一般来说非政治性条约并不终止，而由继承国继承后继续施行。

2）条约的标的物消灭，致使条约履行成为不可能，当事方可援引这一事实终止

条约。

3）由于战争使条约无法履行。一般来说，当事国间发生战争，双边条约除规范战争状态的条约外均终止。多边条约虽不终止，但却在交战国间停止生效。

（7）单方面废约。单方面废约（unilateral denunciation of treaty）是指缔约方单方面宣布废除其缔结的某一条约。这是一个复杂的问题，因为条约是缔约各方意思表示一致的结果，原则上，条约必须遵守，当事方不能单方面废约。但遇下列之任一情况时，单方面废约被认为是合法的：

1）废除不平等条约。因为不平等条约违反了平等自愿原则，属于掠夺性条约，是强加于他方的。受害国完全有权予以废除。如《中国人民政治协商会议共同纲领》宣布：废除帝国主义在华的一切不平等条约。

2）一方违约另一方废约。当事人一方不履行义务，他方可以免除之，这是古老的私法原则。这一原则在国际法上也同样适用。维也纳两公约第60条规定，双边条约当事方之一有重大违约情事时，他方有权援引违约为理由终止该条约。例如，苏、埃两国1971年签订了期限为15年的《和平友好条约》，由于苏联不执行其中许多条款，埃及便于1976年宣布废除该约。

3）援引情势变迁原则废约。情势变迁（rebus sic stantibus）是致使条约失效的重要原因。其含义是签订条约时有个假定，即签约时的情势不变，一旦情势发生根本性的变化，缔约方便可修改、退出或废除条约。这就是国际法上的情势变迁原则。这一原则源于16、17世纪民商法上的情势变迁原则。1966年法国以情势变迁为由单方面宣布退出《北大西洋公约》及其组织是以“情势变迁”单方面废约的实例。

关于情势变迁原则，长期以来国际法学界存在争议，有的持肯定态度，有的持否定态度；有的认为由此产生废约的权利，有的认为仅能作为废约的理由。多数学者认为作为废约的理由的观点应予支持。1969年和1986年维也纳两公约的承认对情势变迁原则采用了颇为谨慎和有条件承认的态度。对该原则的适用做了相当严格的限制。维也纳两公约第62条规定，条约缔结时存在之情形发生基本改变而非当事方所预料者，不能视为情势变迁；还规定，情势之基本改变必须是：①此等情况之存在构成当事方同意承受条约拘束之必要根据；②该项改变之影响将根本变动依条约尚待履行之义务。同条第2、3款对情势变迁的适用范围做了限制，如条约系确定一项边界，或者情况之基本改变系当事方违反条约义务之结果，则不能以情势变迁为由终止条约。

三、条约的中止

条约的中止（suspension of treaty），又称条约的停止施行（suspension of operation treaty），指由于某种原因使条约暂时不能施行，一旦停止原因消失，条约就恢复其效力。条约中止的原因与条约终止的原因基本相同。

第八节　中华人民共和国缔结条约程序法

条约在我国对外关系中起着重要的作用，中华人民共和国成立以来，已同外国缔结了数以千计的条约性文件，并参加了数以百计的国际公约。据不完全统计，2017 年中国对外缔结的国家间、政府间和政府部门间的双边条约、协定及其他具有条约、协定性质的文件约 267 项，2017 年中国参加的多边条约有 7 项。[①] 可以说，我国在缔结条约程序方面已积累了比较丰富的实践经验，形成了许多具有自己特色的行之有效的习惯做法。但是，我国关于缔结条约的法律却很不完善，长期以来一直没有制定专门的法律，而是一直依据 1954 年全国人大常委会《关于同外国缔结条约的批准手续的决定》和 1958 年《国务院关于同外国缔结条约程序的规定》（1962 年修订）办理。而该决定和规定均于 1987 年失效。为适应我国实行对外开放政策的需要，保证国家正确实行缔约权，我国于 1990 年 12 月 28 日颁布施行了《中华人民共和国缔结条约程序法》，它是我国第一部关于缔结条约程序的法律，是我国在缔结条约方面理论和实践经验的总结和高度概括。它既合乎国际条约法和国际习惯法，又符合我国宪法之精神，体现了我国在缔结条约程序方面的原则立场。

《缔结条约程序法》共 21 条，内容包括适用范围、缔约的代表权、缔约的名义、谈判代表的委派、条约草案的拟定和审定、条约的签署、批准、核准、接受、保存、登记、公布、生效、文字等。从《缔结条约程序法》的内容看，一方面，它与 1969 年、1986 年维也纳两公约的规定相吻合，吸收了两个公约中的许多内容，反映了条约法方面的国际法规则；另一方面，它结合我国实际，把我国行之有效的习惯做法以法律形式固定下来，体现了中国特色。

《缔结条约程序法》的主要内容有：

（1）适用范围。第二条规定，本法适用于我国与外国缔结的双边和多边条约、协定和其他具有条约、协定性质的文件。第十八条规定，我国与国际组织缔结的条约和协定的程序，也依照本法及国际组织章程的规定办理。

（2）缔约的代表权。第三条规定：全国人大常委会决定同外国缔结条约和重要协定的批准和废除；国家主席根据全国人大常委会的决定批准和废除同外国缔结的条约和重要协定；国务院管理对外事务，同外国缔结条约和协定；外交部在国务院领导下管理同外国缔结条约和协定的具体事务。

（3）缔结条约的名义。第四条规定，我国可以用中华人民共和国、中华人民共和国政府和政府部门的名义与外国缔结条约、协定。

（4）条约草案的拟定和审定。第五条规定，以国家、政府和政府部门名义缔结的条约的约文，由外交部或在外交部协助下由主管部门拟定，国务院审定。

---

① 参见中国对外缔结条约概况，见中华人民共和国外交部网站：http://www.fmprc.gov.cn/web/ziliao_674904/tytj_674911/tyfg_674913/t1549798.shtml。

（5）谈判代表的委派和全权证书的签署。第六条规定，以国家或政府名义缔约，由外交部或主管部门报请国务院委派代表；以政府部门名义缔约，由部门首长委派代表。谈判代表的全权证书由国务院总理签署，也可由外交部部长签署。该条规定国务院总理和外交部部长等无须出具全权证书，这一规定与《维也纳条约法公约》第7条相似。

（6）条约的批准和核准。该法对条约的批准与核准做了区分。条约和重要协定适用批准程序，第七条规定，这类条约有：①友好合作、和平条约等政治性条约；②有关领土和划定边界的条约、协定；③有关司法协助、引渡的条约、协定；④同我国法律有不同规定的条约、协定；⑤其他须经批准的条约、协定。第八条规定，除上述须经批准的条约和重要协定以外的协定以及具有条约性质的文件适用国务院核准的程序。批准和核准的方式采用明示的批准书或核准书。

（7）条约的加入。第十一条规定，加入条约分别由全国人大常委会和国务院决定。对第七条所列的条约和重要协定，由外交部单独或与有关部门审查后报请国务院，再由国务院提请全国人大常委会做出加入决定。对第七条以外的条约、协定，由外交部单独或与有关部门审查后，报请国务院做出加入决定。加入的方式以明示的加入书为之。

（8）条约的接受。第十二条规定，接受多边条约和协定由国务院决定，接受的方式以明示的接受书为之。

（9）条约的保存。第十四条规定，以国家和政府名义缔结的条约由外交部保存，以政府部门名义缔结的条约由该部门保存。

（10）条约的登记。该法规定了条约的国内登记及备案与国际登记两种方式。第九条规定，无须全国人大常委会决定批准或国务院核准的协定签署后，除以政府部门名义缔结的协定由本部门送外交部登记外，其他协定由有关部门报国务院备案。第十七条规定，中国缔结的条约和协定由外交部按照联合国宪章的规定向联合国秘书处登记。需要向其他国际组织登记的，由外交部或其他部门按各该国际组织章程的规定办理。

（11）条约的公布和汇编。第十五条规定，条约和重要协定由全国人大常委会公报公布，其他条约、协定的公布办法由国务院规定。第十六条规定，我国缔结的条约和协定由外交部编入《中华人民共和国条约集》。

（12）条约的文字。第十三条规定，双边条约用双方文字写成，两种文本同等作准。必要时，也可使用缔约双方同意的第三国文字。此外，我国与外国或国际组织缔结的双方条约，经缔约双方同意或依国际组织章程的规定，也可只使用国际上较通用的一种文字。

（13）条约生效的方式。第十条规定，双边条约于缔约双方完成各自法律程序并以外交照会方式相互通知后生效。此外，该法规定，条约的修改、废除或退出的程序，比照条约的缔结程序办理。

第十三章　国际组织法

第一节　国际组织简况

国际组织在英文中时称 international organization，时称 international institution。一般意义上理解是相近的，但若究其详，两者也有差异。一般来看，organization 指组织，即许多分子结合按一定目的和系统组织起来的团体，体现独立地位更明显些；而 institution 则侧重组织内部或外部机构。从整个国际组织的角度来讲，应当包含国际机构在内。

一、国际组织的概念

国际组织的概念有广义和狭义之分。从广义上看，可包含各种跨国组织[①]，指两个以上的国家、政府、民间团体、个人为特定目标，按照共同协议，以一定形式设立的团体。其包括国家或政府之间的，也包括各国间民间团体、以个人为成员的机构，如国际红十字会、绿色和平组织、国际奥林匹克委员会等。

而从狭义上看，仅包括国际组织法所调整的，国家（政府）间的国际组织。在“二战”前后国际组织的主体还被限于国家（或政府）。随着国际法主体的发展，国际组织主体略有扩大。故而，国际组织法中国际组织是指若干国家或类似国家的政府实体为实现特定目的和任务，根据共同同意的国际条约而建立的常设性机构。

从此概念中可归纳出国际组织的以下几个特征。

（一）国际组织是国家之间的组织

（1）国家之间，强调国家“national”，即国际组织的主体主要是国家。目前绝大多数国际组织都是以国家或其政府为参与者，这是最基本的。但随着国际法主体的扩大，有些国际组织允许某些非独立国家或政治实体参加为准成员。如联合国的观察员，又如世界卫生组织接受纳米比亚为准成员国。当然准成员国的权利相对成员国权利会有些限

① 余先予主编的《国际法律大辞典》（湖南出版社 1995 年版）中定义为：跨越国界的多国组织机构或常设联合体。

制，不如正式成员那么完整。

（2）国家之间，强调之间“inter”，即是国家之间的，而不是国家之上的组织，不是超国家组织。拉丁文 inter 也是“中间”之意。因而，国际组织不能凌驾于国家之上，不能违反国家主权原则，干涉本质上属于任何国家国内管辖的事项。国际组织的权力是由成员国授权的。于是，国家为了使国际组织实现其宗旨，需要在一定范围内约束国家本身的行动，而赋予国际组织若干职权。当然国际组织并不要求其成员国放弃反映主权属性的基本权利。

正因为国际组织是国家之间的，国家是有主权的，是平等的，因而在国际组织内各会员国不论大小强弱，社会、政治经济制度如何，其地位一律平等，不能有任何歧视。因而在国际组织内基本原则是所有成员国主权平等。

（3）国家之间，强调间，即国家间成立的，是成员国的结合体。国际组织不是国家本身，也不是国家联合。

（二）国际组织是为了特定的目的和任务而设立

即有明显的目的性。该目的性确定了国际组织的权能，并因其权能差异而形成各种不同的国际组织类型。也因其目的性是由各种成员国授权，各种国际组织享有范围不同、程度不同的权利。例如，联合国为维持和平与安全可以采取强制措施，而国际卫生组织就无权这样做。

（三）国际组织依据成员国共同同意的国际条约而建立

首先，该条约是共同同意的。即加入组织是出于各国真正自愿的同意，不能强加于人，强迫吸收加入。其次，该条约是建立该组织的依据。尽管条约名称各有不同，但其性质是确定不变的，是国际组织的基本法，其确定了国际组织的宗旨和原则，国际组织的主要机构职权，活动程序及成员国的权利和义务。最后，该条约是该国际组织活动的范围。国际组织只能依据这些条约或协议所规定的职权范围进行活动，不能超越条约的规定，任何超越职权范围的活动都是非法的。另外，该条约是该组织的基本文件，即使像联合国这样的普遍性国际组织的宪章，仍是一种国际间的多边条约，不是世界宪法，其效力原则上只及于成员国，非经非成员国同意原则上不能为第三国创设权利和义务。

（四）国际组织是常设性机构

即国际组织具有处理日常事务的常设性机构。这是区别于国际会议的特征。

国际会议（international conference）是两个以上国家为讨论并解决某项国际问题而举行的临时性集会。其不同于国际组织，其可连续或定期或不定期开会，没有常设机构，一般也没有固定的会址和会期；而国际组织有自己的固定工作地点，例如联合国总部，还有一套常设办事机构人员，有固定会址、会期，还有向国际组织派遣的常驻代表。

二、国际组织的发展

国际交往是国际组织得以形成和发展的先决条件。国际组织也有其发展进化过程。从古代直到19世纪中叶，国际上还没有现代意义上的国际组织。我们将国际组织的发展过程分为几个主要阶段。

（一）萌芽时期

主要停留在社会学、法学家的倡导及理论上，主要人物及观点有：庇埃尔·杜布（Pierre Dubois，1250—1322）、但丁（Dante Alighieri，1265—1321）、威廉·彭（William Penn，1644—1718）、卢梭（J. J. Rousseau，1712—1778）、康德（Immanuel Kant，1724—1804）、真提利斯（Albericus Gentilis，1552—1608）等。他们的思想的总趋向是“促进这个分裂中的各国自愿合作与联系”，尽管受时代条件的局限，未能在当时付诸实现，但对后来国际组织的形成与发展，影响重大。

（二）政府间国际会议

政府间会议是国家间进行交往和接触的高一级形式。

国际间的交往初期都是双边的，通过外交代表和常驻使馆进行。随着国际政治、经济关系的发展，国家的交往加深，出现了一些涉及多个国家的问题，仅靠双边关系已解决不了。于是召开多边国际会议解决国际问题的方法便被采用，尤其在经历了多国卷入的战争后，更需由相关各国召开和会，进行谈判协商，以解决战争遗留的问题，17世纪，结束欧洲30年战争的威斯特伐里亚会议开创了召开大型国际会议解决国际问题的先例。到19世纪，尤其1815年拿破仑战争后的维也纳会议之后，国际会议日益频繁，其范围也不断扩大，以国际会议处理国际问题已成为各国社会生活中一种正常制度，至今仍是国际交往的主要方式之一。19世纪被称为“国际会议的世纪”。

（三）国际组织的前奏——欧洲协调

欧洲协调（Concert of Europe）是国际组织发展史上的一个重要时期。欧洲协调被视为一种国际会议的模式，是指定期的、多边的、高阶层的政府会议制度。

这一时期从1814年至1914年持续100年，其开源于1814年10月1日至1815年6月9日的维也纳会议。该会议是世界近代史上规模空前的国际会议，除奥斯曼帝国外所有欧洲国家都到会，多达53个国家和邦，包括俄、普、丹、奥等六国皇帝或君主及英、法的代表。会议主角是俄、英、奥、普四国，会后建立的国际秩序被史学家称为“梅特涅体系”[①]，并直接导致四国同盟条约签订和神圣同盟的建立。

欧洲协调是一种准制度化的体系，对国际组织的形成与发展起了不少作用。其与以

① 奥地利首相梅特涅在维也纳会议上，提出的反对民族民主运动，力图维持现状，恢复欧洲均势局面。

往国际会议相比的特点有：

（1）会议频繁。继维也纳会议后，于1818年9月召开了“欧洲协调”的第一次定期会议——亚琛会议，1820年10月第二次定期会议——特洛波会议，1822年10月第三次也是最后一次定期会议——维罗纳会议。之后，欧洲协调中止。到19世纪中又重启，间歇性会议有30多次，还召开了1856年的巴黎会议，1871年、1912年的两次伦敦会议，1878年、1884年的两次柏林会议，1906年的阿尔赫西拉斯会议等大型国际会议。

（2）内容广泛。与以往会议限于和会不同，欧洲协调内容涉及政治、经济、宗教、贩奴、少数民族等方面，以维持和平、确保均势为主。

（3）多边交往。历史上外交主要是双边接触，而欧洲协调使多边外交成为稳定的体制，并在多边外交会议的议事规则等活动程序上有所发展，使国际会议形式趋于完善，有助于国际组织的发展。

（4）确立大国地位。“欧洲协调”的特点之一是大国地位特殊，维也纳会议虽有53个国邦参加，但核心只有英、奥、普、俄四国，其后历次定期会议参加者主要是五强：英、法、奥、普、俄。欧洲协调以大国为主体，大国为欧洲事务主管的模式，确定了大国的含义和范畴，为现今的大国理事会制度提供雏形和渊源。

欧洲协调也存在明显的问题，除了缺乏法治精神、协调不同调等政治方面缺乏外，从国际组织角度看，问题主要有：

（1）没有稳定机构，每次召开会议都需一国或几国发起，常在召开必要性方面、在会议程序方面引起争议，影响问题的尽快解决。

（2）与会者无自主权。参加会议者均系受邀请参加，没有参加会议的主动性，有些争端当事国常常因未被邀请而不能参加解决自己问题的会议，不利于从根本上解决争端。

（3）表决规则单一。会议采取严格的全体一致的表决规则，致使在解决国际政治问题和制定法律文件时往往难以通过，而不利于解决问题。

对于“欧洲协调”的评价，我国台湾地区学者朱建民在《国际组织新论》中指出：“与18世纪处理国际事务漫无章法的情形相比，欧洲协调不能不说是一大进步，它虽未确定方式规则，亦未发展常设机关，作为和平协商的持续工具，不足与第一次世界大战后的制度相比拟，然而与集体谈判俱来的技巧、环绕大国协商的气氛，假以时日加以改进，却不失为任何普遍性国际组织有效运行的要素。尤其重要的，欧洲协调制度为现代国际组织的‘执行’机关，奠定了基础——以大国为核心而组成的理事会：国联的行政院，联合国的安理会，其最初构想均渊源于此。”

（四）国际组织的初期——国际行政联盟

国际行政联盟（International Administrative Unions）并非某一国际组织的名称，而是19世纪国际组织发展的一种主流，是国际组织发展的一种阶段，也是一种较稳定的组织形式。

19世纪欧洲受工业革命的影响，致使各国间对外贸易的发展，海运、铁路交通、

通信联系也大有发展。科技与社会经济的发展，强化了国际合作的要求和机会。到19世纪中期，已出现了一系列调整交通、电信关系的多边协定，进而出现了处理纯属行政技术事务及国际协作事宜的国际机构。这种组织职能不涉及政治问题，故称“国际行政联盟”。

这类组织包括：国际河川委员会（含莱茵河委员会、多瑙河委员会），国际电报联盟（1865）、邮政总联盟（1875）、国际度量衡组织（1875）、国际保护工业产权联盟（1883）、国际保护文化艺术作品联盟（1886）、国际铁路货运联盟（1890）、常设仲裁法院（1899）等。

国际行政联盟为常设国际组织的发展奠定了基础，使用国际组织的历史进入了一个新阶段。其对国际组织形成与发展贡献有三：

（1）使行政活动在客观上突破国家边界。

（2）开创了国际组织三重结构的范例（大会、执行机关、秘书处）。

（3）改进国际议事各种程序规则。

（五）现代国际组织的发展

20世纪，帝国主义国家间矛盾激化，应协调这种形势的需要，国际组织爆炸性增长，现代国际组织制度建立。至2005年国际组织总数已达57946个，有人称20世纪为“国际组织的世纪”。其中尤为重要的是“国际联盟”与“联合国”以及相继建立的一大批普遍性、专门性国际组织。这些组织大多数与联合国发生联系，从而构成了“联合国体系”（United Nations Family）及联合国体制下的组织系统。

现代国际组织特点有：①地位交往更加重要；②体制更加严密，③作用日益加强；④网络日渐扩展。

我国自对外开放以来，与国际组织的关系有了新的发展。随着中国经济实力的增强，对外交往的扩大，中国和国际组织的关系必将有一个更大的发展。

进入20世纪90年代之后，中国参加的国际组织已超过600个，其中政府间的组织124个。[①]

三、国际组织的分类

（一）概述

据《国际组织年鉴》统计，至2018年，世界上有66000个国际组织，其名目繁多，可从不同角度加以分类，常见的分类有：

（1）按照国际组织构成分为政府间或称国家间的和非政府间的（或称民间的），这种分类涉及国际组织可否受国际组织法调整。

① 参见饶戈平《国际组织法》，北京大学出版社1996年版，附录十四。

有的学者又将国家间的和政府间的分开。[①] 在实践中，“国家间组织”（organization of states）和“政府间组织”（inter-governmental organization）两种形式很难严格区分，在许多基本文件中两个概念交互使用，故习惯上均称“政府间组织”。政府间组织在国际法上占重要地位，属国际组织法调整的对象，构成国际法主体。

非政府间组织（non-governmental organization），即国际民间组织（private organization），如国际法协会、国际红十字会、国际奥林匹克委员会等在国际关系中虽也各有其作用和地位，也对政府间的交往有一定的推动作用，但毕竟处于相对次要地位，不是国际法研究的对象，不包括在国际法的国际组织概念之中。此类组织居多，根据 UIA2004/2005 版《国际组织年鉴》的数据，全部国际组织有 57964 个，非政府组织有 50658 个，占比为 87.3%。

（2）按照基本性质来分，可分为一般性的和专门性的两大类。

一般性的（general），具有较广泛的职能，是以政治、经济等社会活动为主的组织，如联合国、非洲统一组织等。一般性的国际组织又常分为两大类：①政治性组织，即国际政治组织，主要包括那些具有集体安全、维持和平、和平解决争端和同盟职能的国际组织，如联合国、东盟等；②经济性组织，即国际经济组织，指两个以上国家为实现共同的经济目标，通过一定的协议建立的具有经济职能的常设组织，如国际货币基金组织、西非国家经济共同体。

专门性的（special），指仅具有较专门的职能，以某种专业技术活动为主的组织，如国际海事组织、世界气象组织等。

（3）按照地域特点可分为世界性的（worldwide）［又称普遍性的（universal）］和区域性的两大类：前者指不分地理位置，对一切国家开放，各国均可加入成为其成员的国际组织，如联合国、世界卫生组织等；后者则是某一地区国家参加且其职权也以该地区为限的国际组织，如阿拉伯国家联盟、美洲国家间组织等。

此外，按其是否向他国开放可分为开放式和封闭式。开放式组织除了创始成员国外还接纳新成员国，如联合国等多数国际组织；封闭式组织则在创建后不再接纳新成员，如荷比卢经济联盟、北欧理事会等。从持续性来看可分为常设的和临时的。从与联合国的关系来看可分为与联合国有关的和与联合国无关的。从对人类进步的作用来看可分为进步的和反动的。以上分类中前三种最普遍适用，并且相互交叉分类。

（二）专门性国际组织

专门性国际组织（specialized international organization），又称职能性国际组织（functional international organization），指从事某一专门领域的行政或技术性的单一功能的国际组织。它是科技进步和各国将行政或技术事务进行国际协调的结果，其业务范围遍及各个领域，是当代国际组织的重要部分。联合国成立后，许多重要的专门性国际组织纳入了联合国体系，而成为联合国的专门机构。

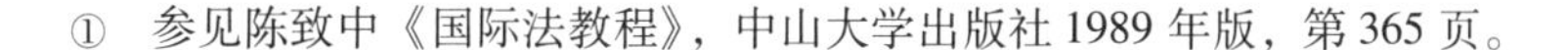

① 参见陈致中《国际法教程》，中山大学出版社 1989 年版，第 365 页。

（三）区域性国际组织

区域性国际组织（regional international organization），是指处于相同或相邻地区的国家，为其共同利益和发展，为维护本地区的和平与安全，根据区域协定建立的常设性机构。

区域性国际组织的特征为：①成员主要是特定地区内的国家，他们在历史、文化、语言或信仰等方面有一定联系，在现实社会中具有共同关心的利益或对本地区维持和平的共同需求。②区域性国际组织的活动及权限范围限于确定的区域。③具有成员国共同同意的载有该组织宗旨、原则和职权范围的协定及组织章程。④具有根据组织章程建立的组织体系和常设机构。

区域性国际组织的出现早于普遍性国际组织。如美洲国家组织可追溯至1823年。联合国成立后，把区域性国际组织纳入联合国维持国际和平与安全的体制。

但是，区域性国际组织并不是联合国的组成部分，其有独立的法律地位。它是在执行一部分维持国际和平与安全的任务时同联合国安理会发生联系。《联合国宪章》为区域性组织规定的任务主要有两点：①在把区域性争端提交安理会之前，应争取采用该区域组织办法和平解决争端；②在安理会授权情况下采取强制措施。

当今，区域性国际组织主要有：美洲国家组织、阿拉伯联盟、非洲同盟、东南亚国家联盟和欧洲共同体（欧洲联盟）等。

第二节　国际组织法概论

一、国际组织法概念

国际组织法（law of international organization）是用以调整政府间的国际组织内部及对外关系的法律规范的总和。具体来说是有关国际组织的结构、国际组织活动规则及国际组织在国际关系中的地位、权利与义务等方面的法律规范。

目前，国际社会还没有对有关国际组织的法律进行正式的编纂，也无专门的国际组织法公约，其规则尚散见于各种国际文献中。

作为国际法的一部分或称分支，国际组织的法律关系与国际法律关系应是一致的。如国际组织法的主体与国际法主体基本统一，法律关系的内容均是在国际交往中的权利和义务，应大体一致。于是国际组织法应当同国际法相吻合。

当然国际组织法也有其自身的规范和特点。与一般调整国家之间的关系的国际法不同，国际组织法除了调整对外关系外，还要调整国际组织的内部关系。而调整内部关系的规范也属于国际法，这一点有别于一般国际法。因为国内关系是由国内法调整，不属于国际法范畴。国际组织规则分为对外、对内两大部分。对外规则主要确定国际组织在国际法律关系中的地位，国际关系中的权利和义务等。即调整国际组织与其他国际法主

体的关系，包括与该组织成员国、非成员国，与其他国际组织及东道国等的各种关系。对内规则是调整国际组织内部，诸如程序、规则、制度等法律关系的准则。

二、国际组织法的渊源

国际组织法的渊源是指作为对国际组织有效的法律规范的出处及所依据的形式。其是国际法渊源的分支之一。作为分支，其与国际法的渊源应是基本一致的，但国际组织法与其他国际法传统部门相比，也有其特有之处。比如其最主要渊源是国际条约，因为国际组织的法律人格是靠各国协议授权的，无此协议便无国际组织，而协议为规范形式就是国际条约。此外，国际组织的决议、国际法院的咨询意见在国际组织法中有特殊意义和较大影响。另外，专门针对国际组织的国内法也可成为国际组织法的渊源，这一点与传统国际法部门有所区别。

由于国际组织法尚无专门编纂的规定，其渊源也无国际公约、国际文献的规定，从国际实践看，国际组织法渊源应包括：①条约；②习惯；③国际司法组织的判例；④国际法院的咨询意见；⑤国内法；⑥国际组织的决议。

（一）国际条约

条约是国际组织法的主要渊源。该大多数国际组织规则都源于有关国际组织的条约，其表现形式也为条约。从条约内容及作用看，有关国际组织的条约可分为两大类，即创设性条约与交往性条约。

创设性条约，即创立国际组织的基本文件，具有内部规程的性质。国际组织之建立是依据各国共同同意签订的组织章程。如宪章、规约、组织章程、盟约等明确规定了有关该组织的宗旨原则、权利结构、活动程序、成员国的权利和义务，由于这些条约是为特定的组织而签订，其法律效力仅适用于当事国，并非普遍适用。其渊源作用类似于契约性条约，需借用国际习惯，即为各国普遍接受后成为国际组织法渊源。但建立普遍性国际组织的条约中往往规定有国际社会需共同遵守的一般性规则，这种组织数量或加入国越多，接受这种规则的国家就越普遍，从而使某些重要规则产生一般国际法效力。例如，《联合国宪章》不仅确定了会员国及整个组织的规则，还规定在维持和平与安全范围内，应保证非会员国遵行宪章原则。

交往性条约，即具有一般条约的性质，指国际组织为便于参加国际法律关系而签订的用于指导国际组织间或与其他国际法主体间进行交往的条约。从渊源角度看，多数关于国际组织法律地位、权利能力、行为规范等规则均出于此。如《联合国特别使团公约》（1969）、《联合国特权与豁免公约》（1969）、《关于防止和惩处侵害应受国际保护人员包括外交代表的罪行的公约》（1973）、《国家与国际组织间或国际组织间缔结条约的公约》（1986）等。

（二）国际习惯

依照传统国际法，通过国家的交往，逐步导致国家之间对这种经常的、重复的、统

一的实践的一致同意或承认，从而形成国际习惯。国际习惯的形成在现代国际法中不要求经过长时期的实践，由于科技、经济、政治关系迅速变化，国际法关于国际习惯经过长期实践才能形成的传统逐渐失去重要性。因为国际组织法相对而言是较新的部门，不能过分要求长期实践，当然也必须由国家在一定时期内的经常的、重复的、统一的实践来建立。国际条约除了主要靠条约规范外，习惯也起着重要作用。在缔结有关国际组织条约之前，往往是存在有关组织的国际习惯的，条约中所包括的习惯规则对所有参加或未参加该条约的国家都具有法律拘束力。如“隐含权力”“联合国维持和平行动”，又如联合国对其工作人员得行使外交保护权、联合国大会有权设立行政法院等均未规定于条约之中。

习惯不同于条约，它是不成文的，要具体确定习惯包括哪些内容是困难的，没有一部国际法著作或文件能一一列举出来。为查证国际习惯法就必须找到根据（证据）。在现代国际实践中，国际习惯的形成方式主要体现为：①国家及其他国际法主体的外交关系，表现于条约、宣言、声明等外交文书中；②国际组织的实践主要表现于判决、决议、咨询意见；③国家内部行为表现于国内法、行政命令、判决中。[①] 这三种情况所表现的种种资料构成国际法的证据。可见国际组织对国际习惯形成有重要作用，其对调整自身的习惯形成也起着重要作用。

（三）国际司法组织的判例

国际判例在国际法渊源方面有一定影响，其对国际组织法渊源具有重要作用。在联合国国际法院的案件（至2018年共做出判决127件，发表过咨询意见27件）中有许多涉及国际组织问题，在国际组织法中有重要影响。

（四）国际法院的咨询意见

法院的咨询意见不同于法院的判决，一般说来是没有拘束力的，它的目的只是协助联合国更好地解决法律问题，故不能成为一般国际法渊源。尽管如此，它们仍具有权威性，甚至有时会产生拘束力。如有的有关国际组织的条约载明法院的咨询意见具有法律拘束力：1946年《联合国特权与豁免公约》、1947年联合国和美国《联合国总部协定》、1951年国际民航组织和加拿大的《国际民航组织总部协定》、1958年联合国与埃塞俄比亚《联合国非洲经济委员会总部协定》，以及《国际劳工组织章程》（第37条2款）、《国际劳工组织行政法庭规约》（第12条）、《联合国行政法庭规约》（第11条）。这些条约及条款的内容实质是对国际组织不能在国际法院提起诉讼的一种补偿。在此情况下，咨询意见俨然是一种判决。即使自身无拘束力，在经过大会或安理会的决议加以确认，或者在实践中被接受也会对会员国产生约束，尤其是安理会决议是要求会员国执行的。

① 参见王铁崖《国际法》，法律出版社1981年版，第30页。

（五）国际组织的决议

国际组织的决议指国际组织主要机构根据组织章程做出的处理其职权范围内的事务的决定及建议等。

由于国际组织包含对内对外两方面的功能，从而使得国际组织的决议均可成为国际组织法的渊源。国际组织的决议名称繁多，可采用决定、命令、建议、宣言、规则等多种形式，其法律效力也有所差别，但对国际组织均产生直接的影响，大多构成国际组织法渊源。

从法律拘束力看国际组织的决议可分为三类。①

1. 有拘束力的决议

国际组织的内部规则，是使国际组织能够运转和工作的规则。如根据组织章程设立辅助机构，规定其任务；选举组织机构的成员；接纳、停止或开除成员；制定预算和财政规则；制定调整组织内部关系的私法和行政法等。国际组织做出的决议一般属于内部规则，对组织本身、下属机构和组织成员有拘束力。

国际组织的章程定明了拘束力。有些国际组织的章程规定，其可以在某些方面对成员做出有拘束力的决议。这类决议的名称有决定、命令等，例如，联合国安理会和美洲国家组织可以做出有关维持和平的有拘束力的决定。欧洲共同体可以制定一般适用的规则，完全和直接适用于全体成员国。

2. 有限拘束力的决议

有些国际组织可以做出对成员国有拘束力的决议，但这些决议的拘束力受一定条件的限制。例如，有关世界卫生组织大会通过的规章的通知转送各会员后，规章即生效，但在通知规定的期限内提出保留或拒绝接受的会员不受拘束。国际民航组织中理事会可以以 2/3 多数的决议通过有关国际航空的“国际标准”规章，经过 3 个月或更长时间，开始对成员国生效，如果过半数成员表示不能接受，则对成员国无拘束力。

3. 无拘束力的决议

国际组织所做的“建议”，一般是没有法律拘束力的，国际组织的建议多数是对成员国做出的，有时也对组织的其他机构或其他国际组织做出，旨在希望改变一种存在的情况。在实践中，当被建议者正式接受建议，接受建议的行为就为其创设了法律义务。有些国际组织规定，建议一旦被正式接受就有法律拘束力。

国际组织有时做出“宣言”，宣言一般无法律拘束力。有些宣言是将习惯国际法予以编纂，或者具体解释已有的法律义务，或者提出一些新法律原则以填补法律的空白，这些决议往往在实践中被承认有法律的效力。

（六）国内法

以国内法作为渊源，这一点不同于一般国际法，由于国际组织无领土居民，许多关系涉及各个方面，尤其在与东道国的关系方面，使得一些国内法的规定，具有了国际组

---

① 参见王献枢《国际法》，中国政法大学出版社 1994 年版，第 386 ～ 387 页。

织法渊源的性质。

三、国际组织的成员

国际组织的主体有时为国家，有时为地区，他们在国际组织中处于不同的地位，反映出了国际组织成员的不同身份，这种身份也决定了其在组织中的权利和义务。

（一）国际组织成员身份

根据在国际组织中的地位和权利、义务的承担情况，国际组织成员的身份可分为几种类型：

（1）完全成员（perfect member），也称正式成员，指正式加入某国际组织并在该组织中享有全部权利，承担全部义务的成员。此为国际组织最主要的部分。在国际组织内部关系中各完全成员地位相同，一律主权平等，但根据成员国的实际情况，以及该组织章程的规定，各成员可能在权利和义务方面有所差异，如承担不同的财政义务，或者有的国际经济组织中成员投票权有所不同。

（2）部分成员（partial member），指参加某国际组织的部分机关工作的成员。它们对整个国际组织来说是非成员，对该组织某机关来说是正式成员。例如，阿拉伯国家联盟规定，非联盟成员国的阿拉伯国家可参加该组织的特别委员会。瑞士不是联合国的会员国，却是国际法院规约的当事国，它也可以参加联合国的其他机构，如联合国儿童基金会以及联合国贸易和发展会议。

（3）联系成员（associated member），或者称准成员，指国际组织中只享有有限的权利、承担有限的义务的特殊形式的成员。一般来说，联系成员享有出席会议和参加讨论的权利，但没有表决权和选举与被选举权，不能在主要机关任职。它们可以接受国际组织提供的服务、便利和利益，并承担一定的财政义务。一些不符合正式成员条件的国家以及对某组织的活动不感兴趣，又愿意在一定程度上参与该组织事务的国家，可根据该组织的章程成为该组织的联系成员。有些国际组织允许非主权实体成为该组织的联系成员，目前这些成员主要是非自治领土。

（4）附属成员（dependent member），这种成员资格被赋予对该组织及其活动有特殊兴趣的政府间团体或非政府间团体。附属成员委员会是他们的集体代表。他们也有权单独地参加组织的活动，有义务缴纳一定的会费，世界旅游组织有此类成员。

（5）观察员（observer），指国际组织中被邀请或接纳参加的非正式成员。有些国家与某个国际组织有密切的联系，但不是该组织的成员国，该组织通常给予该国观察员的地位。如前南斯拉夫和芬兰同为经济合作和发展组织的观察员。罗马教廷、摩纳哥等都是联合国的观察员。1974 年，联合国大会邀请巴勒斯坦解放组织以观察员身份参加联合国大会活动。国际组织之间也经常互派观察员。观察员有权参加该组织的会议，有权取得该组织的正式文件和它们所参加会议的全部文件，有权散发文件，有时可以提出正式的提议，除了与其自身有直接利害关系的问题并得到有关组织的认可外，一般没有发言权，也没有表决权。

（二）国际组织成员资格的取得和丧失[①]

1. 国际组织成员资格的取得

根据成员资格的取得方式，国际组织的成员可以分为创始成员和接纳成员。创始成员（original members）是创立国际组织的参加者。创始成员资格的取得一般是通过出席创建国际组织的会议，并在组织章程生效前签署、批准组织章程。接纳成员（elective members）是国际组织成立后接纳的成员，也就是加入已成立的国际组织的成员。接纳成员一般须通过申请、接纳的程序成为组织的成员，由国际组织的权力机关或由权力机关和执行机关共同做出接纳成员的决定。至于接纳新成员的范围和条件，各个国际组织的章程不尽相同：有的规定所有国家都可以成为其成员，主要包括普遍性国际组织。例如，联合国规定只要是“爱好和平的国家并愿意履行宪章所规定的义务”，所有国家均可加入联合国；有的规定向某些特定国家开放，主要指区域性国际组织。例如，欧洲经济共同体只对所有欧洲国家开放。

2. 国际组织成员资格的丧失

国际组织成员资格可因一成员的退出和被开除而丧失，也可由于某种特殊原因而自动丧失。

（1）退出。多数国际组织的章程中都允许成员国自愿退出。退出国际组织一般附有一定条件，如时间、财政方面的限制：例如，规定在组织创建一定期限后才允许退出，或者要求成员国提前通知，或者规定财政义务履行完毕退出方能生效。实践中，组织章程中未规定成员国自愿退出的组织，一般不接受或承认成员国单方面所做的退出决定。

（2）开除。开除是对成员不履行其义务或不遵守该组织规章的一种制裁手段。阿拉伯国家联盟规定：“联盟理事会得考虑以全体成员国一致通过的决议，使不履行公约义务的任何国家离开联盟。”有些国际组织将开除本组织的成员与其他组织开除成员联系起来，例如，联合国教科文组织和国际海事组织开除那些被联合国开除的成员。

在组织章程没有开除成员的规定时，国际组织也可以采取其他方法将成员排除在外，例如，1962 年美洲国家组织通过的决议认为，古巴政府以自己的行为将自己排除于美洲体系，从而将古巴从美洲国家组织除名。

（3）主体资格丧失。国际组织的成员资格可因成员不再具有主体资格而终止。例如，捷克斯洛伐克自 1993 年 1 月 1 日起分立为两个国家，原捷克斯洛伐克在联合国的成员资格终止。

（4）国际组织解散。组织解散导致该组织的成员资格全部丧失。即使一个新国际组织继承了原组织的全部责任，前组织的成员也不能自动成为新组织的成员。

---

① 参见王献枢《国际法》，中国政法大学出版社 1994 年版，第 379 页。

（三）国际组织成员的权利和义务[①]

1. 国际组织的成员在国际组织中一般具有的权利

（1）代表权。代表权是取得组织成员资格所产生的必然后果。一个国家一旦取得国际组织的成员资格就有权派遣代表出席组织的会议，参加组织的活动，并有权被选举为组织各机关的成员。一个成员只能有一个代表权。有时国际组织中的一个成员出现两个自称该成员的代表，由谁来代表的问题一般由国际组织依各自章程规定的程序予以解决。

（2）发言权和表决权。国际组织的成员有权在组织会议上发言，表示本国的意见和态度。国际组织的成员也有权参与决策过程，对组织权限范围内的各种问题以提案的形式提出意见和建议，然后通过对提案的表决参与制定政策。国际组织一般是建立在主权平等的基础上的，只要是主权国家，不论大小强弱、人口多寡，在国际组织中的地位平等，各成员国有相同的表决权，即一国一票，并且每一票的效力相同。

在一些国际组织中，虽然每个国家都有相同的投票权，但其投票权的效力不同，有些国家享有否决权。例如，在石油输出国组织中，接纳新成员必须得到3/4多数的支持，其中包括全体创始成员国的赞成，若创始成员国之一不同意，就能否决多数成员的决定。联合国安理会对其讨论的非程序问题，以九票包括五个常任理事国的可决票决定，假若一常任理事国投反对票，便可否决多数意见，可见常任理事国的一票显然比非常任理事国的一票更具决定性。

（3）组织章程赋予的权利。国际组织成员有权按照组织章程规定的条件，享受组织提供的服务、便利。例如，国际货币基金组织的成员有使用基金的提款权和特别提款权，世界银行的成员可以从该组织得到贷款。

2. 国际组织成员一般具有的义务

（1）合作义务。一国取得一国际组织成员的资格，该国就有义务派出代表参加组织的会议，假若长期不参加组织的会议，就被认为不履行成员的义务。当一个国际组织的决策需要全体一致同意才能做出时，任何成员不论决议的内容为何而阻碍决议的通过，其行为也属于违反与组织合作的义务。

（2）财政义务。国际组织成员应当履行财政义务，以保证组织的正常活动。假若拖欠款项，国际组织往往给予制裁，如停止其表决权。国际劳工组织、联合国教科文组织、联合国粮农组织都曾停止过会员国的表决权。欧洲理事会大会停止不履行财政义务的成员的代表权。有些国际组织停止向会员国提供服务或援助，例如，经济合作与发展组织的原子能机构就有这样的规定，有些国际组织甚至将成员开除出组织。

（3）履行章程的义务。这是组织成员最基本的义务。假若成员国不遵守组织的章程，组织便无法存在和运转。有些国际组织要求申请加入组织的国家除必须接受组织章程所载的义务外，有时还为不同类别的成员国规定不同的义务，成员国都应遵守。国际组织只能通过章程修改程序为成员国增加新的义务。

① 参见王献枢《国际法》，中国政法大学出版社1994年版，第381页。

四、国际组织的组织机构

当代国际法学中，关于国际组织的机构划定有许多划分标准，但一般都认为国际组织必定具备三个主要的机构。

（一）议事和决策机构

其实质是根据国际组织基本文件设立的最高权力机关，由全体成员组成，负责组织的全面工作。议事和决策机构的名称大多称为“大会”，也有些称为“首脑会议”“部长会议”或“理事会”。议事和决策机构可以下设各种委员会。这种机构不是常设的，一般定期举行会议，如世界气象组织的大会每4年召开一次，国际电信联盟的大会每5年召开一次。

议事和决策机构向全体成员提供了讨论其业务领域相关事项的论坛，并就组织的重大问题提出决策。其一般被赋予较重要的权力，其职能有制定组织的方针政策、审核预算、选举执行机关成员、制定及修改有关规章、实行内部监督等。

（二）执行和主管机构

执行和主管机构由议事和决策机构选举产生，负责具体处理本组织承担的专门性问题。其组成人员多是依据公平分配的原则确定不同地区的数额来选定。执行与主管机构一般称为“执行局”“理事会”，或者称为“执行委员会”“执行董事会”等。执行与主管机构的职能主要是执行议事和决策机构的决议，监督秘书处的工作，在议事和决策机构休会期间对现实问题做出决定。有些执行机关被委以特别的职责，能够独立于议事和决策机构并代表整个组织行事，如联合国安理会。不少国际组织的执行机关兼有上述的两种职能，如国际原子能机构和国际民航组织的理事会等。由于此类机构的活动较议事和决策机构更灵活，对问题易于深入，加之该机构的决定常常对成员国具有强制拘束力，于是其更为各成员国所重视。

（三）行政和管理机构

行政和管理机构是国际组织处理日常工作的常设机构，绝大多数国际组织称其为秘书处。该机构负责国际组织正常活动的管理事务和后勤服务。行政和管理机构由从事专门工作的人员组成，他们不代表任何国家，属于国际职员。秘书处首长多称为“秘书长”或“总干事”等，秘书处的成员向秘书长负责，秘书长对组织的其他主要机构负责，对外作为本组织的对外代表。

以上三大机构被称为国际组织的三大支柱，在国际组织中的作用重大。此外，还有司法机构和辅助机构。前者是指专门负责审议、处理法律问题并通过司法手段解决国际争端的机构；[①] 而后者是指根据其组织的基本文件而设立，为协助实现本组织目标、完

① 参见饶戈平《国际组织法》，北京大学出版社1996年版，第155～159页。

成各机构职能所建立的工作性机构。如联合国大会、安理会、经济及社会理事会均设立了协助工作的辅助机构。

五、国际组织的表决制度

表决是国际组织决策程序中的核心部分，也是整个议事规则中最重要的部分。[①] 国际组织的各个机构，必要时都需对机构职权范围内的有关事项做出决议或决定，涉及表决的规则和制度，在组织的基本文件及议事规则中均有确定。

现代国际组织实践中主要存在的表决制度有两类：一类为正式表决，包括全体一致通过、绝对多数通过和简单多数通过；另一类为非正式表决，如协商一致通过。[②]

（1）全体一致通过，又称一致规则（rule of unanimity），指参加表决的成员全体一致同意后，才能通过决议或决定。在19世纪和20世纪初一直为国际会议的表决原则。其主要为讨论政治性问题的国际会议所采用。这种表决程序的优点在于：一致同意做出的决定成员国一般都能执行。其缺陷为：这种表决会使讨论或谈判的时间拖延，甚至导致个别成员否决大多数成员的意见，最后无法做出决定。现今，大多数普遍性国际组织都已不使用全体一致的表决方式。

（2）绝对多数通过（absolute majority），绝对多数是一个相对于简单多数的概念，国际上对绝对多数没有严格界定，最普遍的是达到参加投票者的2/3多数，例如，联合国大会对重要问题做决议时，需2/3多数同意；有的要求达到3/4，如国际海底管理局理事会对某些实质问题的决定要求出席并参加表决的成员的3/4多数做出；有要求达到更多的多数，如国际货币基金组织对重大问题要求80%甚至85%的多数才能做出决议。国际民航组织在接纳第二次世界大战期间对同盟国作战的国家时，要求达到4/5的多数同意。在国际实践中，绝对多数的表决方式多适用于对重要问题的决策。其既尊重了国家主权平等，又体现了多数成员的意志，而且较之全体一致容易获得通过，具有明显的可行性和生命力。[③]

（3）简单多数通过（simple majority），指以出席并参加表决的成员超过1/2的赞成票做出决定。简单多数表决主要适用于国际组织表决中有关程序问题或其他一些一般性问题的建议。简单多数表决比较容易通过一项决议。但有时只能代表微弱多数国家的意志，无意中将多数派的意愿强加于少数派，因而这种表决办法容易产生矛盾。

（4）加权表决制（weighted voting system），国际组织使用加重投票权通过决议的模式，指在某些国际组织中按照一定标准和规则分别给予成员国以不同票数或不等值的投票权的表决方法。譬如，根据成员的实力大小、人口多少、责任、贡献及利益关系的多少等加重因素分配投票权。当今，国际组织决策时一般都采用多数通过方式，依加权表决制，这种投票方法是依据实际得票数的多少，而不是赞成国的多少来通过决定。加权

---

① 参见饶戈平《国际组织法》，北京大学出版社1996年版，第155～159页。

② 参见王献枢《国际法》，中国政法大学出版社1994年版，第385页。

③ 参见饶戈平《国际组织法》，北京大学出版社1996年版，第209页。

表决制在国际经济组织中比较流行。加权表决制考虑了不同成员的实力、贡献和利益差别，存在一定合理性，但毕竟导致了成员国间的不平等。于是，许多国家呼吁增加基本投票权。

（5）协商一致通过（consensus）。协商一致是一种非正式决策方式，是指国际组织采用的经过协商，无须投票，没有正式反对意见而达成基本一致通过决定的一种方法。协商一致要求对协商的问题在基本点上达成一致，在非基本点上不同的意见，允许以解释或保留的方式提出，并予以记录。协商一致无须投票表决，从而避免了硬性投票带来的做出决定的障碍。联合国第三次海洋法会议上的许多决议都是采用协商一致的方法通过的。但其尚未形成被普遍接受的确定的规则，协商一致的概念与程序还相对含混不清，有待在实践中改进完善。[①]

第三节　联　合　国

一、联合国的建立

联合国是第二次世界大战全世界人民反法西斯战争胜利的产物，是一个在集体安全原则基础上维持国际和平与安全、具有广泛职能的国际组织。联合国的建立经过了以下几个阶段：

1941 年 8 月 14 日，英、美两国首脑共同宣布《大西洋宪章》，提出了建立“广泛而永久的普遍安全制度”的主张。1942 年 1 月 1 日，对德、意、日宣战的中、英、苏、美等 26 个国家，在华盛顿签署了《联合国家宣言》，声明赞同《大西洋宪章》的宗旨和原则，并约定以全力对轴心国作战，决不单独停战、媾和，强烈地反映了人们爱好世界和平、建立战后新制度的善良愿望。宣言中第一次使用了“United Nations”，不过当时其不是指作为国际组织的联合国，而是指对法西斯作战的国家的总称。

1943 年 10 月 30 日，中、苏、美、英四国外长在莫斯科会议上签署了《关于普遍安全的宣言》，确定了战后建立普遍安全组织的共同方针和基本原则。该宣言声明：“在尽速可行的日期，根据一切爱好和平国家主权平等的原则，建立一个普遍性的国际组织，所有这些国家不论大小，均得加入为会员国，以维持国际和平与安全。”宣言是准备建立联合国的主要步骤，为联合国组织奠定了原则和基础。同年 12 月，苏、美、英三国签署的《德黑兰宣言》重申应成立这样的国际组织。

着手创建联合国的第一个具体步骤是敦巴顿橡树园会议。1944 年 8 月 21 日至 10 月 7 日，美、苏、英三国和中、美、英三国分别在美国华盛顿敦巴顿橡树园举行建立联合国的会议。会议草拟了“关于建立普遍性国际组织的建议案”（习称橡树园建议案），建议案提出采用“联合国”的名称。并规定了联合国的宗旨和原则，以及各个机构的

① 参见饶戈平《国际组织法》，北京大学出版社 1996 年版，第 217 页。

组成和职权，还规划出了《联合国宪章》的基本轮廓，为联合国的成立做了重要的准备，只是有关安理会的表决程序问题未得到解决。为此，1945 年 2 月，苏、美、英三国首脑在苏联克里米亚的雅尔塔举行会议，签订了《雅尔塔协定》，就上述表决程序问题达成一致协议。会议同时决定，由中、苏、美、英四国为发起国，负责邀请在《联合国家宣言》中签字的国家，在旧金山举行制宪会议。

1945 年4 月25 日，制宪会议在旧金山召开，参加会议的共有50 个国家。中国派出“联合政府”的代表团，董必武同志作为中国代表团成员参加了会议。会上讨论了敦巴顿橡树园会议制定的方案、《雅尔塔协定》以及各国政府提出的修正案。经过 2 个月的激烈讨论，终于在 1945 年6 月 25 日一致通过了《联合国宪章》。6 月 26 日，出席会议的各国代表在宪章上签字，经中、苏、美、英、法和其他签字国之过半数交存批准书，宪章于 1945 年 10 月 24 日开始生效，联合国宣布正式成立，这一天定为“联合国日”（United Nations Day）。

《联合国宪章》是联合国组织的根本法，由序言和 19 章组成，正文共 111 条，《国际法院规约》为宪章的组成部分。宪章的主要内容为：联合国的宗旨和原则，联合国的会员，联合国主要机关的组成、职权范围、活动程序及主要工作，以及有关联合国组织的地位和宪章的修正等。《联合国宪章》序言、第 1 条和第 2 条确认或发展了某些公认的国际法原则，因而已成为当代国际关系和国际法的重要文献。

二、联合国的宗旨和原则

《联合国宪章》规定联合国的宗旨为：①维持国际和平及安全；并为此目的采取有效集体办法、以防止且消除对于和平之威胁，制止侵略行为或其他对和平之破坏；并以和平方法且依正义及国际法之原则，调整或解决足以破坏和平之国际争端或情势。②发展国际间以尊重人民平等权利及自决原则为根据之友好关系，并采取其他适当办法，以增进普遍和平。③促成国际合作，以解决国际间属于经济、社会、文化及人类福利性质之国际问题，而且不分种族、性别、语言或宗教，增进并激励对于全体人类之人权及基本自由之尊重。④构成协调各国行动之中心，以达成上述共同目的。

为了实现上述宗旨，宪章规定了联合国及其会员国应遵循的七项原则：①联合国系基于各会员国主权平等之原则；②各会员国应一秉善意，履行宪章义务；③各会员国应以和平方法解决国际争端；④各会员国在其国际关系上不得使用武力威胁或武力，或者以与联合国宗旨不符之任何其他方法，侵害任何会员国或国家之领土完整或政治独立；⑤各会员国对于联合国依宪章规定而采取的行动，应尽力予以协助；⑥联合国在维持国际和平及安全之必要范围内，应保证非会员国遵行上述原则；⑦宪章不得被认为授权联合国干涉在本质上属于任何国家国内管辖之事件。

三、联合国的会员国

《联合国宪章》规定，各国不论社会制度如何，都可加入联合国。根据取得会员资

格程序的不同，联合国会员国分为两类：第一类为创始会员国，凡参加旧金山会议或以前签署联合国宣言的国家，签署了宪章并依法予以批准的，都属于这一类，联合国共51个创始会员国。第二类为接纳会员国。宪章第4条规定，一切爱好和平的国家，接受宪章所载义务，经联合国组织认为确能并愿意履行这些义务的，均得成为联合国会员国。接纳新会员国须经安理会推荐，并经大会以2/3多数表决通过。目前，联合国已经有193个会员国。

根据宪章规定精神，创始会员国和接纳会员国在享有权利和承担义务方面并无不同。

依宪章的规定，在安理会对某一会员国采取防止行动或强制措施时，大会可以根据安理会的建议，中止该国行使会员国的权利和特权。凡一再违背宪章原则的会员国，大会根据安理会的建议，可将其开除出联合国。宪章中没有会员国自动退出的规定。

四、联合国的主要机关

联合国设有六个主要机关：大会、安全理事会、经济及社会理事会、托管理事会、国际法院和秘书处。

（一）大会（General Assembly）

大会由全体会员国组成。大会举行常会时，一会员国在大会之代表不得超过5名，大会每年举行一届常会，一般为期3个月，即在9月的第3个星期二开幕，12月25日以前闭幕。如果议程没有审议完毕，次年春天继续举行会议。在一定条件下，大会还可以召开特别会议或紧急特别会议。特别会议是由秘书长经安理会或者过半数会员国请求召集（《联合国宪章》第20条）；紧急特别会议在《联合国宪章》中未明确规定，是根据1950年联合国大会“联合一致共策和平”决议确立的，凡经安理会根据任何九理事国的可决票提出请求，经联合国多数会员国提出请求，或经一个会员国提出请求并为多数国家所同意，可在24小时内召开紧急特别会议。①

大会是联合国的主要审议和提出建议的机关，具有广泛职权，它可以讨论宪章范围内或有关联合国任何机关的职权的任何问题或事项，除安理会正在处理者外，可向会员国或安理会提出关于这些问题或事项的建议。根据宪章，大会的职能和权力包括以下各项：就维护国际和平与安全进行合作的原则，包括有关裁军和军备管制的原则进行审议和提出建议；除安理会正在讨论的争端或局势外，讨论有关国际和平与安全的任何问题并提出建议；讨论宪章范围内的任何问题并提出建议；研究和提出建议以促进政治上的国际合作，促进国际法的发展和编纂，促进实现一切人的人权和基本自由，促进经济、社会、文化、教育和卫生领域内的国际合作；就和平解决任何可能妨碍友好关系的局势提出建议；接受并审议安理会和其他机构的报告；审议和批准联合国预算，分派会员国

① 参见联合国新闻部《联合国概况（1985年版）》，华晓烽译，中国对外翻译出版公司1986年版，第4页。

应付的会费；选举安理会非常任理事国，经济及社会理事会和托管理事国的理事国；与安理会共同选举国际法院法官；根据安理会推荐任命秘书长。

每一会员国在大会中享有一个投票权。大会关于重要问题的决议，以出席并参加投票的会员国2/3的多数决定，例如，修改宪章，接纳会员国，提出和平与安全的建议，安理会、经济及社会理事会、托管理事会理事国的选举，中止会员国权利或开除会员国，实施托管制度，预算，等等。一般问题以过半数决定。有时大会采用协商一致通过决议。

每届大会设立主席1人，副主席21人。为协助常会进行工作，每届大会设有7个主要委员会。它们是：第一委员会（政治和安全）、特别政治委员会、第二委员会（经济和财政）、第三委员会（社会、人道和文化）、第四委员会（托管）、第五委员会（行政和预算）、第六委员会（法律）。

（二）安全理事会（Security Council）

安全理事会简称安理会，由5个常任理事国［中国、法国、苏联（俄罗斯）、英国、美国］和10个非常任理事国组成，每一理事国应有代表1人。非常任理事国由联合国大会选举，任期2年，每年改选5个，不得连选连任。大会在选举非常任理事国时，首先应特别照顾到各会员国对维持国际和平与安全以及联合国其他宗旨的贡献，也应照顾到地域上的公匀分配。按照惯例，非常任理事国的席位做下列分配：亚非5个，东欧1个，拉丁美洲2个，西欧及其他国家2个。当非常任理事国2年任期届满后，应选出同一地区的国家来接替。安理会主席由各理事国依国名英文字母的排列顺序轮流担任，任期1个月。安理会除1年两次定期会议外，在安理会任何理事国请求时，在大会向安理会提出建议或将某一问题提交安理会时，或者在秘书长提请安理会注意某一事项时，主席都应召开安理会会议，并且安理会主席认为必要时，可以随时召开常会。目前，联合国改革的趋势之一是扩大安理会，增加常任理事国和非常任理事国的名额，使更多国家参加安理会工作。

安理会是联合国在维持国际和平与安全方面负主要责任的机关。根据宪章之规定，安理会的职能和权力主要包括：

（1）解决争端方面：促请各争端当事国用谈判、调查、调停、和解、仲裁、司法解决、利用区域机构或区域协定或各当事人自行选择的其他方法解决争端；调查任何争端或可能引起国际摩擦的任何情势，以断定其继续存在是否足以危及国际和平与安全；对于上述性质的争端和情势，可以在任何阶段建议适当地调整程序或方法。

（2）维护和平方面：断定任何对和平的威胁、对和平的破坏或侵略行为是否存在；促请争端当事国遵行安理会认为必要或适当的临时措施办法；决定采用武力以外的办法；如非武力方法不足以解决争端时，可以采取必要的武力行动，以维持和恢复国际和平与安全。

（3）其他方面：负责拟定军备管制方案，在属于战略性的地区行使联合国的托管措施，与大会平行投票选举国际法院法官，向大会推荐新会员国和联合国秘书长等。

大会与安理会在联合国中占有中心地位，但两者在职权上有明确的划分：大会主要

是一个审议和提出建议的机关，而安理会则是一个维持国际和平与安全的行动机关。对于已列入安理会议程的问题，非经安理会请求，大会不能提出建议；但在行使各自职权时，有许多问题又需要相互协调和共同行动，如选举秘书长和接纳新会员国等问题。

安理会每个理事国享有一个投票权。关于程序事项的决议，应以九理事国的可决票表决；关于程序以外的一切事项的决议，应以九理事国的可决票其中包括全体常任理事国的同意票表决。有人称其为“五大国一致原则”（Unanimity Rule of Five Great Powers），其强调对于非程序事项的表决应有五大国的一致同意票，于是具有了“否决权”（veto power），任何一个常任理事国的反对票都可否决决议。长期以来，多数实践和学者主张弃权或不参加投票不构成否决，也有人对此提出质疑，认为“弃权不妨碍通过”的解释歪曲了宪章第27（3）条，使“许多不应通过的议案获得了通过”[①]。

为了防止否决权的滥用，宪章规定，关于和平解决争端的决议，争端当事国不得投票。

有时在有必要决定某一事项“是否属于程序性这一先决问题”时，常任理事国也可以行使否决权，从而形成“双重否决权”（double veto）。

联合国成立以来，否决权一直是宪章修改的一个中心问题，有些发展中国家提出否决权是大国的特权，违反了国家平等原则，主张限制、修改甚至取消。各国在对待否决权问题上也表现出不同态度。总之，否决权的变更牵涉联合国宪章的修改，是非常重要的事项。

（三）经济及社会理事会（Economic and Social Council）

经济及社会理事会简称经社理事会，是在联合国大会权力下负责协调联合国以及各专门机构的经济和社会工作的机关。经社理事会由联合国大会选出54个理事国组成，任期3年，每年改选1/3，改选时，得连选连任。其职权包括：做成或发动关于国际经济、社会、文化、教育、卫生等事项的研究和报告，并得向大会、各会员国和有关专门机构提出有关此事项的建议；提出有关人权和基本自由的建议；就其职权范围内的事项拟订公约草案，提交大会；召开国际会议，讨论其职权范围内的事项；同各专门机构订立协定，使之同联合国建立关系；通过协商和协议协调各专门机构的活动。经济及社会理事会每年举行2次各为期1个月的常会。经社理事会下设5个区域委员会、7个职司委员会和一些常设委员会。经社理事会的每一理事国享有1个投票权，理事会的决议以出席并投票的理事国过半数通过。从1971年起，我国一直当选为经社理事会的理事国。

（四）托管理事会（Trusteeship Social）

托管理事会，是联合国负责监督托管领土行政管理的机关。

托管理事会没有规定固定的理事国名额，仅规定理事国由下述三类会员国组成：①管理托管领土的联合国会员国；②未管理托管领土的安理会常任理事国；③由联合国大会选举必要数额的其他非管理国的会员国。

---

① 陈致中：《〈联合国宪章〉五十年》，载《中山大学学报》1995年增刊，第170页。

托管理事会的目的是：促进国际和平与安全，增进托管领土居民在政治、经济、社会和教育方面的发展，增进托管领土居民自治或独立的逐渐发展；不分种族、性别、语言或宗教，鼓励对一切人的人权和基本自由的尊重。

适用托管制度的领土有：前国际联盟委任统治制度下的领土，因第二次世界大战而从战败国割离的领土以及负有管理责任的国家自愿置于托管制度下的领土。这些领土被分为“战略防区”和“非战略防区”。关于“战略防区”的各项职能由安理会行使，非“战略防区”的职能由大会行使，托管理事会予以协助。

托管理事会的职权包括：负责审查管理当局根据托管理事会拟定的调查表所提交的报告，同管理当局咨询审查居民请愿书，定期视察托管领土等。我国政府自1985年起，开始参加该理事会的活动。

自联合国成立以来，置于国际托管制度下的领土共11个。由于托管领土人民不断进行民族解放斗争，托管领土陆续取得了独立或自治，所有托管协定均已宣告终止。托管理事会在联合国的地位成为《联合国宪章》修改工作中一个亟待解决的问题。

（五）国际法院（International Court of Justice）

联合国国际法院是联合国主要机关之一，也是联合国的主要司法机关，其于1946年4月3日在荷兰海牙正式成立。

（六）秘书处（Secretariat）

秘书处是联合国第六个主要机关，其任务是为联合国其他机关服务，并执行这些机关制定的计划和政策。秘书处由秘书长1人和办事人员若干人组成。秘书长由大会根据安理会包括5个常任理事国在内的9个理事国决定推荐委任，任期5年，届满后可连选连任一次。按照惯例，安理会常任理事国的国民不得担任秘书长职务。秘书长是联合国组织的行政首长，在大会、安理会、经社理事会及托管理事会的一切会议中，以秘书长的资格行使职权，并执行这些机关委托的其他职务。秘书长向大会提交关于联合国工作的年度报告并委派联合国的职员。秘书长有权“将其所认为可能威胁国际和平及安全之任何事件，提请安理会注意”。

联合国成立以来，已有这几任秘书长：第一任特里格夫·赖伊（挪威人，1946—1953），第二任达格·哈马舍尔德（瑞典人，1953—1961），第三任吴丹（缅甸人，1961—1971），第四任库尔特·瓦尔德海姆（奥地利人，1972—1981），第五任佩雷斯·德奎利亚尔（秘鲁人，1982—1991），第六任布特罗斯·加利（埃及人，1992—1997），第七任科菲·安南（加纳人，1997—2006），第八任潘基文（韩国人，2007—2016）。2016年12月12日，安东尼奥·古特雷斯（葡萄牙人）在第71届联合国大会全体会议上宣誓就职，于2017年1月1日起行使联合国秘书长职权。

秘书处的具体工作包括：在解决争端中进行斡旋和调解；管理维持和平行动，对世界经济趋势和问题进行调查；研究人权、自然资源等问题；组织国际会议；编制统计；搜集安理会及其他机关的决定的执行情况，进行条约登记和公布；翻译发言和文件；为世界各种新闻机构提供关于联合国的情报；派专家和顾问协助发展中国家发展经济。

秘书长和秘书处职员是“国际公务员”，为联合国整体服务，每个工作人员都宣誓不得寻求或接受任何政府或联合国以外任何其他当局的指示。

五、联合国的专门机构

联合国专门机构（Specialized Agencies of United Nations），指根据政府间的协定同联合国建立关系的，或者根据联合国决定而成立的负责某一特定领域的政府间专门性国际组织。

联合国专门机构有以下几个基本特征：

首先，属于政府间的组织。各专门机构是依政府间所签订的协定而成立，具有政府间国际组织的性质。

其次，属于专门性的组织。联合国宪章第 57 条对其专业领域限定范围的规定是“经济、社会、文化、教育、卫生及其他有关部门”。这一规定意味着政治和军事方面的组织不作为联合国专门机构。

最后，属于同联合国有关的组织。有些专门性机构根据同联合国经社理事会签订的特别协定而同联合国建立关系，有些则根据联合国的决定而成立。各专门机构同意考虑联合国向其提出的任何建议，并且愿意就其对这种建议所采取的措施向联合国提交报告，从而使各专门机构正式被纳入联合国体系。

专门机构的法律人格，原则上是由其组织文件确定的。大多数政府间的专门机构都具有国际人格，具备国际法主体条件。该组织文件规定了该组织的宗旨、原则、组织形式、职权范围、成员资格和表决程序等主要问题。但是，各专门机构同时又是独立、自主的，它们各有其成员国、组织性文件、体系结构、议事规程、经费来源以及各自的总部。其决议和活动也不需要联合国批准，联合国只是以通过经社理事会同它们协商，并向它们提出建议来调整彼此间的活动。协商一致，是联合国与各专门机构相互关系的一项重要原则。

目前，联合国同下列专门机构以协定形式建立了关系：国际电信联盟、国际劳工组织、世界卫生组织、世界气象组织、世界知识产权组织、国际货币基金组织、国际复兴开发银行、国际开发协会、国际金融公司、万国邮政联盟、联合国粮食及农业组织、联合国教科文组织、国际民用航空组织、国际海事组织、国际农业发展基金。另外，还有两个机构与联合国发生关系，相当于专门政府间机构：一个是关税及贸易总协定，它同联合国在政府与秘书处一级间进行合作；另一个是国际原子能机构，它是联合国主持下的一个独立组织，每年向联合国大会提交报告。

六、联合国改革与宪章修改

（一）关于联合国的改革

随着时代的发展，联合国面临的形势和国际政治经济环境已不同于其成立之初，各

种力量的对比和组合发生了翻天覆地的变化，联合国的任务也与以前大不相同。于是，联合国的不足和缺陷日益暴露：联合国决策机制笨重迟缓，安理会的运作经常因大国强权的干预或不合作而失灵，联合国大会备受冷落，国际法院的重要性被削弱，秘书长也常常由美国等超级大国所控制。联合国的权威和作用大受影响。

于是，要求改革的呼声越来越高，国际社会希望通过改革重新塑造联合国，改变联合国以往受强权国家控制和干扰的状态，使其更多地体现联合国自身和多数国家的意愿。1992 年 1 月 31 日的安理会会议上，津巴布韦代表首先提出了安理会成员代表性不足需要改革的议案。此后，各成员国相继提出了增加安理会常任理事国和安理会的席位分配的选举程序、限制或废除否决权、增加关于维和行动的具体规定、扩大联合国大会职能、加强对安理会的监督、改进甚至取消非正式磋商程序、强化秘书长的作用、提高国际法院的效能等具体改革措施。① 联合国大会在 1992 年就通过了改革的决议，迄今为止已讨论了 10 多年，但因为各国分歧太大，又牵涉宪章复杂的修改程序，终究未能取得重大成果。时任联合国秘书长安南在《千年报告》中坦言："联合国的结构反映了数十年来会员国赋予它的任务，在一些情况下是深刻的政治分歧遗留下来的结果。虽然人们普遍同意需要使联合国成为一个更加现代化、更加灵活的组织，但除非会员国愿意考虑进行真正的改革，否则，我们所能做到的仍将受到严重限制。"②

冷战结束之后，特别是"9·11 事件"之后，美国的单边主义膨胀到极点，迫使联合国在诸多国际问题上无所作为甚至完全被抛在一边，而激烈变革中的国际社会和国际事务又强烈呼唤联合国进行全方位的协调和干预，以实现和追求旨在保证每一个国家和民族都能生存和发展的"全球正义"而非只有个别或少数强权国家受益的"国家正义"。联合国处于两难境地。时任联合国秘书长安南在 2003 年 9 月 23 日第 58 届联合国大会一般性辩论开始时发表讲话说，美国的单边主义和先发制人战略对联合国成立 58 年来维护世界和平与安全的基础提出了重大挑战。安南说，没有经过联合国授权的美伊战争已将联合国推到了一个"分岔口"，正像 1945 年联合国刚成立时一样，这个世界性组织正面临着一个决定性时刻。③

处于"变"与"亡"十字路口的联合国欲走出困境，改革已是势在必行，这几乎已经成为国际社会的一致共识。但是对于改革的方向和具体措施却存在着分歧。联合国的这次重大改革要真正付诸实施，还面临着许多困难和挑战。因此，安南在 2005 年第 59 届联合国大会报告的序言中呼吁世界各国领导人"勇敢地"行动起来，大力推进联合国历史上最大规模的改革。④ 这次改革的主要目的是要让联合国从此"脱胎换骨"，

① 参见慕亚平《当代国际法原理》，中国科学文化出版社 2003 年版，第 618 页。

② ［加纳］科菲·安南：《联合国秘书长千年报告（摘要）》，载《当代世界》第 9 期，第 7 页。

③ 参见《安南：美单边主义挑战联合国》，见新华网：http://news3.xinhuanet.com/world/2003-09/24/content_1096020.htm。

④ 参见《安南提交联合国改革报告　呼吁各国一揽子接受建议》，见中华网：http://www.china.org.cn/chinese/zhuanti/ggrqjp/817345.htm。

“恢复因伊拉克战争和其他政治经济丑闻而受损的联合国声誉”，[①] 并适应新的国际形势的需要。2003 年的伊拉克战争使联合国受到了极大的伤害和冲击。美英等国在没有获得安理会授权的情况下就发动了战争，并且在战后重建中将联合国冷落在旁，严重损害了联合国的权威。与此同时，联合国驻伊机构成为恐怖袭击的目标，联合国工作人员喋血巴格达。安南在一报告中指出，伊拉克战争不仅让各成员国陷入难以弥合的分歧和裂痕，而且“产生了许多挑战联合国和国际社会的原则和实践问题”，国际社会不应在原来的分歧上继续纠缠，而应该推动联合国进行根本改革，以应对战争、恐怖主义、贫困以及人权等新的形势和问题。[②]

关于联合国改革的内容和分歧主要表现在以下几个方面：

（1）关注的焦点是安理会的改革问题，根本问题是权力问题。在现今的国际格局下，南方国家的力量是越来越小了而不是越来越大。因为即使在联合国之外，美国等北方国家也拥有其他的手段来影响他国和世界，而南方国家做不到这一点。在我们生活的这个严重失衡、极不对称的世界中，加强联合国的地位的目的就是要使国际关系达到一定程度的平衡。安理会改革至少应包括以下三个方面的内容：①扩大安理会成员的问题；②否决权的限制或取消问题；③改善安理会工作程序问题。安理会目前的框架构成是依据“二战”结束后的国际格局搭建的。经过“二战”后近 60 年的发展，国际社会出现了一批新兴的国家，崛起了一些经济、军事、政治大国和地区大国。世界贸易组织等国际组织和欧盟、东盟等区域集团在国际事务中的发言权越来越大。在这种情况下，改革联合国体制，反映新的权力结构，已经成为当务之急，只有这样，才能维护联合国的权威。目前各方的基本共识是要扩大安理会成员，但对于如何扩大的具体方案却有两个思路：一是只扩大安理会非常任理事国，二是同时增加常任理事国和非常任理事国。目前第二种方案在国际社会有较大的支持率。综合各国意见，一般同意将安理会成员扩大到 19 ～ 25 个，[③] 至于具体应如何安排席位的问题，又是一件充满矛盾和冲突的事情。一旦安理会决定增加常任理事国的席位，日本、印度、德国、巴西等几个国家将面临激烈的角逐。否决权自从其一产生开始，就存在着“废”还是“存”的论战。近 60 年来五大国在安理会行使否决权的结果也表明否决权有着双重效果。一方面，它是大国特权

---

① 参见《安南提交联合国改革报告　呼吁各国一揽子接受建议》，见中华网：http://www.china.org.cn/chinese/zhuanti/ggrqjp/817345.htm。

② 参见《安南要让联合国“脱胎换骨”，但面临巨大压力》，见新华网：http://news3.xinhuanet.com/world/2003-09/18/content_1086922.htm。

③ 安南在 2005 年 3 月 21 日向第 59 届联合国大会正式提交的题为《大自由：为人人共享安全、发展和人权而奋斗》的报告中，呼吁联合国大会在当年 9 月之前就安理会扩大问题做出决定，致使安理会成员从目前的 15 个增加到 24 个。他敦促各国考虑联合国改革问题小组去年年底提出的有关安理会扩大的两个方案。方案之一是，增加 6 个没有否决权的常任理事国以及 3 个非常任理事国，其中非洲和亚太地区各有 2 个常任席位，欧洲和美洲各增加 1 个常任席位；方案之二是，增加 8 个任期 4 年、可连选连任的半常任理事国和 1 个非常任理事国，非洲、亚太地区、欧洲和美洲将分别获得 2 个半常任席位。参见《安南提交联合国改革报告　呼吁各国一揽子接受建议》，中华网：http://www.china.org.cn/chinese/zhuanti/ggrqjp/817345.htm。

的反映，是“大国手中的权杖”[①]，在实践中常被滥用。另一方面，它是时代的产物，反映了特定时代的需要，是吸取了现代国际关系中正反两面的经验教训的结果。正面经验是指“二战”的胜利是大国一致协作的结果；反面教训是指国际联盟的失败（它未能阻止第二次世界大战的爆发），它也在一定程度上促使各国慎重行动、保持大国一致行动，发挥制约作用，在保护少数的权利等方面发挥了一定的积极作用。关于改革否决权的意见大概有三派：废除说（古巴、南斯拉夫等）、限制说（大多数国家持此种观点）、保留说（五大常任理事国多持此态度）。非正式磋商机制是在安理会工作过程中形成的惯例，很多国际关系中的重要问题都是在安理会会议的庭外走廊上通过各国的私下协商达成协议而获得解决的。现在各国普遍要求取消非正式磋商机制，以提高安理会工作的透明度。另外还有要求增强安理会与联合国大会及其他机构的报告制度，增强对安理会的监督职能等建议。

（2）维持和平行动的问题。冷战后的第二代维和行动职能扩张、任务庞杂，指导第一代维和行动的自愿（非强制性）、中立、大国不介入等根本原则被打破，形成了下列新特点：中立逐渐弱化、内政常遭干涉，自愿原则淡化，走向强制和平，大国不介入原则被突破，大国不仅介入甚至主导维和行动。[②]“人道主义干预”常常成为维和的理由，出现了维和的变异形式——多国部队，[③] 这是一个很危险的信号。今后的维和行动应如何开展，这也是联合国改革面临的一个难题。

（3）扩大联合国大会的职权问题。联合国的改革必须致力于推动多边决策过程的民主化。联合国的民主化意味着重新加强联合国大会的权力。否决权使安理会无法工作的结果，带来了一个重大的意义深远的发展，即联合国大会越来越多地闯入和平与安全的广阔领域。[④] 联合国大会是最民主、最有代表性的联合国机构。国际社会希望联合国大会在更多重大问题上发挥更大的作用。联合国大会每年都通过许多决议，大多数决议由于没有法律效力，只能起到号召和建议的道义作用，无法真正约束大国的行为。在此背景下，国际社会强烈要求增加联合国大会的权力，使大会通过的决议具有某种约束力。扩大联合国在处理经济、社会及发展援助等领域的作用，共同应对全球化浪潮带来的新的全球性问题。维持世界和平与安全不应是联合国的全部目标，联合国在经济、社会、发展和文化等领域也有着发挥作用的广泛空间。

（二）关于《联合国宪章》的修改

在过去的60多年中，《联合国宪章》显示了强大的生命力，其有足够的伸缩性，使联合国能够处理1945年旧金山会议时意料不到的局势和问题。但其毕竟已过了60多年，国际形势发生了巨大变化，为了适应时代的要求，宪章需在适当时机与一定条件下按法定程序进行修改。尤其是进入20世纪90年代后，国际社会要求改革联合国现行机

① 王杰：《大国手中的权杖——联合国行使否决权纪实》，当代世界出版社1988年版。

② 参见慕亚平《当代国际法原理》，中国科学文化出版社2003年版，第271页。

③ 参见慕亚平《当代国际法原理》，中国科学文化出版社2003年版，第271页。

④ 参见［英］J. G. 斯塔克《国际法导论》，赵维田译，法律出版社1984年版，第515页。

制的呼声也随之高涨。

联合国自成立以来，宪章进行过三次重大修改：①1963 年第 18 届联合国大会对第 23、27、61 条进行修正；②1965 年第 20 届联合国大会对 109 条第 1 款进行修正；③1971年第 26 届联合国大会对第 61 条进行第二次修改。

以上三条修正案都是关于增加安理会和经社理事会数目及投票数目的规定，都是按宪章修改程序的常规程序进行的。宪章的重新审查特别修改程序至今还未用于宪章修改。

联合国仍面临着对宪章是否要进行重新审查修正的实质问题，各国所持态度差异较大。若集中各国对宪章修改提出的具体建议可归纳如下：①取消或限制否决权，改变双重否决；②扩大联合国大会权力；③扩大安理会成员或增加常任理事国、安理会的席位分配选举程序；④“微小国家”会员国资格；⑤托管理事会何去何从；⑥增添集体经济安全；⑦删除敌国条款；⑧规定建立和平解决争端机构和具体方法；⑨增加关于维持和平行动的具体规定；⑩提高国际法院的效能；⑪成立调查团，加强联合国调查事件的职权；⑫加强保护人权、反对种族歧视的规定；⑬删去过时条款；⑭发展“联合国和平后备队”“联合国军事观察员部队”等以履行、保障和平行动；⑮对国际法院规约进行修改，建议将国际组织列为诉讼当事人；⑯联合国应精简机构；⑰强化秘书长的作用；等等。

第十四章　战争与武装冲突法

第一节　概　　述

国际法作为调整国际关系的法律，它不仅调整和平时期的国际关系，也调整国家之间在发生战争或武装冲突时期的国际关系。因而，传统国际法认为作为完整体系的国际法，是包括和平法（law of peace）和战争法（law of war）两大部分的，和平法亦称平时国际法（international law of peace），战争法亦称战时国际法（wartime international law）。有国际法上的战争，就有战时中立问题，所以传统的战争法还包括中立法（law of neutrality）。

近代第一部具有完整体系的国际法著作当属格老秀斯的《战争与和平法》，这部巨著以战争法为重点系统地论述了国际法的主要内容。今天，世界处于第二次世界大战后一个相对稳定的和平时期，和平与发展成为当今世界的主题，但战争的威胁依然存在，武装冲突时有发生，战争法与武装冲突法的原则、规则和制度也随着国际关系的变化而变化。因此，在当代国际法中，研究战争法问题仍有其重要意义。

一、战争与武装冲突的概念

在国际法上，战争与武装冲突的概念往往是难以截然分开的，但却有着质的区别。

国际法上的战争指两个或两个以上国家，以武力推行国家政策造成的武装冲突的事实和由此而产生的法律状态，这一定义表明：

（1）战争是国家之间的行为。

（2）战争是国家之间的武装敌对行为，即有武装冲突发生的事实。

（3）战争是由武装冲突的事实而产生的一种法律状态。

武装冲突（armed conflict）指未构成战争状态的武装对立，其往往表现为局部的，有时是偶然发生的、短暂时间的、未经宣布战争状态的武装斗争形式。[①]

一般而言，战争由武装冲突发展而来，但武装冲突不一定都发展为战争。武装冲突只有发展到了一定的规模和持续了相当长时间，由“交战国的意向”（animus

① 参见慕亚平、周建海等《国际法词典》，陕西人民教育出版社 1993 年版，第 118 页。

belligerence）表示战争状态的开始。

二、关于战争与武装冲突法的名称

王铁崖教授倾向使用“武装冲突法”，他在其主编的《国际法》中指出：现代国际法倾向于采取“适用于武装冲突中的规则”的提法，而不提“战争法”。这是因为第一次世界大战以后，特别是第二次世界大战以后，“战争”的提法不常用了，甚至具有明显国际性质的大多数武装冲突在法律上也都没有被称为战争。武装冲突中的规则，即通常所称的“武装冲突法”，则不但在经过宣战，存在战争状态的战争中适用，而且在一切武装冲突（包括非国际性武装冲突）中适用。……①因此，在现代国际法中，“武装冲突法”有取代“战争法”的趋势，其原因主要有以下几点：

（1）实践的变化表明，“武装冲突”一词涵盖了不管是经过宣战的战争还是不经过宣战的武装冲突。

（2）传统国际法的“战争”概念正在发生变化，“武装冲突”不仅包括国际性的武装冲突，也包括非国际性的武装冲突。

（3）日内瓦公约体系的变化和影响。由于国际人道主义法的广泛传播，“适用于武装冲突的规则”的提法得到了广泛的接受和使用。

而端木正教授则认为：战争是由武装冲突发展而成的，因此一般来说，战争包含武装冲突，但武装冲突不一定就是战争。武装冲突只有发展到了一定的规模和持续了相当长的时间才形成战争的法律状态。战争和武装冲突是两个不同的概念，但在近 50 年的国际关系中，大量武装冲突发展到相当大的规模，也持续了相当长的时间，但冲突各方和平关系在法律上还没有完全破裂，也就是说，战争的法律状态还没有完全形成，在这个情况下，武装冲突和战争的界限就很难区分了，人们在现实生活中把两者统称为战争，但从严格的法律意义上看，两者是不同的，其主要区别在于：

（1）战争的主体主要是国家，而武装冲突则不限于国家，还包括民族、交战团体和叛乱团体。

（2）战争是由武装冲突造成的法律状态，武装冲突只是由于使用武力而产生的事实状态。

（3）战争中交战双方与第三国存在明显的中立关系，适用中立法；但武装冲突中冲突双方与第三国的关系是不明确的，中立法不一定能够适用。②

我们认为：战争与武装冲突是两个紧密联系而又有严格区别的概念，战争中一定要包含武装冲突产生的事实，但有了武装冲突的事实不一定就是战争，也不一定发展成为战争，而区分战争与武装冲突的标准取决于“交战意向”。第二次世界大战后，由于战争被禁止，被宣布为国际罪行，因而，一些国家往往以武力推行国家政策时是避开“战争”的字眼，但从当代国际法的发展来看，禁止以武力相威胁或使用武力已成为国

① 参见王铁崖《国际法》，法律出版社 1995 年版，第 614 页。
② 参见端木正《国际法》，北京大学出版社 1997 年版，第 473 页。

际法的基本原则，而不论进行战争还是发生武装冲突，都有使用武力的事实，除非有法律依据，[1] 否则便不能推卸国际法上的责任。

由于实践中存在大量的武装冲突，又由于民族解放组织或交战团体地位的改变，以及国际人道主义法的传播及影响，“武装冲突法”的概念逐渐被广泛运用。但这并不意味着原来的战争法的概念和制度已不存在。本书认为战争法和武装冲突法是分别在两个领域、两个范围中适用，而又密切联系的，于是主张将两者结合成为“战争与武装冲突法”。

三、战争与武装冲突法的范围

战争与武装冲突法是指各国承认的，以国际条约和习惯为其表现形式的，调整交战国之间、交战国与中立国之间关系以及交战行为的原则、规则和规章、制度的总称。

战争与武装冲突法的内容在具体运用中有狭义和广义之分：

广义的战争与武装冲突法泛指各种与战争、武装冲突相关的原则和规范，包括三大部分：①战争开始前的维护国际和平与安全的一切原则和措施；②战争法规；③战争结束后，缔结和约、惩办侵略国及战争罪犯的原则和制度。狭义的战争与武装冲突法仅指战争、武装冲突中适用的原则和规范。包括两大部分：一是关于战争与武装冲突的程序性规范，适用于战争或武装冲突的开始和结束以及战争期内交战国之间交战国与中立国之间或非交战国之间法律关系的原则、规范；二是关于战争与武装冲突的实体性规范，即通常所说的“战争法规”，是国际法对在战争中作战方面的规范，要求必须遵守的制度和规则，包括关于武器、其他作战手段和方法以及保护平民、战斗员和战争受难者的原则、规则和规章、制度，它不但适用于经过宣战存在战争状态的战争，也适用于一般武装冲突，此外，还包括对战争罪犯的惩处等。当代国际法的实践中，把战争法规与人权原则相联系，由于战争法或武装冲突法的规则，主要是围绕“人道”的原则而制定的，因此有时，而且越来越经常地被称为“国际人道法”（international humanitarian law）。

由于现代国际法禁止侵略战争和非法使用武力，战争和使用武力在国际法中的地位发生了根本变化，战争法的内容不仅包括经过宣战的战争，而且包括无战争状态的武装冲突以及非法使用武力的情况，这表明战争法有了很大的发展，而且在当代国际法的实践中仍在不断地发展。

四、战争法的编纂

当代战争与武装冲突法主要是使战争惯例规则成文化了的条约、决议、宣言和协定。确定了战争法的原则和规则，主要是规范战争的，专门规定武装冲突的较少。习惯上，将关于战争法的条约分为两大系统，即“海牙公约系统”（Hague Convention

① 按照《联合国宪章》规定，国家行使自卫权时或根据安理会决议执行行动时使用武力为合法。

System）和“日内瓦公约系统”（Geneva Convention System）。这些条约主要有：

（1）1856 年 4 月 16 日《巴黎会议关于海上若干原则的宣言》。

（2）1864 年 8 月 22 日《改善战地武装部队伤者境遇的公约》。

（3）1868 年 12 月 11 日《禁止在战争中使用某些爆炸性子弹的圣彼得堡宣言》。

（4）1899 年 7 月 29 日海牙公约和宣言，包括：

1）《陆战法规和惯例公约》（海牙第二公约）及其附件：《陆战法规和惯例的章程》。

2）《关于 1864 年 8 月 22 日日内瓦公约的原则适用于海战的公约》（海牙第三公约）。

3）1899 年 7 月 29 日海牙第一次和平会议三个宣言：即《禁止从气球上或用其他新的类似方法投掷投射物和爆炸物宣言》（第一宣言）、《禁止使用专用于散布窒息性或有毒气体的投射物的宣言》（第二宣言）及《禁止使用在人体内易于膨胀或变形的投射物，如外壳坚硬而未完全包住弹心或外壳上刻有裂纹的子弹的宣言》（第三宣言）。

（5）1904 年 12 月 31 日《关于战时医院船免税公约》。

（6）1906 年 7 月 6 日《关于改善战地武装部队伤者和病者境遇的公约》。

（7）1907 年 10 月 18 日海牙第二次和平会议公约与宣言：

1）《关于战争开始的公约》（第三公约）。

2）《陆战法规和惯例公约》（第四公约）及其附件：《陆战法规和惯例章程》。

3）《中立国和人民在陆战中的权利和义务公约》（第五公约）。

4）《关于战争开始时敌国商船地位公约》（第六公约）。

5）《关于商船改装为军舰公约》（第七公约）。

6）《关于敷设自动触发水雷公约》（第八公约）。

7）《关于战时海军轰击公约》（第九公约）。

8）《关于 1906 年 7 月 6 日日内瓦公约原则适用于海战的公约》（第十公约）。

9）《关于海战中限制行使捕获权公约》（第十一公约）。

10）《关于建立国际捕获法院公约》（第十二公约）。

11）《关于中立国在海战中的权利和义务公约》（第十三公约）。

12）《禁止从气球上投掷投射物和爆炸物宣言》。

（8）1909 年 2 月 26 日《伦敦海军会议文件》。

（9）1922 年 2 月 6 日《关于在战争中使用潜水艇和有毒气体的公约》。

（10）1925 年 6 月 17 日《禁止在战争中使用窒息性、毒性或其他气体和细菌作战方法的议定书》。

（11）1929 年 7 月 29 日的日内瓦公约：

1）《关于改善战地武装部队伤者病者境遇的日内瓦公约》。

2）《关于战俘待遇的日内瓦公约》。

（12）1930 年 4 月 22 日《限制和裁减海军军备的国际条约第四部分关于潜艇的作战规则》。

（13）1936 年 11 月 6 日《1930 年 4 月 22 日伦敦条约第四部分关于潜艇作战规则的

议定书》。

（14）1937 年 9 月 14 日《尼翁协定》及其附件：1937 年 9 月 17 日《尼翁协定的补充议定书》。

（15）1945 年 8 月 8 日《关于控诉和惩处欧洲轴心国主要战犯的协定》及其附件：《欧洲国际军事法庭宪章》。

（16）1946 年 1 月 19 日《远东盟军最高统帅部宣布成立远东国际军事法庭的特别通告》及其附件：《远东国际军事法庭宪章》。

（17）1946 年 12 月 11 日《联合国大会确认纽伦堡宪章承认的国际法原则的决议》。

（18）1949 年 8 月 12 日日内瓦公约：

1）《改善战地武装部队伤者病者境遇的日内瓦公约》（第一公约）。

2）《改善海上武装部队伤者病者及遇船难者境遇的日内瓦公约》（第二公约）。

3）《关于战俘待遇的日内瓦公约》（第三公约）。

4）《关于战时保护平民的日内瓦公约》（第四公约）。

（19）1954 年 5 月 14 日《关于发生武装冲突时保护文化财产的公约》。

（20）1961 年 11 月 24 日《禁止使用核及热核武器宣言》。

（21）1963 年 8 月 8 日《禁止在大气层、外层空间和水下进行核武器试验条约》。

（22）1967 年 1 月 17 日《关于各国探测及使用外层空间包括月球及其他天体活动所应遵守原则的条约》。

（23）1967 年 2 月 14 日《拉丁美洲禁止核武器条约》及其附件 1，《第一号附加议定书》；附件 2，《第二号附加议定书》。

（24）1968 年 7 月 1 日《不扩散核武器条约》。

（25）1968 年 11 月 26 日《战争罪及危害人类罪不适用法定时效公约》。

（26）1971 年 2 月 11 日《禁止在海床洋底及其底土安置核武器和其他大规模毁灭性武器条约》。

（27）1972 年 4 月 10 日《禁止细菌（生物）及毒素武器的发展、生产及储存及销毁这类武器的公约》。

（28）1973 年 12 月 3 日《关于侦察、逮捕、引渡和惩治战争罪犯和危害人类罪的国际合作原则》。

（29）1974 年 12 月 4 日《在非常状态和武装冲突中保护妇女儿童宣言》。

（30）1974 年 12 月 14 日《武装冲突中对人权的尊重》。

（31）1977 年 5 月 18 日《禁止为军事或任何其他敌对目的使用改变环境的技术的公约》。

（32）1977 年 6 月 8 日关于 1949 年 8 月 12 日日内瓦四公约的议定书：

1）《1949 年 8 月 12 日日内瓦四公约关于保护国际性武装冲突受难者的附加议定书》（第一议定书）。

2）《1949 年 8 月 12 日日内瓦四公约关于保护非国际性武装冲突受难者的附加议定书》（第二议定书）。

（33）1980 年 10 月 10 日《联合国禁止或限制使用某些可被认为具有过分伤害力或

滥杀滥伤作用的常规武器最后文件》。其附加件如下：

附件1：《禁止或限制使用某些可被认为具有某些过分伤害力或滥杀滥伤作用的常规武器公约》。

附件2：《关于无法检测的碎片的议定书》。

附件3：《禁止或限制使用地雷（水雷）、饵雷和其他装置的议定书》。

附件4：《禁止或限制使用燃烧武器议定书》。

附件5：《关于小口径系统的决议》。

(34）1987年2月《苏美销毁中程和短程导弹条约》。

(35）1988年12月14日《反对招募、使用、资助和训练雇佣军国际公约》。

(36）1992年9月10日《禁止研制、生产、贮存和使用化学武器以及销毁此种武器的公约》。

(37）1996年《全面禁止核试验条约》。

(38）1997年4月21日生效的《禁止化学武器公约》。

此外，尚有一些关于战争的条约草案，如1922—1923年2月的《空战规则草案》等，对于战争法的发展也具有重要意义。

从以上列举的战争条约和草案可以看出，战争法是随着科学技术的进步而发展的。今后，还将会随着新的科学技术的发展，制定出新的条约，以禁止或限制利用新的科学技术制造和使用大规模滥杀滥伤武器。

第二节　国际法对战争和武装冲突的限制

一、“诉诸战争权”的限制和战争的废弃

根据传统国际法的理论与实践，战争作为推行国家政策和解决国际争端的强制手段，是被承认的、是合法的，国家有“诉诸战争权”（jus ad bellum），使用武力是国家不容置疑的绝对权利。

20世纪以来，战争在国际法上的地位发生了重大变化。1899年海牙和平会议缔结的《和平解决国际争端公约》规定，各国应尽力于免除诉诸武力，尽力于国际纷争之和平解决。1907年的海牙公约进一步对战争权利的限制并对斡旋和调停作为和平解决国际争端的方法做了较具体的规定，对缔约国在所谓诉诸战争的绝对权利方面做出限制，并要求承担一定的义务。

第一次世界大战后，世界各国人民反对战争的要求和愿望日益高涨，在和平运动思潮影响下制定的《国际联盟盟约》进一步限制了“战争权”。盟约序言指出：“为增进国际间合作，并使其和平与安定起见，持久承受不从事战争之义务。”并规定会员国应承担义务以和平方法解决它们之间的争端。

1928年的巴黎《非战公约》（*Anti-war Pact*），亦称《白里安－凯洛格公约》

（*Briand-Kellogg Pact*）①，全称《关于废弃战争作为国家政策工具的一般条约》，第一次在法律上禁止了以战争作为推行国家政策的工具。该公约声称“缔约各方以它们各国人民的名义郑重声明，它们斥责用战争来解决国际纠纷，并在它们的相互关系上废弃战争作为实行国家政策的工具”；并指出，“缔约各方同意，它们之间可能发生的一切争端和冲突，不论性质或起因如何，只能用和平方法加以处理或解决”。

以上文件中，已经在法律上明确禁止以战争作为解决国际争端的方法和推行国家政策的工具，这对于确立侵略战争的非法性具有积极作用。

二、侵略战争是违犯国际法的严重罪行

《非战公约》缔约前后，国际社会普遍谴责侵略战争，大量的多边条约、双方条约及其他国际文件也反映出这种趋向。

1927年9月24日，国际联盟第8次大会一致通过的《关于侵略战争的危害宣言》是第一次认定侵略战争是国际罪行的国际性文件。宣言指出：“为确保普遍和平的坚定愿望所鼓舞，认定战争决不应作为解决国家之间争端的手段，因而战争是一项国际罪行。……并特宣称：1. 任何侵略战争现在和将来均应予以禁止；2. 一切和平手段均应用来解决国家之间发生的任何争议。”

1945年《联合国宪章》明确禁止战争和非法诉诸武力。宪章在序言开宗明义，宣布联合国组织的目的是“欲免后世再遭今代人类两度身历惨不堪言之战祸”，因而为达此目的“保证非为公共利益，不得使用武力”。宪章第2条第4项规定：“各会员国在其国际关系上不得使用威胁或武力，或以与联合国宗旨不符之任何其他方法，侵害任何会员国或国家之领土完整或政治独立。”

宪章所使用的措辞是禁止使用武力或威胁使用武力，威胁和平、破坏和平和侵略行为等，而不是“战争”，这样就避免侵略者利用不宣而战或否认从事的是战争的借口，来逃避战争责任。禁止使用武力和武力威胁包括一切侵略行为，而不论是否存在战争状态。

1946年的纽伦堡审判和东京审判判决，确认了侵略战争是严重的国际罪行，并对战争罪犯加以严厉制裁。

三、国际法并不排除从事合法战争

传统国际法中，将战争按其性质区分为正义战争和非正义战争。正义战争（just war，justum bellum）指为正义的目的进行的战争，非正义战争（unjust war）指违背人类进步和正义目的的战争。

现代国际法则按战争合法性分为非法战争和合法战争。非法战争（unlawful war）指一国违反普遍公认的国际法原则、国际公约、国际条约而从事的战争。侵略战争是最

① 因该公约系由法国外长白里安和美国国务卿凯洛格在巴黎外长会议上提出而得名。

典型的非法战争，是国际法所禁止的。合法战争（lawful war）指国际法所不禁止的战争。《巴黎非战公约》中有一项重要的谅解，即不损害各当事国的合法自卫权。即该约所禁止的战争，也不包括合法的自卫战争。

《联合国宪章》也规定了合法使用武力或进行战争的情况：

（1）自卫战争。宪章第51条规定："联合国任何会员国受武力攻击时，在安全理事会采取必要办法，以维持国际和平及安全以前，本宪章不得认为禁止行使单独或集体自卫之自然权利。"

（2）民族独立和民族解放战争。自20世纪60年代以来，联合国大会多次通过决议肯定民族独立和民族解放战争的合法性。1990年第45届联合国大会通过45/130号决议指出："重申各国人民为求独立、领土完整、民族统一以及从殖民统治、种族隔离和外国占领下获得解放。以一切可用手段进行斗争，包括武装斗争在内，都是合法的。"

（3）联合国安理会授权或采取的行动。宪章第42条规定："安全理事会如认为第四十一条所规定之办法为不足或已经证明为不足时，得采取必要之空海陆军行动，以维持或恢复国际和平及安全。"第43条规定会员国于安理会采取行动时，"依特别协定，供给为维持国际和平及安全所必需之军队、协助及便利，包括过境权"。

此外，在安理会授权下，也可以采用区域办法和由区域组织采取行动（第52条、第53条）。

可见，随着国际法的发展，战争不但不再是国家的权利，而且成为一种普遍受限制的行为，特别是从事侵略战争已被确定为破坏国际和平与安全的国际罪行，废弃战争成为各国的共同责任。

第三节　战争法规的基本原则

战争法规的基本原则，用于对战争中作战手段和方法加以原则性的限制，这些原则包括以下方面。

一、"军事必要"不解除当事国尊重国际法的义务

尽管在战争与武装冲突中存在有"军事必要"（military necessity）的原则，但战争法规的制定是以承认和充分考虑"军事必要"为前提的，因而在执行中就不能再以"军事必要"为理由，来解除当事国尊重国际法的义务。

二、"条约无规定"不解除当事国尊重战争法义务

通常，义务由约定引起，无约定或不接受约定的不承担义务。但在战争法中有所例外，因为军事科学技术和新型武器的发展远比法律的发展迅速，国际社会难于事事

"超前立法"，于是在战争法尚无具体规定的情况下，当事国也不能为所欲为。1899年和1907年的两个《海牙公约》的序言都指出："现在还不可能对实际所出现的一切情况制定一致协议的章程。另一方面缔约各国显然无意使没有预见到的情况，因为缺乏书面的规定就可以听任指挥官任意武断行事。在颁发完整的战争法规之前，缔约各国认为有必要声明：凡属他们通过的章程中所没有包括的情况，平民、战斗员仍应受国际法原则的保护和管辖。"也就是所谓"马尔顿斯条款"（Martens clause），它是战争法规中一个极为重要的保留性规定。1977年的日内瓦四公约第一附加议定书也规定："在本议定书或其他国际协议所未包括的情况下，平民和战斗员仍受来源于既定习惯、人道原则和公众良心要求的国际法原则的保护和支配。"

三、人道原则

战争法要求交战各方尽量减低战争的残酷性，不仅对平民和非战斗人员应加以保护，即使是敌对方的战斗员，也不应施加与作战目的不成比例的没有必要的伤害，增加不应增加的痛苦或死亡。

四、区别原则

区别原则即在作战中必须严格对平民与武装部队、战斗员与非战斗员、战斗员与战争受难者加以区别。不能以平民和民用物体为攻击对象和攻击目标，即使对战斗员也不得为所欲为。

第四节　战争及武装冲突的开始和结束

一、战争与武装冲突的开始

（一）战争与武装冲突的开始

战争的开始，是一种法律状态，它标志着交战国之间的关系从和平状态进入战争状态。

传统国际法认为，战争的开始必须通过宣战。格老秀斯就认为，"开战前必须宣战"，并认为这是国际法的规则，而有的学者甚至将是否宣战作为判断战争是否正义的一个标准。1907年的海牙第三公约第1条明确规定："缔约各国承认，除非有预先的和明确无误的警告，彼此间不应开始敌对行为。警告的形式应是说明理由的宣战声明或是有条件宣战的最后通牒。"

从当代国际法来看：①宣战并非必经程序。作为一项程序，它宣告了交战国之间的关系进入了战争状态，并可使对方和中立国获悉战争状态的开始存在，从而有所准备，但是，宣战绝不是国际法规则，也非必经程序，战争并不一定通过宣战而开始。②宣战并不决定战争性质。因为决定战争性质的是从事战争的目的，侵略战争，即使已经宣战，也仍然是非正义的。特别是第一次世界大战后，国际法已明确禁止以战争作为解决国际争端、推行国家政策的手段，海牙第三公约关于宣战的这条规定的意义已大大降低。

而武装冲突，在法律上没有开始的正式方式，也没有宣布敌对行动或武装冲突开始的规定，只有实际战斗的开始和存在。

（二）战争与武装冲突开始的法律后果

战争与武装冲突开始时交战各方之间法律关系发生重大变化，并产生以下一系列法律后果。

1. 法律状态转换

各国的关系由和平状态转为战争。交战国之间开始适用战争法，交战国与中立国之间开始适用中立法。

2. 外交、领事关系断绝

交战国之间的外交关系和领事关系自动断绝。关闭使领馆并撤离外交和领事官员。

3. 条约关系变化

关于战争和中立的条约立即开始生效。原有的其他条约则根据性质和内容区别对待，分别给予废除、中止或继续实施，政治性条约全面废止；经济贸易类条约多数因而失效，有的则中止或停止执行，待战后恢复；而永久性的条约，如边界、领土条约等均应继续有效。

4. 对交战国人民及其财产的影响

（1）对于敌国居民，即处于敌国领土上的交战国人民，要么允许在适当期限内撤退，要么允许继续居留，交战各方应在战争许可范围内给予敌国公民人身、财产和尊荣上的宽免。但交战国对留在其境内的敌国公民往往实行各种限制：或就地进行登记，或强制集中居住在一定地区，甚至予以拘禁，交战国人民之间的私人关系和商业关系也被禁止。

（2）对于敌国财产，凡敌对国的国家财产除使馆外均可以没收；对私人财产原则上不予侵犯，但可以加以限制，禁止转移、冻结和征用。对公海上的敌国商船、货物可以拘留、征用，但必须保证船上人员的安全。对扣押的财产或战后交还，或者战后赔偿。

在武装冲突情形下，法律后果没有战争那么明显，譬如发生武装冲突国家之间的外交关系和条约关系不一定断绝，中立法无法适用，关于限制和没收财产等方面的战争法规则也不适用，各个方面都不像战争状态那么严格正规。

二、战争与武装冲突的结束

战争状态的结束是指对有关结束战争和停止战争行动的一切政治、经济、领土和其

他问题做出最终解决，是一种法律状态。其法律后果意味着交战国之间的关系从战争状态恢复到战前的和平关系。涉及恢复互派外交代表，恢复因战争中断的条约关系，恢复国家间正常的政治、经济、文化、军事等方面的往来和人民之间的往来等问题。

武装冲突的结束，也就是冲突双方敌对行动的结束，它不同于战争状态的结束。战争状态的结束是一种法律状态的变化，所以必须经过一定的法律程序或手续。而武装冲突是一种非法律状态的敌对行动，因为它的敌对行动的结束，可以通过停战、投降或单纯停止而无任何正式方式。

战争与武装冲突的结束，首先是要停止敌对行动，而后须通过一定法律手续。

1. 停止敌对行动

敌对行动可以不采取任何正式形式而停止，也可以采用停战、停火或投降的方式。

停战（armistice）指根据交战双方的协议而停止军事敌对行动的状态。停战可以是全面的，也可以是局部的；可以是有期限的，也可以是无期限的。习惯上将无期限的全面停战称为“停战”，将有期限的局部停战称为“休战”（truce）。

全面停战（total armistice）是交战国或武装冲突国之间根据订立的停战协议，在规定期间内全面停止整个战区的军事敌对行动。全面停战协定则需由双方军队的统帅或政府签订，局部停战（partial armistice）只是在特定地区内停止军事敌对行动。局部停战一般是为了派遣军使、打扫战场、埋葬死者、交换俘虏、安排投降等。往往由双方有关地区的司令官签订协议。定期的停战只有期限届满才可再行开战。而不定期限的停战冲突各方可以随时重新开战，但任何一方都必须按停战条件的规定警告对方后才能开始。如一方有严重破坏停战条件的行为，另一方有权废除停战协定，情况紧急时可立即恢复敌对行动。

停火（cease-fire）指在直接对峙的部队之间实行的休战，较之休战时间更短暂。联合国安理会经常使用这一名称。

无论停战、休战、停火，从法律上讲，都不导致战争状态的终止，而只是敌对行动的中止或结束，与战争状态的结束是两个不同的概念，它只是走向战争状态结束的一个阶段和步骤，但可以是武装冲突结束的一种行为。

投降（surrender）是指交战一方承认自己战败而要求对方停止战斗的一种方式。海牙第四公约的附件承认了这种方式，并规定：另一方投降必须接受，投降不得拒绝；投降后的军人不能受侮辱。投降可分为无条件的和有条件的：无条件投降（unconditional surrender）指战败国没有提出任何条件的，不附任何保留条件的投降。第二次世界大战中德国和日本都是无条件投降，两国先后于1945年5月8日和9月2日签订了无条件投降书，从而结束了敌对状态。无条件投降的法律意义在于，标志着战败国的彻底失败，战胜国有权采取一切必要措施处置敌国，包括暂时接管战败国的最高权力。有条件投降（conditional surrender），指结束一定地区的部队的抵抗并使部队在约定条件下向敌对方投降。对于有条件投降，受降的一方，可以接受也可以拒绝。投降对于战争或武装冲突都是一个结束敌对行为的步骤，但不是战争状态的结束，战争状态的结束还必须经过必要的法律程序。

2. **结束战争的方式**

通常结束战争的形式有：

（1）缔结和平条约。和平条约（peace treaty），简称和约，交战国从法律上结束战争状态而订立的条约。主要内容包括：宣布战争状态结束，和平关系恢复；关于领土划界；战争赔偿；惩罚战犯；释放和遣返战俘；部分或全部恢复战前条约的效力；恢复外交、贸易关系等。和约以条款形式列出，直接确定了交战各方的权利和义务，属于比较重要的国际条约。

（2）单方面宣布。一般由战胜国宣布。1954 年 4 月 7 日，中华人民共和国主席发布命令，宣布结束与德国之间的战争状态。

（3）交战双方共同宣布。交战各方联合宣布结束战争状态。1956 年 10 月 19 日，苏联通过与日本签订联合宣言宣布结束战争状态。有时，协议也可成为结束战争状态的法律文书。

第五节　海战和空战的作战规则

战争法规由陆战法规、海战法规和空战法规三部分组成。陆战法规与惯例在海战与空战的范围内同样适用，陆战法规对战争具有普遍的指导性，但海战与空战有其本身的特点和特殊的作战规则。

一、海战规则

（一）海战战场和战斗员

海战战场则不限于交战国的领水范围，还包括公海。各国在将公海作为海战战场进行作战时，不应妨碍正常的国际航运，也不得侵犯中立国的合法权利。

交战国的海军部队，包括战斗员和非战斗员，不论被编入各种类型舰艇，还是编入海岸或要塞，都享有与陆军部队相同的权利，承担同样的义务，同样受战争法规和惯例的保护。

（二）海战工具

海军部队可能因所乘的船舰不同而受到保护或不受保护。

1. **私掠船**

私掠船（privateer）指经本国政府允许并发给私掠许可证的武装私人商船，其于 15—18 世纪被广泛使用，当时认为使用私掠船拿捕商船为合法。1856 年《巴黎会议关于海上若干原则的宣言》正式废除了私掠船，私掠船被视为海盗船，船上人员被视为海盗。因而，如在海战中使用私掠船，非战斗员虽然也有免受攻击的权利，但因所乘船舶的性质而可能受到攻击和伤害。

2. **潜水艇**

潜水艇（submarine）指能够潜入水中进行攻击作战的军事舰艇。其具有与军舰相同的法律地位。

1930 年 4 月 22 日，《限制和裁减海军军备的国际条约》第 22 条重申："潜水艇在对商船的行动中，必须遵守水面军舰所应遵守的国际法法规。"并规定："不得在预先安置旅客、船员和船舶文书于安全地方以前击沉商船或使其不能航行。"

第二次世界大战后，纽伦堡法庭曾根据上述规则，对被告因其不经事先警告就击沉中立国商船以及下令不得执行拯救任务而被判定为有罪，驳斥了被告提出的潜艇是新武器，潜艇的安全是超乎一切的考虑，等等。法庭指出：关于潜艇作战的战争法规明白规定，如果潜艇不能按照规定拿捕商船，则应允许它不受阻挠地继续行驶，新武器本身并不产生要求改变现行国际法的权利。

3. **武装商船和改充军舰**

武装商船是出于防御目的，因而是允许的，商船的防御性武装并不改变它的法律地位。但如果主动攻击敌国军舰或商船，就会失去国际法的保护。商船改充军舰，具有与军舰相同的地位，不同于武装商船。交战国应从速将改装了的军舰列入军舰表中。

4. **水雷和鱼雷**

1907 年海牙第八公约规定：禁止敷设没有系缆的自动触发水雷，但失去控制一小时后失效者除外；禁止敷设虽有系缆，但离开系缆后仍能为害的水雷；禁止敷设未击中目标后仍有危险性的鱼雷；禁止以断绝贸易通航为目的在敌国沿岸或港口敷设自动触发水雷；使用系缆自动触发水雷时，应尽力避免威胁海上和平航行的安全。

5. **海军轰击**

1907 年海牙第九公约规定：禁止海军轰击未设防的城市、海港、村庄、房舍及建筑，不得以港口设置自动海底触发水雷为设防；可以轰击处在不设防地点的军事设施，但在轰击前应通知有关地方当局限期拆除，如不执行，才可以轰击，但在轰击时应设法使城市中所受损害减至最少限度；地方当局如果拒绝征集海军提出的、当时必需的粮食或生活用品，可以进行轰击，但征收不得超过当地的资力，也不得因征收现银或课税不遂而进行轰击；轰击时必须尽力保全一切宗教、美术、技艺、慈善事业所用之建筑、历史上之古迹及病院和伤病者收容所，但应以这些地方当时不用于军事目的为限，并在建筑物上标明显见的标志；在情况许可时，轰击前应尽力设法通知地方当局。

6. **战时封锁**

战时封锁（blockade in the time of war），又称海上封锁，是平时封锁的对称。指交战国为切断敌国的海上对外联系，削弱敌国经济，用军舰阻挡一切国家的船舶和飞机进入敌国的港口和海岸的手段。一切国家也包括中立国。

实施封锁的国家必须由其政府或海军当局以政府名义正式宣告封锁的事实，包括封锁的区域、时间、中立国撤离的期限，并及时通知中立国。实施封锁必须连续维持，如果执行封锁的军舰被敌国驱散，封锁即告失败。但军舰因不可抗力而暂时撤离不构成封锁的失败。

二、空战规则

目前尚没有有关空战法规的专门条约，1923 年的海牙空战规则只是一个草案，不具有条约的法律效力。它的主要内容规定了：飞机的外部标志和交战资格，燃烧性和爆炸性子弹的使用，空中轰炸，对敌国非军事飞机和中立国飞机的待遇及对它们采取的军事行动，交战国对中立国和中立国对交战国的义务。它还规定，参加敌对行为的飞机人员应受适用于地面部队的战争和中立法规的支配。1937 年尼翁协定的补充议定书中，也规定把潜艇作战应遵守的规则推行到空中。

另外，从总的方面来看，战争法规和惯例的基本原则，陆战与海战的原则、规则，都应该同时适用于空战。而且在许多有关陆战和海战的条约中，直接或间接包括有关空战的原则、规则。

第六节 人道主义保护规则

在战争与武装冲突中交战各方要严格遵守各种战争的规范、原则，而且要遵守关于人道主义的保护规则，限制作战手段和作战方法，减少战斗员的损害和痛苦，并对战俘、伤病员、非战斗员和平民采取一定的保护措施。它是以“日内瓦公约体系”为主要渊源。有人称这类保护规则为“国际人道法”（international humanitarian law）或“国际人道主义法”。

一、限制作战手段和作战方法

限制作战手段和作战方法，尽量减低战争的残酷性，这是自 1868 年圣彼得堡宣言开始确立的一项人道主义原则，也是战争法规的一项重要内容。

1899 年和 1907 年的海牙公约附件《陆战法规和惯例章程》第 22 条明文规定：“交战者在损害敌人的手段方面，并不拥有无限制的权利。”1977 年日内瓦公约第一附加议定书第 35 条把限制作战手段和方法列为一项原则。

在国际实践中，禁止的作战手段和作战方法主要包括以下方面。

（一）极度残酷的武器

极度残酷的武器是指超越使战斗员丧失战斗力的程度，造成极度痛苦，甚至使死亡不可避免的武器。例如，1868 年圣彼得堡宣言禁止的“轻于 400 克的爆炸性弹丸或是装有爆炸性或易燃物质的弹丸”；海牙第四公约附件第 23 条第 5 款禁止的“足以引起不必要痛苦的武器、投射物或物质”；海牙第三宣言禁止的“在人体内易于膨胀或变形的投射物”；1980 年《联合国禁止或限制使用某些可被认为具有过分伤害力或滥杀滥伤作用的常规武器公约》禁止使用的无法检测的碎片，地雷（水雷）、饵雷以及燃烧性武

器，高速小口径轻武器等。

（二）化学武器和生物武器

化学武器（chemical weapon）是以通过化学作用来伤害人、动物和植物为作用目的的物质及应用该物质制造的一切器具、材料的总称。[①] 化学武器即习称的“毒气”“毒物”等。其在战争惯例和法规中被列为禁止的对象。格老秀斯就曾提出：国际法禁止用毒物手段杀害任何人。1899 年和 1907 年的海牙公约就明文禁止使用毒气和有毒武器。1925 年 6 月 17 日又专门缔结了《禁止在战争中使用窒息性、毒性或其他气体和细菌作战方法的议定书》，规定将此项禁止扩展及细菌武器。1992 年 12 月 1 日，联合国大会通过了《禁止化学武器公约》，该约于 1997 年 4 月 29 日生效。截至 2015 年年底已有 192 个缔约国。[②]

生物武器（biological weapon），即以细菌、病毒、毒素等可使人、动物、植物致病或死亡的物质材料制成的武器。1972 年 4 月 10 日，又签订了《禁止细菌（生物）及毒素武器的发展、生产及储存以及销毁这类武器的公约》，不仅禁止使用，而且规定“永远禁止在任何情况下发展、生产、贮存、取得和保留”这类武器。

（三）不分皂白的战争手段

不分皂白的战争手段（indiscriminate means of combat）指在战争或武装冲突中，对平民居民、民用物体和战斗员、军事目标不加区别的作战手段和作战方法。1907 年海牙第四公约附件第 25 条规定：“禁止以任何手段攻击或轰击不设防的城镇、村庄、住所和建筑物。”第 27 条规定：“在包围和轰击中，应采取一切必要的措施，尽可能保全专用于宗教、艺术、科学和慈善事业的建筑物，历史纪念物，医院和病者、伤者的集中场所。”1949 年的日内瓦第四公约规定，不得攻击医院等安全地带，并建议“在作战区域内设立中立化地带”。1954 年又专门制定了一个保护文化财产的《海牙公约》。1977 年的日内瓦公约第一附加议定书的第 51 条不仅明确提出“禁止不分皂白的攻击”，还详尽地列举了各种不分皂白的攻击的具体内容。

（四）改变环境的战争手段

改变环境的战争手段，指在战争或武装冲突中，使用蓄意操纵自然过程，改变地球或外层空间的动态而构成的作战手段和方法。[③] 这是战争法规的一个新内容，是指使用地球物理战的手段和方法，人为地破坏或改变自然力，将自然力用于军事目的，如引起地震、海啸，破坏生态、破坏臭氧层等的军事行动。

1977 年开放签署的《禁止为军事或任何其他敌对目的使用改变环境的技术的公约》

---

① 参见王铁崖《中华法学大辞典 · 国际法学卷》，中国检察出版社 1996 年版，第 283 页。

② 参见《禁止化学武器公约》的入约情况，见“禁止化学武器组织”网站：https://www.opcw.org/cn/about-opcw/member-states/status-of-participation。

③ 参见王铁崖《中华法学大辞典 · 国际法学卷》，中国检察出版社 1996 年版，第 150 页。

首次对这个问题做了明确规定。禁止“使用具有广泛、持久或严重后果的改变环境的技术作为摧毁、破坏或伤害任何其他缔约国的手段”。并对“改变环境的技术”一词做了说明。所谓改变环境的技术“是指通过蓄意操纵自然过程改变地球（包括其生物群、岩石圈、地水层和大气层）或外层空间的动态、组成或结构的技术”。

1977 年的日内瓦第一议定书也对这一问题做了规定，它的第 35 条第 3 款规定：“禁止使用旨在或可能对自然环境引起广泛、长期而严重损害的作战方法或手段。”

（五）核武器

核武器（nuclear weapon）指使用核炸弹的各种核和热核原子武器。[①] 第二次世界大战后期，美国对日本使用原子弹，造成了极大破坏，战后美国和苏联在核武器试验中又进一步预示出核武器的大规模屠杀破坏的性能。核武器本身的性能几乎破坏了全部限制战争残酷性的战争法规，它既是极度残酷的大规模屠杀人类的武器，也是可以招致极度痛苦和有毒的武器，也是不分皂白的武器，还是可能导致环境改变的一种武器。联合国大会为此在 1961 年通过了《关于禁止使用核武器和热核武器的宣言》，1978 年联合国大会决议又宣布“使用核武器是违反联合国宪章和对人类的罪行”，1996 年各国制定了《全面禁止核试验条约》。以上文献为进一步在国际法上找到对核武器应予禁止的有关法律根据。[②]

（六）背信弃义的作战方法

背信弃义（perfidy），是指“以背弃敌人的信任为目的而诱取敌人的信任，使敌人相信其有权享受或有义务给予适用于武装冲突的国际法规则所规定的保护的行为”[③]。《1977 年的日内瓦公约第一附加议定书》中列举了下列情形：假装在休战旗下谈判或投降的意图，假装因伤、病而无能力，假装具有平民、非战斗员的身份，使用联合国或中立国家或其他非冲突各方的国家的记号、标志或制服而假装享有被保护的地位。战争并不禁止使用计谋和奇袭，但禁止使用背信弃义的作战方法。

二、平民和交战受难者的保护

（一）平民的保护

平民（civilian）在传统战争法中指位于交战国领土而不属于交战者的和平居民；广义的平民应泛指交战者之外的所有和平居民，包括占领地和占领地外的平民。然而现有公约中保护平民的规定往往限于占领区内的平民，对占领区之外的平民保护缺乏关

---

① 参见王铁崖《中华法学大辞典·国际法学卷》，中国检察出版社 1996 年版，第 276 页。

② 参见［法］夏尔·卢梭《武装冲突法》，张凝等译，中国对外翻译出版公司 1987 年版，第 87 ～90 页。

③ 《1977 年的日内瓦公约第一附加议定书》，第 37 条。

注。在战争与武装冲突中，敌对行动应针对武装部队和战斗人员，禁止或限制使用波及平民的武器和作战方法。

1949年的《关于战时保护平民之日内瓦公约》集中对于落入敌方管辖范围的平民保护问题做了具体规定。1977年的日内瓦四公约附加议定书则更把这种保护扩大到非国际性武装冲突中的平民。这些规则主要有：对敌方领土或敌占领区内和平居民，公约规定，冲突各方得设立医院，安全地带和中立化地带，使和平居民、特别是伤者、病者以及妇孺老幼免受战争灾难，保障生命安全。对在本国领土内的敌国侨民，公约规定，一般应允许敌国侨民离境，对继续居留者应予以人道待遇，保障他们的基本权利，非绝对必要时不得加以拘禁。对占领区内和平民居民，公约规定，不得强迫占领区居民反对其本国；对他们的生命、财产、家族荣誉及权利和宗教信仰应予以尊重；不得没收私有财产，禁止掠夺和施以集体惩罚等。占领地平民的利益不能在任何情况下，以任何方式加以剥夺；禁止把占领地的平民个别或集体拘捕；不仅属于私人的财产，即使属于集体和国家的财产也不能破坏。

平民保护问题，在当代国际法中是非常重要的问题。随着军事技术的发展，现代战争事实上已无前方后方之分，对平民的威胁越来越大。据统计，军人和平民的死亡比例，在第一次世界大战时为20∶1，在第二次世界大战时几乎是1∶1。据预测，如发生第三次世界大战，平民的死亡人数将大大超过军人。原因很简单，一方面，现代战争已无法区分前后方，不仅是立体的，还是全方位的；另一方面，在战争中军人装备日益现代化，处于日益精良的保护之中，而平民则被置于有限的战备设施甚至是完全暴露的境地。

（二）交战受难者的保护

交战受难者指在战争或武装冲突中遭受伤害的交战的战斗员及其他正式随军服务的人员。主要指战俘和伤病员。

战俘（prisoner of war）也称俘虏，指在战争或武装冲突中落于敌方权力之下的战斗员。

对于战俘，除了对个别在战争中有破坏战争法规的罪行者外，不能惩罚，不能虐待，更不能杀害，而应给予他们适当的待遇。综合海牙公约和日内瓦公约等有关战俘待遇的公约规定，主要有以下几个方面：

（1）战俘是在敌国国家权力管辖之下，而不是在俘虏者的个人或军事单位权力管辖之下，必须受到合乎人道的待遇和保护，不受虐待，不受侮辱，不得以强迫手段向战俘索取情报，不得对其实施报复，其人格和荣誉必须尊重。

（2）战俘的自用物品，仍归其个人所有。

（3）战俘只能拘禁，除执行刑事和纪律制裁外，不得监禁。战俘应受拘留国武装部队的现行法律、规则或命令的拘束。拘留国对于战俘违反法律、规则或命令的行为，可以采取司法或纪律措施，但应本着从宽的原则。

（4）基本生活条件的保障。战俘应获得应有的饮食、衣服、住宿及医药照顾等，除考虑到军职等级、性别、健康状况、年龄与职业资格外，所有战俘应享受同样待遇，

不得因种族、国籍、宗教信仰不同而加以歧视。

（5）应准许战俘与家庭通信，并准许其收寄邮件包裹。

（6）战争停止后，战俘应即遣返，不得扣留。战争期间，交战国双方也可订立协议交换俘虏。

应当注意上述的战俘的权利必须是完整的，任何一条都不得违反。

伤病员（wounded and sick），指战争或武装冲突中的患病或负伤者。依公约规定，凡交战的战斗员及其他正式随军服务的人员受伤或生病时，收容他们的工作，应不分国籍、性别、种族、宗教和政治主张一律予以尊重、保护并治疗。

凡交战国不得已而委弃伤病者于敌军时，应在军事紧急局势许可情况之下，将本军救护人员及卫生用具的一部分，留为该伤病者救护之用。

每次交锋后，占领战场的一方应设法寻觅伤者死者，并防止抢掠和虐待。如情势许可，交战双方应订立局部协定，以便搬移战线内的伤者。

各交战国于收容或发现伤者、病者及死者后，应从速互相通知他们的姓名及可以证明其身份的物品。对于死者应办理登记，并应互送其登记文件。所有在战场上或尸体上寻获的个人用品，交战国均应收存并互相送还。

除非进行军事行动，对从事救护、医疗的人员与机构，在任何情况下都应得到保护，不要攻击。

（三）交战者的保护①

交战者（belligerent）包括正规军、非正规武装部队、军使、侦察兵，但不包括雇佣兵和间谍。交战者在战争或武装冲突中具有合法的地位，受到战争法规的保护。

（1）正规军（regular army），又称正规武装部队，指由政府或当局负责的司令部统率下的有组织的武装部队、团体或单位。他们适用战争法规并享有权利义务，为敌人捕获时，享受战俘待遇。

（2）非正规武装部队（non-regular forces），指在战争或武装冲突的状态下由一国居民自发组成并直接参加战斗的武装力量。包括民兵、义勇军、游击队和志愿军。

民兵和义勇军，一般是在一个国家面临外敌入侵，实行总体抗战时，临时组成的地区性的非正规部队。一般要求具备以下条件：①有对部下承担责任的指挥者和组织领导；②使用由远方可以辨别、确认的徽章；③公开携带武器；④遵守战争法规和惯例。但对未被占领之地方人民，当敌军接近时，自操武器以抗侵入之敌军，只要具备公开持有武器和遵守战争法规和惯例者，即可以交战者相待。

游击队（guerrilla force），主要是指在已被敌人占领的地区内以武装形式从事反抗活动的非正规武装部队。通常由被占领地区的居民和残败军人组成，从事分散和秘密活动，没有统一制服，也没有明显的身份标志。鉴于其特点，规定只要求遵守战争法规，并在每次军事交火期间，和在从事发动攻击前的布置时，在对方看得见的期间和范围内公开携带武器。在落入敌方权力控制时，游击队常常难于得到战俘待遇，于是游击队的

① 参见端木正《国际法》，北京大学出版社1989年版，第459页。

保护问题已引起国际社会重视。

志愿军（volunteer army），指自愿参加或组成，受所在国政府和最高司令部统一指挥，从事反侵略战争的外籍武装人员。诸如历史上西班牙保卫战中的外籍军团和人员，我国抗美援朝时期的中国人民志愿军等。在国际惯例和国际实践中都承认在交战部队中的外籍人员的合法地位，与他们所参加的所在国的部队和本国人民完全一样，同样适用战争法上的有关规定，享受应该享受的权力，承担必须遵守的义务。[①] 对志愿军目前尚无具体的战争法明确规定。

（3）军使（[法] parlementaire），指奉交战一方的命令，前往敌方进行谈判的军事使者。派出军使必须以白旗为标志，军使及其随员享有不可侵犯的权利，自古就有“两国交兵不斩来使”的规则，但若军使滥用特权，即丧失其不可侵犯权，对方司令官有暂时扣留他的权利。为防备军使利用其使命侦察军情，对方对军使及其随员可以施加一切必要的保护手段。指派军使，是交战各方拥有的权利，但对方司令官可以拒绝接待。

（4）侦察兵（reconnoiterer），指负有侦察军情的使命，身穿军装前往敌方作战或控制区进行军事活动的武装部队人员。侦察兵属于合法交战者，不同于间谍，如果被俘，可享受战俘待遇。间谍（spy）指战时化装潜入敌方作战或控制地区秘密收集情报或从事秘密地下活动的人员。不论军人、非军人、敌国人、中立国人，均可成为间谍。间谍不是合法的战斗人员，如果被俘，不享受战俘待遇，但应经过审判才能处罚。

第七节　战时中立法

一、战时中立的概念

战时中立（neutrality in time of war），指在战争与武装冲突情况下，非交战国不参加交战、也不支持任何一方的不偏不倚的法律地位。作为中立国，它不仅以不参加任何一方的战争为条件，还必须对交战各方采取同等对待的态度。

战时中立不同于政治意义上的中立、中立主义。政治意义上的中立指不参加联盟，拒绝在其本国领土上设置外国军事基地或驻扎外国军队，不歧视任何国家等；中立主义特别用以指不参加和不卷入大国或大国集团之间的冲突。这样的中立是政治上的概念，不产生法律效果。

战时中立国不同于永久中立国。永久中立国是在对外关系中承担永久中立义务的国家，其地位是一种永久的选择；而战时中立则是战争时期国家地位的一种临时选择。

---

① 参见《奥本海国际法》（下卷第一分册），[英] 劳特派特修订，石蒂、陈健译，商务印书馆 1980 年版，第 191 ～ 192 页；[法] 夏尔·卢梭《武装冲突法》，张凝等译，中国对外翻译出版公司 1987 年版，第 49 ～ 52、55 ～ 59 页。

二、战时中立的国家的权利和义务

中立国与交战国之间的权利和义务是相互的，即中立国的义务就是交战国的权利，而交战国的义务就是中立国的权利。[①]

根据《海牙公约》和《日内瓦公约》的规定，中立国的主要权利和义务包括：

（1）交战国必须尊重中立国的主权，不得在中立国领土内有违反中立的行为。

（2）禁止交战国的军舰在中立国领海内进行拿捕和临检等敌对行为，非因风浪、缺少燃料等原因不能航行，不得将捕获物带至中立国口岸，如果不能航行的原因停止，应立即离开。

（3）禁止交战国在中立国领土或中立水域内的船上设立捕获法庭。

（4）不得以中立国口岸或中立水域为海战根据地攻击敌人。

（5）不能允许交战国在其境内装配船舰或增加武装。

（6）中立国所规定的关于交战国的军舰及其捕获物进入口岸、港湾或领海的条件、限制、禁止等，应对双方同样适用。

（7）交战国的军舰及其捕获物，不得在中立国领海通过，非因风浪或损坏，不得在中立国口岸停泊，停泊时，一般不得超过24小时，同时同地同一国家停泊的船舰不得超过3艘。

（8）交战国的船舶有损伤，如果是航行安全所必需的，可以准其修理，但不得增加战斗力，所需的修理费由中立国核定。

（9）交战国军舰不得利用中立国口岸、海湾及领海界内作为更新或增加其军需、军械及添补船员之用。

（10）对于不在限期内离开的军舰，中立国有权采取措施，在战争期间扣留该舰。

三、战时禁制品

战时禁制品（war contraband），指交战双方禁止运送给敌国的可以增强其战争能力的物品。分为绝对禁制品和相对禁制品两类：绝对禁制品（absolute contraband）是纯粹属于军事用途的物品。相对禁制品（relative contraband）是指既可军用也可供民用的物品。禁制品的清单，可在事先由国家以条约确定，或者由交战国在战争开始时，以发布宣言的形式公布，无论前者还是后者，均只能以运往敌方目的地为构成战时禁制品的前提条件。如果中立国违反上述义务，绝对禁制品一律没收，相对禁制品视其最终用途而加以处置，凡供给敌国军队及其政府使用者，也应没收。

① 参见王铁崖《国际法》，法律出版社1995年版，第651页。

第八节 惩治战争犯罪

一、战争犯罪的概念

战争犯罪（war criminal）的概念是随着战争在国际法上地位的变化而发展变化的，传统国际法承认“诉诸战争权”是国家的不容置疑的权利，发动、谋划、参与战争为国家固有的权利，战争受国际法的保护。当时，战争犯罪的概念仅指在战争过程中违反战争法规和惯例的具体行为。现代国际法禁止以战争作为推行国家政策的工具，禁止在国际关系中以武力相威胁或使用武力，战争不仅不再是国家的权利，而且成为国际罪行，这样，战争犯罪概念的含义与传统国际法上的战争犯罪有了本质的变化。

第二次世界大战结束后，1945 年 8 月 8 日，苏、英、美、法四国代表在伦敦签署了《关于控告及惩处欧洲轴心国家首要战犯协定》。同年 11 月在德国纽伦堡组织成立欧洲国际军事法庭，即纽伦堡国际军事法庭，审判德国的首要战争罪犯，并追究其个人的刑事责任。《纽伦堡国际军事法庭宪章》规定了战争犯罪的内容和审判战争罪犯的原则。根据《纽伦堡国际军事法庭宪章》的规定，战争犯罪包括三种罪行，即破坏和平罪、战争罪和反人道罪。

破坏和平罪，又称反和平罪（crime against peace），指从事策划、准备、发动或进行侵略战争或违犯国际条约、协定或诺言的战争的罪行，或者参与上述罪行的共同计划或阴谋者。

战争罪（war crime），指违反战争法规与惯例的罪行，包括对在所占领土或占领地的平民之谋杀、虐待，为奴隶劳役或其他目的的放逐，对战俘或海上人员之谋杀或虐待，杀害人质，劫掠公私财物，任意破坏城市、集镇或乡村，或者从事并不根据军事需要之蹂躏，等等。

危及人类罪，又称反人道罪（crime against humanity），指依照国际法应予惩罚的严重危及人类的罪行。具体来说，指在战争发生前或战争中，对任何平民之谋杀、灭绝、奴化、放逐及其他非人道行为，或者因政治、种族或信仰关系所做的迫害行为，不问其是否违反犯罪地的国内的法律。

总之，当代国际法上的战争犯罪是指违反国际法基本原则，策划、发动侵略战争，破坏和平，违反战争法规和惯例，违反人道主义准则的各种犯罪行为的总称。

《纽伦堡国际军事法庭宪章》规定，凡参与或执行上述罪行的共同计划或同谋之领袖、组织者、教唆犯及共犯，应负个人刑事责任。还规定，被告的正式地位，不问其为国家元首或政府部门的负责官吏，不得作为免除责任或减轻惩罚的理由。这是当代国际法，特别是战争法与武装冲突法的重大发展。

二、战争罪犯的审判

（一）纽伦堡审判与东京审判

第二次世界大战后，曾组织成立过两个国际军事法庭，即纽伦堡欧洲国际军事法庭和东京远东国际军事法庭，分别对“二战”中德国和日本的首要战犯进行审判，即著名的“纽伦堡审判”和“东京审判”。

纽伦堡审判（Nuremberg Trial）是1945年11月20日到1946年10月1日在德国纽伦堡对德国首要战犯的国际审判。1945年8月8日，苏、美、法、英四国在伦敦签署了《关于控告及惩处欧洲轴心国家战犯的协定》，根据《欧洲国际军事法庭宪章》在纽伦堡组成国际军事法庭。法庭由4国的4名法官组成，四国还各派一名检察官组成起诉委员会，经审判判处弋林、里宾特洛甫等12人绞刑（绞刑于1946年10月16日执行），赫斯等3人无期徒刑，德尼茨等4人分别为10～20年有期徒刑；宣布纳粹党领导机构、秘密警察、党卫军为犯罪组织。但未宣布冲锋队、德国内阁、参谋本部及国防军最高统帅部为犯罪组织。

东京审判（Tokyo Trial）是1946年1月19日至1948年11月12日在日本东京对日本首要战犯的国际审判。1946年1月19日，远东盟军最高统帅公布了《远东国际军事法庭宪章》，据此，成立了由中国、美国、英国、法国、苏联、荷兰、印度、加拿大、新西兰、澳大利亚、菲律宾11国的11名法官组成的法庭，11国各派一名检察官组成检察官委员会。我国的梅汝傲教授任检察官，倪征燠教授任法官。此次审判宣判25名日本首要战犯有罪，其中东条英机、土肥原贤二、广田弘毅、板垣征四郎、木村兵太郎、松井石根、武藤章7人被处绞刑，荒木贞夫、重光葵、畑俊六等18人被判无期徒刑或有期徒刑。绞刑于1948年12月22日执行。

纽伦堡审判和东京审判在国际上开创了审判战争罪犯的先河，其贡献在于扩大了战争犯罪的内涵，确立了战争罪犯个人刑事责任原则，在当代国际法上具有重大意义。欧洲国际军事法庭宪章和审判中所确立的国际法原则被称为“纽伦堡原则”（Nuremberg Principle），这些原则主要包括：

（1）从事构成违反国际法的犯罪行为的人承担个人责任，并因此而受惩罚。

（2）不违反所在国的国内法不能作为免除国际法责任的理由。

（3）被告的地位不能作为免除国际法责任的理由。

（4）政府或上级命令不能作为免除国际法责任的理由。

（5）被控有违反国际法罪行的人有权得到公平审判。

（6）违反国际法的罪行是破坏和平罪、战争罪和反人道罪。

（7）共谋上述罪行是违反国际法的罪行。

欧洲和远东国际军事法庭宪章及纽伦堡和东京审判的司法实践堪称国际法史上的伟大创举，它使自1928年巴黎非战公约以来形成的“侵略战争是严重的国际罪行”和“对战争罪犯必须予以严惩”的理想变成现实，这无疑对制止侵略、反对战争、维护国

际和平，以及运用国际社会的审判机制使战争罪犯受到应有的惩处产生深远的影响；而且，在当代国际法的实践中，开创了由国际法庭审理国内战争罪犯的先例。

（二）前南法庭与卢旺达法庭

联合国安全理事会通过第827号和第955号决议，分别于1993年5月和1994年11月设立了“起诉应对1991年以来前南斯拉夫境内所犯的严重违反国际人道主义法行为负责的人的国际法庭”（简称“前南国际法庭”）和“起诉在1994年期间在卢旺达境内或卢旺达国民在邻国所犯灭绝种族和其他严重违反国际人道主义法行为的人的国际法庭”（简称“卢旺达国际法庭”）。其目的是为了起诉和审判在前南斯拉夫境内和卢旺达境内的武装冲突中犯有严重违反国际人道主义法行为的人。两个法庭性质相同，卢旺达国际法庭是参照前南国际法庭而设立的。

前南斯拉夫境内发生内战和武装冲突后，引起国际社会的普遍关注，联合国安理会不断收到有关前南斯拉夫境内，特别是波斯尼亚－黑斯哥维那（习惯简称“波黑”）境内所发生的普遍违反国际人道主义法的情事报道。安理会通过决议，设立专家委员会就前南斯拉夫境内严重违反日内瓦公约和国际人道主义法的行为进行调查，调查的结果，骇人听闻，前南斯拉夫境内确实发生了严重违反国际人道主义法的行为：强行驱逐和放逐大量平民，在拘留中心监禁和虐待平民，蓄意攻击非战斗人员、医院和救护车，阻止向平民运送粮食和医药用品，以及肆意摧毁和破坏财产；此外，还包括蓄意杀人、“种族清洗”、大规模屠杀、严重拷打、强奸、破坏平民财产、破坏文化和宗教财产、任意逮捕等。[①] 在这样的背景下，安理会通过第808号决议，表示深信在前南斯拉夫的特殊情况下，设立一个国际法庭，制止和惩治违反国际人道主义法的行为，有助于和平的恢复与维持。1993年6月，安理会通过了附有《前南国际法庭规约》的第827号决议，成立前南国际法庭，该法庭成立的法律依据是《联合国宪章》第29条：“安理会得设立其认为行使职务所必需的辅助机关。”法庭设立于荷兰海牙。前南国际法庭的组成，按《前南国际法庭规约》第11条规定，国际法庭由下列机构组成：①分庭，其中包括两个初审分庭和一个上诉分庭；②检察；③书记官处，为分庭和检察官提供服务。法庭为司法机关，案件先由初审分庭审理，再由上诉分庭审理初审分庭提起的上诉，法官任期4年，由联合国大会依安理会所提出的名单选出，我国著名国际法学家李浩培教授、王铁崖教授先后于1993年、1997年当选为前南国际法庭法官，刘大群于2000年被任命。2017年11月29日，前南刑事法庭进行了最后一场宣判，并于12月31日正式关闭。至此，前南刑庭共起诉161人，其中包括对米洛舍维奇的起诉。[②]

1994年4月，在非洲的卢旺达发生了大规模的种族灭绝、有计划屠杀平民及其他严重违反国际人道法的行为。联合国及安理会在调查后断定：卢旺达发生的事件，已经构成对“国际和平与安全的威胁”。于是，安理会通过第955号文件，再次引用《联合国宪章》第7章，制定了“卢旺达国际法庭规约”。卢旺达国际法庭1994年11月成立

① 参见朱文奇《国际人道法》，中国人民大学出版社2007年版，第83页。

② 参见李铁城《世纪之交的联合国》，人民出版社2002年版，第361页。

于坦桑尼亚的阿鲁沙。现由9名法官组成3个审判庭。法庭具有与有关国家的国内法院相同的平行管辖权，法庭的管辖权优先于所有有关国家的管辖权。2003年8月28日，联合国安理会一致通过第1503号决议，决定为卢旺达问题国际法庭设立专职检察官，以提高该法庭的工作效率。本来卢旺达的武装冲突属于国内性武装冲突，却受到了“国际社会”的审判，说明了当代国际法的新发展。联合国安理会12月31日发表媒体声明，卢旺达问题国际刑事法庭于2015年12月31日关闭。在其成立的20多年来，法庭共指控93人，其中61人被判有罪。①

① 参见卢旺达国际刑事法庭官方网站：http://unictr.unmict.org/。